EUROPA-FACHBUCHREIHE
für wirtschaftliche Bildung

PRÜFUNGSVORBEREITUNG AKTUELL

WIRTSCHAFTS- UND SOZIALKUNDE

für

kaufmännische und gewerbliche Ausbildungsberufe

7. Auflage

VERLAG EUROPA-LEHRMITTEL • Nourney, Vollmer GmbH & Co. KG
Düsselberger Straße 23 • 42781 Haan-Gruiten

EUROPA-Nr.: 75529

Verfasser:
Dipl.-Hdl. Gerhard Colbus, Studiendirektor, Unterneuhausen
Dipl.-Hdl. Johann Luger, Studiendirektor, Gerzen

7. Auflage 2020

Druck 5 4 3 2 1

ISBN 978-3-8085-3985-9

Satz: Gerhard Colbus, 84107 Unterneuhausen
Druck: M. P. mediaprint solutions GmbH, 33100 Paderborn

Vorbemerkungen

Sowohl bei kaufmännischen als auch bei gewerblichen Zwischen- und Abschlussprüfungen werden wirtschafts- und sozialkundliche Inhalte geprüft. Die vorliegende 7. Auflage des Buches **„Prüfungsvorbereitung aktuell – Wirtschafts- und Sozialkunde“** wurde überarbeitet und aktualisiert. Dabei wurden gesetzliche Änderungen, beispielsweise im Bereich Lohn- und Gehaltsabrechnungen sowie bei der Riesterrente, berücksichtigt. Das Buch bietet mit über **1 880** Aufgaben sehr umfangreich die einschlägigen Themenbereiche zur Vorbereitung auf den WISO-Teil der Prüfung an. Bei der Gliederung wurde darauf geachtet, dass für jeden Ausbildungsberuf, sei es im kaufmännischen oder im gewerblichen Bereich, die relevanten Inhalte ausgewählt und geübt werden können.

Die Aufgaben sind in kammerüblicher Frageform (auch zusammenhängende, handlungsorientierte Übungen) gehalten und nach Themenbereichen geordnet. Die einzelnen Wissensgebiete werden durch vielfältige Fragestellungen hinterfragt, sodass das Einüben des Lernstoffes schematisiert und damit erleichtert wird.

Die verschiedenen Aufgabentypen verlangen - ähnlich wie in der Prüfung auch - entweder das Ankreuzen ein oder mehrerer Antworten, das Übertragen von Lösungsbuchstaben, das Aufstellen von logischen Reihenfolgen oder auch das Berechnen der Ergebnisse. Bei den Reihenfolgeaufgaben ist darauf zu achten, dass die richtige Reihenfolge in den Kästchen **vor** den einzelnen Arbeitsschritten einzutragen ist (siehe Beispiel).

Beispiel einer Reihenfolgeaufgabe:

Bringen Sie folgende Tätigkeiten zur Neueinstellung von Mitarbeitern in die richtige Reihenfolge.

[5] Arbeitsvertrag
[1] Stellenangebot im Anzeigenteil der Regionalpresse
[4] Bewerbungsgespräch (Vorstellungsgespräch)
[2] Lesen einer Anzeige bei den Stellenangeboten
[3] Bewerbungsschreiben mit Bewerbungsunterlagen an angegebene Adresse richten

Die Lösung (im Lösungsteil mit **5-1-4-2-3** angegeben) ist von oben nach unten in die Kästchen zu übertragen, sodass die **1** bei „Stellenangebot im Anzeigenteil der Regionalpresse“ steht usw.

Bei der Erstellung des vorliegenden Übungsbuches wurde mit großer Sorgfalt gearbeitet. Dennoch können bei dieser Vielzahl von Aufgaben Fehler nicht völlig ausgeschlossen werden. Verlag und Autor können deshalb keine juristische Verantwortung und auch keinerlei Haftung übernehmen. Sollten Ihnen Unstimmigkeiten auffallen, sind die Autoren für eine kurze Nachricht unter info@bvc-colbus.de bzw. hans.luger@gmx.de. dankbar. Es wird jedem Hinweis nachgegangen.

Vielen Dank.

Im Frühjahr 2020

Autoren und Verlag

INHALTSÜBERSICHT

WIRTSCHAFTS- UND SOZIALKUNDE

WISO 1.1	– Berufsausbildung, Arbeitsverhältnis	Seiten 5 bis 22
WISO 1.2	– Tarifvertrag, Betriebsvereinbarung, Mitbestimmung	Seiten 23 bis 46
WISO 1.3	– Arbeitsschutzgesetze	Seiten 47 bis 61
WISO 1.4	– Sozialversicherung, Individualversicherung	Seiten 62 bis 80
WISO 1.5	– Staatl. Förd.: Weiterbildung, Existenzgründung, Vermögensbildung, Altersvorsorge	Seiten 81 bis 86
WISO 2	– Rechtliche Rahmenbedingungen	Seiten 87 bis 93
WISO 3	– Willenserklärung, Rechtsgeschäfte	Seiten 94 bis 105
WISO 4	– Grundlagen des Wirtschaftens	Seiten 106 bis 130
WISO 5	– Markt, Preisbildung	Seiten 131 bis 153
WISO 6.1	– Kaufvertrag	Seiten 154 bis 169
WISO 6.2	– Mangelhafte Ware	Seiten 170 bis 176
WISO 6.3	– Zahlungsverzug, Mahnwesen, Verjährung	Seiten 177 bis 185
WISO 6.4	– Lieferungsverzug	Seiten 186 bis 191
WISO 6.5	– Annahmeverzug	Seiten 192 bis 193
WISO 6.6	– Verbraucherschutz, AGB	Seiten 194 bis 200
WISO 7	– Investition, Finanzierung	Seiten 201 bis 209
WISO 8.1	– Unternehmensformen	Seiten 210 bis 222
WISO 8.2	– Organisationsaufbau, Führungsstile	Seiten 223 bis 232
WISO 9	– Vollmachten	Seiten 233 bis 238
WISO 10	– Kaufmann, Firma, Handelsregister	Seiten 239 bis 247
WISO 11	– Steuern	Seiten 248 bis 262
WISO 12.1	– Personalplanung, Personalverwaltung	Seiten 263 bis 280
WISO 12.2	– Lohn, Gehalt	Seiten 281 bis 292
WISO 13.1	– Wirtschaftspolitik	Seiten 293 bis 320
WISO 13.2	– Wirtschaftkreislauf	Seiten 321 bis 324
WISO 14	– Wirtschaftsordnungen	Seiten 325 bis 332
WISO 15	– Arbeitssicherheit, Umweltschutz	Seiten 333 bis 350

LÖSUNGEN

Lösungen — Seiten 353 bis 364

1. **Eine Jugendliche mit mittlerem Bildungsabschluss will sich für einen Ausbildungsplatz bewerben. Bringen Sie ihre Vorgehensweise in die richtige Reihenfolge!**

   [ ] Abschluss des Berufsausbildungsvertrages

   [ ] Formulieren des Bewerbungsschreibens mit Hinweis, warum sie sich gerade für diesen Beruf interessiert und auch geeignet hält

   [ ] Erkundigungen über das Ausbildungsunternehmen einholen

   [ ] Erkundigungen über Ausbildungsberuf, Ausbildungsinhalte und Perspektiven in diesem Beruf einholen

   [ ] Absenden des Bewerbungsschreibens unter Beifügung von Lebenslauf, Passfoto und Referenzen

   [ ] Wahrnehmung des Termins zur Vorstellungsgespräch

2. **Welches Gesetz bestimmt im Wesentlichen den Inhalt des Berufsausbildungsvertrages?**

   a) Handelsgesetzbuch
   b) Betriebsverfassungsgesetz
   c) Jugendarbeitsschutzgesetz
   d) Berufsausbildungsförderungsgesetz
   e) Berufsbildungsgesetz

3. **Wann endet in der Regel das Berufsausbildungsverhältnis?**

   a) Es endet mit Bestehen der Abschlussprüfung.
   b) Es endet mit Ablauf der vertraglichen Ausbildungszeit.
   c) Es endet durch Kündigung des Arbeitgebers.
   d) Es endet durch Kündigung des Auszubildenden.
   e) Es endet entsprechend der zwischen Arbeitgeber und Auszubildenden getroffenen Vereinbarung.

4. **Welche Regelung enthält das Berufsbildungsgesetz?**

   a) Die einheitliche Regelung der beruflichen Ausbildung
   b) Die einheitliche Regelung für die Ausbildung in der Berufsschule
   c) Die einheitliche Regelung des Arbeits- und Gewerberechts
   d) Die einheitliche Regelung für die Ausbildung des Kaufmanns
   e) Die einheitliche Regelung der beruflichen Ausbildung im Betrieb

Zu den nächsten beiden Aufgaben siehe nachstehende Situation!

Die 17-jährige Erna Müller bewirbt sich mit Einverständnis ihrer Eltern um einen Ausbildungsplatz bei einem Einzelhandelsunternehmen. Nach einem Vorstellungsgespräch wird ihr von der Leiterin der Personalabteilung, Frau Jung, der vor zwei Wochen Prokura erteilt wurde, zugesichert, sie könne die Stelle in 2 Monaten zu den gesetzlich und tarifvertraglich geregelten Bedingungen antreten. Frau Müller und deren Eltern sind damit einverstanden.

5. **Ist ein gültiger Ausbildungsvertrag zustande gekommen?**

   a) Nein, weil die Eltern beim Vorstellungsgespräch nicht anwesend waren
   b) Nein, weil der Berufsausbildungsvertrag erst nach einer Rücktrittsfrist von 8 Tagen gültig wird
   c) Nein, weil die Leiterin der Personalabteilung keinen Ausbildungsvertrag abschließen kann
   d) Ja, aber der wesentliche Inhalt des Vertrages muss spätestens vor Beginn der Ausbildung schriftlich niedergelegt werden
   e) Ja, aber erst, wenn die IHK dem Vertrag zugestimmt hat

6. **Welcher Bestandteil im Ausbildungsvertrag ist ungültig?**

   a) Regelung über die Dauer des Urlaubs
   b) Festlegung der Vergütung während der Berufsausbildung
   c) Übernahmeregelung in den Betrieb nach der Ausbildungszeit
   d) Bestimmungen über die Teilnahme an Fortbildungen
   e) Regelung über die Dauer des Berufsausbildungsverhältnisses

7. Frau Müller tritt das Ausbildungsverhältnis an. Am Montag, Dienstag, Mittwoch und Freitag arbeitet sie von 09:00 Uhr 18:00 Uhr, am Donnerstag von 11:00 Uhr bis 20:00 Uhr mit Pausen von insgesamt 1 Stunde an jedem Arbeitstag. Ist das zulässig?

a) Nein, da jugendliche Mitarbeiter nach 18:00 Uhr grundsätzlich nicht mehr beschäftigt werden dürfen
b) Ja, wenn die Eltern zustimmen
c) Ja, weil dadurch die tägliche Arbeitszeit 8 Stunden und die wöchentliche Arbeitszeit 40 Stunden nicht überschritten wird
d) Ja, da für sie das Jugendarbeitsschutzgesetz nicht mehr gilt
e) Ja, wenn ihr die Arbeitszeit nach 18:00 Uhr als Überstunden vergütet wird

8. Im Ausbildungsvertrag ist die Dauer des Urlaubs genau festgelegt. Welches Gesetz schreibt diese Eintragung vor?

a) Berufsbildungsgesetz
b) Jugendarbeitsschutzgesetz
c) Bundesurlaubsgesetz
d) Jugendschutzgesetz
e) Arbeitsplatzschutzgesetz
f) Betriebsverfassungsgesetz

9. Welche Aussage über die Dauer der Probezeit für den Auszubildenden ist richtig?

a) Sie beträgt 4 Monate.
b) Sie beträgt höchstens 14 Tage.
c) Sie beträgt mindestens 3 Monate und höchstens 4 Monate.
d) Sie beträgt mindestens 2 Monate und höchstens 3 Monate.
e) Sie beträgt mindestens 1 Monat und höchstens 4 Monate.

10. Welche Aussage zur Probezeit ist zutreffend?

a) Sie dient der Feststellung, ob der Jugendliche für den gewählten Beruf geeignet ist.
b) Sie dient vor allem der Verrichtung leicht zu bewältigender Aufgaben.
c) Sie kann bei beiderseitigem Einverständnis auch 4 Monate überschreiten.
d) Sie ist wie bei normalen Arbeitsverhältnissen nicht vorgeschrieben, sollte daher ausdrücklich vereinbart werden.
e) Sie dauert maximal 6 Monate.

11. Ein Auszubildender, der im Mai seine Abschlussprüfung ablegt, hat sich bei der Autoreifen AG um die Stelle eines Verkaufssachbearbeiters beworben. Nach einem Vorstellungsgespräch erhält er am 30. März ein Einstellungsangebot. Daraufhin kündigt er, ohne Angabe eines Grundes, zum 30. April.
Zu welchem Termin endet das Ausbildungsverhältnis?

a) Am 30. April
b) Sofort nach der Kündigung, da das Stillschweigen über die Betriebsgeheimnisse nicht mehr gewährleistet ist
c) Mit dem Bestehen der Abschlussprüfung
d) Zu dem Termin, der im Berufsausbildungsvertrag vereinbart wurde
e) Wenn noch Anspruch auf Resturlaub besteht, an dem Tag vor dem 30. April, der sich nach Abzug des Urlaubs ergibt

12. In welchem Fall muss ein Berufsausbildungsverhältnis verlängert werden?

a) Bei nicht bestandener Abschlussprüfung auf Verlangen des Auszubildenden
b) Bei nicht bestandener Abschlussprüfung auf Verlangen des Ausbilders
c) Wenn die Abschlussprüfung nicht bestanden wurde
d) Bei ungenügenden Leistungen auf Verlangen der Berufsschule

13. In welchem Gesetz heißt es: „Der Auszubildende hat sich zu bemühen, die Fertigkeiten und Kenntnisse zu erwerben, die erforderlich sind, um das Ausbildungsziel zu erreichen!"?

a) Jugendarbeitsschutzgesetz
b) Berufsbildungsgesetz
c) Arbeitsförderungsgesetz
d) Bundesausbildungsförderungsgesetz
e) Betriebsverfassungsgesetz

14. Ein kaufmännischer Auszubildender will die Abschlussprüfung vorzeitig ein halbes Jahr vor Beendigung der vertraglich vereinbarten Ausbildung ablegen. Wer entscheidet über die Zulassung zur Abschlussprüfung laut Berufsbildungsgesetz?

a) Die zuständige Industrie- und Handelskammer
b) Der Klassenlehrer der Berufsschule
c) Der Ausbildungsleiter
d) Die Geschäftsführung
e) Die Schulleitung der Berufsschule

15. Welche Angabe muss der Berufsausbildungsvertrag enthalten?

a) Beginn und Dauer der täglichen Mittagspause
b) Höhe der Vergütung
c) Form der Kündigung während der Probezeit
d) Zeitraum des Betriebsurlaubs
e) Möglichkeiten der Wiederholung von Abschlussprüfungen
f) Auflösung des Arbeitsverhältnisses nach der Ausbildungszeit

16. Der Personalleiter einer Großhandels GmbH vereinbart mit einem minderjährigen Bewerber und dessen Eltern in einem Vorstellungsgespräch am 10.03., dass der Bewerber ab dem 01.09. bei der Großhandels GmbH eine Berufsausbildung zum Kaufmann im Groß- und Außenhandel beginnt. Der Bewerber wird am 02.02. volljährig. Wann ist der schriftliche Berufsausbildungsvertrag auszustellen?

a) Unverzüglich nach dem 10.03., spätestens vor dem 01.09.
b) Unverzüglich nach dem 01.03., wenn sicher ist, dass der Bewerber die Ausbildung bei der Großhandels GmbH beginnt
c) Innerhalb der vereinbarten dreimonatigen Probezeit, also spätestens bis zum 30.11.
d) Unverzüglich nach der Volljährigkeit des Bewerbers
e) Unverzüglich nach Ablegen der Zwischenprüfung, wenn sicher ist, dass der Bewerber das Ausbildungsziel erreichen kann

17. Woraus stammt folgende Vorschrift: „Das Berichtsheft ist in Form eines Ausbildungsnachweises zu führen; dem Auszubildenden ist Gelegenheit zu geben, das Berichtsheft während der Ausbildungszeit zu führen."?

a) Im Rahmenlehrplan
b) In der Ausbildungsordnung
c) Im Bundesausbildungsförderungsgesetz
d) Im Betriebsverfassungsgesetz
e) Im Arbeitsförderungsgesetz

18. Welche <u>zwei</u> Vereinbarungen in einem Berufsausbildungsvertrag sind nichtig?

a) Der Tarifvertrag ist gültig für die Ausbildungsvergütung.
b) Die Probezeit wird auf zwei Monate festgelegt.
c) Alle Änderungen des Berufsausbildungsvertrages bedürfen der Schriftform.
d) Der Auszubildende ist verpflichtet, nach Ausbildungsende zwei Jahre im Ausbildungsbetrieb zu bleiben.
e) Der Auszubildende ist verpflichtet, außer der Berufsschule auch eine überbetriebliche Bildungseinrichtung zu besuchen.
f) Zahlung einer Vertragsstrafe bei Verstößen gegen die Arbeitsordnung

19. Eine 15-Jährige schließt einen Berufsausbildungsvertrag ab. In welchem Fall liegt ein Verstoß gegen das Berufsbildungsgesetz vor?

a) Im Berufsausbildungsvertrag wird vereinbart, dass die Großhandels GmbH die Auslagen für Unterkunft und Verpflegung in einem Wohnheim nur zu 70 % übernimmt.
b) Mit der Niederschrift des Berufsausbildungsvertrages wird bis zum Ablauf der viermonatigen Probezeit gewartet.
c) Die Großhandels GmbH kann keine Ausbildung im Rechnungswesen durchführen. Im Berufsausbildungsvertrag wird deshalb eine mehrmonatige Ausbildung bei dem Steuerberater des Betriebes vereinbart.
d) Im Berufsausbildungsvertrag wird der Jahresurlaub gemäß Jugendarbeitsschutzgesetz eingesetzt.
e) Im Berufsausbildungsvertrag wird eine über dem Tarifvertrag liegende Ausbildungsvergütung vereinbart.

20. Ihnen liegt ein Berufsausbildungsvertrag zur Prüfung vor. Welchen Vertragsinhalt müssen Sie verbessern?

a) Die jetzt gültigen Ausbildungsvergütungen sind für alle Ausbildungsjahre eingetragen.
b) Die Angaben der Eltern fehlen.
c) Die Kündigungsvoraussetzungen sind aufgeführt.
d) Die Probezeit beträgt 6 Monate.
e) Die Ausbildung dauert 26 Monate.

21. Wer schließt den Berufsausbildungsvertrag ab, wenn der Auszubildende noch nicht volljährig ist?

a) Auszubildender, gesetzlicher Vertreter und IHK
b) Auszubildender, gesetzlicher Vertreter, Ausbildungsbetrieb und Ausbilder
c) Auszubildender, gesetzlicher Vertreter und Ausbildungsbetrieb
d) Auszubildender, gesetzlicher Vertreter, Ausbildungsbetrieb und Berufsschule
e) Auszubildender, gesetzlicher Vertreter, Ausbildungsbetrieb und IHK

22. Die verantwortliche Ausbilderin einer Großhandels GmbH wird beauftragt, den Ausbildungsplan für die Auszubildenden des zweiten Ausbildungsjahres zu erstellen. Wo kann sie sich informieren, welche Kenntnisse und Fertigkeiten im dritten Ausbildungsjahr zu vermitteln sind?

a) Im Lehrplan der Berufsschule
b) Im Berufsbildungsgesetz
c) Im Ausbildungsrahmenplan und in der Ausbildungsordnung
d) In der mit dem Betriebsrat vereinbarten Arbeits- und Betriebsordnung
e) In dem für den Großhandel geltenden Tarifvertrag

23. Frau Erna Müller wurde in den Betriebsrat gewählt. Eine Auszubildende erkundigt sich bei ihr nach einem qualifizierten Zeugnis. Welche Antwort ist richtig?

a) Ein qualifiziertes Zeugnis darf nur in Absprache mit dem Betriebsrat erstellt werden.
b) Ein Auszubildender hat keinen Anspruch auf ein qualifiziertes Zeugnis.
c) Ein qualifiziertes Zeugnis enthält nur Angaben über Art, Dauer und Ziele der Berufsausbildung sowie über die erworbenen Kenntnisse und Fertigkeiten eines Auszubildenden.
d) Der Ausbildende muss jedem Auszubildenden auf Verlangen ein qualifiziertes Zeugnis ausstellen.
e) Der Ausbildende hat jedem Auszubildenden ohne Aufforderung eine qualifiziertes Zeugnis auszustellen.

24. Einer Auszubildenden wird nach Abschluss ihres Ausbildungsvertrages der Ausbildungsrahmenlehrplan ausgehändigt. Wer ist dafür verantwortlich, dass der Inhalt dieses Ausbildungsrahmenlehrplans vermittelt wird?

a) Die Berufsschule vermittelt diese Unterrichtsthemen.
b) Eine überbetriebliche Ausbildungsstätte, die keine praktische Tätigkeit vermitteln kann
c) Die Ausbildungsstätten, die ein ergänzendes Angebot zur betrieblichen Ausbildung anbieten
d) Der Ausbildungsbetrieb, dieser erstellt daraus den Ausbildungsplan in sachlicher und zeitlicher Gliederung
e) Die IHK im Rahmen einer Vorbereitung zur Prüfung zum Kaufmann/zur Kauffrau im Groß- und Außenhandel

25. Wo ist geregelt, dass der Auszubildende für den Berufsschulunterricht freizustellen ist?

a) Im Rahenlehrplan
b) Im Berufsbildungsgesetz
c) Im Bundesausbildungsförderungsgesetz
d) Im Betriebsverfassungsgesetz
e) Im Arbeitsförderungsgesetz

26. Neben der betrieblichen Ausbildung bestimmt das Berufsbildungsgesetz, dass die Berufsausbildung dual durchzuführen ist. An welchem Lernort muss der Auszubildende außerdem ausgebildet werden?

a) In den anderen Abteilungen des Betriebes, da das Berufsbildungsgesetz dieses unter dem weiteren Lernort versteht
b) Der Auszubildende muss zur Erlangung von Fachkenntnissen auch in der Werkstatt eingesetzt werden.
c) In dem überregionalen Lernzentrum des Unternehmens
d) Unter dem weiteren Lernort versteht das Berufsbildungsgesetz die Berufsschule.
e) In den Schulungsräumen der IHK
f) Bei der beauftragten Dienstleistungsbetrieben, z. B. Steuerberater

27. Ein Auszubildender aus dem 1. Ausbildungsjahr fragt, nach welchen Vorschriften und wo die Ausbildungsvergütung geregelt ist. Welche Antwort ist die richtige?

a) Das Berufsbildungsgesetz fordert die Regelung der Ausbildungsvergütung im Berufsausbildungsvertrag.
b) Das Jugendarbeitsschutzgesetz regelt die Vergütung der jugendlichen Auszubildenden in einer gesonderten Vereinbarung.
c) Die Ausbildungsvergütung wird für die einzelnen Ausbildungsjahre vom Bundesministerium für Arbeit und Sozialordnung festgelegt und ist im Berufsbildungsgesetz geregelt.
d) Die Ausbildungsvergütung ist Bestandteil der Ausbildungsordnung und ist im Ausbildungsrahmenplan geregelt.
e) Die Ausbildungsvergütung ist im Bewertungsgesetz geregelt und kann mit jedem Ausbildungsbetrieb frei vereinbart werden.

28. Auszubildende haben das Recht auf Ausbildungsvergütung. Welche Aussage hierzu ist zutreffend?

a) Die Vergütung wird grundsätzlich leistungsbezogen berechnet.
b) Ausbildungsvergütungen sind wie Gehaltsansprüche teilweise pfändbar.
c) Überstundenvergütungen sind bei Auszubildenden nicht vorgesehen.
d) Vergütungen sind nicht zu zahlen für Zeiten der Freistellung (z. B. Berufsschulunterricht).
e) Die Ausbildungsvergütung ist entsprechend der Lohnfortzahlung bei Krankheit bis zur Dauer von 6 Wochen weiter zu bezahlen.

29. Ihnen wird ein Berufsausbildungsvertrag vorgelegt. Sie sollen ihn auf überflüssige Inhalte überprüfen. Welche <u>zwei</u> Angaben müssen darin <u>nicht</u> enthalten sein?

a) Beginn und Dauer der Berufsausbildung
b) Dauer der Probezeit
c) Kündigungsgründe während der Probezeit
d) Zahlung und Höhe der Vergütung
e) Ort der Ausbildung
f) Dauer des Berufsschulunterrichts

30. Unter welcher Voraussetzung kann ein Auszubildender das Ausbildungsverhältnis nach Ablauf der Probezeit kündigen?

a) Formlos, mit 2 Wochen Kündigungsfrist, unter Angabe der Gründe
b) Eine Kündigung ist nach Ablauf der Probezeit nur noch fristlos und formlos möglich, wenn ein wichtiger Grund vorliegt.
c) Schriftlich, mit 4 Wochen Kündigungsfrist, unter Angabe, dass der Ausbildungsberuf gewechselt wird
d) Schriftlich, mit 6 Wochen Kündigungsfrist zum Quartalsende
e) Formlos, jederzeit ohne Einhaltung einer Frist

31. In welchem Gesetz sind die Kündigungsbestimmungen für Auszubildende enthalten?

a) Kündigungsschutzgesetz
b) Jugendarbeitsschutzgesetz
c) Berufsbildungsgesetz
d) Bürgerliches Gesetzbuch
e) Arbeitsförderungsgesetz
f) Arbeitsplatzschutzgesetz

32. Eine Auszubildende will wissen, unter welchen Voraussetzungen das Berufsausbildungsverhältnis gekündigt werden kann. Welche Auskunft ist richtig?

a) Nach der Probezeit kann das Berufsausbildungsverhältnis aus einem wichtigen Grund gekündigt werden.
b) Die Kündigung des Vertragsverhältnisses kann auch mündlich erfolgen.
c) Nach der Probezeit kann das Berufsausbildungsverhältnis in keinem Fall mehr gekündigt werden.
d) Die Kündigungsfrist beträgt nach der Probezeit 6 Wochen.
e) Während der Probezeit kann das Berufsausbildungsverhältnis nur unter Angabe einen Grundes gekündigt werden.

33. Die verantwortliche Ausbilderin einer Großhandels GmbH wird beauftragt, die Ausbildungszeugnisse für die Auszubildenden zu erstellen, die ihre Ausbildung beendet haben. Welche Angaben sind nur auf Verlangen der Auszubildenden in das Zeugnis aufzunehmen?

a) Die Angabe, dass der/die Auszubildende an Maßnahmen außerhalb der Ausbildungsstätte teilgenommen hat
b) Die genaue Datumsangabe des Beginns und des Endes der Ausbildungszeit
c) Die genaue Bezeichnung des erlernten Ausbildungsberufes
d) Eine Aussage zu den erworbenen Kenntnissen und Fertigkeiten sowie zu den erworbenen Berufserfahrungen
e) Eine Aussage zu Führung und Leistung sowie zu besonderen fachlichen Fähigkeiten (qualifiziertes Zeugnis)

34. Fünf Auszubildende der Großhandels GmbH wollen aus unterschiedlichen Gründen ihre Ausbildung beenden. Prüfen Sie die Rechtswirksamkeit nachstehender Kündigungsschreiben anhand des abgebildeten Gesetzestextes (Ausschnitt aus dem Berufsbildungsgesetz). Welches Kündigungsschreiben hat keine Aussicht auf Erfolg?

a) Am 14. März kündigt eine Auszubildende im 2. Ausbildungsjahr ihren Ausbildungsvertrag. Sie beabsichtigt, am 15. April eine andere Ausbildung zu beginnen.
b) Die Auszubildende, die vor 3 Wochen ihre Ausbildung begonnen hat, kündigt ohne Angabe von Gründen.
c) Die Auszubildende, die ihre Abschlussprüfung nicht bestanden hat, wünscht keine Verlängerung der Ausbildungszeit.
d) Ein Abiturient, der sich im ersten Ausbildungsjahr befindet, hat einen Studienplatz erhalten und hat deswegen gekündigt.
e) Eine Auszubildende im zweiten Ausbildungsjahr kündigt, da sie ihre Ausbildung zur Kauffrau im Groß- und Außenhandel in einem anderen Unternehmen fortsetzen möchte.

Berufsbildungsgesetz (Auszug)

§ 13 Probezeit
Das Berufsausbildungsverhältnis beginnt mit der Probezeit. Sie muss mindestens einen Monat und darf höchstens vier Monate betragen.

§ 14 Beendigung
(1) Das Berufsausbildungsverhältnis endet mit Ablauf der Ausbildungszeit.
(2) Besteht der Auszubildende vor Ablauf der Ausbildungszeit die Abschlussprüfung, so endet das Berufsausbildungsverhältnis mit Bestehen der Abschlussprüfung.
(3) Besteht der Auszubildende die Abschlussprüfung nicht, so verlängert sich das Berufsausbildungsverhältnis auf sein Verlangen bis zur nächstmöglichen Wiederholungsprüfung, höchstens ein Jahr.

§ 15 Kündigung
(1) Während der Probezeit kann das Berufsausbildungsverhältnis jederzeit ohne Einhaltung einer Kündigungsfrist gekündigt werden.
(2) Nach der Probezeit kann das Berufsausbildungsverhältnis nur gekündigt werden
1. aus einem wichtigen Grund ohne Einhaltung einer Kündigungsfrist,
2. vom Auszubildenden mit einer Kündigungsfrist von vier Wochen, wenn er die Berufsausbildung aufgeben oder sich für eine andere Berufstätigkeit ausbilden lassen will.
(3) Die Kündigung muss schriftlich und in den Fällen des Absatzes 2 unter Angabe der Kündigungsgründe erfolgen.
(4) Eine Kündigung aus einem wichtigen Grund ist unwirksam, wenn die ihr zugrunde liegenden Tatsachen dem zur Kündigung Berechtigten länger als zwei Wochen bekannt sind. Ist ein vorgesehenes Güteverfahren vor einer außergerichtlichen Stelle eingeleitet, so wird bis zu dessen Beendigung der Lauf dieser Frist gehemmt.

35. Ein Auszubildender beabsichtigt, das Ausbildungsverhältnis aus wichtigem Grund nach der Probezeit fristlos zu kündigen. Unter welcher Voraussetzung kann die Kündigung wirksam werden?

a) Wenn er ohne Angabe von Gründen eine Kündigungsfrist von vier Wochen einhält
b) Wenn er ohne Angabe von Gründen eine Kündigungsfrist von zwei Wochen einhält
c) Wenn zum Ablauf der Probezeit kein Gespräch über die Fortführung des Ausbildungsvertrages zwischen dem Ausbildenden und dem Auszubildenden geführt wird
d) Wenn die Kündigung schriftlich unter Angabe des Kündigungsgrundes erfolgt
e) Wenn er zu einer Schadenersatzleistung bereit ist
f) Wenn die Kündigung über ein Schlichtungsverfahren eingeleitet wird

36. Die Großhandels GmbH stellt einen ehemaligen Auszubildenden nach dessen Beendigung der Ausbildung unaufgefordert ein einfaches Zeugnis aus. Was muss laut Berufsbildungsgesetz mindestens in diesem Zeugnis enthalten sein?

a) Die fachlichen Fähigkeiten und Eignungen des Auszubildenden.
b) Die Höhe der vom Auszubildenden in Anspruch genommenen Sozialleistungen.
c) Die Auflistung über die erbrachten Leistungen im Ausbildungsbetrieb.
d) Angaben über die Führung des Auszubildenden während der Ausbildungszeit.
e) Art, Dauer und Ziel der Berufsausbildung sowie die erworbenen Kenntnisse und Fertigkeiten.

37. Wie muss sich ein Auszubildender nach der gesetzlichen Regelung verhalten, wenn er aus Krankheitsgründen im Betrieb fehlt?

a) Er muss den Betrieb sofort benachrichtigen und in jedem Fall bei Wiedererscheinen ein Attest mitbringen.
b) Er muss den Betrieb spätestens nach 3 Tagen benachrichtigen.
c) Sollte der Auszubildende beim Unterricht in der Berufsschule fehlen, ist er nur verpflichtet, sich dort zu entschuldigen.
d) Er muss sich sofort in ärztliche Behandlung begeben.
e) Er muss den Betrieb sofort benachrichtigen und bei mehr als zwei Krankheitstagen vor Ablauf des dritten Krankheitstages eine ärztliche Arbeitsunfähigkeitsbescheinigung einreichen.

Zu den nächsten drei Aufgaben siehe folgende Situation!

Eine 16-Jährige schließt nach ihrem Realschulabschluss mit einer Großhandels GmbH einen Berufsausbildungsvertrag ab.

38. Welches Recht hat die Auszubildende aufgrund ihres Ausbildungsvertrages?

a) Anspruch auf die Vermittlung der erforderlichen Fertigkeiten und Kenntnisse
b) Anspruch auf eine während der Ausbildungszeit gleichbleibende Ausbildungsvergütung
c) Freistellung von der Arbeit, an einem Berufsschultag mit mindestens drei Unterrichtsstunden
d) Nach Ablauf der vereinbarten Probezeit erfolgt die Niederschrift des Berufsausbildungsvertrages.
e) Übernahme in ein Beschäftigungsverhältnis nach Bestehen der Abschlussprüfung

39. An wen stellt die Großhandels GmbH den „Antrag auf Eintragung in das Verzeichnis der Ausbildungsverhältnisse"?

a) An das Arbeitsamt
b) An den bayerischen Landesverband des Deutschen Großhandels
c) An das Amt für Arbeitsschutz
d) An die Berufsgenossenschaft
e) An die Industrie- und Handelskammer

40. Die minderjährige Auszubildende möchte die in ihrem Berufsausbildungsvertrag enthaltenen Urlaubstage mit der gesetzlichen Regelung vergleichen. Wo findet sie die erforderlichen Paragraphen?

a) Im Berufsbildungsgesetz
b) Im Berufsausbildungsförderungsgesetz
c) In der Ausbildungsordnung
d) Im Arbeitszeitgesetz
e) Im Jugendarbeitsschutzgesetz

41. Ein 16-jähriger Mitarbeiter wird zum 1. Januar 17 Jahre alt. Für dieses Kalenderjahr hat er einen Urlaubsanspruch von 27 Werktagen. Da sein Kollege, der zu Beginn des Kalenderjahres noch keine 16 Jahre alt war, 30 Werktage Urlaubsanspruch hat, möchte er sich über die unterschiedliche Behandlung informieren. Aus welcher Rechtsgrundlage kann er die gewünschten Information erhalten?

a) Aus dem Arbeitszeitrechtsgesetz
b) Aus dem Jugendarbeitsschutzgesetz
c) Aus dem Jugendschutzgesetz
d) Aus dem Berufsbildungsgesetz
e) Aus der Ausbildungsordnung

42. Wer unterliegt nicht dem Jugendarbeitsschutzgesetz?

a) Jugendliche, die noch schulpflichtig sind
b) Auszubildende, die bereits volljährig sind
c) Jugendliche, die sich in einem Ausbildungsverhältnis befinden
d) Arbeitnehmer unter 18 Jahren, die sich in einem Arbeitsverhältnis befinden

43. Welche Aufgabe hat das Jugendarbeitsschutzgesetz?

a) Es beinhaltet die Rechte der Jugendvertretung.
b) Es soll Jugendliche vor fristloser Kündigung schützen.
c) Es regelt die Berufsausbildung für Jugendliche.
d) Es soll den beschränkt Geschäftsfähigen beim Vertragsabschluss schützen.
e) Es soll Jugendliche vor gesundheitlichen Schäden bewahren.

44. Wie viel Stunden dürfen Jugendliche ununterbrochen (ohne Ruhepause) längstens beschäftigt werden?

a) 3 Stunden
b) 3 1/2 Stunden
c) 4 Stunden
d) 4 1/2 Stunden
e) 5 Stunden

45. Welche Aussage entspricht den Bestimmungen des Jugendarbeitsschutzgesetzes?

a) Zwischen dem Feierabend und dem Arbeitsbeginn am nächsten Tag muss eine ununterbrochene Ruhepause von mindestens 15 Stunden liegen.
b) Jugendliche dürfen nicht länger als 8 Stunden ununterbrochen ohne Ruhepause beschäftigt werden.
c) Das Jugendarbeitsschutzgesetz soll alle jungen Menschen unter 25 Jahren vor einer Gefährdung ihrer Gesundheit oder einer Störung ihrer Entwicklung bewahren.
d) Jugendliche dürfen grundsätzlich nicht mit Akkordarbeiten beschäftigt werden oder andere tempoabhängigen Arbeiten ausführen, mit denen ein höheres Entgelt erzielt werden kann.
e) Jugendliche müssen im Rahmen der Abschlussprüfung 2 Arbeitstage vor der Prüfung freigestellt werden.

46. In welchem Fall verstößt ein Unternehmen gegen das Jugendarbeitsschutzgesetz?

a) Einem 17-Jährigen werden 27 Werktage gewährt.
b) Ein 17-Jähriger wird mit Akkordarbeit betraut.
c) Ein 16-Jähriger ist ständig in einem Lager beschäftigt, das ausschließlich künstlich beleuchtet ist.
d) Ein 18-jähriger Auszubildender arbeitet am Fließband.
e) Ein 16-Jähriger wird zeitweilig mit körperlich harter Arbeit betraut.

47. Sie erarbeiten einen Tagesablaufplan für Auszubildende. Wie viel Minuten Ruhepause müssen Sie einplanen, wenn die Jugendlichen täglich mehr als 6 Stunden arbeiten?

a) 90 Minuten
b) 60 Minuten
c) 40 Minuten
d) 30 Minuten
e) 15 Minuten

48. In welchem Fall wird ein Berufsschultag nicht auf die tägliche Arbeitszeit mit 8 Stunden angerechnet?

a) Schultage mit mehr als 6 Stunden je 60 Minuten
b) Schultage mit 6 Zeitstunden je 60 Minuten
c) Schultage mit 6 Unterrichtsstunden je 45 Minuten
d) Schultage mit mehr als 5 Unterrichtsstunden je 45 Minuten
e) Schultage mit 5 Unterrichtsstunden je 45 Minuten

49. Einige Mitarbeiter sind krank geworden. Darf der Ausbilder von seinem Auszubildenden verlangen, dass dieser nach dem Berufsschulunterricht noch in den Ausbildungsbetrieb kommt?

a) Ja, wenn die Unterrichtszeit nur 6 Zeitstunden betragen hat.
b) Ja, aufgrund der besonderen Situation.
c) Nein, in keinem Fall, wenn der Auszubildende noch Jugendlicher ist.
d) Ja, wenn die Unterrichtszeit nur 5 Unterrichtsstunden zu jeweils 45 Minuten betragen hat.
e) Ja, wenn die Erziehungsberechtigten des Auszubildenden zustimmen.

50. Nach dem Jugendarbeitsschutzgesetz darf die tägliche Arbeitszeit 8 Stunden, die wöchentliche Arbeitszeit 40 Stunden nicht übersteigen. Was ist die tägliche Arbeitszeit?

a) Die tägliche Arbeitszeit ist die Zeit vom Beginn bis zum Ende der täglichen Beschäftigung einschließlich der Ruhepausen.
b) Die tägliche Arbeitszeit ist die Zeit, die unter Einbeziehen der Jugend- und Auszubildendenvertretung nach den betrieblichen Notwendigkeiten festgelegt wird.
c) Die tägliche Arbeitszeit für Jugendliche und Auszubildende wird von der Jugend- und Auszubildendenvertretung festgelegt.
d) Die tägliche Arbeitszeit ist die Zeit, die sich vom Beginn bis zum Ende der täglichen Beschäftigung einschließlich der Ruhepausen sowie der anrechenbaren Wegstrecke ergibt.
e) Die tägliche Arbeitszeit ist die Zeit vom Beginn bis zum Ende der täglichen Beschäftigung ohne Ruhepausen.

51. Aufgrund veränderter Geschäftszeiten, die um die Samstage erweitert wurden, muss an den anderen Wochentagen die Arbeitszeit der Mitarbeiter so gestaltet werden, dass die bisherige wöchentliche Arbeitszeit eingehalten wird. Weitere Mitarbeiter können nicht eingestellt werden, da keine Umsatzsteigerungen zu erwarten sind. Welche Arbeitszeitregelung bietet sich an?

a) Flexible Arbeitszeit
b) Starre Arbeitszeit
c) Teilzeitarbeit
d) Kurzarbeit
e) Stundenlohn mit Überstundenpauschale

52. Eine Großhandels GmbH bietet einem neuen Mitarbeit einen Arbeitsvertrag mit folgenden Arbeitszeiten an: täglich von 07:00 Uhr bis 16:00 Uhr, bei einer wöchentlichen Arbeitszeit von 40 Stunden. Es gilt die 5-Tage-Woche. Die täglichen Pausenzeiten betragen 60 Minuten. Welche Arbeitszeitregelung liegt diesem Arbeitsvertrag zugrunde?

a) Starre Arbeitszeit
b) Flexible Arbeitszeit
c) Schichtarbeit
d) Teilzeitarbeit
e) Kurzarbeit

53. Welche Aussage kennzeichnet die „gleitende Arbeitszeit“?

a) Der Arbeitnehmer kann seine tägliche Arbeitszeit nach freiem Ermessen gestalten.
b) Der Arbeitnehmer kann Beginn und Ende seiner Arbeitszeit variabel gestalten, er muss jedoch zur sogenannten Kernarbeitszeit anwesend sein.
c) Der Arbeitgeber setzt die tägliche Arbeitszeit entsprechend den jeweiligen betrieblichen Gegebenheiten fest.
d) Arbeitnehmer, die sich einen Arbeitsplatz teilen, können den Zeitpunkt ihrer gegenseitigen „Ablösung“ selbständig festlegen.
e) Konjunkturell bedingte Kurzarbeit wird bei besserer Auftragslage durch die Leistung von Überstunden ausgeglichen.

54. Was bezeichnet man als Individualarbeitsrecht?

a) Das im Verhältnis zwischen einzelnen Arbeitgebern und einzelnen Arbeitnehmern geltende Recht
b) Das im Verhältnis zwischen einzelnen Arbeitgebern und dem Betriebsrat geltende Recht
c) Das im Verhältnis zwischen einzelnen Arbeitgebern und einzelnen Gewerkschaften geltende Recht
d) Das im Verhältnis zwischen einzelnen Tarifvertragsparteien geltende Recht
e) Das im Verhältnis zwischen Betriebsrat und den im Betrieb vertretenen Gewerkschaften geltende Recht

55. Welches Gericht ist Berufungsinstanz bei Streitigkeiten aus dem Beschäftigungsverhältnis?

a) Arbeitsgericht
b) Bundesverfassungsgericht
c) Bundesarbeitsgericht
d) Bundesgerichtshof
e) Landesarbeitsgericht

56. Sie haben für Ihre Verkaufsabteilung einen neuen Mitarbeiter, Franz Huber, zur Einstellung ausgewählt. Dieser Einstellung wird vom Betriebsrat widersprochen. Nun soll gerichtlich geklärt werden, ob er dennoch eingestellt werden kann. Welches Gericht ist hierfür zuständig?

a) Das Sozialgericht
b) Das Amtsgericht
c) Das Verwaltungsgericht
d) Das Arbeitsgericht
e) Das Finanzgericht

57. Es wurde gerichtlich entschieden, dass Herr Huber eingestellt werden kann. Welche Regelung dürfen Sie nach den gesetzlichen Bestimmungen <u>nicht</u> in den Einzelarbeitsvertrag aufnehmen?

a) Es wird eine Probezeit von sechs Monaten vereinbart.
b) Es wird für Herrn Huber eine längere Kündigungsfrist vereinbart als für den Arbeitgeber.
c) Es wird festgelegt, dass die im Rahmen einer Betriebsvereinbarung festgelegten Regelungen auch für den Einzelarbeitsvertrag Geltung finden.
d) Es werden 35 Arbeitstage Urlaub vereinbart, obwohl im Tarifvertrag nur 28 Arbeitstage festgelegt sind.
e) Es wird auf die geltende Arbeitszeitregelung hingewiesen.

58. Auf dem direkten Nachhauseweg vom Betrieb stürzt ein Mitarbeiter und bricht sich einen Arm. Welches Gericht wäre bei eventuellen späteren Rechtsstreitigkeiten mit der betrieblichen Versicherung zuständig?

a) Amtsgericht
b) Landgericht
c) Arbeitsgericht
d) Verwaltungsgericht
e) Sozialgericht

59. Ordnen Sie zu!

Streitfälle

a) Streitigkeiten zwischen Arbeitgeber und Betriebsrat wegen Einführung der gleitenden Arbeitszeit
b) Streitigkeiten aus dem Verkauf eines alten Dienstfahrzeuges an einen Mitarbeiter
c) Streitigkeiten wegen eines Anspruchs auf Arbeitslosengeld
d) Streitigkeiten aus einem Einkommensteuerbescheid
e) Streitigkeiten aus einer Kaufmannsgehilfenprüfung wegen eines Verfahrensfehlers
f) Streitigkeiten aus der Kündigung einer Sozialwohnung

Gerichte

[ ] Finanzgericht
[ ] Verwaltungsgericht
[ ] Sozialgericht

60. Zwei Auszubildende sollen nach Ablegung ihrer Abschlussprüfung in ein unbefristetes Arbeitsverhältnis übernommen werden. Wo sind bei den abzuschließenden Arbeitsverträgen Unterschiede in den rechtlichen Vorschriften bezüglich einer Probezeit im Vergleich zu ihren Ausbildungsverträgen festzustellen?

a) Während beim Berufsausbildungsverhältnis eine Probezeit von mindesten einem Monat vorgeschrieben ist, ist für ein Arbeitsverhältnis keine Probezeit vorgeschrieben.

b) Während der Probezeit eines Berufsausbildungsverhältnisses kann von beiden Vertragspartnern jederzeit gekündigt werden. Während der Probezeit eines Arbeitsverhältnisses ist vom Arbeitgeber und vom Arbeitnehmer eine Kündigungsfrist von vier Wochen zum 15. oder zum Ende des Monats einzuhalten.

c) Die Probezeit während der Berufsausbildung darf höchstens 4 Monate dauern. Für ein Arbeitsverhältnis gilt eine Maximaldauer von 12 Monaten.

d) Die Angabe eines Kündigungsgrundes während der Probezeit eines Berufsausbildungsverhältnisses kann entfallen, währenddessen bei einem Arbeitsverhältnis die Angabe zwingend vorgeschrieben ist.

e) Die arbeitsrechtlichen Regelungen zur Probezeit sind bei einem Berufsausbildungsverhältnis und einem Arbeitsverhältnis identisch.

61. Ordnen Sie zu!

Gesetze und Verträge

a) Bundesurlaubsgesetz
b) Jugendarbeitsschutzgesetz
c) Lohn- und Gehaltstarifvertrag
d) Betriebsverfassungsgesetz
e) Kündigungsschutzgesetz
f) Arbeitszeitgesetz
g) Berufsbildungsgesetz

Sachverhalten

[ ] Fünf Auszubildende wollen eine Jugend- und Auszubildendenvertretung gründen.

[ ] Ein Auszubildender beabsichtigt, bereits vor Ablauf seiner Ausbildungszeit die Abschlussprüfung abzulegen.

[ ] Eine noch jugendliche Auszubildende arbeitet an einem Wochentag bis 22:00 Uhr. Nächsten Tag soll sie bereits wieder um 9:00 Uhr zur Arbeit erscheinen.

62. Welcher Fehler ist der XY-Bank AG beim Ausfüllen des Vertrages unterlaufen? Kreuzen Sie die Position an, die den Bestimmungen des Berufsbildungsgesetzes nicht entspricht!

a) Position A b) Position B c) Position E d) Position F e) Position G

Antrag auf Eintragung

in das Verzeichnis der Berufsausbildungsverhältnisse zum nachfolgenden

Berufsausbildungsvertrag

Zwischen dem Ausbildenden (Ausbildungsbetrieb) **und der/dem Auszubildenden** männlich ☒ weiblich ☐

Firmenident-Nr.: Tel.-Nr.

Name und Anschrift des Ausbildenden: **XY Bank AG**

Straße, Haus-Nr.: **Altstadt 25**

PLZ: **84032** Ort: **Landshut**

E-Mail-Adresse d. Ausbildenden: **info@xy-bank.de**

Verantwortlicher Ausbilder

Herr/Frau: **Niklaus Ingrid** geb. am: **27.05.1980**

Name, Vorname: **Krobe Walter**

Straße, Haus-Nr.: **Hauptstr. 4**

PLZ: **84107** Ort: **Weihmichl**

Geburtsdatum: **14.08.** 2001 Geburtsort: **München**

Staatsangehörigkeit: **deutsch** Gesetzl. Vertreter[1] Eltern ☐ Vater ☐ Mutter ☐ Vormund ☐

Namen, Vornamen der gesetzl. Vertreter

Straße, Haus-Nr.

PLZ Ort

wird nachstehender Vertrag zur Ausbildung im Ausbildungsberuf

Bankkaufmann

mit der Fachrichtung/dem Schwerpunkt nach Maßgabe der Ausbildungsverordnung[2] geschlossen.

XCXCXC

Betrieblicher Unterricht ja ☒ Ausbildungs- einrichtung Lehrbüro ☐ Lehrecke ☐ Lehrwerkstatt ☐ Sonstige ☐ Anzahl Fachkräfte im Ausbildungsberuf

vom Auszubildenden besuchte Schulen[5] zuletzt: **30** **HLG Landshut**

Abgangsklasse: **13** abgeschlossen mit[6]: **5** davor[5]

Berufsfeld[7]

Zuständige Berufsschule: **Staatl. BS II Landshut**

A Die Ausbildungszeit beträgt nach der Ausbildungsverordnung **3** Jahre

Die vorausgegangene Berufsausbildung/Vorbildung: **Abitur**

wird mit **6** Monaten angerechnet, bzw. es wird eine entsprechende Verkürzung beantragt.

Das Berufsausbildungsverhältnis beginnt am Tag Monat Jahr **01.08.2019** endet am Tag Monat Jahr **31.01.2022**

B Die Probezeit (§ 1 Nr. 2) beträgt **4** Monate[3]

C Die Ausbildung findet vorbehaltlich der Regelung nach **D** (§ 3 Nr. 12) in **Landshut**

und den mit dem Betriebssitz für die Ausbildung üblicherweise zusammenhängenden Bau-, Montage- und sonstigen Arbeitsstellen statt.

D Ausbildungsmaßnahmen außerhalb der Ausbildungsstätte (§ 3 Nr. 12) (mit Zeitraumangabe)

XCXCXC

E Der Ausbildende zahlt dem Auszubildenden eine angemessene Vergütung (§ 5); diese beträgt zur Zeit monatlich brutto:

EURO	706	763	763	
im	ersten	zweiten	dritten	vierten

Ausbildungsjahr

F Die regelm. tgl.. Ausbildungszeit (§ 6 Nr. 1) beträgt **8** Std.[4]

G Der Ausbildende gewährt dem Auszubildenden Urlaub nach den geltenden Bestimmungen. Es besteht ein Urlaubsanspruch

im Jahr	2019	2020	2021	2022	
Werktage					
Arbeitstage	13	30	30	3	

H Sonstige Vereinbarungen

Tarifvertrag für das private Bankgewerbe

1) Vertretungsberechtigt sind beide Eltern gemeinsam, soweit nicht die Vertretungsberechtigung nur einem Elternteil zusteht. Ist ein Vormund bestellt, so bedarf dieser zum Abschluss des Ausbildungsvertrages der Genehmigung des Vormundschaftsgerichtes.

2) Solange die Ausbildungsordnung nicht erlassen ist, sind gem. § 108 Abs 1 BBiG die bisherigen Ordnungsmittel anzuwenden.

3) Die Probezeit muss mindestens einen Monat und darf höchstens vier Monate betragen.

4) Das Jugendarbeitsschutzgesetz sowie für das Ausbildungsverhältnis geltende tarifvertragliche Regelungen und Betriebsvereinbarungen sind zu beachten.

5) Zuletzt besuchte Schule (zutr. Ziff. eintr)
05) Hauptschule
10) Sonderschule
20) Realschule
30) Gymnasium
35) Oberstufenzentrum
40) Gesamtschule
51) Berufsvorbereitungsjahr
52) Berufsgrundschuljahr
53) Berufsfachschule
57) Fachoberschule
59) Sonst. berufl. Vollzeitschulen z. B. Höhere Berufsfachschulen)
80) Hochschule/Fachhochschule
90) Sonstige Schule

6) Schulabschluss (zutr. Ziff. eintr.)
1) Hauptschulabschluss (10A)
2) Qualifizierter Hauptschulabschluss
3) Mittlerer Bildungsabschluss (Fachoberschulreife)
4) Fachhochschulreife
5) Hochschulreife (Abitur)
6) Hochschulabschluss
8) Sonstiger Abschluss
9) Ohne Abschluss

7) Bei Berufsgrundschuljahr bzw. Berufsfachschule bitte besuchtes Berufsfeld eintragen.

63. Ab wann gilt ein Arbeitnehmer als eingestellt?

a) Mit dem Bestehen des Eignungstests
b) Mit der Vorlage der Arbeitspapiere
c) Mit dem Abschluss des Arbeitsvertrages
d) Mit der Zustimmung des Arbeitsamtes
e) Mit der ersten Gehaltszahlung

64. Welche Vergütung beteiligt Mitarbeiter des Betriebes am Unternehmenserfolg?

a) Provision
b) Akkordlohn
c) Gewinnbeteiligung
d) Leistungslohn
e) Zeitlohn

65. Mit einem Angestellten wird bei seinem Eintritt in das Unternehmen ein Gehalt von 1 500 € brutto vereinbart. Ein schriftlicher Arbeitsvertrag wird, weil in diesem Unternehmen unüblich, nicht abgeschlossen. Nach einem Monat erhält der Angestellte die Mitteilung, dass auf Grund der gezeigten Leistungen nur ein Gehalt von 1.400 € gezahlt werden könne. Wie ist die Rechtslage?

a) Der Angestellte kann nichts dagegen unternehmen, weil gar kein Arbeitsvertrag abgeschlossen wurde.
b) Der Angestellte kann nichts dagegen unternehmen, weil die Probezeit noch nicht beendet ist.
c) Der Angestellte kann nichts dagegen unternehmen, weil Gehaltsvereinbarungen stets der Schriftform bedürfen.
d) Der Angestellte kann nichts dagegen unternehmen, weil der Tarifvertrag in seinem Fall 1.400 € vorsieht.
e) Der Angestellte hat Anspruch auf 1.500 € brutto, weil dieses Gehalt fest vereinbart wurde.

66. Welche Abgabe wird vom Arbeitnehmer allein getragen?

a) Lohnsteuer
b) Unfallversicherungsbeitrag
c) Arbeitslosenversicherungsbeitrag
d) Rentenversicherungsbeitrag
e) Krankenversicherungsbeitrag

67. In einem erfolgreichen Unternehmen wird besonderer Wert gelegt auf berufliche Fortbildung. Welche Aussage zur beruflichen Fortbildung ist zutreffend?

a) Berufliche Fortbildung ist hauptsächlich für Dienstleistungsunternehmen von Bedeutung, da hier ein Dienst am Kunden erbracht wird.
b) Berufliche Fortbildungsmaßnahmen sollten nur durchgeführt werden, wenn Mitarbeiter neue Aufgaben übernehmen sollen.
c) Um berufliche Fortbildungsmaßnahmen erfolgreich einsetzen und nutzen zu können, ist eine gezielte Personalentwicklungsplanung von Bedeutung.
d) Berufliche Fortbildungsmaßnahmen sollten eher spontan durchgeführt werden, immer dann, wenn dem Unternehmen günstige Angebote von Bildungsträgern vorliegen.
e) Berufliche Fortbildung spielt nur im Vertriebsbereich eine wichtige Rolle, da alle Vertriebsmitarbeiter den direkten Kontakt zum Kunden haben.

68. Eine Mitarbeiterin der Bavaria Fahrradwerke KG soll künftig als Ausbilderin fungieren. Welche Voraussetzung muss sie unter anderem erfüllen, um von der zuständigen Kammer als verantwortliche Ausbilderin anerkannt zu werden?

a) Sie muss über eine entsprechende persönliche und fachliche Eignung verfügen.
b) Sie muss im zuständigen Prüfungsausschuss Mitglied sein.
c) Sie muss jährlich Weiterbildungsmaßnahmen der IHK besuchen.
d) Sie muss ein Hochschulstudium abgeschlossen haben.
e) Sie muss die Erlaubnis des Kultusministeriums vorweisen können.

69. Welche Aussage über den Arbeitsvertrag ist <u>falsch</u>?

a) Der Arbeitsvertrag regelt die gegenseitigen Rechte und Pflichten.
b) Der Arbeitsvertrag enthält Angaben über den vereinbarten Lohn.
c) Der Arbeitsvertrag muss stets schriftlich abgeschlossen werden.
d) Der Arbeitsvertrag kann eine längere Kündigungsfrist vorsehen, als nach dem Gesetz vorgeschrieben ist.
e) Der Arbeitsvertrag ist ein zweiseitiges Rechtsgeschäft.

70. Welche Aussage über befristete Arbeitsverträge ist richtig?

a) Befristete Arbeitsverträge dürfen nur abgeschlossen werden, wenn Jugendliche nach der Ausbildung vom Ausbildungsbetrieb in ein Arbeitsverhältnis übernommen werden sollen.

b) Befristete Arbeitsverträge enden mit Ablauf der Befristung, ohne dass es einer Kündigung bedarf.

c) Befristete Arbeitsverträge dürfen nur mit arbeitslosen Bewerbern abgeschlossen werden.

d) Befristete Arbeitsverträge kann man mit Bewerbern eingehen, ohne dass der Betriebsrat ein Mitbestimmungsrecht bei der Einstellung hat.

e) Befristete Arbeitsverträge mit einer Laufzeit über 12 Monate können ohne Urlaubs- und Lohnfortzahlungsansprüche abgeschlossen werden.

71. Was zählt u. a. zur Sorgfaltspflicht des Arbeitnehmers gegenüber dem Arbeitgeber?

a) Der Arbeitnehmer hat Geschäftseigentum pfleglich zu behandeln.

b) Der Arbeitnehmer soll die Interessen der Belegschaft wahren.

c) Der Arbeitnehmer soll nicht die Arbeitsbedingungen mit denen anderer Betriebe vergleichen.

d) Der Arbeitnehmer darf zum Durchsetzen seiner Rechte nicht das Gericht bemühen.

e) Der Arbeitnehmer muss bei betrieblicher Notwendigkeit immer Mehrarbeit leisten.

72. Für den kaufmännischen Angestellten besteht ein Handels- und Wettbewerbsverbot. Was bedeutet diese Aussage?

a) Der Angestellte muss das Gesetz gegen den unlauteren Wettbewerb beachten.

b) Der Angestellte darf ohne Genehmigung des Arbeitgebers kein eigenes Geschäft in der gleichen Branche betreiben.

c) Der Angestellte darf keine Kaufverträge ohne Genehmigung des Geschäftsinhabers abschließen.

d) Der Angestellte darf keine Betriebsgeheimnisse verraten.

e) Der Angestellte darf sich nicht abfällig über die Konkurrenz äußern.

73. Ordnen Sie zu!

Beispiele

a) Der Angestellte muss die vereinbarte Arbeit persönlich leisten.

b) Der Angestellte muss sich nach besten Kräften für die Interessen des Unternehmens einsetzen.

c) Der Angestellte darf Zahlen aus der Bilanz nicht weitergeben.

d) Der Angestellte hat Weisungen des Arbeitgebers zu beachten.

e) Der Angestellte darf ohne Einwilligung des Arbeitgebers nebenher kein selbstständiges Handelsgewerbe in dessen Geschäftszweig betreiben.

f) Der Angestellte ist verpflichtet, beim Arbeitgeber die Steuerkarte abzugeben.

Pflichten der Angestellten

[ ] Treuepflicht

[ ] Dienstleistungspflicht

[ ] Wettbewerbsverbot

74. Ordnen Sie zu!

Erklärungen von Arbeitsrechtsbegriffen

a) Kommt durch Vereinbarung zwischen Arbeitgeberverband und Gewerkschaften zustande

b) Kommt durch Verordnung eines Ministers aufgrund eines bestehenden Gesetzes zustande

c) Kommt durch Erklärung des Bundesministers für Arbeit auf Antrag einer Tarifpartei zustande

d) Gilt für Arbeitnehmer eines Betriebes und wird zwischen Betriebsrat und Arbeitgeber abgeschlossen

e) Kommt durch Antrag des Arbeitgebers und Annahme des Arbeitnehmers zustande

f) Kommt auf Antrag von Arbeitgeber und Betriebsrat zustande und ersetzt die Einigung zwischen Arbeitgeber und Betriebsrat durch einen Spruch

g) Wird im Streitfall von einer Einigungsstelle erlassen

Vereinbarungen

[ ] Einzelarbeitsvertrag

[ ] Betriebsvereinbarung

[ ] Tarifvertrag

75. Welcher Punkt des abgebildeten Vordrucks eines Arbeitsvertrags entspricht nicht den gesetzlichen Bestimmungen? Tragen Sie den zutreffenden Buchstaben in das Kästchen ein.

☐

ARBEITSVERTRAG

Zwischen der Bavaria Fahrradwerke KG..

(im folgenden Arbeitgeber genannt)

und Peter Hobmaier ....

(im folgenden Arbeitnehmer genannt)

wird folgender Arbeitsvertrag geschlossen:

A. Art und Dauer der Tätigkeit:
Der Arbeitnehmer wird ab ....01.05.202_........als....Marketingleiter.................unbefristet eingestellt.

B. Entgelt:
Als Vergütung wird ein Gehalt von ......4.200,00...............€ brutto pro Monat vereinbart.

C. Arbeitszeit
Als regelmäßige wöchentliche Arbeitszeit ausschließlich der Pausen werden laut Tarifvertrag 40 Stunden vereinbart.

D. Probezeit
Die ersten sechs Monate des Arbeitsverhältnisses gelten als Probezeit.

E. Beendigung des Arbeitsverhältnisses:
Das Arbeitsverhältnis kann nach Ablauf der Probezeit vom Arbeitnehmer mit einer Frist von vier Wochen zum Fünfzehnten oder zum Ende eines Kalendermonats gekündigt werden.

F. Urlaub:
Der Arbeitnehmer hat Anspruch auf 20 Werktage (pro Kalenderjahr) Erholungsurlaub unter Fortzahlung der Bezüge.

G. Verschwiegenheitspflicht:
Der Arbeitnehmer verpflichtet sich, während und auch nach eventueller Beendigung des Arbeitsverhältnisses über alle ihm während seiner Tätigkeit bekannt gewordenen Geschäfts- und Betriebsgeheimnisse Stillschweigen zu bewahren.

H. Wettbewerbsverbot
Der Arbeitnehmer verpflichtet sich, für die Dauer von zwei Jahren nach Beendigung des Arbeitsverhältnisses im Gebiet der Postleitzahlen 8 und 9 nicht für ein Konkurrenzunternehmen tätig zu sein sowie nicht unmittelbar oder mittelbar an der Gründung oder im Betrieb eines solchen Unternehmens mitzuwirken.
Für die Dauer des Wettbewerbsverbots verpflichtet sich die Firma, 50 % der zuletzt gewährten vertraglichen Leistungen zu zahlen. Die Karenzentschädigung wird fällig am Schluss eines jeden Kalendermonats.

.

.

76. Ordnen Sie zu!

Inhalte des Arbeitsrechts	**Rechtsbegriffe**
a) Regelung, dass eine Kündigung sozial gerechtfertigt ist, wenn sie aus persönlichen, verhaltensbedingten oder betrieblichen Gründen erfolgt	[ ] Arbeitsvertrag
b) Regelung über die durchschnittliche wöchentliche Arbeitszeit in einer bestimmten Branche der Wirtschaft	[ ] Betriebsvereinbarung
c) Regelung darüber, dass ein Betrieb einen bestimmen Prozentsatz seiner Arbeitsplätze für Schwerbehinderte zur Verfügung stellen muss	[ ] Tarifvertrag
d) Regelung innerhalb eines Betriebes über die flexible Arbeitszeit	
e) Bestimmung, nach der Arbeitnehmern ein Mindesturlaub pro Jahr garantiert wird	
f) Vereinbarung, dass vor Ausspruch einer ordentlichen Kündigung eines Mitarbeiters der Betriebsrat angehört werden muss	
g) Individuelle Vereinbarung, dass die Bezahlung nach einer bestimmten Vergütungsgruppe erfolgt	

77. Ähnlich wie im Bereich des Arbeitsrechtes gelten auch für die Berufsausbildung eine Reihe von wichtigen Arbeitsschutzgesetzen, die der Arbeitssicherung, dem Umweltschutz und der Sicherheit dienen. Wie ist der Begriff Arbeitsschutz definiert?

a) Arbeitsschutz ist der durch rechtliche Vorschriften gewährte Schutz vor negativen Folgen, die sich aus der Arbeit ergeben.

b) Arbeitsschutz ist der durch rechtliche Vorschriften gewährte Schutz vor negativen Folgen, die sich aus den Lebensbedingungen ergeben.

c) Arbeitsschutz ist der durch gesellschaftliche Normen gewährte Schutz zur Erhaltung der Gesundheit.

d) Arbeitsschutz ist der durch medizinische Leitlinien der Arbeitsmediziner und Soziologen geforderte Schutz zur Erhaltung der Gesundheit der Arbeitnehmer.

e) Arbeitsschutz ist der durch die Vorschriften des Betriebsverfassungsgesetzes gewährte Schutz vor negativen Folgen, die sich aus betrieblichen Entscheidungen ergeben.

<u>Zu den nächsten fünf Aufgaben siehe nachstehende Situation.</u>

78. Der 16jährige Auszubildende Peter Umbrat will seine finanziellen Mittel aufbessern, indem er samstags 6 Stunden am Nachmittag in einem Bistro an der Theke arbeitet. Er beantragt deshalb bei Ihnen eine Genehmigung für diese Nebentätigkeit. Wie entscheiden Sie aufgrund des abgebildeten Ausdrucks des Jugendarbeitsschutzgesetzes?

a) Der Auszubildende kann dieser Beschäftigung wie beantragt nachgehen.

b) Der Auszubildende kann der Beschäftigung nachgehen, wenn er seine Nebentätigkeit auf wöchentlich maximal 4 Stunden beschränkt.

c) Der Auszubildende kann der Beschäftigung nachgehen, wenn er statt samstags am Freitag im Bistro arbeitet.

d) Der Auszubildende darf als Jugendlicher keinerlei Nebenbeschäftigung ausüben.

e) Der Auszubildende kann der Beschäftigung nachgehen, wenn jeder zweite Samstag im Monat beschäftigungsfrei bleibt.

Auszug aus dem Jugendarbeitsschutzgesetz

(....)

§ 4 Arbeitszeit. (1) Tägliche Arbeitszeit ist die Zeit vom Beginn bis zum Ende der täglichen Beschäftigung ohne die Ruhepausen (§ 11).

(...)

(4) [1]Für die Berechnung der wöchentlichen Arbeitszeit ist als Woche die Zeit von Montag bis einschließlich Sonntag zugrunde zu legen. [2]Die Arbeitszeit, die an einem Werktag infolge eines gesetzlichen Feiertags ausfällt, wird auf die wöchentliche Arbeitszeit angerechnet.

(5) Wird ein Kind oder ein Jugendlicher von mehreren Arbeitgebern beschäftigt, so werden die Arbeits- und Schichtzeiten sowie die Arbeitstage zusammengerechnet.

(...)

§ 8 Dauer der Arbeitszeit. (1) Jugendliche dürfen nicht mehr als acht Stunden täglich und nicht mehr als 40 Stunden wöchentlich beschäftigt werden.

(2) [1]Wenn in Verbindung mit Feiertagen an Werktagen nicht gearbeitet wird, damit die Beschäftigten eine längere zusammenhängende Freizeit haben, so darf die ausfallende Arbeitszeit auf die Werktage von fünf zusammenhängenden, die Ausfalltage einschließenden Wochen nur dergestalt verteilt werden, dass die Wochenarbeitszeit im Durchschnitt dieser fünf Wochen 40 Stunden nicht überschreitet. [2]Die tägliche Arbeitszeit darf hierbei achteinhalb Stunden nicht überschreiten.

(2a) Wenn an einzelnen Werktagen die Arbeitszeit auf weniger als acht Stunden verkürzt ist, können Jugendliche an den übrigen Werktagen derselben Woche achteinhalb Stunden beschäftigt werden.

79. Welche Unterlage zum Nachschlagen benötigt eine 16-jährige Auszubildende, wenn sie sich über den ihr zustehenden Urlaubsanspruch informieren möchte?

a) Bundesurlaubsgesetz
b) Betriebsverfassungsgesetz
c) Jugendarbeitsschutzgesetz
d) Arbeitsförderungsgesetz
e) Berufsbildungsgesetz

80. Wo bzw. wie ist es geregelt, dass ein Auszubildender einen Ausbildungsnachweis (Berichtsheft) führen muss?

a) Im Handelsgesetzbuch
b) Es wird von der zuständigen Kammer vorgeschrieben.
c) Der Arbeitgeber kann dies verlangen.
d) Die Berufsschule schreibt den Ausbildungsnachweis vor.
e) In der Ausbildungsordnung

81. Welches Gesetz ist in seiner aktuellen Fassung am „Schwarzen Brett" auszuhängen bzw. in einer anderen Form zugänglich zu machen?

a) Kündigungsschutzgesetz
b) Tarifvertragsgesetz
c) Arbeitssicherheitsgesetz
d) Jugendarbeitsschutzgesetz
e) Mitbestimmungsgesetz

82. Eine Auszubildende, die im zweiten Ausbildungsjahr ein Kind bekommt, beantragt bei der Personalabteilung für zwei Jahre Erziehungsurlaub. Welche Auswirkung hat dies für das Ausbildungsverhältnis?

a) Das Ausbildungsverhältnis endet nach Ablauf der Mutterschutzfristen.
b) Das Ausbildungsverhältnis endet zum Ablauf der vereinbarten Vertragsdauer.
c) Das Ausbildungsverhältnis endet mit einer Frist von vier Wochen nach Antrag auf Erziehungsurlaub.
d) Das Ausbildungsverhältnis ruht bis zum Ablauf des beantragten Erziehungsurlaubs.
e) Das Ausbildungsverhältnis läuft vertragsgemäß weiter. Die Auszubildende muss sich die für die Prüfung erforderlichen Kenntnisse in einer überbetrieblichen Einrichtung aneignen.

83. Welche Regelung zur Arbeitszeit gilt laut Jugendarbeitsschutzgesetz für eine 17-jährige Auszubildende?

a) Es besteht keine gesetzliche Einschränkung. Alle Betriebsangehörigen können gleich lang arbeiten.
b) Sie darf nicht mehr als 40 Stunden wöchentlich beschäftigt werden.
c) Die Arbeitszeit darf Montag bis Freitag an allen Tagen mehr als 8 Stunden betragen.
d) Durch eine Gleitzeitregelung im Betrieb können alle Vorschriften des Jugendarbeitsschutzgesetzes aufgehoben werden.
e) Aufgrund einer tarifvertraglichen Regelung kann die Auszubildende auch zur Nachtschicht eingeteilt werden.

84. Eine Auszubildende hat vor zwei Jahren ihren dreijährigen Ausbildungsvertrag nach zehn Monaten unterbrochen, um nach der Geburt ihres Kindes Erziehungsurlaub in Anspruch zu nehmen. Nach Ablauf des zweijährigen Erziehungsurlaubs nimmt sie die Ausbildung wieder auf. Sie will nun wissen, wie lange ihr Ausbildung noch dauert?

a) Die Ausbildung dauert noch bis zum ursprünglich vereinbarten Vertragsende.
b) Die Ausbildung beginnt von vorne und dauert noch 36 Monate.
c) Die Ausbildung verlängert sich um ein halbes Jahr bis zur nächsten Prüfung.
d) Die Ausbildung dauert noch 24 Monate, da die acht Wochen Mutterschutzfrist auf die Ausbildung angerechnet werden.
e) Die Ausbildung dauert noch 26 Monate.

85. In welchem Fall ist ein Arbeitgeber berechtigt, die Fortzahlung des Arbeitsentgelts bei einem Arbeitnehmer zu verweigern?

a) Bei Nichtvorlage der ärztlichen Bescheinigung über die Arbeitsunfähigkeit
b) Während der Probezeit des Arbeitsverhältnisses
c) Bei einem Arbeitsunfall im Betrieb
d) Bei gekündigtem Arbeitsverhältnis bis zu dessen tatsächlichen Ende
e) Bei einem Arbeiter, der nur 15 Stunden in der Woche beschäftigt ist

86. Ein neuer Mitarbeiter beginnt seine Tätigkeit in der kaufmännischen Verwaltung. Welche arbeitsrechtliche Vorschrift muss er beachten.

a) Er muss bei der Gewerbeaufsichtsbehörde eine Arbeitserlaubnis beantragen.
b) Er muss ein ärztliches Gesundheitszeugnis beim Personalbüro vorlegen.
c) Er muss sich beim Betriebsrat vorstellen.
d) Er muss die im Betrieb festgelegte Arbeitszeit einhalten.
e) Er muss seinen bisherigen Sozialversicherungsverlauf aus vorherigen Arbeitsverhältnissen beim Personalbüro vorlegen.

87. Welche Aussage zu den für Ausbildungsverhältnisse geltenden gesetzlichen Bestimmungen ist zutreffend?

a) Laut Berufsbildungsgesetz ist der Ausbildende verpflichtet, eine angemessene Ausbildungsvergütung zu zahlen.
b) Das Jugendarbeitsschutzgesetz regelt die tägliche Arbeitszeit des Auszubildenden.
c) Laut Berufsbildungsgesetz ist der Auszubildende verpflichtet, eine bestimmte produktive Arbeitsleistung zu erbringen.
d) Laut Berufsbildungsgesetz kann die Probezeit bei Abschluss des Vertrages auf 6 Monate verlängert werden.
e) Der Manteltarifvertrag regelt die tägliche Arbeitszeit der Auszubildenden.

1. **Als Grundlage für den Abschluss der einzelnen Arbeitsverhältnisse sieht das Tarifrecht den Tarifvertrag vor. Er kann von den Vertragsparteien für die ganze Branche eines Bundeslandes abgeschlossen werden. Wie wird dieser Tarifabschluss bezeichnet?**
   a) Rahmentarifvertrag
   b) Flächentarifvertrag
   c) Manteltarifvertrag
   d) Einzeltarifvertrag
   e) Betriebsvereinbarung
2. **Welche Aussage über Tarifverträge ist richtig?**
   a) Tarifverträge können zwischen einzelnen Arbeitgebern und Betriebsräten geschlossen werden.
   b) Während der Laufzeit von Tarifverträgen sind Arbeitskämpfe erlaubt, wenn sie vier Wochen vorher angekündigt worden sind.
   c) Tarifverträge können zwischen der Geschäftsleitung und den Arbeitnehmern eines Betriebes geschlossen werden.
   d) Tarifverträge sind rechtlich als Empfehlung an die Tarifparteien zu verstehen.
   e) Tarifverträge kommen durch freie Vereinbarungen der Tarifpartner (Arbeitgeberverband und Gewerkschaften) zustande.
3. **Was ist im Lohn- und Gehaltstarif geregelt?**
   a) Die Anzahl der Urlaubstage
   b) Die Pausenzeiten
   c) Die Lohnfortzahlung im Krankheitsfall
   d) Die Vergütung für Auszubildende
   e) Die tägliche Arbeitszeit
4. **Welche Aussage über Manteltarifverträge ist richtig?**
   a) Manteltarifverträge bedürfen der Zustimmung des Staates.
   b) Der Bundesminister des Innern kann einen Manteltarifvertrag für allgemeinverbindlich erklären.
   c) Die Gewerkschaften können einen Manteltarifvertrag für allgemeinverbindlich erklären.
   d) Manteltarifverträge enthalten Rechtsnormen, die z. B. den Inhalt, den Abschluss und die Beendigung von Arbeitsverhältnissen regeln.
   e) Die Arbeitgeber sind verpflichtet, die für ihren Betrieb maßgebenden Manteltarifverträge jedem Arbeitnehmer auszuhändigen.
5. **Welche Aussage über Manteltarifverträge ist richtig?**
   a) Die in Manteltarifverträgen vereinbarten Bedingungen können vom Arbeitgeber bei Vorliegen wichtiger Gründe vorübergehend aufgehoben werden.
   b) Manteltarifverträge regeln z. B. die Arbeitszeit, Schichtzuschläge, Überstundenzuschläge, Urlaub, Kündigungsfristen.
   c) Manteltarifverträge werden zwischen Betriebsräten und einzelnen Arbeitgebern abgeschlossen.
   d) Die Gewerkschaften können einen Manteltarifvertrag für allgemeinverbindlich erklären.
   e) Der Bundesminister des Innern kann einen Manteltarifvertrag für allgemeinverbindlich erklären.
6. **Welche Aussage zum Tarifvertrag ist richtig?**
   a) Tarifverträge können mündlich abgeschlossen werden.
   b) Tarifverträge müssen schriftlich abgeschlossen werden.
   c) Tarifverträge werden meist schriftlich abgeschlossen.
   d) Tarifverträge werden per Gesetz verabschiedet.
   e) Die Form des Abschlusses (mündlich oder schriftlich) bestimmen die Tarifpartner.
7. **Welche Aussage über Tarifverträge ist richtig?**
   a) Die Tarifverträge sind rechtlich nicht bindend, sondern sind als Empfehlung an die Mitglieder der Tarifparteien zu verstehen.
   b) Für allgemeinverbindlich erklärte Tarifverträge gelten für alle unter ihren Geltungsbereich fallende Arbeitsverhältnisse ohne Rücksicht auf Verbands- bzw. Gewerkschaftszugehörigkeit.
   c) Während der Laufzeit von Tarifverträgen sind Streiks und Aussperrungen nur dann erlaubt, wenn sie 4 Wochen vorher angekündigt wurden.
   d) Die Bestimmungen eines Tarifvertrags gelten gleichzeitig als Mindest- und Höchstbedingungen; sie können weder unter- noch überschritten werden.
   e) Was in den Tarifverträgen vereinbart wird, ist erst dann für die Tarifparteien als rechtsverbindlich anzusehen, wenn der Bundesarbeitsminister seine Zustimmung erteilt hat.

8. Was ist Gegenstand des Tarifvertragsgesetzes?
- a) Die Lohnforderungen der Gewerkschaften
- b) Die vom Bundestag gesetzlich beschlossenen Tarifänderungen
- c) Die Ergebnisse der Verhandlungen der Tarifpartner
- d) Die Rechtsgrundlagen für den Abschluss von Tarifverträgen
- e) Das Mitwirkungsrecht der Regierung bei Tarifverhandlungen

9. Was regelt der Mantel- oder Rahmentarifvertrag u. a.?
- a) Mindest- und Höchstlohnsätze
- b) Vergütung für Auszubildende
- c) Den Betrag für den Ecklohn
- d) Beginn und Ende der täglichen betrieblichen Arbeitszeit
- e) Überstundenzuschläge und Wochenarbeitszeit

10. Was regelt der Lohn- und Gehaltstarifvertrag unter anderem?
- a) Kündigungsfristen für Arbeitnehmer
- b) Ausbildungsvergütung
- c) Urlaub
- d) Arbeitszeit
- e) Überstunden

11. Für welche Rechtsstreitigkeit sind die Arbeitsgerichte zuständig?
- a) Für die Entscheidung über die Gewerbeuntersagung wegen Unzuverlässigkeit des Gewerbetreibenden
- b) Für die Entscheidung über die Tariffähigkeit einer Vereinigung
- c) Für die Entscheidung über die Eignung einer Ausbildungsstätte für die Berufsausbildung
- d) Für die Entscheidung über die persönliche und fachliche Eignung des Ausbildenden
- e) Für die Entscheidung über die vorzeitige Zulassung zur Abschlussprüfung

12. Welches Gericht ist die oberste Instanz für Rechtsstreitigkeiten zwischen den Tarifpartnern?
- a) Das Bundesarbeitsgericht in Kassel
- b) Der Bundesgerichtshof in Karlsruhe
- c) Der Bundesfinanzhof in München
- d) Das Bundessozialgericht in Kassel
- e) Das Bundesverwaltungsgericht in Berlin

13. Ein Angestellter will seinen Arbeitgeber verklagen, weil sein Gehalt unter Hinweis auf seine Tätigkeit nicht den Bestimmungen des Tarifvertrages entspricht. Welches Gericht ist zuständig?
- a) Das Amtsgericht
- b) Das Sozialgericht
- c) Das Finanzgericht
- d) Das Arbeitsgericht
- e) Das Verwaltungsgericht
- f) Das Landgericht

14. Welche Vereinbarung enthält der Lohn- und Gehaltstarif?
- a) Urlaubsgeld
- b) Überstundenzuschläge
- c) Mehrarbeitsvergütung
- d) Weihnachtsgratifikation
- e) Lohnsätze für die verschiedenen Lohn- und Gehaltsgruppen

15. Aus welchem Gesetz ist die Tarifautonomie abzuleiten?
- a) Bürgerliches Gesetzbuch
- b) Handelsgesetzbuch
- c) Grundgesetz
- d) Mitbestimmungsgesetz
- e) Betriebsverfassungsgesetz

16. Welche Maßnahme verstößt gegen die Tarifautonomie?

a) Der Arbeits- und Sozialminister bietet sich als Schlichter an.
b) Der Bundeskanzler ermahnt die Tarifvertragsparteien zur Mäßigung.
c) Die Bundesregierung beschließt, dass die Lohnerhöhung in der gewerblichen Wirtschaft 5 % nicht übersteigen darf.
d) Der Bundeswirtschaftsminister gibt eine Steigerungsrate von 3 % Realeinkommen für das laufende Wirtschaftsjahr an.
e) Der Innenminister nimmt den Lohnvorschlag der Gewerkschaften für die im öffentlichen Dienst Beschäftigten nicht an.

17. Welcher Sachverhalt beschreibt einen Verstoß gegen die Tarifautonomie?

a) Die Tarifpartner vereinbaren nach Vorschlag eines politischen Schlichters einen neuen Tarifvertrag.
b) Die Gewerkschaft ruft nach dem Scheitern der Tarifverhandlungen zur Urabstimmung auf.
c) Der Wirtschaftsminister appelliert an die Tarifparteien, bei den Tarifverhandlungen die gesamtwirtschaftliche Lage zu beachten.
d) Der Arbeitsminister setzt nach wochenlangen Arbeitskämpfen eine Anhebung der Löhne um 4 % fest.
e) Der Arbeitgeberverband erklärt die Tarifverhandlungen für gescheitert.

18. Im Rahmen der Tarifverhandlungen wird zwischen Lohn- und Gehaltstarif und dem normalerweise längerfristig geltenden Manteltarifvertrag unterschieden. Was wird im Lohn- und Gehaltstarif geregelt (<u>zwei</u> Antworten)?

a) Kündigungsfristen.
b) Tägliche und wöchentliche Arbeitszeit
c) Urlaubstage
d) Gehaltssätze für die einzelnen Gehaltsgruppen
e) Sonderleistungen wie z. B. Weihnachts- und Urlaubsgeld
f) Die Vergütung der Auszubildenden

19. Der Manteltarifvertrag für die Angestellten und Arbeiter einer Großhandels GmbH ist bis zum 1. November d. J. gekündigt. Welche Institution wird als Verhandlungspartner für den neuen Tarifvertrag teilnehmen?

a) Die Verwaltungsberufsgenossenschaft
b) Die Großhandels- und Lagerei-Berufsgenossenschaft
c) Die Verwaltungsberufsgenossenschaft und die Großhandels- und Lagerei-Berufsgenossenschaft
d) Die Gewerkschaft Handel, Banken und Versicherungen
e) Die Bundesagentur für Arbeit

20. Rückwirkend zum 1. April wurden neue Gehaltstarife von den Tarifparteien festgelegt. Die Großhandels GmbH ist Mitglied im Arbeitgeberverband. Welche Auswirkungen haben die neuen Tarife?

a) Keine, denn sie stellen nur Gehaltsvorschläge dar.
b) Alle Gewerkschaftsmitglieder im Betrieb haben Anspruch auf die neuen Tarifgehälter.
c) Die neuen Tarifgehälter dürfen nicht überschritten werden.
d) Der neue Tarifvertrag gilt auch für die leitenden Angestellten.
e) Der Betriebsrat kann die Tarife außer Kraft setzen.

21. Welche Folgen hat eine Lohn- und Gehaltserhöhung um einen Festbetrag (z. B. Löhne und Gehälter steigen in der Metallindustrie für alle gleichmäßig um 135 €)?

a) Die Lohn- und Gehaltserhöhungen sind für jeden Arbeitnehmer prozentual gleich.
b) Die Lohn- und Gehaltserhöhungen bringen den Arbeitnehmern mit höherem Lohn und Gehalt größere Vorteile als den Arbeitnehmern mit niedrigerem Lohn und Gehalt.
c) Die Lohn- und Gehaltserhöhungen bewirken, dass der Unterschied zwischen den Löhnen und Gehältern der einzelnen Arbeitnehmer absolut geringer wird.
d) Die Lohn- und Gehaltserhöhungen bewirken, dass der Unterschied zwischen den Löhnen und Gehältern der einzelnen Arbeitnehmer absolut größer wird.
e) Die Lohn- und Gehaltserhöhungen wirken sich bei Arbeitnehmern mit niedrigerem Lohn und Gehalt prozentual stärker aus als bei denen mit höherem Lohn und Gehalt.

22. Ein Unternehmen ist nicht Mitglied des Arbeitgeberverbandes. Welche Aussage zur Gültigkeit tarifvertraglicher Vereinbarungen ist richtig?

a) Der Tarifvertrag gilt für die Arbeitnehmer des Unternehmens unabhängig von dessen Mitgliedschaft im Arbeitgeberverband.

b) Der Tarifvertrag gilt für die Arbeitnehmer, wenn der Betriebsrat den Tarifvertrag für das Unternehmen als verbindlich erklärt hat.

c) Der Tarifvertrag gilt für alle Mitarbeiter des Unternehmens, die Mitglied der Gewerkschaft sind.

d) Der Tarifvertrag gilt nur dann für alle Arbeitnehmer des Unternehmens, wenn er für allgemeinverbindlich erklärt wurde.

e) Der Tarifvertrag gilt für alle Arbeitnehmer, wenn der Arbeitgeber für die Mehrheit der Arbeitnehmer die tariflichen Vereinbarungen einzelvertraglich gewährt.

23. Wer kann einen Tarifvertrag für allgemeinverbindlich erklären?

a) Der Bundesminister für Arbeit und Sozialordnung

b) Der Bundesminister für Wirtschaft

c) Die Arbeitgeberverbände

d) Die Gewerkschaften

e) Die Tarifpartner auf Antrag des Bundesministers für Arbeit und Sozialordnung

24. Bringen Sie folgende Schritte beim Zustandekommen eines neuen Tarifvertrags in die richtige Reihenfolge!

[ ] Fristgemäße Kündigung des Gehaltstarifvertrages

[ ] Abschluss eines neuen Tarifvertrages

[ ] Urabstimmung über einen Arbeitskampf mit nachfolgendem Streik und Aussperrung

[ ] Aufnahme der Tarifverhandlungen durch die Tarifpartner

[ ] Ausrufung des Streiks aufgrund der Urabstimmung und neue Verhandlungen

[ ] Erklärung des Scheiterns der Tarifverhandlungen durch eine Partei

[ ] Urabstimmung über das Ergebnis der neuen Tarifrunde mit zustimmendem Ergebnis

25. Maßvolle Tarifabschlüsse werden von Arbeitgeberseite als Voraussetzung für die Schaffung neuer Arbeitsplätze gefordert. Ein Vertreter der Bundesregierung merkt hierzu an, dass der Staat nicht die Möglichkeit einer direkten Einwirkung auf die Tarifpartner hat. Auf welches Grundprinzip unserer sozialen Marktwirtschaft kann er sich dabei berufen?

a) Tarifautonomie

b) Investitionsfreiheit

c) Privateigentum an Produktionsmitteln

d) Gewerbefreiheit

e) Förderung des Wettbewerbs

26. Sie wirken bei einer Informationsveranstaltung für die jugendlichen Arbeitnehmer und die Auszubildenden zum Thema Tarifvertragsrecht mit. In diesem Zusammenhang sollen Sie kontrollieren, ob der in Einzelschritten beispielhaft aufgezeigte zeitliche Ablauf beim Zustandekommen eines neuen Gehaltstarifvertrages richtig dargestellt ist. Tragen Sie den Buchstaben des Lösungsvorschlags des Einzelschrittes, der falsch eingeordnet ist, in das Kästchen ein! [ ]

a) 1. Schritt: Fristgemäße Kündigung des Tarifvertrags

b) 2. Schritt: Aufnahme der Verhandlungen durch die Tarifpartner

c) 3. Schritt: Erklärung des Scheiterns der Tarifverhandlungen durch die zuständige Gewerkschaft

d) 4. Schritt: Von Arbeitgeberseite erfolgen Aussperrungen der Arbeitnehmer

e) 5. Schritt: Die zuständige Gewerkschaft führt eine Urabstimmung durch.

f) 6. Schritt: Mehr als 75 % der abstimmungsberechtigten Gewerkschaftsmitglieder stimmen für einen Streik; dieser wird beschlossen und durchgeführt.

g) 7. Schritt: Es finden neue Tarifverhandlungen statt, die zu einer Einigung führen.

h) 8. Schritt: Die Gewerkschaftsmitglieder stimmen in einer Urabstimmung über den Einigungsvorschlag ab.

27. Welche Aussage trifft auf Aussperrung zu?

a) Aussperrung bedeutet die Betriebsbesetzung durch Streikende, die der Betriebsleitung den Zutritt verwehren.
b) Aussperrung bedeutet eine außerordentliche Kündigung der gewerkschaftlich organisierten Arbeitnehmer.
c) Aussperrung ist die gemeinsame und planmäßige Arbeitsniederlegung aller Arbeitnehmer.
d) Aussperrung bedeutet die vorübergehende Aufhebung der Arbeitsverhältnisse in den betroffenen Betrieben.
e) Aussperrung bedeutet die ordentliche Kündigung von Arbeitnehmern für den Zeitraum eines Arbeitskampfes.

28. Einige Mitarbeiter einer Großhandels GmbH sind gewerkschaftlich organisiert. Die Großhandels GmbH ist Mitglied des Arbeitgeberverbandes. Die laufenden Tarifverhandlungen drohen zu scheitern. Für den Fall eines Streiks liegt ein Vorstandsbeschluss des Arbeitgeberverbandes vor, Aussperrungsmaßnahmen zu befürworten. Welche Aussage ist für diese Situation zutreffend?

a) An einem Streik dürfen sich nur die Gewerkschaftsmitglieder beteiligen.
b) Bei einem Streik kann die Großhandels GmbH nicht einbezogen werden, da die Gewerkschaftsmitglieder in der Minderheit sind.
c) Bei einer Abstimmung in der Großhandels GmbH über die Durchführung eines Streiks können die Gewerkschaftsmitglieder in keinem Fall von den anderen Angestellten überstimmt werden.
d) Der Geschäftsführer der Großhandels GmbH kann bei einem Streik in Absprache mit dem Arbeitgeberverband eine Aussperrung in angemessenem Rahmen vornehmen.
e) Eine Aussperrung darf sich nur auf die streikenden Mitarbeiter beziehen.

29. Welche Aussage über gewerkschaftliche Aufgaben und Forderungen in der Bundesrepublik Deutschland ist richtig?

a) Das Grundgesetz räumt den Gewerkschaften lediglich ein Recht für den Abschluss von Lohntarifverträgen ein.
b) Um die Arbeitslosigkeit in der Bundesrepublik Deutschland zu verringern, fordern die Gewerkschaften u. a. eine Verkürzung der wöchentlichen Arbeitszeit.
c) Gewerkschaftsvertreter dürfen zu Betriebsversammlungen nicht eingeladen werden.
d) Die Gewerkschaften setzen sich nicht für eine Humanisierung der Arbeitsbedingungen ein.
e) Die Gewerkschaften dürfen ihren Mitgliedern in arbeitsgerichtlichen Rechtsstreitigkeiten keinen Rechtsschutz gewähren.

30. Welche Behauptung trifft für Warnstreiks zu?

a) Warnstreiks dürfen nur nach einer Urabstimmung durchgeführt werden.
b) Warnstreiks machen ein Schlichtungsverfahren überflüssig.
c) Warnstreiks sind nur dann rechtlich zulässig, wenn sie zeitlich begrenzt durchgeführt werden.
d) Warnstreiks sind nur nach der Aussperrung durch die Arbeitgeber rechtlich zulässig.
e) Warnstreiks sind nur dann rechtlich zulässig, wenn ein gesamtes Tarifgebiet von der Arbeitsniederlegung betroffen ist.

31. Was versteht man unter Friedenspflicht im Tarifrecht?

a) Bei Beginn der Tarifverhandlungen dürfen die Arbeitnehmer zur Untermauerung ihrer Forderungen den Streik ausrufen.
b) Die Tarifparteien können nach dem Gesetz erst zwei Monate nach dem Scheitern der Verhandlungen Kampfmaßnahmen ergreifen.
c) Während der Laufzeit des Tarifvertrages dürfen keine Kampfmaßnahmen gegen die bestehenden Vereinbarungen durchgeführt werden.
d) Bei Tarifverhandlungen versuchen die Tarifpartner unter Vorsitz eines Regierungsmitgliedes zu einem Kompromiss zu kommen.
e) Beim Scheitern von Tarifverhandlungen bemüht sich ein Schlichter um das Zustandekommen eines Tarifvertrages.

32. Welche Aussage über die Schlichtung in einem Tarifkonflikt trifft zu?

a) Der Schlichter unterbreitet einen Kompromissvorschlag, den die Tarifpartner annehmen müssen.

b) Der Vorschlag des Schlichters wird rechtswirksam, wenn ihm die Mehrheit der Arbeitnehmer zustimmt.

c) Das Schlichtungsverfahren setzt erst dann ein, wenn der durch Streik und Aussperrung verursachte volkswirtschaftliche Schaden nicht mehr vertretbar ist.

d) Das Schlichtungsverfahren kann erst dann eingeleitet werden, wenn sich mindestens 75 % der gewerkschaftlich organisierten Arbeitnehmer dafür aussprechen.

e) Der Vorschlag des Schlichters führt nur zum Ende der Tarifauseinandersetzung, wenn er von beiden Tarifpartnern angenommen wird.

33. Welche Behauptung zu Streik und/oder Aussperrung trifft zu?

a) Eine Aussperrung wirkt sich nur deswegen negativ auf den Staat aus, weil alle ausgesperrten Arbeitnehmer vom Arbeitsamt Ausgleichszahlungen erhalten.

b) Durch die Aussperrung schützen sich die bestreikten Betriebe wirksam vor Umsatzeinbußen.

c) Um die volkswirtschaftlichen Schäden in Grenzen zu halten, ist die Dauer der Durchführung von Streiks und Aussperrung auf 6 Wochen begrenzt.

d) Sowohl Streik als auch Aussperrung haben während ihrer Durchführung u. a. negative wirtschaftliche Folgen für die betroffenen Betriebe und Arbeitnehmer sowie für den Staat.

e) Wenn in größerem Umfang volkswirtschaftliche Schäden drohen, kann der Wirtschaftsminister sowohl Streik wie auch Aussperrung durch Erlass beenden.

34. Welche Aussage zur Tarifautonomie ist richtig?

a) Die Tarifautonomie beruht auf keiner gesetzlichen Grundlage. Sie wird von Fall zu Fall zwischen Gewerkschaften und Arbeitgeberverbänden neu vereinbart.

b) Tarifautonomie bedeutet, dass Arbeitsverträge zwischen dem Arbeitnehmer und dem Arbeitgeber abgeschlossen werden.

c) Tarifautonomie bedeutet, dass alle arbeitsrechtlichen Fragen mit Tarifverträgen geregelt werden.

d) Das Streikrecht ist Bestandteil der Tarifautonomie.

e) Wenn sich Arbeitgeberverbände und Gewerkschaften auf keinen neuen Tarifvertrag einigen können, kommt es automatisch zu Streik und Aussperrung.

35. Welche Feststellung kennzeichnet die Tarifautonomie?

a) In den Mitgliedsstaaten der EU können die Löhne ohne Absprache mit den anderen Mitgliedsstaaten festgelegt werden.

b) Die Wirtschaftsminister der einzelnen Bundesländer setzen die Gehälter und Löhne der im öffentlichen Dienst Beschäftigten fest.

c) Die Arbeitgeber handeln mit den Bewerbern bei der Einstellung die jeweilige Lohngruppe aus, in der die Bewerber beschäftigt werden sollen.

d) Die Gewerkschaften setzen die Löhne und Gehälter fest.

e) Arbeitgeberverbände und Gewerkschaften handeln unabhängig von staatlichen Eingriffen die Löhne, Gehälter und sonstigen Arbeitsbedingungen aus.

36. Welche Aussage über die Gewerkschaften ist richtig?

a) Die Gewerkschaften sollen Auseinandersetzungen zwischen Arbeitgebern und Arbeitnehmern verhindern.

b) Die Gewerkschaften beschließen mit den Arbeitgeberverbänden, um wie viel Prozent die Preise im kommenden Jahr höchstens steigen dürfen.

c) Bei Arbeitsstreitigkeiten zwischen Arbeitgebern und Arbeitnehmern dürfen die Gewerkschaften nur in bestimmten Ausnahmefällen Rechtsschutz und Rechtshilfe gewähren.

d) Die Gewerkschaften treten bei Tarifverhandlungen dafür ein, dass die Arbeitnehmer mit ihren Einkommen am Wirtschaftswachstum beteiligt werden.

e) Die Gewerkschaften haben die Aufgabe, die Betriebsratswahlen ordnungsgemäß durchzuführen.

37. Wer handelt den Manteltarifvertrag aus?

a) Bundesregierung und Länderregierungen

b) Handwerkskammern und Industrie- und Handelskammern

c) Arbeitgeberverband und Gewerkschaften

d) Arbeitgeberverband und Sozialversicherungsträger

e) Gewerkschaften und Arbeitnehmer

38. Welche Aussage über Mantel- oder Rahmentarifverträge ist richtig?

a) Die in Manteltarifverträgen vereinbarten Bedingungen können vom Arbeitgeber bei Vorliegen wichtiger Gründe vorübergehend aufgehoben werden.
b) Manteltarifverträge regeln z. B. die Arbeitszeit, Schichtzuschläge, Überstundenzuschläge
c) Manteltarifverträge werden zwischen Betriebsräten und einzelnen Arbeitgebern abgeschlossen.
d) Die Gewerkschaften können einen Manteltarifvertrag für allgemein verbindlich erklären.
e) Der Bundesminister des Innern kann einen Manteltarifvertrag für allgemein verbindlich erklären.

39. Unter welcher Bedingung ist ein Streik zulässig?

a) Wenn in einer Urabstimmung mindestens 25 % der Arbeitnehmer zustimmen
b) Wenn in einer Urabstimmung mindestens 51 % der Arbeitnehmer zustimmen
c) Wenn in einer Urabstimmung mindestens 75 % der Gewerkschaftsmitglieder zustimmen
d) Wenn in einer Urabstimmung mindestens 51 % der Gewerkschaftsmitglieder zustimmen
e) Wenn in einer Urabstimmung mindestens 75 % der Arbeitnehmer zustimmen

40. Welche Tarifvertragsparteien sind nach dem Grundsatz der Tarifautonomie in die Tarifverhandlungen eingebunden!

a) Bundesminister für Wirtschaft und Arbeit und die Gewerkschaften
b) Betriebsratsmitglieder und Vertreter der Geschäftsleitung
c) Gewerkschaften und einzelne Arbeitgeber bzw. Vereinigungen von Arbeitgebern (Spitzenorganisationen)
d) Betriebliche Gewerkschaftsleitung und die Geschäftsführung eines Unternehmens
e) Gewählte Arbeitnehmervertreter (Tarifausschuss) und Arbeitgeberverbände

41. Welche Aussage trifft auf den Begriff der Tarifautonomie zu?

a) Es kommt automatisch zum Arbeitskampf, wenn sich Arbeitgeber und Gewerkschaften nicht auf einen neuen Tarifvertrag einigen können.
b) Alle arbeitsrechtlichen Fragen werden mit Tarifverträgen geregelt.
c) Es gilt ein Tarifvertrag für alle Arbeitgeber und Arbeitnehmer einer bestimmten Berufssparte, auch wenn sie keinem Arbeitgeberverband bzw. keiner Gewerkschaft angehören.
d) Die Tarifvertragsparteien können ohne staatlichen Einfluss Tarifverträge abschließen.
e) Zur Beilegung von allen Streitigkeiten zwischen Arbeitgeber und Gewerkschaften vermittelt ein Schlichter.

42. Was versteht man im Rahmen eines Tarifkonfliktes unter dem Begriff „Aussperrung"?

a) Die Betriebsbesetzung durch Streikende, die der Betriebsleitung den Zutritt verwehren
b) Die planmäßige Nichtzulassung von Arbeitnehmern zur Arbeit unter Verweigerung der Lohnfortzahlung in den betroffenen Betrieben
c) Die gemeinsame und planmäßige Arbeitsniederlegung aller Arbeitnehmer
d) Die ordentliche Kündigung von Arbeitnehmern für den Zeitraum eines Arbeitskampfes
e) Gewählte Arbeitnehmervertreter (Tarifausschuss) und Arbeitgeberverbände

43. Welcher der folgenden Sachverhalte wird durch einen Manteltarifvertrag geregelt!

a) Vergütungssätze für die Auszubildenden
b) Verhandlungsberechtigte Tarifparteien
c) Beginn und Ende der täglichen betrieblichen Arbeitszeit
d) Anzahl der Urlaubstage
e) Tarifgehälter für die einzelnen Gehaltsgruppen

44. Welche drei Aufgaben haben die Gewerkschaften zu erfüllen?

a) Die Gewerkschaften sollen Auseinandersetzungen zwischen Arbeitgebern und Arbeitnehmern verhindern.

b) Die Gewerkschaften verhandeln mit den Arbeitgeberverbänden, um wie viel Prozent die Preise im kommenden Jahr höchstens steigen dürfen.

c) Die Gewerkschaften haben die Aufgabe, die Betriebsratswahlen ordnungsgemäß durchzuführen.

d) Die Gewerkschaften haben bei Tarifverhandlungen für die Belange der organisierten Arbeitnehmer einzutreten.

e) Bei Arbeitsstreitigkeiten zwischen Arbeitgebern und Arbeitnehmern haben die Gewerkschaften die Arbeitnehmer vor Gericht zu vertreten.

f) Die Gewerkschaften führen Tarifverhandlungen als gleichwertiger Partner mit den Arbeitgeberverbänden.

g) Die Gewerkschaften treten bei Tarifverhandlungen dafür ein, dass die Arbeitnehmer mit ihrem Einkommen am Wirtschaftswachstum beteiligt werden.

45. Können Betriebsräte allgemein auch in mittelständischen Betrieben gewählt werden?

a) Nein, Betriebsräte können nur in großen Konzernen, die mindestens 100 Mitarbeiter haben, gewählt werden.

b) Ja, ab einer Betriebsgröße von 5 ständigen, wahlberechtigten Mitarbeitern kann ein Betriebsrat gewählt werden.

c) Nein, nur Betriebe, die im metallverarbeitenden Bereich produzieren, können Betriebsräte wählen.

d) Ja, jeder Ausbildungsbetrieb kann unabhängig von der Beschäftigtenzahl einen Betriebsrat wählen.

46. Welche Personen werden vom Betriebsrat vertreten?

a) Arbeiter, Angestellte und Auszubildende

b) Nur schwerbehinderte Mitarbeiter

c) Nur Gewerkschaftsmitglieder

d) Ausbilder und Unternehmensleiter

47. Welche Aussage über die Mitbestimmung des Betriebsrats ist richtig?

a) Sie ist in allen Betrieben gesetzlich vorgeschrieben.

b) Der Betriebsrat ist paritätisch im Aufsichtsrat einer Kapitalgesellschaft vertreten.

c) Sie gibt es nur in Kleinbetrieben.

d) Sie erstreckt sich auch auf das Gebiet der Berufsbildung.

e) Mitbestimmung des Betriebsrats gibt es schon seit Beginn der Industrialisierung.

f) Sie schließt die Mitentscheidung über alle Investitionen im Betrieb ein.

48. Wer hat innerhalb des Betriebes nach dem Betriebsverfassungsgesetz besondere Rechte?

a) Der Prokurist

b) Der Betriebsrat

c) Der Handlungsbevollmächtigte

d) Die Geschäftsleitung

e) Der leitende Angestellte

49. Was ist eine Betriebsversammlung?

a) Die Versammlung von allen Betriebsratsmitgliedern, auf der über einen Vorschlag der Geschäftsleitung beraten wird.

b) Die Versammlung von Mitarbeitern nach Dienstende, um eine Betriebsneuorganisation zu besprechen.

c) Die Versammlung aller Geschäftsleitungsmitglieder, auf der über ein neues Projekt beraten wird.

d) Die Versammlung der Mitarbeiter eines Betriebes während der Arbeitszeit, die vom Betriebsrat einberufen wird.

e) Die Versammlung von Mitarbeitern, um den Betriebsrat zu wählen.

50. Welche Aussage zur vorgeschriebenen regelmäßigen Betriebsversammlung ist richtig?

a) Die Betriebsversammlung ist öffentlich.

b) Die Betriebsversammlung besteht aus den Arbeitnehmern des Betriebes und den zur gesetzlichen Vertretung des Betriebsrates berufenen Personen.

c) Der Arbeitgeber ist zu den Betriebsversammlungen einzuladen und ist berechtigt, in den Versammlungen zu sprechen.

d) Die Zeit der Teilnahme an Betriebsversammlungen einschließlich der zusätzlichen Wegezeiten ist den Arbeitnehmern nicht zu vergüten.

e) An den Betriebsversammlungen können Beauftragte der im Betrieb vertretenen Gewerkschaften nicht teilnehmen.

51. Das Betriebsverfassungsgesetz sieht vor, dass in jedem Kalendervierteljahr eine Betriebsversammlung einzuberufen ist. Diese findet während der Arbeitszeit statt. Welcher Personenkreis wird zur Betriebsversammlung eingeladen?

a) Die Geschäftsführung (Arbeitgeber) und alle Arbeitnehmer des Betriebes

b) Die Gesellschafter und die Geschäftsführer der einzelnen Filialen

c) Die Betriebsräte der einzelnen Filialen

d) Der Betriebsrat und die Jugendvertretung der Auszubildendenvertretung

e) Geschäftsführung, Gesellschafter, Betriebsrat, sowie Jugend- und Auszubildendenvertretung

52. Wer ist berechtigt, an der Betriebsversammlung teilzunehmen?

a) Alle Arbeitnehmer des Unternehmens und die Geschäftsführung

b) Nur die in der Gewerkschaft organisierten Mitarbeiter

c) Nur die Betriebsratsmitglieder und die Gewerkschaftsvertreter

d) Nur die Vollzeitmitarbeiter und die Führungskräfte

e) Nur die Vollzeitmitarbeiter und die Auszubildenden

53. Wer zählt nach dem Betriebsverfassungsgesetz zu den leitenden Angestellten?

a) Kolonnenführer

b) Betriebsratsvorsitzender

c) Komplementär

d) Sicherheitsbeauftragter

e) Prokurist

54. In welchem Fall hat der Betriebsrat ein Mitbestimmungsrecht?

a) Aufnahme eines Gesellschafters

b) Einstellung eines leitenden Angestellten

c) Festlegung der Gewinnverteilung

d) Durchführung betrieblicher Bildungsmaßnahmen

e) Aufnahme eines neuen Artikels ins Sortiment

55. In welchen <u>zwei</u> Fällen übt der Betriebsrat sein Mitbestimmungsrecht in sozialen Angelegenheiten gemäß Betriebsverfassungsgesetz aus?

a) Der Betriebsrat verhandelt mit der Unternehmung über Rationalisierungsmaßnahmen.

b) Der Betriebsrat nimmt Stellung zu einer vom Arbeitgeber ausgesprochenen Kündigung eines Arbeitnehmers, die er für sozial ungerechtfertigt hält.

c) Der Betriebsrat vereinbart mit dem Arbeitgeber, dass zu besetzende Stellen im Betrieb auszuschreiben sind.

d) Arbeitgeber und Betriebsrat vereinbaren, dass Beginn und Ende der täglichen Arbeitszeit um eine halbe Stunde vorverlegt werden.

e) Der Betriebsrat verlangt vom Arbeitgeber, über die wirtschaftliche und finanzielle Lage des Unternehmens informiert zu werden.

f) Die Geschäftsführung ordnet für die Mitarbeiter im Lager künftig Schichtbetrieb an, nachdem der Betriebsrat zugestimmt hat.

56. In welchen Fällen hat der Betriebsrat welches Recht? Ordnen Sie zu. Sehen Sie dazu noch den Ausschnitt aus dem Betriebsverfassungsgesetz!

Fälle

a) Die Stelle des Sicherheitsbeauftragten soll neu besetzt werden.
b) Eine Mitarbeiterin soll in eine andere Abteilung versetzt werden.
c) Die Personalplanung soll wegen schlechter Auftragslage verändert werden.
d) Ein Außendienstmitarbeiter soll in die nächst höhere Tarifgruppe eingestuft werden.
e) Übwachungskameras sollen an allen Arbeitsplätzen installiert werden.

Mitwirkungs- und Mitbestimmungsrechte des BR

[ ] Mitbestimmungsrecht bei sozialen Angelegenheiten (§ 87 BetrVG)

[ ] Unterrichtungs- und Beratungsrecht (§ 92 BetrVG)

Betriebsverfassungsgesetz (Auszug)

§ 87 Mitbestimmungsrechte (1) Der Betriebsrat hat, soweit eine gesetzliche oder tarifliche Regelung nicht besteht, in folgenden Angelegenheiten mitzubestimmen:

1. Fragen der Ordnung des Betriebs und des Verhaltens der Arbeitnehmer im Betrieb;
2. Beginn und Ende der täglichen Arbeitszeit einschließlich der Pausen sowie Verteilung der Arbeitszeit auf die einzelnen Wochentage;
3. vorübergehende Verkürzung oder Verlängerung der betriebsüblichen Arbeitszeit;
4. Zeit, Ort und Art der Auszahlung der Arbeitsentgelte;
5. Aufstellung allgemeiner Urlaubsgrundsätze und des Urlaubsplans sowie die Festsetzung der zeitlichen Lage des Urlaubs für einzelne Arbeitnehmer, wenn zwischen dem Arbeitgeber und den beteiligten Arbeitnehmern kein Einverständnis erzielt wird;
6. Einführung und Anwendung von technischen Einrichtungen, die dazu bestimmt sind, das Verhalten oder die Leistung der Arbeitnehmer zu überwachen;
7. Regelungen über die Verhütung von Arbeitsunfällen und Berufskrankheiten sowie über den Gesundheitsschutz im Rahmen der gesetzlichen Vorschriften oder der Unfallverhütungsvorschriften;
8. Form, Ausgestaltung und Verwaltung von Sozialeinrichtungen, deren Wirkungsbereich auf den Betrieb, das Unternehmen oder den Konzern beschränkt ist;
9. Zuweisung und Kündigung von Wohnräumen, die den Arbeitnehmern mit Rücksicht auf das Bestehen eines Arbeitsverhältnisses vermietet werden, sowie die allgemeine Festlegung der Nutzungsbedingungen;

*
*
*

§ 92 Personalplanung (1) Der Arbeitgeber hat den Betriebsrat über die Personalplanung, insbesondere über den gegenwärtigen und künftigen Personalbedarf sowie über die sich daraus ergebenden personellen Maßnahmen und Maßnahmen der Berufsbildung anhand von Unterlagen rechtzeitig und umfassend zu unterrichten. Er hat mit dem Betriebsrat über Art und Umfang der erforderlichen Maßnahmen und über die Vermeidung von Härten zu beraten.

57. Einem Arbeitnehmer wurde ohne Anhörung des Betriebsrates gekündigt. Wie ist nach dem Betriebsverfassungsgesetz die Rechtslage?

a) Die Kündigung ist wirksam, weil weder eine Anhörung noch eine Zustimmung des Betriebsrates vorgeschrieben ist.
b) Die Kündigung ist wirksam, weil eine Anhörung des Betriebsrates nicht vorgeschrieben ist.
c) Die Kündigung wird durch nachträgliche Anhörung des Betriebsrates wirksam.
d) Die Kündigung ist unwirksam, weil jede Kündigung der Zustimmung des Betriebsrates bedarf.
e) Die Kündigung ist unwirksam, weil eine Anhörung des Betriebsrates zwingend vorgeschrieben ist.

58. Welche Aussage über die Jugendvertretung trifft nach dem Betriebsverfassungsgesetz zu?

a) Die Jugendvertretung vertritt nur die gewerkschaftlich organisierten Jugendlichen im Betrieb.
b) Bei der Wahl zur Jugendvertretung sind alle Arbeitnehmer wahlberechtigt, die das 24. Lebensjahr noch nicht vollendet haben.
c) Die Jugendvertretung hat die Aufgabe, Maßnahmen, die den jugendlichen Arbeitnehmern dienen, beim Betriebsrat zu beantragen.
d) Die Jugendvertretung kann nur dann einen Vertreter zu Betriebsratssitzungen entsenden, wenn Angelegenheiten behandelt werden, die besonders jugendliche Arbeitnehmer betreffen.
e) Die Jugendvertretung vertritt selbstständig die Interessen der jugendlichen Arbeitnehmer durch Verhandlungen mit der Geschäftsleitung.

59. Die Jugend- und Auszubildendenvertreterin wurde von den Auszubildenden gebeten, bei der Geschäftsleitung durchzusetzen, dass eine externe Vorbereitung auf die Abschlussprüfung von dem Unternehmen bezahlt wird. An wen muss sie sich zur Durchsetzung dieser Forderung wenden?

a) An den Betriebsrat
b) An den Ausbilder
c) An die Geschäftsleitung
d) An den Ausbildungsberater
e) An die Personalabteilung

60. Welches Gesetz regelt die Rechte der Jugendvertretung?

a) Jugendschutzgesetz
b) Berufsbildungsgesetz
c) Jugendarbeitsschutzgesetz
d) Tarifvertragsgesetz
e) Betriebsverfassungsgesetz

61. Welche Aussage über die Jugendvertretung ist richtig?

a) Mitglieder des Betriebsrates können nicht zu Jugendvertretern gewählt werden.
b) Das passive Wahlrecht für die Jugendvertretung endet mit Vollendung des 18. Lebensjahres.
c) Das Mindestalter für das aktive Wahlrecht beträgt 16 Jahre.
d) Die regelmäßige Amtszeit der Jugendvertretung beträgt 3 Jahre.
e) Die Jugendvertretung hat in allen Betriebsratssitzungen volles Stimmrecht.

62. Welche zwei Regelungen über die Jugend- und Auszubildendenvertretung sind laut Gesetz zutreffend?

a) Die Jugend- und Auszubildendenvertretung wird auf 3 Jahre gewählt.
b) Als Jugend- und Auszubildendenvertreter sind alle Arbeitnehmer des Betriebes unter 25 Jahren wählbar.
c) Eine Jugend- und Auszubildendenvertretung kann nur in Betrieben eingerichtet werden, in denen mindestens 20 Arbeitnehmer unter 18 Jahren beschäftigt sind.
d) Gesetzliche Grundlage für die Tätigkeit der Jugend- und Auszubildendenvertretung ist das HGB.
e) Wahlberechtigt sind nur alle Arbeitnehmer und Auszubildenden des Betriebes unter 18 Jahren.
f) Die Jugend- und Auszubildendenvertretung wird für zwei Jahre gewählt.

63. In einem Unternehmen soll auf Schichtbetrieb umgestellt werden. In der nächsten Betriebsratssitzung soll über dieses Vorhaben diskutiert werden. Darf die Jugend- und Auszubildendenvertretung an dieser Sitzung teilnehmen?

a) Ja, die Jugend- und Auszubildendenvertretung kann zu allen Betriebsratssitzungen einen Vertreter entsenden.
b) Nein, da keine Angelegenheit behandelt wird, die die Jugendlichen und Auszubildenden betrifft.
c) Nein, da die Jugend- und Auszubildendenvertretung nicht zu der Sitzung eingeladen wurde.
d) Ja, da alle Mitglieder der Jugend- und Auszubildendenvertretung gleichzeitig auch Mitglieder des Betriebsrates sind.
e) Nein, Betriebsratssitzungen sind nicht öffentlich; wer nicht zum Beirat gehört, darf nicht teilnehmen.

64. Bei welchem der nachfolgend genannten Besprechungsthemen hat der Jugend- und Auszubildendenvertreter ein Teilnahmerecht?

a) Auszubildende mit allgemeiner Hochschulreife sollen die Möglichkeit erhalten, an einer mit der Ausbildung kombinierten Aufstiegsfortbildung teilzunehmen.
b) Ein kurzzeitig erhöhter Auftragsbestand soll durch befristete Akkordarbeit normalisiert werden.
c) Das Unternehmen will für die Mitarbeiter eine Ruhegehaltskasse einrichten.
d) In den Verwaltungsräumen des Unternehmens soll ein allgemeines Rauchverbot eingeführt werden.
e) Die IHK soll bei dem Unternehmen ein Inhouse-Seminar zum Thema Auslandskontakte durchführen.

65. Ab wie viel Arbeitnehmern ist nach dem Betriebsverfassungsgesetz eine Jugendvertretung zu wählen?

a) Der Betrieb beschäftigt ständig mindestens 3 Arbeitnehmer unter 18 Jahren.
b) Der Betrieb beschäftigt in der Regel mindestens 5 Arbeitnehmer über 18 Jahren.
c) Der Betrieb beschäftigt ständig mindestens 20 Arbeitnehmer unter 18 Jahren.
d) Der Betrieb beschäftigt ständig mindestens 3 Auszubildende unter 18 Jahren.
e) Der Betrieb beschäftigt in der Regel 5 Arbeitnehmer unter 18 Jahre oder Auszubildende, die das 25. Lebensjahr noch nicht vollendet haben.

66. Welche Aussage zur Jugendvertretung ist richtig?

a) Der Betriebsrat hat die Jugendvertretung zu allen Besprechungen zwischen Arbeitgeber und Betriebsrat hinzuzuziehen.
b) Bei Angelegenheiten jugendlicher Arbeitnehmer kann die Jugendvertretung von sich aus die Tagesordnung der nächsten Betriebsratssitzung erweitern.
c) Der Arbeitgeber ist nicht verpflichtet, die Aufwendungen für die Jugendvertretung zu tragen.
d) Die Jugendvertretung muss vor und nach jeder Betriebsratssitzung eine Jugendversammlung einberufen.
e) Jugendvertreter genießen während der Amtszeit einen erweiterten Kündigungsschutz.

67. Für welchen Zeitraum wird die Jugend- und Auszubildendenvertretung im Regelfall gewählt?

a) 1 Jahr
b) 2 Jahre
c) 3 Jahre
d) 4 Jahre
e) 5 Jahre

68. Wer kann die Jugend- und Auszubildendenvertretung wählen?

a) Nur Arbeitnehmer unter 18 Jahren
b) Alle Arbeitnehmer des Betriebes
c) Alle Auszubildenden
d) Nur gewerkschaftlich organisierte Jugendliche und Auszubildende
e) Alle Arbeitnehmer unter 18 Jahren und alle Auszubildenden unter 25 Jahren

69. Die 40 jugendlichen Arbeitnehmer einer Unternehmung wollen eine Jugend- und Auszubildendenvertretung wählen. Ein Kandidat ist der 23-jährige Günther Kohl. Kann er für 2 Jahre zum Jugend- und Auszubildendenvertreter gewählt werden?

a) Ja, wenn er das Amt vorher schon innehatte, da deshalb das Lebensalter keine Rolle spielt.
b) Ja, wenn er das Vertrauen der Jugendlichen genießt und gleichzeitig in den Betriebsrat gewählt wird.
c) Ja, denn er hat das 25. Lebensjahr noch nicht vollendet.
d) Nein, denn er ist bereits volljährig.
e) Nein, denn er würde während seiner Amtszeit das 25. Lebensjahr überschreiten.

70. In einer Sitzung des Betriebsrates wurde die Jugend- und Auszubildendenvertretung über die Neueinstellung eines Ausbildungsplatzbewerbers informiert. Inwiefern kann die Jugend- und Auszubildendenvertretung bei der Neueinstellung mitwirken?

a) Die Jugend- und Auszubildendenvertretung kann ihre Interessen nur über den Betriebsrat vertreten lassen.
b) Die Jugend- und Auszubildendenvertretung kann sich mit ihren Interessen direkt an die Geschäftsleitung wenden und muss sich nicht über den Betriebsrat vertreten lassen.
c) Die Jugend- und Auszubildendenvertretung kann auf Anhörung bei der Einstellung des Bewerbers bestehen.
d) Die Jugend- und Auszubildendenvertretung kann auf Einsichtnahme in die Bewerbungsunterlagen bestehen.
e) Ein Mitglied der Jugend- und Auszubildendenvertretung muss bei Auswahlgesprächen dabei sein.

71. Welche Maßnahme des Arbeitgebers fällt unter das Mitbestimmungsrecht des Betriebsrates in personellen Angelegenheiten?

a) Einführung von Beurteilungsgrundsätzen
b) Aufstellen einer Betriebs- und Hausordnung
c) Festlegen von Zeit, Ort und Art der Auszahlung des Arbeitsentgelts
d) Zusammenschluss von Betrieben
e) Vorübergehende Kurzarbeit

72. Welche Regelung sieht das Betriebsverfassungsgesetz vor?

a) Der Arbeitnehmer hat das Recht, in die über ihn geführten Personalakten Einsicht zu nehmen.
b) Die Beschäftigung Jugendlicher unter 15 Jahren ist verboten.
c) Der Aufsichtsrat eines Unternehmens mit in der Regel mehr als 10 000 Arbeitnehmern setzt sich zusammen aus je sechs Aufsichtsratsmitgliedern der Anteilseigner und der Arbeitnehmer.
d) Während der Probezeit kann das Berufsausbildungsverhältnis jederzeit ohne Einhaltung einer Kündigungsfrist gekündigt werden.
e) Die regelmäßige werktägliche Arbeitszeit darf die Dauer von acht Stunden nicht überschreiten.

73. Der Arbeitgeber will Beginn und Ende der täglichen Arbeitszeit sowie die Pausen neu regeln. Welche Aussage ist richtig?

a) Der Betriebsrat hat ein Mitbestimmungsrecht.
b) Der Betriebsrat hat nur ein Informationsrecht.
c) Der Betriebsrat hat nur ein Anhörungsrecht.
d) Der Betriebsrat hat nur ein Beratungsrecht.
e) Der Betriebsrat hat das alleinige Entscheidungsrecht.

74. Wozu ist der Arbeitgeber nach dem Betriebsverfassungsgesetz verpflichtet?

a) Mit den Wirtschaftsverbänden seiner Branche vertrauensvoll zusammenzuarbeiten.
b) Gemeinsam mit dem Betriebsrat und den im Betrieb vertretenen Gewerkschaften und Arbeitgeberverbänden zum Wohle der Arbeitnehmer und des Betriebes zusammenzuwirken.
c) Die Arbeitnehmer zu regelmäßigen Betriebsversammlungen einzuladen.
d) Vertrauensvoll mit der Industrie- und Handelskammer zur Förderung der betrieblichen Ausbildung zusammenzuarbeiten.
e) Bei Personengesellschaften einen Aufsichtsrat zu bilden.
f) Den Betriebsrat in allen personellen Angelegenheiten mitbestimmen zu lassen.

75. Welche Aussage zum Betriebsrat ist richtig?

a) Arbeitgeber, Arbeiter und Angestellte wählen gemeinsam einen Betriebsrat.
b) Der Betriebsrat wird bei den regelmäßigen Betriebsratswahlen für fünf Jahre gewählt.
c) Auszubildende sind grundsätzlich von den Betriebsratswahlen ausgeschlossen.
d) Betriebsräte müssen in allen Betrieben eingerichtet werden.
e) Der Betriebsrat hat einmal im Kalendervierteljahr eine Betriebsversammlung einzuberufen und in dieser einen Tätigkeitsbericht zu erstatten.
f) Der Betriebsrat wählt die Arbeitnehmervertreter und Arbeitnehmerinnenvertreterinnen für die Aufsichtsräte von Unternehmen.

76. In welchem Streitfall ist das Arbeitsgericht zuständig?

a) Der Anspruch eines Arbeitslosen auf Arbeitslosengeld wird vom Finanzamt abgelehnt.
b) Arbeitgeber und Betriebsrat können sich über die betriebliche Pausenregelung nicht einigen.
c) Ein kaufmännischer Angestellter ist nach einem Arbeitsunfall mit dem festgesetzten Erwerbsminderungssatz von 40 % nicht einverstanden.
d) Ein Auszubildender ist der Ansicht, dass bei der Abnahme der Abschlussprüfung Verfahrensfehler begangen wurden, er möchte deshalb Widerspruch einlegen.
e) Ein Angestellter ist mit der Höhe des von der AOK gewährten Kurkostenzuschusses nicht einverstanden.

77. Welches betriebliche Organ besteht aus der gleichen Anzahl von Arbeitnehmer- und Arbeitgebervertretern?

a) Die Einigungsstelle eines Betriebes
b) Der Betriebsrat eines Betriebes mit mehr als 2 000 Beschäftigten
c) Der Aufsichtsrat einer Aktiengesellschaft mit 800 Beschäftigten
d) Die Betriebsversammlung eines Betriebes mit 50 Beschäftigten
e) Der Vorstand eines Montanbetriebes mit mehr als 1 000 Beschäftigte

78. In welcher Zeile ist die Zuständigkeit der Arbeitsgerichte richtig dargestellt? Arbeitsgerichte sind zuständig bei Streitigkeiten zwischen:

	Arbeitgeber und Arbeitnehmer (Einzelarbeitsvertrag)	Arbeitgeber und Betriebsrat (Betriebsvereinbarung)	Gewerkschaft und Arbeitgeberverbände (Tarifvertrag)
a)	nein	nein	nein
b)	nein	nein	ja
c)	nein	ja	ja
d)	ja	ja	ja
e)	ja	ja	nein
f)	ja	nein	nein

79. In welchen Fällen entscheidet die gemäß Betriebsverfassungsgesetz einzurichtende Einigungsstelle auf Antrag einer Seite?

a) Bei Meinungsverschiedenheiten zwischen Arbeitgeber und Arbeitnehmern
b) Bei Meinungsverschiedenheiten zwischen Arbeitgeber und Betriebsrat
c) Bei Arbeitskampfmaßnahmen zwischen Arbeitgeber und Betriebsrat
d) Bei Meinungsverschiedenheiten zwischen Arbeitgeber und dem im Betrieb vertretenen Gewerkschaften
e) Bei betrieblichen Konflikten zwischen Betriebsrat und Jugendvertretung

80. Was ist das Ergebnis der Einigung zwischen Unternehmer und Betriebsrat über den Ausgleich oder die Milderung der wirtschaftlichen Nachteile, die den Arbeitnehmern infolge einer geplanten Betriebsänderung entstehen?

a) Tarifvertrag
b) Sozialplan
c) Sozialgericht
d) Sozialeinrichtung
e) Schlichtung

81. Was beinhaltet laut Betriebsverfassungsgesetz ein Sozialplan?

a) Er beinhaltet die Sozialleistungen des Unternehmens an die Auszubildenden.
b) Der gibt Auskunft über Anspruch auf Sozialleistungen in einer Gemeinde.
c) Er listet den sozialen Aufwand eines Geschäftsjahres auf.
d) Er legt die sozialen Rahmenbedingungen bei der Abwicklung betriebsbedingter Kündigungen fest.
e) Er schlüsselt die Ausgaben des Sozialministeriums auf.

82. Welche Aussage über die Aufstellung und Verabschiedung eines Sozialplanes ist nach dem Betriebsverfassungsgesetz richtig?

a) Der Sozialplan wird von der Sozialabteilung ausgearbeitet und von der Geschäftsleitung in Kraft gesetzt.
b) Der Sozialplan ist eine Einigung zwischen Unternehmer und Gewerkschaft über den Abbau von Sozialleistungen.
c) Der Sozialplan ist Bestandteil von Tarifverhandlungen und wird von den Sozialpartnern abgeschlossen.
d) Der Sozialplan hat die Wirkung einer Betriebsvereinbarung und wird zwischen Unternehmer und Betriebsrat vereinbart.
e) Der Sozialplan gibt Auskunft über die gesamten Sozialabgaben des Unternehmens und ist jährlich vom Betriebsrat zu genehmigen.

83. Welche Aussage über den Sozialplan ist nach dem Betriebsverfassungsgesetz richtig?

a) Der Sozialplan wird von der Sozialabteilung ausgearbeitet und von der Geschäftsleitung in Kraft gesetzt.
b) Der Sozialplan ist eine Einigung zwischen Unternehmer und Gewerkschaft über den Abbau von Sozialleistungen.
c) Der Sozialplan ist Bestandteil von Tarifverhandlungen und wird von den Sozialpartnern abgeschlossen.
d) Der Sozialplan wird bei Massenentlassungen zwischen Unternehmer und Betriebsrat vereinbart.
e) Der Sozialplan gibt Auskunft über die gesamten Sozialabgaben des Unternehmens und ist jährlich vom Betriebsrat zu genehmigen.

84. Das Betriebsverfassungsgesetz sieht eine Beteiligung des Betriebsrates bei betrieblichen Veränderungen vor. Jede Änderung ist zunächst zwischen Arbeitgeber und Betriebsrat mit dem Ziel einer Einigung zu beraten. In bestimmten Fällen ist die Aufstellung eines Sozialplanes erforderlich. In welchem Fall kommt ein Sozialplan nicht in Frage?

a) Bei Stilllegung des ganzen Betriebes
b) Bei Verlegung von wesentliche Betriebsstellen
c) Bei Erweiterung des Betriebes um eine zusätzliche Abteilung
d) Wenn grundlegende Änderungen der Betriebsorganisation erforderlich sind
e) Wenn grundlegend neue Arbeitsmethoden und Fertigungsverfahren eingeführt werden sollen

Die nächsten beiden Aufgaben gehören zusammen.

85. Eine 35 Jahre alte Büroangestellte, die seit 8 Monaten als Leiharbeitnehmerin im Unternehmen beschäftigt ist, möchte bei den kommenden Betriebsratswahlen mit wählen. Ist sie laut Gesetzesausschnitt dazu berechtigt?

a) Nein, weil sie die Alterhöchstgrenze bereits überschritten hat
b) Ja, weil sie die Anforderungen an das aktive Wahlrecht erfüllt
c) Nein, weil sie noch nicht lange genug im Unternehmen beschäftigt ist
d) Nein, weil sie Leiharbeitnehmerin ist
e) Ja, weil sie den Anforderungen an das passive Wahlrecht erfüllt

Erster Abschnitt. Zusammensetzung und Wahl des Betriebsrates

§ 7 Wahlberechtigung

Wahlberechtigt sind alle Arbeitnehmer des Betriebs, die das 18. Lebensjahr vollendet haben. Werden Arbeitnehmer eines anderen Arbeitgebers zur Arbeitsleistung überlassen, so sind diese wahlberechtigt, wenn sie länger als drei Monate im Betrieb eingesetzt werden.

§ 8 Wählbarkeit

(1) Wählbar sind alle Wahlberechtigten, die sechs Monate dem Betrieb angehören oder als in Heimarbeit Beschäftigte in der Hauptsache für den Betrieb gearbeitet haben. Auf diese sechsmonatige Betriebszugehörigkeit werden Zeiten angerechnet, in denen der Arbeitnehmer unmittelbar vorher einem anderen Betrieb desselben Unternehmens oder Konzerns (§ 18 Abs. 1 des Aktiengesetzes) angehört hat. Nicht wählbar ist, wer infolge strafgerichtlicher Verurteilung die Fähigkeit, Rechte aus öffentlichen Wahlen zu erlangen, nicht besitzt.

(2) Besteht der Betrieb weniger als sechs Monate, so sind abweichend von der Vorschrift in Absatz 1 über die sechsmonatige Betriebszugehörigkeit diejenigen Arbeitnehmer wählbar, die bei der Einleitung der Betriebsratswahl im Betrieb beschäftigt sind und die übrigen Voraussetzungen für die Wählbarkeit erfüllen.

86. Wie viel Mitglieder muss der Betriebsrat des Unternehmens laut nachstehenden gesetzlichen Bestimmungen haben? Sehen Sie dazu die abgebildete Personalstatistik? Tragen Sie die Lösung in das Kästchen ein!

§ 9 Zahl der Betriebsratsmitglieder

Der Betriebsrat besteht in Betrieben mit in der Regel
5 bis 20 wahlberechtigten Arbeitnehmern aus einer Person,
21 bis 50 wahlberechtigten Arbeitnehmern aus 3 Mitgliedern,
51 wahlberechtigten Arbeitnehmern
bis 100 Arbeitnehmern aus 5 Mitgliedern,
101 bis 200 Arbeitnehmern aus 7 Mitgliedern,
201 bis 400 Arbeitnehmern aus 9 Mitgliedern,
401 bis 700 Arbeitnehmern aus 11 Mitgliedern,
701 bis 1.000 Arbeitnehmern aus 13 Mitgliedern,
1.001 bis 1.500 Arbeitnehmern aus 15 Mitgliedern,
1.501 bis 2.000 Arbeitnehmern aus 17 Mitgliedern,
2.001 bis 2.500 Arbeitnehmern aus 19 Mitgliedern,
2.501 bis 3.000 Arbeitnehmern aus 21 Mitgliedern,
3.001 bis 3.500 Arbeitnehmern aus 23 Mitgliedern,
3.501 bis 4.000 Arbeitnehmern aus 25 Mitgliedern,
4.001 bis 4.500 Arbeitnehmern aus 27 Mitgliedern,
4.501 bis 5.000 Arbeitnehmern aus 29 Mitgliedern,
5.001 bis 6.000 Arbeitnehmern aus 31 Mitgliedern,
6.001 bis 7.000 Arbeitnehmern aus 33 Mitgliedern,
7.001 bis 9.000 Arbeitnehmern aus 35 Mitgliedern.

In Betrieben mit mehr als 9.000 Arbeitnehmern erhöht sich die Zahl der Mitglieder des Betriebsrats für je angefangene weitere 3.000 Arbeitnehmer um 2 Mitglieder.

Personalstatistik

Beschäftigungsart	Alter	Anzahl
Arbeiter	unter 18 ab 18	2 143
Angestellte	unter 18 ab 18	- 51
Leitende Angestellte	ab 18	3
Auszubildende	unter 18 ab 18	5 2
Leiharbeitnehmer (weniger als 3 Monate im Unternehmen)	ab 18	6
Leiharbeitnehmer (mehr als 3 Monate im Unternehmen)	ab 18	2

87. In einer Bank-AG, in der ein Betriebsrat besteht, sind u. a. zwei Mitarbeiter unter 16 Jahren, zwei Auszubildende, die das 18. Lebensjahr gerade vollendet haben, und drei 24-jährige Auszubildende beschäftigt. Es soll eine Jugend- und Auszubildendenvertretung gewählt werden. Welche Aussage ist richtig?

a) Die drei 24-jährigen Auszubildenden sind zwar wählbar, aber nicht wahlberechtigt zur Jugend- und Auszubildendenvertretung.
b) Wenn in diesem Betrieb keine weiteren Jugendlichen und Auszubildenden, aber noch andere Arbeitnehmer zwischen 18 und 25 Jahren beschäftigt werden, so sind insgesamt sieben Personen wählbar.
c) Bei den Wahlen zur Jugend- und Auszubildendenvertretung sind - anders als bei der Betriebsratswahl - aktives und passives Wahlrecht vom Gesetzgeber in gleicher Weise geregelt.
d) In diesem Betrieb kann eine Jugend- und Auszubildendenvertretung gewählt werden, weil mindestens fünf Wahlberechtigte beschäftigt werden.
e) In diesem Betrieb sind vier Personen wahlberechtigt und sieben Personen wählbar zur Jugend- und Auszubildendenvertretung, soweit sich diese nicht bereits an der Betriebswahl beteiligt haben.

88. Für eine Großhandels GmbH findet die Betriebsverfassung, die durch das Betriebsverfassungsgesetz geregelt ist, Anwendung. Was ist im Betriebsverfassungsgesetz unter anderem geregelt?

a) Die Wahl des Betriebsrates
b) Die Mitwirkung bei der Auswahl des Sicherheitsbeauftragten
c) Die Mitwirkung bei der Auswahl des Datenschutzbeauftragten
d) Die tarifvertragsrechtlichen Bestimmungen
e) Die Mitwirkung bei der Ausbildung Jugendlicher

89. Die Großhandels GmbH hat zur Zeit 90 Mitarbeiter beschäftigt. Obwohl die Geschäftsleitung der Meinung ist, dass die Wahl eines Betriebsrates nicht erforderlich ist, kann die Belegschaft auf die Wahl eines Betriebsrates bestehen. In welchem Fall?

a) Nur wenn die Geschäftsleitung zustimmt
b) Wenn genügend wahlberechtigte Belegschaftsmitglieder die Wahl eines Betriebsrats fordern
c) Wenn die Veranstaltung zur Wahl des Betriebsrats in den Feierabend gelegt wird
d) Wenn die Einrichtung eines Betriebsrats von der Gewerkschaft gefordert wird
e) Wenn die Einrichtung eines Betriebsrats vom Arbeitgeberverband empfohlen wird

90. Bei einer Großhandels GmbH ist der Betriebsrat neu zu wählen. Der Wahlausschuss lehnt die Kandidatur der Mitarbeiterin Anna Huber mit dem Hinweis auf die Bestimmungen des Betriebsverfassungsgesetzes ab. Frau Huber ist 24 Jahre alt, seit einem Monat im Betrieb als Teilzeitkraft mit 20 Wochenstunden beschäftigt, schwerbehindert und kein Gewerkschaftsmitglied. Warum kann Frau Huber laut Betriebsverfassungsgesetz nicht kandidieren?

a) Sie ist schwerbehindert.
b) Sie ist noch nicht 25 Jahre alt.
c) Sie ist Teilzeitkraft.
d) Sie ist kein Gewerkschaftsmitglied.
e) Sie ist noch keine sechs Monate im Unternehmen beschäftigt.

Zu den nächsten drei Aufgaben siehe nachstehende Situation.

Nach Abschluss ihrer Ausbildung beginnt Frau Erna Müller am 01.08. bei einem neuen Arbeitgeber als Angestellte. Bei der Feier ihres 19. Geburtstages wird sie von Arbeitskollegen gebeten, bei den Betriebsratswahlen am 02.05. nächsten Jahres zu kandidieren.

91. Ist Frau Erna Müller bei den Betriebsratswahlen wählbar (passives Wahlrecht)?

a) Ja, weil sie bereits volljährig ist und bis zur Wahl dem Betrieb mehr als 6 Monate angehört
b) Ja, weil alle Arbeitnehmer wählbar sind
c) Nur wenn sie von einer Gewerkschaft vorgeschlagen wird
d) Nur wenn sie sich verpflichtet, während der Betriebsratsamtszeit nicht zu kündigen
e) Nein, weil sie dem Betrieb während der letzten 4jährigen Betriebsratsperiode nicht angehört hat

92. Welche Wirkung hat eine Wahl zum Betriebsrat für Erna Müller?

a) Ihr kann nicht gekündigt werden.
b) Ihr könnte nur aus einem wichtigen Grund gekündigt werden
c) Sie hätte einen gesetzlichen Anspruch auf sechs zusätzliche Urlaubstage.
d) Sie würde automatisch von ihrer bisherigen Tätigkeit hauptamtlich freigestellt.
e) Sie würde für ihre Betriebsratstätigkeit eine tarifvertraglich geregelte Gehaltszulage erhalten.

93. Die Betriebsleitung der Firma, in der Frau Erna Müller jetzt arbeitet, plant in nächster Zeit mehrere Maßnahmen. Welche Maßnahme betrifft eine soziale Angelegenheit bei der nach § 87 BetrVG der Betriebsrat Mitbestimmungsrecht hat?

a) Durchführung von Rationalisierungsmaßnahmen
b) Änderung der Pausenregelung
c) Eröffnung eines Zweigwerkes
d) Verlegung eines Betriebsteiles
e) Einführung eines neuen Fertigungsverfahrens

94. Das Betriebsverfassungsgesetz regelt die Wirksamkeit betrieblicher Maßnahmen. Welche Maßnahme wird erst nach Zustimmung durch den Betriebsrat wirksam?

a) Die Einstellung von leitenden Angestellten
b) Die Renovierung des Verkaufsbüros
c) Die Festlegung der Betriebsferien
d) Die Erhöhung des Eigenkapitals des Unternehmens
e) Die Zahlung eines zusätzlichen Altersruhegeldes

95. Welche Definition trifft auf den Betriebsrat zu?

a) Ein Rat aus Arbeitgebern und Arbeitnehmern zur Klärung betrieblicher Unstimmigkeiten
b) Die gewählte Vertretung der Arbeitnehmer zur Mitwirkung und Mitbestimmung im Betrieb
c) Eine Gruppe leitender Angestellter, die im Aufsichtsrat die Anliegen der Arbeitnehmer vertritt
d) Vorgeschriebenes Organ einer Aktiengesellschaft, das die Geschäftsführung überwacht
e) Sorgt in einem Betrieb für Sicherheit und Ordnung und bestellt den Sicherheitsbeauftragten

96. Aufgrund einer Betriebsvereinbarung werden die Sicherheitsvorkehrungen zur Verhütung von Betriebsunfällen verbessert. Wer beschließt Betriebsvereinbarungen?

a) Betriebsrat
b) Arbeitgeber und Betriebsrat
c) Arbeitgeber und Gewerkschaft
d) Arbeitgeber und Unfallversicherung
e) Mehrere Unternehmen mit der Unfallversicherung
f) Arbeitgeber mit allen Arbeitnehmern

97. Die Unternehmensleitung der Großhandels GmbH will ein neues flexibles Arbeitszeitmodell zur Anpassung an Beschäftigungsschwankungen einführen. Ihr Vorgesetzter gibt Ihnen den Auftrag, die Rechte des Betriebsrates für diesen Fall zu prüfen. Welche Informationen können Sie dem Betriebsverfassungsgesetz entnehmen? Siehe dazu noch den abgebildeten Auszug!

a) Das Schichtenmodell kann ohne Benachrichtigung des Betriebsrates eingeführt werden.
b) Der Betriebsrat muss lediglich vor der Einführung unterrichtet werden.
c) Der Betriebsrat muss informiert und seine Alternativvorschläge lediglich angehört werden.
d) Der Betriebsrat muss nur deshalb informiert werden, weil er ein Benachrichtigungsrecht hat.
e) Der Betriebsrat hat nach Betriebsverfassungsgesetz ein Mitbestimmungsrecht.

Auszug aus dem Betriebsverfassungsgesetz

§ 87. Mitbestimmungsrechte. (1) Der Betriebsrat hat, soweit eine gesetzliche oder tarifrechtliche Regelung nicht besteht, in folgenden Angelegenheiten mitzubestimmen:

1. Fragen der Ordnung des Betriebes und des Verhaltens der Arbeitnehmer im Betrieb;
2. Beginn und Ende der täglichen Arbeitszeit einschließlich der Pausen sowie Verteilung der Arbeitszeit auf die einzelnen Wochentage;
3. vorübergehende Verkürzung oder Verlängerung der betrieblichen Arbeitszeit;

.
.
.

(2) Kommt eine Einigung über eine Angelegenheit nach Absatz 1 nicht zustande, so entscheidet die Einigungsstelle. Der Spruch der Einigungsstelle ersetzt die Einigung zwischen Arbeitgeber und Betriebsrat.

98. Was wird für die Mitarbeiter durch Betriebsvereinbarung geregelt?
a) Höhe der Löhne und Gehälter
b) Art der Tätigkeit
c) Kündigungsschutz
d) 40-Stunden-Woche
e) Zuschuss zum Mittagessen

99. Wer schließt Betriebsvereinbarungen ab?
a) Arbeitgebervertretungen und Gewerkschaften
b) Gewerkschaften und Betriebsrat
c) Arbeitgeber und Betriebsrat
d) Arbeitnehmer und Betriebsrat
e) Arbeitgeber und Arbeitnehmer

100. Eine Betriebsvereinbarung über die Pausenregelung soll abgeschlossen werden. In welcher Form erfolgt diese Vereinbarung?
a) Sie wird als Vertrag zwischen Arbeitgeber und Gewerkschaften abgeschlossen.
b) Sie kann sowohl mündlich als auch schriftlich abgeschlossen werden, da keine besonderen Formvorschriften zu beachten sind.
c) Sie wird schriftlich zwischen dem Arbeitgeber und den gewerkschaftlich organisierten Arbeitnehmern abgeschlossen.
d) Sie wird schriftlich zwischen dem Arbeitgeber und Betriebsrat abgeschlossen.
e) Sie wird formlos zwischen der Belegschaft und dem Betriebsrat abgeschlossen.

101. Was versteht man unter „Betriebsvereinbarung"?
a) Die zwischen der Betriebsleitung und dem Betriebsrat ausgehandelte Betriebsvereinbarung regelt die Rechte und Pflichten der Tarifvertragsparteien und enthält Rechtsnormen, die den Inhalt, den Abschluss und die Beendigung von Arbeitsverhältnissen ordnen.
b) Die Betriebsvereinbarung ist ein Vertrag zwischen dem Arbeitgeberverband und dem Betriebsrat über die betriebliche Anpassung der durch Tarifvertrag geregelten Arbeitsbedingungen.
c) Die Betriebsvereinbarung ist ihrem Inhalt und Sinn nach ein Vertrag, in dem Arbeitgeber und Betriebsrat die betriebliche Ordnung und die Rechtsverhältnisse des Arbeitgebers zu den Arbeitnehmern ihres Betriebes gestalten.
d) Die Betriebsvereinbarung ist ein Vertrag zwischen der Gewerkschaft und dem Arbeitgeberverband über die Arbeitsbedingungen in allen gleichartigen Betrieben.
e) Eine Betriebsvereinbarung regelt nur Fragen der Arbeitsordnung, die üblicherweise in einem Tarifvertrag enthalten sind. Sie gilt nur für Tarifangestellte.

102. Zu welchen rechtlichen Bestimmungen zählt folgendes Blatt, das Sie bei der Durchsicht Ihrer Loseblattablage in die Hand bekommen?
a) Zu den Arbeitsschutzbestimmungen
b) Zum Betriebsverfassungsgesetz
c) Zu den Arbeitsstättenrichtlinien
d) Zu der Arbeitsstättenverordnung
e) Zur Betriebsvereinbarung

1. Es wird erwartet, dass alle Mitarbeiter wechselseitige Rücksichtnahme üben. Deshalb sollen die Raucher das Rauchen in den betrieblichen Räumen tunlichst unterlassen.
2. Das Rauchen während der Arbeitsschichten ist in den betrieblichen Räumen, Hallen, Fluren und Treppenhäusern nach folgender Maßgabe zu unterlassen (rauchfreie Zeiten):.....

103. In welchem Fall liegt eine Betriebsvereinbarung vor?
a) Die Tarifpartner vereinbaren für ihre Mitglieder eine Lohnerhöhung.
b) Die Volkswagen-Aktiengesellschaft vereinbart mit der IG Metall die Herabsetzung der Wochenarbeitszeit.
c) Die Deutsche Bahn AG vereinbart mit einem Stahlwerk die Lieferung von Eisenbahnschienen.
d) Die Automobilwerke VW und TOYOTA vereinbaren die gemeinsame Produktion eines Kleintransporters.
e) Arbeitgeber und Betriebsrat einigen sich über die Einführung der Gleitzeit und legen die Absprache schriftlich nieder.

104. Was ist eine Betriebsvereinbarung?

a) Sie ist eine Vereinbarung zwischen Betrieben des gleichen Geschäftszweiges, nur zu einheitlichen Bedingungen zu verkaufen.

b) Sie ist ein Vertrag über die Ausführung von öffentlichen Arbeiten zwischen einem Unternehmen und einer Gemeindeverwaltung.

c) Sie ist ein Vertrag zwischen Verkehrsbetrieben benachbarter Städte über die Vereinheitlichung der Tarife für den Personentransport.

d) Sie ist eine von der Betriebsversammlung beschlossene Vereinbarung zwischen Belegschaft und Betriebsrat.

e) Sie ist ein schriftlicher Vertrag zwischen einem Unternehmen und den zuständigen Gewerkschaften über die Höhe der zu zahlenden Löhne und Gehälter.

f) Sie ist ein schriftlicher Vertrag zwischen Arbeitgeber und Betriebsrat zur Regelung betriebsinterner Fragen.

105. Welche Aussage über eine Betriebsvereinbarung ist richtig?

a) Sie wird durch die mündliche Einigung rechtswirksam.

b) Sie kann zwischen der Unternehmensleitung und der Jugendvertretung abgeschlossen werden.

c) Sie wird zwischen einer Gewerkschaft und der Unternehmensleitung abgeschlossen.

d) Sie ist von Betriebsrat und Arbeitgeber gemeinsam zu beschließen und schriftlich niederzulegen.

e) Sie muss jedem Arbeitnehmer in Form eines Rundschreibens zugesandt werden.

106. Welche Regelung ist Inhalt einer Betriebsordnung?

a) Gleitzeit

b) Stundenlohn

c) Lohnfortzahlung im Krankheitsfall

d) Rechte und Pflichten des Auszubildenden

e) Gestaltung des Arbeitsplatzes

f) Wahl der Jugend- und Auszubildendenvertretung

107. Bei welcher betrieblichen Information an die Mitarbeiter handelt es sich um eine Betriebsvereinbarung?

a) Der zuständige Arbeitgeberverband und die zuständige Gewerkschaft einigen sich auf einen neuen Mehrarbeitsvertrag.

b) Die Bavaria Fahrradwerke KG und der Verkaufsleiter haben sich geeinigt, die neue Stelle „Vertriebsassistent/-in“ zu schaffen.

c) Der zuständige Arbeitgeberverband und die zuständige Gewerkschaft einigen sich über die Einführung flexibler Arbeitszeiten.

d) Geschäftsführung und Betriebsrat der Bavaria Fahrradwerke KG einigen sich über eine neue Gleitzeitregelung.

e) Die Bavaria Fahrradwerke KG und die zuständige IHK vereinbaren die Einstellung von zwei zusätzlichen Auszubildenden.

108. Der Betriebsrat plant mit dem Arbeitgeber Urlaubsgrundsätze zu regeln. Wann hat dieses Abkommen Aussicht auf Erfolg?

a) Wenn das Abkommen nur die organisierten Arbeitnehmer betrifft

b) Wenn die Gewerkschaft diesem Abkommen zustimmt

c) Wenn der Arbeitgeberverband diesem Abkommen zustimmt

d) Wenn das Abkommen als Betriebsvereinbarung mit dem Arbeitgeber abgeschlossen wird

e) Der Betriebsrat ist nicht ermächtigt, über Urlaubsgrundsätze Vereinbarungen zu treffen

109. Welche Aussage trifft auf die Mitbestimmung des Betriebsrates zu?

a) Bei der Festlegung der Pausenzeiten hat der Betriebsrat nur ein Beratungsrecht.

b) Die Neubesetzung der Stelle eines Geschäftsführers einer GmbH kann nur mit Zustimmung des Betriebsrates erfolgen.

c) Über die Dauer der täglichen Arbeitszeit muss der Arbeitgeber den Betriebsrat nur informieren.

d) Alle betrieblichen Entscheidungen, die Arbeitnehmer betreffen, bedürfen der Zustimmung des Betriebsrates.

e) In bestimmten sozialen Angelegenheiten werden betriebliche Maßnahmen nur mit Zustimmung des Betriebsrates wirksam.

110. Ein Unternehmer will neue Kontrollgeräte einführen, um die Arbeitsleistung der Mitarbeiter zu überwachen. Welches Recht hat in diesem Fall der Betriebsrat?

a) Er hat nur ein Informationsrecht.
b) Er hat nur ein Beratungsrecht.
c) Er hat ein Mitbestimmungsrecht.
d) Er hat nur ein Anhörungsrecht.
e) Er hat nur ein Kontrollrecht.

111. In welchem Fall hat der Betriebsrat nur ein Unterrichtungs- und Beratungsrecht, aber kein Mitbestimmungsrecht?

a) Bei Festlegung der Grundsätze über das betriebliche Vorschlagswesen
b) Bei Einführung und Anwendung von technischen Einrichtungen, die dazu bestimmt sind, das Verhalten oder die Leistung der Arbeitnehmer zu überwachen
c) Bei Fragen der Ordnung des Betriebs und des Verhaltens der Arbeitnehmer im Betrieb
d) Bei Planung des Personalbedarfs für die Erweiterung der Produktion sowie bei der Planung von Arbeitsverfahren und -abläufen
e) Bei Aufstellung von Entlohnungsgrundsätzen und der Einführung und Anwendung von neuen Entlohnungsformen

112. Welche Aussage über den Betriebsrat ist richtig?

a) Das aktive Wahlrecht zum Betriebsrat beginnt mit Vollendung des 16. Lebensjahres.
b) Betriebsräte sind von ihrer Arbeit freizustellen, soweit es die Betriebsratstätigkeit erfordert.
c) Der Betriebsrat ist Tarifvertragspartner des Arbeitgebers.
d) Die Amtszeit des Betriebsrates beträgt normalerweise zwei Jahre.
e) Betriebsräte erhalten für ihre umfangreiche Tätigkeit eine Betriebsratszulage.

113. Bei welchen <u>zwei</u> Angelegenheiten hat der Betriebsrat ein volles Mitbestimmungsrecht?

a) Errichtung von Zweigbetrieben
b) Aufstellung allgemeiner Lohngrundsätze und Einführung neuer Entlohnungsmethoden
c) Feststellung der wirtschaftlichen und finanziellen Lage des Unternehmens
d) Beschluss über die Zusammenarbeit von Unternehmen
e) Aufstellung des Produktions- und Investitionsprogramms
f) Einführung neuer Kontrollgeräte, um die Arbeitsleistung der Mitarbeiter zu überwachen

<u>Zu den nächsten beiden Aufgaben siehe nachstehenden Gesetzesauszug.</u>

Auszug aus Betriebsverfassungsgesetz (BetrVG) – Teil 3
Erster Abschnitt
Betriebliche Jugend- und Auszubildendenvertretung

§ 60 Errichtung und Aufgabe

(1) In Betrieben mit in der Regel mindestens fünf Arbeitnehmern, die das 18. Lebensjahr noch nicht vollendet haben (jugendliche Arbeitnehmer) oder die zu ihrer Berufsausbildung beschäftigt sind und das 25. Lebensjahr noch nicht vollendet haben, werden Jugend- und Auszubildendenvertretungen gewählt.
(2) Die Jugend- und Auszubildendenvertretung nimmt nach Maßgabe der folgenden Vorschriften die besonderen Belange der in Absatz 1 genannten Arbeitnehmer wahr.

§ 61 Wahlberechtigung und Wählbarkeit

(1) Wahlberechtigt sind alle in § 60 Abs. 1 genannten Arbeitnehmer des Betriebes.
(2) Wählbar sind alle Arbeitnehmer des Betriebes, die das 25. Lebensjahr noch nicht vollendet haben; [......] Mitglieder des Betriebsrats können nicht zu Jugend- und Auszubildendenvertretern gewählt werden.

114. In der Großhandels GmbH steht die Wahl der Jugend- und Auszubildendenvertretung (JAV) an. Ihnen liegt der unten abgebildete EDV-Ausdruck vor. Prüfen Sie, wie viel Personen wählen dürfen! Tragen Sie das Ergebnis in das Kästchen ein!

Auszubildende der Großhandels GmbH im Alter bis zu 26 Jahren	
Alter	**Anzahl der Auszubildenden**
16	-
17	-
18	50
19	-
20	-
21	30
22	-
23	15
24	-
25	-
26	5

115. Die Wahl einer Jugend- und Auszubildendenvertretung, die alle zwei Jahre stattfindet, wird vorbereitet. Wie viel Personen der nachfolgenden Aufstellung sind wahlberechtigt? Tragen Sie das Ergebnis in das Kästchen ein!

Mitarbeiter ohne Auszubildende	Auszubildende	Alter/Jahre
4	1	16
8	-	17
7	1	18
1	2	19
5	-	20
2	1	21
1	1	22
4	-	23
1	1	24
2	-	25
7	1	26

116. Betriebsratswahlen stehen an. Die Belegschaft der Großhandels GmbH besteht aus 157 Arbeitnehmern, die sich wie folgt zusammensetzen:

15 AN unter 18 Jahre
34 AN 18 bis 25 Jahre
108 AN 25 Jahre und älter

davon weniger als 6 Monate im Betrieb beschäftigt:

6 AN unter 18 Jahre
7 AN 18 bis 25 Jahre
8 AN 25 Jahre und älter.

Wie viel Personen besitzen das aktive Wahlrecht? Wie viel Personen besitzen das passive Wahlrecht? Siehe dazu den abgebildeten Gesetzesausschnitt! Tragen Sie die Ergebnisse in das Kästchen ein!

Dürfen wählen:
Dürfen gewählt werden:

BetrVG § 7 Wahlberechtigung

Wahlberechtigt sind alle Arbeitnehmer des Betriebs, die das 18. Lebensjahr vollendet haben. Werden Arbeitnehmer eines anderen Arbeitgebers zur Arbeitsleistung überlassen, so sind diese wahlberechtigt, wenn sie länger als drei Monate im Betrieb eingesetzt werden.

BetrVG § 8 Wählbarkeit

(1) Wählbar sind alle Wahlberechtigten, die sechs Monate dem Betrieb angehören oder als in Heimarbeit Beschäftigte in der Hauptsache für den Betrieb gearbeitet haben. Auf diese sechsmonatige Betriebszugehörigkeit werden Zeiten angerechnet, in denen der Arbeitnehmer unmittelbar vorher einem anderen Betrieb desselben Unternehmens oder Konzerns (§ 18 Abs. 1 des Aktiengesetzes) angehört hat. Nicht wählbar ist, wer infolge strafgerichtlicher Verurteilung die Fähigkeit, Rechte aus öffentlichen Wahlen zu erlangen, nicht besitzt.

(2) Besteht der Betrieb weniger als sechs Monate, so sind abweichend von der Vorschrift in Absatz 1 über die sechsmonatige Betriebszugehörigkeit diejenigen Arbeitnehmer wählbar, die bei der Einleitung der Betriebsratswahl im Betrieb beschäftigt sind und die übrigen Voraussetzungen für die Wählbarkeit erfüllen.

117. Der Betriebsrat verlangt vom Arbeitgeber über die wirtschaftliche und finanzielle Lage des Unternehmens informiert zu werden. Welches betriebliche Organ besteht aus der gleichen Anzahl von Arbeitnehmer- und Arbeitgebervertretern?

a) Die Einigungsstelle eines Betriebes
b) Der Betriebsrat eines Betriebes mit mehr als 2 000 Beschäftigten
c) Der Aufsichtsrat einer Aktiengesellschaft mit 800 Beschäftigten
d) Die Betriebsversammlung eines Betriebes mit 50 Beschäftigten
e) Der Vorstand eines Montanbetriebes mit mehr als 1 000 Beschäftigte

118. Die Geschäftsleitung einer Großhandels GmbH führt aufgrund der Kundenwünsche eine Samstagsdienstbereitschaft der Mitarbeiter ein. Die neue Arbeitszeit wurde unter Mitwirkung des Betriebsrates festgelegt. Wie wird die neue Arbeitszeit den Mitarbeitern bekannt gegeben?

a) Durch Aushändigung eines neuen Tarifvertrages
b) Durch neue Einzelarbeitsverträge
c) Durch einen Nachtrag zum Arbeitsvertrag
d) Durch Bekanntmachung der neuen Geschäftszeiten an die Kundschaft
e) Durch die Neufassung der Betriebsordnung und Bekanntgabe am Schwarzen Brett

119. In welchem Fall ist eine Änderung der tariflich festgelegten Arbeitsbedingungen zulässig?

a) Wenn ihr der Betriebsrat zustimmt
b) Wenn ihr die Berufsgenossenschaft zustimmt
c) Wenn sie zu Gunsten der Arbeitnehmer erfolgt
d) Wenn sie vom Arbeitgeber begründet wird
e) Wenn sie von der Bundesagentur für Arbeit genehmigt wird

120. Wer darf nach Betriebsverfassungsgesetz in den Betriebsrat gewählt werden?

a) Alle die Wahlberechtigten, die dem Betrieb mindestens sechs Monate angehören
b) Alle Betriebsangehörigen, die wahlberechtigt sind
c) Alle Betriebsangehörigen, die das 21. Lebensjahr vollendet haben
d) Alle die Wahlberechtigten, die über 24 Jahre alt sind
e) Alle Betriebsangehörigen, die dem Betrieb mindestens sechs Wochen angehören

121. Welche Aussage zur Wahl und Zusammensetzung des Aufsichtsrates ist nach dem Mitbestimmungsgesetz von 1976 richtig?

a) Der Aufsichtsrat besteht aus 11 Mitgliedern.
b) Die Aufsichtsratsmitglieder der Arbeitnehmer werden von den im Betrieb vertretenen Gewerkschaften ernannt.
c) Wahlberechtigt für die Wahl zum Aufsichtsrat sind alle Arbeitnehmer des Unternehmens, die das 16. Lebensjahr vollendet haben.
d) Der Aufsichtsrat einer Aktiengesellschaft muss zu einem Drittel aus Vertretern der Arbeitnehmer bestehen.
e) Unter den Vertretern der Arbeitnehmer im Aufsichtsrat müssen auch Vertreter der Gewerkschaften sein.

122. Welches Unternehmen unterliegt dem Mitbestimmungsgesetz von 1976?

a) Eine Aktiengesellschaft mit 4800 Beschäftigten
b) Eine Aktiengesellschaft mit einem Jahresumsatz von 600 Mio. € und 1300 Beschäftigten
c) Eine Genossenschaft mit 600 Beschäftigten
d) Eine Offene Handelsgesellschaft mit 2300 Beschäftigten
e) Eine GmbH mit 1700 Beschäftigten

123. Kritiker des Mitbestimmungsgesetzes von 1976 sagen, es handelte es sich um eine „Scheinparität" in den nach diesem Gesetz gebildeten Aufsichtsräten. Durch welche Aussage wird diese Kritik begründet?

a) Es handelt sich hierbei um eine Drittelparität.
b) Die leitenden Angestellten sind im Aufsichtsrat nicht vertreten.
c) Der Aufsichtsrat besteht meistens aus 21 Personen, so dass die Anteilseignerseite immer die Mehrheit hat.
d) Die neutrale Person kann jede Abstimmung entscheiden, obwohl Arbeitgeber- und Arbeitnehmervertreter mit gleicher Zahl vertreten sind.
e) Bei Stimmengleichheit im Aufsichtsrat entscheidet die Stimme des Vorsitzenden, den in der Regel die Anteilseignerseite stellt.

124. Ordnen Sie zu!

Mitbestimmungsmöglichkeiten in Organen von Unternehmen

a) Der Aufsichtsrat besteht jeweils aus der gleichen Anzahl von Vertretern der Anteilseigner und Arbeitnehmer mit 4 Beschäftigten
b) Der Aufsichtsrat besteht aus fünf Vertretern der Anteilseigner, fünf Vertretern der Arbeitnehmer sowie dem sogenannten „neutralen Mann".
c) Der Aufsichtsrat besteht nur aus Vertretern der Anteilseigner.
d) Der Aufsichtsrat besteht zu einem Drittel aus Vertretern der Arbeitnehmer.
e) Es bestehen keine Mitbestimmungsmöglichkeiten.
f) Die Arbeitnehmervertreter müssen Gewerkschaftsmitglieder sein.

Geltungsbereiche

[ ] Personengesellschaften mit 4 Beschäftigten
[ ] Kapitalgesellschaften mit in der Regel mehr als 2000 beschäftigten Arbeitnehmern
[ ] Kapitalgesellschaften mit in der Regel 500 bis 2000 Beschäftigten.

125. Welche Aussage über die Mitbestimmung im Aufsichtsrat trifft nach dem Mitbestimmungsgesetz von 1976 zu?

a) Der Aufsichtsratsvorsitzende hat bei der zweiten Abstimmung, wenn auch sie Stimmengleichheit ergibt, doppeltes Stimmrecht.
b) Im Aufsichtsrat sind ein Drittel Arbeitnehmer und zwei Drittel Anteilseigner vertreten.
c) Im Aufsichtsrat sind ein Drittel Anteilseigner und zwei Drittel Arbeitnehmer vertreten.
d) In Gesellschaften mit weniger als 2 000 Arbeitnehmern ist der Aufsichtsrat paritätisch besetzt.
e) Im Aufsichtsrat sind die Anteilseigner mit einer Person mehr als die Arbeitnehmer vertreten.

126. Aufgrund der wachsenden Auftragslage wird Ihr Betrieb 200 zusätzliche Mitarbeiter einstellen. Welche der folgenden Alternativen erläutert die richtige Zusammensetzung des Aufsichtsrates der Großhandels GmbH nach Erhöhung der Beschäftigungszahl?

a) Lediglich 1/3 der Aufsichtsratsmitglieder dürfen von der Belegschaft der Großhandels GmbH gewählt werden.
b) Alle Arbeitnehmervertreter werden ausschließlich von den in der Firma vertretenen Gewerkschaften bestellt.
c) Der Aufsichtsrat der Großhandels GmbH wird mit der gleichen Anzahl Arbeitnehmervertreter und Vertreter der Anteilseigner besetzt.
d) Der Aufsichtsrat wird ausschließlich von den Kapitaleignern bestellt.
e) In den Aufsichtsrat wird zusätzlich ein neutrales Mitglied bestellt.

127. Wie wird in Unternehmen, die unter das Mitbestimmungsgesetz von 1976 fallen, der Aufsichtsrat zusammengesetzt?

a) Der Aufsichtsrat besteht zu 2/3 aus Vertretern der Anteilseigner und zu 1/3 aus Vertretern der Arbeitnehmer.
b) Der Aufsichtsrat besteht zu 1/3 aus Vertretern der Anteilseigner und zu 2/3 aus Vertretern der Arbeitnehmer.
c) Der Aufsichtsrat besteht nur aus Vertretern der Anteilseigner.
d) Der Aufsichtsrat besteht nur aus Vertretern der Arbeitnehmer.
e) Der Aufsichtsrat besteht je zur Hälfte aus Vertretern der Arbeitnehmer und der Anteilseigner.

128. Welche Regelung ist nach dem Mitbestimmungsgesetz von 1976 vorgeschrieben, wenn sich bei einer Abstimmung im Aufsichtsrat einer AG Stimmengleichheit ergibt?

a) Die Entscheidung muss einem Schlichtungsausschuss übertragen werden.
b) Die Abstimmung muss dreimal wiederholt werden.
c) Die Entscheidung muss auf die nächste Sitzung innerhalb von einer Woche vertagt werden.
d) Der Aufsichtsratsvorsitzende hat zwei Stimmen, wenn sich bei erneuter Abstimmung wieder Stimmengleichheit ergibt.
e) Der Arbeitsdirektor hat die Befugnis zur Entscheidung.

129. Welche Aussage zum Mitbestimmungsgesetz von 1976 ist richtig?

a) Das Gesetz regelt die Wahl von Betriebs- bzw. Personalräten.
b) Die Betriebsräte können die Arbeitnehmervertreter in den Aufsichtsrat wählen.
c) Dem Vorstand gehört als gleichberechtigtes Mitglied ein Arbeitsdirektor an.
d) Die Arbeitnehmer eines Unternehmens wählen in einer Betriebsversammlung die Arbeitnehmervertreter für den Aufsichtsrat.
e) Das Gesetz gilt nur für Betriebe mit in der Regel 500 bis 2 000 Beschäftigten.

130. Ordnen Sie zu!

Gesetze und Verträge

a) Bundesurlaubsgesetz
b) Jugendarbeitsschutzgesetz
c) Lohn- und Gehaltstarifvertrag
d) Betriebsverfassungsgesetz
e) Kündigungsschutzgesetz
f) Arbeitszeitgesetz
g) Berufsbildungsgesetz

Sachverhalten

[ ] Fünf Auszubildende wollen eine Jugend- und Auszubildendenvertretung gründen.

[ ] Ein Auszubildender beabsichtigt, bereits vor Ablauf seiner Ausbildungszeit die Abschlussprüfung abzulegen.

[ ] Eine noch jugendliche Auszubildende arbeitet an einem Wochentag bis 22.00 Uhr. Nächsten Tag soll sie bereits wieder um 9.00 Uhr zur Arbeit erscheinen.

1. Ordnen Sie zu!

Bestimmungen

a) Der Ausbildende hat dafür zu sorgen, dass der Auszubildende charakterlich gefördert sowie sittlich und körperlich nicht gefährdet wird.
b) Will ein Arbeitnehmer geltend machen, dass seine Kündigung sozial ungerechtfertigt ist, so muss er innerhalb von 3 Wochen nach Zugang der Kündigung Klage beim Arbeitsgericht erheben.
c) In Unternehmen, die in der Rechtsform der Aktiengesellschaft betrieben werden und in der Regel mehr als 2 000 Arbeitnehmer beschäftigen, haben
die Arbeitnehmer ein Mitbestimmungsrecht nach Maßgabe dieses Gesetzes.
d) Jugendliche dürfen grundsätzlich nicht mehr als 40 Stunden wöchentlich beschäftigt werden.
e) Eine ohne Anhörung des Betriebsrates ausgesprochene Kündigung ist unwirksam.
f) Der Arbeitgeber darf das Arbeitsverhältnis der Mutter während des Mutterschaftsurlaubs und bis zum Ablauf von zwei Monaten nach Beendigung des Mutterschaftsurlaubs nicht kündigen.
g) Kinder und Jugendliche unter 16 Jahren dürfen in der Öffentlichkeit nicht rauchen.

Gesetze

[ ] Betriebsverfassungsgesetz
[ ] Jugendarbeitsschutzgesetz
[ ] Kündigungsschutzgesetz

2. Ordnen Sie zu!

Gesetzliche Regelung

a) Arbeitgeber und Betriebsrat arbeiten vertrauensvoll zum Wohle der Arbeitnehmer und des Betriebes zusammen.
b) Kindern und Jugendlichen unter 16 Jahren ist der Tabakgenuss in der Öffentlichkeit nicht gestattet.
c) In Gesellschaften, die mehr als 2 000 Arbeitnehmer beschäftigen, setzt sich der Aufsichtsrat je zur Hälfte aus Vertretern der Anteilseigner und der Arbeitnehmer zusammen.
d) Die Kündigung gegenüber einer Frau während der Schwangerschaft und bis zum Ablauf von 4 Monaten nach der Entbindung ist unzulässig.
e) Die Kündigung des Arbeitsverhältnisses ist gegenüber einem Arbeitnehmer unwirksam, wenn sie sozial ungerechtfertigt ist.
f) Jugendlichen müssen im Voraus feststehende Ruhepausen von angemessener Dauer gewährt werden.
g) Nach der Probezeit kann das Ausbildungsverhältnis vom Ausbildenden nur aus einem wichtigen Grund gekündigt werden.

Gesetze

[ ] Betriebsverfassungsgesetz
[ ] Kündigungsschutzgesetz
[ ] Jugendarbeitsschutzgesetz

3. Ordnen Sie zu!

Vorschriften aus dem Arbeitsrecht

a) Eine Kündigung ohne Anhörung des Betriebsrates ist unwirksam.
b) Die regelmäßige wöchentliche Arbeitszeit beträgt in der Metallindustrie 40 Stunden.
c) Eine Kündigung ist rechtsunwirksam, wenn sie sozial ungerechtfertigt ist.
d) Das Arbeitsverhältnis eines Angestellten kann unter Einhaltung einer Kündigungsfrist von vier Wochen zum 15. oder zum Schluss eines Kalendermonats gekündigt werden.
e) Ein Auszubildender kann nach der Probezeit aus wichtigem Grund kündigen.
f) Eine Mutter genießt Kündigungsschutz bis zum Ablauf von zwei Monaten nach Beendigung des Mutterschaftsurlaubs.
g) Die Regelarbeitszeit für Jugendliche beträgt 40 Stunden pro Woche.

Rechtsgrundlagen

[ ] Kündigungsschutzgesetz
[ ] Tarifvertrag
[ ] Betriebsverfassungsgesetz

4. Ordnen Sie zu!

Gesetze

a) Betriebsverfassungsgesetz
b) Tarifvertragsgesetz
c) Mitbestimmungsgesetz
d) Jugendarbeitsschutzgesetz
e) Schwerbehindertengesetz
f) Kündigungsschutzgesetz
g) Berufsbildungsgesetz

Bestimmungen

[ ] Arbeitgeber und Betriebsrat arbeiten unter Beachtung der geltenden Tarifverträge vertrauensvoll zusammen.

[ ] Die Probezeit muss mindestens einen Monat und darf höchstens vier Monate betragen.

[ ] Bei Stimmengleichheit hat der Aufsichtsratsvorsitzende bei einer erneuten Abstimmung zwei Stimmen.

5. Der Arbeitgeber hat mindestens einmal in jedem Kalenderjahr in einer Betriebsversammlung über das Personal- und Sozialwesen des Betriebs und über die wirtschaftliche Lage und Entwicklung zu informieren. Ordnen Sie zu!

Gesetzesinhalte

a) Arbeitgeber und Betriebsrat haben über strittige Fragen mit dem ernsten Willen zur Einigung zu verhandeln.
b) Auf individuelle Ausbildungsförderung besteht für eine der Neigung, Eignung und Leistung entsprechende Ausbildung ein Rechtsanspruch.
c) Werdende Mütter dürfen nicht mit schweren körperlichen Arbeiten beschäftigt werden.
d) Das Recht, zur Wahrung und Förderung der Arbeits- und Wirtschaftsbedingungen Vereinigungen zu bilden, ist für alle Berufe gewährleistet.
e) Die Probezeit muss mindestens einen Monat und darf höchstens vier Monate betragen.
f) Jugendliche dürfen nicht über 8 Stunden täglich beschäftigt werden.

Gesetze

[ ] Betriebsverfassungsgesetz
[ ] Berufsbildungsgesetz
[ ] Jugendarbeitsschutzgesetz

6. Ordnen Sie zu!

Regelungen

a) Gesetzliche Kündigungsfristen der Angestellten und Arbeiter
b) Ruhepausen bei Jugendlichen
c) Wahl der Jugend- und Auszubildendenvertretung
d) Beginn und Beendigung der Berufsausbildung
e) Auszahlungstermin für die Ausbildungsvergütung

Gesetze

[ ]Jugendarbeitsschutzgesetz
[ ] Betriebsverfassungsgesetz
[ ] Berufsbildungsgesetz

7. Im Arbeitsrecht besteht der Rechtsgrundsatz der Vertragsfreiheit. Was ist darunter zu verstehen?

a) Die Bestimmungen des Arbeitsvertrages können zwischen Arbeitgeber und Arbeitnehmer ohne Einschränkungen frei ausgehandelt werden.
b) Die Einzelfragen des Arbeitsvertrages können zwischen Arbeitgeber und Arbeitnehmer frei ausgehandelt werden; es sind jedoch die Mindestbestimmungen der Arbeitsschutzgesetze zu beachten.
c) Die Vertragsfreiheit beinhaltet das alleinige Recht des Arbeitgebers, die Vertragsvereinbarungen festzulegen.
d) Die Vertragsfreiheit bezieht sich ausschließlich auf das gegenseitige Recht der freien Auswahl von Arbeitgeber und Arbeitnehmer.
e) Die Vertragsfreiheit bezieht sich ausschließlich auf die freie Wahl des Arbeitsplatzes innerhalb der Bundesrepublik Deutschland.

8. Bei der Einstellung eines Mitarbeiters sind verschiedene Rechtsgrundlagen zu beachten. Ordnen Sie zu!

Rechtsgrundlagen

a) Bürgerliches Gesetzbuch
b) Bundesurlaubsgesetz
c) Betriebsvereinbarung
d) Beschäftigungsförderungsgesetz
e) Arbeitszeitgesetz

Regelungen im Arbeitsvertrag

[ ] Gesetzliche Kündigungsfrist nach der Probezeit.
[ ] Die Ruhepausen richten sich nach dem Gesetz.
[ ] Dauer des gesetzlichen Jahresurlaubs.
[ ] Kernarbeitszeit.
[ ] Das Arbeitsverhältnis ist zunächst auf 1 Jahr befristet.

9. Welche Mitarbeiter genießen einen besonderen Kündigungsschutz (zwei Antworten)?

a) Ein leitender Angestellter
b) Ein Angestellter mit einer Behinderung von 20 %
c) Eine Angestellte, einen Monat nach ihrer Entbindung
d) Eine Angestellte, 1 ½ Jahre nach Beendigung ihrer Betriebsratstätigkeit
e) Ein Angestellter, der dem Jugendarbeitsschutzgesetzt unterliegt
f) Ein Angestellter, Betriebsratsmitglied

10. Welchen Grund kann eine betriebsbedingte Kündigung eines Mitarbeiters haben?

a) Zeitablauf des befristeten Arbeitsvertrages
b) Trunkenheit am Arbeitsplatz
c) Wegfall des Arbeitsplatzes durch Produktionseinschränkungen
d) Mangelndes Fachwissen
e) Grobe Beleidigung eines Vorgesetzten

11. Ein Sachbearbeiter eines Kreditinstitutes erhält dort Einblick in die Vermögensverhältnisse seines Nachbarn. Dabei stellt er fest, dass dieser hoch verschuldet ist. Am Abend erzählt er dies seinem Bekanntenkreis weiter. Der Nachbar erfährt davon und beschwert sich beim Kreditinstitut. Eine Woche nach der Beschwerde kündigt das Kreditinstitut nach Anhörung des Betriebsrates das Angestelltenverhältnis schriftlich und fristlos. Welche Aussage ist richtig?

a) Die Kündigung ist unwirksam, weil die Zustimmung des Betriebsrates nicht vorliegt.
b) Die Kündigung ist unwirksam, weil sie nicht fristgerecht erfolgte.
c) Die Kündigung ist wirksam, weil gegen die Schweigepflicht verstoßen wurde und alle rechtlichen Voraussetzungen beachtet wurden.
d) Die Kündigung ist wirksam, weil ein Angestelltenverhältnis jederzeit fristlos gekündigt werden kann.
e) Die Kündigung ist unwirksam, weil die Verletzung der Schweigepflicht lediglich eine zivilrechtliche Angelegenheit ist und sich nicht auf das Arbeitsverhältnis auswirken kann.

12. Eine 55-jährige Arbeiterin (Mutter von fünf Kindern) hat beim zuständigen Arbeitsgericht durch Urteil feststellen lassen, dass ihre Kündigung durch den Arbeitgeber sozial ungerechtfertigt war. Aufgrund welchen Gesetzes wurde entschieden?

a) Arbeitsplatzschutzgesetz
b) Arbeitssicherheitsgesetz
c) Kündigungsschutzgesetz
d) Lohnfortzahlungsgesetz
e) Mutterschutzgesetz

13. Am „schwarzen Brett" der Großhandels GmbH hängt folgender Hinweis: „Mitarbeiter sind verpflichtet, vom Arbeitgeber bei triftigen und wichtigen Gründen angeordnete Überstunden zu leisten. Eine Weigerung kann mit einer Kündigung geahndet werden!" In welchem Fall müssen die Mitarbeiter dieser Bestimmung Folge leisten?

a) Wegen längerer Krankheit eines Kollegen muss die Vertretung über einen Zeitraum von 6 Monaten täglich 12 Stunden arbeiten.
b) Wegen der Urlaubsvertretungen muss jeder Mitarbeiter über einen Zeitraum von 2 Monaten täglich 12 Stunden arbeiten.
c) Wegen der Neueröffnung einer Filiale müssen die dort beschäftigten Mitarbeiter über einen Zeitraum von 6 Monaten täglich 12,5 Stunden arbeiten.
d) Wegen der hohen Lohnnebenkosten möchte die Großhandels GmbH mit weniger Festangestellten arbeiten und somit muss jeder Mitarbeiter täglich Überstunden leisten.
e) Ein Mitarbeiterteam wird angewiesen, freitags noch einige Stunden länger zu arbeiten, um einen wichtigen Auftrag abzuschließen.

14. Wann ist eine fristlose Kündigung gerechtfertigt?

a) Bei lang anhaltender Krankheit des Arbeitnehmers.
b) Bei anhaltendem Auftragsmangel der Firma.
c) Wenn der Arbeitnehmer die vertragsmäßig vereinbarte Arbeit beharrlich verweigert.
d) Bei Rationalisierungsmaßnahmen des Betriebes.
e) Wenn der Arbeitnehmer keine Überstunden machen will.

15. In welchem Fall kann eine fristlose (außerordentliche) Kündigung erfolgen?

a) Wenn später bekannt wird, dass der Arbeitnehmer gefälschte Zeugnisse vorgelegt hat.
b) Wenn bei dem Unternehmen ein langanhaltender Arbeitsmangel besteht.
c) Wegen einer länger andauernden Krankheit des Arbeitnehmers.
d) Wenn sich ein neuer Arbeitnehmer bewirbt, der bessere Zeugnisse vorlegt.

16. Welche Aussage über Kündigungsfristen von Arbeitern und Angestellten ist richtig?

a) Die einheitliche Grundkündigungsfrist kann durch Tarifvertrag geändert werden.
b) Die vertragliche Kündigungsfrist für Angestellte beträgt vier Wochen zum Quartalsende.
c) Die gesetzliche Kündigungsfrist für Angestellte beträgt 14 Tage zum Monatsende.
d) Die gesetzliche Kündigungsfrist für Arbeiter beträgt 42 Tage.
e) Die gesetzliche Kündigungsfrist für Angestellte beträgt vier Wochen zum Quartalsende.

17. Welche Angabe zur Kündigung von Arbeitern und Angestellten ist richtig?

a) Die Kündigungsfrist (Grundfrist) ist für beide 4 Wochen zum 15. des Monats oder zum Monatsende.
b) Wer zum Jahresende aus dem Unternehmen ausscheiden will, muss bei gesetzlicher Kündigungsfrist spätestens am 15. Dezember kündigen.
c) Einem Auszubildenden kann nach der Probezeit mit einer Frist von 3 Monaten gekündigt werden.
d) Ein Angestelltenverhältnis kann unter keinen Umständen fristlos gekündigt werden.
e) Betriebsratsmitgliedern kann nur mit einer Frist von 3 Monaten gekündigt werden.

18. Welche Aussage zur Beendigung eines Dienstverhältnisses ist richtig?
a) Eine fristlose Kündigung ist nur während des Ausbildungsverhältnisses möglich.
b) Bei Kündigung durch den Arbeitgeber muss im Zeugnis der Kündigungsgrund genannt werden.
c) Betriebsratsmitglieder sind unkündbar, es sei denn, es liegt ein wichtiger Grund vor, der zur fristlosen Kündigung berechtigt.
d) Die Kündigung kann immer nur zum Ende eines Kalenderjahres erfolgen.
e) Eine Entlassung ist grundsätzlich jederzeit ohne Einhaltung einer Frist möglich.

19. Welche Kündigungsfrist gilt nach dem BGB für Arbeiter und Angestellte?
a) Zwei Wochen (14 Tage) zum Monatsende
b) Vier Wochen (28 Tage) zum Monatsende oder zum 15. des Monats
c) Ein Monat zum Monatsende
d) 28 Tage nur zum 15. eines Monats
e) Zwei Monate zum Ende eines Kalendermonats

20. Welche Aussage über Kündigungsfristen eines Dienstverhältnisses ist richtig?
a) Die gesetzliche Kündigungsfrist für Angestellte beträgt vier Wochen zum Quartalsende.
b) Die gesetzliche Kündigungsfrist für Arbeiter und Angestellte beträgt während einer vereinbarten Probezeit zwei Wochen.
c) Die gesetzliche Kündigungsfrist für Arbeiter beträgt 1 Monat.
d) Die vertragliche Kündigungsfrist innerhalb der Probezeit von höchstens 6 Monaten beträgt zwei Wochen.
e) Einzelvertraglich kann in Betrieben mit nicht mehr als 20 Arbeitnehmern eine kürzere als die gesetzliche Kündigungsfrist vereinbart werden.

21. In welchem Fall kann der Arbeitgeber eine außerordentliche Kündigung wirksam aussprechen?
a) Eine werdende Mutter weigert sich, vier Wochen vor der Entbindung, ihrer Arbeit nachzugehen.
b) Wegen Umsatzrückganges möchte der Arbeitgeber mehreren Arbeitnehmern kündigen.
c) Ein Arbeitnehmer verweigert trotz Abmahnung weiterhin beharrlich die Ausübung der vertraglich vereinbarten Arbeit.
d) Ein Arbeitnehmer hat vor 8 Wochen seinen Arbeitgeber grob beleidigt. Dieser möchte ihn deshalb heute entlassen.
e) Durch die Zunahme der Arbeitsbelastung am Arbeitsplatz mindert sich die Leistungsfähigkeit eines Arbeitnehmers. Damit ist der Arbeitgeber nicht einverstanden.

22. Aus Rationalisierungsgründen müssen Mitarbeiter entlassen werden. Welche Kündigungs- oder Arbeitsschutzbestimmung trifft zu?
a) Massenentlassungen aus Rationalisierungsgründen müssen der Bundesagentur für Arbeit und dem Betriebsrat rechtzeitig mitgeteilt werden.
b) Angestellte, die älter als 28 Jahre sind und dem Betrieb seit ihrem 18. Lebensjahr angehören, haben einen erhöhten Kündigungsschutz.
c) Eine Kündigung aus Rationalisierungsgründen bedarf nicht der Zustimmung des Betriebsrates.
d) Nach dem Schwerbehindertengesetz (SchwbG) ist eine Kündigung aus Rationalisierungsgründen nicht möglich.
e) Betriebsratsmitglieder sind in jedem Fall unkündbar.

23. Ein 37-jähriger Angestellter ist seit 15 Jahren im gleichen Unternehmen tätig und will sich zum 1. Januar des nächsten Jahres verändern. Wann muss der Angestellte nach der gesetzlichen Regelung spätestens kündigen?
a) 30. 06. d. J
b) 30. 09. d. J.
c) 16. 10. d. J.
d) 19. 11. d. J.
e) 30. 11. d. J.
f) 03. 12. d. J.

24. Ein 23-jähriger Angestellter mit 2-jähriger Betriebszugehörigkeit will zum 01.06. die Arbeitsstelle wechseln. Bis zu welchem Zeitpunkt muss er kündigen, wenn für sein Arbeitsverhältnis die gesetzliche Kündigungsfrist gilt?
a) 30. 04. des Jahres
b) 01. 04. des Jahres
c) 03. 05. des Jahres
d) 15. 05. des Jahres
e) 01. 05. des Jahres

25. Welche Formvorschrift ist hinsichtlich einer Kündigung zu beachten?
a) Die Kündigung bedarf keiner besonderen Formvorschrift.
b) Die Kündigung kann mündlich erfolgen.
c) Die Kündigung muss schriftlich erfolgen.
d) Die Kündigung muss nur dann schriftlich erfolgen, wenn dies arbeitsvertraglich vereinbart ist.
e) Die Kündigung muss nur dann schriftlich erfolgen, wenn dies tarifvertraglich vereinbart ist.

26. Eine 20-Jährige will zum 01.08. des Jahres eine neue Stelle antreten. Wann muss ihre Kündigung nach der gesetzlichen Vorschrift dem Arbeitgeber spätestens zugegangen sein?
a) Am 19.05.
b) Am 03.07.
c) Am 30.06.
d) Am 15.06.
e) Am 15.07.

27. Einem Angestellten mit 3-jähriger Betriebszugehörigkeit soll nach gesetzlicher Kündigungsfrist gekündigt werden. Zu welchem Termin muss die Kündigung spätestens zugestellt sein, wenn das Arbeitsverhältnis zum 30.06. aufgelöst werden soll?
a) 15.05.
b) 31.05.
c) 02.06.
d) 30.04.
e) 15.06.

28. Welche Kündigungsfrist gilt nach dem BGB für Angestellte und Arbeiter?
a) Zwei Wochen (14 Tage) zum Monatsende
b) Vier Wochen (28 Tage) nur zum Monatsende
c) Sechs Wochen (42 Tage) zum Monatsende
d) Während einer vereinbarten Probezeit zwei Wochen
e) Vier Wochen (28 Tage) nur zum 15. eines Monats

Zu den nächsten drei Aufgaben siehe die abgebildeten Vorschriften zu den Kündigungsfristen!

§ 622. [Kündigungsfrist bei Arbeitsverhältnissen]

(1) Das Arbeitsverhältnis eines Arbeiters oder eines Angestellten (Arbeitnehmers) kann mit einer Frist von vier Wochen zum Fünfzehnten oder zum Ende eines Kalendermonats gekündigt werden.
(2) [1]Für eine Kündigung durch den Arbeitgeber beträgt die Kündigungsfrist, wenn das Arbeitsverhältnis in dem Betrieb oder Unternehmen
1. zwei Jahre bestanden hat, einen Monat zum Ende eines Kalendermonats,
2. fünf Jahre bestanden hat, zwei Monate zum Ende eines Kalendermonats,
3. acht Jahre bestanden hat, drei Monate zum Ende eines Kalendermonats,
4. zehn Jahre bestanden hat, vier Monate zum Ende eines Kalendermonats,
5. zwölf Jahre bestanden hat, fünf Monate zum Ende eines Kalendermonats,
6. fünfzehn Jahre bestanden hat, sechs Monate zum Ende eines Kalendermonats,
7. zwanzig Jahre bestanden hat, sieben Monate zum Ende eines Kalendermonats.

Der Mitarbeiterin Petra Martin wurde aus zwingenden betrieblichen Gründen gekündigt. Die sozial gerechtfertigte Kündigung erfolgte mit Zustimmung des Betriebsrates und ging ihr am 7. Juli d. J. zu. Einzelvertragliche und tarifvertragliche Kündigungsfristen wurden nicht vereinbart. Folgende Daten sind bekannt:

Name	Alter	Betriebszugehörigkeit
Martin, Petra	42 Jahre	8 Jahre

29. Ermitteln Sie für Frau Martin mit Hilfe der abgebildeten gesetzlichen Bestimmungen das Datum des Ausscheidens aus dem Betrieb! Tragen Sie das Datum (Monat, Tag) unmittelbar in die Kästchen ein!

30. Eine weitere Mitarbeiterin, 29 Jahre alt, seit 6 Jahren beschäftigt, will zum 31.12. kündigen. Wann muss ihre Kündigung spätestens beim Unternehmen eingehen? Tragen Sie das Datum (Monat, Tag) in das Kästchen ein!

31. Ein Mitarbeiter, 34 Jahre alt, arbeitet seit 14 Jahren bei der Bavaria Fahrradwerke KG. Aufgrund verschiedener Fehlverhalten will die Bavaria Fahrradwerke KG ihn zum Ende diesen Jahres kündigen. Welche Kündigungsfrist ist dabei einzuhalten? Lesen Sie dazu die entsprechenden Vorschriften des § 622 BGB und tragen Sie das Ergebnis in das Kästchen ein!

32. In welchem Fall ist eine Kündigung sozial nicht gerechtfertigt?

a) Bei mangelnder Eignung des Arbeitnehmers
b) Bei unzureichender Qualifikation des Arbeitnehmers
c) Bei Störung des Betriebsfriedens durch den Arbeitnehmer
d) Bei Erkrankung des Arbeitnehmers
e) Bei Vertragsverletzung durch den Arbeitnehmer

33. Für welche Mitarbeiter gelten besondere gesetzliche Kündigungsschutzbestimmungen?

a) Facharbeiter
b) Vorstandsmitglieder
c) Jugendvertreter im Sinne des Betriebsverfassungsgesetzes
d) Mitarbeiter, die über 50 Jahre alt sind
e) Mitarbeiter, die sich auf Kosten des Betriebes beruflich weiterbilden konnten

34. Welcher Personenkreis genießt einen besonderen gesetzlichen Kündigungsschutz?

a) Leitende Angestellte
b) Mitglieder des Betriebsrates
c) Sicherheitsbeauftragte für die Unfallverhütung
d) Betriebliche Ausbilder
e) Auszubildende in der Probezeit

35. Für welche Personengruppe ist gesetzlich ein besonderer Kündigungsschutz vorgeschrieben?

a) Für alle weiblichen Arbeitnehmer
b) Für alle kaufmännischen Angestellten, die zum Wehrdienst einberufen sind
c) Für alle kaufmännischen Angestellten während der Probezeit
d) Für alle Gewerkschaftsmitglieder
e) Für alle Handlungsbevollmächtigten
f) Für alle leitenden Angestellten

36. Welche Personengruppe genießt einen besonderen gesetzlichen Kündigungsschutz?

a) Prokuristen
b) Auszubildende während der Probezeit
c) Handlungsbevollmächtigte
d) Werdende Mütter
e) Leitende Angestellte
f) Jugendliche

37. Einige Arbeitnehmer genießen einen besonderen Kündigungsschutz. Für welche Arbeitnehmergruppe gibt es keinen besonderen gesetzlichen Kündigungsschutz?

a) Für die Jugendvertretung
b) Für werdende Mütter
c) Für Sachbearbeiter
d) Für Wehrdienstleistende
e) Für Auszubildende

38. Personalkosten sollen gesenkt werden. Welches Arbeitsverhältnis kann am frühesten durch Kündigung beendet werden?

a) Peter Müller, 42 Jahre alt, Kraftfahrer, seit 15 Jahren im Unternehmen
b) Maria Munz, 40 Jahre alt, seit 5 Jahren im Unternehmen, sie wurde vor einem Jahr in den Betriebsrat gewählt
c) Anita Riederer, 19 Jahre alt, Auszubildende als Bürokauffrau, im zweiten Ausbildungsjahr bei dreijähriger Ausbildungsdauer
d) Inge Kühne, 32 Jahre alt, gelernte Speditionskauffrau, seit 5 Jahren im Unternehmen
e) Christian Schwarz, 20 Jahre alt, Speditionskaufmann, hat einen Einberufungsbefehl der Bundeswehr zur Ableistung des Grundwehrdienstes

39. Welche Arbeitnehmer fallen unter besonderen Kündigungsschutz?
a) Alle Auszubildenden nach Ablauf der Probezeit
b) Alle Auszubildenden während der Probezeit
c) Alle Arbeitnehmer ab dem 35. Lebensalter
d) Alle Arbeitnehmer ab dem 25. Lebensjahr
e) Alle Jugendlichen zwischen 16 und 18 Jahren

40. Einer Mitarbeiterin wurde vor 11 Tagen vom Prokuristen einer KG fristgemäß zum nächst möglichen Kündigungstermin gekündigt. Der Betriebsrat wurde gehört, hat aber bis heute nicht geantwortet. Heute teilt die Mitarbeiterin mit, dass sie seit drei Wochen weiß, dass sie schwanger ist. Welche Auswirkungen hat dies?
a) Die Kündigung ist unwirksam, da der Prokurist nicht ohne besondere Vollmacht kündigen darf.
b) Nur der Komplementär darf kündigen, die Kündigung ist deshalb unwirksam.
c) Da die Mitarbeiterin die Schwangerschaft zu spät mitgeteilt hat, ist die Kündigung wirksam.
d) Die Kündigung wird durch die Mitteilung der Schwangerschaft unwirksam.
e) Die Kündigung ist auch ohne Mitteilung der Schwangerschaft unwirksam.

41. In welchem Fall kann der Personalchef eine rechtswirksame Kündigung aussprechen?
a) Bei einem Jugendvertreter, der seit einem Monat seinen Zivildienst ableistet.
b) Bei einem Jugendvertreter während seiner Amtszeit.
c) Bei einem Mitarbeiter, über dessen Kündigung der Betriebsrat nachträglich informiert wird.
d) Bei einem 40-jährigen Mitarbeiter, der 10 Jahre im Betrieb gearbeitet hat, mit einer Frist von 4 Wochen zum nächsten Quartalsende.
e) Bei einer Mutter, die keinen Erziehungsurlaub in Anspruch nimmt, 8 Monate nach der Niederkunft.

42. Die Auftragslage zwingt zu Personaleinsparungen. Einem Mitarbeiter im Lager muss aufgrund dessen gekündigt werden. In welchem der folgenden Fälle ist die Kündigung unwirksam, weil sie sozial ungerechtfertigt ist?
a) Der Mitarbeiter könnte in der Produktion mit ähnlichen Aufgaben weiter beschäftigt werden.
b) Der Mitarbeiter wurde erst vor 3 Monaten eingestellt.
c) Der Mitarbeiter wird vom Vorgesetzten als unzuverlässig und unkollegial beurteilt.
d) Der Mitarbeiter ist zwar fleißig, schafft aber die Arbeit nicht.
e) Der Mitarbeiter ist Alleinverdiener und wurde erst vor 5 Monaten eingestellt.

43. Wie ist nach dem Betriebsverfassungsgesetz die Rechtslage, wenn einem Arbeitnehmer ohne Anhörung des Betriebsrates gekündigt wurde?
a) Die Kündigung ist wirksam, weil eine Anhörung des Betriebsrates nicht vorgeschrieben ist.
b) Die Kündigung ist unwirksam, weil eine Anhörung des Betriebsrates zwingend vorgeschrieben ist.
c) Die Kündigung ist wirksam, weil weder eine Anhörung noch eine Zustimmung des Betriebsrates vorgeschrieben ist.
d) Die Kündigung ist wirksam, wenn statt des Betriebsrats das Arbeitsgericht angehört wurde.
e) Die Kündigung wird durch nachträgliche Anhörung des Betriebsrates wirksam.

44. Ein Arbeitsverhältnis wird in beiderseitigem Einvernehmen mit einem Aufhebungsvertrag aufgelöst. Welche Konsequenzen ergeben sich daraus für den Arbeitnehmer?
a) Er wird keine neue Beschäftigung in diesem Berufsbereich bekommen, da er sein Beschäftigungsverhältnis einvernehmlich aufgelöst hat.
b) Er erhält kein Arbeitslosengeld, da er der Beendigung des Arbeitsverhältnisses zugestimmt hat.
c) Er erhält Fördermaßnahmen, da das Arbeitsverhältnis einvernehmlich und nicht im Streit aufgelöst wurde.
d) Er wird der Industrie- und Handelskammer gemeldet, da das Arbeitsverhältnis aufgelöst wurde.

45. Welche Aussage entspricht den Rechtsvorschriften zur Kündigung von Arbeitsverhältnissen?
a) Die ordentliche Kündigung ist immer eine fristlose Kündigung.
b) Ein Arbeitnehmer, dem eine bessere Stelle angeboten wurde, kann fristlos kündigen.
c) Eine ordentliche Kündigung, die mit dem Verhalten des Arbeitnehmers begründet wird, ist an keine Fristen gebunden.
d) Wegen mehrmaliger verspäteter Lohnzahlung kann ein Arbeitnehmer fristlos kündigen.
e) Ein Arbeitnehmer, der in eine 50 km weit entfernte Filiale versetzt wird, kann fristlos kündigen.

46. Welcher Personenkreis genießt einen besonderen gesetzlichen Kündigungsschutz (drei Antworten)?

a) Leitende Angestellte
b) Mitglieder des Betriebsrates
c) Sicherheitsbeauftragte für die Unfallverhütung
d) Betriebliche Ausbilder
e) Werdende Mütter
f) Alle Auszubildenden nach Ablauf der Probezeit
g) Auszubildende in der Probezeit

47. Welches Gericht ist für einen Angestellten zuständig, der sich gegen eine sozial ungerechtfertigte Kündigung wehren will?

a) Verwaltungsgericht
b) Landgericht
c) Amtsgericht
d) Sozialgericht
e) Arbeitsgericht

48. Ermitteln Sie aufgrund der nachstehenden Personalstatistik die Gesamtzahl der Personen, die bei einer Betriebsverschlankung nicht entlassen werden dürfen, da sie einen besonderen gesetzlichen Kündigungsschutz genießen. Tragen Sie das Ergebnis in das Kästchen ein!

PERSONALSTATISTIK (Auszug)			
		männlich	weiblich
Kfm. Verwaltung	Vollzeit Teilzeit	370 10	195 50
Produktion	Vollzeit Teilzeit	406 101	99 167
Außendienstmitarbeiter		42	6
Schwerbehinderte		40	31
Aushilfen/Praktikanten		2	4
Mitarbeiter der Hausverwaltung		13	25
Mitarbeiter der Kantinenverwaltung		2	5
Wehrdienst-/Ersatzdienstleistende		2	0
Arbeitnehmerinnen im Mutterschutz		0	15

49. Welches Gesetz zählt zu den Rechtsgrundlagen der Arbeitsschutzvorschriften?

a) Mutterschutzgesetz
b) Jugendschutzgesetz
c) Arbeitsordnung
d) Betriebsverfassungsgesetz
e) Lohnfortzahlungsgesetz

50. Welche Aussage trifft nach dem Mutterschutzgesetz zu?

a) Das Mutterschaftsgeld wird je zur Hälfte vom Staat und von der Krankenkasse gezahlt.
b) Der Mutterschaftsurlaub beträgt auf Verlangen höchstens acht Monate.
c) Ein Kündigungsschutz besteht nur bis zu acht Wochen nach der Entbindung.
d) Acht Wochen vor und sechs Wochen nach der Entbindung besteht grundsätzlich ein Beschäftigungsverbot.
e) Sechs Wochen vor und acht Wochen nach der Entbindung besteht grundsätzlich ein Beschäftigungsverbot.

51. Welche Aussage zum Mutterschutzgesetz ist richtig?
a) Auf Wunsch können Wöchnerinnen sofort nach der Entbindung ihrer früheren Tätigkeit im Betrieb wieder nachgehen.
b) Bis 6 Wochen vor der Entbindung darf eine werdende Mutter mit schweren körperlichen Arbeiten beschäftigt werden.
c) In den letzten 6 Wochen vor der Entbindung dürfen werdende Mütter nicht beschäftigt werden, es sei denn, dass sie sich zur Arbeitsleistung ausdrücklich bereit erklären.
d) Eine werdende Mutter darf auf eigenen Wunsch Akkordarbeit verrichten.
e) Während der gesamten Zeit der Schwangerschaft darf eine werdende Mutter nicht länger als 4 Stunden am Tag eine stehende Tätigkeit ausüben.

52. Welche Aussage entspricht nicht den Regelungen des Mutterschutzgesetzes?
a) Werdende Mütter dürfen in den letzten 6 Wochen vor der Entbindung nicht beschäftigt werden, es sei denn, dass sie sich zur Arbeitsleistung ausdrücklich bereit erklären.
b) Werdende Mütter müssen bis spätestens zu Beginn des 3. Schwangerschaftsmonats dem Arbeitgeber ihre Schwangerschaft und den voraussichtlichen Tag der Entbindung mitteilen.
c) Wöchnerinnen dürfen bis zum Ablauf von 8 Wochen nach Entbindung nicht beschäftigt werden.
d) Stillenden Müttern ist auf ihr Verlangen die zum Stillen erforderliche Zeit, mindestens aber zweimal täglich ½ Stunde oder einmal täglich 1 Stunde freizugeben.
e) Die Kündigung einer Frau während der Schwangerschaft und bis zum Ablauf von 4 Monaten nach der Entbindung ist unzulässig, wenn dem Arbeitgeber zum Zeitpunkt der Kündigung die Schwangerschaft bzw. die Entbindung bekannt ist.

53. Eine schwangere Mitarbeiterin bittet Sie um Informationen über die Voraussetzungen der Elternzeit. In welchem Gesetz sind die entsprechenden Vorschriften geregelt?
a) Im Betriebsverfassungsgesetz
b) Im Bundeserziehungsgeldgesetz
c) Im Kündigungsschutzgesetz
d) Im Mutterschutzgesetz
e) Im Entgeltfortzahlungsgesetz

54. Eine schwangere Bankangestellte will bis wenige Tage vor der Entbindung arbeiten. Ist das gemäß Mutterschutzgesetz zulässig?
a) Ja, wenn dringende betriebliche Erfordernisse vorliegen
b) Ja, wenn die Schwangere auf Erziehungsgeld verzichtet
c) Ja, sie darf auf ihren ausdrücklichen Wunsch bis zur Entbindung weiter beschäftigt werden.
d) Nein, es gilt laut Mutterschutzgesetz absolutes Arbeitsverbot sechs Wochen vor der Entbindung.
e) Nein, es gelten in jedem Fall die Schutzfristen acht Wochen vor und sechs Wochen nach der Entbindung.

55. In welchem Fall wird gegen das Mutterschutzgesetz verstoßen?
a) Das beschäftigende Unternehmen verlangt von der Schwangeren ein ärztliches Zeugnis.
b) Eine Mutter nimmt 8 Wochen nach der normal verlaufenden Geburt ihres Kindes die Arbeit wieder auf.
c) Die Mutter kündigt dem sie beschäftigenden Unternehmen nach ihrer Niederkunft zum Ende ihrer Schutzzeit.
d) Das die Mutter beschäftigende Unternehmen kündigt der Mutter zum Ende der Mutterschutzfrist.
e) Eine werdende Mutter erklärt sich freiwillig bereit, 6 Wochen vor ihrer Niederkunft eine erkrankte Kollegin zu vertreten.

56. Frau Weller, die bisher im Einschichtbetrieb von 07:00 bis 16:00 Uhr gearbeitet hatte, soll nun noch vor ihrer Schutzfrist in den Schichtdienst eingeteilt werden, da in der Qualitätssicherung vorübergehend auf Dreischichtbetrieb umgestellt werden muss. Die Schichtarbeit ist wie folgt vorgesehen: Frühschicht von 06:00 Uhr bis 14:00 Uhr, Spätschicht von 14:00 Uhr bis 22:00 Uhr, Nachtschicht von 22:00 Uhr bis 06:00 Uhr. Eine entsprechende Betriebsvereinbarung liegt vor. Welche Aussage zum Einsatz von Frau Weller ist laut abgebildetem Auszug aus dem Mutterschutzgesetz zutreffend?
a) Frau Weller kann ohne besondere Genehmigung auch ohne ihre Zustimmung in der Frühschicht eingesetzt werden.
b) Frau Weller kann in der Spätschicht arbeiten, damit sie vormittags besser ihre Termine für die Vorsorgeuntersuchungen wahrnehmen kann.
c) Frau Weller kann auf ausdrücklichen eigenen Wunsch in der Nachtschicht arbeiten, damit sie tagsüber an den Kursen für Säuglingspflege teilnehmen kann.
d) Frau Weller kann wechselweise in der Früh- und Spätschicht arbeiten.
e) Frau Weller darf nicht zur Schichtarbeit eingesetzt werden.

Auszug aus dem Mutterschutzgesetz

§ 8 Mehrarbeit, Nacht- und Sonntagsarbeit.

(1) Werdende und stillende Mütter dürfen nicht mit Mehrarbeit, nicht in der Nacht zwischen 20 und 6 Uhr und nicht an Sonn- und Feiertagen beschäftigt werden.
(2) [1]Mehrarbeit im Sinne des Absatzes 1 ist jede Arbeit, die
1. von Frauen unter 18 Jahren über 8 Stunden täglich oder 80 Stunden in der Doppelwoche,
2. von sonstigen Frauen über 8 ½ Stunden täglich oder 90 Stunden in der Doppelwoche hinaus, geleistet wird. [2]In der Doppelwoche werden die Sonntage eingerechnet

(...)

57. Wem müssen Sie die Information über die Schwangerschaft von Frau Weller gemäß Mutterschutzgesetz weitergeben?

a) Sie informieren sofort den Vorgesetzten von Frau Weller und den Betriebsrat über die Schwangerschaft mit der Bitte um sofortige Beurlaubung.
b) Sie informieren niemanden, da die Daten von Frau Weller gemäß Bundesdatenschutzgesetz nicht weitergegeben werden dürfen.
c) Sie informieren den Vorgesetzten von Frau Weller und die zuständige Aufsichtsbehörde über die Schwangerschaft.
d) Sie bitten sofort den Betriebsarzt um eine Untersuchung von Frau Weller und warten auf weitere Weisungen.
e) Sie informieren den Vorgesetzten und die unmittelbaren Kollegen von Frau Weller, da diese einen Teil ihrer Arbeit übernehmen müssen.

58. Wo kann sich Frau Weller vergewissern, dass die Schutzfrist auch den gesetzlichen Bestimmungen entspricht?

a) Im Betriebsverfassungsgesetz
b) Im Mutterschutzgesetz
c) Im Kündigungsschutzgesetz
d) Im Bundeserziehungsgeldgesetz
e) Im Entgeltfortzahlungsgesetz

59. Welche besondere Schutzvorschrift gilt für eine Mitarbeiterin der Bavaria Fahrradwerke KG, die eine Bescheinigung über eine bestehende Schwangerschaft vorgelegt hat?

a) Die Bavaria Fahrradwerke KG darf die Mitarbeiterin in den letzten Wochen vor der Entbindung auch mit deren Einverständnis nicht beschäftigen.
b) Die Mitarbeiterin darf eine 36-monatige Elternzeit antreten, ohne dass sie diese beantragen muss.
c) Die Mitarbeiterin darf nicht mit Mehrarbeit oder Akkordarbeit beschäftigt werden.
d) Die Bavaria Fahrradwerke KG darf der Mitarbeiterin bis zum Ablauf von einem Jahr nach der Entbindung nicht kündigen.
e) Die Bavaria Fahrradwerke KG darf der Mitarbeiterin bis zum Ablauf von acht Wochen nach Ende der Elternzeit nicht kündigen.

60. Eine Auszubildende, die im zweiten Ausbildungsjahr ein Kind bekommt, beantragt bei der Personalabteilung für zwei Jahre Erziehungsurlaub. Welche Auswirkung hat dies für das Ausbildungsverhältnis?

a) Das Ausbildungsverhältnis endet nach Ablauf der Mutterschutzfristen.
b) Das Ausbildungsverhältnis endet zum Ablauf der vereinbarten Vertragsdauer.
c) Das Ausbildungsverhältnis endet mit einer Frist von vier Wochen nach Antrag auf Erziehungsurlaub.
d) Das Ausbildungsverhältnis ruht bis zum Ablauf des beantragten Erziehungsurlaubs.
e) Das Ausbildungsverhältnis läuft vertragsgemäß weiter. Die Auszubildende muss sich die für die Prüfung erforderlichen Kenntnisse in einer überbetrieblichen Einrichtung aneignen.

61. Eine Mitarbeiterin, deren befristeter Arbeitsvertrag in vier Wochen endet, legt eine Schwangerschaftsbescheinigung vor. Welche Auswirkung hat die Schwangerschaft auf die Dauer des bestehenden Arbeitsvertrags?

a) Die Mitarbeiterin muss einen unbefristeten Arbeitsvertrag erhalten.
b) Die Mitarbeiterin kann die Übernahme in ein unbefristetes Arbeitsverhältnis verlangen, wenn sie in der Rangfolge der Sozialauswahl vor anderen Mitarbeitern steht.
c) Das Arbeitsverhältnis endet mit Ablauf der vereinbarten Frist.
d) Die Befristung des Arbeitsvertrages verlängert sich bis zum Ablauf der Mutterschutzfrist.
e) Die Befristung des Arbeitsvertrages verlängert sich bis zum Beginn der Mutterschutzfrist.

62. Welchen Schutz gewährt das Mutterschutzgesetz?

a) Mütter, die entbunden haben, haben das Recht auf die Einrichtung eines Mutter-Kind-Zimmers im Betrieb für die Betreuung ihres Kleinkindes.
b) Werdende und stillende Mütter dürfen an Sonn- und Feiertagen grundsätzlich nicht beschäftigt werden.
c) Frauen haben nur 6 Wochen vor und 8 Wochen nach der Entbindung einen besonderen Kündigungsschutz.
d) Die Kündigung während einer Schwangerschaft und bis zum Ablauf von 6 Monaten nach der Entbindung ist unzulässig.
e) Mütter dürfen bis zum Ablauf von 6 Wochen nach der Entbindung nicht beschäftigt werden.

63. Eine Auszubildende hat vor zwei Jahren ihren dreijährigen Ausbildungsvertrag nach zehn Monaten unterbrochen, um nach der Geburt ihres Kindes Erziehungsurlaub in Anspruch zu nehmen. Nach Ablauf des zweijährigen Erziehungsurlaubs nimmt sie die Ausbildung wieder auf. Sie will nun wissen, wie lange ihr Ausbildung noch dauert?

a) Die Ausbildung dauert noch bis zum ursprünglich vereinbarten Vertragsende.
b) Die Ausbildung beginnt von vorne und dauert noch 36 Monate.
c) Die Ausbildung verlängert sich um ein halbes Jahr bis zur nächsten Prüfung.
d) Die Ausbildung dauert noch 24 Monate, da die acht Wochen Mutterschutzfrist auf die Ausbildung angerechnet werden.
e) Die Ausbildung dauert noch 26 Monate.

64. Obwohl Sie schon Glieder- und Kopfschmerzen hatten, gingen Sie am Donnerstag zur Arbeit. Am Freitag kam noch Fieber hinzu. Wie verhalten Sie sich richtig?

a) Sie bleiben im Bett. Da die Kollegen bereits am Donnerstag mitbekommen hatten, dass es Ihnen nicht gut ging, melden Sie sich nicht mehr in ihrer Abteilung.
b) Da Sie in Ihrer Abteilung telefonisch niemand erreichen, rufen Sie in der Personalabteilung an und melden sich krank. Die Arbeitsunfähigkeitsbescheinigung bis einschließlich Dienstag schicken Sie per Post.
c) Sie melden sich morgens krank. Zum Arzt gehen Sie nicht, da Sie damit rechnen, ab Mittwoch wieder arbeitsfähig zu sein.
d) Sie gehen morgens zum Arzt, er schreibt Sie bis einschließlich kommenden Dienstag krank. Die Arbeitsunfähigkeitsbescheinigung geben Sie ab, wenn Sie am Mittwoch wieder im Betrieb sind.
e) Sie rufen morgens in der Abteilung an und melden sich krank. Am kommenden Mittwoch gehen Sie zum Arzt, da es Ihnen immer noch nicht besser geht.

65. Ein Mitarbeiter ist seit einer Woche arbeitsunfähig. Eine Arbeitsunfähigkeitsbescheinigung liegt vor. Wie lange hat er Anspruch auf Arbeitsentgelt bei einer eventuellen Verlängerung der Arbeitsunfähigkeit?

a) Das Arbeitsentgelt wird unbegrenzt weiterbezahlt.
b) Das Arbeitsentgelt wird vier Wochen ausbezahlt, danach erhält er Krankengeld.
c) Er erhält kein Arbeitsentgelt, sondern ab dem ersten Tag Krankengeld, da ein ärztliches Attest vorliegt.
d) Das Arbeitsentgelt wird insgesamt bis zur Dauer von sechs Wochen weiterbezahlt.
e) Nach Beendigung der Arbeitsunfähigkeit wird das Arbeitsentgelt für die gesamte Abwesenheit nachbezahlt.

66. Wie lange muss einer Angestellten bei Erkrankung das Gehalt weitergezahlt werden?

a) Sie hat keinen Anspruch.
b) 14 Tage
c) 6 Wochen
d) 8 Wochen
e) 78 Wochen

67. Seit Dienstag, 12. Oktober, ist ein Mitarbeiter wegen einer unverschuldeten Krankheit arbeitsunfähig. Bis zu welchem Tag hat er Lohnfortzahlungsanspruch? Ermitteln Sie den letzten Tag des Anspruchs anhand des abgebildeten Kalenders!

a) 26. Oktober
b) 08. November
c) 22. November
d) 30. November
e) 06. Dezember

Januar						Februar						März					
Mo		5	12	19	26	Mo		2	9	16	23	Mo	1	8	15	22	29
Di		6	13	20	27	Di		3	10	17	24	Di	2	9	16	23	30
Mi		7	14	21	28	Mi		4	11	18	25	Mi	3	10	17	24	31
Do	1	8	15	22	29	Do		5	12	19	26	Do	4	11	18	25	
Fr	2	9	16	23	30	Fr		6	13	20	27	Fr	5	12	19	26	
Sa	3	10	17	24	31	Sa		7	14	21	28	Sa	6	13	20	27	
So	**4**	**11**	**18**	**25**		**So**	**1**	**8**	**15**	**22**	**29**	**So**	**7**	**14**	**21**	**28**	
Wo	1	2	3	4	5	Wo	5	6	7	8	9	Wo	10	11	12	13	14

April						Mai							Juni					
Mo		5	12	19	26	Mo		3	10	17	24	31	Mo		7	14	21	28
Di		6	13	20	27	Di		4	11	18	25		Di	1	8	15	22	29
Mi		7	14	21	28	Mi		5	12	19	26		Mi	2	9	16	23	30
Do	1	8	15	22	29	Do		6	13	20	27		Do	3	10	17	24	
Fr	2	9	16	23	30	Fr		7	14	21	28		Fr	4	11	18	25	
Sa	3	10	17	24		Sa	1	8	15	22	29		Sa	5	12	19	26	
So	**4**	**11**	**18**	**25**		**So**	**2**	**9**	**16**	**23**	**30**		**So**	**6**	**13**	**20**	**27**	
Wo	14	15	16	17	18	Wo	18	19	20	21	22	23	Wo	23	24	25	26	27

Juli						August							September					
Mo		5	12	19	26	Mo		2	9	16	23	30	Mo		6	13	20	27
Di		6	13	20	27	Di		3	10	17	24	31	Di		7	14	21	28
Mi		7	14	21	28	Mi		4	11	18	25		Mi	1	8	15	22	29
Do	1	8	15	22	29	Do		5	12	19	26		Do	2	9	16	23	30
Fr	2	9	16	23	30	Fr		6	13	20	27		Fr	3	10	17	24	
Sa	3	10	17	24	31	Sa		7	14	21	28		Sa	4	11	18	25	
So	**4**	**11**	**18**	**25**		**So**	**1**	**8**	**15**	**22**	**29**		**So**	**5**	**12**	**19**	**26**	
Wo	27	28	29	30	31	Wo	31	32	33	34	35	36	Wo	36	37	38	39	40

Oktober						November						Dezember					
Mo		4	11	18	25	Mo	1	8	15	22	29	Mo		6	13	20	27
Di		5	12	19	26	Di	2	9	16	23	30	Di		7	14	21	28
Mi		6	13	20	27	Mi	3	10	17	24		Mi	1	8	15	22	29
Do		7	14	21	28	Do	4	11	18	25		Do	2	9	16	23	30
Fr	1	8	15	22	29	Fr	5	12	19	26		Fr	3	10	17	24	31
Sa	2	9	16	23	30	Sa	6	13	20	27		Sa	4	11	18	25	
So	**3**	**10**	**17**	**24**	**31**	**So**	**7**	**14**	**21**	**28**		**So**	**5**	**12**	**19**	**26**	
Wo	40	41	42	43	44	Wo	45	46	47	48	49	Wo	49	50	51	52	53

68. In welchem Fall ist ein Arbeitgeber berechtigt, die Fortzahlung des Arbeitsentgelts bei einem Arbeitnehmer zu verweigern?

a) Bei Nichtvorlage der ärztlichen Bescheinigung über die Arbeitsunfähigkeit
b) Während der Probezeit des Arbeitsverhältnisses
c) Bei einem Arbeitsunfall im Betrieb
d) Bei gekündigtem Arbeitsverhältnis bis zu dessen tatsächlichen Ende
e) Bei einem Arbeiter, der nur 15 Stunden in der Woche beschäftigt ist

69. Nach welchem Gesetz darf der Arbeitnehmer grundsätzlich höchstens 10 Stunden am Werktag beschäftigt werden?

a) Nach dem Handelsgesetzbuch
b) Nach dem Betriebsverfassungsgesetz
c) Nach dem Bürgerlichen Gesetzbuch
d) Nach dem Berufsbildungsgesetz
e) Nach dem Arbeitszeitgesetz

70. Welche Aussage zum Arbeitszeitgesetz ist nicht zutreffend?

a) Das Arbeitszeitgesetz stellt Frauen und Männer grundsätzlich gleich.
b) Das Arbeitszeitgesetz geht von einer starren Arbeitszeitgestaltung aus.
c) Das Arbeitszeitgesetz erlaubt in gewissen Fällen auch die Sonn- und Feiertagsarbeit.
d) Das Arbeitszeitgesetz erlaubt eine flexible Gestaltung der täglichen Arbeitszeit.
e) Das Arbeitszeitgesetz verbietet Frauenarbeit unter Tage im Bergbau.

71. Ein Arbeitnehmer wechselt zum 1. Oktober seinen Arbeitsplatz. Den ihm zustehenden Jahresurlaub hat er bereits in Anspruch genommen. Muss der neue Arbeitgeber ihm in dem laufenden Kalenderjahr noch einen Urlaub gewähren?

a) Nein
b) Ja, pro verbleibenden Kalendermonat 1 Werktag
c) Ja, drei Zwölftel des Mindesturlaubs
d) Ja, aber nur unbezahlten Urlaub
e) Ja, vier Werktage

Zu den nächsten beiden Aufgaben beachten Sie bitte die folgenden Ausschnitte aus dem Urlaubsgesetz!

72. Wie viel Werktage Urlaub stehen einer Angestellten für das laufende Jahr zu, wenn sie am 1. Januar ihre Tätigkeit begonnen und nach siebenmonatiger Beschäftigung bereits 14 Werktage genommen hat? Im Arbeitsvertrag ist die gesetzliche Urlaubsregelung vereinbart worden. Tragen Sie die Lösung in das Kästchen ein!

73. Während des Urlaubs erkrankt eine Angestellte. Sie muss für zwei Tage das Bett hüten. Dann besucht sie einen Arzt. Dieser schreibt sie für 4 Tage krank. Die Angestellte verlangt daraufhin, ihren Urlaubsanspruch um 6 Tage zu verlängern. Um wie viel Tage ist der Urlaubsanspruch der Angestellten laut Bundesurlaubsgesetz zu verlängern. Tragen Sie das Ergebnis in das Kästchen ein!

§1 Urlaubsanspruch. Jeder Arbeitnehmer hat in jedem Kalenderjahr Anspruch auf bezahlten Erholungsurlaub.

§ 2 Geltungsbereich. Arbeitnehmer im Sinne des Gesetzes sind Arbeiter und Angestellte sowie die zu ihrer Berufsausbildung Beschäftigten. Als Arbeitnehmer gelten auch Personen, die wegen ihrer wirtschaftlichen Unselbständigkeit als arbeitnehmerähnliche Personen anzusehen sind; ....

§ 3 Dauer des Urlaubs. (1) Der Urlaub beträgt jährlich mindestens 24 Werktage.
(2) Als Werktage gelten alle Kalendertage, die nicht Sonn- oder gesetzliche Feiertage sind.

§ 4 Wartezeit. Der volle Urlaubsanspruch wird erstmalig nach sechsmonatigem Bestehen des Arbeitsverhältnisses erworben.

§ 5 Teilurlaub. (1) Anspruch auf ein Zwölftel des Jahresurlaubs für jeden vollen Monat des Bestehens des Arbeitsverhältnisses hat der Arbeitnehmer
a) für Zeiten eines Kalenderjahres, für die er wegen Nichterfüllung der Wartezeit in diesem Kalenderjahr keinen vollen Urlaubsanspruch erwirbt;
b) wenn er vor erfüllter Wartezeit in der ersten Hälfte eines Kalenderjahres aus dem Arbeitsverhältnis ausscheidet;
c) wenn er nach erfüllter Wartezeit in der ersten Hälfte eines Kalenderjahres ausscheidet.
(2) Bruchteile von Urlaubstagen, die mindestens einen halben Tag ergeben, sind auf volle Urlaubstage aufzurunden.
(3) Hat der Arbeitnehmer im Falle des Absatzes 1 Buchstabe c bereits Urlaub über den ihm zustehenden Umfang hinaus erhalten, so kann das dafür gezahlte Urlaubsentgelt nicht zurückgefordert werden.

§ 8 Erwerbstätigkeit während des Urlaubs. Während des Urlaubs darf der Arbeitnehmer keine dem Urlaubszweck widersprechende Erwerbstätigkeit leisten.

§ 9 Erkrankung während des Urlaubs. Erkrankt ein Arbeitnehmer während des Urlaubs, so werden die durch ärztliches Zeugnis nachgewiesenen Tage der Arbeitsunfähigkeit auf den Jahresurlaub nicht angerechnet.

74. Der Mindesturlaub eines Beschäftigten ist im Bundesurlaubsgesetz geregelt. Welche Aussage widerspricht den gesetzlichen Bestimmungen?

a) Der Arbeitgeber ist verpflichtet, bei Beendigung des Arbeitsverhältnisses dem Arbeitgeber eine Bescheinigung über den im laufenden Jahr gewährten Urlaub auszustellen.
b) Der im Gesetz festgelegte Mindesturlaub darf tariflich zu Gunsten des Arbeitnehmers überschritten werden.
c) Der volle Urlaubsanspruch wird erstmals nach 6-monatigem Bestehen des Arbeitsverhältnisses erworben.
d) Kann der Urlaub wegen Beendigung des Arbeitsverhältnisses ganz oder teilweise nicht mehr gewährt werden, so verfällt er. Eine Entschädigung dafür gibt es nicht.
e) Jeder Arbeitnehmer hat in jedem Kalenderjahr Anspruch auf bezahlten Urlaub.

75. Welche Information sollte die betriebliche Urlaubsordnung enthalten?

a) Für die Teilnahme an der Abschlussprüfung muss der Auszubildende einen Tag Urlaub nehmen.
b) Im Urlaub darf der Arbeitnehmer keine, dem Urlaubszweck widersprechende Erwerbstätigkeit leisten.
c) Nicht genommener Urlaub muss nach dem 31. März des Folgejahres in bar ausbezahlt werden.
d) Der gesetzliche Mindesturlaub beträgt 15 Werktage.
e) Der zustehende Urlaub kann ohne Rücksicht auf betriebliche Belange zu jeder Zeit genommen werden.

Zu den nächsten drei Aufgaben siehe nachstehende Situation.

Herr Schwaiger hat am 1. Januar sein Arbeitsverhältnis angetreten. Er erkundigt sich bei Ihnen nach dem ihm zustehenden Urlaub. Die gesetzlichen Bestimmungen liegen dem Arbeitsverhältnis zu Grunde. Die vereinbarte Probezeit beträgt 3 Monate. Sehen Sie dazu noch den Ausschnitt aus dem Bundesurlaubsgesetz!

§ 3 Dauer des Urlaubs
(1) Der Urlaub beträgt jährlich mindestens 24 Werktage.
(2) Als Werktage gelten alle Kalendertage, die nicht Sonn- oder gesetzliche Feiertage sind.

§ 4 Wartezeit
Der volle Urlaubsanspruch wird erstmalig nach sechsmonatigem Bestehen des Arbeitsverhältnisses erworben.

§ 5 Teilurlaub
(1) Anspruch auf ein Zwölftel des Jahresurlaubs für jeden vollen Monat des Bestehens des Arbeitsverhältnisses hat der Arbeitnehmer
a) für Zeiten eines Kalenderjahres, für die er wegen Nichterfüllung der Wartezeit in diesem Kalenderjahr keinen vollen Urlaubsanspruch erwirbt;
b) wenn er vor erfüllter Wartezeit aus dem Arbeitsverhältnis ausscheidet;
c) wenn er nach erfüllter Wartezeit in der ersten Hälfte eines Kalenderjahres aus dem Arbeitsverhältnis ausscheidet.

§ 7 Zeitpunkt, Übertragbarkeit und Abgeltung des Urlaubs
.
.
.
(3) Der Urlaub muss im laufenden Kalenderjahr gewährt und genommen werden. Eine Übertragung des Urlaubs auf das nächste Kalenderjahr ist nur statthaft, wenn dringende betriebliche oder in der Person des Arbeitnehmers liegende Gründe dies rechtfertigen. Im Fall der Übertragung muss der Urlaub in den ersten drei Monaten des folgenden Kalenderjahres gewährt und genommen werden....

76. Wie viel Tage Erholungsurlaub stehen Herrn Schwaiger jährlich zu? Tragen Sie das Ergebnis in das Kästchen ein!

77. Ab wann kann Herr Schwaiger seinen gesamten Jahresurlaub zusammenhängend nehmen?

a) Herr Schwaiger hat bereits am 1. April Anspruch auf den gesamten Jahresurlaub.
b) Herr Schwaiger hat erst ab 1. Juni Anspruch auf den gesamten Jahresurlaub.
c) Herr Schwaiger hat erst ab 1. Juli Anspruch auf den gesamten Jahresurlaub.
d) Herr Schwaiger darf seinen gesamten Jahresurlaub nicht auf einmal nehmen.
e) Herr Schwaiger hat bereits nach 6 Wochen seiner Betriebszugehörigkeit Anspruch auf den gesamten Jahrsurlaub.

78. Da es aus betrieblichen Gründen nicht möglich ist, den gesamten Jahrsurlaub für das laufende Jahr bis zum Jahresende zu nehmen, will Herr Schwaiger wissen, bis wann er schließlich den Resturlaub genommen haben muss. Welches Datum nennen Sie ihm?

a) Bis 31. Dezember diesen Jahres
b) Bis 31. März nächsten Jahres
c) Bis 30. April nächsten Jahres
d) Bis 30. Juni nächsten Jahres
e) Bis 31. Dezember nächsten Jahres

79. Ein Industriebetrieb hat die im Schwerbehindertengesetz vorgeschriebene Mindestzahl von Schwerbehinderten noch nicht erreicht. Welche Aussage ist richtig?

a) Bei zwei gleich qualifizierten Bewerbern muss dem Schwerbehinderten der Vorzug gegeben werden.
b) Solange die im Schwerbehindertengesetz vorgeschriebene Mindestzahl nicht erreicht wird, muss eine Ausgleichsabgabe gezahlt werden.
c) Wie alle tarifrechtlichen Regelungen, gilt auch diese Bestimmung nur für Unternehmen, die dem Arbeitgeberverband angehören.
d) Die Zahlung einer Ausgleichsabgabe hebt die Pflicht zur Beschäftigung Schwerbehinderter auf.
e) Für die Einstellung von Schwerbehinderten ist nach dem Arbeitsplatzförderungsgesetz die Einstellung arbeitsloser Jugendlicher ersatzweise möglich.

80. Die Verpflichtung zur Schaffung und Erhaltung sozialer Gerechtigkeit ist auch für die europäische Staatengemeinschaft ein vorrangiges Ziel. Wer initiierte dazu 1961 die europäische Sozialcharta?

a) Europäische Union
b) NATO
c) Europarat
d) Europäische Kommission
e) Europäisches Parlament

81. Welches Recht ist <u>nicht</u> Inhalt der Europäischen Sozialcharta?

a) Recht auf freie Meinungsäußerung
b) Recht auf Arbeit
c) Recht auf soziale Sicherheit
d) Recht auf Schutz der Familie
e) Recht auf sichere und gesunde Arbeitsbedingungen

1. **Welche 5 Versicherungszweige bilden zusammen die gesetzliche Sozialversicherung?**
   a) Krankenversicherung, Rentenversicherung, Lebensversicherung, Unfallversicherung, Pflegeversicherung
   b) Krankenversicherung, Rentenversicherung, Arbeitslosenversicherung, Unfallversicherung, Pflegeversicherung
   c) Haftpflichtversicherung, Krankenversicherung, Arbeitslosenversicherung, Unfallversicherung, Pflegeversicherung
   d) Rentenversicherung, Arbeitslosenversicherung, Unfallversicherung, Haftpflichtversicherung, Pflegeversicherung
   e) Krankenversicherung, Rentenversicherung, Arbeitslosenversicherung, Lebensversicherung, Pflegeversicherung

2. **In welcher Zeile sind alle Angaben zu einem Sozialversicherungszweig richtig?**

	Sozialversicherungs-zweig	Träger	Leistung
a)	Arbeitslosenversicherung	Bundesagentur für Arbeit	Kurzarbeitergeld
b)	Rentenversicherung	Deutsche Rentenversicherung Regional	Betriebliche Altersversorgung
c)	Krankenversicherung	Deutsche Rentenversicherung Bund	Krankengeld, Kurleistungen
d)	Unfallversicherung	Berufsgenossenschaft	Rente nach Altersteilzeit
e)	Pflegeversicherung	Sozialamt	Pflegegeld

3. **In welcher Aussage ist die gegenwärtige Rentenanpassung richtig beschrieben?**
   a) Die Renten steigen in bestimmten Zeitabständen automatisch um den gleichen Prozentsatz wie die Nettolöhne.
   b) Die Renten steigen in bestimmten Zeitabständen automatisch um den gleichen Prozentsatz wie die Bruttolöhne.
   c) Die Renten werden in bestimmten Zeitabständen durch ein Bundesgesetz dem Lebenshaltungskostenindex angepasst.
   d) Die Renten werden in bestimmten Zeitabständen durch ein Bundesgesetz der Entwicklung der Bruttolöhne entsprechend erhöht.
   e) Die Renten werden in bestimmten Zeitabständen durch ein Bundesgesetz der Entwicklung der Nettolöhne angepasst.

4. **Die Rentenversicherung basiert u. a. auf dem grundlegenden Prinzip des „Generationenvertrages". Was ist darunter zu verstehen?**
   a) Einer muss für den Anderen in der Familie einstehen.
   b) Vorrangig hat der Staat für die Absicherung aller Generationen zu sorgen.
   c) Der Staat übernimmt nur solche Aufgaben, die nachgeordnete Institutionen, wie z. B. Familie, nicht erfüllen können.
   d) Die jüngere Generation sichert zum Teil die Altersversorgung für die ältere Generation.
   e) In einer sozialen Marktwirtschaft hat der Staat grundsätzlich alle Wechselfälle seiner Bürger abzusichern.

5. **Bei wem ist ein kaufmännischer Auszubildender rentenversichert?**
   a) Bei der Bundesagentur für Arbeit
   b) Bei der Deutschen Rentenversicherung DRV
   c) Bei der gesetzlichen Unfallversicherung
   d) Bei der Berufsgenossenschaft
   e) Bei der Pflichtkrankenkasse

6. **Welche Leistung erbringt die Rentenversicherung?**
   a) Krankengeld
   b) Verletztenrente
   c) Sterbegeld
   d) Berufsunfähigkeitsrente
   e) Mutterschaftsgeld
   f) Kurzarbeitergeld

7. Welche Bedeutung hat die Beitragsbemessungsgrenze für die Rentenversicherung?

a) Übersteigt der Bruttoverdienst eines Arbeitnehmers die Beitragsbemessungsgrenze, so ist er nicht mehr versicherungspflichtig.

b) Die Beitragsbemessungsgrenze für die Rentenversicherung ist auch die Grundlage für die Berechnung des Beitrages des Arbeitgebers zur Berufsgenossenschaft.

c) Liegt der Bruttoverdienst eines Arbeitnehmers unter der Beitragsbemessungsgrenze, ist der Beitrag nach der Beitragsbemessungsgrenze zu zahlen.

d) Die Beitragsbemessungsgrenze legt die Höhe des Arbeitgeberanteils fest.

e) Liegt der Bruttoverdienst eines Arbeitnehmers über der Beitragsbemessungsgrenze, so ist die Beitragsbemessungsgrenze Berechnungsgrundlage für die Beitragszahlung.

8. In welcher Zeile sind Leistungen und Art der Finanzierung der einzelnen Zweige der Sozialversicherung richtig angegeben?

Zweige der Sozialversicherung	Leistungen	Art der Finanzierung
a) Arbeitslosenversicherung	Arbeitsförderungsmaßnahmen, Arbeitslosengeld, Arbeitslosenhilfe	Arbeitgeberanteil 100 % Arbeitnehmeranteil 0 %
b) Unfallversicherung	Unfallverhütung, Unfallvorsorge, Rente wegen Arbeitsunfall, Heilbehandlung	Arbeitgeberanteil 50 % Arbeitnehmeranteil 50 %
c) Rentenversicherung	Altersrente, Rente nach Altersteilzeit, Rehabilitationsmaßnahmen, Erziehungsgeld	Arbeitgeberanteil 50 % Arbeitnehmeranteil 50 %
d) Krankenversicherung	Arznei- und Verbandmittel, stationäre Krankenhauspflege, Krankengeld	Arbeitgeberanteil 50 % Arbeitnehmeranteil 50 %
e) Pflegeversicherung	Zuschüsse für häusliche und stationäre Pflege und Krankentagegeld	Arbeitgeberanteil 50 % Arbeitnehmeranteil 50 % + 0,25% (Kinderlose ab Alter 23)

9. Frau Erna Müller stellt fest, dass ihr Gehalt nach einer Gehaltserhöhung über der Beitragsbemessungsgrenze der gesetzlichen Rentenversicherung liegt. Was versteht man unter der Beitragsbemessungsgrenze?

a) Den Betrag, mit dem die Versicherungspflicht beginnt

b) Den Betrag, von dem höchstens der Versicherungsbeitrag berechnet wird

c) Den jeweils geltenden Prozentsatz für die Beitragsberechnung

d) Den Betrag, mit dem die Versicherungspflicht endet

e) Den Prozentsatz für die Beitragsberechnung, der nicht überschritten werden darf

10. Welche Aussage zur gesetzlichen Rentenversicherung ist richtig?

a) Die Höhe der Leistungen wird durch den Versicherungsvertrag vereinbart.

b) Der freiwillige Beitritt ist nicht möglich.

c) Der Beitrag richtet sich nach dem Bruttoarbeitsverdienst.

d) Der Träger ist eine juristische Person des privaten Rechts.

e) Der Beitrag wird allein vom Arbeitgeber getragen.

11. Welche Leistung wird von der Deutschen Rentenversicherung DRV erbracht?

a) Darlehensgewährung an Betriebe für die Schaffung von Dauerarbeitsplätzen

b) Zahlung von Kurzarbeitergeld

c) Zahlung von Arbeitslosengeld II

d) Zahlung von Erwerbsunfähigkeitsrente

e) Zahlung von Verletztenrente

12. Eine 18-jährige Auszubildende wird durch einen Freizeitunfall erwerbsunfähig. Welche Aussage ist richtig?

a) Sie erhält eine Rente der gesetzlichen Rentenversicherung.

b) Sie erhält Arbeitslosengeld.

c) Sie erhält eine Leistung der gesetzlichen Unfallversicherung.

d) Sie erhält Arbeitslosengeld II.

e) Sie erhält keine Leistung der gesetzlichen Rentenversicherung, weil sie die Wartezeit nicht erfüllt hat.

13. Der arbeitenden Bevölkerung wird vom Gehalt/Lohn ein Beitrag zur gesetzlichen Rentenversicherung abgezogen. Dadurch werden u. a. die Renten derjenigen finanziert, die aus Altergründen bereits aus dem Arbeitsleben ausgeschieden sind. Wie nennt man diesen Sachverhalt?

a) Altersteilzeit
b) Generationenvertrag
c) Tarifvertrag
d) Vermögensbildung
e) Freie Marktwirtschaft

14. Wer stellt für Angestellte den Sozialversicherungsausweis aus?

a) Die Gemeindeverwaltung
b) Die Deutsche Rentenversicherung DRV
c) Das Personalbüro
d) Das Finanzamt
e) Die Krankenversicherung

15. Ordnen Sie zu!

Sozialleistungen

a) Die Zahlung von Krankengeld erfolgt ab dem 43. Kalendertag einer Arbeitsunfähigkeit.
b) Zahlung von Sozialhilfe erfolgt an Bedürftige.
c) Die Zahlung von Arbeitslosengeld wird eingestellt; aufgrund nachgewiesener Bedürftigkeit erfolgt die Zahlung von Arbeitslosengeld II.
d) Aufgrund einer Berufserkrankung erfolgt die Zahlung einer Erwerbsunfähigkeitsrente.
e) Ein Sachbearbeiter scheidet mit Vollendung des 63. Lebensjahres aus dem Berufsleben aus und erhält Altersruhegeld.
f) Aufgrund eines Arbeitsunfalls mit tödlichem Ausgang gewährt die Berufsgenossenschaft Witwen-/Waisenrente.

Sozialversicherungsträger

[ ] Deutsche Rentenversicherung DRV
[ ] Krankenkasse
[ ] Bundesagentur für Arbeit

16. Ordnen Sie die verschiedenen Regelungen zu den gesetzlichen Sozialversicherungszweigen den Versicherungszweigen zu!

Regelungen

a) Für diesen Versicherungszweig zahlen Arbeitnehmer keine eigenen Beiträge.
b) Für diesen Versicherungszweig gelten unterschiedliche Beitragssätze.
c) Für diesen Versicherungszweig gibt ei keinen eigenständigen Versicherungsträger.
d) Für diesen Versicherungszweig gilt die höchst Beitragsbemessungsgrenze.

Versicherungszweige

[ ] Krankenversicherung
[ ] Rentenversicherung
[ ] Unfallversicherung
[ ] Pflegeversicherung

17. Welches Arbeitspapier benötigt der Arbeitgeber für das Abführen der Beiträge zur gesetzlichen Rentenversicherung?

a) Eine Mitgliedsbescheinigung über die Zugehörigkeit zu einer Krankenkasse
b) Eine Urlaubsbescheinigung
c) Eine Lohnsteuerkarte
d) Ein Zeugnis des letzten Arbeitgebers
e) Einen Sozialversicherungsausweis

18. Welche Stelle ist Träger der gesetzlichen Rentenversicherung?

a) Ortskrankenkassen
b) Berufsgenossenschaften
c) Deutsche Rentenversicherung DRV
d) Bundesanstalt für Arbeit
e) Betriebskrankenkassen

19. Ordnen Sie zu!

Versicherungsträger

a) Deutsche Rentenversicherung Bund
b) Deutsche Rentenversicherung Regional
c) Bundesagentur für Arbeit
d) Private Krankenkassen
e) Pflicht- und Ersatzkassen
f) Berufsgenossenschaften

Sozialversicherungszweige

[ ] Gesetzliche Krankenversicherung
[ ] Arbeitslosenversicherung
[ ] Gesetzliche Unfallversicherung

20. Ordnen Sie zu!

Leistungsfälle

a) Ein Angestellter verursacht auf dem Heimweg von der Arbeit einen Autounfall mit Sachschaden an seinem Pkw.
b) Ein Buchhalter verunglückt auf einer Urlaubsreise und wird erwerbsunfähig.
c) Ein arbeitsloser Lohnbuchhalter wird umgeschult.
d) Eine Stenotypistin wird am Blinddarm operiert.
e) Ein Handlungsreisender verunglückt mit seinem Pkw auf einer Fahrt zu Kunden und wird erwerbsunfähig.
f) Ein Arbeiter erhält Altersrente.
g) Eine Arbeitnehmerin erhält Mutterschaftsgeld.

Sozialversicherungsträger

[ ] Deutsche Rentenversicherung DRV
[ ] Krankenkasse
[ ] Bundesagentur für Arbeit

21. Ordnen Sie zu!

Leistungen

a) Berufsunfähigkeitsrente
b) Arbeitslosengeld II
c) Verletztenrente
d) Familienhilfe
e) Sozialhilfe
f) Schmerzensgeld

Leistungsträger

[ ] Ersatzkasse
[ ] Berufsgenossenschaft
[ ] Deutsche Rentenversicherung DRV
[ ] Bundesagentur für Arbeit

22. Ordnen Sie zu!

Leistungen der gesetzlichen Sozialversicherung

a) Kurzarbeitergeld
b) Übernahme der Krankheitskosten bei Freizeitunfall
c) Altersruhegeld
d) Vorsorgeuntersuchung von Kindern
e) Aufwendungen zur Unfallverhütung
f) Mutterschaftshilfe

Versicherungsträger

[ ] Berufsgenossenschaft
[ ] Deutsche Rentenversicherung DRV
[ ] Bundesagentur für Arbeit

23. Wie wirkt sich eine Erhöhung der Rentenversicherungsbeiträge auf die Personalkosten der Unternehmung aus?

a) Sie hat keine Auswirkung, denn es betrifft nur die Arbeitnehmer.
b) Wenn sich die Beiträge zur Rentenversicherung erhöhen, werden automatisch die Beitragsbemessungsgrenzen vermindert, damit die Gesamtbelastung gleich bleibt.
c) Da die Unternehmen die Hälfte der Beiträge zur Rentenversicherung tragen, erhöhen sich die Personalkosten.
d) Da die Beiträge an die Nettolohnentwicklung gekoppelt sind, werden prozentuale Erhöhungen der Rentenversicherungsbeiträge durch höhere Löhne wieder aufgefangen.
e) Wenn sich die Beiträge zur Rentenversicherung erhöhen, wird die Beitragsbemessungsgrenze automatisch gesenkt, damit die Lohnnebenkostenbelastung für die Unternehmen gleich bleibt.

24. Ordnen Sie zwei der Sachverhalte den in Frage kommenden Sozialversicherungssparten zu!

Sachverhalte

a) Ein Arbeitnehmer muss seinen Beruf aufgrund eines Freizeitunfalls aufgeben. Er erhält eine Umschulung.
b) Ein Arbeitnehmer pflegt zu Hause seine Mutter und erhält dafür Pflegegeld.
c) Ein Arbeitnehmer verunglückt auf der Fahrt zu seiner Arbeit, ist anschließend 5 Tage arbeitsunfähig und braucht ärztliche Hilfe.
d) Ein Arbeitnehmer kann unter Einhaltung einer Kündigungsfrist zum Ende des nächsten Kalendermonats zu einer anderen Krankenkasse wechseln.
e) Versicherungspflichtgrenze und Beitragsbemessungsgrenze in der gesetzlichen Krankenversicherung sind immer identisch.
f) Nach Ablauf der Entgeltfortzahlung durch den Arbeitgeber erhält der Arbeitnehmer Krankengeld.

Sozialversicherungssparten

[ ] Unfallversicherung
[ ] Arbeitslosenversicherung

25. Welche Leistung erbringt die Rentenversicherung?

a) Krankengeld
b) Verletztenrente
c) Sterbegeld
d) Berufsunfähigkeitsrente
e) Mutterschaftsgeld
f) Kurzarbeitergeld

26. Ordnen Sie zu!

Aussagen

a) Die Beiträge zu dieser Versicherung sind in allen Fällen allein vom Arbeitgeber aufzubringen.
b) Angestellte sind in dieser Versicherung nur dann pflichtversichert, wenn ihr regelmäßiger Jahresarbeitsverdienst eine bestimmte Grenze nicht überschreitet.
c) Die Versicherungsjahre setzen sich aus Beitragszeiten, Ersatz- u. Ausfallzeiten und der Zurechnungszeit zusammen.
d) Träger dieser Versicherung ist die Bundesagentur für Arbeit.
e) Träger dieser Versicherung ist die Deutsche Rentenversicherung DRV.

Zweige der Sozialversicherung

[ ] Krankenversicherung
[ ] Unfallversicherung
[ ] Arbeitslosenversicherung

27. Ordnen Sie zu!

Leistungsfälle

a) Ein Angestellter verursacht auf dem Heimweg von der Arbeit einen Autounfall mit Sachschaden an seinem Pkw.
b) Ein Buchhalter verunglückt auf einer Urlaubsreise und wird erwerbsunfähig.
c) Ein arbeitsloser Lohnbuchhalter wird umgeschult.
d) Eine Stenotypistin wird am Blinddarm operiert.
e) Ein Handlungsreisender verunglückt mit seinem Pkw auf einer Fahrt zu Kunden und wird erwerbsunfähig.
f) Ein Arbeiter erhält Altersrente.
g) Eine Arbeitnehmerin erhält Mutterschaftsgeld.

Sozialversicherungsträger

[ ] Deutsche Rentenversicherung DRV
[ ] Berufsgenossenschaft
[ ] Bundesagentur für Arbeit

28. Was versteht man unter Rentendynamik?

a) Die Anpassung der Renten an die Einnahmen der Rentenversicherungsträger
b) Die jährliche Erhöhung der Renten in Abhängigkeit vom jeweiligen Lebensalter der Rentner
c) Die Anpassung der Renten an die Einkommensentwicklung der Beamten
d) Die Anpassung der Renten an die Einkommensentwicklung der Arbeiter und Angestellten
e) Die Anpassung der Renten an die Entwicklung der Inflationsrate

29. Welche Aussage trifft für Arbeitnehmer zu?

a) Die Fortzahlung des Arbeitsentgeltes im Krankheitsfalle beträgt 6 Wochen.
b) Die Kündigungsfrist beträgt 42 Tage zum Quartalsende.
c) Die Rentenversicherung besteht bei der Deutschen Rentenversicherung DRV.
d) Die gesetzliche Unfallversicherung wird vom Arbeitgeber bezahlt.
e) Die Bundesagentur für Arbeit gewährt bei Arbeitslosigkeit Arbeitslosengeld.

30. Ein Hauptschulabsolvent schließt einen Ausbildungsvertrag ab. Bei welchem Zweig der Sozialversicherung ist für ihn ein Vergleich der Beitragssätze und Zusatzleistungen der Sozialversicherungsträger interessant?

a) Rentenversicherung
b) Unfallversicherung
c) Arbeitslosenversicherung
d) Pflegeversicherung
e) Krankenversicherung

31. Ordnen Sie zu!

Leistungen	**Sozialversicherungsträger**
a) Kurzarbeitergeld	
b) Verletztenrente	[ ] Deutsche Rentenversicherung DRV
c) Arbeitslosengeld	
d) Altersruhegeld	[ ] Berufsgenossenschaft
e) Schlechtwettergeld	
f) Krankengeld	[ ] Krankenkasse
g) Arbeitslosenhilfe	

32. Welche Aussage zur Berechnung der Beiträge zur gesetzlichen Sozialversicherung ist zutreffend?

a) Die Berechnung der Beiträge zu den Sozialversicherungen erfolgt vom Nettolohn.
b) Jeder Arbeitnehmer, dessen monatliches Einkommen 500 € nicht übersteigt, trägt die Sozialversicherungsbeiträge alleine.
c) Übersteigen die von der Krankenkasse jährlich in Anspruch genommenen Leistungen die Beitragsbemessungsgrenze, so ist der Beitrag zur Krankenversicherung vom Arbeitnehmer alleine zu bezahlen.
d) Die Beiträge zur gesetzlichen Krankenversicherung sind einheitlich geregelt.
e) Ein Arbeitnehmer, dessen Jahresverdienst über der Versicherungspflichtgrenze der Krankenversicherung (=75 % der Beitragsbemessungsgrenze der gesetzlichen Rentenversicherung) hinausgeht, kann aus der gesetzlichen Krankenkasse austreten.

33. Die Bevölkerungsentwicklung in der Bundesrepublik Deutschland lässt auf Grund des Geburtenrückganges eine Abnahme der Zahl der Erwerbstätigen bei gleichzeitiger Zunahme der Rentenempfänger erwarten. Welche Aussage über die Auswirkungen auf die gesetzliche Rentenversicherung ist richtig?

a) Eine entsprechende Erhöhung der Rentenversicherungsbeiträge und/oder der staatlichen Zuschüsse ist notwendig, wenn das derzeitige Versorgungsniveau aufrecht erhalten werden soll.
b) Die Rentenversicherung wird auch durch die Beiträge der Arbeitgeber finanziert. Deshalb ist keine Anhebung der Rentenversicherungsbeiträge notwendig.
c) Die Erwerbstätigen finanzieren ihre künftigen Renten jeweils durch die eigenen Beiträge. Die Entwicklung der Bevölkerungsstruktur hat daher keinen Einfluss auf die Rentenversicherung.
d) Die Abnahme der Zahl der Erwerbstätigen hat nach einem bestimmten Zeitraum eine entsprechende Abnahme der Rentenempfänger zur Folge. Deshalb wird die Rentenversicherung von dieser Entwicklung nicht berührt.
e) Die Rentendynamisierung sichert eine Anpassung der Renten an das jeweilige Lohnniveau. Das künftige Versorgungsniveau ist daher nur von der Entwicklung des Lohnniveaus, nicht von der Entwicklung der Bevölkerungsstruktur, abhängig.

34. Das deutsche Rentensystem ist (noch) umlagefinanziert. Welche Problematik ergibt sich für die Rente aus der abgebildeten Darstellung zur Bevölkerungsentwicklung?

a) Der Vergleich des Altersaufbaus zeigt, dass die Renten in jedem Fall gesichert sind.

b) Da 2014 der Anteil der Erwerbstätigen im Alter von 30 bis 40 Jahren sehr groß war, ist die Rente auch bis 2060 gesichert.

c) Die zunehmende Alterung in der deutschen Gesellschaft führt zu einer wachsende Belastung für die Beitragszahler im gesetzlichen Rentenversicherungssystem.

d) Der für 2060 prognostizierte Bevölkerungsaufbau für Deutschland kann für die Entwicklung der Renten nicht herangezogen werden.

e) Die Leistungen der Rentenversicherung werden in 2060 so sicher sein wie im Jahre 2014, weil die Bevölkerungszahl insgesamt im Jahr 2060 etwa gleich groß ist wie in 2014.

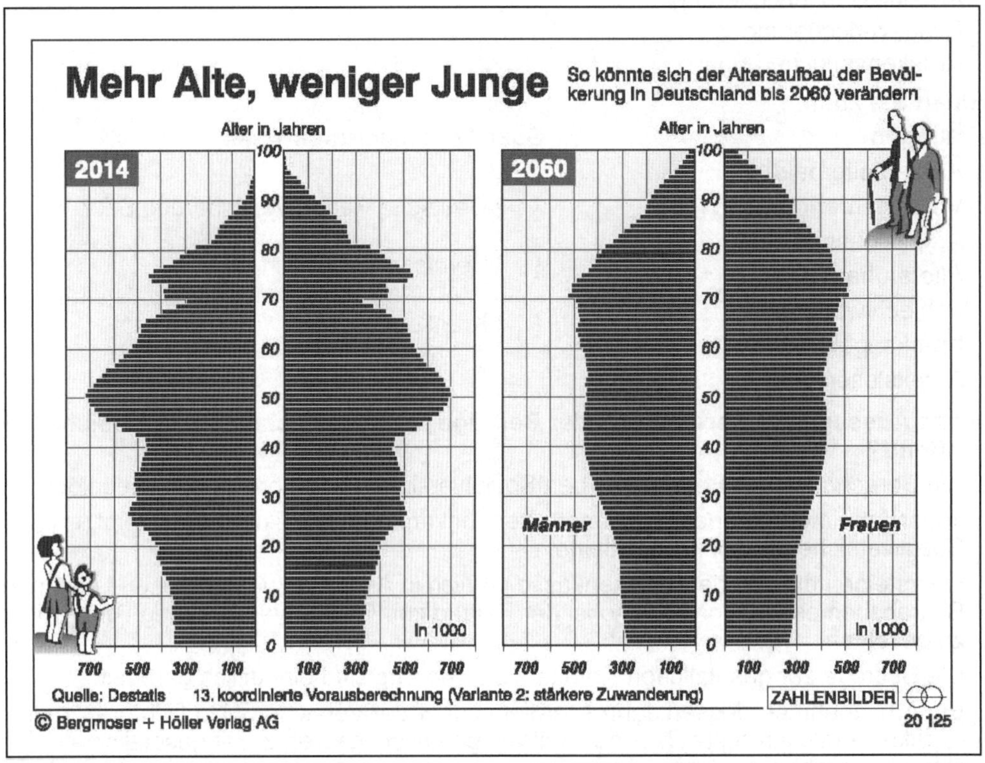

35. Es ist zu prüfen, bei welchen neu eingestellter Arbeitnehmern eine Versicherungspflicht in der Krankenversicherung besteht. Welcher Arbeitnehmer kann sich von der Versicherungspflicht befreien lassen? Sehen Sie dazu noch die folgende Information!

a) Ein Dipl.-Ing. in der Entwicklungsarbeit, monatliches Bruttogehalt 6.000,00 €

b) Ein Mitarbeiter in der Buchhaltung, monatliches Bruttogehalt 2.400,00 €

c) Ein Schlosser, monatliches Bruttogehalt 2.800,00 €, leidet an chronischem Gallenleiden

d) Ein kfm. Auszubildender, Ausbildungsvergütung 640,00 € brutto im Monat

e) Ein Außendienstmitarbeiter, monatliches Bruttogehalt 2.500,00 €, hat bereits eine private Krankenzusatzversicherung abgeschlossen

Versicherungsfreiheit

Nicht der Versicherungspflicht unterliegen u. a.

- Arbeitnehmer, deren Einkommen die Versicherungspflichtgrenze überschreitet. Diese liegt 2015 bei 54.900 € Jahreseinkommen. Beim Überschreiten der Versicherungspflichtgrenze endet die Versicherungspflicht mit Ablauf des Jahres, in dem sie überschritten wird.
- Beamte oder Personen, die nach beamtenrechtlichen Vorschriften oder Grundsätzen bei Krankheit Anspruch auf Fortzahlung der Bezüge und auf Beihilfe oder Heilfürsorge haben.
- Selbständige, sofern sie nicht als Landwirte oder - mit Einschränkungen - als Künstler oder Publizisten tätig sind.
- Studenten, die gegen Arbeitsentgelt beschäftigt sind.
- Geringfügig Beschäftigte, die nicht mehr als 450 € monatlich verdienen

36. Welche Aussage über die Krankenversicherungspflicht ist richtig?

a) Jeder Arbeitnehmer hat das Recht zu entscheiden, ob er der gesetzlichen Krankenversicherung beitritt oder nicht.

b) Der Arbeitgeber muss die krankenversicherungspflichtigen Mitarbeiter zur Krankenversicherung anmelden.

c) Die Höhe des Arbeitsverdienstes spielt keine Rolle bei der Krankenversicherungspflicht.

d) Ein krankenversicherungspflichtiger Mitarbeiter kann sich statt bei einer gesetzlichen bei einer privaten Krankenkasse versichern lassen.

e) Ein krankenversicherungspflichtiger Mitarbeiter kann verlangen, dass er bei seiner berufstätigen Ehefrau, die ebenfalls krankenversicherungspflichtig ist, mitversichert wird.

37. Welche Leistung gewährt die gesetzliche Krankenversicherung?

a) Schmerzensgeld

b) Umschulungsbeihilfe

c) Unfallrente

d) Hinterbliebenenrente

e) Altersruhegeld

f) Vorsorgeuntersuchung

38. Welche Aussage über die gesetzliche Krankenversicherung ist richtig?

a) Jeder Angestellte ist unabhängig von der Höhe seines Bruttogehaltes bei der gesetzlichen Krankenversicherung versicherungspflichtig.

b) Für die gesetzliche Krankenversicherung gibt es als einheitlichen Versicherungsträger die Allgemeinen Ortskrankenkassen, denen die Ersatz- und Betriebskrankenkassen unterstellt sind.

c) Kaufmännische Angestellte erhalten im Krankheitsfall vier Wochen ihr Gehalt weiter; danach beziehen sie Krankengeld.

d) Jedes versicherungspflichtige Belegschaftsmitglied kann sich statt bei einer Pflicht- bzw. Ersatzkasse auch bei einer Privat-Krankenkasse versichern.

e) Der Arbeitgeber muss grundsätzlich die versicherungspflichtigen Belegschaftsmitglieder zur Krankenversicherung anmelden.

f) Das Krankengeld ist für jeden Arbeitnehmer gleich hoch und unabhängig vom Verdienst.

39. Wobei handelt es sich um eine Sozialleistung des Arbeitgebers?

a) Zahlung von übertariflichem Weihnachtsgeld

b) Auslösung bei Beschäftigung an wechselnden Einsatzorten

c) Zahlung einer Betriebsrente

d) Übernahme von Gebühren für Weiterbildungskurse

e) Weiterzahlung des Entgelts für 6 Wochen im Krankheitsfall

40. Die Personalnebenkosten sollen verringert werden. Dazu will die Bavaria Fahrradwerke KG die Sozialleistungen kürzen. Welche der genannten Zahlungen kann nicht gestrichen werden, da sie gesetzlich vorgeschrieben ist?

a) Das Weihnachtsgeld

b) Der Arbeitgeberanteil zur Sozialversicherung

c) Die vermögenswirksame Leistung

d) Die Jubiläumszulage

e) Das Urlaubsgeld

41. Wie lange muss einer Angestellten im Falle ihrer Erkrankung das Gehalt weiter gezahlt werden?

a) Sie hat keinen Anspruch auf Weiterzahlung.

b) 14 Tage

c) 6 Wochen

d) 8 Wochen

e) 78 Wochen

42. Wer beschließt die Höhe der Beitragssätze in der gesetzlichen Krankenversicherung?
a) Der Bundesminister für Jugend, Familie und Gesundheit
b) Der Finanzplanungsrat der Bundesregierung
c) Der Bundestag mit Zustimmung des Bundesrates
d) Das Bundesaufsichtsamt für das Versicherungswesen
e) Die Vertreterversammlung der Krankenkasse

43. Wonach richtet sich die Höhe des Beitrags zu den gesetzlichen Sozialversicherungen bei pflichtversicherten Arbeitnehmern?
a) Nach der Anzahl der Familienangehörigen
b) Nach dem Bruttogehalt
c) Nach der Krankheitshäufigkeit und dem Verdienst
d) Nach der Höhe der gewünschten Leistungen
e) Nach dem Alter

44. Welche Regelung gilt für die Beitragsbemessungsgrenze in der Sozialversicherung?
a) Die Beitragsbemessungsgrenze gilt nur für die Pflegeversicherung.
b) Die Beitragsbemessungsgrenze gilt nur für die Rentenversicherung.
c) Die Beitragsbemessungsgrenze für die Rentenversicherung und Arbeitslosenversicherung ist gleich hoch.
d) Rentenversicherung und Unfallversicherung haben dieselbe Beitragsbemessungsgrenze.
e) Liegt der Bruttoverdienst eines Angestellten unter der Beitragsbemessungsgrenze, so bemisst sich der Beitrag für die Sozialversicherung nach der Beitragsbemessungsgrenze.

45. Welche Aussage zur Beitragsbemessungsgrenze in der Sozialversicherung ist zutreffend?
a) Bei der Rentenversicherung ist keine Beitragsbemessungsgrenze zu berücksichtigen.
b) Für die Unfallversicherung gelten nur 75 % der Beitragsbemessungsgrenze der Rentenversicherung.
c) Bei der Pflegeversicherung gelten die gleichen Sätze der Beitragsbemessungsgrenze (Versicherungspflichtgrenze) wie bei der Krankenversicherung.
d) Bei der Arbeitslosenversicherung gilt keine Beitragsbemessungsgrenze.
e) Bei der Arbeitslosenversicherung wird höchstens ein Satz von 75 % der Beitragsbemessungsgrenze der Rentenversicherung zugrunde gelegt.

46. Wovon sind die Höchstbeträge, die von der Pflegeversicherung im Falle einer Pflege zu leisten sind, abhängig?
a) Von der Dauer der Beitragszahlungen
b) Von der Dauer eines Arbeitsverhältnisses
c) Nur von der Dauer der Pflegebedürftigkeit
d) Von der Pflegestufe, in die der Pflegebedürftige eingestuft wird
e) Vom Alter des Pflegebedürftigen

47. Wer übernimmt die Aufgaben der Pflegekassen bei der gesetzlichen Pflegeversicherung?
a) Deutsche Rentenversicherung Bund
b) Deutsche Rentenversicherung Regional
c) Berufsgenossenschaften
d) gesetzliche Krankenkassen
e) Bundesagentur für Arbeit

48. Die ehemalige Auszubildende Müller der Großhandels GmbH wird nach Abschluss ihrer Prüfung ins Arbeitsverhältnis per Arbeitsvertrag übernommen. Vereinbart ist eine Probezeit von einem halben Jahr. Welche Aussage zur sozialen Absicherung von Frau Müller ist zutreffend?
a) Sie hat bereits Anspruch auf Arbeitslosengeld, da durch die Ausbildung die Anwartschaft erfüllt ist.
b) Sie hat nur dann Anspruch auf Arbeitslosengeld, wenn ihr Jahreseinkommen unter der Beitragsbemessungsgrenze liegt.
c) Sie bekommt bei einer Unterbrechung ihrer Tätigkeit ein Übergangsgeld von der Bundesagentur für Arbeit.
d) Kündigt sie ihr Arbeitsverhältnis, bekommt sie ab dem Folgemonat für ein Jahr Arbeitslosengeld.
e) Sie hat nur dann Anspruch auf Arbeitslosengeld, wenn die Deutsche Rentenversicherung (DRV) einen entsprechenden Bescheid erlässt.

49. Welche Aussage über die Leistungen der Arbeitslosenversicherung ist richtig?

a) Die Höhe der Leistung richtet sich nach dem jeweiligen Tarifvertrag, eine übertarifliche Bezahlung bleibt unberücksichtigt.

b) Arbeitslosengeld wird für eine begrenzte Zeit gewährt.

c) Wer dreimal eine zumutbare Arbeit ablehnt, erhält nur noch 50 % der Arbeitslosenhilfe.

d) Während des Leistungsbezuges besteht kein Kranken- und Unfallversicherungsschutz.

e) Das Arbeitsamt ist vor einer Zahlung verpflichtet, eine ärztliche Untersuchung des Antragstellers zur Prüfung der Anspruchsvoraussetzung durchzuführen.

50. In welchem Fall spricht man von struktureller Arbeitslosigkeit?

a) Arbeitnehmer wurden wegen der schlechten Auftragslage entlassen.

b) Arbeitnehmer fanden nach einer Betriebsauflösung nicht gleich einen Arbeitsplatz wieder.

c) Die Arbeitslosigkeit entstand durch eine allgemeine Konjunkturabschwächung.

d) Arbeitnehmer in der Textilindustrie wurden arbeitslos, da wegen des ständig zunehmenden Importdrucks Absatzschwierigkeiten entstanden.

e) Arbeitnehmer meldeten sich nicht arbeitslos, obwohl sie aus dem Erwerbsprozess ausgeschieden waren.

51. Welche Leistung erbringt die Bundesagentur für Arbeit?

a) Mutterschaftshilfe

b) Berufshilfe nach einem Arbeitsunfall

c) Kurzarbeitergeld

d) Sozialhilfe

e) Rente wegen Erwerbsunfähigkeit

f) Rente wegen Berufsunfähigkeit

52. Ordnen Sie zu!

Leistungen

a) Zuschüsse für den Lebensunterhalt Studierender

b) Untersuchungen zur Früherkennung von Krankheiten

c) Kindergeld

d) Altenhilfe

e) Berufsberatung und Arbeitsvermittlung

f) Wohngeld

Rechtliche Grundlagen

[ ] Bundesausbildungsförderungsgesetz

[ ] Arbeitsförderungsgesetzt

[ ] Mitgliedschaft in einer gesetzlichen Krankenversicherung

53. Welche Leistung erbringt die Bundesagentur für Arbeit?

a) Mutterschaftshilfe

b) Berufshilfe nach einem Arbeitsunfall

c) Arbeitslosengeld

d) Sozialhilfe

e) Rente wegen Erwerbsunfähigkeit

f) Rente wegen Berufsunfähigkeit

54. Welche Stelle gewährt Berufsausbildungsbeihilfen für eine berufliche Ausbildung in Betrieben?

a) Das Amt für Ausbildungsförderung

b) Die Berufsgenossenschaft

c) Die Bundesagentur für Arbeit

d) Das Gewerbeaufsichtsamt

e) Die Industrie- und Handelskammer

55. Ordnen Sie zu!

Einrichtungen	**Leistungen**
a) Gewerkschaft	
b) Krankenkasse	[ ] Kindergeld
c) Bundesagentur für Arbeit	[ ] Streikgeld
d) Sozialamt	
e) Rentenversicherungsträger	[ ] Sterbegeld
f) Handwerkskammer	
g) Arbeitgeber	

56. Ein Auszubildender wird nach Abschluss seiner Ausbildung nicht in das Arbeitsverhältnis übernommen. Besteht Anspruch auf Arbeitslosengeld, wenn er nach dem Ausscheiden keine neue Stelle findet?

a) Ja, denn es wurden bereits Beiträge zur Arbeitslosenversicherung geleistet.
b) Nein, weil er als Auszubildender von der Arbeitslosenversicherung befreit war.
c) Nein, weil die Anwartschaftszeit für das Arbeitslosengeld nicht erfüllt ist.
d) Nein, weil er nicht als arbeitslos im Sinne des Arbeitsförderungsgesetzes anzusehen ist.
e) Nein, da das Ausbildungsverhältnis ein befristetes Arbeitsverhältnis ist.

57. Zu welcher sozialen Leistung ist der Arbeitgeber gesetzlich verpflichtet?

a) Zur Zahlung eines 13. Monatsgehaltes
b) Zur Zahlung des Beitrages zur Berufsgenossenschaft
c) Zur Zahlung von 50 % der vermögenswirksamen Sparleistungen
d) Zur Zahlung der Sparprämie, wenn der Mitarbeiter vermögenswirksam spart
e) Zur Gewährung eines Zuschusses zum Krankengeld

58. Ein zur Zeit arbeitsunfähiger Arbeitnehmer erhält sein Krankengeld nicht von der Krankenkasse, sondern von der Berufsgenossenschaft. Welche Aussage ist richtig?

a) Der Arbeitnehmer war arbeitslos, als er krank wurde.
b) Der Arbeitnehmer ist während seiner Krankheit 65 Jahre alt geworden (Ruhestand).
c) Es handelt sich um einen Angestellten, der mit seinem Verdienst über der Versicherungspflichtgrenze liegt und daher nicht krankenversicherungspflichtig ist.
d) Der Arbeitnehmer wurde durch einen Freizeitunfall erwerbsunfähig.
e) Der Arbeitnehmer ist wegen einer Berufskrankheit oder eines Arbeitsunfalls vorübergehend arbeitsunfähig.

59. Was ist die Aufgabe der Berufsgenossenschaft?

a) Die Krankmeldungen der Arbeitnehmer zu überprüfen
b) Den Aufsichtsbeamten des Technischen Überwachungsvereins zu überprüfen
c) Die Entschädigungsansprüche bei Arbeitsunfällen prüfen und bewilligen
d) Den Arbeitgeber in Fragen des Arbeitsplatzwechsels sowie der Eingliederung von Behinderten in den Arbeitsprozess beraten
e) Den Sicherheitsbeauftragten bestellen

60. Eine Angestellte wird auf dem Wege zu ihrem Arbeitsplatz, den sie mit ihrem Wagen zurücklegt, durch eigene Unachtsamkeit schwer verletzt. Welche Aussage ist richtig?

a) Dieser Wegeunfall ist durch die gesetzliche Unfallversicherung nicht abgedeckt.
b) Es liegt ein Wegeunfall vor. Das Unternehmen muss den Unfall der Berufsgenossenschaft melden.
c) Ein meldepflichtiger Wegeunfall läge nur vor, wenn die Angestellte eine Fahrt auf Grund einer dienstlichen Anweisung unternommen hätte.
d) Die Angestellte genießt nicht den Schutz der Unfallversicherung, da sie den Unfall selbst verschuldet hat.
e) Unfälle im eigenen Auto sind im Gegensatz zu Unfällen mit öffentlichen Verkehrsmitteln nicht als Wegeunfälle meldepflichtig.

61. Die 18-jährige Auszubildende Anna Steiner verunglückt ohne Fremdeinwirkung auf direkten Weg zur Arbeitsstelle mit ihrem Pkw so schwer, dass ihr volle Erwerbsminderung zuerkannt wurde. Welcher Versicherungszweig übernimmt die Rentenzahlung bis zum Rentenalter!

a) Die gesetzliche Rentenversicherung
b) Die gesetzliche Krankenversicherung
c) Die gesetzliche Arbeitslosenversicherung
d) Die gesetzliche Pflegeversicherung
e) Die gesetzliche Haftpflichtversicherung
f) Die gesetzliche Unfallversicherung

62. Wer zahlt die Beiträge zur gesetzlichen Unfallversicherung?

a) Der Arbeitnehmer
b) Der Arbeitgeber und der Arbeitnehmer je zur Hälfte
c) Der Arbeitgeber
d) Die Krankenkasse
e) Die entsprechende Kammer oder Innung
f) Die Berufsgenossenschaft

63. Welche Versicherung ist gesetzlich vorgeschrieben?

a) Betriebshaftpflichtversicherung
b) Betriebsunterbrechungsversicherung
c) Leitungswasserschadenversicherung für Betriebsgebäude
d) Einbruch- und Diebstahlversicherung für Betriebsvermögen
e) Berufsunfallversicherung

64. Welche Leistung wird durch die gesetzliche Unfallversicherung erbracht?

a) Übernahme der Kosten aus Krankenhaus- und Haushaltspflege nach einem Skiunfall während des Urlaubs
b) Übernahme der Zahlung von Verletztenrente nach einem Betriebsunfall, der zur Erwerbsunfähigkeit führte
c) Übernahme der Kosten von Vorsorgeuntersuchungen zur Früherkennung von Krankheiten
d) Übernahme der Kosten für einen ergonomisch ausgelegten Bürostuhl zur Vorbeugung von Bandscheibenschäden
e) Übernahme der Kosten für Krankenpflege nach einem Unfall bei der Teilnahme an einer privaten Weiterbildungsmaßnahme

65. Welche Leistung, die eine Großhandels GmbH für ihre Mitarbeiter zahlt, gehört zu den freiwilligen Sozialleistungen?

a) Beiträge zur betrieblichen Altersversorgung
b) Beiträge zur Rentenversicherung
c) Beiträge zur Unfallversicherung
d) Entgeltfortzahlungen im Krankheitsfall
e) Beiträge zur Pflegeversicherung

66. Ein Arbeitnehmer der Bavaria Fahrradwerke KG AG stürzt beim Transport von Rohstoffen auf dem Weg vom Lager zur Fertigungsabteilung. Dabei verletzt er sich so schwer, dass er mehrere Monate arbeitsunfähig ist. Wer trägt die Kosten der Behandlung?

a) Die Krankenkasse
b) Die Betriebshaftpflichtversicherung
c) Die zuständige Berufsgenossenschaft
d) Das Gewerbeaufsichtsamt
e) Der Arbeitnehmer selbst
f) Der Arbeitnehmer und der Arbeitgeber je zur Hälfte

67. In welchem Fall müssen Sie in der Personalabteilung nachstehendes Formular ausfüllen?

a) Ein Mitarbeiter benötigt einen Nachweis für eine vorgeschriebene ärztliche Vorsorgeuntersuchung.
b) Ein Mitarbeiter hat sich während der Arbeitszeit in der Werkstatt verletzt.
c) Einem Mitarbeiter soll nach einem Krankenhausaufenthalt eine Kur bewilligt werden.
d) Ein Mitarbeiter will aus Altersgründen den Übergang zur Teilzeitarbeit beantragen.
e) Ein Mitarbeiter will Kurzarbeitergeld beantragen.

UNFALLANZEIGE

1 Name und Anschrift des Unternehmens

2 Unternehmensnummer des Unfallversicherungsträgers

3 Empfänger

Berufsgenossenschaft der
chemischen Industrie
Bezirksverwaltung Berlin
Postfach 02 10 94

10122 Berlin

4 Name, Vorname des Versicherten | 5 Geburtsdatum Tag Monat Jahr

6 Straße, Hausnummer | Postleitzahl | Ort

7 Geschlecht ☐ männlich ☐ weiblich | 8 Staatsangehörigkeit | 9 Leiharbeitnehmer ☐ ja ☐ nein

10 Auszubildender ☐ ja ☐ nein | 11 Ist der Versicherte ☐ Unternehmer ☐ mit dem Unternehmer verwandt ☐ Ehegatte des Unternehmers ☐ Gesellschafter/Geschäftsführer

12 Anspruch auf Entgeltfortzahlung besteht für ☐ Wochen | 13 Krankenkasse des Versicherten (Name, PLZ, Ort)

14 Tödlicher Unfall? ☐ ja ☐ nein | 15 Unfallzeitpunkt Tag Monat Jahr Stunde Minute | 16 Unfallort (genaue Orts- und Straßenangabe mit PLZ)

17 Ausführliche Schilderung des Unfallhergangs (Verlauf, Bezeichnung des Betriebsteils, ggf. Beteiligung von Maschinen, Anlagen, Gefahrstoffen)

Die Angaben beruhen auf der Schilderung ☐ des Versicherten ☐ anderer Personen

18 Verletzte Körperteile | 19 Art der Verletzung

20 Wer hat von dem Unfall zuerst Kenntnis genommen? (Name, Anschrift des Zeugen) | War diese Person Augenzeuge? ☐ ja ☐ nein

21 Name und Anschrift des erstbehandelnden Arztes/Krankenhauses | 22 Beginn und Ende der Arbeitszeit des Versicherten Beginn Stunde Minute Ende Stunde Minute

23 Zum Unfallzeitpunkt beschäftigt/tätig als | 24 Seit wann bei dieser Tätigkeit? Monat Jahr

25 In welchem Teil des Unternehmens ist der Versicherte ständig tätig?

26 Hat der Versicherte die Arbeit eingestellt? ☐ nein ☐ sofort später, am Tag Monat Stunde

27 Hat der Versicherte die Arbeit wieder aufgenommen? ☐ nein ☐ ja, am Tag Monat Jahr

28 Datum | Unternehmer/Bevollmächtigter | Betriebsrat (Personalrat) | Telefon-Nr. für Rückfragen (Ansprechpartner)

68. An welchen Empfänger ist der vorstehende Vordruck zu versenden?

a) An die Bundesanstalt für Arbeit
b) An die im Betrieb vertretene Gewerkschaft
c) An den Arbeitgeberverband, dem der Betrieb angehört
d) An die Berufsgenossenschaft
e) An die Krankenkasse des verletzten Mitarbeiters

69. Nach welchen Kriterien werden die Beiträge zur gesetzlichen Unfallversicherung berechnet?

a) Nach dem Umsatz und dem Wirtschaftszweig des Unternehmens
b) Nach der Anzahl der Betriebsangehörigen und der Unfallhäufigkeit
c) Nach der Anzahl der Betriebsangehörigen und der Größe des Unternehmens
d) Nach dem Bruttoverdienst der Betriebsangehörigen bzw. der Beitragsbemessungsgrenze in der Sozialversicherung
e) Nach der Jahreslohnsumme, dem Stundenanteil und den Gefahrenklassen des Unternehmens

70. Ab wann gilt für einen Mitarbeiter eines Unternehmens der gesetzliche Unfallversicherungsschutz?

a) Mit Aufnahme seiner Tätigkeit bei Eintritt in das Unternehmen.
b) Sobald der Arbeitnehmer den ersten Beitrag zur gesetzlichen Unfallversicherung gezahlt hat.
c) Nach einer gründlichen Einarbeitung durch den Vorgesetzten.
d) Nach der Anmeldung des Arbeitnehmers durch den Arbeitgeber bei der zuständigen Behörde.
e) Sobald die Berufsgenossenschaft den Zahlungseingang bestätigt hat.

71. Auf dem direkten Nachhauseweg vom Betrieb stürzt ein Mitarbeiter und bricht sich einen Arm. Welches Gericht wäre bei eventuellen späteren Rechtsstreitigkeiten mit der betrieblichen Versicherung zuständig?

a) Amtsgericht
b) Landgericht
c) Arbeitsgericht
d) Verwaltungsgericht
e) Sozialgericht

72. Ordnen Sie zu!

Sozialleistungen

a) Kindergeld
b) Arbeitslosengeld
c) Vorgezogenes Altersruhegeld
d) Entgeltfortzahlung
e) Krankengeld
f) Rente wegen Berufskrankheit

Sozialversicherungen

[ ] Krankenversicherung
[ ] Rentenversicherung
[ ] Gesetzliche Unfallversicherung

73. Die Landshuter Bavaria Fahrradwerke KG beschäftigt mehrere Mitarbeiter mit Wohnsitz in München. An welche Stellen hat sie deren Lohn- und Kirchensteuern, Sozialversicherungsbeiträge sowie den Umlagebeitrag für die Unfallversicherung zu überweisen?
Ordnen Sie zu!

Stellen

a) Finanzamt in München
b) Finanzamt in Landshut
c) Bundesagentur für Arbeit in Nürnberg
d) Deutsche Rentenversicherung Bund
e) Berufsgenossenschaft
f) AOK in München
g) AOK in Landshut
h) Deutsche Rentenversicherung Regional

Zu leistende Zahlungen

[ ] Beiträge zur gesetzlichen Unfallversicherung
[ ] Lohn- und Kirchensteuer
[ ] Beiträge zur Kranken-, Renten- und Arbeitslosenversicherung

74. Ordnen Sie zu!

Streitfälle

a) Streitigkeiten zwischen Arbeitgeber und Betriebsrat
b) Streitigkeiten aus dem Verkauf eines alten Dienstfahrzeuges an einen Mitarbeiter
c) Streitigkeiten wegen eines Anspruchs auf Arbeitslosengeld
d) Streitigkeiten aus einem Einkommensteuerbescheid
e) Streitigkeiten aus einer Kaufmannsgehilfenprüfung wegen eines Verfahrensfehlers
f) Streitigkeiten aus der Kündigung einer Sozialwohnung

Gerichte

[ ] Finanzgericht
[ ] Verwaltungsgericht
[ ] Sozialgericht
[ ] Arbeitsgericht

75. Welche Versicherung gehört nicht zu den Pflichtversicherungen?

a) Krankenversicherung
b) Rentenversicherung
c) Unfallversicherung
d) Arbeitslosenversicherung
e) Vermögensversicherung

76. Welche Aussage trifft auf eine Individualversicherung zu?

a) Ihr Beitrag wird zur Hälfte vom Arbeitgeber und zur Hälfte vom Arbeitnehmer bezahlt.
b) Jeder Betrieb muss eine Individualversicherung haben, weil dies gesetzlich vorgeschrieben ist.
c) Die Prämien richten sich nach den Einkommensverhältnissen.
d) Eine Individualversicherung kommt durch freie vertragliche Vereinbarung zustande.
e) Die Individualversicherung ist Teil der gesetzlichen Sozialversicherung.

77. Ordnen Sie zu!

Versicherungen

a) Lebensversicherung
b) Leitungswasserversicherung
c) Krankenhaustagegeldversicherung
d) Haftpflichtversicherung
e) Reiseunfallversicherung
f) Rentenversicherung

Versicherungsarten

[ ] Sozialversicherung
[ ] Sachversicherung
[ ] Vermögensversicherung

78. Wodurch unterscheiden sich Individualversicherung und Sozialversicherung?

a) Bei allen Sozialversicherungen trägt der Arbeitgeber immer die Hälfte des Beitrags, bei Individualversicherungen trägt der Arbeitgeber nur auf Antrag einen Teil des Beitrags.
b) Der Beitrag eines Arbeitnehmers zur Sozialversicherung richtet sich nach seinem Einkommen. Bei der Individualversicherung ist das versicherte Risiko für die Höhe des Beitrags maßgeblich.
c) Alle Sozialversicherungen sind Pflichtversicherungen, während alle Versicherungen, die bei privaten Versicherungsunternehmen abgeschlossen werden, immer freiwillige Versicherungen sind.
d) Die Sozialversicherung versichert Personen gegen Risiken wie Arbeitslosigkeit, Todesfall, Berufsunfähigkeit oder Krankheit, während die Individualversicherung als Schutz nur Lebens- und Rentenversicherungen bietet.
e) Die Träger der Sozialversicherung sind öffentliche Einrichtungen, die Träger der Individualversicherung sind immer Aktiengesellschaften.

79. Welche Versicherung ist eine Sachversicherung?

a) Betriebsunterbrechungsversicherung
b) Private Unfallversicherung
c) Transportversicherung
d) Kreditversicherung
e) Haftpflichtversicherung

80. Ordnen Sie zu!

Versicherungsarten

a) Haftpflichtversicherung
b) Betriebsunterbrechungsversicherung
c) Rechtsschutzversicherung
d) Kfz-Versicherung
e) Kreditversicherung
f) Gesetzliche Unfallversicherung

Leistungen

[ ] Ersatz für den Ausfall einer Kundenforderung
[ ] Ersatz der Unfallkosten beim Sturz eines Besuchers auf dem Betriebsgelände infolge einer Öllache
[ ] Ersatz von Prozesskosten

81. Welcher Person ersetzt eine betriebliche Haftpflichtversicherung den Schaden, der ihr durch Unfall innerhalb des Betriebes entsteht?

a) Einer Person, die sich widerrechtlich im Betrieb aufhält
b) Einem Auszubildenden des Betriebes
c) Einem Angestellten des Betriebes
d) Dem Inhaber des Betriebes
e) Einem Kunden des Betriebes

82. Welche Versicherung gehört zu den Sachversicherungen?

a) Unfallversicherung
b) Haftpflichtversicherung
c) Glasversicherung
d) Lebensversicherung
e) Ausfuhrkreditversicherung

83. Welche Versicherung gehört zur Sachversicherung?
a) Kreditversicherung
b) Unfallversicherung
c) Rechtsschutzversicherung
d) Lebensversicherung
e) Einbruchdiebstahlversicherung

84. In welcher Zeile werden nur Sachversicherungen genannt?
a) Krankenversicherung und Pflegeversicherung
b) Unfallversicherung und Betriebsunterbrechungsversicherung
c) Feuerversicherung und Kfz-Fahrzeugversicherung (Kasko)
d) Lebensversicherung und Berufsunfähigkeitsversicherung
e) Haftpflichtversicherung und Kreditversicherung

85. Welche Versicherung gehört zur Sachversicherung?
a) Rechtsschutzversicherung
b) Gebäudeversicherung
c) Haftpflichtversicherung
d) Unfallversicherung
e) Lebensversicherung

86. Ein Unternehmer hat seine Geschäftsausstattung versichert und dabei einen zu niedrigen Wert angegeben. Welcher Wert wird im Schadensfall ersetzt?
a) Die Versicherung ersetzt den Schaden nur, wenn die Versicherungssumme dem tatsächlichen Wert der Geschäftsausstattung entspricht.
b) Die Versicherung ersetzt den Schaden nur, wenn die Versicherungssumme dem Neuwert angepasst wird.
c) Die Versicherung ersetzt den tatsächlichen Schaden.
d) Die Versicherung ersetzt den Schaden im Verhältnis der eingezahlten Beiträge zum Schaden.
e) Die Versicherung ersetzt nur den Schaden im Verhältnis der Versicherungssumme zum Versicherungswert.

87. Die Individualversicherungen werden in Personen-, Sach- und Vermögensversicherungen eingeteilt. Welche Versicherung ist eine Personenversicherung?
a) Feuerversicherung
b) Haftpflichtversicherung
c) Kreditversicherung
d) Rechtsschutzversicherung
e) Lebensversicherung

88. Die Individualversicherungen werden in Personen-, Sach- und Vermögensversicherungen eingeteilt. Welche Versicherung ist eine Sachversicherung?
a) Sturmversicherung
b) Haftpflichtversicherung
c) Private Krankenversicherung
d) Lebensversicherung
e) Kreditversicherung

89. Die Individualversicherungen werden in Personen-, Sach- und Vermögensversicherungen eingeteilt. Welche Versicherung ist eine Vermögensversicherung?
a) Feuerversicherung
b) Leitungswasserversicherung
c) Sturmversicherung
d) Haftpflichtversicherung
e) Einbruchdiebstahlversicherung

90. Welche Versicherung reguliert den Schaden, der durch Blitzschlag/Explosion entstanden ist?

a) Sturmversicherung
b) Glasbruchversicherung
c) Feuerversicherung
d) Leitungswasserversicherung
e) Haftpflichtversicherung

91. Durch Unachtsamkeit eines Mitarbeiters erleidet ein Kunde im Geschäft einen Unfall. Der Unternehmer meldet ordnungsgemäß den Schaden der zuständigen Versicherung. Welche Versicherung ist für diesen Schadensfall zuständig?

a) Die private Haftpflichtversicherung des Unternehmers
b) Die Unfallversicherung des Unternehmers
c) Die Unfallversicherung des Kunden
d) Die betriebliche Haftpflichtversicherung des Unternehmers
e) Die Berufsgenossenschaft

92. Welche Schäden werden durch die Sturmversicherung ersetzt?

a) Schäden, die durch Rohrbruch am Gebäude entstanden sind
b) Schäden, die durch starken Wind am Gebäude entstanden sind
c) Schäden, die durch Einbruch am Gebäude entstanden sind
d) Schäden, die durch Explosion am Gebäude entstanden sind
e) Glastüren, die durch Sturm zerbrochen sind

93. Beim „Tag der offenen Tür“ verletzte sich eine Besucherin ohne eigenes Verschulden an einem zerbrochenen Glas und musste von einem Arzt behandelt werden. Wer kommt für die Arztkosten auf?

a) Die private Haftpflichtversicherung der Besucherin
b) Die betriebliche Haftpflichtversicherung
c) Die betriebliche Unfallversicherung
d) Die gesetzliche Krankenversicherung der Besucherin
e) Die private Rechtsschutzversicherung der Besucherin

94. Was trifft auf folgenden Sachverhalt zu: „Ein Unternehmer hat sein Rohstofflager, das einen Wert von 100.000,00 € hat, mit 120.000,00 € versichert.“

a) Der Unternehmer ist unterversichert.
b) Der Unternehmer ist überversichert.
c) Der Unternehmer ist neuwertversichert.
d) Der Unternehmer ist altwertversichert.
e) Der Unternehmer ist richtig versichert.

95. Wann ersetzt die Versicherung den Wiederbeschaffungswert einer durch Brand zerstörten Anlage?

a) Bei Unterversicherung
b) Bei Überversicherung
c) Bei Neuwertversicherung
d) Bei Haftpflichtversicherung
e) Bei gleichbleibenden Versicherungsprämien
f) Bei fallenden Versicherungsprämien

96. Was versteht man unter einer Versicherungsprämie?

a) Nachweis über die Beitragsentrichtung zur Rentenversicherung
b) Zahlungen (Entgelt) des Versicherungsnehmers für den Versicherungsschutz
c) Auszeichnung des Versicherungsnehmers für jahrelange Nichtinanspruchnahme der Versicherungsleistungen
d) Formular an den Versicherer bei Eintritt des Versicherungsfalls
e) Eine vom Versicherer ausgestellte Urkunde über den Versicherungsvertrag

97. In einem Einzelhandelsgeschäft ist durch Kurzschluss Feuer ausgebrochen, wodurch das Geschäft 8 Tage geschlossen bleiben muss. Der Inhaber hatte sich gegen ein solches Risiko entsprechend abgesichert. Welche Versicherung hatte er abgeschlossen.

a) Eine Unfallversicherung
b) Eine Rechtsschutzversicherung
c) Eine Teilkaskoversicherung
d) Eine Betriebsunterbrechungsversicherung
e) Eine Haftpflichtversicherung

98. Welche Aussage über die Haftpflichtversicherung ist richtig?

a) Die Haftpflichtversicherung ersetzt Schäden, die durch einen Dritten zugefügt wurden.
b) Die Haftpflichtversicherung ist eine Pflichtversicherung für jeden Unternehmer.
c) Die Haftpflichtversicherung leistet, wenn der Versicherte gegenüber einem Dritten zu Schadenersatz verpflichtet ist.
d) Die Haftpflichtversicherung ersetzt keine Schäden, die der Versicherte verursacht hat.
e) Die Haftpflichtversicherung ist eine Sachversicherung.

99. Ordnen Sie zu!

Versicherungen

a) Rechtsschutzversicherung
b) Unfallversicherung
c) Betriebsunterbrechungsversicherung
d) Gebäudeversicherung
e) Betriebshaftpflichtversicherung
f) Feuerversicherung
g) Transportversicherung

Schadensfälle

[ ] Eine Kundin stolpert über einen abgestellten Karton und verletzt sich.

[ ] Ein Hochwasserschaden zwingt den Unternehmer vorübergehend sein Geschäft zu schließen.

[ ] Ware wird mit dem firmeneigenen Wagen zum Kunden geliefert. Dabei wird die Ware beschädigt.

100. Durch welche Versicherung kann sich der Unternehmer wenigstens teilweise gegen Zahlungsausfälle seiner Kunden schützen?

a) Durch Abschluss einer Haftpflichtversicherung
b) Durch Abschluss einer Betriebsunterbrechungsversicherung
c) Durch Abschluss einer Rechtsschutzversicherung
d) Durch Abschluss einer Kreditversicherung
e) Durch Abschluss einer Personenversicherung

101. Die private Risikoabsicherung wird vom Staat gefordert und gefördert. Welche Individualversicherung deckt die angeführten Risiken ab? Ordnen Sie zu!

Versicherungsarten

a) Sachversicherung
b) Personenversicherung
c) Vermögensversicherung

Abzusichernde Risiken

[ ] Ein Unternehmer, der häufig in Ländern der Dritten Welt liefert, will sich gegen Ausfall seiner Forderungen sichern.

[ ] Ein Spediteur will die von ihm transportierten Waren gegen Verlust und Beschädigung versichern.

[ ] Ein junger Bauunternehmer will seine Familie zusätzlich gegen das Risiko eines Unfalls auf einer Baustelle absichern.

[ ] Ein Betriebsinhaber will sich gegen Risiken absichern, die ihm aus einem Produktionsausfall im Falle eines Brandes entstehen könnten.

[ ] Ein Mieter will sich gegen Risiken absichern, die ihm aus einem Rechtsstreit mit seinem Vermieter entstehen könnten.

102. Welche Versicherung leistet den jeweiligen Versicherungsschutz? Ordnen Sie zu!

Sachverhalte	**Versicherungen**
a) Ein Arbeitnehmer bricht sich bei einem Betriebsunfall den Arm.	[ ] Privathaftpflichtversicherung
b) Bei einem verschuldeten Autounfall entsteht ein Schaden am Pkw des Unfallgegners.	[ ] Gebäudeversicherung
c) Der 12-jährige Phillip schießt mit dem Fußball die Fensterscheiben des nahe gelegenen Brauereigebäudes ein.	[ ] Kfz-Haftpflichtversicherung
d) Alica Munz wird arbeitslos.	
e) Ein Wohnhaus wird durch Brand infolge eines Blitzschlages zerstört.	
f) Wegen zu schnellen Fahrens wird das eigene Fahrzeug zerstört. Fremdverschulden liegt nicht vor.	
g) Zwei Vertragspartner streiten sich über die Höhe einer Abschlagszahlung.	

103. Ein Unternehmer hat für seine Lagerräume eine Einbruchdiebstahlversicherung abgeschlossen mit einer Versicherungssumme von 300.000,00 €. Der Versicherungswert beträgt 250.000,00 €. Welchen Wert ersetzt ihm die Versicherung im Schadensfall?

a) Sie ersetzt ihm nur einen Schaden in Höhe der eingezahlten Prämien.
b) Sie bezahlt ihm nur den tatsächlichen Schaden bis zu Höhe des Versicherungswertes.
c) Sie zahlt ihm den Schaden in Höhe der Versicherungssumme.
d) Sie ersetzt ihm nur den Schaden im Verhältnis der eingezahlten Beiträge zum Schadenswert.
e) Sie ersetzt ihm nur die Differenz zwischen Versicherungssumme und Versicherungswert.

104. Die Versicherungssumme beträgt 250.000,00 €, der Versicherungswert dagegen 300.000,00 €. Bei Einbruchdiebstahl entsteht ein Schaden von 12.000,00 €. Wie viel € werden ersetzt?

a) 12.000,00 €
b) 11.000,00 €
c) 10.000,00 €
d) 6.000,00 €
e) 8.000,00 €

105. Zahlreiche Risiken sind für den Arbeitnehmer durch die Sozialversicherungen abgedeckt. Für welchen Fall wäre es ratsam, zusätzlich eine Individualversicherung abzuschließen, da durch die Träger der Sozialversicherungen keine Leistung erfolgt?

a) Ein Arbeitnehmer verbringt seinen Sommerurlaub auf der Insel Rügen und erkrankt an einer Lungenentzündung. Ein Arztbesuch ist erforderlich.
b) Für den Besuch einer Fortbildungsveranstaltung wird ein Arbeitnehmer freigestellt. Auf dem Weg dorthin verunglückt er und zieht sich bleibende Schäden zu.
c) Nach 20-jähriger Betriebszugehörigkeit wird ein Arbeitnehmer erwerbsunfähig.
d) Wegen Insolvenz seines Arbeitgebers wird ein Arbeitnehmer arbeitslos.
e) Auf dem Weg zur Arbeit rammt ein Arbeitnehmer mit seinem Neuwagen beim Ausparken einen Laternenpfahl. Am Pkw entsteht ein hoher Sachschaden.

1. Die zunehmende Globalisierung erfordert von Arbeitnehmern die Bereitschaft, Arbeitsplätze auch innerhalb der EU aufzunehmen, was durch verschiedene Maßnahmen unterstützt wird. Was wird dabei durch das Mobilitätsprogramm „Leonardo da Vinci" nicht unterstützt?

a) Stipendien für Betriebspraktika in europäischen Ländern.
b) Vorbereitungsseminare um Sprachkenntnisse zu erlernen bzw. zu verbessern.
c) Übernahme der Anreise-, Abreisekosten.
d) Finanzielle Unterstützung für Unterkunft und Verpflegung.
e) Kauf eines Kleinwagens zur Erkundung des Landes.

2. Was versteht man unter „Europass-Mobilität"?

a) Ausweis zum freien Reisen in der EU
b) Europäischer Personalausweis
c) Nachweis über gesammelte Lern- und Arbeitserfahrungen im europäischen Ausland.
d) Europäische Bahncard
e) Europäische LKW-Mautkarte

3. Welches Dokument gehört nicht zu „Europass"?

a) Lebenslauf
b) Autobahnmautplakette
c) Sprachenpass
d) Zeugniserläuterungen
e) Diploma Supplement
f) Mobilität

4. Welches Ziel ist über die Praktikumsphase der Europass-Mobilität nicht erreichbar?

a) Erkennen beruflicher Entwicklungsmöglichkeiten
b) Unterschiedliche Ausbildungssysteme kennen lernen
c) Ersatz für nicht erreichten Hauptschulabschluss
d) Abbau von Vorurteilen
e) Wissen aneignen über ausländische Arbeitsorganisation und Arbeitshaltung

5. Wie heißt das Kooperationsnetz zur Förderung der Mobilität von Arbeitnehmern im Europäischen Wirtschaftsraum, das von der Europäischen Kommission koordiniert wird.

a) Eures
b) EZB
c) Euratom
d) Eurostat
e) Europol

6. Was fällt nicht unter den Grundsatz der Freizügigkeit der Arbeitnehmer nach dem EU-Vertrag in einem Mitgliedsland?

a) Recht auf Aufenthalt auch ohne Beschäftigung.
b) Recht auf Erhalt von Sozialleistungen.
c) Recht in einem anderen Mitgliedsstaat zu arbeiten und zu leben.
d) Recht auf unbeschränkte Übernahme in den öffentlichen Dienst.
e) Recht auf Gleichbehandlung.

7. Wozu dient das Internet-Portal „Eures" der Europäischen Kommission? (zwei Antworten)

a) Hilfe bei der Arbeitsplatzsuche weltweit.
b) Hilfe bei der Arbeitsplatzsuche innerhalt der EU und einzelnen anderen Staaten.
c) Vermittlung von Arbeitsplätzen unter Mitwirkung der nationalen Arbeitsverwaltungen.
d) Ausschreibung politischer Ämter.
e) Freiwilligendienst für Katastropheneinsätze.

8. Wozu dient der Europäische Qualifizierungsrahmen (EQR)? (zwei Antworten)

a) Vereinheitlichung der Bildungssysteme
b) Vereinheitlichung der Abschlussprüfungen
c) Verdeutlichung/Beschreibung der unterschiedlichen nationalen Qualifikationen
d) Schaffung gleicher Berufsabschlüsse
e) Verbesserte Vergleichbarkeit aller Arten schulischer und beruflicher Bildung

9. Welche Aussage trifft nicht auf das Europäische Leistungspunktesystem für die Berufsbildung (ECVET) zu?

a) Es ermöglicht den Teilnehmern eine genaue Kontrolle ihrer individuellen Lernerfahrungen.
b) Erleichterung des Wechsels zwischen den verschiedenen europäischen Berufsbildungssystemen.
c) Es erhöht die Bereitschaft, in verschiedenen Ländern Lernerfahrungen zu sammeln.
d) Es schafft einheitliche Bildungsabschlüsse.
e) Es dient der Zusammenfassung und Bewertung der Lernergebnisse in verschiedenen europäischen Ländern.

10. Ordnen Sie die verschiedenen Einzelprogramme der Europäischen Kommission für lebenslanges Lernen den Bildungsbereichen zu!

a) Comenius	[ ] Berufsbildung
b) Erasmus	[ ] Erwachsenenbildung
c) Leonardo da Vinci	[ ] Schulbildung
d) Grundtvig	[ ] Hochschulbildung

11. Wie können sich Arbeitnehmer auf zunehmende Veränderungen in der globalisierten Berufs- und Arbeitswelt vorbereiten? (zwei Antworten)

a) Häufiger Wechsel des Arbeitsplatzes
b) Verzicht auf Engagement im privaten gesellschaftlichen Umfeld
c) Berufliche Fortbildung
d) Häufiger Wechsel des Arbeitgebers
e) Berufliche Aufstiegsausbildung

12. Worüber informiert das Portal „KURSNET" der Bundesagentur für Arbeit?

a) Berufsabschlussprüfungen
b) Aufstiegsmöglichkeiten im Beruf
c) Bildungsangebote zur beruflichen Weiterbildung
d) Online-Chat zur individuellen Bildungsberatung

13. Wozu werden von der Bundesagentur für Arbeit Bildungsgutscheine ausgegeben? (zwei Antworten)

a) Hilfe zur beruflichen Eingliederung bei Arbeitslosigkeit
b) Nachweis über erfolgte Teilnahme an betrieblicher Bildungsmaßnahme
c) Kostenübernahme für das „Pausenbrot" in Berufsschulen
d) Berechtigung zum Kauf von Schulbüchern in der Grundschule
e) Nachweis zur Übernahme der Kosten für Weiterbildung

14. Welche Zielsetzung wird nicht über den Bildungsgutschein der Arbeitsagentur gefördert?

a) Arbeitnehmer bei Arbeitslosigkeit eingliedern
b) Eine drohende Arbeitslosigkeit abwenden
c) Bei Teilzeitbeschäftigung eine Vollzeitbeschäftigung zu erlangen
d) Weiterbildung wegen eines fehlenden Berufsabschlusses
e) Bildungsmaßnahme zur Erlangung des Mittleren Schulabschlusses

15. Für welche Personengruppe wird über die Bundesagentur für Arbeit an Existenzgründer ein Gründungszuschuss gewährt?

a) Arbeitnehmer, die ihre berufliche Tätigkeit aufgeben um ein Unternehmen zu gründen.
b) Arbeitslose, die sich selbstständig machen wollen.
c) Selbstständige, die nach einer Insolvenz wieder ein Unternehmen gründen.
d) Personen im Ruhestand, um zusätzlich einer selbstständigen Tätigkeit nachzugehen.

16. Welche Voraussetzungen müssen gegeben sein, damit ein Gründungszuschuss zur Aufnahme einer selbstständigen Tätigkeit gewährt wird? (zwei Antworten)

a) Es muss noch ein Restanspruch auf Arbeitslosengeld von mindestens 90 Tagen bestehen.
b) Es müssen eine schriftliche und mündliche Prüfung zur Eignung abgelegt werden.
c) Es ist ein Gründungskapital von 50.000 € nachzuweisen.
d) Es müssen die notwendigen Kenntnisse und Fertigkeiten nachgewiesen werden.
e) Es muss die GmbH als Unternehmensform gewählt werden.

17. Um den Gründungszuschuss zu erhalten, müssen erst fachkundige Stellen das Existenzgründungsvorhaben prüfen. Welche Stelle ist hierfür nicht unmittelbar zweckmäßig?
a) Handwerkskammer
b) Industrie- und Handelskammer
c) Fachverband
d) Gewerkschaftsverband
e) Kreditinstitut

18. Um eine Unternehmensgründung zielstrebig anzugehen, ist ein Businessplan zu erstellen. Welcher Inhalt gehört nicht dazu?
a) Investition und Finanzierung
b) Unternehmensorganisation
c) Geschäftsidee
d) Finanzierungskosen für Privat-PKW
e) Markt und Wettbewerb

19. Welche Fragestellung gehört nicht zum Bereich Markt und Wettbewerb?
a) Kundenkreis
b) Konkurrenzsituation
c) Rechtsform
d) Konkurrenzprodukte
e) Standort

20. Welche Fragestellungen sollte ein Investitionsplan enthalten? (zwei Antworten)
a) Kapitalbedarf für Werkstoffe
b) Kapitalbedarf für Betriebsmittel
c) Kapitalbedarf für Urlaub- und Geschäftsreisen
d) Kapitalbedarf für Lohn- und Gehaltszahlungen
e) Kapitalbedarf zum Erwerb von Wertpapieren

21. Welche Fragestellungen sind im Finanzierungsplan zu klären? (zwei Antworten)
a) Umsatzerwartungen
b) Eigen-, Fremdkapitalanteil
c) Gewinnerwartungen
d) Laufende Betriebskosten
e) Förderprogramme für Investitionen

22. Welche Personengruppen sind nach dem 5. Vermögensbildungsgesetz förderberechtigt? (zwei Antworten)
a) Selbstständige
b) Heimarbeiter
c) Auszubildende
d) Gesellschafter einer OHG
e) Vorstandsmitglied einer AG

23. Welche Anlageformen werden nach dem 5. Vermögensbildungsgesetz gefördert? (zwei Antworten)
a) Bausparen
b) Banksparvertrag
c) Betriebliche Altersvorsorge
d) Lebensversicherung
e) Beteiligungssparen (Aktien, ...)

24. Wie hoch ist die mögliche jährliche Förderung bei einer Anlage in einem Wertpapiersparvertrag nach dem 5. Vermögensbildungsgesetz?
a) 18 % von 400 €
b) 9 % von 470 €
c) 20 % von 400 €
d) 10 % von 400 €

25. Die vermögenswirksamen Leistungen der Auszubildenden Michaela Hüb in Höhe von jährlich 470 € werden auf einen Bausparvertrag eingezahlt. Wie hoch ist die Arbeitnehmersparzulage nach dem 5. Vermögensbildungsgesetz?

a) 9 % = 42,30 €
b) 10 % = 47,00 €
c) 20 % = 94 €
d) 8,8 % = 45,06 €

26. Der ledige Auszubildende Fritz Mürrer zahlt über die 470 € vermögenswirksamen Leistungen hinaus noch zusätzlich 512 € in einen Bausparvertrag ein und erhält dafür staatliche Förderung in Form der Wohnungsbauprämie. Wie hoch ist die jährliche Wohnungsbauprämie?

a) 20 % aus 512 €
b) 8,8 % aus 512 €
c) 8,8 % aus 1.024 €
d) 20 % aus 1.024 €

27. Die ledige Bankangestellte Gerda Klein nutzt alle drei Sparformen und erbringt jährlich folgende Einzahlungen. Ihr zu versteuerndes Einkommen beträgt 16.000 €. Ordnen Sie zu, welche staatlichen Förderungen ihr zustehen.

Anlageform	Staatliche Förderung
a) VL in Bausparvertrag 470 €	[ ] 20 % = 80 €
b) Bausparen 512 €	[ ] 9 % = 42,30 €
c) Kauf von Aktienfondsanteilen	[ ] 8,8 % = 45,06 €

28. Bis zu welchen Einkommensgrenzen erhalten ledige Sparer nach dem 5. Vermögensbildungsgesetz bzw. Wohnungsbauprämiengesetz die staatliche Förderung? Ordnen Sie zu!

Anlageformen	Zu versteuerndes Einkommen
a) Beteiligungssparen	[ ] 17.900 €
b) VL-Sparen in Bausparvertrag	[ ] 25.600 €
c) Bausparen nach Wohnungsbauprämiengesetz	[ ] 20.000 €

29. Wie viel Jahre müssen die Verträge nach dem 5. Vermögensbildungsgesetz bzw. Wohnungsbauprämiengesetz laufen, um die staatliche Förderung auch zu erhalten?

a) 10 Jahre
b) 7 Jahre
c) 5 Jahre
d) 6 Jahre

30. Welche Einkommensgrenzen gelten für verheiratete Sparer um die staatliche Förderung zu erhalten? Ordnen Sie zu!

Anlageform	Zu versteuerndes Einkommen
a) VL-Sparen in Bausparvertrag	[ ] 40.000 €
b) Bausparen nach WoPG	[ ] 35.800 €
c) Beteiligungssparen	[ ] 51.200 €

31. Welche drei Säulen der Altersvorsorge sollen die finanzielle Absicherung im Ruhestand gewährleisten? Ordnen Sie zu!

Alterssicherung	Rente
a) Gesetzliche Rentenversicherung	[ ] Betriebsrente
b) Private Altersvorsorge	[ ] Altersrente
c) Betriebliche Altersvorsorge	[ ] Riester-Rente

32. Die Ansparung für die Riester-Rente wird staatlich gefördert. Welche Personengruppe erhält keine Förderung?

a) Pflichtversicherte der gesetzlichen Rentenversicherung
b) Selbstständige
c) Beamte, Richter, Soldaten
d) Arbeitslose
e) Pflichtversicherte Landwirte
f) Ehepartner von begünstigten Personen

33. Wie hoch ist die förderfähige Sparleistung in einem Riester-Vertrag?

a) 4 % des Bruttolohns vom Vorjahr
b) 4 % des Nettolohns vom Vorjahr
c) 4 % des zu versteuernden Einkommens
d) 4 % des Bruttolohns vom laufenden Jahr

34. Wie hoch ist die maximal förderfähige Sparleistung bei der Riester-Ansparung?

a) 4.200 €
b) 2.000 €
c) 4.000 €
d) 2.100 €

35. Aus welchen drei Bestandteilen setzt sich die Sparleistung in einen Riester-Vertrag zusammen? (drei Antworten)

a) Mindestbeitrag
b) Nettoeinkommen
c) Kinderzulage
d) Bruttoeinkommen
e) Eigenbeitrag
f) Grundzulage

Vorlage zu den Aufgaben 36 bis 39:

Veranlagungs-zeitraum	Sonderausgaben-abzug (max. förderungsfähige Sparleistung vom Bruttolohn Vorjahr)	Höhe der Grundzulage Berufseinsteiger unter 25 Jahre → einmalig zusätzlich 200 €	Zulage je Kind Kind ab 2008 geboren → 300 €	Mindesteigenbeitrag (Sockelbeitrag)
ab 2008	***4 %, max. 2100 €***	***175 €***	***185 €***	***60 €***

36. Wie hoch sind die staatlichen Förderbeträge zur Riester-Rente? Ordnen Sie zu!

Sparleistungen	**Höhe der Beträge**
a) Grundzulage	[ ] 300 €
b) Förderfähige Sparleistung	[ ] 60 €
c) Kinderzulage	[ ] 2.100 €
d) Sockelbeitrag	[ ] 175 €

37. Ein Auszubildender (Alter 18 Jahre) mit einem Jahresbruttoeinkommen von 12.000,00 € schließt einen Riestervertrag auf einen Aktienfonds ab. Berechnen Sie die Höhe des von ihm zu zahlenden jährlichen Eigenbeitrags.

38. Eine ledige Mutter (28 Jahre) mit einem 2-jährigen Sohn erzielte im Vorjahr ein Bruttoeinkommen von 15.000 €. Sie hat einen Riester-Vertrag zur Altersvorsorge abgeschlossen. Berechnen Sie den jährlichen Eigenbeitrag und tragen Sie ihn in das Kästchen ein!

Maximal geförderter Anlagebetrag	....	
- Grundzulage	....	
- Kinderzulage	....	
= Eigenbeitrag	....	☐

39. Emilia Krüger hat am 01. Januar eine Ausbildung zur Bürokauffrau begonnen. Sie kann in diesem Jahr mit einem Jahresbruttogehalt von 6.800,00 € rechnen. Zur Altersvorsorge schließt sie auch einen Riestervertag ab um die staatl. Förderung zu nutzen. Welchen Eigenbeitrag muss sie in diesem ersten Jahr auf ihren Riestersparplan einzahlen?

1. **Welche Aussage zur Rechtsordnung in der Bundesrepublik Deutschland ist richtig?**
   a) Gesetze und Rechtsverordnungen müssen in Einklang mit dem Grundgesetz stehen.
   b) Rechtsverordnungen werden durch die Legislative erlassen.
   c) Satzungen sind Verordnungen der Exekutive.
   d) Gesetze, Rechtsverordnungen und Satzungen haben in der Rechtsordnung den gleichen Rang.
   e) Körperschaften ersetzen die Gesetze durch entsprechende Satzungen.
2. **Welcher Fall ist dem öffentlichen Recht zuzuordnen?**
   a) Eine Gemeinde verkauft einem Bauunternehmer Sand aus der gemeindeeigenen Sandgrube.
   b) Ein Bauunternehmer zahlt für seinen Buchhalter eine vermögenswirksame Leistung.
   c) Eine Gemeinde stellt einem Bauherrn einen Abwassergebührenbescheid zu.
   d) Ein Bauunternehmer eröffnet bei einer Bank ein Kontokorrentkonto.
   e) Ein Bauunternehmer stellt für erbrachte Leistungen einem Bauherrn eine Rechnung aus.
3. **Welche Aufgabe hat das öffentliche Recht?**
   a) Es regelt die Rechts- und Geschäftsfähigkeit natürlicher Personen.
   b) Es regelt die Schuldverhältnisse, die sich aus Verträgen ergeben.
   c) Es regelt die Rechtsbeziehungen zwischen Privatleuten und Unternehmen.
   d) Es regelt die Rechtsbeziehungen zwischen dem Einzelnen und dem Staat.
   e) Es regelt die Rechtsbeziehungen aller juristischen Personen untereinander.
4. **Welche Aussage über das öffentliche Recht ist richtig?**
   a) Es regelt die Rechtsverhältnisse zwischen allen Rechtspersonen nach dem Grundsatz der Gleichordnung.
   b) Es regelt die Rechtsverhältnisse zwischen Arbeitnehmern des öffentlichen Dienstes.
   c) Es regelt die Rechtsverhältnisse zwischen Privatpersonen und dem Staat als Hoheitsträger nach dem Grundsatz der Über-/Unterordnung.
   d) Es kann durch private Vereinbarungen jederzeit abgeändert werden.
   e) Es enthält als Rechtsgebiete das Strafrecht und das Handelsrecht.
5. **Ein Lehrer hat sich bei einem Möbelhaus einen Schreibtisch gekauft. Bei der Lieferung stellt er Mängel fest. Er erteilt eine Mängelrüge und fordert einen Preisnachlass. Auf welches Rechtsgebiet stützt sich die Geltendmachung dieses Anspruchs?**
   a) Privates Recht
   b) Öffentliches Recht
   c) Strafrecht
   d) Verfassungsrecht
   e) Verwaltungsrecht
6. **Welche Aussage über das Privatrecht ist richtig?**
   a) Das Privatrecht regelt die Rechtsverhältnisse zwischen Privatpersonen und dem Staat als Hoheitsträger.
   b) Für das Privatrecht gilt das Prinzip der Gleichordnung der Beteiligten.
   c) Das Privatrecht umfasst ausschließlich geschriebenes Recht.
   d) Das Privatrecht regelt die Beziehungen des Einzelnen zu den Körperschaften des öffentlichen Rechts nach den Grundsätzen der Über- und Unterordnung.
   e) Ein Teil des Privatrechts ist das Strafrecht.
7. **Welches Rechtsgebiet enthält öffentlich-rechtliche und privatrechtliche Regelungen?**
   a) Handelsrecht
   b) Verwaltungsrecht
   c) Arbeitsrecht
   d) Strafrecht
   e) Verfassungsrecht

8. Welche Aussage über eine Rechtsverordnung ist richtig?

a) Sie kann von allen juristischen Personen erlassen werden.
b) Sie wird aufgrund eines Gesetzes erlassen.
c) Sie kann ohne gesetzliche Ermächtigung vom Bundesverfassungsgericht erlassen werden.
d) Sie behält nach Aufheben des zugrunde liegenden Gesetzes ihre Gültigkeit, wenn sie im Rang über diesem Gesetz steht.
e) Sie beinhalten die Gesamtheit aller Rechtsnormen eines Bundeslandes.

9. Welche Aussage über den Inhalt von Gesetzen ist richtig?

a) Der Inhalt wird ausschließlich vom Bundestag festgelegt.
b) Der Inhalt muss sich nach bestehenden Verordnungen richten.
c) Der Inhalt muss sich nach bestehenden Gewohnheitsrechten richten.
d) Der Inhalt muss mit dem Grundgesetz in Einklang stehen.
e) Der Inhalt kann durch den Bundespräsidenten jederzeit abgeändert werden.

10. Rechtsobjekte lassen sich entsprechend der Abbildung unterteilen. Was gehört zu den unbeweglichen Sachen?

a) Ein Patent für ein Herstellungsverfahren
b) Ware, die unter Eigentumsvorbehalt geliefert wurde
c) Ein Betriebsgebäude
d) Der Gehaltsanspruch eines Mitarbeiters
e) Wertpapiere, die im Depot einer Bank aufbewahrt werden

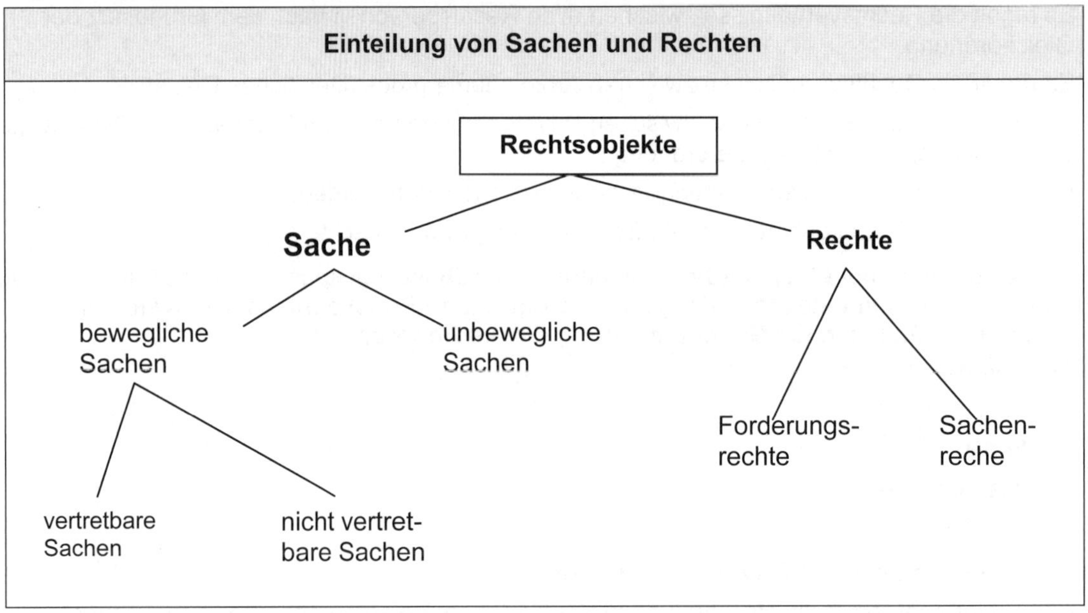

11. Welche Aussage zu Gesetzen, Rechtsverordnungen und Satzungen ist richtig?

a) Satzungen stehen im Rang über den Gesetzen.
b) Alle Gesetze bedürfen, um rechtsgültig zu sein, der Zustimmung der Bundesregierung.
c) Rechtsverordnungen werden durch die Exekutive auf Grund einer ausdrücklichen gesetzlichen Ermächtigung erlassen.
d) Eine Rechtsverordnung ist die Gesamtheit aller in einem Staat geltenden Gesetze.
e) Das Grundgesetz verpflichtet den Bundestag, Rechtsverordnungen zu erlassen.

12. Von wem werden Rechtsverordnungen erlassen?

a) Vom Bundestag
b) Von Verwaltungsgerichten
c) Von der Bundesregierung
d) Vom Bundesverfassungsgericht
e) Vom Bundesrat
f) Vom Bundespräsidenten

13. Ordnen Sie zu!

Regelungen	**Rechtsquellen**
a) Koalitionsfreiheit	
b) Vom Jahresgewinn einer OHG erhält jeder Gesellschafter 5 % seines Kapitalanteils. Der Rest wird nach Köpfen verteilt.	[ ] Grundgesetz
c) Die Beschäftigung Jugendlicher unter 15 Jahren ist verboten.	[ ] Satzung
d) Der Kaufvertrag soll schriftlich abgefasst werden.	[ ] Verordnung
e) Festlegung der Dauer der Berufsausbildung	
f) Für den Kaufvertrag gelten die Allgemeinen Geschäftsbedingungen.	
g) Die Aktiengesellschaft wird gerichtlich und außergerichtlich durch zwei Vorstandsmitglieder vertreten.	

14. Handelsgeschäfte unter Kaufleuten werden vom HGB gesetzlich geregelt. Welche der nachstehenden natürlichen oder juristischen Personen fällt unter die Bestimmungen des Handelsrechts?

a) Ein Richter beim Landgericht
b) Scheid GmbH
c) Ein Wirtschaftsprüfer
d) Ein Heilpraktiker
e) Ein Notar

15. Ordnen Sie die aufgeführten natürlichen und juristischen Personen zu! Kennzeichnen Sie dabei die natürlichen Personen mit (1), die juristischen Personen des privaten Rechts mit (2) und die juristischen Personen den öffentlichen Rechts mit (3)!

BMW AG	[ ]
Rechtsanwalt Uwe Klein	[ ]
Stadtverwaltung Landshut	[ ]
Flughafen GmbH München	[ ]
Gesellschafter einer KG	[ ]
FC Bayern München e.V.	[ ]
Allgemeine Ortskrankenkasse (AOK)	[ ]

16. Wer ist eine juristische Person des privaten Rechts?

a) Die Volkswagen AG
b) Die Stadt Saarbrücken
c) Die Deutsche Bundesbank
d) Der Norddeutsche Rundfunk
e) Die Industrie- und Handelskammer Passau

17. Welche Aussage trifft für eine juristische Person zu?

a) Ihr können durch Gerichtsbeschluss die bürgerlichen Ehrenrechte aberkannt werden.
b) Sie kann vor Gericht klagen und verklagt werden.
c) Sie wird vom Finanzamt zur Einkommensteuer veranlagt.
d) Sie besitzt entweder die beschränkte oder die volle Geschäftsfähigkeit.
e) Sie hat nach dem Grundgesetz das aktive und passive Wahlrecht.

18. Wer bzw. was ist eine juristische Person des privaten Rechts?

a) Amtsgericht
b) Richter
c) Rechtsanwalt
d) KG
e) AG

19. Welche Aussage über eine juristische Person trifft nicht zu?
a) Sie kann beschränkt geschäftsfähig sein.
b) Sie kann Eigentum erwerben.
c) Sie kann verklagt werden.
d) Sie kann Antrag auf Eröffnung des Insolvenzverfahrens stellen.
e) Sie kann Klage erheben.

20. Eine Gemeinde hat durch eine Bauunternehmung ein Schulgebäude errichten lassen. Nach der Fertigstellung zeigen sich Baumängel. Die Gemeinde will finanzielle Ansprüche gegen die Bauunternehmung durchsetzen. Auf welches Rechtsgebiet stützt sich die Geltendmachung dieser Ansprüche?
a) Verfassungsrecht
b) Verwaltungsrecht
c) Strafrecht
d) Öffentliches Recht
e) Privatrecht

21. Welche Organisation zählt zu den juristischen Personen des privaten Rechts?
a) Die Industrie- und Handelskammer
b) Die Bundesagentur für Arbeit
c) Die Deutsche Rentenversicherung DRV
d) Die Gesellschaft mit beschränkter Haftung
e) Die Kommanditgesellschaft
f) Die Berufsgenossenschaft

22. Wodurch wird eine GmbH rechtsfähig?
a) Durch Gründungsbeschluss der Gesellschafter
b) Durch notarielle Beurkundung des Gesellschaftsvertrages
c) Durch Veröffentlichung der Handelsregistereintragung
d) Durch Eintragung ins Handelsregister
e) Durch tatsächliche Geschäftsaufnahme

23. Wer bzw. was ist eine juristische Person des privaten Rechts?
a) Amtsgericht
b) Richter
c) Rechtsanwalt
d) KG
e) eG

24. Die Stadt, in der eine Großhandels GmbH ihren Firmensitz hat, möchte von ihr ein Grundstück kaufen, um den Freizeitpark ausdehnen zu können. Der notwendige notariell beurkundete Kaufvertrag wurde zwischen den beiden Parteien bereits geschlossen. Wie ist die Rechtsstellung der beiden Vertragspartner zu beurteilen?
a) Zwischen der Stadt und der Großhandels GmbH herrscht eine Über- bzw. Unterordnung; die Stadt kann deshalb ihren Willen notfalls mit Zwang gegenüber der Großhandels GmbH durchsetzen.
b) Die Stadt und die Großhandels GmbH sind gleichberechtigte Vertragspartner; keiner kann deshalb gegen den Willen des jeweils anderen seinen eigenen Willen durchsetzen.
c) Die Stadt handelt hoheitlich, also in öffentlich-rechtlicher Form; deshalb ist nur ihre Willenserklärung erforderlich, damit der Kaufvertrag zu Stande kommt.
d) Die Stadt handelt zum Gemeinwohl ihrer Bürger; deshalb besteht zwischen ihr und der Großhandels GmbH ein Über- bzw. Unterordnungsverhältnis.
e) Die Stadt handelt in privatrechtlicher Form; deshalb ist es ihr möglich, ihren Willen notfalls mit Zwang gegenüber der Großhandels GmbH durchzusetzen.

25. Welche Aussage zum Verpflichtungs- bzw. Erfüllungsgeschäft ist richtig?
a) Das Verpflichtungsgeschäft muss schriftlich abgeschlossen werden.
b) Das Verpflichtungsgeschäft legt die Rechte und Pflichten der Vertragspartner fest.
c) Das Erfüllungsgeschäft muss gleichzeitig mit dem Verpflichtungsgeschäft erfolgen.
d) Das Erfüllungsgeschäft legt die Rechte und Pflichten der Vertragspartner fest.
e) Das Erfüllungsgeschäft ist ein einseitiges Rechtsgeschäft.

26. Eine GmbH will ein Grundstück kaufen und sich als Eigentümerin in das Grundbuch eintragen lassen. Ist dies rechtlich möglich?

a) Dies ist möglich, weil die Eintragung in das Grundbuch grundsätzlich möglich ist, unabhängig davon, ob Rechts- oder Geschäftsfähigkeit gegeben ist.
b) Dies ist nicht möglich, weil sie eine juristische Person des öffentlichen Rechts ist und in diesem Fall der Staat als Eigentümer eingetragen wird.
c) Dies ist nicht möglich, weil eine GmbH nach außen durch ihren Geschäftsführer vertreten wird und nur dieser in das Grundbuch eingetragen werden kann.
d) Dies ist nicht möglich, weil sie eine juristische Person ist und in das Grundbuch nur natürliche Personen, die Träger von Rechten und Pflichten sind, eingetragen werden können.
e) Dies ist möglich, da sie eine juristische Person des Privatrechts ist und somit auch Träger von Rechten und Pflichten ist.

27. Welche Aussage zur Rechtsfähigkeit ist richtig?

a) Die Rechtsfähigkeit einer natürlichen Person beginnt mit der Volljährigkeit.
b) Die Rechtsfähigkeit einer natürlichen Person kann durch Gerichtsurteil eingeschränkt werden.
c) Die Rechtsfähigkeit einer natürlichen Person endet mit der angeordneten Betreuung.
d) Die Rechtsfähigkeit einer juristischen Person beginnt mit ihrer Geschäftsfähigkeit.
e) Die Rechtsfähigkeit einer Kapitalgesellschaft endet mit der Löschung im Register.

28. Welche Aussage zu den Möglichkeiten und Grenzen der rechtlichen Handlungsfähigkeit ist richtig?

a) Die Willenserklärung eines Geschäftsunfähigen ist anfechtbar.
b) Ein beschränkt Geschäftsfähiger kann ohne Einwilligung des gesetzlichen Vertreters nur einseitige Rechtsgeschäfte vornehmen.
c) Natürliche Personen werden mit Vollendung des 16. Lebensjahres voll geschäftsfähig.
d) Volljährigen Personen kann die volle Geschäftsfähigkeit bei dauernder Geisteskrankheit abgesprochen werden.
e) Geschäftsunfähige Personen können z. B. im Rahmen der Taschengeldparagrafen bestimmte Geschäfte rechtswirksam abschließen.

29. Wann beginnt die Rechtsfähigkeit einer GmbH?

a) Mit dem Abschluss des Gesellschaftervertrages
b) Mit der Eintragung in das Handelsregister
c) Mit der Eintragung in das Grundbuch
d) Mit der notariellen Beurkundung der Gründung
e) Mit der Aufnahme der Geschäfte

30. Welche Aussage zur Rechtsfähigkeit ist richtig?

a) Die Rechtsfähigkeit einer Genossenschaft endet mit der Löschung im Genossenschaftsregister.
b) Die Rechtsfähigkeit einer juristischen Person beginnt mit ihrer Geschäftstätigkeit.
c) Die Rechtsfähigkeit einer natürlichen Person endet mit der angeordneten Betreuung.
d) Die Rechtsfähigkeit einer natürlichen Person kann durch Gerichtsurteil eingeschränkt werden.
e) Die Rechtsfähigkeit einer natürlichen Person beginnt mit der Volljährigkeit.

31. Welche Aussage über die Rechtsfähigkeit ist richtig?

a) Natürliche Personen erlangen die Rechtsfähigkeit mit Vollendung des 7. Lebensjahres.
b) Natürliche Personen erlangen die Rechtsfähigkeit mit Vollendung des 18. Lebensjahres.
c) Natürliche Personen erlangen die Rechtsfähigkeit mit Eintragung in ein öffentliches Register.
d) Juristische Personen erlangen die Rechtsfähigkeit mit Zustimmung des Justizministeriums.
e) Juristische Personen erlangen die Rechtsfähigkeit mit Eintragung in ein öffentliches Register.

32. Ab welchem Zeitpunkt ist eine Maschinenbau-AG rechtsfähig?

a) Gründungsbeschluss der Gesellschafter
b) Annahme der Satzung durch die Gesellschafter
c) Schluss der Kapitalzeichnungsfrist
d) Aufnahme der Geschäfte durch den Vorstand
e) Eintragung im zuständigen Handelsregister

33. Wann endet die Rechtsfähigkeit einer natürlichen Person?

a) Mit der Aberkennung der bürgerlichen Ehrenrechte
b) Mit einer vom Gericht verfügten Betreuung
c) Mit der Einweisung in eine Justizvollzugsanstalt
d) Mit dem Verlassen der Bundesrepublik Deutschland
e) Mit dem Eintritt des Todes

34. Welche Aussage über Besitz und Eigentum ist richtig?

a) Eigentum ist die tatsächliche Herrschaft über eine Sache, Besitz die rechtliche Herrschaft über eine Sache.
b) Eigentum ist die rechtliche Herrschaft über eine Sache, Besitz die tatsächliche Herrschaft über eine Sache.
c) Zwischen Besitz und Eigentum besteht rechtlich kein Unterschied.
d) Eigentum und Besitz können nicht in einer Hand liegen.
e) Der Eigentümer einer Sache muss auch ihr Besitzer sein.

35. In welchem Fall wird Eigentum rechtswirksam übertragen?

a) Erwerb einer gestohlenen Maschine
b) Verpfändung einer Briefmarkensammlung
c) Notariell beglaubigter Immobilienkauf mit Auflassung
d) Von einem Gerichtsvollzieher beurkundeter Immobilienkauf mit Auflassung
e) Notariell beurkundeter Immobilienkauf mit Auflassung und Eintragung ins Grundbuch

36. Was bedeutet nach Artikel 14 des Grundgesetzes die Sozialbindung des Eigentums?

a) Die Eigentumsrechte des Staates an seinen Betrieben werden gewährleistet.
b) Das Eigentum verpflichtet. Sein Gebrauch soll zugleich dem Wohle der Allgemeinheit dienen.
c) Die Überführung von Grund und Boden in Gemeineigentum ist als eine Möglichkeit zur Gestaltung der Wirtschaftsordnung verfassungsmäßig verankert.
d) Die sozialen Einrichtungen dürfen ihr Eigentum nur veräußern, wenn dies einem gemeinnützigen Ziel dient.
e) Der Eigentümer kann im öffentlichen Interesse ohne Entschädigung enteignet werden.

37. In welchem Fall sind Besitzer und Eigentümer ein und dieselbe Person?

a) Eine Auszubildende leiht sich in der Videothek eine CD aus.
b) Ein Landwirt pachtet das Nachbargrundstück.
c) Ein Unternehmen least für den Reisenden einen PKW.
d) Ein Handelsvertreter kauft für seinen Betrieb einen neuen Schreibtisch.
e) Die Schnäppchenhalle Holzner mietet eine weitere Lagerhalle.

38. Welche Aussage über die Gegenstände des Rechtsverkehrs ist richtig?

a) Immobilien sind vertretbare Sachen, Mobilien (bewegliche Sachen) sind nicht vertretbare Sachen.
b) Eigentum ist das Recht an Immobilien, Besitz das Recht an beweglichen Sachen.
c) Forderungen zählen zu den vertretbaren Sachen, Patente und Lizenzen zu den nicht vertretbaren Sachen.
d) Das Besitzrecht an vertretbaren Sachen ist übertragbar, das Eigentumsrecht an nicht vertretbaren Sachen ist nicht übertragbar.
e) Bei den Rechten an Sachen unterscheidet man zwischen Eigentum und Besitz.

39. Was ist nach dem BGB eine vertretbare Sache?

a) Das Manuskript eines Autors
b) Ein Ölgemälde
c) Eine 100-€-Banknote
d) Ein bebautes Grundstück
e) Ein Patent

40. Eine noch beim Verkäufer befindliche verkaufte Ware wird durch Blitzschlag vernichtet. Bei welcher Ware hat der Kunde Anspruch auf Lieferung, weil die Ware vertretbar ist?

a) Eine neue Videoanlage der Marke Metzner
b) Ein gebrauchtes Auto, das in einem exzellenten Zustand war
c) Ein Ölgemälde eines bekannten Künstlers
d) Ein handgefertigtes Schmuckstück
e) Das Originalmanuskript zu einem Roman

41. Rechtsobjekte werden in Sachen und Rechte unterteilt. Welches Rechtsobjekt gehört zu den Rechten?

a) Grundstück
b) Sparbuch
c) Banknote
d) Konzession
e) Mietwohnung

42. Welche Aussage über Besitz bzw. Eigentum ist richtig?

a) Eigentum ist die tatsächliche, Besitz die rechtliche Gewalt über eine Sache.
b) Der Eigentumsvorbehalt ist eine Vereinbarung, durch die der Erwerber zunächst nur die rechtliche Gewalt über eine Sache erhält.
c) Der Käufer erwirbt immer das Eigentumsrecht an gestohlener Ware.
d) Die Eigentumsübertragung an beweglichen Sachen erfolgt in der Regel durch Einigung und Übergabe.
e) Bei der Eigentumsübertragung an unbeweglichen Sachen sind in der Regel keine Formvorschriften zu beachten.

43. Das BGB sieht bei dem Eigentumserwerb an einem Grundstück besondere Vorschriften vor. Was ist beim Kauf eines Grundstückes zu beachten?

a) Der Käufer muss vorher Einsicht in das Grundbuch haben.
b) Die rechtswirksame Übertragung des Grundstückes bedarf nur der Schriftform sowie der Unterschriften des Verkäufers und des Käufers.
c) Der Käufer muss sich den Grundstückskauf von einem Notar beglaubigen lassen, damit der Vertrag rechtswirksam wird.
d) Der Käufer muss in Höhe des Kaufpreises zur Sicherheit eine Grundschuld auf das Grundstück eintragen lassen.
e) Der Verkäufer und der Käufer müssen die Grundstücksübertragung in Anwesenheit eines Notars erklären und von diesem beurkunden lassen.

44. Besitzer und Eigentümer eines Grundstücks sind zwei unterschiedliche Personen. Welche Aussage ist richtig?

a) Der Besitzer darf das Grundstück verkaufen.
b) Der Besitzer hat die rechtliche Herrschaft über das Grundstück.
c) Der Besitzer darf das Grundstück verpfänden.
d) Der Eigentümer darf das Grundstück durch Aufnahme von Hypotheken belasten.
e) Der Eigentümer hat die tatsächliche Herrschaft über das Grundstück.

45. Welcher Vertrag verpflichtet zur Übertragung des Eigentums und des Besitzes an der Sache?

a) Der Pfandvertrag
b) Der Mietvertrag
c) Der Leihvertrag
d) Der Kaufvertrag
e) Der Pachtvertrag

46. Ordnen Sie zu!

Begriffsbestimmungen

a) Fähigkeit, Träger von Rechten und Pflichten zu sein
b) Befähigung, selbständig ein Handelsgewerbe führen zu können
c) Fähigkeit, Rechtsgeschäfte rechtswirksam vornehmen zu können
d) Rechtliche Verfügungsgewalt über eine Sache
e) Tatsächliche Verfügungsgewalt über eine Sache
f) Vereinigung mit eigener Rechtspersönlichkeit

Rechtsbegriffe

[ ] Geschäftsfähigkeit
[ ] Eigentum
[ ] Juristische Person

1. **Welche beiden Willenserklärungen führen zum Abschluss eines Kaufvertrags?**

1. Willenserklärung:	**2. Willenserklärung:**
a) Anfrage	Bestellung
b) Bestellung	Angebot
c) Unverlangte Lieferung	Bezahlung
d) Verbindliches Angebot	Lieferung
e) Freibleibendes Angebot	Bestellung
f) Angebot ohne Freizeichnungsklausel	Auftragsbestätigung

2. **Welche Aussage über die Rechtswirksamkeit der Willenserklärungen eines 15-Jährigen ist richtig?**
   a) Er kann ohne Zustimmung des gesetzlichen Vertreters einen Ratenkauf abschließen.
   b) Er kann ohne Zustimmung des gesetzlichen Vertreters ein Ausbildungsverhältnis eingehen.
   c) Er kann gegen den Willen des gesetzlichen Vertreters die ihm geschenkte Stereoanlage veräußern, weil sie sein Eigentum ist.
   d) Er kann gegen den Willen des gesetzlichen Vertreters einen Taschenrechner kaufen, wenn er den Kaufpreis mit seinem Taschengeld bar bezahlt.
   e) Er kann gegen den Willen des gesetzlichen Vertreters eine Urlaubsreise buchen, wenn er sie zur Hälfte mit geschenktem Geld finanziert.

3. **Ein 17-jähriger Auszubildender kauft eine Digitalkamera für 500,00 € in einem Fachgeschäft. Ist der Auszubildende rechtsfähig?**
   a) Er ist rechtsfähig, weil er eine natürliche Person ist.
   b) Er ist nicht rechtsfähig, weil er nicht volljährig ist.
   c) Er ist beschränkt rechtsfähig, weil die volle Rechtsfähigkeit erst mit der Volleindung des 18. Lebensjahres beginnt.
   d) Er ist rechtsfähig, weil die Rechtsfähigkeit mit der Vollendung des 7. Lebensjahres beginnt.
   e) Er ist rechtsfähig, weil er bereits seit der Geburt Träger von Rechten und Pflichten ist.

4. **Ordnen Sie zu!**

Lebensalter
a) Mit Vollendung der Geburt
b) Mit Vollendung des 7. Lebensjahres
c) Mit Vollendung des 12. Lebensjahres
d) Mit Vollendung des 14. Lebensjahres
e) Mit Vollendung des 16. Lebensjahres
f) Mit Vollendung des 18. Lebensjahres
g) Mit Vollendung des 21. Lebensjahres

Rechtliche Folgen
[ ] Beginn der vollen Geschäftsfähigkeit
[ ] Beginn der Rechtsfähigkeit
[ ] Beginn der beschränkten Geschäftsfähigkeit

5. **Welcher Lebensabschnitt umfasst die gesamte Zeit, in der man grundsätzlich beschränkt geschäftsfähig ist?**
   a) Bis 7 Jahre
   b) Bis 14 Jahre
   c) 7 bis 14 Jahre
   d) 7 bis 18 Jahre
   e) 14 bis 18 Jahre

6. **Was ist unter „Geschäftsfähigkeit“ zu verstehen?**
   a) Träger von Rechten und Pflichten zu sein
   b) Für einen durch eine unerlaubte Handlung zugefügten Schaden einzustehen
   c) Vor Gericht zu klagen oder verklagt zu werden
   d) Zulässige Rechtsgeschäfte selbstständig und rechtswirksam vorzunehmen
   e) Ein Handelsgeschäft zu betreiben

7. Welche Aussage über die Rechts- und Geschäftsfähigkeit ist richtig?

a) Geschäftsfähigkeit ist die Fähigkeit von Personen, Träger von Rechten und Pflichten zu sein.
b) Rechtsfähigkeit ist die Fähigkeit, rechtsgeschäftliche Willenserklärungen abzugeben und entgegenzunehmen.
c) Die Willenserklärung eines Geschäftsunfähigen ist anfechtbar.
d) Jede natürliche Person ist von der Geburt bis zum Tode geschäftsfähig.
e) Die Willenserklärung eines beschränkt Geschäftsfähigen bedarf in der Regel der Zustimmung des gesetzlichen Vertreters.

8. Welche Aussage zur Geschäftsfähigkeit ist richtig?

a) Geschäftsfähigkeit ist die Fähigkeit von Personen, Träger von Rechten und Pflichten zu sein.
b) Jeder Mensch ist ab seiner Geburt geschäftsfähig.
c) Juristische Personen sind nicht geschäftsfähig.
d) Geschäftsfähigkeit ist die Fähigkeit, rechtsverbindliche Willenserklärungen abzugeben und entgegenzunehmen.
e) Die Willenserklärung eines beschränkt Geschäftsfähigen bedarf in der Regel nicht der Zustimmung des gesetzlichen Vertreters.

9. Sie verweigern dem 6-jährigen Peter den Kauf eines Spielzeugs im Wert von 30,00 €. Und das, obwohl der Vater damit droht, nie mehr bei Ihnen einkaufen zu wollen. Ist Ihr Verhalten den gesetzlichen Vorschriften nach richtig gewesen?

a) Ja, da der Sohn nur beschränkt geschäftsfähig ist.
b) Ja, da der Sohn nicht geschäftsfähig ist.
c) Ja, da der Sohn beschränkt geschäftsfähig ist und eine Genehmigung der Erziehungsberechtigten nicht gleich vorlegen konnte.
d) Nein, da der Sohn in Ihrem Betrieb bekannt ist.
e) Ja, da der Sohn beschränkt geschäftsfähig ist und der Zahlungsbetrag nicht unter den Taschengeldparagraph fällt.

10. Nachdem ein 17-jähriger Schüler ein Praktikum bei einer Großhandels GmbH absolviert hat, entschließt er sich, gegen den Willen seiner Eltern, mit der Geschäftsleitung einen Ausbildungsvertrag abzuschließen. Warum kann in diesem Fall kein rechtsgültiger Ausbildungsvertrag abgeschlossen werden?

a) Als Schüler ist er geschäftsunfähig und darf keinen Arbeitsvertrag abschließen.
b) Der Schüler ist beschränkt geschäftsfähig und darf keinerlei Verträge abschließen.
c) Der Schüler besitzt nur die beschränkte Geschäftsfähigkeit, deshalb ist dieser Ausbildungsvertrag ohne die Zustimmung der Eltern schwebend unwirksam.
d) Der Schüler ist nur beschränkt rechtsfähig und bedarf daher der Zustimmung der Eltern.
e) Der Schüler ist nur beschränkt rechtsfähig und das Recht der selbständigen Arbeitsaufnahme steht ihm deshalb nicht zu.

11. Welche Willenserklärung ist gültig?

a) Eine Willenserklärung eines Geschäftsunfähigen
b) Eine Willenserklärung, in der ein Minderjähriger sein Arbeitsverhältnis kündigt
c) Eine Willenserklärung, die gegen die Vorschrift verstößt
d) Eine Willenserklärung, die scherzhaft abgegeben wurde
e) Eine Willenserklärung, die zum Schein abgegeben wurde

12. Welcher Personenkreis ist geschäftsunfähig?

a) Personen zwischen dem 7. und dem 18. Lebensjahr
b) Personen im 8. Lebensjahr
c) Personen, die wegen Verschwendungs- oder Trunksucht betreut werden
d) Personen, die wegen Geistesschwäche betreut werden
e) Personen, die dauernd geisteskrank sind

13. Welche Personen sind nach dem BGB beschränkt geschäftsfähig?

a) Personen bis zum vollendeten 7. Lebensjahr
b) Personen, die das 18. Lebensjahr vollendet haben
c) Personen, die dauernd geisteskrank sind
d) Personen, die wegen Geisteskrankheit entmündigt sind
e) Personen, die wegen Rauschgiftsucht unter einer vom Gericht verfügten Betreuung stehen

14. Der Auszubildende Klaus ist 17 Jahre alt. Er möchte ein Fernsehgerät für 1.000 € kaufen. In welchem Fall wird der Kaufvertrag sofort rechtswirksam?

a) Er schließt den Kaufvertrag schriftlich ab.
b) Er bezahlt den Kaufpreis sofort bar.
c) Er vereinbart mit dem Verkäufer eine monatliche Abzahlung von 100 €.
d) Er unterschreibt den Kaufvertrag und leistet eine Anzahlung.
e) Er weist vor Abschluss des Kaufvertrages die Einwilligung seiner Eltern nach.

15. Welches Rechtsgeschäft kann eine 17-Jährige ohne Zustimmung ihres gesetzlichen Vertreters rechtswirksam vornehmen?

a) Ratenkauf einer Stereoanlage
b) Abschluss eines Mietvertrages
c) Abschluss eines Berufsausbildungsvertrages
d) Annahme eines Fahrrades als Geschenk
e) Aufnahme eines Darlehens

16. Ein 16-jähriger Auszubildender kauft ohne Wissen der Eltern eine gebrauchte Stereoanlage im Wert von 500,00 €. Aus eigenen Mitteln zahlt er 10 % des Kaufpreises an. Über den Restbetrag schließt er mit dem Händler einen Ratenvertrag ab. Ist ein Kaufvertrag mit rechtlicher Wirkung zustande gekommen?

a) Ja, weil der Händler die Anzahlung angenommen hat.
b) Ja, weil der 16-Jährige die vereinbarten Raten von seinem Taschengeld bezahlen will.
c) Ja, weil Ratenkäufe nicht der Zustimmung des Erziehungsberechtigten bedürfen.
d) Ja, wenn die Eltern nachträglich die Zustimmung erteilen.
e) Ja, wenn der Händler das Alter des Käufers nicht wusste.

17. Was besagt der Grundsatz der Vertragsfreiheit?

a) Alle Menschen können rechtswirksam Verträge abschließen.
b) Nur Vollgeschäftsfähige können Verträge abschließen.
c) Vertragsinhalte können beliebig ausgestaltet werden, soweit nicht gesetzliche Vorschriften entgegenstehen.
d) Alle Verträge müssen in Schriftform abgeschlossen werden.
e) Nur Kaufleute dürfen Verträge abschließen.
f) Jedem Vertragspartner ist es freigestellt, einen geschlossenen Vertrag jederzeit zu widerrufen.

18. Welche Aussage über die Vertragsfreiheit ist richtig?

a) Jeder abgeschlossene Vertrag ist wirksam.
b) Der Grundsatz der Vertragsfreiheit ist nur für Vollgeschäftsfähige anwendbar.
c) Verträge können im Rahmen der Rechtsordnung nach dem freien Willen der Vertragspartner gestaltet werden.
d) Jeder Vertrag kann formfrei abgeschlossen werden.
e) Alle Menschen können rechtswirksam Verträge abschließen.

19. Welches Rechtsgeschäft bedarf zu seiner Wirksamkeit der öffentlichen Beglaubigung?

a) Die Abgabe einer Bürgschaftserklärung durch einen Nichtkaufmann
b) Die Abgabe einer Bürgschaftserklärung durch einen Kaufmann
c) Die schriftliche Anmeldung zum Grundbuchamt zwecks Eintragung einer Hypothek für das neu gekaufte Grundstück eines Kaufmanns
d) Der Kaufvertrag über den Erwerb eines Grundstücks für den Neubau einer Lagerhalle durch einen Kaufmann
e) Die schriftliche Abfassung des Privattestaments eines Kaufmanns

20. Ein Grundstückskaufvertrag soll abgeschlossen werden. Welche Aussage über seine Form ist richtig?

a) Der Vertrag bedarf der notariellen Beurkundung.
b) Der Vertrag bedarf der öffentlichen Beglaubigung der Unterschriften der Vertragspartner.
c) Die Vertragspartner können die Form des Vertrags frei wählen.
d) Der Vertrag kommt durch mündliche Vereinbarung zustande.
e) Der Vertrag bedarf nur der Schriftform.

21. In welchem Fall handelt es sich um ein Rechtsgeschäft, das durch eine einseitig empfangsbedürftige Willenserklärung zustande kommt?

a) Ein Arbeiter kündigt sein Arbeitsverhältnis fristgemäß.
b) Ein Unternehmer nimmt ein Darlehen bei der Bank auf.
c) Ein Familienvater schreibt ein Testament.
d) Ein Auszubildender leiht sich ein Buch aus.
e) Ein Kind erhält ein Schenkungsversprechen.

22. Bestimmte Rechtsgeschäfte sind nur dann gültig, wenn beim Abschluss die gesetzlichen Formvorschriften eingehalten werden. Welcher Fall erfüllt diese Vorschriften?

a) Ein Testament ist gültig, wenn es eigenhändig verfasst und unterschrieben wurde.
b) Alle Bürgschaften müssen schriftlich abgeschlossen werden.
c) Kündigungen sind nur dann wirksam, wenn sie schriftlich erfolgen.
d) Ein Kaufvertrag bedarf der Schriftform, wenn beide Vertragspartner Kaufleute nach HGB sind.
e) Ein Kaufvertrag über ein Grundstück bedarf der notariellen Beurkundung nur dann, wenn die Kaufsumme 100.000,00 € übersteigt.

23. Bei welcher Handlung muss eine notarielle Beurkundung erfolgen, damit das Rechtsgeschäft gültig wird?

a) Ein Kaufmann übernimmt eine Kreditbürgschaft für einen Geschäftsfreund.
b) Ein Kaufmann mietet eine Lagerhalle für gewerbliche Lagerhaltung.
c) Ein Kaufmann kauft ein Grundstück.
d) Ein Kaufmann beantragt eine Eintragung in das Handelsregister.
e) Ein Kaufmann least für seine Buchhaltung eine PC-Anlage.

24. Ordnen Sie zu!

Rechtsgeschäfte	**Formvorschriften**
a) Kaufvertrag über eine Maschine im Wert von 270.000,00 €	
b) Bürgschaftserklärung eines Vollkaufmanns	[ ] Schriftform
c) Ausbildungsvertrag	
d) Grundstückskaufvertrag	[ ] Notarielle Beurkundung
e) Ernennung eines Prokuristen	
f) Anmeldung einer Eintragung ins Handelsregister	[ ] Notarielle Beglaubigung

25. Welches Rechtsgeschäft ist weder anfechtbar noch nichtig?

a) Bei einem Versandhaus wird eine vergoldete Uhr bestellt. Versehentlich wird zum gleichen Preis eine goldene Uhr geliefert und vom Besteller angenommen.
b) Ein Gebrauchtwagenhändler verkauft wissentlich einen als unfallfrei bezeichneten Unfallwagen.
c) Ein Bankkunde kauft 20 X-Aktien in der Erwartung, dass der Kurs steigt. Der Kurs fällt jedoch.
d) Ein Hauseigentümer verkauft sein Haus. Der Kaufvertrag wird von einem Makler beurkundet.
e) Ein kaufmännischer Angestellter erhält eine wertvolle Briefmarkensammlung geschenkt. Zur Umgehung der Schenkungssteuer wird ein Kaufvertrag abgeschlossen.

26. In welchem Fall ist das Rechtsgeschäft anfechtbar?

a) Ein 17-Jähriger verfasst ein handschriftliches Testament gegen den Willen der Eltern.
b) Ein Autokäufer unterschreibt einen Kaufvertrag, in dem irrtümlich ein Kaufpreis von 32 000,00 € anstatt 23.000,00 € angegeben ist.
c) Ein Wertpapierkäufer kauft Aktien in irrtümlicher Erwartung eines steigenden Kurses.
d) Ein Schüler kauft sich eine Stereoanlage im Wert von 2.000,00 €. Die Genehmigung der Eltern steht noch aus.
e) Ein Mietvertrag für eine Wohnung mit einer Laufzeit von drei Jahren wird mündlich abgeschlossen.

27. Ordnen Sie zu!

Rechtshandlungen	**Rechtliche Auswirkungen**
a) Ein Kunde bestellt aufgrund eines unverbindlichen Angebotes und erhält eine Auftragsbestätigung.	[ ] Vertrag ist anfechtbar.
b) Ein Kunde bestellt einen Artikel aufgrund einer Zeitungsanzeige.	
c) Ein Händler verkauft einem 17-Jährigen eine Stereoanlage. Die Genehmigung der Eltern steht noch aus.	[ ] Vertrag ist nichtig.
d) Ein Kunde hat in einem Kaufvertrag die Bestellnummer 081 mit der Stückzahl 123 verwechselt.	[ ] Vertrag ist rechtswirksam.
e) Ein Fünfjähriger kauft sich ein Spielzeug.	
f) Ein Kunde sendet eine vom Angebot abweichende Bestellung.	

28. Welches Rechtsgeschäft ist anfechtbar?

a) Ein Münzsammler kauft eine Münze in der irrtümlichen Erwartung, dass die Preise steigen.

b) Ein 16-jähriger Schüler kauft ein Mokick, obwohl die Zustimmung des gesetzlichen Vertreters verweigert wird.

c) Ein Nichtkaufmann verbürgt sich mündlich für einen Geschäftsfreund.

d) Beim Kauf eines Gebrauchtwagens wird trotz Nachfrage vom Verkäufer absichtlich verschwiegen, dass es sich um einen Unfallwagen handelt.

e) In einem Mietvertrag mit einem Studenten ist ein Mietpreis vereinbart, der die ortsübliche Miete um das Dreifache übersteigt.

29. Ordnen Sie zu!

Vertragssituationen	**Gründe der Anfechtbarkeit**
a) Ein Student unterschreibt bei einem Zeitschriftenwerber eine Bestellung für eine Zeitschrift, ohne die Bezugsbedingungen zu lesen. Er meint, er könne die Zeitschrift jederzeit abbestellen. Später stellt er fest, dass er die Zeitschrift mindestens für ein Jahr abnehmen muss.	[ ] Irrtum in der Erklärung
b) Ein Lieferer bietet eine Ware schriftlich für 15 € statt für 51 € (Schreibfehler) an. Der Kunde bestellt 10 Stück zu 15 €. Daraufhin bemerkt die Sachbearbeiterin den Fehler und ruft bei dem Kunden an.	[ ] Arglistige Täuschung [ ] Widerrechtliche Drohung
c) Der Eigentümer eines Wochenendhauses verkauft das Haus an einen Interessenten für 30.000 €. Der Vertrag wird von beiden schriftlich abgeschlossen und unterschrieben. Der Käufer zahlt 20.000 € an, den Rest verweigert er wegen nachträglich festgestellter Baumängel.	
d) Ein Autohändler veranlasst einen Kunden, einen Kaufvertrag für ein neues Auto zu unterschreiben. Andernfalls will er die Versicherung informieren, dass der Kunde für die Reparatur des Unfallschadens eine überhöhte Rechnung eingereicht hat.	
e) Ein Gemüsehändler bestellt bei seinem Großhändler zum Wochenende wesentlich mehr Obst und Gemüse als sonst, weil er mit erheblich größerer Nachfrage rechnet. Er irrt sich. Einen großen Teil der verderblichen Waren hat er bis Samstagnachmittag noch nicht verkauft.	
f) Ein Gebrauchtwagenhändler verkauft ein Auto als unfallfrei, obwohl er wusste, dass der vorherige Halter einen Unfall hatte.	
g) Ein Rechtsanwalt kauft bei seiner Bank Gold, weil er annimmt, dass der Goldpreis in nächster Zeit erheblich steigen wird. Er hofft, dadurch ein gutes Geschäft zu machen. Leider hat er sich geirrt; der Goldpreis geht sogar zurück.	

30. Welches Rechtsgeschäft ist anfechtbar?

a) Ein 17-jähriger Schüler hebt als Bevollmächtigter seines Vaters 1.000 € von dessen Konto ab.

b) Ein wegen Verschwendungssucht entmündigter 45-jähriger Mann kauft 30 CD´s.

c) Eine 15-jährige Schülerin kauft von ihrem Taschengeld einen DVD-Player im Werte von 135,00 €.

d) Eine 20-jährige Auszubildende will 5 XY-Aktien kaufen, setzt aber in den Auftragsvordruck 50 Stück ein.

e) Ein 17-jähriger Schüler schließt einen Berufsausbildungsvertrag ab.

31. Welche Aussage über den Kaufvertrag ist richtig?

a) Die Einigung der Vertragspartner wird als Erfüllungsgeschäft bezeichnet.
b) Die Übergabe einer beweglichen Sache wird als Verpflichtungsgeschäft bezeichnet.
c) Für Kaufverträge über unbewegliche Sachen gibt es keine Formvorschriften.
d) Ein Kaufvertrag, der gegen ein Gesetz verstößt, ist anfechtbar.
e) Ein Kaufvertrag über eine bewegliche Sache ist aufgrund eines Erklärungsirrtums eines Vertragspartners anfechtbar.

32. Welche Aussage über anfechtbare Rechtsgeschäfte bzw. Willenserklärungen ist richtig?

a) Die Willenserklärung eines Geschäftsfähigen ist anfechtbar.
b) Anfechtbare Rechtsgeschäfte sind bis zur Anfechtung zunächst gültig.
c) Willenserklärungen, die zum Schein abgegeben werden, sind anfechtbar.
d) Rechtsgeschäfte, die gegen ein gesetzliches Verbot verstoßen, sind anfechtbar.
e) Anfechtbare Rechtsgeschäfte sind von vornherein nichtig.

33. Herr Krause will bei einem Winzer 50 Flaschen Wein bestellen. Durch einen Tippfehler lautet die Bestellung über 500 Flaschen. Die 500 Flaschen werden geliefert. Wie ist die Rechtslage?

a) Der Vertrag ist nicht zustande gekommen.
b) Herr Krause kann den Vertrag anfechten.
c) Es liegt ein Mangel vor, den Herr Krause entsprechend den Vorschriften über die Mängelrüge beanstanden kann.
d) Herr Krause muss die 500 Flaschen in jedem Fall abnehmen.
e) Es liegt ein Formfehler vor, der zum Rücktritt vom Vertrag berechtigt.

34. In welchem Fall kann eine Willenserklärung angefochten werden?

a) Die Willenserklärung wurde nicht in der vom Gesetz vorgeschriebenen Form abgegeben.
b) Die Willenserklärung verstößt gegen die guten Sitten.
c) Die Willenserklärung verstößt gegen ein Gesetz.
d) Die Willenserklärung wurde im Zustand einer vorübergehenden Störung der Geistestätigkeit abgegeben.
e) Die Willenserklärung wurde durch widerrechtliche Drohung erzwungen.

35. Welches Rechtsgeschäft ist von Anfang an nichtig?

a) Bei einem Angebot wird als Preis statt 50,00 € je Stück durch Verschreiben 5,00 € je Stück angegeben.
b) Ein Käufer wird widerrechtlich durch Drohung zur Unterzeichnung eines Kaufvertrages gezwungen.
c) Ein Käufer schließt einen Kaufvertrag ab, wird dabei aber arglistig getäuscht.
d) Ein 17-jähriger Auszubildender schließt einen Ratenkauf über 5.000,00 € ab. Die Eltern versagen die Genehmigung.
e) Durch falsche Übermittlung werden einem kleinen Industriebetrieb für den Eigenbedarf statt 10 Elektromotoren 100 Elektromotoren geliefert.

36. Welche Aussage zu Rechtsgeschäften ist richtig?

a) Rechtsgeschäfte können nicht von juristischen Personen geschlossen werden, da diese keine Rechtsfähigkeit besitzen.
b) Rechtsgeschäfte können nur von voll geschäftsfähigen Personen geschlossen werden.
c) Ein Testament ist ein zweiseitiges Rechtsgeschäft.
d) Umfangreiche Rechtsgeschäfte müssen immer durch einen Notar beglaubigt werden.
e) Ein Rechtsgeschäft, das infolge arglistiger Täuschung zustande gekommen ist, kann angefochten werden.

37. In welchem Fall ist ein Vertrag anfechtbar?

a) Der Vertrag verstößt gegen ein gesetzliches Gebot oder Verbot.
b) Der Vertrag wurde nicht in der vom Gesetz vorgeschriebenen Form abgeschlossen.
c) Eine Willenserklärung wurde durch widerrechtliche Drohung oder durch Nötigung erzwungen.
d) Der Käufer hat in der Zwischenzeit ein günstigeres Angebot erhalten.
e) Der Käufer oder der Verkäufer ist nicht geschäftsfähig.

38. Die Bavaria Fahrradwerke KG in Landshut bestellt am 05.11. bei den Westfälischen Hüttenwerken nach einem verbindlichen Angebot 10 000 kg Stahlrohr, Lieferung bis 28.11. In welchem Fall könnte die Bavaria Fahrradwerke KG den Kaufvertrag anfechten?

a) Ein anderer Lieferer bietet Mitte November Stahlrohr zu einem niedrigeren Preis an.
b) Die Lieferung ist bis zum 28.11. noch nicht eingetroffen.
c) Die Bestellung erfolgte aufgrund eines Buchungsfehlers in der Lagerkartei. Es befindet sich noch ein großer Posten Stahlrohr im Lager.
d) Bei der Bestellung ist ein Schreibfehler unterlaufen. Es sollten nur 1 000 kg bestellt werden.
e) Der Kunde, für den das Stahlrohr bestimmt war, meldet Mitte November ein Insolvenzverfahren an.

39. Ein 17-jähriger Auszubildender kauft ohne Einwilligung seines gesetzlichen Vertreters einen Personalcomputer zum Preis von 1.200,00 € gegen Rechnung. Das Geld will er von dem Sparbuch, das seine verstorbene Tante für ihn angelegt hat, abheben. Welche Aussage ist richtig?

a) Der Vertrag ist wirksam, weil der Auszubildende die Zahlung von seinen Ersparnissen leisten kann.
b) Der Vertrag ist schwebend unwirksam, da dem Auszubildenden das Geld nicht zur freien Verfügung überlassen wurde.
c) Der Vertrag ist wirksam, weil er dem Auszubildenden lediglich einen rechtlichen Vorteil bringt.
d) Der Vertrag ist unwirksam, weil Rechtsgeschäfte beschränkt Geschäftsfähiger anfechtbar sind.
e) Der Vertrag ist nichtig, weil alle Rechtsgeschäfte beschränkt Geschäftsfähiger der Zustimmung des gesetzlichen Vertreters bedürfen.

40. Sie sind im Vertrieb der Bavaria Fahrradwerke KG tätig. Der 17-jähige Frank Meier hat von seiner Tante 5.000,00 € geschenkt bekommen. Von diesem Betrag kauft er sich ein Mofa. Seine Eltern, denen er nichts gesagt hat, verlangen die Rückzahlung des Preises gegen Rückgabe des Fahrzeugs. Welches rechtliche Argument der Eltern veranlasst Sie zur Rückgabe des Kaufpreises?

a) Frank Meier ist noch nicht im Besitz eines Führerscheins.
b) Es konnte bei dem Kauf nicht von einer stillschweigenden Einwilligung oder Genehmigung durch die Eltern ausgegangen werden.
c) Der Kaufvertrag ist unwirksam, da durch die Folgekosten ihr Sohn Frank nicht nur rechtliche Vorteile hat.
d) Da Frank Meier nicht voll geschäftsfähig ist, können grundsätzlich keine Rechtsgeschäfte mit ihm abgeschlossen werden.
e) Minderjährige können immer nur nach einer Genehmigung Geschäfte im Rahmen ihres Taschengeldes abschließen.

41. Ordnen Sie die zutreffende rechtliche Wirkung den jeweiligen Rechtsgeschäften (Fällen) zu!

Wirkung des Rechtsgeschäftes

a) Uneingeschränkt wirksam
b) Nichtig
c) Wirksam, aber anfechtbar
d) Schwebend wirksam

Rechtsgeschäfte (Fälle)

[ ] Ein 16-jähriger Schüler schließt mit der SparDaBank ohne Wissen seiner Eltern einen Vertrag zur Eröffnung eines Jugendgirokontos ab.

[ ] Der Kassierer der SparDaBank verkauft einem Kunden versehentlich eine Goldmünze zum Preis von 20,00 € statt 120,00 €.

[ ] Eine unter Betreuung stehende Rentnerin erteilt der SparDaBank den Auftrag, 5.000,00 € in VW-Aktien anzulegen. Ein Einwilligungsvorbehalt besteht nicht.

[ ] Eine 17-jährige Auszubildende kauft bei einem Fachmarkt ein Notebook zum Preis von 1.200,00 €.

[ ] Ein Münzhändler kauft von einem 18-jährigen Schüler unter Ausnutzung von dessen Unerfahrenheit eine geerbte Münzsammlung zum Preis von 500,00 €, obwohl der Wert der Sammlung ca. 5.000,00 € beträgt.

[ ] Ein Autohändler kauft auf einem Gebrauchtwagenmarkt einen Pkw vom Eigentümer per Handschlag.

42. Die Eltern eines 2-jährigen Kindes sterben bei einem Unfall. Kann das Kind, das keine Geschwister hat, das Vermögen der Eltern erben?

a) Nein, da es noch nicht geschäftsfähig ist.
b) Nur wenn die Eltern ein Testament zugunsten des Kindes hinterlassen haben.
c) Nein, da es die Rechtsfähigkeit erst mit der Volljährigkeit erlangt.
d) Ja, da es seit der Geburt rechtsfähig ist.
e) Ja, da es mit der Geburt die beschränkte Geschäftsfähigkeit erlangt.

43. Welche Aussage zur Rechtswirksamkeit abgegebener Willenserklärungen ist richtig?

a) Ein Sechsjähriger kann mit Einwilligung seines gesetzlichen Vertreters einen Kaufvertrag wirksam abschließen.
b) Ein Sechsjähriger kann nicht als Bote die zum Abschluss eines Kaufvertrages fehlende Willenserklärung seines gesetzlichen Vertreters überbringen.
c) Ein Elfjähriger kann ohne Einwilligung des gesetzlichen Vertreters einen Ratenkauf tätigen, wenn er die Zahlungen aus seinem Taschengeld bestreiten will.
d) Ein von einem Elfjährigen ohne Einwilligung des gesetzlichen Vertreters geschlossener Vertrag ist rechtswirksam, wenn der Elfjährige lediglich einen rechtlichen Vorteil aus dem Vertrag zieht.
e) Ein von einem Elfjährigen ohne Einwilligung des gesetzlichen Vertreters geschlossener Vertrag ist auch dann nicht rechtswirksam, wenn der gesetzliche Vertreter ihn nachträglich genehmigt.

44. Welche Rechtsgeschäfte sind schwebend unwirksam?

a) Rechtsgeschäfte, die gegen ein gesetzliches Verbot verstoßen
b) Rechtsgeschäfte, die gegen die guten Sitten verstoßen
c) Rechtsgeschäfte, die nur zum Schein abgeschlossen worden sind
d) Rechtsgeschäfte, die gegen eine gesetzliche Formvorschrift verstoßen
e) Rechtsgeschäfte eines beschränkt Geschäftsfähigen, für die noch keine Zustimmung des gesetzlichen Vertreters vorliegen

45. Ein 16-jähriger Auszubildender schließt mündlich einen Kaufvertrag über ein Moped im Wert von 2.500,00 € ab. Welche Aussage ist richtig?

a) Der Vertrag ist anfechtbar, da er mündlich geschlossen wurde.
b) Der Vertrag ist nichtig, da er mündlich geschlossen wurde.
c) Der Vertrag wurde rechtswirksam geschlossen und muss nicht vom gesetzlichen Vertreter genehmigt werden.
d) Der Vertrag wird wirksam, wenn er vom gesetzlichen Vertreter genehmigt wird.
e) Der Vertrag verstößt gegen gültige Rechtsnormen und ist somit nichtig.

Zu den nächsten zwei Aufgaben.

Sie sind Mitarbeiter/-in in der Verwaltung der Bavaria Fahrradwerke KG. Die Bavaria Fahrradwerke KG unterhält einen größeren Fuhrpark. Die Geschäftsführung hat Sie beauftragt, das älteste Fahrzeug für 7.000,00 € zu verkaufen. Spediteur Motzer hat Interesse an dem Fahrzeug bekundet und leiht sich deshalb für einige Tage den Lkw aus, um danach zu entscheiden. Inzwischen haben Sie aber das Fahrzeug für 8.000,00 € an Liebhaber verkauft, die Fahrzeugpapiere übergeben und den Betrag bar erhalten.

46. Wie argumentieren Sie, wenn Motzer das Fahrzeug jetzt kaufen will?

a) Die Bavaria Fahrradwerke KG ist Besitzer des Fahrzeuges und kann über die Veräußerung frei entscheiden.
b) Motzer hat zwar die tatsächliche Verfügungsgewalt, die Bavaria Fahrradwerke KG war aber bei dem Verkauf noch der Eigentümer.
c) Liebhaber hat einen um 1.000,00 € höheren Verkaufspreis akzeptiert und somit hat er auch einen Anspruch auf den Lkw.
d) Die Bavaria Fahrradwerke KG konnte nicht mehr an Liebhaber verkaufen, weil sie das Fahrzeug ausgeliehen hat.
e) Der Kaufvertrag mit Liebhaber ist gültig, da dieser nun der Besitzer des Fahrzeuges ist.

47. Sie haben sich mit Liebhaber über den Verkauf des Lkw geeinigt. Die Zahlung und Übergabe der Fahrzeugpapiere sind bereits erfolgt. Sie sind aber aufgrund der Tatsache, dass das Fahrzeug an die Spedition Motzer verliehen wurde, nicht in der Lage, das Fahrzeug tatsächlich zu übergeben. Sie treten deshalb Ihre Ansprüche an Liebhaber ab. In welchem Fall verhalten sich die Beteiligten gemäß der unten stehend abgebildeten §§ 929, 931 und 985 BGB korrekt?

a) Herr Liebhaber kann sich das Fahrzeug bei Motzer abholen, da er neuer Eigentümer des Lkw ist und kein Kaufvertrag zwischen Ihrem Unternehmen und Motzer besteht.
b) Motzer will den Lkw behalten, da seines Erachtens ein Kauf auf Probe abgeschlossen wurde.
c) Motzer verweigert die Herausgabe an Liebhaber, da der Vertrag zwischen Ihnen und Liebhaber mangels tatsächlicher Übergabe nicht rechtswirksam ist.
d) Liebhaber tritt sofort wegen Lieferungsverzug vom Kaufvertrag zurück, da er das Fahrzeug sofort braucht.
e) Die Bavaria Fahrradwerke KG fordert von Motzer Schadenersatz und Herausgabe des Fahrzeuges.

§ 929. [Einigung und Übergabe] [1] Zur Übertragung des Eigentums an einer beweglichen Sache ist erforderlich, dass der Eigentümer die Sache dem Erwerber übergibt und beide darüber einig sind, dass das Eigentum übergehen soll. [2] Ist der Erwerber im Besitze der Sache, so genügt die Einigung über den Übergang des Eigentums.

§ 931. [Abtretung des Herausgabeanspruchs] Ist ein Dritter im Besitze der Sache, so kann die Übergabe dadurch ersetzt werden, dass der Eigentümer dem Erwerber den Anspruch auf Herausgabe der Sache abtritt.

§ 985 [Herausgabeanspruch] Der Eigentümer kann von dem Besitzer die Herausgabe der Sache verlangen.

48. Ordnen Sie zu!

Vertragsarten	**Vertragsinhalte**
a) Miete	[ ] Entgeltliche Überlassung von Geld gegen spätere Rückzahlung
b) Leihe	
c) Darlehen	[ ] Überlassung von Sachen zum Gebrauch ohne Entgelt
d) Pacht	
e) Werkvertrag	[ ] Unentgeltliche Zuwendung von Sachen oder Rechten
f) Schenkung	

49. Ordnen Sie zu!

Vertragsarten	**Vorgänge**
a) Darlehensvertrag	[ ] A überlässt B einen Garten gegen monatliches Entgelt mit der Erlaubnis, die Obstbäume abzuernten.
b) Leihvertrag	
c) Pachtvertrag	[ ] A beauftragt einen Schreiner, ihm einen Einbauschrank anzufertigen und diesen in sein Wohnhaus einzubauen.
d) Mietvertrag	
e) Werkvertrag	[ ] A überlässt B 5.000,00 € mit der Auflage, das Geld einschließlich Zinsen zurückzuzahlen.
f) Kaufvertrag	

50. Mit dem Lieferanten für Kopierer ist ein neuer Wartungsvertrag abzuschließen. Um welchen Vertrag handelt es sich dabei?

a) Werkvertrag
b) Pachtvertrag
c) Leasingvertrag
d) Mietvertrag
e) Arbeitsvertrag

51. Die Bavaria Fahrradwerke KG erwirbt gegen monatliches Entgelt die Nutzung an einem Grundstück, um im Herbst den Angestellten frisches Obst in der Kantine anbieten zu können. Um welche Vertragsart handelt es sich in diesem Fall?

a) Um einen Mietvertrag
b) Um einen Leihvertrag
c) Um einen Werkvertrag
d) Um einen Dienstvertrag
e) Um einen Pachtvertrag

52. Der Zimmereibetrieb A erstellt gegen Bezahlung für die Bavaria Fahrradwerke KG auf dessen Grundstück ein Blockhaus. Die Bavaria Fahrradwerke KG überlässt das fertige Blockhaus der befreundeten Familie Courtehoute für 14 Tage gegen Bezahlung als Unterkunft für einen Urlaubsaufenthalt. Die Familie Courtehoute stellt einen Raum dieses Blockhauses dem befreundeten Bernd Drebes für einen Tag kostenlos zur Verfügung. Welche Aufzählung enthält die abgeschlossenen Verträge in der richtigen Reihenfolge?

a) Dienstvertrag - Mietvertrag – Leihvertrag
b) Werkvertrag - Pachtvertrag – Mietvertrag
c) Werkvertrag - Mietvertrag - Leihvertrag
d) Dienstvertrag - Pachtvertrag - Mietvertrag
e) Werkertrag - Mietvertrag - Schenkungsvertrag

53. Nach einem Kfz-Unfall beauftragt Herr Oberpriller eine Reparaturwerkstatt, den Kotflügel seines Pkw auszubeulen. Welchen Vertrag schließt Herr Oberpriller in diesem Falle ab?

a) Kaufvertrag
b) Dienstvertrag
c) Arbeitsvertrag
d) Werkvertrag
e) Mietvertrag

54. Ordnen Sie zu!

Vertragsarten

a) Kaufvertrag
b) Dienstvertrag
c) Mietvertrag
d) Pachtvertrag
e) Leihvertrag
f) Darlehensvertrag
g) Werkvertrag

Beispiele für Verträge

[ ] Eine Brauerei übergibt einem Gastwirt einen schönen Holztisch mit Stühlen. Der Gastwirt verpflichtet sich, den vereinbarten Preis in 12 Monatsraten zu bezahlen.

[ ] Ein Gastwirt beauftragt einen Schreiner, eine Theke anzufertigen und fest in sein Lokal einzubauen. Er verpflichtet sich, den vereinbarten Preis zu zahlen.

[ ] Ein Arbeitnehmer überlässt einem Kollegen zinslos 2.000 €. Der Kollege verpflichtet sich, den Betrag nach zwei Wochen zurückzuzahlen.

[ ] Eine Brauerei überlässt einem Gastwirt eine eingerichtete Gaststätte. Der Gastwirt verpflichtet sich, dafür monatlich 1.500 € zu bezahlen.

55. Die Bavaria Fahrradwerke KG in Landshut schließt mit der Transport GmbH in Altdorf als Frachtführer einen Vertrag zum Transport von Fertigteilen von Landshut nach München ab. Welche Vertragsart liegt vor?

a) Ein Kaufvertrag
b) Ein Werkvertrag (Frachtvertrag)
c) Ein Dienstvertrag
d) Ein Arbeitsvertrag
e) Ein Gesellschaftsvertrag

56. Ordnen Sie zu!

Sachverhalte

a) Ein Unternehmer schließt einen Leasingvertrag über eine EDV-Anlage ab.
b) Die Nutzung leerer Wohnungen wird vereinbart.
c) Ein Ehepaar nutzt einen Kirschgarten gegen Zahlung einer jährlichen Summe. Die Kirschen darf das Ehepaar behalten.
d) Eine Bank beauftragt eine Druckerei 10 000 Formulare zu drucken.
e) Ein Angestellter verpflichtet sich zur Arbeitsleistung in einem Unternehmen.
f) Eine Behörde bestellt bei einem Autohaus einen Satz neuer Reifen für seinen Dienstwagen.

Vertragsarten

[ ] Pachtvertrag

[ ] Dienstvertrag

[ ] Werkvertrag

57. Ordnen Sie zu!

Vertragsinhalte	**Vertragsarten**
a) A übereignet B eine Sache ohne Gegenleistung.	
b) A übereignet B eine Sache gegen Entgelt.	[ ] Mietvertrag
c) A überlässt B eine Geldsumme gegen spätere Rückzahlung.	
d) A überlässt B eine eingerichtete Gaststätte für eine bestimmte Zeit gegen Entgelt, wobei der erwirtschaftete Gewinn B zufließt.	[ ] Leihvertrag
e) A verpflichtet sich, gegen Entgelt für B einen Gegenstand herzustellen.	[ ] Schenkungsvertrag
f) A überlässt B unentgeltlich für eine bestimmte Zeit eine Sache zum Gebrauch.	
g) Die Nutzung leerer Wohnungen wird vereinbart.	

58. Welche Willenserklärung hat bereits rechtliche Wirkung, ohne empfangsbedürftig zu sein?

a) Kündigung
b) Angebot
c) Testament
d) Bestellung
e) Schenkung

59. Welche Aussage über Rechtsgeschäfte ist richtig?

a) Die Kündigung eines Arbeitsvertrages ist eine einseitige empfangsbedürftige Willenserklärung.
b) Die Eigentumsübertragung beweglicher Sachen ist ein einseitiges Rechtsgeschäft.
c) Die Errichtung eines Testaments ist eine einseitige, empfangsbedürftige Willenserklärung.
d) Die Eigentumsübertragung von Grundstücken ist ein einseitiges Rechtsgeschäft.
e) Die Schenkung ist ein einseitiges Rechtsgeschäft.

60. In welchem Fall liegt ein einseitiges Rechtsgeschäft vor?

a) Kauf
b) Testament
c) Schenkung
d) Bürgschaft
e) Miete
f) Pacht

61. Bei welchem Rechtsgeschäft einer Großhandels GmbH handelt es sich um ein einseitiges Rechtsgeschäft?

a) Einem Mitarbeiter wird zum nächstmöglichen Termin gekündigt.
b) Ein Rechtsanwalt wird beauftragt, die Großhandels GmbH in einem Streitfall zu vertreten.
c) Ein Spediteur wird mit dem Versand einer Warenbestellung beauftragt.
d) An einen Lieferer wird der ausstehende Rechnungsbetrag überwiesen.
e) Einem Kunden wird die bestellte Ware ausgeliefert.

62. Sie sollen einem neuen Auszubildenden das Wesen der Rechtsgeschäfte erklären. Welche Aussage über das Zustandekommen von Rechtsgeschäften ist richtig?

a) Die Kündigung ist ein einseitiges Rechtsgeschäft; die Willenserklärung ist empfangsbedürftig.
b) Das Testament ist ein zweiseitiges Rechtsgeschäft; die Willenserklärung ist empfangsbedürftig.
c) Ein Rechtsgeschäft kann wegen mangelnder Geschäftsfähigkeit eines Beteiligten angefochten werden.
d) Arglistige Täuschung beim Vertragsabschluss führt zur Nichtigkeit eines Rechtsgeschäftes.
e) Für die Wirksamkeit eines Rechtsgeschäftes sind immer zwei übereinstimmende Willenserklärungen erforderlich.

63. In welchem Fall handelt es sich um einen zweiseitigen Handelskauf?

a) Ein Angestellter verkauft einem Kollegen einen gebrauchten Fotoapparat.
b) Ein Fabrikant kauft für den privaten Weinkeller bei einem Winzer 500 Flaschen Wein.
c) Die Stadtverwaltung beschafft für die Berufsschule Tonbandgeräte.
d) Ein Lebensmittel-Filialunternehmen kauft bei einer Winzergenossenschaft Wein.
e) Ein Auszubildender kauft in einem Fachgeschäft einen Anzug.

64. In welchem Fall liegt ein zweiseitiger Handelskauf vor?

a) Beide Vertragspartner sind geschäftsfähig und der Kauf dient privaten Zwecken.
b) Beide Vertragspartner sind Kaufleute und der Kauf dient geschäftlichen Zwecken.
c) Einer der beiden Vertragspartner ist Kaufmann und der Kauf dient geschäftlichen Zwecken.
d) Beide Vertragspartner sind Privatpersonen und der Kauf dient privaten Zwecken.
e) Beide Vertragspartner sind Kaufleute und der Kauf dient privaten Zwecken.

65. In welchem Fall handelt es sich um einen bürgerlichen Kauf?

a) Die Stadtverwaltung beschafft für die Schule Schreibtische.
b) Ein Fabrikant verkauft seinen Privatwagen an seinen Schwager.
c) Ein Lebensmittelhändler kauft für seinen privaten Bedarf bei einer Winzergenossenschaft 200 Flaschen Wein.
d) Ein Auszubildender kauft einen Arbeitsanzug in einem Fachgeschäft.
e) Ein Fotofachgeschäft verkauft gebrauchte Fotoapparate an ausgesuchte Stammkunden.

66. In welchem Fall liegt ein Verbrauchsgüterkauf vor?

a) Ein Einzelhändler bestellt Südfrüchte bei einem Importeur in Hamburg.
b) Der Einkäufer eines Supermarktes bestellt nach einer Weinprobe Wein bei einer Winzergenossenschaft für die Feinkostabteilung.
c) Frau Meier, Angestellte eines Großhändlers, verkauft ihrer Nachbarin Äpfel aus eigenem Anbau.
d) Ein Einzelhändler bezieht Dekorationsmaterial von einem Großhändler, der am gleichen Ort sein Unternehmen hat.
e) Ein Einzelhändler verkauft Früchte an eine Kundin.

67. In welchem Fall handelt es sich um einen (sonstigen) einseitigen Handelskauf?

a) Ein Kunde kauft bei einem Einzelhändler.
b) Ein Unternehmer kauft einen gebrauchten Pkw von einem Privatmann.
c) Ein Einzelhändler erhält Ware vom Großhändler.
d) Ein Privatmann verkauft seinem Freund einen gebrauchten Fernseher.
e) Ein Auszubildender kauft in seinem Ausbildungsbetrieb Arbeitskleidung.

68. Welche Formvorschriften gelten beim Abschluss eines Kaufvertrages?

a) Kaufverträge über 100.000,00 € müssen notariell beurkundet werden.
b) Grundsätzlich bestehen für Kaufverträge keine Formvorschriften.
c) Der Kaufvertrag muss schriftlich abgeschlossen werden, wenn der Kaufgegenstand einen Wert von über 100.000,00 € hat.
d) Der Kaufvertrag bedarf der Schriftform, wenn sich Käufer und Verkäufer noch nicht in allen Punkten geeinigt haben.
e) Jeder Kaufvertrag muss schriftlich abgeschlossen werden; ansonsten ist er ungültig, weil die Beweiskraft fehlt.

69. Welches Rechtsgeschäft wird durch die Annahme einer Bestellung abgeschlossen?

a) Ein einseitiges Rechtsgeschäft
b) Ein einseitiges Rechtsgeschäft, bei dem die Willenserklärung empfangsbedürftig ist
c) Ein zweiseitiges Rechtsgeschäft, bei dem der Vertrag mehrseitig verpflichtend ist
d) Ein zweiseitiges Rechtsgeschäft, bei dem der Vertrag einseitig verpflichtend ist
e) Ein einseitiges Rechtsgeschäft, bei dem die Willenserklärung nicht empfangsbedürftig ist

70. Welche Vertragsart liegt vor, wenn ein Rechtsgeschäft durch die Annahme der Bestellung zustande kommt?

a) Versicherungsvertrag
b) Darlehensvertrag
c) Dienstvertrag
d) Werklieferungsvertrag
e) Kaufvertrag

1. **Welche Aussage über Bedürfnisse ist richtig?**
   a) Luxusbedürfnisse sind Bedürfnisse, deren Befriedigung zur Sicherung der menschlichen Existenz notwendig ist.
   b) Das Bedürfnis nach einer Urlaubsreise ist ein Kollektivbedürfnis.
   c) Die Summe aller Bedürfnisse wird als Bedarf bezeichnet.
   d) Bedürfnisse sind Mangelgefühle, verbunden mit dem Streben, den Mangel zu beseitigen.
   e) Der Wunsch nach einer Ferienwohnung ist ein Existenzbedürfnis.

2. **Wie werden die Bedürfnisse genannt, die aus dem menschlichen Selbsterhaltungstrieb entstehen?**
   a) Luxusbedürfnisse
   b) Individualbedürfnisse
   c) Kulturbedürfnisse
   d) Kollektivbedürfnisse
   e) Existenzbedürfnisse

3. **Welche Bedeutung haben Bedürfnisse für die Wirtschaft?**
   a) Bedürfnisse sind begrenzt und bei jedem Menschen gleich.
   b) Bedürfnisse sind eine Ursache des Wirtschaftens.
   c) Alle Bedürfnisse können nur mit Kaufkraft befriedigt werden.
   d) Alle Bedürfnisse beziehen sich nur auf wirtschaftliche Güter.
   e) Wenn alle Bedürfnisse befriedigt werden können, handelt es sich um Hochkonjunktur.

4. **Welches Bedürfnis ist der „Schutz unserer Umwelt“?**
   a) Luxusbedürfnis
   b) Existenzbedürfnis
   c) Gemeinschaftsbedürfnis (Kollektivbedürfnis)
   d) Kulturbedürfnis
   e) Individualbedürfnis

5. **Welche Aussage über Bedürfnisse ist richtig?**
   a) Die Summe aller Bedürfnisse entspricht der volkswirtschaftlichen Nachfrage.
   b) Die Kulturbedürfnisse sind bei allen Menschen gleich.
   c) Die Summe aller Existenzbedürfnisse eines Menschen wird Bedarf genannt.
   d) Bedürfnisse kann man nur mit materiellen Gütern befriedigen.
   e) Die Lebensqualität eines Menschen hängt von den Möglichkeiten der Befriedigung seiner Bedürfnisse ab.

6. **In welchem Fall wird ein Existenzbedürfnis befriedigt?**
   a) Der Geschäftsführer lässt das defekte Türschloss zum Bürogebäude austauschen.
   b) Ein Jubilar erhält vom Geschäftsführer einen Blumenstrauß.
   c) Der Geschäftsführer spendet für seinen Sportverein 100,00 €.
   d) Für den Eingangsbereich des neuen Bürogebäudes wird ein Gemälde gekauft.
   e) Ein Handelsvertreter lässt vor der Geschäftsreise sein Auto waschen.

7. **Wann liegt ein Individualbedürfnis vor?**
   a) Bei einer Mülldeponie
   b) Bei einer Grundschule
   c) Bei einer Unfallklinik
   d) Bei einem Wasserkraftwerk
   e) Bei einer Eigentumswohnung

8. **Welche Tätigkeit dient der Befriedigung eines Kulturbedürfnisses?**
   a) Das Bauen eines Fertighauses
   b) Das Entwickeln eines umweltfreundlichen Verpackungsmaterials
   c) Das Bereitstellen von Grundnahrungsmitteln
   d) Das Besuchen einer Theatervorstellung
   e) Das Drucken von Tageszeitungen

9. **Welche Aussage über Bedürfnisse ist zutreffend?**
   a) Existenzbedürfnisse werden befriedigt um das Prestige zu erhöhen.
   b) Bedürfnisse sind begrenzt und verändern sich.
   c) Luxusbedürfnisse sind Bedürfnisse, deren Befriedigung zur Sicherung der menschlichen Existenz notwendig ist.
   d) Das Bedürfnis nach einer Urlaubsreise ist ein Existenzbedürfnis.
   e) Bedürfnisse sind unbegrenzt und veränderbar.

10. **In der Volkswirtschaft wird nach Bedürfnissen und Bedarf unterschieden. Welche der nachfolgenden Behauptungen ist richtig?**
   a) Jedes Bedürfnis löst immer einen volkswirtschaftlichen Bedarf aus.
   b) Bedürfnis ist der Wunsch nach dem Besitz des Gutes, Bedarf ist die Nachfrage nach Art und Menge des Gutes bei vorhandener Kaufkraft.
   c) Bedürfnisse erstrecken sich nur auf Luxusgüter, der Bedarf bezieht sich nur auf lebensnotwendige Güter.
   d) Bedürfnisse werden nicht durch Werbung hervorgerufen, Bedarf wird ausschließlich durch Werbung hervorgerufen.
   e) Bedürfnisse gibt es nur bei Konsumgütern, Bedarf nur bei Investitionsgütern.

11. **Was versteht die Wirtschaftslehre unter Bedarf?**
   a) Bedürfnisse, denen ein Angebot gegenübersteht
   b) Bedürfnisse, die von Konjunktur und Jahreszeit abhängig sind
   c) Bedürfnisse, die sich nach den individuellen Ansprüchen richten
   d) Bedürfnisse, für deren Befriedigung finanzielle Mittel zur Verfügung stehen
   e) Bedürfnisse, die durch Werbung entstehen

12. **Welche Erklärung für den Zusammenhang zwischen Bedürfnis und Bedarf ist richtig?**
   a) Die Summe der mit Kaufkraft versehenen Bedürfnisse nennt man Bedarf.
   b) Die Summe der Luxusbedürfnisse nennt man Bedarf.
   c) Die Summe der Individualbedürfnisse nennt man Bedarf.
   d) Die Summe der Existenzbedürfnisse nennt man Bedarf.
   e) Die Summe aus allen Bedürfnissen und dem Bedarf nennt man Kaufkraft.

13. **Alle Bedürfnisse des Menschen zu befriedigen ist nicht möglich, wohl aber den Bedarf. Woran liegt das?**
   a) Der Bedarf ist unbegrenzt.
   b) Die Bedürfnisse sind unbegrenzt.
   c) Der Bedarf ist durch die Kaufkraft begrenzt.
   d) Die Bedürfnisse sind begrenzt auf die Existenzbedürfnisse.
   e) Luxusbedürfnisse sind gedeckt durch die Kaufkraft.

14. **Welches der nachstehenden Bedürfnisse ist ein Sozialbedürfnis?**
   a) Nahrungsmittel
   b) Erholungsreise
   c) Straßen
   d) Wohnung im privaten Bereich
   e) Theaterbesuch

15. **Welcher Vorgang bezieht sich auf die Produktion eines Konsumgutes?**
   a) Die Montage von Werkzeugmaschinen
   b) Das Gießen von Kirchenglocken
   c) Die Herstellung eines Fruchtsaftgetränkes
   d) Das Fördern von Eisenerz
   e) Das Zuschneiden von Flugzeugblechen

16. Ordnen Sie im abgebildeten Schaubild die drei Güterbegriffe an der richtigen Stelle ein!

Schaubild

a) Kennziffer 1
b) Kennziffer 2
c) Kennziffer 3
d) Kennziffer 4
e) Kennziffer 5
f) Kennziffer 6

Güterbegriffe

[ ] Sachgüter

[ ] Produktionsgüter

[ ] Wirtschaftliche Güter

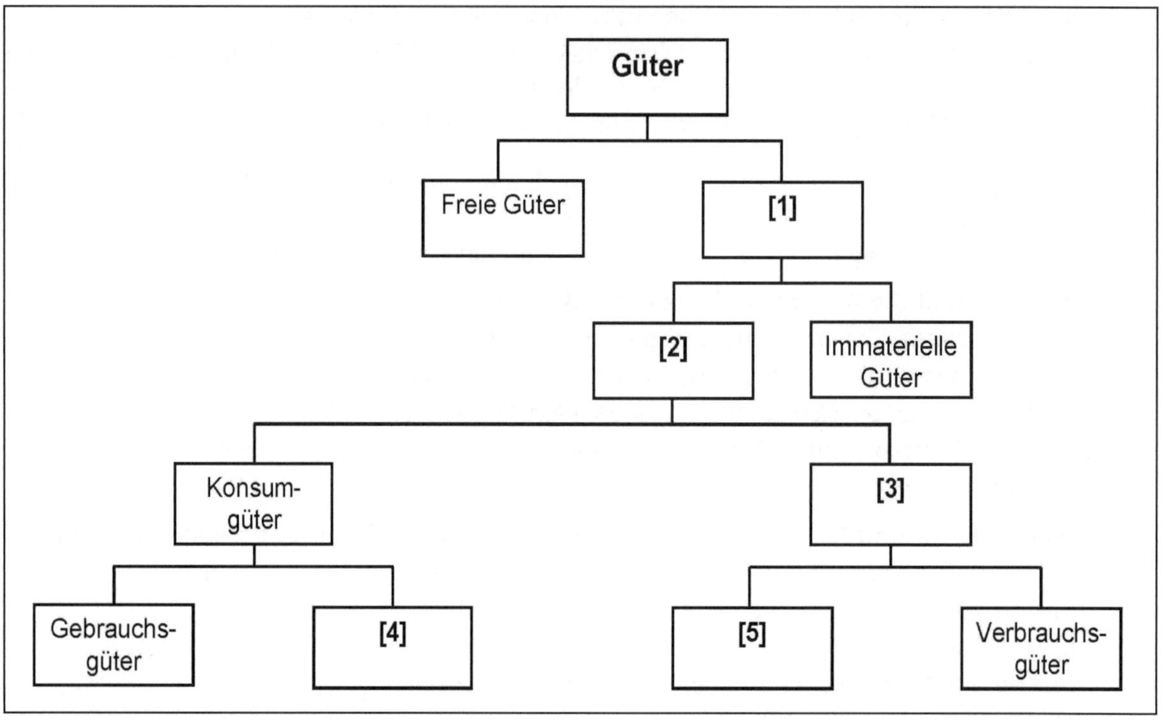

17. Wie werden die Bedürfnisse genannt, die mit Gütern befriedigt werden, die der Staat allen Mitgliedern der Gesellschaft zur Verfügung stellt?

a) Luxusbedürfnisse
b) Individualbedürfnisse
c) Kulturbedürfnisse
d) Kollektivbedürfnisse
e) Existenzbedürfnisse

18. Bei welchem Fall ist ein wirtschaftliches Gut gleichzeitig Produktionsgut und Gebrauchsgut?

a) Ein Einzelhändler kauft Heizöl für die Heizung der Privatwohnung.
b) Ein Einzelhändler kauft für den Fuhrpark einen Lieferwagen.
c) Ein Einzelhändler kauft für sein Eigenheim Teppiche.
d) Ein Einzelhändler tankt Benzin für eine Dienstfahrt.
e) Ein Einzelhändler kauft in einer Zoohandlung Hundefutter.

19. Eine Auszubildende möchte sich mehrere Wünsche erfüllen. Ihr aktueller Kontostand auf dem Girokonto beträgt 5,60 €, auf einem Festgeldkonto hat sie noch 118,50 €. Aus welchem ihrer Bedürfnisse wird ein Bedarf?

a) Sie holt sich vom Fahrradhändler Prospekte über ein neues Fahrrad.
b) Sie lässt sich unentgeltlich Versandhauskataloge zuschicken.
c) Sie erkundigt sich im Reisebüro nach einem Flug in ein Urlaubsland.
d) Sie testet in einer Parfümerie verschiedene Düfte aus.
e) Sie bestellt sich beim Europa Lehrmittelverlag ein Prüfungsvorbereitungsbuch.

20. Ordnen Sie zu!

Güter

a) Mundwasser, mit dem nach dem Zähneputzen der Mund gespült wird
b) Kraftstoff, der im Dieselmotor verbrannt wird
c) Schrauben, die zur Herstellung eines Möbelstücks verwendet werden
d) Esszimmerstuhl, der als Sitzgelegenheit dient
e) Wind, der zum Antrieb von Windrädern bei der Stromerzeugung benötigt wird
f) Lieferwagen, der zum Ausliefern von Waren benötigt wird

Güterarten

[ ] Konsumgut als Gebrauchsgut
[ ] Konsumgut als Verbrauchsgut
[ ] Produktionsgut als Gebrauchsgut

21. Ordnen Sie zu!

Volkswirtschaftliche Güterbegriffe

a) Produktionsgut
b) Dienstleistung
c) Verbrauchsgut
d) Gebrauchsgut
e) Investitionsgut
f) Freies Gut
g) Recht

Güter

[ ] Lebensmittel
[ ] Damenoberbekleidung
[ ] Patent

22. Bedürfnisbefriedigung erfolgt mit Hilfe von Sachgütern, Rechten und Dienstleistungen. Welches Mittel ist den Dienstleistungen zuzuordnen?

a) Das Branchenbuch
b) Die Unternehmensberatung
c) Das Patent
d) Die Lizenz
e) Das DVD-Laufwerk

23. Im Wirtschaftsteil einer Tageszeitung wird im Zusammenhang mit fallenden Nettoeinkommen der Arbeitnehmer der Begriff „Lebensstandard“ verwendet. Was ist darunter zu verstehen?

a) Das Nettoinlandsprodukt in einer Volkswirtschaft
b) Das Bruttoinlandsprodukt in einer Volkswirtschaft
c) Die Gesamtaufwendungen für die Sozialversicherung
d) Die Befriedigung der menschlichen Existenzbedürfnisse
e) Der Ausstattungsgrad von Haushalten mit Gütern und Dienstleistungen

24. Wie werden Bedürfnisse hinsichtlich ihrer Dringlichkeit eingeteilt?

a) Existenz-, Kultur-, Individualbedürfnisse
b) Kollektiv-, Kultur-, Luxusbedürfnisse
c) Existenz-, Kultur-, Luxusbedürfnisse
d) Individual-, Kollektiv-, Existenzbedürfnisse
e) Individual-, Kultur-, Kollektivbedürfnisse

25. Ordnen Sie im Schaubild die vier Güterbegriffe an der richtigen Stelle ein. Schreiben Sie dann die eingerahmten Kennziffern des Schaubildes neben die dazugehörigen Güterbegriffe!

[ ] Dienstleistungen

[ ] Sachgüter

[ ] Produktionsgüter

[ ] Wirtschaftliche Güter

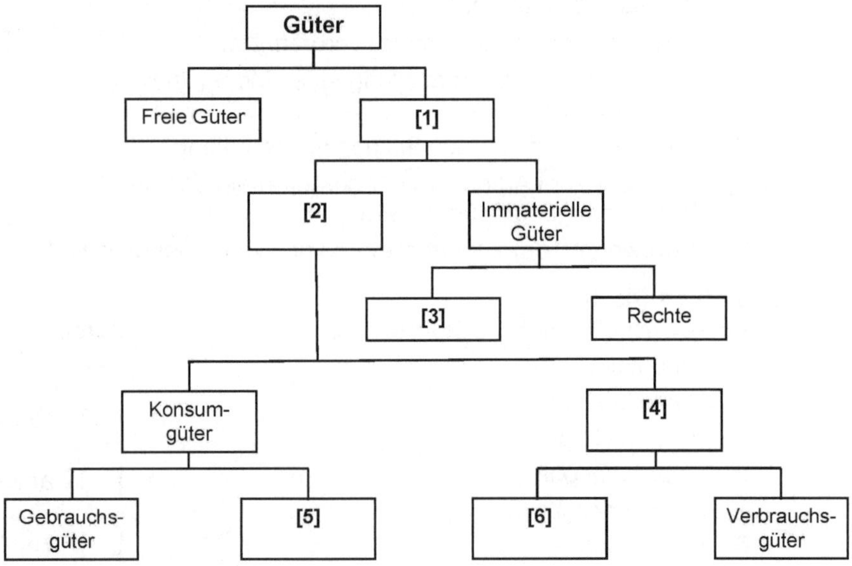

26. Welches sind immaterielle Güter?
a) Ölgemälde und Zeichnungen
b) Grundstücke und Gebäude
c) Lizenzen und Patente
d) Warenvorräte und Verpackungsmaterial
e) Versuchsmodelle und Spezialmaschinen

27. Wie kennzeichnet die Volkswirtschaft freie Güter?
a) Sie sind knapp und haben keinen Preis.
b) Sie sind konsumreif und verursachen Kosten.
c) Sie sind konsumreif und haben einen Preis.
d) Sie verursachen keine Kosten und haben keinen Preis.
e) Sie sind knapp und haben einen Preis.

28. Was zeichnet homogene Güter aus?
a) Sie werden über einen längeren Zeitraum genutzt.
b) Sie gehen bei einmaliger Nutzung unter.
c) Sie werden nur in Verbindung mit anderen Gütern nachgefragt.
d) Sie sind von gleicher Art und gleichem Nutzen.
e) Sie können durch andere Güter ersetzt werden.

29. Welche Aussage über Güter ist richtig?
a) Werkzeuge sind typische Verbrauchsgüter.
b) Konsumgüter dienen unmittelbar der Bedürfnisbefriedigung.
c) Sachen zählen zu den immateriellen Gütern.
d) Dienstleistungen zählen zu den freien Gütern.
e) Gebrauchsgüter sind im Konsumbereich durch einmalige Nutzung gekennzeichnet.

30. Welche zwei Aussagen zu Komplementärgütern sind richtig?
a) Sie werden gemeinsam produziert.
b) Sie haben gleiche Preise.
c) Sie sind austauschbar.
d) Sie entstehen zwangsläufig bei der Produktion anderer Güter.
e) Sie ergänzen sich in der Nutzung, z. B. Fotoapparat und Film.
f) Sie werden zusammen nachgefragt, weil sie erst zusammen ein Bedürfnis befriedigen.

31. Bei welchem Güterpaar handelt es sich um Komplementärgüter?

a) Butter - Margarine
b) Staubsauger - Waschmaschine
c) Fotoapparat - Film
d) Motorrad - Moped
e) Kohle - Erdöl

32. Ordnen Sie zu, indem Sie die 5 eingerahmten Kennziffern der fehlenden Begriffe des Schaubildes neben die entsprechenden Güterbegriffe schreiben!

Schaubild

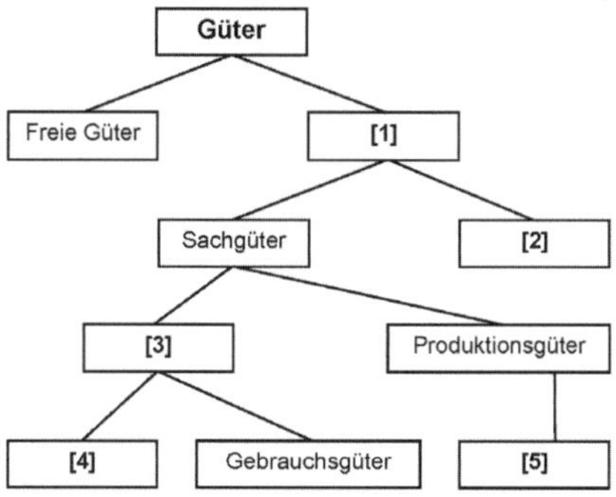

Güterbegriffe

[ ] Kapitalgüter
[ ] Konsumgüter
[ ] Dienstleistungen
[ ] Verbrauchsgüter
[ ] Wirtschaftliche Güter

33. Welches Gut wird als Konsumgut verwendet?

a) Das Telefaxgerät eines Verlages
b) Der Lkw eines Transportunternehmens
c) Die Werkzeuge einer Kfz-Reparaturwerkstatt
d) Das von einer Versicherungsgesellschaft gemietete Bürogebäude
e) Die von einer Familie genutzte Mietwohnung

34. Zu welcher Güterart gehören die Leistungen, die private Krankenversicherungen erbringen?

a) Zu den Rechten, weil jedes Mitglied Forderungen an seine Krankenversicherung hat
b) Zu den Sachgütern, weil auch Medikamente und Hilfsmittel vergütet werden
c) Zu den Dienstleistungen, weil es Leistungen immaterieller Art sind
d) Zu den Konsumgütern, weil vor allem private Haushalte diese Versicherung abschließen
e) Zu den Produktionsgütern, weil private Krankenversicherungen wegen ihrer kaufmännischen Leitung zu den Erwerbsunternehmen gehören

35. Bei welchem Güterpaar handelt es sich um Substitutionsgüter?

a) Tintenpatrone - Füller
b) Staubsauger – Waschmaschine
c) Kaffee - Tee
d) Motorrad - Moped
e) Fotoapparat – Film

36. Welche Aussage über Güter trifft zu?

a) Freie Güter gehören zu den immateriellen Gütern.
b) Konsum- und Produktionsgüter können Gebrauchs- oder Verbrauchsgüter sein.
c) Patente und Lizenzen gehören zu den materiellen Gütern.
d) Verbrauchsgüter haben eine längere Nutzungsdauer als Gebrauchsgüter.
e) Der Anteil der freien Güter an den Gesamtgütern erhöhte sich durch die Zunahme der Bevölkerung.

37. Die Bauunternehmung Müller kauft eine Betonmischmaschine. In welcher Zeile treffen alle Güterarten auf die Betonmischmaschine zu?

a) Wirtschaftliches Gut - Materielles Gut - Privates Gut
b) Wirtschaftliches Gut - Konsumgut - Materielles Gut
c) Freies Gut - Produktionsgut - Materielles Gut
d) Wirtschaftliches Gut - Produktionsgut - Gebrauchsgut
e) Wirtschaftliches Gut - Produktionsgut - Verbrauchsgut

38. In welchem Beispiel verwendet der Fahrer das Fahrzeug als Konsumgut?

a) Ein Großhändler stellt die Ware mit seinem LKW den Kunden zu.
b) Ein Handelsvertreter besucht Kunden mit seinem PKW.
c) Ein Versicherungsvertreter fährt mit seinem PKW in den Urlaub.
d) Ein Unternehmer kauft Einrichtungsgegenstände für die Kantine seines Unternehmens und holt diese mit seinem LKW ab.
e) Ein Taxifahrer fährt mit seinem Taxi einen Fahrgast zu dessen Wohnung.

39. Die meisten Güter sind knapp. Welche Maßnahme unter ökologischen Gesichtspunkten ist geeignet, der Knappheit der Güter entgegenzuwirken?

a) Staatliche Regulierung der Nachfrage
b) Investitionslenkung in den Produktionsbetrieben
c) Verstärkter Einsatz recyclebarer Rohstoffe
d) Aufhebung von Importbeschränkungen
e) Staatliche Regelung des Angebots

40. Ordnen Sie zu!

Güter	**Güterbezeichnungen**
a) Hochseejacht	
b) Leitungsabwasser	[ ] Luxusgut
c) Nahrungsmittel	[ ] Kulturelles Gut
d) Nachschlagewerk	
e) Fahrrad	[ ] Lebensnotwendiges Gut
f) Berufskleidung	

41. Nach welchem Merkmal werden Unternehmen der Investitionsgüterindustrie von Unternehmen der Konsumgüterindustrie unterschieden?

a) Nach dem Materialeinsatz
b) Nach der Gestaltung der Fertigung
c) Nach der Unternehmensgröße
d) Nach dem Verwendungszweck der Produkte
e) Nach der Wiederholbarkeit der Leistungen

42. In einem privaten Haushalt wird Erdgas als Energiequelle genutzt. Um welche Güterart handelt es sich?

a) Produktionsgut als Verbrauchsgut
b) Produktionsgut als Gebrauchsgut
c) Konsumgut als Verbrauchsgut
d) Konsumgut als Gebrauchsgut
e) Komplementärgut zu Kohle

43. Man unterscheidet materielle und immaterielle Güter. Welches ist ein immaterielles Gut?

a) Die Uhr eines Verkäufers
b) Der private Fernseher
c) Der Stoff zur Kleiderfabrikation
d) Der Fuhrpark des Einzelhändlers
e) Der Versicherungsschutz bei Krankheit

44. Welche Aufzählung von Güterarten trifft auf Heizöl zu, das zur Erwärmung des Verkaufsraumes dient?

a) Freies Gut - materielles Gut - Verbrauchsgut
b) Wirtschaftliches Gut - immaterielles Gut - Konsumgut
c) Wirtschaftliches Gut - materielles Gut - Verbrauchsgut
d) Materielles Gut - Konsumgut - Gebrauchsgut
e) Wirtschaftliches Gut - immaterielles Gut – Gebrauchsgut

45. In welcher Zeile treffen alle genannten Güterarten auf einen Pkw zu?

a) Komplementärgut, wirtschaftliches Gut, immaterielles Gut
b) Substitutionsgut, materielles Gut, Verbrauchsgut
c) Produktionsgut, Konsumgut, Verbrauchsgut
d) Produktionsgut, freies Gut, Gebrauchsgut
e) Produktionsgut, Konsumgut, Gebrauchsgut

46. Im Sortiment einer Textilunternehmung befinden sich sowohl Papiertaschentücher als auch Stofftaschentücher. Welche Zuordnung zu den Güterarten ist richtig?

	Papiertaschentücher	Stofftaschentücher
a)	Gebrauchsgüter	Wirtschaftliche Güter
b)	Substitutionsgüter	Produktionsgüter
c)	Verbrauchsgüter	Gebrauchsgüter
d)	Konsumgüter	Verbrauchsgüter
e)	Komplementärgüter	Substitutionsgüter

47. Zu welchen Gütern gehören Patente und Lizenzen?

a) Dienstleistungen
b) Sachgüter
c) Rechtliche Güter
d) Materielle Güter
e) Konsumgüter

48. Welche Beschreibung trifft auf Konsumgüter zu?

a) Konsumgüter dienen zur Herstellung von Gütern.
b) Konsumgüter werden zur Erbringung von Dienstleistungen benötigt.
c) Konsumgüter verursachen keine Kosten und haben keinen Preis.
d) Konsumgüter sind alle immateriellen Wirtschaftsgüter.
e) Konsumgüter werden von Verbrauchern entweder ge- oder verbraucht.

49. Man unterscheidet Gebrauchsgüter und Verbrauchsgüter. Bei welchem Gut handelt es sich um ein Verbrauchsgut?

a) Halogenleuchten zur Ausleuchtung der Verkaufsfläche
b) Pfandflaschen für Limonade
c) Ladenregale zur Warenpräsentation
d) Stofftragetaschen zum Warentransport
e) Geschenkpapier zur Warenverpackung

50. Ordnen Sie zwei der nachstehend aufgelisteten materiellen Güterarten ihrer Verwendung zu, indem Sie die zugehörigen Buchstaben in den Kästchen vor den Fachausdrücken eintragen.

Güterarten

a) Lebensmittel
b) Wohnmöbel
c) Maschinen
d) Rohstoffe
e) Büroeinrichtung

Fachausdrücke

[ ] Konsumgut als Gebrauchsgut
[ ] Produktionsgut als Verbrauchsgut

51. Ordnen Sie den angegebenen Beispielen die jeweils zutreffende Güterart zu!

Güterarten

a) Freie Güter
b) Immaterielle Güter
c) Produktionsgüter

Beispiele

[ ] Firmenfahrzeug für die Geschäftsleitung
[ ] Kundendienst
[ ] Elektronische Steuerung der Motorenfertigung
[ ] Patent zur Motorenproduktion
[ ] Frischluft auf der Terrasse der Betriebskantine
[ ] Ergebnisse einer Kundenumfrage
[ ] Firmenfahrzeug für die Abteilung Verkauf

52. Ordnen Sie die knappen Güter den wirtschaftlichen Gütern zu!

Arten knapper Güter

a) Rechte
b) Dienstleistungen
c) Konsumgüter
d) Investitionsgüter

Beispiele wirtschaftlicher Güter

[ ] Gütertransport
[ ] Lizenz
[ ] Darlehensgewährung
[ ] Fahrzeuge der Firma X
[ ] Kühlschrank im Privathaushalt
[ ] Montageanlage für Haushaltsgeräte

53. Warum ergibt sich in einer Volkswirtschaft die Notwendigkeit, wirtschaftlich zu handeln?

a) Weil alle Unternehmungen nach dem erwerbswirtschaftlichen Prinzip geführt werden
b) Weil die Produktionsfaktoren Arbeit und Boden knapp sind und das Kapital unbegrenzt verfügbar ist
c) Weil den Konsumenten eine begrenzte Menge an Produktionsfaktoren zur Verfügung stehen
d) Weil Produktion und Umwelterhaltung zwingend Gegensätze sind
e) Weil die Bedürfnisse des Menschen unbegrenzt, die vorhandenen Güter aber knapp sind

54. Welches wirtschaftliche Ziel verfolgt eine gemeinwirtschaftliche Unternehmung (z. B. Wasserzweckverband, von dem Trinkwasser bezogen wird)?

a) Einen hohen Marktanteil erreichen
b) Einen maximalen Gewinn erzielen
c) Die bestmögliche Versorgung der Bevölkerung sichern
d) Die Zahlungsfähigkeit sicherstellen
e) Konkurrenzlose Produkte anbieten

55. Welches Ziel liegt dem erwerbswirtschaftlichen Prinzip zugrunde?

a) Den größtmöglichen Umsatz zu erzielen
b) Den größtmöglichen Gewinn zu erwirtschaften
c) Möglichst niedrige kostendeckende Preise zu erzielen
d) Die optimale Bedarfsdeckung zu erreichen
e) Den freien Wettbewerb zu sichern

56. Welche Zielsetzung eines Unternehmens entspricht dem erwerbswirtschaftlichen Prinzip?

a) Die Zufriedenheit der Mitarbeiter mit dem Betriebsklima
b) Die höchstmögliche Verzinsung des eingesetzten Kapitals
c) Die Verwendung von umweltfreundlichen Materialien im Verpackungsbereich
d) Die Sicherung und Erhaltung der Arbeitsplätze
e) Die ständige Unterbietung der Mitbewerber durch Niedrigpreise

57. Welches Ziel eines erwerbswirtschaftlichen Betriebes hat bei Veränderungen des Personaleinsatzes Vorrang?

a) Die Preisstabilität
b) Die Aufwandsmaximierung
c) Die Wirtschaftlichkeit
d) Die Bedarfsdeckung
e) Die Umweltverträglichkeit

58. Bei welchem Unternehmen steht als Zielsetzung das erwerbswirtschaftliche Prinzip im Vordergrund?

a) Gaswerke der Stadt Frankfurt
b) Abwasserverband Fulda
c) Verkehrsbetriebe der Stadt Nürnberg
d) Stadtbücherei Landshut
e) Elektroeinzelhandel EFA Landshut

59. Welche Aussage beschreibt das oberste Ziel eines marktwirtschaftlich orientierten Unternehmens (erwerbswirtschaftliches Prinzip)?

a) Möglichst viele Produkte zu erzeugen, ohne die Absatzlage zu berücksichtigen
b) Möglichst langlebige Produkte abzusetzen
c) Möglichst viele Arbeitnehmer zu beschäftigen
d) Eine 100%ige Auslastung der Produktionskapazität zu erreichen
e) Den größtmöglichen Gewinn zu erzielen

60. Welche Bedingung gilt für das ökonomische Prinzip?

a) Das ökonomische Prinzip ist nur für Großunternehmen wichtig.
b) Das ökonomische Prinzip sollte die Grundlage allen wirtschaftlichen Handelns sein.
c) Das ökonomische Prinzip gilt nur bei der Kombination von Produktionsfaktoren.
d) Das ökonomische Prinzip ist ohne den Einsatz von Produktionsfaktoren zu verwirklichen.
e) Das ökonomische Prinzip wird ausschließlich durch das Minimalprinzip erfüllt, mit minimalen Mitteln einen maximalen Erfolg zu erzielen.

61. Der Einzelhändler Müller führt sein Unternehmen nach dem erwerbswirtschaftlichen Prinzip. Welches Ziel strebt der damit an?

a) Die angefallenen Erträge sollen nur die entstandenen Kosten decken.
b) Entstandene Verluste sollen durch Kreditaufnahmen abgedeckt werden.
c) Die Zahl der Auszubildenden soll sich an der allgemeinen Personalentwicklung des Betriebes orientieren.
d) Das eingesetzte Kapital soll sich möglichst hoch verzinsen.
e) Das Personal soll in Zukunft eine höhere Umsatzbeteiligung erhalten.

62. Welche Aussage zum ökonomischen Prinzip ist richtig?

a) Um das ökonomische Prinzip zu beachten, müssen in einer Volkswirtschaft die Produktionskapazitäten ständig erweitert werden.
b) Das ökonomische Prinzip als Maximalprinzip besagt, dass ein bestimmter Erfolg mit möglichst geringem Mitteleinsatz erzielt werden soll.
c) Das ökonomische Prinzip ist ohne den Einsatz von Produktionsfaktoren zu verwirklichen.
d) Wegen der Knappheit der Güter muss das ökonomische Prinzip beim wirtschaftlichen Handeln beachtet werden.
e) Wird das ökonomische Prinzip in einem Unternehmen beachtet, können keine Verluste entstehen.

63. Wer handelt nach dem Minimalprinzip?

a) Eine Hausfrau kauft nach Preisvergleich ihren monatlichen Warenbedarf beim günstigsten Einzelhändler ein.
b) Eine Hausfrau kauft für ihr monatliches Haushaltsgeld so viele Waren wie möglich bei ihrem Einzelhändler ein.
c) Eine Hausfrau kauft beim Einzelhändler so viele Waren wie möglich mit dem geringst möglichen Haushaltsgeld ein.
d) Ein Unternehmen bearbeitet in einer Produktionsschicht so viele Aufträge wie möglich.
e) Ein Unternehmen bearbeitet innerhalb der geringst möglichen Zeit so viele Aufträge wie möglich.

64. In welchem Fall handelt der Einzelhändler nach dem Minimalprinzip?

a) Der Einzelhändler gibt beim Abschluss von Kaufverträgen kleine Zugaben.
b) Der Einzelhändler stellt alle Auslieferungen zu einem Tourenplan zusammen.
c) Der Einzelhändler stellt Zusatzpersonal ein.
d) Der Einzelhändler zahlt seinen Verkäuferinnen Verkaufsprämien.
e) Der Einzelhändler wirbt in der Tageszeitung für einen Sonderverkauf.

65. Das Warenhaus Peter Müller ist bestrebt, während der 10-stündigen Tagesöffnungszeit den höchstmöglichen Umsatz zu erzielen. Was wird mit dieser Zielsetzung beschrieben?

a) Der Wirtschaftskreislauf
b) Das Zusammenwirken der Produktionsfaktoren
c) Die maximale Bedürfnisbefriedigung der Kunden
d) Das ökonomische Prinzip als Minimalprinzip
e) Das ökonomische Prinzip als Maximalprinzip

66. Was besagt das Maximalprinzip (Ökonomisches Prinzip)?

a) Mit möglichst geringem Aufwand einen höchstmöglichen Ertrag zu erzielen
b) Mit gegebenen Mitteln einen gegebenen Ertrag zu erzielen
c) Mit gegebenen Mitteln einen höchstmöglichen Ertrag zu erzielen
d) Mit geringsten Mitteln einen bestimmten Ertrag zu erzielen
e) Um ein Ziel zu erreichen, dürfen nur begrenzte Mittel eingesetzt werden.

67. Was besagt das Minimalprinzip?

a) Ein gegebener Ertrag soll unter Einsatz von minimalen Mitteln erwirtschaftet werden.
b) Ein gegebener Ertrag soll mit gegebenen Mitteln erwirtschaftet werden.
c) Ein höchstmöglicher Ertrag soll mit gegebenen Mitteln erwirtschaftet werden.
d) Ein höchstmöglicher Ertrag soll mit möglichst niedrigem Einsatz von Mitteln erwirtschaftet werden.
e) Um ein höchstmögliches Ziel zu erreichen, dürfen nur soviel Mittel eingesetzt werden, wie notwendig sind.

68. In welchem Fall liegt der Zielsetzung eines Unternehmers das ökonomische Prinzip als Maximalprinzip zugrunde?

a) Ein Unternehmer will die Anteilsmehrheit an einer Kapitalgesellschaft möglichst kostengünstig erwerben, um seinen Einfluss zu erweitern.
b) Ein Unternehmer will mit möglichst wenig Mitteln einen möglichst hohen Gewinn erzielen.
c) Ein Unternehmer will mit einem vorgegebenen Werbeetat einen möglichst hohen Umsatz erzielen.
d) Zwischen zwei Angeboten von Werbeagenturen entscheidet sich ein Unternehmer für das preisgünstigere.
e) Ein Unternehmer will für eine festgelegte Produktionsmenge die Kosten möglichst gering halten.

69. In welchem Fall handelt der Einzelhändler nach dem Minimalprinzip?

a) Er richtet für seine Mitarbeiter einen Pausenraum ein, um dadurch deren Motivation zu erhöhen.
b) Er bestellt für sein Warensortiment 200 Artikel beim preisgünstigsten Anbieter, den er durch Angebotsvergleich ermittelt.
c) Er mietet einen zusätzlichen Lagerraum an, um die Abhängigkeit von Lieferern zu vermeiden.
d) Er kauft für die bevorstehende Heizperiode 10.000 Liter Heizöl.
e) Er stellt noch eine Verkäuferin ein, um den Absatz in diesem Jahr steigern zu können.

70. Ein Spielwarengeschäft möchte sein Sortiment mit elektronischen Spielwaren erweitern mit der Absicht, dadurch den Umsatz steigern zu können. In welchem Fall wird nach dem ökonomischen Prinzip als Minimalprinzip vorgegangen?

a) Durch die neuen Produkte soll ein Umsatzanstieg von 5 % mit dem geringst möglichen Werbeaufwand erzielt werden.
b) Durch die neuen Produkte soll ein möglichst großer Umsatzanstieg erreicht werden, während der Werbeaufwand um 5 % gesenkt werden soll.
c) Durch Einstellen weiterer Verkäufer sollen die neuen Produkte möglichst erfolgreich verkauft werden.
d) Zur Einführung der neuen Produkte soll für einen Zeitraum von einem halben Jahr der Werteetat verdoppelt werden.
e) Durch Limitierung des Einkaufs der neuen Produkte soll der Umsatz optimiert werden.

71. In welchem Fall wird das Maximalprinzip des ökonomischen Prinzips angewendet?

a) Ein Wohnungsbauunternehmer will in seinen Gebäuden die Heizungsanlagen erneuern und ermittelt durch einen Angebotsvergleich den günstigsten Anbieter.
b) Ein Baustoffgroßhändler setzt seine 5 Fahrzeuge so ein, dass an einem Tag möglichst viele Kunden beliefert werden können.
c) Ein Busunternehmer will durch eine Änderung der Fahrstrecken seine Benzinkosten senken und die Auslastung der Fahrzeuge verbessern.
d) Ein Großhändler will durch verstärkten Werbeaufwand seinen Umsatz steigern.
e) Ein Möbelgroßhändler will durch eine erhebliche Preissenkung den Umsatz der Küchenabteilung steigern.

72. In welchem Fall handelt eine Werkzeugfabrik nach dem ökonomischen Prinzip als Maximalprinzip?

a) Wenn sie aus einer Tonne Stahl möglichst viele Werkzeuge herstellt
b) Wenn sie zur Fertigung von 100 Werkzeugen möglichst wenig Material verbraucht
c) Wenn sie einen maximalen Werbeerfolg mit minimalem Werbeaufwand anstrebt
d) Wenn sie durch möglichst hohe Liefererrabatte möglichst niedrige Einkaufspreise anstrebt
e) Wenn sie mit möglichst wenig Energie möglichst viele Werkzeuge herstellt

73. In welchem Fall handelt das Unternehmen bei der Nutzung ihrer Personenkraftwagen nach dem ökonomischen Prinzip als Minimalprinzip?

a) Zur Sicherstellung einer maximalen Nutzungszeit der Pkws steht ein festgelegter Jahresetat für Reparaturen und Wartungen zur Verfügung.
b) Die Pkws werden für eine festgelegte Mindestnutzungszeit von fünf Jahren eingesetzt.
c) Die Pkws müssen nach fünf Jahren Nutzungszeit ersetzt werden. Es wird versucht, für die ausgemusterten Pkws einen maximalen Preis zu erzielen.
d) Die Pkws müssen immer einsatzbereit sein, wobei die Kosten für Reparatur und Wartung möglichst gering gehalten werden sollen.
e) Die Mitarbeiter, deren Pkw eine festgelegte Mindestnutzungszeit überschreitet, erhalten als Anreiz für schonendes Fahren eine Prämie.

74. Die Großhandels GmbH beabsichtigt ihre Produktpalette um eine Produktgruppe zu erweitern. Welche Maßnahme in diesem Zusammenhang entspricht dem Maximalprinzip?

a) Der Leiter der Abteilung Einkauf ist beauftragt, die für die Produktion der neuen Produkte notwendigen Materialien so kostengünstig wie möglich zu beschaffen.
b) Zur Markteinführung werden 50.000,00 € bereit gestellt. Die Werbeabteilung erarbeitet ein Konzept zum effektivsten Einsatz dieser Mittel.
c) Die Erweiterung der Produktpalette soll mit zusätzlichen Arbeitskräften realisiert werden.
d) Für den Versand der neuen Produkte an die Kunden wird der kostengünstigste Transport gewählt.
e) Der Preis der neuen Produkte wird so kalkuliert, dass er niedriger ist als die vergleichbaren Produkte aller Konkurrenten.

75. Ordnen Sie zu!

Aussagen

a) Mit geringsten Mitteln soll ein größtmöglicher Erfolg erreicht werden.
b) Mit gegebenen Mitteln ist ein größtmöglicher Erfolg anzustreben.
c) Mit maximalem Mitteleinsatz soll ein maximaler Erfolg erzielt werden.
d) Eine bestimmte Leistung soll mit geringsten Mitteln erreicht werden.
e) Je geringer die Wirtschaftlichkeit, desto höher die Rentabilität.

Prinzipien

[ ] Maximalprinzip

[ ] Minimalprinzip

76. Ihr Unternehmen möchte 400 Großküchen pro Jahr anbieten. Wann handelt Ihr Unternehmen nach dem Minimalprinzip?

a) Ihr Unternehmen minimiert den Ausstoß an Küchen bei optimalen Kosten.
b) Ihr Unternehmen minimiert die Kosten bei maximalem Gewinn.
c) Ihr Unternehmen produziert mit einem Aufwand von 3.000,00 € je Maschine.
d) Ihr Unternehmen stellt mit minimalem Aufwand möglichst viele Küchen her.
e) Ihr Unternehmen hält die Kosten für die 400 Küchen so klein wie möglich.

77. Wo handelt die Großhandels GmbH nach dem „ökonomischen Prinzip“ als Minimalprinzip?

a) Der Verkaufsleiter ist bestrebt, die Produkte zu möglichst hohen Preisen zu verkaufen.
b) Der Einkaufsleiter bestellt einen bestimmten PC beim preisgünstigsten Anbieter.
c) Der Verkaufsleiter strebt in diesem Monat bei gleicher Kostenvorgabe mindestens 4 % mehr Umsatz an.
d) Der Verkaufsleiter gewährt eine kostenlose Serviceleistung.
e) Der Verkaufsleiter soll möglichst viele Kunden gewinnen.

78. Eine Werkzeugfabrik gibt als Zielsetzung „den optimalen Einsatz der betriebswirtschaftlichen Produktionsfaktoren unter Berücksichtigung des ökonomischen Prinzips als Minimalprinzip“ vor. Ein Kunde hat nun 100 neue Werkzeuge geordert. Wann wird bei der Produktion dieser neuen Werkzeuge das vorgegebene Ziel erreicht?

a) Wenn aus einer Tonne Stahl möglichst viele Werkzeuge hergestellt werden.
b) Wenn sich bei der Fertigung dieser 100 Werkzeuge die Ausschussquote von 10 % auf 20 % erhöht.
c) Wenn zur Fertigung dieser 100 Werkzeuge möglichst wenig Arbeitskräfte benötigt werden.
d) Wenn durch einen geringst möglichen Maschineneinsatz möglichst viele Werkzeuge hergestellt werden.
e) Wenn mit möglichst wenig Energie möglichst viele Werkzeuge hergestellt werden.

79. Wie nennt man in der Volkswirtschaftslehre die 3 klassischen (ursprünglichen) Produktionsfaktoren?

a) Boden, Arbeit, erzeugte Ge- und Verbrauchsgüter
b) Boden, Produktionsmittel, Kapital
c) Investitionsgüter, Grundstoffe, Konsumgüter
d) Boden, Arbeit, Kapital
e) Beschäftigung, Produktion, Absatz

80. Was versteht man im volkswirtschaftlichen Sinn unter dem Produktionsfaktor Kapital?

a) Die Gesamtheit der Wertschöpfung
b) Die von den Kreditinstituten bereitgestellte Geldmenge
c) Die nachfragewirksame Geldmenge
d) Die produzierten Produktionsmittel
e) Den Geldwert für das Vermögen

81. Bei welchem Vorgang vergrößert sich der Produktionsfaktor Kapital?

a) Ein Einzelhändler kauft den Betrieb eines Mitbewerbers.
b) Ein Einzelhändler zahlt seine Einkommensteuer an das Finanzamt.
c) Ein Einzelhändler lässt für eine Aktion des Geschäftes die Mitarbeiter Überstunden machen.
d) Ein Einzelhändler zahlt eine Abfindung an ausscheidende Mitarbeiter.
e) Ein Einzelhändler zahlt seine Tageseinnahmen bei der Bank ein.

82. Welche Beschreibung zu dem volkswirtschaftlichen Produktionsfaktor Kapital ist richtig?

a) Kapital ist nur zur Produktion einsetzbar.
b) Kapital steht unbegrenzt zur Verfügung.
c) Kapital wird nur für die Warenbeschaffung eingesetzt.
d) Kapital entsteht u. a. durch Sparen (Konsumverzicht).
e) Kapital kann nur nach dem Maximalprinzip eingesetzt werden.

83. In welchem Fall wurde ein Produktionsfaktor durch einen anderen ersetzt (substituiert)?

a) Um Beschäftigungsschwankungen zu vermeiden, wurden neue Produkte in das Sortiment aufgenommen.
b) Durch die Anschaffung einer zusätzlichen Datenkasse wurde die Wartezeit der Kunden verkürzt.
c) Der wegen eines Verkehrsunfalls stark beschädigte Lkw musste durch einen neuen ersetzt werden.
d) Um sich langfristig qualifizierte Arbeitskräfte zu sichern, wurde die Zahl der Ausbildungsplätze von vier auf sechs erhöht.
e) Wegen des Einsatzes einer EDV-Anlage wurde die Stelle eines ausscheidenden Buchhalters nicht mehr besetzt.

84. In welchem Fall wird der Produktionsfaktor Arbeit durch Kapital ersetzt?

a) Ein Fuhrunternehmen ersetzt seinen alten Lieferwagen durch einen neuen Transporter.
b) Ein Juweliergeschäft ersetzt seine alte Ladeneinrichtung durch eine neue Innenausstattung.
c) Ein Versandhaus setzt bei der Zusammenstellung der Kundenaufträge verstärkt Förderbänder ein. Bisher wurde die Ware ausschließlich von Arbeitskräften transportiert.
d) Ein Warenhaus ersetzt einen Teil seiner vollbeschäftigten Verkäufer durch Teilzeitkräfte.
e) Ein Schuhgeschäft besetzt einen freigewordenen Arbeitsplatz mit einer neuen Fachkraft.

85. Wo sind nur betriebswirtschaftliche Produktionsfaktoren aufgezählt?
a) Arbeit, Natur, Kapital
b) Ausführende Arbeit, leitende Arbeit, Betriebsmittel, Werkstoffe,
c) Betriebsmittel, Arbeit, Boden
d) Boden, Arbeit, Kapital
e) Kapital, ausführende Arbeit, leitende Arbeit

86. Welche Produktionsfaktoren werden im volkswirtschaftlichen Leistungsprozess unterschieden?
a) Arbeit, Boden
b) Boden, Arbeit, Kapital
c) Boden, Betriebsmittel, Kapital
d) Kapital, Betriebsmittel, Werkstoffe
e) Dispositive Arbeit, ausführende Arbeit, Betriebsmittel, Werkstoffe

87. Zu welchem betriebswirtschaftlichen Produktionsfaktor zählen Werkzeuge?
a) Zum Produktionsfaktor Werkstoffe, weil sie zur Erstellung neuer Produkte eingesetzt werden
b) Zum Produktionsfaktor Werkstoffe, weil sie als Betriebsstoffe zur Bearbeitung des herzustellenden Werkstücks eingesetzt werden
c) Zum Produktionsfaktor Betriebsmittel, weil sie als Bestandteil der produktionstechnischen Ausrüstung des Betriebes eingesetzt werden
d) Zum Produktionsfaktor ausführende Arbeit, weil sie zur Ausführung von angeordneten Arbeiten eingesetzt werden
e) Zum Produktionsfaktor dispositive Arbeit, weil sie aufgrund einer Entscheidung der Geschäftsleitung eingesetzt werden

Die nächsten zwei Aufgaben gehören zusammen.

88. Die Bavaria Fahrradwerke KG kann 100 Produkte mit der nachstehend abgebildeten Faktorkombination herstellen. Der Preis für den Produktionsfaktor Arbeit ist 50,00 € pro Einheit, der Preis für eine Einheit des Produktionsfaktors Betriebsmittel beträgt 30,00 €. Welche Faktorkombination ist am günstigsten und wie hoch sind die Kosten. Tragen Sie das Ergebnis in das Kästchen ein!

Kombination	Produktionsfaktor Arbeit	Produktionsfaktor Betriebsmittel
1	14	6
2	10	7
3	6	12
4	5	15
5	4	16

89. Welche Erkenntnis kann die Unternehmensleitung aus der vorherigen Aufgabe hinsichtlich der zukünftigen Planung der Produktionsfaktoren gewinnen?
a) Die Auftragseingänge gehen zurück.
b) Durch den verstärkten Einsatz von Betriebsmitteln werden Arbeitskräfte freigesetzt.
c) Rohstoffe können billiger eingekauft werden.
d) Werbemaßnahmen müssen verstärkt werden.
e) Investitionen im Umweltsektor sollten verstärkt getätigt werden.

90. In verschiedenen Produktionsstätten wird das gleiche Produkt hergestellt. Dabei werden Produktionsfaktoren mit unterschiedlichen Kosten verschiedenartig kombiniert. In welcher Produktionsstätte wird am kostengünstigsten produziert?

	Produktionsstätte	Materialkosten in €	Arbeitsstunden	Kosten je Arbeitsstunde in €
a)	1	70	3	30
b)	2	95	4	20
c)	3	80	1	30
d)	4	50	3	40
e)	5	112	0,2	40

91. Welches sind die beiden ursprünglichen (originären) volkswirtschaftlichen Produktionsfaktoren?

a) Bildung und Arbeit
b) Kapital und Bildung
c) Boden und Arbeit
d) Boden und Bildung
e) Boden und Kapital

92. Ordnen Sie zu!

Volkswirtschaftliche Produktionsfaktoren

a) Arbeit
b) Boden
c) Kapital

Beispiele

[ ] Betriebsleiter
[ ] Firmengrundstück
[ ] Lkw-Fahrer
[ ] Lkw
[ ] Maschinen
[ ] Werkzeuge
[ ] Auszubildender

93. In welchem Fall handelt es sich um saisonale Veränderungen beim Betriebsfaktor Mensch?

a) Die erfolgreichen Abrüstungsverhandlungen führen zu Entlassungen in den Rüstungsfabriken.
b) Die steigende Verwendung von Erdöl führt zu Entlassungen im Kohlebergbau.
c) Der Wintereinbruch führt zu Entlassungen in der Bauunternehmung Lehmann, Altdorf.
d) Wegen des steigenden Einsatzes von Computern werden in der Verwaltung Arbeitsplätze abgebaut.
e) Ein Unternehmen der Textilbranche wird durch asiatische Billigimporte vom Markt verdrängt und muss seine Mitarbeiter entlassen.

94. Ordnen Sie zu!

Beispiele

a) Hilfs- und Betriebsstoffe
b) Gebäude, Maschinen
c) Lagerbestände an Halb- und Fertigerzeugnissen
d) Organisation, Kontrolle
e) Boden und Kapital

Betriebliche Produktionsfaktoren

[ ] Werkstoffe
[ ] Dispositiver Faktor

95. Ordnen Sie zu!

Beispiele

a) Die Tätigkeit des Geschäftsführers
b) Die Tätigkeit eines Facharbeiters in der Produktionsabteilung
c) Einführung eines neuen Fertigungsverfahrens
d) Verwendung eines Roboters in der Produktion
e) Lagerbestände fertiggestellter Pkw's
f) Spende eines Pkw's an das Rote Kreuz
g) Schmiermittel für die Fertigungsmaschinen

Betriebswirtschaftliche Produktionsfaktoren einer Automobilfabrik

[ ] Betriebsmittel
[ ] Werkstoffe
[ ] Ausführende Arbeit

96. Was bezeichnet man als „dispositiven Faktor"?

a) Fließbandarbeit
b) Betriebsmittel
c) Werkstoffe
d) Unternehmensleitung
e) Boden
f) Kapital

97. Eine Maschinenfabrik stellt ihren Montagearbeitern elektrische Schraubendreher zur Verfügung. Zu welchem betriebswirtschaftlichen Produktionsfaktor gehören die Schraubendreher?

a) Sie gehören zum Produktionsfaktor Werkstoffe, weil sie als Hilfsstoffe zur Bearbeitung des herzustellenden Werkstückes eingesetzt werden.

b) Sie gehören zum Produktionsfaktor Werkstoffe, weil sie als Betriebsstoffe zur Bearbeitung des herzustellenden Werkstückes eingesetzt werden.

c) Sie gehören zum Produktionsfaktor Betriebsmittel, weil sie als Bestandteil der produktionstechnischen Ausrüstung des Betriebes eingesetzt werden.

d) Sie gehören zum Produktionsfaktor ausführende Arbeit, weil sie zur Ausführung von angeordneten Arbeiten eingesetzt werden.

e) Sie gehören zum Produktionsfaktor dispositive Arbeit, weil sie auf Grund einer Entscheidung der Geschäftsleitung eingesetzt werden.

98. Welche Zeile enthält ausschließlich Beispiele für den Produktionsfaktor Betriebsmittel einer Großbäckerei?

a) Teigwaage - Mehl - Lastkraftwagen

b) Betriebsgebäude - Knetmaschine – Backofen

c) Zucker - Transportband - Angebotserstellung

d) Versandcontainer - Hefe - Verpackungsautomat

e) Betriebsleitung - Lagereinrichtung – Wasser

99. Welche Aussage über den Produktionsfaktor Arbeit in der Bundesrepublik Deutschland ist richtig?

a) Die Anzahl der Selbständigen ist wesentlich größer als die Anzahl der Arbeitnehmer.

b) Der Faktor Arbeit ist räumlich gleichmäßig verteilt.

c) Eine Arbeitslosigkeit wirkt sich weder wirtschaftlich noch sozialpolitisch aus.

d) An diesen Produktionsfaktor werden in steigendem Maße Forderungen nach fachlicher und räumlicher Mobilität gestellt.

e) Die Arbeitslosigkeit ist in allen Branchen gleich groß.

100. Wann handelt es sich um einen Produktionsfaktor, der den „Betriebsmitteln" zuzuordnen ist?

a) Die Lagerhalle für fertige Erzeugnisse

b) Die fertigen Erzeugnisse

c) Die Stahlbleche für die Werkzeugherstellung

d) Die Planung einer neuen Betriebsabteilung

e) Die Arbeitsleistung der Mitarbeiter in der Fertigung

101. Ordnen Sie zu!

Beispiele	**Betriebswirtschaftl. Produktionsfaktoren einer Möbelfabrik**
a) Grundstücke und Gebäude der Möbelfabrik	[ ] Werkstoffe
b) Aufgenommene Hypotheken und Darlehen	[ ] Dispositive Arbeit
c) Holz, Leim und Schmierstoffe für die Produktionsmaschinen	[ ] Betriebsmittel
d) Die Tätigkeit einer Schreibkraft in der Verkaufsabteilung	[ ] Ausführende Arbeit
e) Die Lagerbestände an fertiggestellten Möbeln	
f) Die Tätigkeit des Einkaufsleiters	

102. Was versteht man unter Substitution im Produktionsprozess?

a) Die Koordination von gleichartigen Produktionsfaktoren

b) Die Kombination von verschiedenen Produktionsfaktoren

c) Die Änderung der Einsatzmenge eines Produktionsfaktors

d) Das Ersetzen eines Produktionsfaktors durch einen anderen

e) Die Änderung des Einsatzortes eines Produktionsfaktors

103. In welchem Fall handelt es sich um die Substitution eines Produktionsfaktors?

a) Ein Kohlekraftwerk baut umfangreiche Filteranlagen ein, um die Auflagen zur Luftreinhaltung erfüllen zu können.

b) Ein Speditionsunternehmen, dem ein Lastkraftwagen gestohlen wurde, kauft von der Entschädigung der Versicherung einen neuen Lastkraftwagen.

c) Eine Gebäudereinigungsfirma meldet wegen der schlechten Auftragslage Kurzarbeit an.

d) Ein Taxiunternehmen ersetzt aus steuerlichen Gründen ältere Fahrzeuge durch neue umweltfreundlichere Fahrzeuge.

e) Ein Großhandelsunternehmen besetzt die Stelle des ausgeschiedenen Nachtwächters nicht mehr, sondern lässt moderne Warnanlagen einbauen.

f) Ein Industriebetrieb legt einen unrentablen Fertigungszweig still und setzt die davon betroffenen Arbeitnehmer in anderen Fertigungsbereichen ein.

104. Der Außendienstmitarbeiter eines Unternehmens erfüllt Aufgaben im Rahmen des betriebswirtschaftlichen Produktionsfaktors „Dispositive Arbeit". Welche seiner Tätigkeiten gehört nicht zur dispositiven, sondern zur ausführenden Arbeit?

a) Er ermittelt den Planumsatz für die kommende Periode.

b) Er plant die Vorgabe des von jedem Außendienstmitarbeiter zu erreichenden Mindestumsatzes.

c) Er organisiert den Einsatz der Außendienstmitarbeiter.

d) Er legt die Fahrtrouten für die Kundendienstbesuche seiner Mitarbeiter fest.

e) Er analysiert die Gründe für das Nichterreichen des geplanten Umsatzes.

105. Was versteht man unter innerbetrieblicher Arbeitsteilung?

a) Die Erhöhung der Produktivität

b) Den wirtschaftlichen Einsatz der Produktionsfaktoren

c) Die bessere Ausnutzung der besonderen Fähigkeiten

d) Die Herstellung eines Gutes in mehreren Teilverrichtungen

e) Das Abhängigkeitsverhältnis zwischen Arbeitnehmern und Unternehmern

106. Welche Aussage zur Arbeitsteilung trifft zu?

a) Die Übersicht der Arbeitnehmer über den Gesamtzusammenhang der einzelnen Tätigkeiten nimmt zu.

b) Die Teilung in Urproduktion, Verarbeitung und Dienstleistungen stellt ein typisches Beispiel für horizontale Arbeitsteilung dar.

c) In der Land- und Forstwirtschaft ist die Arbeitsteilung am weitesten fortgeschritten.

d) Die Arbeitsteilung ermöglicht den Einsatz angelernter und ungelernter Arbeitskräfte.

e) Die Teilung in Produzieren und Konsumieren stellt ein typisches Beispiel für die Arbeitsteilung dar.

107. Welche wirtschaftliche Auswirkung hat die Arbeitsteilung?

a) Die Arbeitsteilung erschwert die Spezialisierung der Betriebe.

b) Die Arbeitsteilung senkt das Bruttosozialprodukt.

c) Die Arbeitsteilung senkt langfristig die Arbeitsproduktivität.

d) Die Arbeitsteilung bringt wirtschaftlichen Stillstand.

e) Die Arbeitsteilung begünstigt die Entstehung neuer Berufe.

108. Welche Aussage zur betrieblichen Arbeitsteilung ist zutreffend?

a) Es ergibt sich trotz notwendiger Investitionen ein Vorteil für den Betrieb, weil der Maschineneinsatz wirkungsvoller ist und die Produktivität steigt.

b) Der organisatorische Aufwand ist größer als möglicherweise zu erzielende Vorteile. Das führt zu sinkenden Gewinnen für den Betrieb.

c) Ein Vorteil für den Arbeitnehmer ist die bessere Übersicht über den gesamten Produktionsvorgang.

d) Es ergibt sich kein Vorteil für den Betrieb, da Zuständigkeiten und Verantwortlichkeiten klar geregelt sein müssen.

e) Wegen der Spezialisierung auf wenige, sich oft wiederholende Vorgänge, ist die Arbeit weniger belastend und ermüdend.

109. Welcher Vorschlag ist geeignet, Nachteile der Arbeitsteilung zu reduzieren?

a) Die Spezialisierung der Arbeitnehmer nutzen
b) Den Rückgang der Arbeitsleistung nutzen
c) Die Arbeitsaufgaben kontinuierlich erweitern
d) Die Gesundheitsschäden der Arbeitnehmer behandeln
e) Die Übersicht über den Herstellungsvorgang durch Weiterbildung unterstützen

110. Welche Aussage zur Arbeitszerlegung trifft zu?

a) Die Arbeitszerlegung ermöglicht eine zweckmäßige Gestaltung der einzelnen Arbeitsvorgänge und den Einsatz von Spezialmaschinen.
b) Teilen sich zwei Arbeitnehmer einen Arbeitsplatz, so spricht man von Arbeitszerlegung.
c) Die Arbeitszerlegung hat den Vorteil, dass der einzelne Arbeiter den Gesamtzusammenhang der betrieblichen Leistungserstellung besser versteht.
d) Eine weitgehende Arbeitszerlegung erhöht zwar die Motivation der Arbeiter, vermindert aber gleichzeitig die Arbeitsproduktivität.
e) Der Ersatz der menschlichen Arbeitskraft durch Maschinen ist die Grundvoraussetzung für die Arbeitszerlegung.

111. Im Wesentlichen basiert der Erfolg einer Volkswirtschaft auf der Arbeitsteilung. Wie funktioniert eine arbeitsteilige Wirtschaft?

a) Der einzelne Betrieb hat bei der Herstellung eines Gutes nur einen Anteil am gesamten Produktionsprozess.
b) Die Arbeitsteilung wird erst nach Auftragseingang vorgenommen.
c) Die Arbeitsteilung wird in den Betrieben durch Teilzeit vollzogen.
d) Die Arbeit wird in einer Volkswirtschaft auf jüngere und ältere Beschäftigte unterschiedlichen Geschlechts verteilt.
e) Die Arbeitsteilung ist Aufgabe der Bundesanstalt für Arbeit.

112. Welche betriebliche Funktion ist nur für einen Industriebetrieb typisch?

a) Beschaffung von Gütern
b) Lagerung von Gütern
c) Fertigung von Gütern
d) Absatz von Gütern
e) Finanzierung von Gütern

113. Welcher Betrieb ist der Produktionsstufe Urerzeugung zuzuordnen?

a) Getreidemühlenbetrieb
b) Landwirtschaftlicher Betrieb
c) Bäckerei
d) Einzelhandelsgeschäft
e) Maschinenfabrik

114. In welchem Fall ist der Großhandel, hinsichtlich seiner Stellung in der Gesamtwirtschaft, richtig eingeordnet?

a) Großhandel - Einzelhandel - Verbraucher – Hersteller
b) Großhandel - Einzelhandel - Hersteller – Verbraucher
c) Hersteller - Großhandel - Verbraucher - Einzelhandel
d) Hersteller - Großhandel - Einzelhandel - Verbraucher
e) Hersteller - Verbraucher - Großhandel – Einzelhandel

115. Das Hausgerätewerk Huber KG stellt Hausgeräte aller Art für Küche und Haushalt her. Um welche Betriebsart handelt es sich bei der Huber KG?

a) Gewinnungsbetrieb
b) Veredelungsbetrieb
c) Verarbeitungsbetrieb
d) Dienstleistungsbetrieb
e) Handelsbetrieb

116. Welche zwei Unternehmen zählen zum Dienstleistungsbereich?
a) Tiefbauunternehmen
b) Ölraffinerien
c) Versicherung
d) Computerhersteller
e) Stahl- und Walzwerk
f) Spedition

117. Welche Funktion haben Handelsbetriebe im Rahmen des volkswirtschaftlichen Leistungsprozesses zu erfüllen?
a) Produktion von Verbrauchs- und Gebrauchsgütern
b) Anlage von Geld und Vermögen
c) Abwicklung des Zahlungs- und Kreditverkehrs
d) Markterschließung und Mengenausgleich (Distribution)
e) Erschließung neuer Rohstoffe

118. Welches Unternehmen gehört zum Dienstleistungsbereich?
a) Automobilwerke
b) Schiffswerften
c) Verkehrsbetriebe
d) Bergwerke
e) Arzneimittelfabriken
f) Bauunternehmen

119. Ordnen Sie zu!

Typische Funktionen	**Betriebe**
a) Abwicklung des Zahlungsverkehrs	
b) Sortimentsbildung	[ ] Handelsbetrieb
c) Handel mit Wertpapieren	
d) Fertigung	[ ] Versicherungsbetrieb
e) Devisenhandel	
f) Risikoübernahme	[ ] Industriebetrieb

120. Was ist eine Folge innerbetrieblicher Arbeitsteilung?
a) Die Möglichkeit, Verantwortung auf die einzelnen Arbeitnehmer zu übertragen, entfällt.
b) Die Vielseitigkeit der Tätigkeiten der einzelnen Arbeitnehmer nimmt zu.
c) Die gegenseitige Abhängigkeit der Arbeitnehmer entfällt.
d) Die Möglichkeit, ungelernte Arbeitskräfte zu beschäftigen, nimmt zu.
e) Der einzelne Arbeitnehmer gewinnt eine bessere Übersicht über die Gesamtzusammenhänge.

121. Welche Aussage zur internationalen Arbeitsteilung ist richtig?
a) Sie kann nur bei Wirtschaftsbeziehungen zwischen Ländern realisiert werden.
b) Sie kann nur zwischen Ländern mit gleichen Wirtschaftsorganisationen realisiert werden.
c) Sie kann nur zwischen Ländern mit gleichen Rechtsordnungen realisiert werden.
d) Sie kann nur bei ausgeglichenen Handelsbilanzen der Länder realisiert werden.
e) Sie kann nur bei Industrieprodukten realisiert werden.

122. Welche Aussage zur Arbeitsteilung trifft zu?
a) Die betriebliche Arbeitsteilung erfordert regelmäßig den verstärkten Einsatz von gelernten Arbeitskräften.
b) Die betriebliche Arbeitsteilung erhöht in der Regel die Arbeitsproduktivität.
c) Die überbetriebliche Arbeitsteilung verhindert die Spezialisierung der Arbeitnehmer.
d) Die internationale Arbeitsteilung fördert die wirtschaftliche Unabhängigkeit aller beteiligten Staaten.
e) Die internationale Arbeitsteilung verhindert die Entstehung passiver Handelsbilanzen.

123. Welcher Sachverhalt kennzeichnet eine überbetriebliche Arbeitsteilung?

a) Ein Unternehmen teilt intern einen Arbeitsvorgang in aufeinanderfolgende Teilverrichtungen auf.

b) Ein Unternehmen teilt einen manuell verrichteten Arbeitsvorgang verschiedenen Maschinen zu.

c) Ein Unternehmen spezialisiert sich darauf Rohstoffe zu gewinnen, diese zu verarbeiten und die fertigen Produkte selbst an die Endverbraucher zu bringen.

d) Ein Unternehmen spezialisiert sich auf einen Abschnitt aus dem Produktionsprozess eines Gutes und beliefert weiterverarbeitende Betriebe.

e) Ein Unternehmen teilt einen Arbeitsplatz zwei Belegschaftsmitgliedern zu.

124. Wo ist sowohl ein Vorteil als auch ein Nachteil der Arbeitsteilung richtig dargestellt?

a) Vorteil: Die Arbeitsproduktivität erhöht sich.
Nachteil: Es können gesundheitliche Schäden durch einseitige Belastung entstehen.

b) V.: Die Störanfälligkeit des gesamten Arbeitsablaufs verringert sich.
N.: Die Arbeitsproduktivität verringert sich.

c) V.: Die berufliche Mobilität der Arbeitnehmer erhöht sich.
N.: Die Einarbeitungszeit für neue Mitarbeiter erhöht sich.

d) V.: Die Arbeitslosigkeit nimmt ab, da mehr Arbeitnehmer benötigt werden.
N.: Der einzelne Arbeitnehmer verliert den Überblick über den gesamten Produktionsprozess.

e) V.: Der einzelne Arbeitnehmer gewinnt einen besseren Überblick über den gesamten Produktionsprozess.
N.: Die Arbeitslosigkeit nimmt zu, da weniger Arbeitnehmer benötigt werden.

125. Welcher Vorteil wird der innerbetrieblichen Arbeitsteilung in erster Linie zugeschrieben?

a) Sie erhöht die Motivation der Arbeitnehmer.

b) Sie steigert die Arbeitsproduktivität.

c) Sie reduziert den Kapitalbedarf.

d) Sie erhöht die Vielseitigkeit der Tätigkeiten am Arbeitsplatz.

e) Sie verbessert die Übersicht der einzelnen Arbeitnehmer über die Gesamtzusammenhänge des Produktionsprozesses.

126. Bei der Bavaria Fahrradwerke KG steigt mit zunehmender Betriebsgröße die innerbetriebliche Arbeitsteilung. Welche Folge ergibt sich daraus?

a) Die gegenseitige Abhängigkeit der Arbeitnehmer entfällt.

b) Der Abstimmungsaufwand in den Arbeitsprozessen nimmt zu.

c) Der einzelne Arbeitnehmer gewinnt eine bessere Übersicht über die Gesamtzusammenhänge des Produktionsablaufs.

d) Die Möglichkeit, Verantwortung auf die einzelnen Arbeitnehmer zu übertragen, entfällt.

e) Die Vielseitigkeit der Tätigkeiten der einzelnen Arbeitnehmer nimmt zu.

127. Welche Tätigkeit gehört zum Wirtschaftsbereich Weiterverarbeitung (sekundärer Wirtschaftsbereich)?

a) Ein Versicherungsvertreter vermittelt einen Vertrag für eine Lebensversicherung.

b) Ein junger Mann wird zur Bundeswehr eingezogen und leistet seinen Wehrdienst ab.

c) Ein Bergmann fährt Untertage und baut Steinkohle ab.

d) Eine Hausfrau stellt für ihre Familie eine Mahlzeit her.

e) Ein Arbeiter lackiert Autos im Automobilwerk.

f) Die Mitglieder eines Sportvereins bauen nach Feierabend ein Vereinshaus.

128. Welche betriebliche Tätigkeit gehört zur Beschaffung von Produktionsgütern?

a) Einstellung von Arbeitnehmern

b) Reparatur einer Produktionsanlage

c) Verbrauch von Produktionsgütern in der Fertigung

d) Ermittlung des günstigsten Lieferers

e) Versand von Angeboten

129. Ordnen Sie zu!

Betriebliche Tätigkeit	**Betriebliche Funktion**
a) Planmäßiger Einsatz von Arbeit, Betriebsmitteln und Werkstoffen zur Erstellung betrieblicher Leistungen	[ ] Produktion
b) Tätigkeiten, die der Verwertung von Betriebsleistungen dienen	[ ] Finanzierung
c) Maßnahmen, die der Bereitstellung von Geld und Sachkapital für die betriebliche Leistungserstellung dienen	[ ] Beschaffung
d) Gesamtheit aller planerischen, kontrollierenden und organisatorischen Maßnahmen	
e) Tätigkeiten, die der Bereitstellung von Sachgütern, Rechten und Dienstleistungen für Betriebszwecke dienen	
f) Maßnahmen zur Anpassung der Beschäftigung an die Auftragslage	
g) Maßnahmen zum Ausgleich zwischen Produktions- und Absatzmenge	

130. Ordnen Sie zu!

Volkswirtschaftliche Begriffe zur Satzergänzung	**Aussagen**
a) Innlandsprodukt	[ ] Zinsen, Dividenden und Abschreibungen stellen Preise für den Einsatz des Faktors .... dar.
b) Investitionen	
c) Abschreibungen	[ ] Bei der Produktion von Sachkapital findet ein gesamtwirtschaftlicher Werteverzehr statt. Diesen nennt man ....
d) Umsatz	
e) Kapital	[ ] Unter....................................versteht man jede auf ein wirtschaftliches Ziel gerichtete menschliche Tätigkeit.
f) Arbeit	
g) Zinstender	[ ] Die innerhalb eines Jahres erbrachte Wertschöpfung einer Volkswirtschaft nennt man...
h) Kosten	

131. Wesentliche Grundlage der industriellen Entwicklung war die Ausweitung des sekundären und tertiären Sektors. Welcher Wirtschaftsbereich gehört <u>nicht</u> zu den genannten Sektoren?

a) Handwerk
b) Dienstleistung
c) Schreinereibetrieb
d) Landwirtschaft
e) Industrie

132. Welche der dargestellten Funktionen grenzen den Industriebetrieb vom Dienstleistungsbetrieb ab?

a) Leitung - Beschaffung - Finanzierung - Absatz
b) Absatz - Finanzierung - Beschaffung - Leitung
c) Finanzierung - Beschaffung - Sortimentsbildung - Produktion
d) Lagerung - Absatz der Transportkapazitäten - Produktion - Leitung
e) Leitung - Beschaffung - Produktion – Absatz

133. Kreuzen Sie die richtige Reihenfolge der volkswirtschaftlichen Arbeitsteilung an!

a) Handel und Dienstleistung, Urproduktion, Weiterverarbeitung
b) Urproduktion, Handel und Dienstleistung, Weiterverarbeitung
c) Weiterverarbeitung, Handel und Dienstleistung, Urproduktion
d) Urproduktion, Weiterverarbeitung, Handel und Dienstleistung
e) Weiterverarbeitung, Urproduktion, Handel und Dienstleistung

134. Welche Bedingung ist bei der Standortwahl für ein Textilfachgeschäft hauptsächlich ausschlaggebend?

a) Rohstoffe müssen nicht über lange Wege zum Standort transportiert werden.
b) Am Standort gibt es ein gutes Schul- und Freizeitangebot.
c) Am Standort gibt es keinen Mangel an qualifizierten Arbeitskräften.
d) Am Standort ist der Hebesatz für Grundsteuern besonders hoch.
e) Am Standort besteht eine genügend große Nachfrage nach Textilien.

135. Ordnen Sie zu!

Tätigkeiten

a) Mutterschaftsgeld wird von der Krankenkasse bezahlt.
b) Eine Drogerie verkauft Parfüm.
c) Ein Kreditinstitut räumt ein Darlehen ein.
d) Ein Physiotherapeut massiert einen Patienten.
e) Ein Gasthof mit Pension vermietet Zimmer.
f) Ein Metzger produziert Weißwürste.
g) Ein Landwirt erntet Kartoffeln.

Wirtschaftsbereiche

[ ] Verarbeitung

[ ] Verteilung

136. Welcher Sachverhalt beschreibt den Standortfaktor „Öffentliche Abgaben"?

a) Die Orientierung an der Infrastruktur in einem Wirtschaftsraum
b) Die Orientierung an den Grundstückspreisen eines Wirtschafsraumes
c) Die Orientierung an der Steuerbelastung in einem Wirtschaftsraum
d) Die Orientierung an den Verkehrswegen in einem Wirtschaftsraum
e) Die Orientierung an der Industrie und Betriebsstruktur in einem Wirtschaftsraum
f) Die Orientierung an der Gesamtheit der Neuansiedlungen von Unternehmen in einem Wirtschaftsraum

137. Welche Standortfaktoren sind besonders für nachstehende Industriebetriebe bestimmend? Ordnen Sie zu!

Standortfaktoren

a) Rohstoff- und Kapitalorientierung
b) Arbeits- und Verkehrsorientierung
c) Umwelt- und Abgabenorientierung
d) Energie- und Absatzorientierung
e) Rohstoff- und Verkehrsorientierung
f) Abgaben- und Rohstofforientierung

Industriebetriebe

[ ] Automobilwerke

[ ] Eisen- und Stahl erzeugende Industriebetriebe

138. Was ist unter Wirtschaftlichkeit zu verstehen?

a) Das Verhältnis von Ertrag zu Aufwand
b) Das Verhältnis von Reingewinn zu Eigenkapital
c) Das Verhältnis von Gesamtkosten zu Gesamtumsatz
d) Das Verhältnis von Anlagevermögen zu Umlaufvermögen
e) Das Verhältnis von Eigenkapital zu Fremdkapital

139. Welches wirtschaftliche Ziel hat die Rentabilität?

a) Das eingesetzte Kapital soll sich so hoch wie möglich verzinsen.
b) Der Ertrag soll nicht höher sein als der Aufwand.
c) Die eingesetzten Rohstoffe sollen einen möglichst hohen Ertrag bringen.
d) Die Differenz zwischen Umsatz und Kosten soll möglichst hoch sein.
e) Die Preise der Güter sollen die Kosten decken.

140. Mit welcher Formel wird die Unternehmerrentabilität errechnet?

a) (Reingewinn + Zinsen) x 100 / Gesamtkapital
b) Reingewinn x 100 / Umsatz zu Verkaufspreisen
c) Reingewinn x 100 / Eigenkapital
d) Reingewinn x 100 / Umlaufvermögen
e) Reingewinn x 100 / Anlagevermögen

141. Warum ermittelt ein Unternehmer die Kennziffer der Rentabilität?

a) Damit der Ertrag nicht höher wird als der Aufwand
b) Damit die Verzinsung des eingesetzten Kapitals ersichtlich wird
c) Damit die Rohstoffe möglichst effektiv eingesetzt werden können
d) Damit die Differenz zwischen Umsatz und Kosten möglichst gering gehalten werden kann
e) Damit die Preise der Güter die Kosten decken

142. Welche Aussage zur Wirtschaftlichkeit ist richtig?

a) Unter Wirtschaftlichkeit versteht man das Leistungsbild eines Betriebes in Hinblick auf seine Sozialleistungen.
b) Wirtschaftlichkeit bedeutet, dass ein Betrieb nur mit geringstem Aufwand ohne Berücksichtigung des Ertrages arbeitet.
c) Bei Wirtschaftlichkeit wird der erzielte Ertrag zum Aufwand in Beziehung gesetzt.
d) Wirtschaftlichkeit heißt, dass ein Betrieb immer mehr Eigenkapital als Fremdkapital einsetzt.
e) Wirtschaftlichkeit bedeutet die Erreichung des geplanten Umsatzes mit unbegrenzten Einsatzmitteln.

143. In welchem Fall spricht man von der Rentabilität eines Unternehmens?

a) Wenn es seine Kosten senkt
b) Wenn seine Produktivität steigt
c) Wenn es seinen Umsatz steigert
d) Wenn es Gewinn erwirtschaftet
e) Wenn es seinen Absatz erhöht

144. Ein Unternehmen erzielte durch Arbeitsteilung einen Produktivitätszuwachs. Welche Maßnahme war der Grund für diese Produktivitätssteigerung?

a) Die Erhöhung des Bedarfs an Arbeitskräften für die Fertigung einer Ware
b) Die einseitige Tätigkeit am Arbeitsplatz hat zu einer besseren Motivation der Mitarbeiter geführt.
c) Die Verminderung der Kapitalbindung im Anlagenbereich
d) Die Zerlegung der Produktionsvorgänge in Teilschritte mit vermehrtem Einsatz von Maschinen
e) Die Bildung von Kleinstbetrieben mit leicht überschaubarem Arbeitsablauf

145. In den letzten Jahren hat sich die Zahl der Erwerbstätigen im produzierenden Gewerbe bei gleichbleibender Produktion von Waren und Dienstleistungen fast halbiert. Welche Aussage zur Produktivität ist zutreffend?

a) Nur wenn in allen Wirtschaftsbereichen die Zahl der Beschäftigten sinkt, kann man von einem Sinken der Produktivität reden.
b) Die Produktivität ist gestiegen, da die Zahl der Beschäftigten bei gleicher Leistung gesunken ist.
c) Die Produktivität ist gesunken, weil die Zahl der Beschäftigten bei gleicher Leistung gesunken ist.
d) Die Produktivität steigt immer dann, wenn die Zahl der Beschäftigten steigt.
e) Die Produktivität ist gesunken, weil die Produktion der Waren und Dienstleitungen von immer mehr Spezialisten erbracht wird.

146. Was ist unter „output“ zu verstehen?

a) Zahlungseingänge (Erlös)
b) Arbeitsleistungen
c) Maschineneinsatz
d) Schadstoffemissionen
e) Roh-, Hilfs- und Betriebsstoffe
f) Erzeugnisprogramm

147. Ordnen Sie zu!

Messzahlen

a) Rentabilität
b) Liquidität
c) Produktivität
d) Wertschöpfung
e) Wirtschaftlichkeit
f) Lagerumschlag

Messzahlermittlungen

[ ] Produktionsergebnis/Faktoreinsatz

[ ] Gewinn x 100 / Kapital

[ ] Ertrag / Aufwand

148. In einem Industriebetrieb soll der Einsatz des dispositiven Faktors zur Steigerung der Wirtschaftlichkeit verringert werden. Welche Maßnahme ist dazu geeignet?

a) Die Anzahl der Mitarbeiter wird von 30 auf 25 gesenkt.

b) Die Gesellschafterversammlung beschließt, die Anzahl der Geschäftsführer um einen zu reduzieren und die Aufgabengebiete neu zu verteilen.

c) Alle technischen Zeichner im Konstruktionsbüro sollen in den nächsten zwei Jahren durch CAD-Computer ersetzt werden.

d) In der Abteilung Qualitätskontrolle werden mehrere Arbeiter durch automatische Prüfanlagen ersetzt.

e) Es werden Schulungsmaßnahmen für Angestellte zur Verbesserung des Marketings eingeführt.

149. Ordnen Sie zu!

Wirtschaftliche Begriffe

a) Liquidität

b) Produktivität

c) Wirtschaftlichkeit

d) Beschäftigungsgrad

e) Kapazität

f) Rentabilität

Wirtschaftliche Kennzahlen

[ ] Gewinn/Kapital

[ ] Produktionsmenge/Faktoreinsatzmenge

[ ] Ertrag/Aufwand

150. Welche Aussage zur Produktivität ist richtig?

a) Die Produktivität ist das Verhältnis von Ausbringungsmenge zu Faktorpreisen.

b) Die Produktivität ist das Verhältnis von Umsatz zu Gewinn.

c) Die Produktivität ist das Verhältnis von Ertrag zu Aufwand.

d) Die Produktivität ist das Verhältnis von eingesetzter Arbeit zu eingesetztem Kapital.

e) Die Produktivität ist das Verhältnis von Kosten zu Leistungen.

151. Was führt als Folge der Arbeitsteilung zu einer höheren Produktivität?

a) Die Vielseitigkeit der Tätigkeiten am Arbeitsplatz, wodurch sich zugleich eine bessere Motivation der Mitarbeiter ergibt

b) Die Verminderung der Kapitalbindung im Anlagenbereich

c) Die Erhöhung des Bedarfs an Arbeitskräften für die Fertigung einer Ware

d) Die Zerlegung eines Vorgangs in Teilschritte mit vermehrtem Einsatz von Maschinen

e) Die Bildung von Kleinbetrieben mit leicht überschaubarem Arbeitsablauf

152. Was versteht man unter Arbeitsproduktivität?

a) Zahl der Arbeitskräfte/Produktionsfaktor Kapital

b) Zahl der Arbeitskräfte/Produktionsergebnis

c) Produktionsmenge/Zahl der Arbeitskräfte

d) Produktionsfaktor Arbeit/Geleistete Maschinenstunden

e) Produktionsmenge/Geleistete Maschinenstunden

153. Welche Aussage über die Arbeitsproduktivität ist richtig?

a) Der Kapitaleinsatz hat keinen Einfluss auf die Arbeitsproduktivität.

b) Eine Steigerung der Arbeitsproduktivität liegt vor, wenn ein Betrieb bei Verdoppelung der Zahl seiner Arbeitskräfte seine Produktion (Ausbringungsmenge) verdoppelt.

c) Die Arbeitsproduktivität errechnet sich aus der Zahl der Arbeitskräfte, dividiert durch das Produktionsergebnis (Ausbringungsmenge).

d) Die Arbeitsproduktivität ist gestiegen, wenn bei einer Verringerung der wöchentlichen Arbeitszeit die Produktion (Ausbringungsmenge) gleich bleibt.

e) Unter Arbeitsproduktivität versteht man den Wert der erzeugten Produkte eines Betriebes.

154. In welchem Fall ist die Arbeitsproduktivität bei gleichbleibendem Stand der Technik gestiegen?

a) Wenn die Entwicklung der Arbeitskosten und der Arbeitsproduktivität jeweils parallel verlief

b) Wenn bei einer gleichbleibenden wöchentlichen Arbeitszeit und gleichbleibendem Personalstand die Produktion gestiegen ist

c) Wenn ein Unternehmen bei gleichbleibender Produktion mehr Arbeitskräfte einsetzte

d) Wenn ein Unternehmen bei einer Verdoppelung seiner Arbeitskräfte auch seine Produktion verdoppelte

e) Wenn ein Unternehmen bei einer Verdoppelung seiner Arbeitskräfte seine Produktion um 50 % erhöht hat

155. Welcher Betrieb weist die höchste Arbeitsproduktivität auf, wenn sich der Produktionsausstoß auf das gleiche Produkt bezieht?

Betrieb	Arbeitsaufwand	Produktionsausstoß
a) 1	20 Stunden	300 Einheiten
b) 2	18 Stunden	360 Einheiten
c) 3	15 Stunden	300 Einheiten
d) 4	12 Stunden	360 Einheiten
e) 5	10 Stunden	250 Einheiten

156. Ein Unternehmen will die Kosten minimieren. Um die täglich anfallenden Arbeiten zu erledigen, hat es die nachstehenden Möglichkeiten, die Produktionsfaktoren Arbeit und Betriebsmittel zu kombinieren. Ein Angestellter verursacht in der für die Bearbeitung eines Vorganges notwendigen Zeit 45,00 € Gehaltskosten. Mit dem Einsatz einer Betriebsmitteleinheit sind dafür Kosten in Höhe von 60,00 € verbunden. Bei welcher Faktorkombination sind die Kosten am niedrigsten?

a) 8 Angestellte und 1 Betriebsmitteleinheit

b) 5 Angestellte und 2 Betriebsmitteleinheiten

c) 3 Angestellte und 3 Betriebsmitteleinheiten

d) 2 Angestellte und 4 Betriebsmitteleinheiten

e) 1 Angestellte(r) und 8 Betriebsmitteleinheiten

1. Welche Aussage über die Preisbildung in der Bundesrepublik Deutschland ist richtig?
a) Preiserhöhung von mehr als 10 % müssen vom Staat genehmigt werden.
b) Die Verbraucher können in manchen Fällen durch ihr Verhalten die Preise beeinflussen.
c) Alle Preise werden durch Absprache zwischen den Unternehmern festgelegt.
d) Alle Preise entstehen als Gleichgewichtspreise am vollkommenen Markt.
e) Bei der betrieblichen Preiskalkulation wird der Marktpreis ermittelt.

2. Welche Aussage entspricht dem Gesetz des Angebotes?
a) Mit steigendem Angebot steigt der Preis, mit sinkendem Angebot sinkt der Preis.
b) Mit sinkendem Angebot sinkt der Preis, mit steigendem Angebot bleibt der Preis gleich.
c) Mit steigendem Angebot sinkt der Preis, mit sinkendem Angebot bleibt der Preis gleich.
d) Sinkendes Angebot und steigende Preise räumen den Markt.
e) Mit sinkendem Angebot steigt der Preis, mit steigendem Angebot sinkt der Preis.

3. Kennzeichnen Sie „Preis steigt“ mit (1), „Preis fällt“ mit (2), „Preis bleibt gleich“ mit (0)!
[ ] Angebot steigt - Nachfrage sinkt
[ ] Nachfrage steigt - Angebot sinkt
[ ] Angebot sinkt - Nachfrage sinkt
[ ] Nachfrage steigt - Angebot steigt
[ ] Angebot bleibt gleich - Nachfrage sinkt
[ ] Nachfrage steigt - Angebot bleibt gleich

4. Welche Aussage zur Marktpreisbildung bei vollkommener Konkurrenz ist richtig?
a) Sinkende Nachfrage und gleich bleibendes Angebot führt zu steigenden Preisen.
b) Sinkende Nachfrage und steigendes Angebot führt zu sinkenden Preisen.
c) Gleichbleibende Nachfrage und steigendes Angebot führt zu steigenden Preisen.
d) Steigende Nachfrage und sinkendes Angebot führt zu sinkenden Preisen.
e) Steigende Nachfrage und gleich bleibendes Angebot führt zu sinkenden Preisen.

5. Welche Aussage über die Angebotsseite der Marktform der vollständigen Konkurrenz ist richtig?
a) Es existiert nur ein Anbieter, der bei seiner Preisfestsetzung keine Konkurrenten berücksichtigen muss.
b) Es existiert nur ein Anbieter, der bei seiner Preisfestsetzung die Reaktionen der Nachfrager berücksichtigen muss.
c) Es existieren wenige große Anbieter, die den Marktpreis beeinflussen können, aber die Reaktionen ihrer Konkurrenten berücksichtigen müssen.
d) Es existieren viele kleine Anbieter, die miteinander in einem starken Preiswettbewerb stehen.
e) Es existieren viele kleine Anbieter, deren Wettbewerb durch staatliche Eingriffe eingeschränkt ist, um ruinöse Konkurrenz zu vermeiden.

6. Welche Aussage beschreibt ein Merkmal des vollkommenen Marktes?
a) Die auf dem Markt gehandelten Güter weisen Qualitätsunterschiede auf.
b) Es wird Werbung für die angebotenen Güter betrieben.
c) Alle Marktteilnehmer reagieren sofort auf Veränderungen.
d) Die Kaufentscheidung wird durch Gefühle der Käufer beeinflusst.
e) Die Anbieter besitzen geringe Kenntnisse über die Nachfrage.

7. Welcher Vorgang führt im Modell der freien Marktwirtschaft zu einer Preissenkung?
a) Die Nachfrage geht bei gleich bleibendem Angebot zurück.
b) Die Nachfrage steigt stärker als das Angebot.
c) Die Nachfrage steigt bei gleich bleibendem Angebot.
d) Die Nachfrage und das Angebot bleiben gleich.
e) Die Nachfrage steigt bei sinkendem Angebot.

8. Welche Marktsituation ist für den Käufer am günstigsten?

a) Die Nachfrage nach Fisch ist größer als das Angebot.
b) Das Angebot an Obst ist größer als die Nachfrage.
c) Das Angebot an Heizöl entspricht der Nachfrage.
d) Das Angebot an Kalbfleisch ist geringer als die Nachfrage.
e) Der Nachfrage nach Baugrundstücken in einer Gemeinde steht kein Angebot gegenüber.

9. Welcher der nachstehenden Märkte kommt dem Idealbild des vollkommenen Marktes am nächsten?

a) Der Arbeitsmarkt
b) Der Immobilien
c) Der Devisenmarkt
d) Der Konsumgütermarkt
e) Der Investitionsgütermarkt

10. Eine der Voraussetzungen für die vollkommene Konkurrenz ist die Markttransparenz. Was versteht man darunter?

a) Anbieter und Nachfrager müssen eine vollständige Marktübersicht haben.
b) Angebot und Nachfrage müssen gleichzeitig an einem Ort zusammentreffen.
c) Die Güter müssen gleichartig sein.
d) Anbieter und Nachfrager müssen sofort auf eine Änderung der Marktsituation reagieren.
e) Käufer und Verkäufer dürfen sich nicht gegenseitig bevorzugen.

11. Was sind Voraussetzungen für einen vollkommenen Markt?

a) Vollkommene Markttransparenz, homogene Güter, gleiches verfügbares Einkommen der Haushalte
b) Vollkommene Markttransparenz, keine Präferenzen der Nachfrager, homogene Güter, gleiche Faktorkosten der Anbieter
c) Vollkommene Markttransparenz, keine Präferenzen, homogene Güter
d) Vollkommene Markttransparenz, übereinstimmende Bedürfnisstruktur der Nachfrage, homogene Güter, gleiche Faktorkosten der Anbieter
e) Vollkommene Markttransparenz, keine Präferenzen der Nachfrager, homogene Güter, gleiches verfügbares Einkommen der Haushalte

12. Welche drei Merkmale treffen für den unvollkommenen Markt zu?

a) Jeder Marktteilnehmer ist vollständig über das Marktgeschehen informiert.
b) Die angebotenen Güter unterscheiden sich in Art und Qualität.
c) Der Markt ist transparent, also durchsichtig.
d) Der Anbieter kann für seine Produkte regional unterschiedliche Preise verlangen.
e) Sachliche Präferenzen bestehen nicht.
f) Räumliche Bevorzugungen bestehen nicht.
g) Die Nachfrager lassen sich in ihren Kaufentscheidungen durch Werbemaßnahmen beeinflussen.

13. Welche Situation kennzeichnet ein Marktgleichgewicht?

a) Bei einem Preis von 125 € werden 250 Stück nachgefragt.
b) Bei einem Preis von 90 € wird eine Menge von 180 Stück angeboten und nachgefragt.
c) Bei einem Preis von 40 € werden 310 Stück angeboten.
d) Bei einem Preis von 40 € werden 80 Stück nachgefragt.
e) Bei einem Preis von 125 € werden 80 Stück angeboten.

14. Beim Marktpreis wird der Markt geräumt, d. h. alle Nachfrager, die den Gleichgewichtspreis zahlen wollen und alle Anbieter, die zum Gleichgewichtspreis verkaufen wollen, kommen zum Zuge. Welche Funktion hat in diesem Zusammenhang der Gleichgewichtspreis?

a) Ausgleichsfunktion
b) Lenkungsfunktion
c) Ausschaltungsfunktion
d) Signalfunktion
e) Abräumungsfunktion

15. Auf einem Markt mit vollständiger Konkurrenz besteht für ein gleichartiges Gut folgende Gesamtnachfrage und folgendes Gesamtangebot:

Preis (P) je t in €	Gesamte Nachfragemenge in t	Gesamte Angebotsmenge in t
50	1000	600
55	900	700
60	800	800
65	700	900
70	600	1000

Welche Aussage kann durch obiges Zahlenbeispiel bestätigt werden?

a) Bei einem Preis von 50 € entsteht ein Angebotsüberhang von 400 t.
b) Bei einem Preis von 55 € besteht ein Nachfrageüberhang von 200 t.
c) Bei einem Preis von 65 € ergibt sich eine Gleichgewichtsmenge von 700 t.
d) Bei einem Preis von 70 € besteht ein Nachfrageüberhang von 400 t.
e) Der Gleichgewichtspreis bildet sich bei einer Nachfragemenge von 900 t.

Zu den nächsten fünf Aufgaben siehe folgende Situation mit Abbildung.

Im marktwirtschaftlichen Modell der vollständigen Konkurrenz vollzieht sich die Bildung des Marktpreises nach Grundsätzen, die in der Abbildung dargestellt sind.

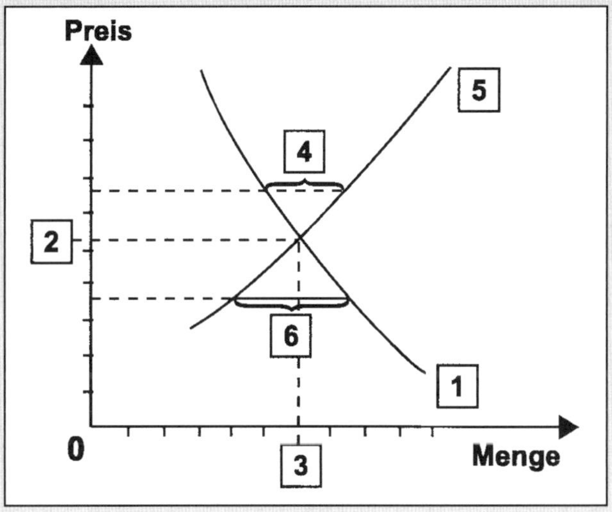

16. Ordnen Sie die Bestandteile der Grafik den entsprechenden Bedeutungen zu.

Bestandteile der Grafik

a) Bestandteil 1
b) Bestandteil 2
c) Bestandteil 3
d) Bestandteil 4
e) Bestandteil 5
f) Bestandteil 6

Bedeutungen

[ ] Nachfragekurve

[ ] Nachfrageüberhang

[ ] Gleichgewichtsmenge

17. Welche Schilderung beschreibt zutreffend die Situation, die durch die Kennziffer 4 in der Grafik dargestellt wird?

a) Das Angebot von Waren liegt unter der nachgefragten Menge, sodass nicht alle Kaufwünsche der Kunden befriedigt werden können (Verkäufermarkt).
b) Das Angebot von Waren liegt über der nachgefragten Menge, sodass die Unternehmer einen Teil ihrer Produktion nicht verkaufen können (Käufermarkt).
c) Das Angebot von Waren liegt über der nachgefragten Menge, sodass es zu preissteigenden Tendenzen wegen des Angebotsüberhanges kommt.
d) Die Nachfrage nach Waren liegt über der angebotenen Menge, sodass es zu preissteigenden Tendenzen wegen des Nachfrageüberhanges kommt.
e) Das Preisniveau der Waren ist konstant, da Angebot und Nachfrage bei jeder nachgefragten Menge zueinander in einem ausgeglichenen Verhältnis stehen.

18. Welche Wirkung hat eine Verschiebung der Nachfragekurve nach links auf die dargestellte Marktsituation?

a) Gleichgewichtsmenge bleibt unverändert, Gleichgewichtspreis steigt
b) Gleichgewichtsmenge sinkt, Gleichgewichtspreis steigt
c) Gleichgewichtsmenge steigt, Gleichgewichtspreis steigt
d) Gleichgewichtsmenge sinkt, Gleichgewichtspreis sinkt
e) Gleichgewichtsmenge steigt, Gleichgewichtspreis sinkt

19. Welche Ziffer des Modells kennzeichnet die Situation des Verkäufermarktes? Tragen Sie die Ziffer in das Kästchen ein.

20. Welche Ziffer des Modells kennzeichnet die Marktsituation, bei der das Angebot größer ist als die Nachfrage? Tragen Sie die Ziffer in das Kästchen ein.

21. Welche Aussage zum Preis P der grafischen Darstellung ist richtig?

a) Zum Preis P entspricht die angebotene Menge der nachgefragten.
b) Zum Preis P ist die angebotene Menge größer als die nachgefragte.
c) Zum Preis P findet kein Umsatz statt.
d) Zum Preis P wird die Menge m1 abgesetzt.
e) Zum Preis P wird die Menge m2 abgesetzt.

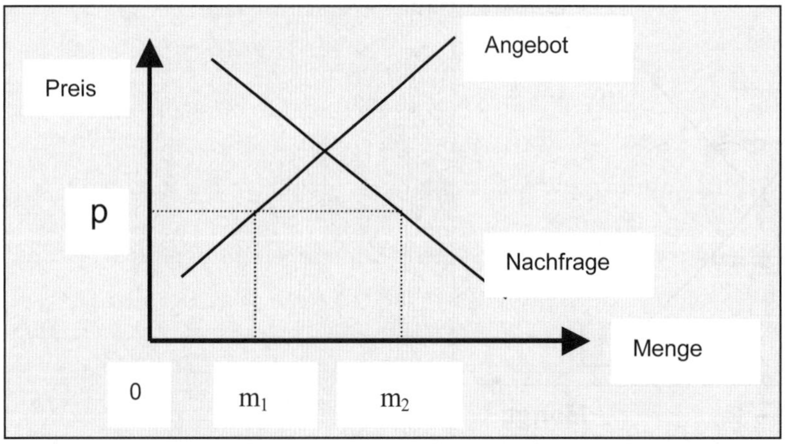

22. Welche Funktion hat der Preis im Modell der vollständigen Konkurrenz?

a) Er gibt dem Verbraucher die Qualität der Produkte an.
b) Er führt den Ausgleich von Angebot und Nachfrage herbei.
c) Er lenkt die Nachfrage nach den Wünschen des Staates.
d) Er ermöglicht eine Verteilung der Konsumgüter nach sozialen Gesichtspunkten.
e) Er lenkt das Güterangebot nach den Wünschen des Staates.

<u>**Zu den nächsten zwei Aufgaben!**</u>

Auf einem Markt mit vollkommener Konkurrenz haben Verkäufer und Käufer folgende Preis/Mengen-Vorstellungen:

Verkäufer		Käufer	
Menge	**Preis**	**Menge**	**Preis**
2 kg	für 10 €	2 kg	für 2 €
1,5 kg	für 8 €	1,5 kg	für 4 €
1 kg	für 6 €	1 kg	für 6 €
0,5 kg	für 4 €	0,75 kg	für 8 €
		0,5 kg	für 10 €

23. Wie nennt man den Preis, der sich an diesem Markt bildet?

a) Höchstpreis
b) Mindestpreis
c) Monopolpreis
d) Gleichgewichtspreis
e) Festpreis
f) Richtpreis

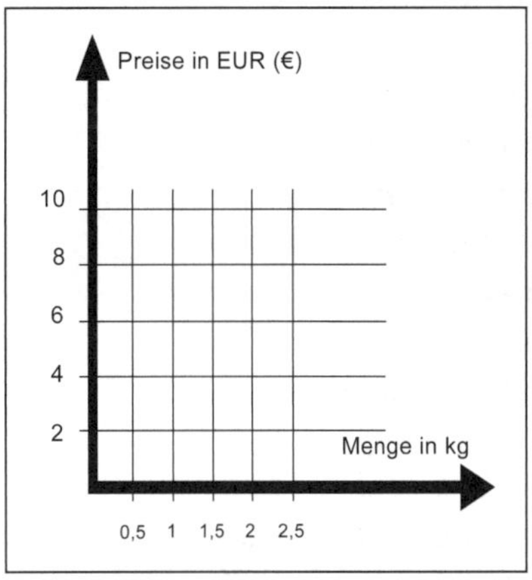

24. Wie viel € beträgt der Preis pro kg, der sich an diesem Markt bildet?

a) 2 €
b) 4 €
c) 6 €
d) 8 €
e) 10 €

25. Welche Aussage über den Käufermarkt ist richtig?

a) Am Käufermarkt ist das Angebot größer als die Nachfrage.
b) Am Käufermarkt ist die Nachfrage größer als das Angebot.
c) Am Käufermarkt sind Angebot und Nachfrage ausgewogen.
d) Am Käufermarkt ist nur Nachfrage vorhanden.
e) Am Käufermarkt steigen die Preise besonders stark.

26. Auf welche Marktsituation trifft der Begriff Käufermarkt zu?

a) Das Sonderangebot in einem Verbrauchermarkt findet reißenden Absatz.
b) Die Nachfrage nach Videorekordern kann nicht befriedigt werden.
c) Die Flugreisen nach den Kanarischen Inseln sind ausgebucht.
d) Die Gebrauchtwagenhändler können ihre Wagen zu den geforderten Preisen nicht absetzen.
e) Die Eintrittskarten für das Tennisturnier sind schon lange im Voraus ausverkauft.

27. Welche Aussage zu einem „Verkäufermarkt“ ist richtig?

a) Beim Verkäufermarkt ist ein Angebotsüberhang vorhanden.
b) Beim Verkäufermarkt befindet sich der Nachfragende in der stärkeren Position.
c) Beim Verkäufermarkt besteht die Tendenz zur Preissenkung.
d) Beim Verkäufermarkt besteht die Tendenz zur Preisstabilität.
e) Beim Verkäufermarkt besteht die Tendenz zur Preissteigerung.

28. Welche zwei Aussagen über den Verkäufermarkt sind richtig?

a) Am Verkäufermarkt fallen die Preise besonders stark.
b) Am Verkäufermarkt ist nur Angebot vorhanden.
c) Beim Verkäufermarkt besteht die Tendenz zur Preissteigerung.
d) Am Verkäufermarkt sind Angebot und Nachfrage ausgewogen.
e) Am Verkäufermarkt ist das Angebot größer als die Nachfrage.
f) Am Verkäufermarkt ist die Nachfrage größer als das Angebot.
g) Beim Verkäufermarkt besteht die Tendenz zur Preisstabilität.

29. Wie verändern sich Angebot und Nachfrage im Modell der vollkommenen Konkurrenz?

a) Das Angebot sinkt bei steigenden Marktpreisen.
b) Das Angebot steigt bei sinkenden Marktpreisen.
c) Die Nachfrage sinkt bei steigenden Marktpreisen.
d) Die Nachfrage steigt bei steigenden Marktpreisen.
e) Angebot und Nachfrage sinken gleichermaßen bei steigenden Marktpreisen.

30. Auf einem Markt treffen sich je 4 Anbieter und 4 Nachfrager mit den folgenden Preisvorstellungen:

Käufer	**akzeptierte Preisobergrenze**
A will 100 t kaufen	40 €
B will 40 t kaufen	48 €
C will 60 t kaufen	54 €
D will 30 t kaufen	60 €
Verkäufer	**akzeptierte Preisuntergrenze**
E will 100 t verkaufen	60 €
F will 60 t verkaufen	54 €
G will 90 t verkaufen	48 €
H will 40 t verkaufen	40 €

Wie viel €/t beträgt der Gleichgewichtspreis? Wie viel Tonnen werden zum Gleichgewichtspreis abgesetzt?

31. Es liegen folgende Kauf- und Verkaufsaufträge für Getreide vor:

Käufer	**akzeptierte Preisobergrenze**
A will 300 t kaufen	105 €
B will 120 t kaufen	120 €
C will 180 t kaufen	132 €
D will 90 t kaufen	140 €
Verkäufer	**akzeptierte Preisuntergrenze**
E will 300 t verkaufen	140 €
F will 180 t verkaufen	132 €
G will 270 t verkaufen	120 €
H will 120 t verkaufen	105 €

Wie hoch ist der Gleichgewichtspreis für eine Tonne Getreide? Wie viel Tonnen Getreide können zum Gleichgewichtspreis abgesetzt werden?

32. Welche zwei Situationen können (unabhängig voneinander) zu der abgebildeten Verschiebung der Nachfragekurve für das Gut X führen?

a) Wegen starker Kostensteigerung muss das Gut X teurer verkauft werden.
b) Beim Substitutionsgut Y wird der Preis erhöht.
c) Beim Komplementärgut Z wird der Preis erhöht.
d) Das für dieses Gut nachfragewirksame Einkommen sinkt.
e) Durch Einführung eines neuen Produktionsverfahrens wird der Preis gesenkt.
f) Wegen zu erwartenden Preissteigerungen werden große Vorräte angelegt.

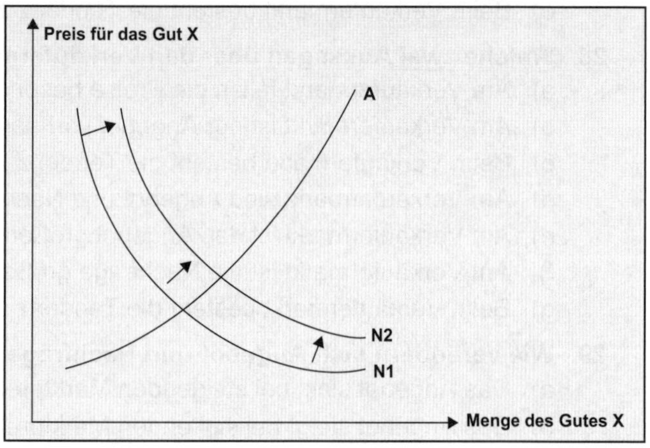

33. Die Grafik zeigt eine Verschiebung der Nachfragekurve von N1 nach N2. Welche Kennziffer beschreibt die ursprüngliche Gleichgewichtsmenge und welche Kennziffer beschreibt den Gleichgewichtspreis nach der Verschiebung?

a) Kennziffer 1
b) Kennziffer 2
c) Kennziffer 3
d) Kennziffer 4
e) Kennziffer 5
f) Kennziffer 6
g) Kennziffer 7

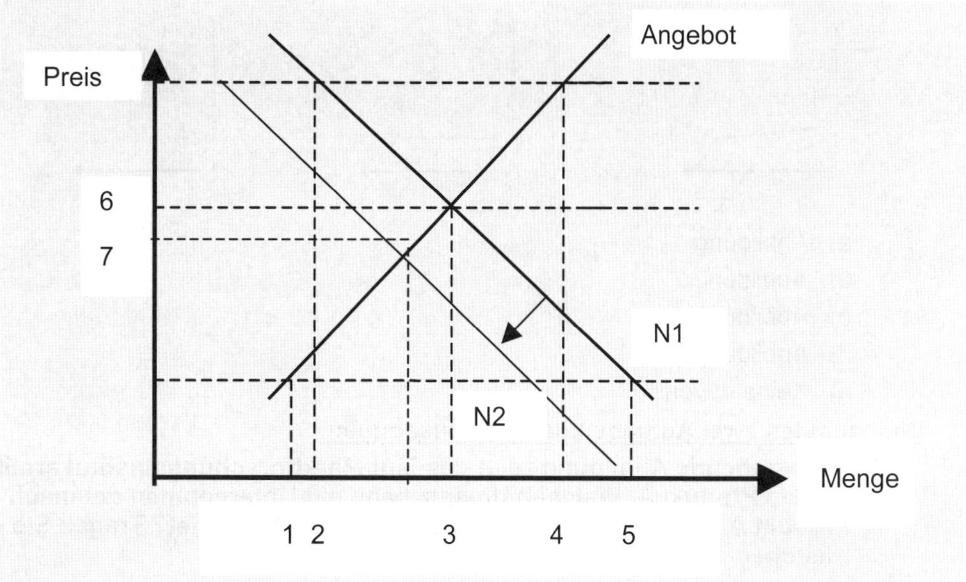

34. Siehe noch mal die Abbildung der vorherigen Aufgabe. Abgebildet sei das Nachfrageverhalten nach Produkt A. Wodurch ergibt sich die Verschiebung der Nachfragekurve von N1 nach N2 unter sonst gleichen Bedingungen?

a) Durch Senkung der Herstellungskosten des Produktes A
b) Durch Senkung der Einkommen- und Körperschaftsteuerbelastung der Unternehmen
c) Durch Festsetzung eines staatlichen Mindestpreises für das Produkt A
d) Durch Preissenkung bei einem Erzeugnis, welches das Produkt A am Markt ersetzen kann
e) Durch Erhöhung der am Markt angebotenen Menge des Produktes A

35. Auf einem vollkommenen Markt erhöht sich bei gleichbleibendem Angebot A die Nachfrage von N1 auf N2. In welcher Abbildung ist dieser Vorgang richtig dargestellt?

a) Abbildung 1
b) Abbildung 2
c) Abbildung 3
d) Abbildung 4
e) Abbildung 5

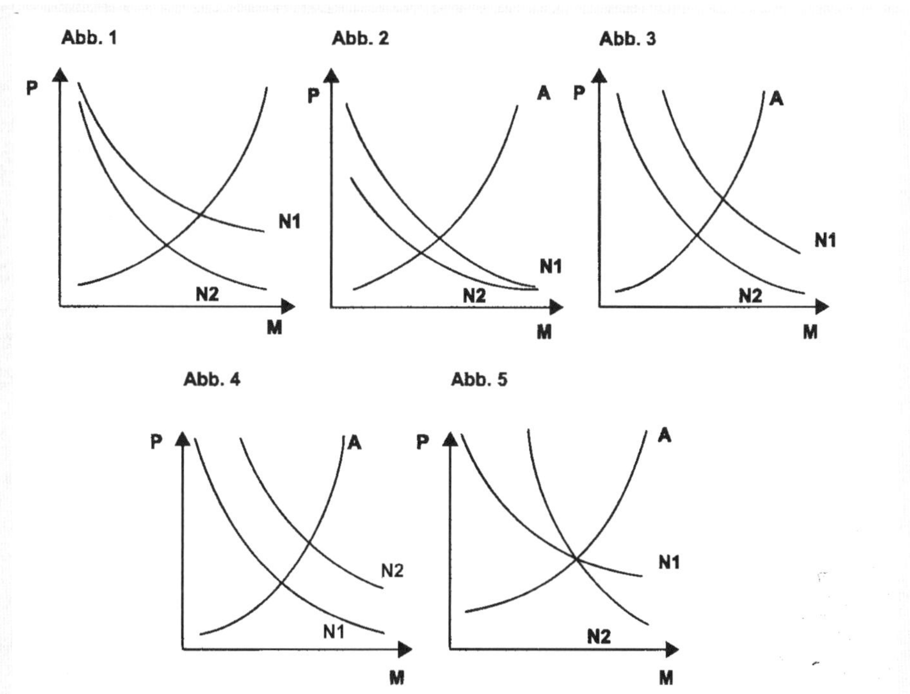

36. Welche Abbildung zeigt, dass bei einer deutlichen Erhöhung des Preises die Gesamtnachfrage nur gering zurückgegangen ist?

1

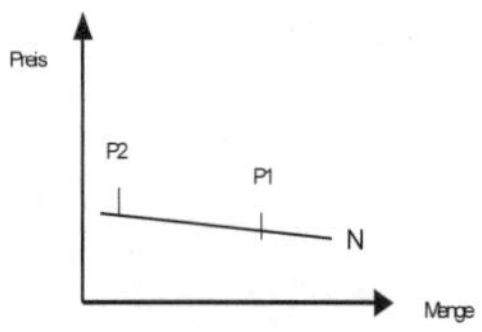

2

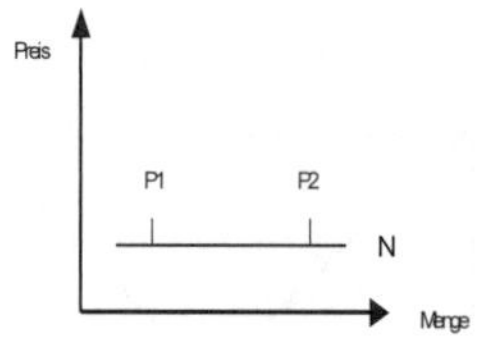

3

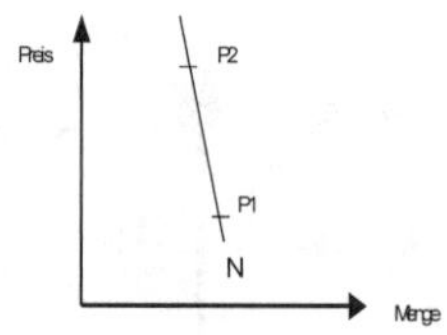

4

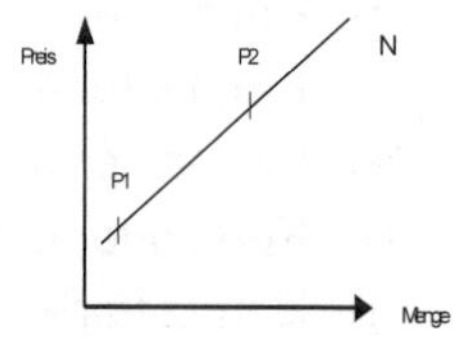

a) Abbildung 1
b) Abbildung 2
c) Abbildung 3
d) Abbildung 4
e) Keine davon

<u>Die nächsten zwei Aufgaben gehören zusammen.</u>

37. Nachstehende Abbildung zeigt das laut Marktforschungsinstitut ermittelte Nachfrageverhalten für das Produkt A. Welchen Umsatz kann ein Unternehmen demnach erzielen, wenn es das Produkt A zu einem Preis von 30,00 € am Markt anbietet? Tragen Sie das Ergebnis in das Kästchen ein.

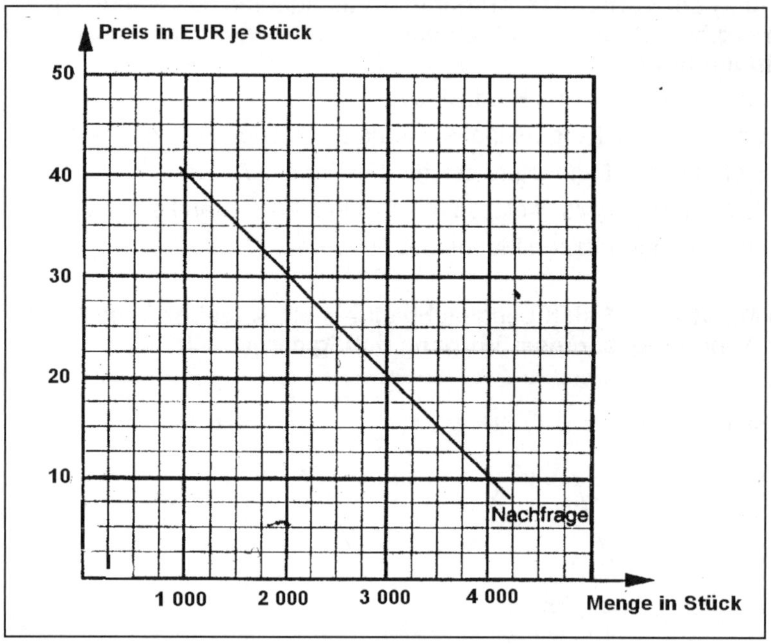

38. Die Unternehmung beabsichtigt, den Preis für das Produkt A auf 15,00 € zu senken, um so ihre Produktionskapazitäten besser auslasten zu können. Um wie viel Stück würde sich der Absatz durch diese Maßnahme erhöhen? Tragen Sie das Ergebnis in das Kästchen ein.

39. Auf Preisänderungen können Anbieter und Nachfrager unterschiedlich reagieren. Ordnen Sie den Reaktionen der Anbieter bzw. Nachfrager die entsprechende Elastizität zu!

Elastizität von Angebot/Nachfrage

a) Elastische Nachfrage
b) Unelastische Nachfrage
c) Elastisches Angebot
d) Unelastisches Angebot

Reaktionen der Anbieter/Nachfrager

[ ] Die Kurse auf den Aktienmärkten fallen, die Anleger ordern weiter in gleichem Umfang.
[ ] Bei steigenden Darlehenszinsen nimmt die Nachfrage nach Baudarlehen deutlich ab.
[ ] Wegen Erreichen der Kapazitätsgrenzen können die Anbieter trotz steigender Preise ihr Angebot nicht erhöhen.
[ ] Trotz steigender Refinanzierungskosten für die Kreditinstitute bleibt deren Nachfrage nach Liquidität unverändert.
[ ] In Erwartung steigender Preise für Schweinefleisch steigern die Landwirte die Aufzucht von Schweinen, um so ihr Angebot erhöhen zu können.

40. Welche beiden Aussagen zur Preiselastizität der Nachfrage sind zutreffend?

a) Eine hohe Elastizität liegt vor, wenn die Änderung der nachgefragten Menge geringer ausfällt als die Preisänderung.
b) Eine niedrige Elastizität liegt vor, wenn die Änderung der nachgefragten Menge geringer ausfällt als die Preisänderung.
c) Eine völlig unelastische Nachfrage liegt vor, wenn die Preisänderung eine nur sehr geringe Änderung der nachgefragten Menge bewirkt.
d) Eine normale Elastizität liegt vor, wenn die Preisänderung eine geringe Änderung der nachgefragten Menge bewirkt.
e) Ein Nachfrageverlauf, bei dem es bei steigenden Preisen zu steigender Nachfrage kommt, ist nicht möglich.
f) Erhöht sich der Preis eines Gutes um1 % und sinkt die Nachfrage um 1 %, so beträgt die Elastizität 1.

41. Mit Hilfe der Formel „Prozentuale Mengenänderung / Prozentuale Preisänderung" lässt sich die Preiselastizität der Nachfrage errechnen.
Wie hoch ist die Preiselastizität der Nachfrage, wenn sich der Preis für ein Gut von 3,00 € auf 3,60 € erhöht hat und daraufhin die Nachfrage von bisher 10 Stück auf nur noch 6 Stück gesunken ist? Tragen Sie das Ergebnis in das Kästchen ein!

[ ]

42. Siehe vorherige Aufgabe! Wie ist dieses Nachfrageverhalten zu beurteilen? Kreuzen Sie die zutreffende Aussage dazu an!

a) Es handelt sich um ein vollkommen elastisches Nachfrageverhalten.
b) Es handelt sich um ein unelastisches Nachfrageverhalten.
c) Es handelt sich um ein elastisches Nachfrageverhalten.
d) Es handelt sich um ein proportional-elastisches Nachfrageverhalten.
e) Es handelt sich um ein vollkommen unelastisches Nachfrageverhalten.

43. Dem Marktpreis werden im System der Marktwirtschaft verschiedene Aufgaben (Funktionen) zugeschrieben. Welche Aufzählung ist richtig?

a) Finanzierungsfunktion - Ausgleichsfunktion - Signalfunktion
b) Finanzierungsfunktion - Zielfunktion - Ausgleichsfunktion
c) Lenkungsfunktion - Ausgleichsfunktion - Signalfunktion
d) Lenkungsfunktion - Zielfunktion - Risikofunktion
e) Investitionsfunktion - Zielfunktion - Ausgleichsfunktion
f) Investitionsfunktion - Finanzierungsfunktion – Signalfunktion

44. Auf einem Gütermarkt stehen drei Anbieter vielen Nachfragern gegenüber. Um welche Marktform handelt es sich?

a) Angebotsmonopol
b) Angebotsoligopol
c) Nachfragemonopol
d) Nachfrageoligopol
e) Angebotspolypol

45. Ordnen Sie zu.

Beispiele

a) Ein Anbieter, ein Nachfrager
b) Ein Anbieter, viele Nachfrager
c) Wenige Anbieter, ein Nachfrager
d) Wenige Anbieter, wenige Nachfrager
e) Wenige Anbieter, viele Nachfrager
f) Viele Anbieter, ein Nachfrager
g) Viele Anbieter, viele Nachfrager

Marktformen

[ ] Zweiseitiges Monopol

[ ] Nachfragepolypol bei Angebotsmonopol

[ ] Zweiseitiges Oligopol

46. Welche Ziffer in der Matrix stellt die Marktform des Polypols dar?

Marktformen	Viele Nachfrager	Wenige Nachfrager	Ein Nachfrager
Viele Anbieter	1	2	3
Wenige Anbieter	4	5	6
Ein Anbieter	7	8	8

47. Welche Ziffer in der Matrix stellt die Marktform des Angebotsoligopols dar?

Marktformen	Viele Nachfrager	Wenige Nachfrager	Ein Nachfrager
Viele Anbieter	1	4	7
Wenige Anbieter	2	5	8
Ein Anbieter	3	6	9

48. Welche Aussage zur Preispolitik des Angebotsmonopolisten ist richtig?

a) Der Monopolist kann ohne Wirkung auf die Absatzmenge den Preis beliebig festsetzen.
b) Der Monopolist kann ohne Veränderung des Preises die Absatzmenge beliebig festsetzen.
c) Der Gesamtgewinn des Monopolisten wächst proportional zur Erhöhung des Monopolpreises.
d) Der Monopolist kann entweder den Preis oder die Absatzmenge festlegen.
e) Der Monopolist braucht bei seiner Preispolitik das Nachfrageverhalten nicht zu berücksichtigen.

49. Welche Aussage trifft für das Modell der Preisbildung des Oligopols zu?

a) Der Oligopolist muss bei seiner Preisfestsetzung sowohl die Reaktionen der Nachfrager als auch die seiner Konkurrenten berücksichtigen.
b) Der Oligopolist muss bei seiner Preisfestsetzung nur die Reaktionen seiner Konkurrenten berücksichtigen.
c) Der Oligopolist braucht bei seiner Preisgestaltung keine Rücksicht auf andere Marktteilnehmer zu nehmen.
d) Der Oligopolist muss bei seiner Preisfestsetzung nur die Reaktion der Nachfrager berücksichtigen.
e) Der Oligopolist lässt sich bei seiner Preisgestaltung von seinen Produktionskosten leiten.

50. In letzter Zeit haben einige große Hersteller von Elektronik-Chips fusioniert, sodass nur wenige Chip-Hersteller weltweit Steuerungs-Chips an Elektrogeräteproduzenten anbieten. Welche Marktform auf dem Markt für Steuerungs-Chips trifft zu?

a) Angebots-Monopol
b) Nachfrage-Oligopol
c) Polypol
d) Angebots-Oligopol
e) Nachfrage-Monopol

51. Obwohl die Preise einer Großhandels GmbH gleich geblieben sind, ist ein Nachfragerückgang bei Produkt X festzustellen. Was könnten die Ursache dafür sein, wenn alle anderen Bedingungen unverändert geblieben sind (2 Antworten)?

a) Senkung der Preise seitens der Konkurrenz
b) Senkung der Produktion seitens der Konkurrenz
c) Senkung des Imports ähnlicher ausländischer Produkte
d) Senkung der Einkommensteuer
e) Senkung der Umsatzsteuer
f) Vertrauensverlust der Verbraucher in das Produkt X

Zu den nächsten drei Aufgaben siehe folgende Situation.

In der Nachfragekurve hat auf dem Markt für Schweinefleisch eine Verschiebung nach links stattgefunden.

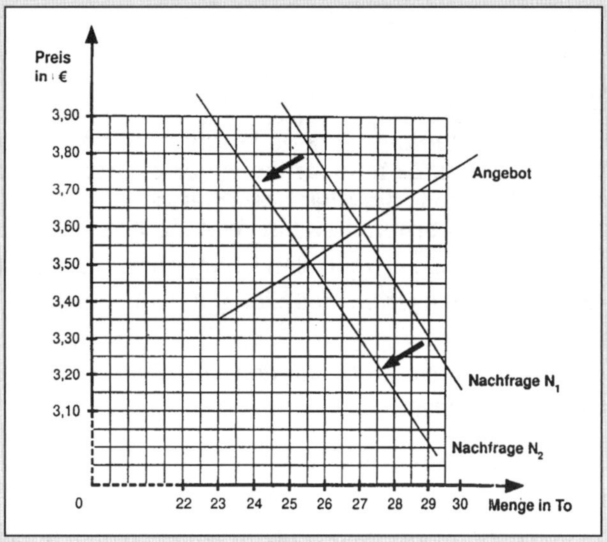

52. Worauf ist diese Nachfrageverschiebung zurückzuführen, unter der Annahme, dass alle anderen Einflussfaktoren unverändert geblieben sind?
- a) Die verfügbaren Einkommen der Konsumenten sind gesunken.
- b) Der Preis für das Komplementärgut Bratfett ist gesunken.
- c) Der Preis für das Substitutionsgut Putenfleisch ist gestiegen.
- d) Die Sparquote der privaten Haushalte ist zurückgegangen.
- e) Die Einfuhr von Schweinefleisch aus den europäischen Nachbarländern ist gesunken.

53. Ermitteln Sie anhand der Graphik, bei welchem Angebotspreis die ursprüngliche Menge wieder abgesetzt werden könnte! Tragen Sie das Ergebnis in das Kästchen ein.

54. Welche Maßnahme der Schweinefleischerzeuger könnte dazu beitragen, die Nachfrageverschiebung kurzfristig wieder rückgängig zu machen, wenn alle anderen Einflussfaktoren unverändert bleiben?
- a) Einlagerung von preisgünstig importiertem Schweinefleisch
- b) Verknappung des Angebotes durch verstärkten Export des Schweinefleisches
- c) Erweiterung der Produktionskapazitäten und Zusammenschluss zu Großbetrieben
- d) Zusammenschluss zu Einkaufsgenossenschaften zur Senkung der Ausgaben für Futtermittelpreise
- e) Durchführung gemeinschaftlicher Werbemaßnahmen für Schweinefleisch

55. Wodurch erhöht sich in der Regel die Nachfrage der privaten Haushalte nach Konsumgütern, wenn alle anderen Einflussfaktoren unverändert bleiben?
- a) Erhöhung der Preise
- b) Erhöhung des Kreditzinses
- c) Anhebung der Beitragsbemessungsgrenze
- d) Senkung der Sozialversicherungsbeiträge
- e) Erhöhung der Lohnnebenkosten

56. Die Nachfrage nach einem Konsumprodukt sinkt, obwohl die Geschäftsleitung eine positive Entwicklung erwartet hat. Welche der folgenden Ereignisse kann dafür ursächlich in Frage kommen?
- a) Mehrere Konkurrenten haben das Insolvenzverfahren angemeldet.
- b) Das verfügbare Einkommen der privaten Haushalte ist gestiegen.
- c) Der Mehrwertsteuersatz wurde stark erhöht.
- d) Die Aufnahme von Konsumentenkrediten ist gestiegen, da die Zinsen dafür gesenkt wurden.
- e) Das Preisniveau für Konsum- und Gebrauchsgüter ist insgesamt gesunken.
- f) Es wurden zusätzliche Steuervergünstigungen für Familien und Kinder gewährt.

57. Um welche Art von Unternehmenszusammenschluss handelt es sich, wenn Unternehmen ihre wirtschaftliche Selbständigkeit völlig aufgeben, rechtlich aber selbständig bleiben?

a) Fusion
b) BGB-Gesellschaft
c) Trust
d) Kartell
e) Konzern

58. Die Überschrift eines Zeitungsartikels lautete: *„Der Spirituosenhersteller Underberg schluckt Asbach."* Im Text dieses Zeitungsartikels war zu lesen, dass die Getränkegruppe Underberg die restlichen 50 % Anteile am Weinbrandhersteller Asbach von einem französischen Spirituosen-Konzern übernommen hat. Welche Aussage ist für diesen Sachverhalt zutreffend?

a) Es handelte sich um einen vertikalen Unternehmenszusammenschluss.
b) Der Vorgang förderte die Konzentration auf dem deutschen Spirituosenmarkt.
c) Es entstand ein Kartell.
d) Es handelte sich um eine Unternehmensverschmelzung (Trust).
e) Es entstand eine Holding.

59. Welche der folgenden Aussagen beschreibt ein Syndikat?

a) Anpassung der Produktionskapazität an den Bedarf bei Rückgang der Nachfrage
b) Vereinbarung über genau festgelegte regionale Marktaufteilung
c) Vertrag über gemeinsame Beschaffungs- oder Vertriebseinrichtungen
d) Absprachen über die Regelung des Wettbewerbs auf ausländischen Märkten
e) Beschluss über die Verknappung des Angebots durch Vereinbarung von Produktionsmengen
f) Verträge zwischen Unternehmen über die Anwendung einheitlicher Geschäftsbedingungen

60. Welche Aussage trifft auf den Konzern zu?

a) Der Vertrieb der Erzeugnisse geschieht über eine gemeinsame Verkaufsstelle mit eigener Rechtsform.
b) Durch vertraglich vereinbarte Rabattgewährung wird der Wettbewerb innerhalb einer Wirtschaftsbranche eingeschränkt.
c) Rechtlich und wirtschaftlich voneinander unabhängige Unternehmen vereinbaren eine langfristige Zusammenarbeit im Bereich des Kundendienstes.
d) Rechtlich selbständige Betriebe werden zu wirtschaftlichen Zwecken unter einheitlicher Leitung verbunden.
e) Der Verband einer Versicherungssparte empfiehlt seinen Mitgliedern einheitliche Versicherungsbedingungen.

61. Welche Aussage bezieht sich auf ein Kartell?

a) Dieser Unternehmenszusammenschluss führt zu einer rechtlichen und finanziellen Verschmelzung der Unternehmungen.
b) Diesen Unternehmenszusammenschluss erkennt man daran, dass mehrere rechtlich selbständige Betriebe eine einheitliche Leitung haben.
c) Dieser Unternehmenszusammenschluss erfolgt durch eine gegenseitige Kapitalbeteiligung.
d) Dieser Unternehmenszusammenschluss entsteht durch einen Vertrag, der zum Ziel hat, die Marktmacht der Vertragspartner zu vergrößern.
e) Dieser Unternehmenszusammenschluss kommt durch ein Gesetz zustande.

62. Welche Aussage über die rechtliche und wirtschaftliche Selbständigkeit von Unternehmen, die sich zu einem Kartell zusammenschließen, ist richtig?

	Rechtliche Selbständigkeit	**Wirtschaftliche Selbständigkeit**
a)	bleibt erhalten	wird teilweise aufgegeben
b)	bleibt erhalten	wird vollständig aufgegeben
c)	wird aufgegeben	bleibt vollständig erhalten
d)	wird aufgegeben	wird teilweise aufgegeben
e)	wird aufgegeben	wird vollständig aufgegeben

63. Ordnen Sie zu.

Aussage zu Unternehmungszusammenschlüssen	**Unternehmungs-zusammenschlüsse**
a) Beteiligungsgesellschaft, deren Aufgabe in der Verwaltung von Kapitalanteilen verschiedener Unternehmen besteht	[ ] Trust
b) Rechtliche und wirtschaftliche Verschmelzung von Unternehmen	[ ] Kartell
c) Zusammenschluss von Unternehmen, der deren rechtliche und wirtschaftliche Selbständigkeit zugunsten einer gemeinsamen Leitung aufhebt	[ ] Fusion
d) Zusammenschluss rechtlich selbständig bleibender Unternehmen unter einheitlicher wirtschaftlicher Leitung	[ ] Konzern
e) Vertraglicher Zusammenschluss rechtlich selbständiger Unternehmen zur Regelung bestimmter Wettbewerbselemente	[ ] Holding-Gesellschaft

64. Welche Absprache wird vom Kartellamt <u>nicht</u> genehmigt?

a) Drei Brauereien verpflichten sich, nur noch Biersorten mit jeweils gleichem Alkoholgehalt herzustellen.
b) Drei Wohnungsbauunternehmen verpflichten sich, nur noch Fenster in genormten Größen zu verwenden.
c) Drei Reiseveranstalter verpflichten sich zur Gewährung eines gleichen Rabattsatzes für Gruppenreisen ab 50 Personen.
d) Drei Kreditinstitute verpflichten sich zur Einführung einheitlicher Vordrucke für Kreditanträge.
e) Drei Sachversicherer verpflichten sich, dass jeder nur in der ihm vertraglich zugewiesenen Region Versicherungsverträge abschließen darf.

65. Mehrere Küchengeräteproduzenten beschließen, ihr Angebot zu straffen. Sie wollen nur noch bestimmte Größen ihrer Produkte herstellen. Die Initiative wird vom Bundeskartellamt genehmigt. Um welche Kartellart handelt es sich?

a) Fusion
b) Kartell
c) Trust
d) Konzern
e) Holding

66. Welche Aussage über wirtschaftliche Konzentration ist richtig?

a) Durch wirtschaftliche Konzentration steigt die Zahl der Unternehmen.
b) Durch wirtschaftliche Konzentration wird vollständige Konkurrenz erreicht.
c) Durch wirtschaftliche Konzentration kann die Marktposition einiger Unternehmen gegenüber anderen Unternehmen und den Verbrauchern gestärkt werden.
d) Mit dem Gesetz gegen Wettbewerbsbeschränkungen soll wirtschaftliche Konzentration gefördert werden.
e) Durch das Gesetz gegen Wettbewerbsbeschränkungen wird wirtschaftliche Konzentration ausgeschlossen.

67. Welche Vereinbarung ist nach dem Gesetz gegen Wettbewerbsbeschränkung (Kartellgesetz) in jedem Fall verboten?

a) Alle Hersteller einer bestimmten Branche vereinbaren einheitliche Geschäftsbedingungen.
b) Wegen Nachfragerückganges vereinbaren alle Stahlerzeuger eines Landes, die Produktion einheitlich zu senken. Jedem Unternehmen wird eine bestimmte Produktionsmenge zugeteilt.
c) Exporteure von Werkzeugmaschinen vereinbaren, ihre Produkte in Übersee von einem gemeinsamen Büro verkaufen zu lassen.
d) Getränkedosenhersteller vereinbaren, Automatendosen in einheitlichen Größen herzustellen.
e) Kalksandsteinhersteller in einer Region vereinbaren für ihr Produkt einen einheitlichen Verkaufspreis.

68. Welche der von einer Elektro-Großhandels GmbH geplanten Maßnahmen würde gegen das Wettbewerbsrecht verstoßen?

a) Sie bietet Auslaufmodelle zu Sonderkonditionen an.
b) Sie wirbt mit dem Slogan für eine Waschmaschine: „Unsere Neue ist die Beste, die wir je hatten".
c) Sie vergleicht in Werbespots den Energieverbrauch der eigenen Produkte mit den Modellen der Konkurrenz.
d) Sie bietet ihre Produkte über einen längeren Zeitraum unter Herstellungskosten an, um die Konkurrenz vom Markt zu verdrängen.
e) Sie verkauft ihre Produkte an verschiedene Zielgruppen zu unterschiedlichen Preisen.

69. Nun soll intensiv für das neue Produkt geworben werden. Mit in die Werbung will man Vergleichsrechnungen einbeziehen, die beweisen, dass das neue Produkt wesentlich weniger Strom benötigt, als ein vergleichbares Produkt eines Konkurrenzunternehmens. Ist diese vergleichende Werbung laut unten stehendem Gesetzesauszug zulässig?

a) Nein, weil vergleichende Werbung grundsätzlich unzulässig ist.
b) Nein, weil diese Werbung gegen die guten Sitten verstößt.
c) Ja, weil jede Firma ihr Produkt grundsätzlich so vermarkten kann, wie es will.
d) Ja, weil diese Werbung der Wahrheit entspricht und nicht gegen die guten Sitten verstößt.
e) Nein, weil diese vergleichende Werbung nicht objektiv auf eine nachprüfbare Eigenschaft der Ware bezogen ist.

§ 6 Vergleichende Werbung

(1) Vergleichende Werbung ist jede Werbung, die unmittelbar oder mittelbar einen Mitbewerber oder die von einem Mitbewerber angebotenen Waren oder Dienstleistungen erkennbar macht.

(2) Unlauter im Sinne von § 3 handelt, wer vergleichend wirbt, wenn der Vergleich

1. sich nicht auf Waren oder Dienstleistungen für den gleichen Bedarf oder dieselbe Zweckbestimmung bezieht,
2. nicht objektiv auf eine oder mehrere wesentliche, relevante, nachprüfbare und typische Eigenschaften oder den Preis dieser Waren oder Dienstleistungen bezogen ist,
3. im geschäftlichen Verkehr zu Verwechslungen zwischen dem Werbenden und einem Mitbewerber oder zwischen den von diesen angebotenen Waren oder Dienstleistungen oder den von ihnen verwendeten Kennzeichen führt,
4. die Wertschätzung des von einem Mitbewerber verwendeten Kennzeichens in unlauterer Weise ausnutzt oder beeinträchtigt,
5. die Waren, Dienstleistungen, Tätigkeiten oder persönlichen oder geschäftlichen Verhältnisse eines Mitbewerbers herabsetzt oder verunglimpft oder
6. eine Ware oder Dienstleistung als Imitation oder Nachahmung einer unter einem geschützten Kennzeichen vertriebenen Ware oder Dienstleistung darstellt.

(3) Bezieht sich der Vergleich auf ein Angebot mit einem besonderen Preis oder anderen besonderen Bedingungen, so sind der Zeitpunkt des Endes des Angebots und, wenn dieses noch nicht gilt, der Zeitpunkt des Beginns des Angebots eindeutig anzugeben. Gilt das Angebot nur so lange, wie die Waren oder Dienstleistungen verfügbar sind, so ist darauf hinzuweisen.

70. Welche Aussage trifft für den Konzern zu?

a) Ein Konzern ist eine Konzentrationsform, bei der nur gleichgeartete Unternehmen einen Zusammenschluss zum Zwecke der Kostensenkung anstreben.
b) Unter einem Konzern versteht man einen Zusammenschluss von Unternehmen, bei dem die einzelnen Unternehmen ihre rechtliche Selbständigkeit behalten, ihre wirtschaftlich-finanzielle aber verlieren.
c) Von einem Konzern spricht man dann, wenn mehrere Unternehmen gleichartiger Produktionsstufen vereinbaren, durch gemeinsame Marktstrategie den Wettbewerb/Markt zu beeinflussen.
d) Konzerne haben grundsätzlich keinen Einfluss auf den Wettbewerb.
e) Wenn mindestens 2 Unternehmen ihre rechtliche wie auch wirtschaftlich-finanzielle Selbständigkeit verlieren und in einem neu zu gründenden Großunternehmen aufgehen, spricht man von einem Konzern.

71. In welchem Fall kann die Kartellbehörde das Instrument der Fusionskontrolle einsetzen?

a) Bei Kartellabsprachen zwischen Unternehmungen
b) Wenn marktbeherrschende Unternehmen ihre Marktmacht zum Nachteil der Nachfrager missbrauchen
c) Wenn ein Monopolbetrieb Abnehmer diskriminiert
d) Wenn Unternehmenszusammenschlüsse ab einer bestimmten Größenordnung durchgeführt werden
e) Wenn ein großer Hersteller eine 10 %ige Beteiligung an einem anderen Unternehmen erwirbt

72. Das Unternehmen X beabsichtigen aus Marktgründen zu fusionieren bzw. sich an anderen Unternehmen gleicher Brache zu beteiligen. Welche Vorschriften des Kartellgesetzes müssen dabei beachtet werden bzw. wie wird sich das Kartellamt verhalten?

a) Das Unternehmen, das die Bildung eines Kartells mit einem anderen Unternehmen plant, hat dies dem Bundeskartellamt anzuzeigen.

b) Durch die Beteiligung an einem anderen Unternehmen entsteht ein Konzern. Da dadurch der Wettbewerb nicht beeinflusst wird, ist dies jederzeit ohne Einschränkungen möglich.

c) Da durch die Fusion mit einem anderen Unternehmen eine Kooperation entsteht und dies nur zum Nutzen der Verbraucher geschieht, wird das Bundeskartellamt der Kooperation in jedem Fall zustimmen.

d) Das Unternehmen X muss die Beteiligung an einem anderen Unternehmen dem Bundeskartellamt anzeigen. Das Bundeskartellamt wird dem Kauf von Anteilen nur zustimmen, wenn dadurch keine marktbeherrschende Position erlangt wird.

e) Durch eine Beteiligung an einem anderen Unternehmen entsteht lediglich ein Vertrag über die Zusammenarbeit. Daher ist eine Benachrichtigung des Kartellamtes nicht erforderlich.

73. In welchem Fall herrscht Wettbewerb?

a) 12 Bauunternehmer einer Stadt beschließen, dass abwechselnd immer einer von ihnen bei städtischen Ausschreibungen den Auftrag bekommen soll.

b) Ein Einzelhändler senkt die Preise einiger Waren, weil das Konkurrenzunternehmen mit mehreren Sonderangeboten wirbt.

c) Die Hersteller von Transformatoren sprechen miteinander und legen dabei fest, dass jeder einen bestimmten Absatzbezirk erhält, in dem die anderen nicht als Konkurrenten auftreten.

d) Die ölproduzierenden Länder beschließen, gemeinsam den Preis für Rohöl um 10 % zu erhöhen.

e) Der Richtpreis für den Markenartikel „Star Reiniger“ wird von keinem Einzelhändler unterboten.

74. In welchem Fall liegt eine Preisdifferenzierung vor?

a) Ein Unternehmen verkauft Produkte unterschiedlicher Qualität zu unterschiedlichen Preisen.

b) Ein Unternehmen übernimmt jeweils die Preisvorstellungen der Konkurrenz.

c) Ein Unternehmen passt die Preise jeweils der Preisentwicklung der Rohstoffe an.

d) Ein Unternehmen verkauft ein Erzeugnis an verschiedene Abnehmer zu unterschiedlichen Preisen.

e) Ein Unternehmen verkauft seine Produkte an alle Abnehmer mit 5 % Nachlass auf die vom Hersteller angegebenen Richtpreise.

75. Welche Aussage zu staatlich festgelegten Höchstpreisen bzw. staatlich garantierten Mindestpreisen ist richtig?

a) Staatliche Mindestpreise dienen dem Schutz der Verbraucher.

b) Staatliche Höchstpreise liegen häufig über dem Marktpreis.

c) Staatliche Mindestpreise führen zu einer Angebotslücke.

d) Staatliche Höchstpreise dienen dem Schutz der Produzenten.

e) Staatliche Mindestpreise führen zu einem Angebotsüberhang.

76. Durch welche Maßnahme wird der Wettbewerb erhalten und gestärkt?

a) Durch die Bildung von Monopolen

b) Durch die Bildung von Kartellen

c) Durch Absprachen der Anbieter über Angebotsmengen und Preise

d) Durch Fusionskontrollen

e) Durch mangelnde Marktübersicht der Nachfrager

77. Wo liegt ein unvollkommener Markt vor (<u>zwei</u> Antworten)?

a) Auf dem Markt für Staubsauger haben die Nachfrager sachliche Präferenzen.

b) Anbieter und Nachfrager reagieren sofort auf Veränderungen der Marktsituation.

c) Die Güter, die auf dem Markt gehandelt werden, sind homogen.

d) Auf dem Markt für Staubsauger herrscht vollkommene Markttransparenz.

e) Auf dem Markt für Staubsauger gibt es weder sachliche, zeitliche oder persönliche Präferenzen.

f) Die angebotenen Güter unterscheiden sich in Art und Güte.

78. Welcher staatliche Eingriff setzt den Preismechanismus außer Kraft?

a) Der Staat verbietet Preisabsprachen zur Sicherung eines funktionsfähigen Wettbewerbs.

b) Zur Steigerung der Investitionsbereitschaft ermöglicht der Staat den Unternehmen Sonderabschreibungen auf Anlagegüter.

c) Zur Einschränkung des Ölverbrauchs reglementiert der Staat den Kauf von Heizöl durch Bezugsscheine.

d) Durch Vergabe bedeutender öffentlicher Aufträge erwartet der Staat eine Ankurbelung der Wirtschaft.

e) Durch höhere Besteuerung der Einkünfte beabsichtigt der Staat, einen inflationären Preisanstieg zu bekämpfen.

79. Die Vertreter der größten Unternehmen der Zementbranche in der Bundesrepublik treffen sich zu einem Gedankenaustausch über die zukünftige Marktentwicklung. Dabei erachten alle Gesprächspartner eine Preisanhebung um 10 % für dringend erforderlich. Ohne eine vertragliche Vereinbarung zu unterschreiben werden nach und nach von allen Unternehmen im vorgesehenen Umfang die Preise angehoben. Welche Aussage ist richtig?

a) Die vorgesehene Preiserhöhung ist zulässig, wenn alle beteiligten Unternehmen zuvor das Bundeskartellamt über ihre Absicht unterrichten.

b) Die vorgesehene Preisanhebung ist nach dem Kartellgesetz zulässig, wenn dadurch bei allen Unternehmen kostendeckende Preise erzielt werden.

c) Preisabsprachen der Unternehmervertreter sind ohne Einschränkung erlaubt, weil das Wirtschaftsgeschehen in unserem Land auf einer marktwirtschaftlichen Grundordnung beruht.

d) Die beabsichtigte Preisanhebung stellt ein zwischen den Unternehmen abgestimmtes Verhalten dar und ist nach dem Kartellgesetz verboten.

e) Die gemeinsame Preisanhebung der Unternehmen muss vom Bundeskartellamt erlaubt werden, wenn die entstehende Wettbewerbsbeschränkung dem Nutzen der Gesamtwirtschaft dient.

80. In welchem Fall ist die Ausgleichsfunktion des Marktes zutreffend beschrieben?

a) Je höher der Preis ist, desto stärker zwingt er Produzenten und Konsumenten zur Sparsamkeit.

b) Unternehmen drängen auf die Märkte, auf denen die höchsten Preise erzielt werden.

c) Jeder, der sich als Anbieter am Marktgeschehen beteiligt, erhält für seine Leistung einen Preis, der Einkommen darstellt.

d) Anbieter- und Nachfragerpläne werden über den Preis abgestimmt, bis der Markt geräumt ist bzw. der höchstmögliche Umsatz erzielt wird.

e) Preissenkungen zeigen an, dass das mengenmäßige Angebot für die herrschende Nachfrage zu klein ist.

81. Im Frühsommer stellt eine Heizölfirma fest, dass die Gesamtnachfrage und das Gesamtangebot nach Heizöl sich entsprechend der Tabelle darstellt. Wie viel € beträgt der Gleichgewichtspreis? Tragen Sie das Ergebnis in das Kästchen ein.

Preis für jeweils gleiche Abgabemenge in €	Gesamtangebot in Tsd. Ltr,	Gesamtnachfrage in Tsd. Ltr.
0,70	10 000	16 000
0,71	11 000	15 000
0,72	12 000	14 000
0,73	13 000	13 000
0,74	14 000	12 000
0,75	15 000	11 000

Zu den nächsten vier Aufgaben siehe folgende Situation.

Die Marktanalyse eines Wirtschaftsmagazins beschäftigt sich mit dem Neuwagenmarkt. Insbesondere das Nachfrage- und Anbieterverhalten in der gesamten Bundesrepublik, bezogen auf Kleinwagen in der Preisklasse 7.500 € bis 9.000 € steht im Mittelpunkt der Untersuchung.

82. Welche Feststellung stellt eine Voraussetzung für einen vollkommenen Markt dar?
a) Die angebotenen Autos unterscheiden sich sowohl in der Ausstattung als auch in der Motorleistung.
b) Die Nachfrager ziehen es beim Kauf eines neuen Autos vor, sich wieder die gleiche „Marke" zu kaufen.
c) Die Nachfrager treffen ihre Kaufentscheidungen nicht nur nach wirtschaftlichen Gesichtspunkten, sondern sie betrachten auch ihr Auto als Prestigeobjekt.
d) Die Nachfrager nutzen die Möglichkeit, sich über entsprechende Fachzeitschriften umfassend über die angebotenen Autos zu informieren.
e) Durch lange Lieferfristen der Anbieter werden die Kaufentscheidungen der Nachfrager über einen längeren Zeitraum festgelegt.

83. Die Analyse zeigt, dass in der untersuchten Größen- und Preisklasse nur wenige Hersteller Neuwagen anbieten. Die angebotenen Modelle werden von einer Vielzahl von Personen aus den unterschiedlichsten Gesellschaftsschichten nachgefragt. Welche Marktform liegt in diesem Falle vor?
a) Polypol
b) Angebotsoligopol
c) Nachfrageoligopol
d) Angebotsmonopol
e) Nachfragemonopol

84. In der Analyse werden auch die im letzten Jahr aufgetretenen Veränderungen der Rahmenbedingungen des untersuchten Marktbereiches dargestellt. Welche Veränderung lässt eine Nachfragesteigerung für die untersuchten Neuwagen erwarten?
a) Aufgrund der starken Konkurrenz in der oberen Größen- und Preisklasse wurden von den Herstellern in diesem Bereich deutliche Preisreduzierungen vorgenommen.
b) Ein Hersteller hat sich bei seiner Produktpalette auf die Mittel- und Luxusklasse beschränkt und keine Kleinwagen mehr angeboten.
c) Die Bundesregierung kündigte an, als Bemessungsgrundlage für die Kraftfahrzeugsteuer ausschließlich die gefahrenen Kilometer einzuführen.
d) Aufgrund der starken Konkurrenz haben fast alle Hersteller bei gleichbleibenden Preisen durch technische Neuerungen den Benzinverbrauch dieser Modelle gesenkt.
e) Die Kraftfahrzeugversicherer kündigen wegen der Zunahme der Schadenfälle Erhöhungen der Versicherungsprämien an.

85. Die zwei führenden Hersteller wollen fusionieren. Muss das Kartellamt im Rahmen der sozialen Marktwirtschaft in der Bundesrepublik Deutschland die Zulässigkeit dieses Zusammenschlusses prüfen?
a) Nein, weil die unternehmerische Freiheit gewährleistet ist
b) Nein, weil es sich um eine marktkonforme Maßnahme handelt
c) Nein, weil dies die Wettbewerbstätigkeit der zusammengeschlossenen Unternehmen erhöht
d) Ja, weil alle Unternehmenszusammenschlüsse genehmigungspflichtig sind
e) Ja, weil die Entstehung oder Verstärkung einer marktbeherrschenden Stellung zu erwarten ist

86. Siehe nachstehende Aussagen. Auf welche der abgebildeten Angebotskurven treffen diese zu? Ordnen Sie zu, indem Sie die Ziffer der zutreffenden Kurve vor die Aussage schreiben!

Angebotskurven

1

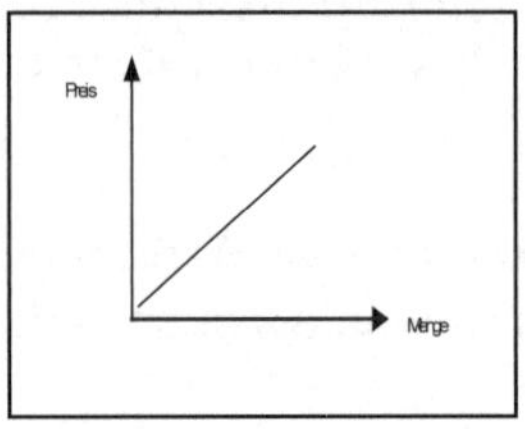

2

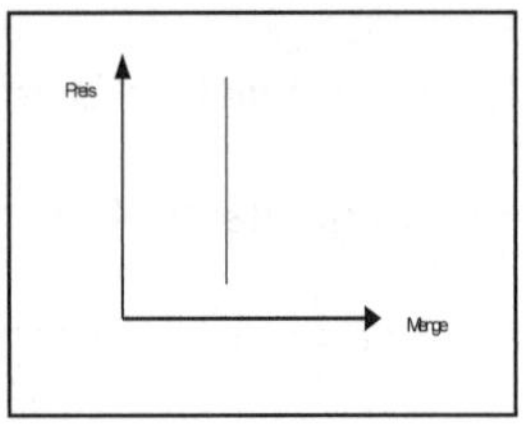

3

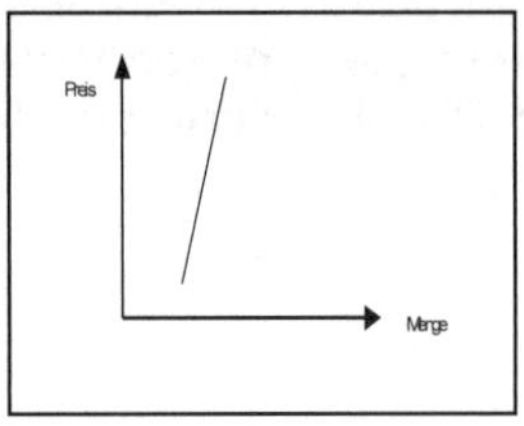

4

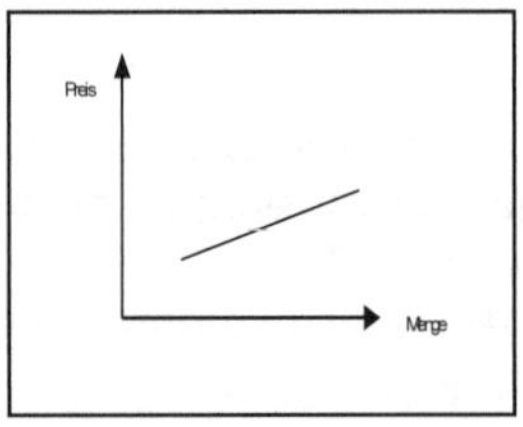

Aussagen

[ ] Eine Preiserhöhung führt zu einer überproportionalen Ausweitung der angebogenen Menge.

[ ] Eine Preiserhöhung führt zu keiner Änderung der angebotenen Menge.

[ ] Eine Preiserhöhung um 5 % bewirkt eine Ausweitung der Angebotsmenge um ebenfalls 5 %.

[ ] Eine Preissenkung führt zu einer unterproportionalen Senkung der angebotenen Menge.

[ ] Eine Preissenkung führt zu einer proportionalen elastischen Reaktion der Angebotsmenge.

[ ] Eine Preissenkung führ zu keiner Änderung der angebotenen Menge.

87. Ordnen Sie die jeweiligen Güter den angegebenen Beschaffungsmärkten zu!

Güter

a) Langfristige Kredite
b) Arbeitskräfte
c) Grundstücke, Gebäude
d) Bekleidung, Sportartikel
e) Baumaschinen, Industrieroboter
f) Versicherungen, Handel
g) Kurzfristige Kredite

Beschaffungsmärkte

[ ] Investitionsgütermarkt

[ ] Geldmarkt

[ ] Immobilienmarkt

[ ] Arbeitsmarkt

[ ] Konsumgütermarkt

[ ] Kapitalmarkt

[ ] Dienstleistungsmarkt

88. Auf welchem Markt wird man beim Abschluss einer privaten Unfallversicherung tätig?

a) Auf dem Kapitalmarkt
b) Auf dem Absatzmarkt
c) Auf dem Konsumgütermarkt
d) Auf dem Investitionsmarkt
e) Auf dem Dienstleistungsmarkt

89. In einer Marktwirtschaft wird Angebot und Nachfrage durch den Preis für Sachgüter und Dienstleistungen reguliert. Ordnen Sie die nachstehenden Aussagen den verschiedenen Verteilungsmechanismen zu! Tragen Sie dazu den entsprechenden Buchstaben in das Kästchen vor der jeweils zutreffenden Aussage ein!

Verteilungsmechanismen

a) Marktpreisbildung
b) Bookbuilding-Verfahren
c) Freihändiger Verkauf
d) Tender (Amerikanisches Verfahren)

Aussagen

[ ] Am Ende einer Preisbietungszeit, bei der die Bieter neben der gewünschten Stückzahl ihre Preisvorstellung angeben müssen, wird aus der Gesamtzahl aller Gebote ein einheitlicher Verkaufspreis festgelegt.

[ ] Der Preis bildet sich auf einem organisierten Markt mit Angebot und Nachfrage in der Weise, dass der Preis einheitlich gilt, bei dem der größtmögliche Umsatz stattfindet.

[ ] Das angebotene Gut wird während einer festgelegten Frist so lange zum immer neu festgesetzten Preis verkauft, wie der Vorrat reicht.

[ ] Nachdem die Nachfrager limitierte Kaufangebote abgegeben haben, wird vom höchsten gebotenen Preis beginnend so lange zum jeweils gebotenen Preis verteilt, bis das Angebot vollständig verteilt ist.

90. In der nachstehenden Abbildung ist der Lebenszyklus von Produkten modellhaft dargestellt. Ordnen Sie die nachstehenden Aussagen den Abschnitten A bis E der Abbildung (auf der Zeitachse) zu, indem Sie die den entsprechenden Buchstaben vor die zutreffende Aussage eintragen!

Aussagen

[ ] In dieser Phase erfolgt eine absolute Marktausdehnung bei gleichzeitigem Absinken der Gewinnraten. Durch starke Investitionen seitens der Konkurrenz wird der Wettbewerb in dieser Phase verstärkt.

[ ] Neugierkäufe kennzeichnen diese Phase. Hier entscheidet sich, ob eine ursprüngliche Produktidee sich auf dem Markt durchsetzen kann.

[ ] In dieser Phase wird das Bedürfnis, auf dessen Befriedigung das Erzeugnis abgestellt war, nun besser, billiger und bequemer von anderen Produkten befriedigt.

[ ] In dieser Phase erreicht der Umsatz seinen Höhepunkt.

[ ] In dieser Phase wird das Produkt immer bekannter. Konkurrenzunternehmen tauchen jetzt vermehrt mit Nachahmungen auf. Die Folge ist eine recht starke Marktexpansion.

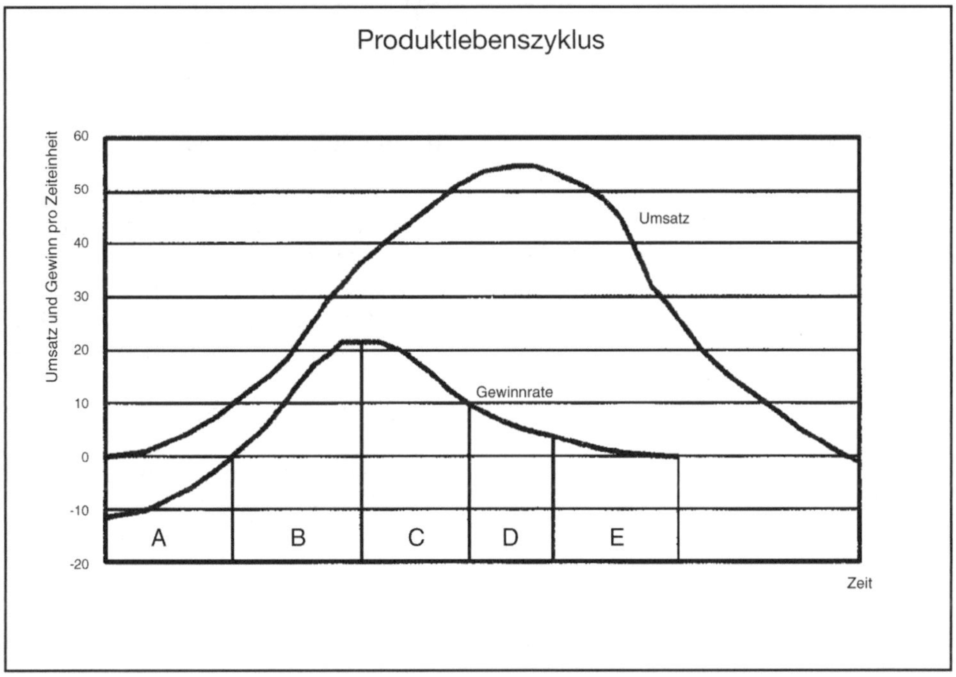

91. Ordnen Sie die nachstehenden absatzpolitischen Instrumenten den aufgelisteten Maßnahmen zu!

Absatzpolitische Instrumente

a) Produkt-/Sortimentspolitik
b) Preispolitik
c) Distributionspolitik
d) Kommunikationspolitik

Maßnahmen

[ ] Preisfestsetzung
[ ] Werbung
[ ] Öffentlichkeitsarbeit
[ ] Errichtung von Verkaufsniederlassungen
[ ] Produktgestaltung
[ ] Straffung der angebotenen Bankdienstleistungen
[ ] Kundenberatertraining
[ ] Verkaufsförderung

92. Bringen Sie die folgenden Phasen des Marketing-Prozesses eines Kreditinstitutes, die zur optimalen Versorgung des örtlichen Marktes führen sollen, in die richtige zeitliche Reihenfolge, indem Sie die Ziffern 1 bis 5 vor die einzelnen Phasen eintragen!

[ ] Realisierung des Marketingkonzeptes
[ ] Entscheidung, welches Instrumentarium eingesetzt wird, um die Zielsetzung zu erreichen (Marketing-Mix)
[ ] Kontrolle des Erreichten (Soll-Ist-Vergleich)
[ ] Erarbeitung eines Marketingkonzeptes (Marketingplanung), um in der konkreten Situation über eine Imagestrategie nie schlechtere Konditionen anzubieten als der örtliche Hauptwettbewerber
[ ] Informationsbeschaffung über Kunden, Nichtkunden und Wettbewerber durch die Marktforschung

93. Die Abbildung zeigt die Gesamtnachfrage- und die Gesamtangebotskurve für ein bestimmtes Gut bei vollkommenem Markt. Ordnen Sie die in Frage kommenden Veränderungen der Angebots- bzw. Nachfragekurve ihren ursächlichen Vorgängen zu!

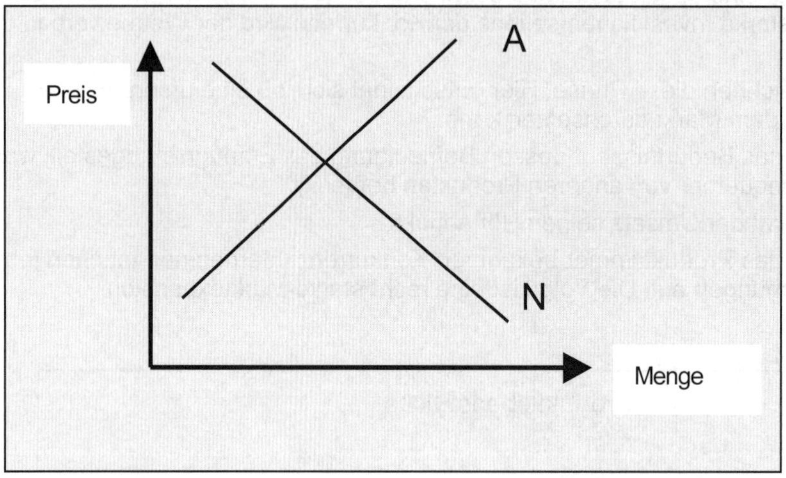

Veränderungen der Kurven

a) Linksverschiebung der Nachfragekurve
b) Rechtsverschiebung der Nachfragekurve
c) Linksverschiebung der Angebotskurve
d) Rechtsverschiebung der Angebotskurve

Ursächliche Vorgänge

[ ] Die zur Produktion des Gutes benötigten Rohstoffe können zu deutlich gesunkenen Preisen beschafft werden.

[ ] Kindergelderhöhungen bewirken einen Kaufkraftzuwachs bei den privaten Haushalten.

[ ] Gewerbesteuern werden deutlich erhöht.

[ ] Die Produktionskosten sinken infolge technischen Fortschritts.

94. Die abgebildeten Nachfragekurven sollen das Nachfrageverhalten der privaten Haushalte nach leichtem Heizöl darstellen. Welche <u>beiden</u> Aussagen dazu sind zutreffend?

a) Die Verschiebung der Nachfragekurve von N_0 nach N_2 zeigt an, dass die Haushalte auf Preiserhöhungen elastisch reagieren.

b) Die Verschiebung der Nachfragekurve von N_0 nach N_1 kann damit begründet werden, dass die Erdgaspreise drastisch gesenkt wurden.

c) Die Verschiebung der Nachfragekurve von N_0 nach N_2 ist auf eine Preiserhöhung bei leichtem Heizöl zurückzuführen.

d) Die Verschiebung der Nachfragekurve von N_0 nach N_2 kann durch eine Erhöhung des verfügbaren Einkommens, z. B. auf Grund von Steuersenkungen, begründet werden.

e) Die Verschiebung der Nachfragekurve von N_0 nach N_1 ist auf die rationellere Produktion bei leichtem Heizöl zurückzuführen.

f) Die Verschiebung der Nachfragekurve von N_0 nach N_1 ist auf die Verteuerung des Erdgases, z. B. durch eine Erdgassteuer, zurückzuführen.

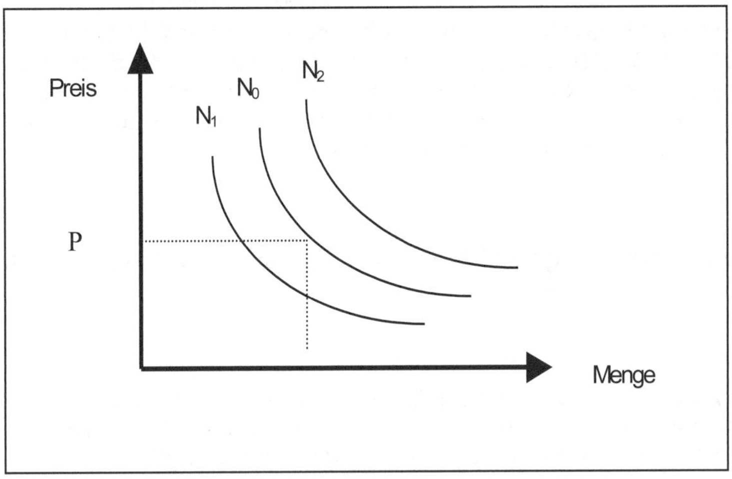

95. Welche <u>beiden</u> Aussagen sind zu den abgebildeten Kurven (Angebots- und Nachfragekurve) zutreffend?

a) Bei einem Preis = 40 beträgt die Nachfrage 400 Stück.

b) Bei einem Preis = 10 kann die gesamte Nachfrage abgedeckt werden.

c) Bei einem Preis < 25 kommt es zu einem Angebotsüberschuss.

d) Bei einem Preis > 40 kommt keine Nachfrage zu Stande.

e) Bei einem Preis = 10 entsteht ein Nachfrageüberschuss von 300 Stück.

f) Bei einem Preis > 25 kommt es zu einem Angebotsüberschuss.

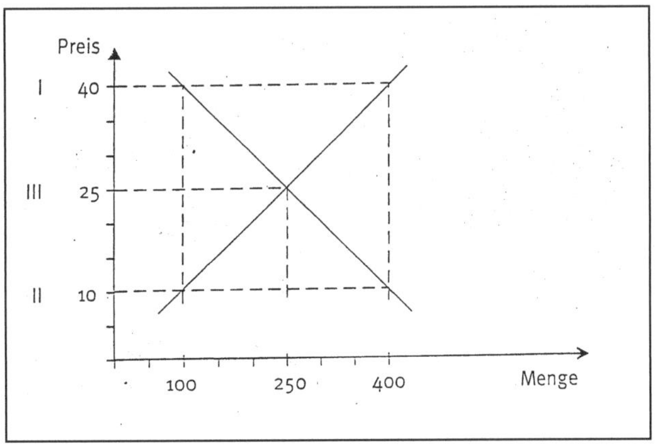

Den nächsten drei Aufgaben liegt die folgende Abbildung zugrunde!

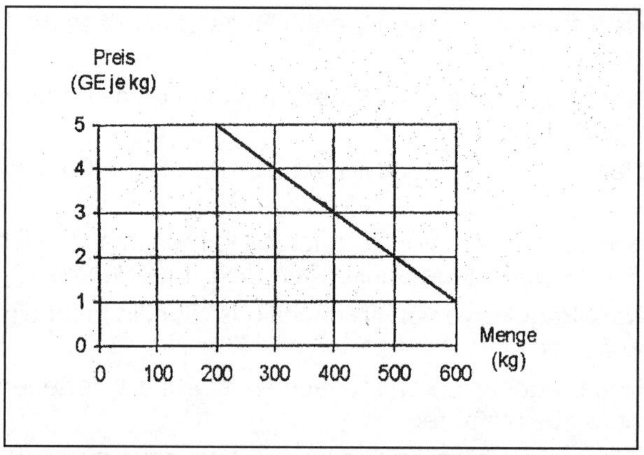

96. In der Abbildung ist die Gesamtnachfrage nach einem Gut modellhaft dargestellt. Welcher Gleichgewichtspreis in GE (Geldeinheiten) ergibt sich, wenn 4 Produzenten jeweils 100 ME (Mengeneinheiten) dieses Gutes am Markt verkaufen wollen, und zwar zu einem beliebigen Preis, mindestens aber zu 1 GE pro Gut? Es gelten die Bedingungen des vollkommenen Marktes. Tragen Sie das Ergebnis in das Kästchen ein!

[ ]

97. Wie hoch ist der zu dem Gleichgewichtspreis erzielte Umsatz? Tragen Sie das Ergebnis in das Kästchen ein!

[ ]

98. Welcher Gleichgewichtspreis würde sich, bei sonst gleichen Bedingungen, ergeben, wenn 2 der Anbieter ihr Angebot um jeweils 30 ME und die beiden anderen Anbieter jeweils um 20 ME reduzieren würden? Tragen Sie das Ergebnis in das Kästchen ein!

[ ]

99. Nachstehende Angebots- und Nachfragesituation kennzeichnen den Markt. Wie wirken sich die folgenden staatlichen Maßnahmen auf die Nachfrage- bzw. Angebotskurve und den jeweiligen Marktpreis aus, wenn alle übrigen Einflussgrößen unverändert bleiben? Ordnen Sie der jeweilige Auswirkung die ursächliche staatliche Maßnahme zu!

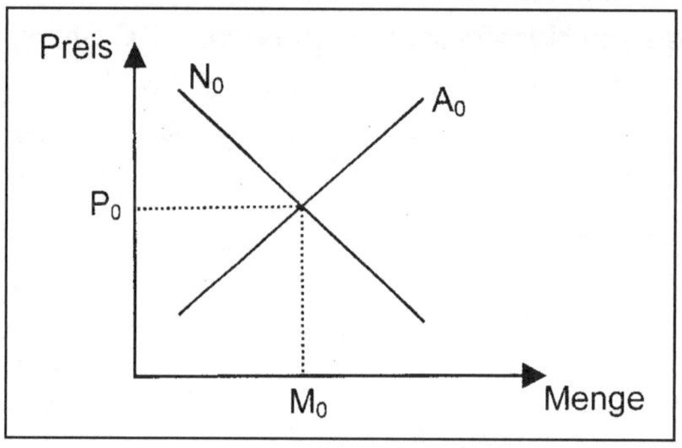

Staatliche Maßnahmen

a) Der Staat streicht den von der Lohn- und Einkommensteuer abhängigen Solidaritätszuschlag.

b) Der Staat legt fest, dass der Handel sämtliche Einwegflaschen zurücknehmen muss.

c) Der Staat zahlt Unternehmen, die Solaranlagen herstellen, einen Zuschuss je produzierte Einheit.

d) Der Staat streicht für alle zukünftigen Bauvorhaben die Eigenheimzulage.

Auswirkungen

[ ] Die Nachfrage steigt, der Marktpreis steigt.

[ ] Die Nachfrage sinkt, der Marktpreis fällt.

[ ] Das Angebot steigt, der Marktpreis fällt.

[ ] Das Angebot sinkt, der Marktpreis steigt.

100. Durch das Verhalten der Nachfrager wird die Absatzmenge eines Anbieters bestimmt. Durch die Preis-Absatz-Funktion wird ausgedrückt, bei welchem Preis ein Anbieter welche Absatzmenge erzielt. Die Abbildung zeigt eine mögliche Preis-Absatz-Funktion auf einem unvollkommenen oligopolistischen Markt. Welche Aussage im Zusammenhang mit der in der Abbildung dargestellten Kennzeichnungen A bis E bezüglich der Preisgestaltung ist zutreffend?

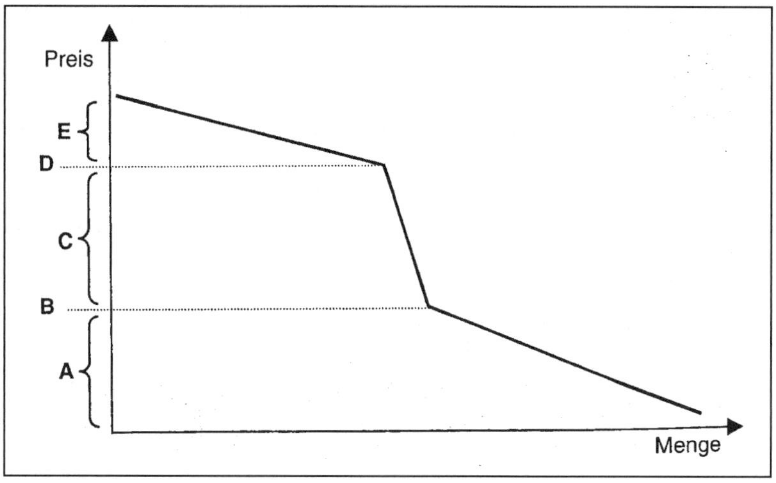

a) Im Bereich A muss auf die Kalkulation kostendeckender Preise nicht geachtet werden.
b) Beim Überschreiten des Punktes B wechseln die Kunden der Konkurrenz immer zum preiswerteren Anbieter.
c) Im Bereich C sind Preisveränderungen bei gleichbleibender Marktposition möglich.
d) Beim Unterschreiten des Punktes D wandern die Kunden größtenteils zur Konkurrenz ab.
e) Im Bereich E lösen geringfügige Preiserhöhungen des Anbieters eine starke Kundenabwanderung zur Konkurrenz aus.

1. **Ein Kaufvertrag entsteht durch zwei inhaltlich übereinstimmende Willenserklärungen. In welchem Fall ist dieser Sachverhalt gegeben?**

	1. Schritt	**2. Schritt**
a)	Befristetes Angebot	Bestellung innerhalb der angegebenen Frist
b)	Freibleibendes Angebot	Bestellung
c)	Bestellung	Auftragsbestätigung mit Einschränkungen
d)	Anfrage	Verbindliches Angebot
e)	Zeitungsanzeige für Spezialmaschine	Bestellung

2. **In welchem Fall ist ein Kaufvertrag durch zwei übereinstimmende Willenserklärungen zu Stande gekommen?**
   a) Der Kunde bestellt schriftlich auf ein unverbindliches Angebot.
   b) Der Kunde fragt bei der Großhandels GmbH an, ob ihm eine Ware zum Preis von höchstens 45,00 € geliefert werden könne. Die Großhandels GmbH bietet dem Kunden daraufhin die Ware zu einem Preis von 42,00 € an.
   c) Der Kunde bestellt am 12. Januar auf ein schriftliches Angebot hin Waren, die spätestens am 22. Januar geliefert werden sollen. In dem Angebot war die Lieferzeit mit 4 Wochen angegeben.
   d) Der Kunde will aus der Schaufensterauslage eine Ware kaufen. Er teilt dies der Verkäuferin mit.
   e) Der Kunde bestellt auf ein schriftlichen Angebot hin 15 Stück einer Ware zu je 16,20 €. In dem Angebot hieß es unter anderem: „Preis je Stück 18,00 €, bei Abnahme von mindestens 10 Stück 10 % Rabatt.“

3. **In welchem Fall kommt ein rechtswirksamer Kaufvertrag zustande?**
   a) Ein Verkäufer schickt unaufgefordert ein besonders günstiges Angebot, der Kunde bestellt umgehend zu den genannten Bedingungen.
   b) Ein Privatmann nimmt vom Briefträger ein Päckchen an, in dem sich unbestellte Ware befindet.
   c) Ein Kunde bestellt aufgrund einer detaillierten Werbeanzeige in der Tageszeitung.
   d) Ein Kaufmann bestellt Ware zum bisherigen Preis, der Verkäufer liefert die Ware zum erhöhten Neupreis.
   e) Ein Kunde schickt eine Anfrage und erhält daraufhin ein detailliertes Angebot.

4. **In welchem Fall ist ein rechtswirksamer Vertrag zustande gekommen?**
   a) Ein 17-jähriger schließt mit dem Auszubildenden einen Ausbildungsvertrag ab.
   b) Bei einem Grundstück wird ein Kaufpreis von 40.000,00 € vereinbart. Bei der notariellen Beurkundung wird nur ein Betrag von 20.000,00 € angegeben.
   c) In eine Bestellung wird aus Versehen 200 Stück statt 20 eingesetzt. Der Lieferer sendet daraufhin die 200 Stück.
   d) Ein Kaufmann erhält telefonisch ein günstiges Angebot. Einen Tag später bestellt er die Ware. Der Anbieter lehnt die Lieferung ab.
   e) Ein Nicht-Kaufmann verbürgt sich mündlich zur Sicherung eines Kredites für einen Freund.

5. **In welchem Fall handelt es sich um einen Kaufvertrag?**
   a) Inhalt des Vertrages ist die Veräußerung von Sachen oder Rechten gegen Entgelt.
   b) Inhalt des Vertrages ist die Herstellung einer Sache oder Erbringung einer Leistung gegen Entgelt.
   c) Inhalt des Vertrages ist die entgeltliche Überlassung von Sachen zum Gebrauch.
   d) Inhalt des Vertrages ist die Leistung von Diensten gegen Entgelt.
   e) Inhalt des Vertrages ist die entgeltliche Überlassung von Geld oder anderen vertretbaren Sachen bei späterer Rückgabe.
   f) Inhalt des Vertrages ist die Herstellung einer Sache gegen Entgelt, wobei der Hersteller auch die Materialien dazu liefert.

6. **Welche Aussage über den Kaufvertrag ist richtig?**
   a) Die Einigung der Vertragspartner wird als Erfüllungsgeschäft bezeichnet.
   b) Die Übergabe einer beweglichen Sache wird als Verpflichtungsgeschäft bezeichnet.
   c) Für Kaufverträge über unbewegliche Sachen gibt es keine Formvorschriften.
   d) Ein Kaufvertrag, der gegen ein Gesetz verstößt, ist anfechtbar.
   e) Ein Kaufvertrag über eine bewegliche Sache ist aufgrund eines Erklärungsirrtums eines Vertragspartners anfechtbar.

7. In welchem Fall ist ein Kaufvertrag zustande gekommen?
a) Verkäufer macht freibleibendes Angebot, Kunde bestellt rechtzeitig und ohne Abänderung
b) Verkäufer macht befristetes Angebot mit neuen Preisen, Kunde bestellt rechtzeitig zum bisherigen Preis
c) Kunde fragt nach einer Ware an, Verkäufer gibt postwendend ein verbindliches Angebot ab
d) Kunde bestellt wie gehabt, Verkäufer sendet Auftragsbestätigung
e) Kunde bestellt ohne Angebot, Verkäufer lehnt ab und macht Gegenangebot

8. In welchem Fall ist ein Kaufvertrag zustande gekommen?
a) Der Käufer bestellt nach Ablauf der im Angebot gesetzten Frist.
b) Der Käufer nimmt das Angebot eines Lieferers mit Änderungen an.
c) Der Verkäufer liefert sofort ohne Auftragsbestätigung die vom Käufer bestellte Ware.
d) Der Käufer bestellt aufgrund eines freibleibenden Angebotes.
e) Der Käufer erteilt eine Bestellung aufgrund einer Zeitungsanzeige.

9. Welche beiden Willenserklärungen führen zum Abschluss eines Kaufvertrags?
a) 1. Willenserklärung: Anfrage; 2. Willenserklärung: Bestellung
b) 1. Willenserklärung: Bestellung; 2. Willenserklärung: Angebot
c) 1. Willenserklärung: unverlangte Lieferung; 2. Willenserklärung: Bezahlung
d) 1. Willenserklärung: verbindliches Angebot; 2. Willenserklärung: Lieferung
e) 1. Willenserklärung: freibleibendes Angebot; 2. Willenserklärung: Bestellung
f) 1. Willenserklärung: Angebot ohne Freizeichnungsklausel; 2. Willenserklärung: Auftragsbestätigung

10. Der Einzelhändler Müller bestellt per Fax beim Großhändler Meier 40 Kartons Forellen zur Lieferung am nächsten Morgen. In welchem Fall kommt ein Kaufvertrag zustande?
a) Großhändler Meier kündigt per Fax die Lieferung von 35 Kartons Forellen für den nächsten Morgen und Restlieferung für 14:00 Uhr an.
b) Großhändler Meier bestätigt die 40 Karton telefonisch für 14:00 Uhr.
c) Großhändler Meier schreibt einen Expressbrief mit der Lieferzusage von 40 Kartons. Der Brief wird am Nachmittag des nächsten Tages zugestellt.
d) Per E-Mail bestätigt Großhändler Meier die Lieferung einer ähnlichen Fischart.
e) Großhändler Meier liefert am nächsten Morgen 40 Kartons ohne vorherige Information an den Einzelhändler Müller, der die Lieferung annimmt.

11. Welche Formvorschriften gelten beim Abschluss eines Kaufvertrages?
a) Kaufverträge über 100.000,00 € müssen notariell beurkundet werden.
b) Grundsätzlich bestehen für Kaufverträge keine Formvorschriften.
c) Der Kaufvertrag muss schriftlich abgeschlossen werden, wenn der Kaufgegenstand einen Wert von über 100.000,00 € hat.
d) Der Kaufvertrag bedarf der Schriftform, wenn sich Käufer und Verkäufer noch nicht in allen Punkten geeinigt haben.
e) Jeder Kaufvertrag muss schriftlich abgeschlossen werden; ansonsten ist er ungültig, weil die Beweiskraft fehlt.

12. In welchem Fall ist ein Kaufvertrag zustande gekommen?
a) Der Lieferer unterbreitet dem Käufer auf dessen Anfrage ein Angebot.
b) Der Lieferer sendet dem Käufer auf dessen Bestellung eine entsprechende Auftragsbestätigung.
c) Der Käufer bestellt aufgrund einer Zeitungsanzeige.
d) Der Käufer bestellt aufgrund eines freibleibenden Angebots.
e) Die Bestellung des Käufers wird vom Lieferer unter Angabe erhöhter Preise bestätigt.
f) Der Lieferer sendet aufgrund einer telefonischen Anfrage eine Auftragsbestätigung an den Käufer.

13. Welche Aussage zum Kaufvertrag ist richtig?
a) Waren hat der Verkäufer im Zweifel auf seine Gefahr und Kosten dem Käufer zu übersenden.
b) Der Eigentumsvorbehalt ist auch wirksam, wenn er nicht ausdrücklich vereinbart wurde.
c) Ist keine Vereinbarung über die Beschaffenheit des eingekauften Rohstoffes getroffen, hat der Lieferer Rohstoffe zu liefern, die sich zur gewöhnlichen Verwendung eignen und eine Beschaffenheit aufweisen, die üblich ist und der Käufer nach der Art der Sache erwarten kann.
d) Ist für die Übernahme der Bezugskosten an einen anderen Ort als den Erfüllungsort keine Vereinbarung getroffen, gilt die Klausel „frachtfrei".
e) Der vertragliche Erfüllungsort richtet sich nach dem Gerichtsstand des Schuldners.

14. Welche beiden Willenserklärungen führen zum Abschluss eines Kaufvertrags?

	1. Willenserklärung:	**2. Willenserklärung:**
a)	Anfrage	Bestellung
b)	Bestellung	Angebot
c)	Unverlangte Lieferung	Bezahlung
d)	Verbindliches Angebot	Lieferung
e)	Freibleibendes Angebot	Bestellung
f)	Angebot ohne Freizeichnungsklausel	Auftragsbestätigung

15. Wie lange ist ein Verkäufer nach dem Gesetz an sein Angebot gebunden?

a) Ein Angebot ist so lange gültig, bis eine Bestellung des Käufers eintrifft.
b) Ein schriftliches Angebot gilt immer zwei Wochen.
c) Ein telefonisches Angebot gilt immer eine Woche.
d) Ein Angebot ist so lange gültig, wie unter regelmäßigen Umständen eine Antwort erwartet werden kann.
e) Im Angebot muss immer eine Frist angegeben sein, nach deren Ablauf es dann ungültig wird.

16. Der Eisen- und Stahlgroßhändler Grübel erhält mit der Briefpost vom 03.11. folgendes Angebot vom Hersteller Mix AG: 350 Werkzeugkästen, Größe B, je 87,00 € + USt. Lieferung: Frachtfrei, sofort Zahlung: 30 Tage Ziel, bei Zahlung innerhalb 10 Tagen 3 % Skonto. Bis zur vollständigen Bezahlung der Ware gilt Eigentumsvorbehalt. Der Großhändler Grübel bestellt am 27.11. 350 Werkzeugkästen zu den genannten Bedingungen. Die Mix AG teilt 3 Tage später fernmündlich mit, dass sie die Ware nicht mehr liefern kann. Wie ist die Rechtslage?

a) Weil der Liefertermin kalendermäßig nicht genau bestimmt ist, muss Grübel dem Lieferer eine Nachfrist setzen, damit die Mix AG in Verzug kommt.
b) Der Großhändler kann sich sofort bei einem anderen Lieferer mit der Ware eindecken. Einen möglichen Mehrpreis muss die Mix AG tragen.
c) Die Mix AG ist an das Angebot nicht mehr gebunden, da sie unter Eigentumsvorbehalt angeboten hat.
d) Die Mix AG ist an das Angebot nicht mehr gebunden, weil sie das Angebot durch den Anruf rechtzeitig widerrufen hat.
e) Die Mix AG ist an das Angebot nicht mehr gebunden, weil Grübel zu spät bestellt hat.

17. Welche Anforderung muss an ein rechtsgültiges Angebot gestellt werden?

a) Es muss stets an eine bestimmte Person gerichtet sein.
b) Es muss auf einem Vordruck abgegeben werden.
c) Es muss sich an die Allgemeinheit wenden.
d) Es darf nicht widerrufen werden.
e) Es muss schriftlich abgefasst sein.

18. Ordnen Sie zu!

Handlungen

a) Mitteilung vom Käufer an den Verkäufer, dass der Ware eine zugesicherte Eigenschaft fehlt
b) Ausstellen von Waren mit Preisangaben im Schaufenster
c) Willenserklärung an eine bestimmte Person, Waren zu den angegebenen Bedingungen zu liefern
d) Einigung zwischen Verkäufer und Erwerber, dass das Eigentum übergehen soll, und Übergabe
e) Willenserklärung des Käufers, eine bestimmte Ware zu den angegebenen Bedingungen zu kaufen
f) Öffentliche Versteigerung einer mangelhaft gelieferten, verderblichen Ware durch den Käufer
g) Bestätigung, dass die bestellte Ware geliefert wird

Begriffe zum Kaufvertrag

[ ] Anpreisung
[ ] Bestellung
[ ] Angebot

19. Welche beiden Angaben passen nicht zu einem verbindlichen Angebot?
- a) Preis
- b) Menge
- c) Art, Güte, Beschaffenheit der Ware
- d) Vorrat begrenzt
- e) Lieferungsbedingungen
- f) Preise unverbindlich
- g) Lieferzeit
- h) Zahlungsbedingungen

20. In welchem Fall liegt ein bindendes Angebot vor?
- a) Eingang eines Fernschreibens: „Biete freibleibend an: Oberhemden, reine Baumwolle, knitterarm, 28,00 € je Stück“.
- b) Anzeige in der Tageszeitung: „Pullover, reine Schurwolle, Langarm, 85,00 € je Stück“
- c) Auslage im Schaufenster: „Damenkleid, Größe 42, 198,00 €“
- d) Katalog eines Versandhauses mit genauen Angaben über Qualität, Preise und Lieferbedingungen
- e) Telefonischer Antrag: „Nicht mehr modische Herrenanzüge, reine Baumwolle, Größen 52 und 54, Sonderpreis je Stück 128,00 €“
- f) Verteilung von Warenproben in einem SB-Geschäft

21. Im Falle einer erstmaligen Geschäftsbeziehung sind im Angebot, in der Bestellung und in der Auftragsbestätigung keine Lieferungsbedingungen genannt worden. Erst auf der Rechnung werden dem Käufer Lieferungsbedingungen mitgeteilt. Welche Aussage ist richtig?
- a) Diese Angaben binden Käufer und Verkäufer.
- b) Gegen diese Angaben muss der Käufer innerhalb von acht Tagen Einspruch einlegen.
- c) Diese Angaben sind für den Käufer ohne Bedeutung, es gelten die gesetzlichen Bestimmungen.
- d) Der Kaufvertrag ist schwebend unwirksam.
- e) Der Kaufvertrag kann wegen Irrtums angefochten werden.

22. Welche Angebotsformulierung ist für den Verkäufer verbindlich?
- a) „Wir bieten Ihnen an, solange Vorrat reicht.....“
- b) „Wir bieten Ihnen unverbindlich an.....“
- c) „Wir bieten Ihnen freibleibend an.....“
- d) „Wir bieten Ihnen an....., Preis freibleibend.....“
- e) „Wir bieten Ihnen an.....“
- f) „Wir bieten Ihnen an....., Liefermöglichkeit vorbehalten“

23. Wann muss der Widerruf einer Bestellung spätestens beim Lieferer eintreffen?
- a) Gleichzeitig mit der Bestellung
- b) Einen Tag, nachdem die Bestellung eingetroffen ist
- c) Es ist unerheblich, wann der Widerruf eintrifft
- d) Bevor die Bestellung eintrifft
- e) Vor dem Versand der Ware

24. Ein Großhändler gibt aufgrund eines verbindlichen Angebots brieflich eine Bestellung auf. Am nächsten Morgen erhält er von einem anderen Lieferer ein wesentlich günstigeres Angebot. Welche Möglichkeit besteht, um die erste Bestellung rechtswirksam zu widerrufen?
- a) Der Widerruf muss spätestens nach 8 Tagen beim Lieferer eintreffen.
- b) Der Widerruf ist möglich, solange der Lieferer die Ware nicht abgesandt hat.
- c) Ein Widerruf muss wie das Angebot als Brief versandt werden.
- d) Der Widerruf ist erst erforderlich, wenn die Auftragsbestätigung eingeht.
- e) Der Widerruf muss sofort fernschriftlich erfolgen, damit er spätestens mit der Bestellung vorliegt.

25. In welchem Fall ist eine Bestellungsannahme (Auftragsbestätigung) notwendig, damit ein Kaufvertrag zustande kommt?
- a) Nach einem nur mündlich vereinbarten Kauf
- b) Nachdem ein Kunde auf ein fernschriftliches Angebot bestellt hat
- c) Nach Bestellung aufgrund eines Sonderangebots
- d) Nachdem auf ein freibleibendes Angebot bestellt wurde
- e) Nachdem ein neuer Kunde auf ein bindendes Angebot bestellt hat

26. Die Meister KG bestellt in München Ersatzteile. Der Lieferer nimmt die Bestellung an, ändert aber in seiner Bestellungsannahme Preis und Liefertermin. Welche Aussage ist richtig?
a) Der Kaufvertrag ist zustande gekommen. Es gelten die Daten in der Bestellung.
b) Der Kaufvertrag ist zustande gekommen. Es gelten die Daten in der Bestellungsannahme.
c) Der Kaufvertrag ist nicht zustande gekommen. Die Vertragspartner müssen sich nur noch über den Liefertermin einigen.
d) Der Kaufvertrag ist zustande gekommen. Die Meister KG hat auf die Bestellungsannahme innerhalb einer angemessenen Frist nicht geantwortet.
e) Der Kaufvertrag ist nicht zustande gekommen. Die Vertragspartner müssen sich noch über Preis und Liefertermin einigen.

27. Welche Wirkung hat eine Anfrage für die Entstehung eines Kaufvertrages?
a) Die Anfrage gilt als Antrag, wenn der Empfänger der Anfrage unverzüglich liefern kann.
b) Die Anfrage gilt als Antrag zum Abschluss eines Kaufvertrages.
c) Die Anfrage hat keine rechtliche Wirkung für die Entstehung eines Kaufvertrages.
d) Der Anfragende ist, sofern der Empfänger der Anfrage ein verbindliches Angebot abgibt, zur Bestellung verpflichtet.
e) Der Empfänger der Anfrage ist nach dem HGB verpflichtet, ein Angebot abzugeben.

28. Welche Aussage über Anfragen ist richtig?
a) Anfragen erhöhen die Marktübersicht.
b) Anfragen sind die ersten Willenserklärungen zum Abschluss des Kaufvertrages.
c) Anfragen bedürfen der Schriftform.
d) Anfragen beinhalten die Annahme der Angebote.
e) Anfragen sind in der Regel rechtsverbindlich.

29. Welche Aussage über die Anfrage ist richtig?
a) Durch eine Anfrage und ein verbindliches Angebot kommt ein Kaufvertrag zustande.
b) Die Anfrage ist rechtlich nicht bindend.
c) Die Anfrage gilt als Bestellung, wenn die nachgefragte Ware sofort lieferbar ist.
d) Für die Anfrage ist gesetzlich die Schriftform vorgeschrieben.
e) Eine Anfrage gilt als Antrag im Rahmen des Kaufvertrages.

30. In welchem Fall handelt es sich um ein Angebot im rechtlichen Sinn?
a) Eine Ware wird einem Kunden von seinem Lieferer durch Zusendung von Prospekten mit Preis liste angeboten.
b) Eine Ware wird auf einer Messe ausgestellt.
c) Eine Ware wird in der Anzeige einer Fachzeitschrift beschrieben, wobei Preis, Beschaffenheit und Lieferbedingungen genannt werden.
d) Eine Ware wird mit genauen Angaben durch eine Postwurfsendung angeboten.
e) Eine Ware wird im Schaufenster ausgestellt.

31. Wie lange ist ein telefonisches Angebot gültig?
a) Es ist bis zum Eingang der schriftlichen Bestätigung gültig.
b) Es ist bis zum Ablauf der Geschäftszeit des Anbieters gültig.
c) Es ist 2 Tage gültig.
d) Es ist 2 Stunden gültig.
e) Es ist bis zur Beendigung des Gespräches gültig.

32. Welche rechtliche Wirkung hat die Auftragsbestätigung, wenn kein Angebot vorausging?
a) Sie ist die Annahme des Antrages, wenn der Lieferer einzelne Konditionen der Bestellung verändert hat.
b) Sie ist der Antrag zum Vertrag.
c) Sie hat keine rechtliche Wirkung, sondern ist lediglich eine Information für den Käufer, dass die Bestellung bearbeitet wird.
d) Sie ist der erste rechtswirksame Schritt zum Vertrag.
e) Sie ist die Annahme des Antrages, wenn sie mit den Konditionen der Bestellung übereinstimmt.

33. In welchem Fall ist eine Auftragsbestätigung angebracht?
a) Wenn Bestellung und Angebot übereinstimmen
b) Wenn die Preisangaben im Angebot und in der Bestellung übereinstimmen
c) Wenn der Bestellung ein verbindliches Angebot vorausging
d) Immer, denn ein Kaufvertrag kommt nur durch die Auftragsbestätigung zustande
e) Wenn die Bestellungen von neuen Kunden kommen

34. Ein Unternehmen bestellt Rohstoffe, ohne dass ein Angebot vom Lieferer vorliegt. Welche rechtliche Wirkung hat die sofortige Lieferung?
a) Sie gilt als verbindliches Angebot des Lieferers.
b) Falls der Lieferer vorbehaltlos liefert, kommt ein Kaufvertrag zu den Bedingungen des Käufers zustande.
c) Ein Kaufvertrag kommt erst dann zustande, wenn die Lieferung vom Besteller bezahlt wird.
d) Sie stellt einen Antrag zum Abschluss eines Kaufvertrages dar und hat bis zur mängelfreien Annahme der Ware keine rechtliche Wirkung.
e) Die Lieferung gilt als „Kauf zur Probe“, über die Liefer- und Zahlungsbedingungen muss man sich noch einigen.

35. In welchem Fall hat die Auftragsbestätigung die Rechtswirkung eines Antrages?
a) Die Auftragsbestätigung erfolgt, um die fernmündliche Bestellung des Käufers nochmals zu bestätigen.
b) Die Auftragsbestätigung wird auf die Bestellung eines neuen Kunden hin rechtzeitig erteilt.
c) Die Auftragsbestätigung ist gleichlautend mit der Bestellung, der kein Angebot zugrunde lag.
d) Die Auftragsbestätigung stimmt inhaltlich mit der vorhergehenden Bestellung überein.
e) Die Auftragsbestätigung erfolgt verspätet auf eine verbindliche Bestellung ohne vorhergehendes Angebot.

36. Welche Aussage über das Angebot ist richtig?
a) Ein Angebot muss schriftlich unterbreitet werden.
b) Ein mündliches Angebot muss schriftlich wiederholt werden.
c) Ein Angebot ist an keine Form gebunden.
d) Ein telefonisches Angebot gilt nur unter Vollkaufleuten.
e) Ein mündliches Angebot ist nichtig.

37. Ein Großhändler unterbreitet einem Einzelhändler ein schriftliches Angebot über die Lieferung von Waren zu einem besonders günstigen Preis. In dem Schreiben fehlt jeder Hinweis darüber, wie lange dieses Angebot verbindlich ist. Wie lange ist der Großhändler an das Angebot gebunden?
a) Der Großhändler ist ohne zeitliche Beschränkung an das Angebot gebunden, da ein einschränkender Hinweis fehlt.
b) Der Großhändler ist zwar unbefristet an das Angebot gebunden, kann aber durch nachträgliche schriftliche Erklärung gegenüber dem Empfänger das Angebot für ungültig erklären.
c) Das Angebot ist so lange bindend, wie der Großhändler unter verkehrsüblichen Umständen eine Antwort erwarten kann.
d) Die Bindung an das Angebot erlischt nach einer Frist von 6 Wochen.
e) Der Großhändler ist überhaupt nicht an das Angebot gebunden, da ein einschränkender Hinweis fehlt.

38. Von einem vom Kunden nachgefragten Artikel sind nur noch Restposten vorhanden. Dies soll in einem abzugebenden Angebot berücksichtigt werden. Was ist demnach bei der Erstellung des Angebots zu beachten?
a) Nichts, weil Angebote immer unverbindlich sind.
b) Das Angebot ist mit einer Freizeichnungsklausel zu versehen.
c) Ein mündlich abgegebenes Angebot muss innerhalb einer Woche schriftlich bestätigt werden.
d) Bei einem telefonischen Angebot gelten die Angaben nur Vollkaufleuten gegenüber verbindlich.
e) Die Bindung an ein Angebot ist ohnehin nach 4 Wochen erloschen.

39. Welche Angebotsklausel ist hinsichtlich Preis und Menge unverbindlich?
- a) Solange der Vorrat reicht
- b) Unfrei
- c) Preis freibleibend
- d) Zahlung im Voraus
- e) Frei dort
- f) Freibleibend

40. Wie lange ist ein Kaufmann an ein freibleibendes Angebot gebunden?
- a) Es besteht keine Bindung.
- b) Solange die Preise unverändert bleiben
- c) Solange Waren vorhanden sind
- d) Bis zum eigenen Widerruf
- e) Bis zur Annahme des Angebots
- f) Bis zum Ablauf der handelsüblichen Frist

41. Die Einkaufsabteilung bestellt bei einem Lieferer nach dessen freibleibendem Angebot Maschinenteile. Der Lieferer nimmt die Bestellung an, ändert aber in seiner Bestellungsannahme Preis und Liefertermin. Wie ist diese Situation zu beurteilen?
- a) Der Kaufvertrag ist noch nicht zustande gekommen. Die Vertragspartner müssen sich erst über Preis und Liefertermin einigen.
- b) Der Kaufvertrag ist zustande gekommen. Beim Liefertermin gilt die gesetzliche Regelung.
- c) Der Kaufvertrag ist zustande gekommen. Die Vertragspartner müssen sich noch über den Preis einigen.
- d) Der Kaufvertrag ist zustande gekommen. Es gelten die Angaben der Bestellungsannahme.
- e) Der Kaufvertrag ist zustande gekommen. Es gelten die Angaben der Bestellung.

42. Welche Aussage über das Angebot ist richtig?
- a) Ein fernmündliches Angebot muss schriftlich bestätigt werden.
- b) Eine verspätete Annahme eines Angebots gilt als neuer Antrag.
- c) Ein schriftliches Angebot kann nur fernmündlich widerrufen werden.
- d) Ein verbindliches Angebot kann nur schriftlich abgegeben werden.
- e) Ein fernmündliches Angebot ist stets unverbindlich.

43. Was wird unter Kaufleuten als „Freizeichnungsklausel“ bezeichnet?
- a) Brutto für netto
- b) Solange Vorrat reicht
- c) Unfrei
- d) Frei Haus
- e) Ab Werk

44. In welchem Fall kommt es zum Abschluss eines Kaufvertrages?
- a) Auf ein freibleibendes Angebot wird eine Bestellung mit Änderungen abgegeben.
- b) Aufgrund eines Zeitungsinserates erfolgt eine Bestellung.
- c) Auf ein Angebot wird eine Bestellung nach Ablauf der Bindungsfrist abgegeben.
- d) Aufgrund einer Bestellung erfolgt die Anlieferung der bestellten Ware.
- e) Auf ein verbindliches Angebot wird eine Bestellung mit Änderungen abgegeben.

45. Ihnen ist bewusst, dass durch den Kaufvertrag Ihrem Unternehmen und dem Lieferanten verschiedene Pflichten entstehen. Welche Pflichten hat Ihr Lieferant zu erfüllen?
- a) Er muss die Ware bezahlen.
- b) Er muss die Ware annehmen.
- c) Er muss die Ware sofort überprüfen.
- d) Er muss Ihnen die Ware frei von Mängeln übergeben.
- e) Er muss die Ware gegen Transportgefahren versichern.

Bitte beachten Sie bei den nächsten beiden Aufgaben die nachstehenden Rechtsvorschriften!

§ 433 BGB Vertragstypische Pflichten beim Kaufvertrag

(1) Durch den Kaufvertrag wird der Verkäufer einer Sache verpflichtet, dem Käufer die Sache zu übergeben und das Eigentum an der Sache zu verschaffen. Der Verkäufer hat dem Käufer die Sache frei von Sach- und Rechtsmängeln zu verschaffen.

(2) Der Käufer ist verpflichtet, dem Verkäufer den vereinbarten Kaufpreis zu zahlen und die gekaufte Sache abzunehmen.

46. Aus dem Kaufvertrag erwachsen verschiedene Pflichten. Welche Pflicht obliegt nicht dem Verkäufer?
a) Das Eigentum an der Kaufsache muss übertragen werden.
b) Die Kaufsache muss übergeben werden.
c) Die Kaufsache muss frei von Sachmängeln übergeben werden.
d) Die Kaufsache muss frei von Rechtsmängeln übergeben werden.
e) Die Kaufsache muss angenommen und bezahlt werden.

47. Bei der Erfüllung des Kaufvertrages entstehen den Vertragspartnern verschiedene Pflichten. Welche Pflicht hat der Verkäufer zu erfüllen?
a) Er muss die Ware bezahlen.
b) Er muss die Ware annehmen.
c) Er muss die Ware sofort überprüfen.
d) Er hat dem Käufer die Ware frei von Mängeln zu übergeben.
e) Er hat die Ware sorgsam zu behandeln.

48. Was versteht man unter Rücktritt?
a) Den Anspruch auf nachträgliche Änderung der bestellten Stoffe
b) Den Anspruch auf Rückgängigmachung des Kaufvertrages
c) Den Anspruch auf Schadenersatz wegen Nichterfüllung
d) Den Anspruch auf Ersatzlieferung für fehlerhafte Stoffe
e) Den Anspruch auf Minderung des Kaufpreises

49. Welche Aussage zur ordnungsgemäßen Erfüllung eines Kaufvertrages ist richtig?
a) Der Käufer darf die Annahme der vertragsgemäß gelieferten Ware verweigern.
b) Der Käufer zahlt den vereinbarten Kaufpreis.
c) Der Verkäufer ist beim Verkauf von Sachen verpflichtet, dem Käufer die tatsächliche, nicht die rechtliche Herrschaft über eine Sache zu verschaffen,
d) Das Erfüllungsgeschäft umfasst Abschluss und Erfüllung des Kaufvertrages.
e) Der Kaufvertrag wird durch das Verpflichtungsgeschäft erfüllt.

50. Welche Aussage zum Verpflichtungs- bzw. Erfüllungsgeschäft ist richtig?
a) Das Verpflichtungsgeschäft muss schriftlich abgeschlossen werden.
b) Das Verpflichtungsgeschäft legt die Rechte und Pflichten der Vertragspartner fest.
c) Das Erfüllungsgeschäft muss gleichzeitig mit dem Verpflichtungsgeschäft erfolgen.
d) Das Erfüllungsgeschäft legt die Rechte und Pflichten der Vertragspartner fest.
e) Das Erfüllungsgeschäft ist ein einseitiges Rechtsgeschäft.

51. Welche Aussage über die Erfüllung eines Kaufvertrages ist richtig, wenn keine vertragliche Regelungen bestehen?
a) Der Käufer muss im Zweifel auf seine Gefahr und seine Kosten dem Verkäufer Geld übermitteln.
b) Der Käufer muss im Zweifel Geld an den Wohnsitz des Verkäufers überbringen.
c) Der Verkäufer muss im Zweifel auf seine Gefahr und seine Kosten dem Käufer Waren zuschicken.
d) Der Verkäufer muss im Zweifel am Wohnsitz des Käufers Geld abholen.
e) Der Verkäufer muss im Zweifel dem Käufer Waren an dessen Wohnsitz überbringen.

52. Welche Aussage über die Qualität der Ware ist richtig, wenn im Kaufvertrag nichts über die Güte der Ware vereinbart ist?
a) Der Lieferer darf erst nach genauer Qualitätsbestimmung liefern.
b) Der Lieferer hat Ware mittlerer Art und Güte zu liefern.
c) Der Lieferer hat Ware der besten Qualität zu liefern.
d) Der Lieferer braucht nur Ware der Qualität zu liefern, die er am Liefertermin vorrätig hat.
e) Der Lieferer kann die Warenqualität selbst bestimmen.

53. Ordnen Sie zu!

Besondere Kaufverträge

a) Fixkauf (kalendermäßig bestimmt)
b) Kauf nach Probe
c) Kauf zur Probe
d) Kauf auf Probe
e) Kommissionskauf
f) Kauf auf Abruf

Erklärungen

[ ] Der Käufer hat das Recht, die gekaufte Ware innerhalb einer bestimmten Frist in Teilmengen anzufordern.

[ ] Ein fest vereinbarter Liefertermin ist wesentlicher Bestandteil des Kaufvertrages.

[ ] Der Käufer hat bei Nichtgefallen ein Rückgaberecht innerhalb einer bestimmten Frist.

54. Ordnen Sie zu!

Vertragsinhalte

a) Kauf von 1.000 Wintermänteln, die jeden Monat mit 200 Stück nach besonderen Angaben über Farben und Größen geliefert und bezahlt werden
b) Kauf einer Nähmaschine mit Rückgaberecht innerhalb von 4 Wochen
c) Kauf eines Typenschreibtisches Modell „Diplomat", Artikel-Nr. 4711
d) Kauf von 10 Packungen eines neuen Lösungsmittels, um es auszuprobieren. Bei Erfolg werden weitere Bestellungen in Aussicht gestellt.
e) Kauf von 100 Jägerjacken aufgrund eines Musters
f) Kauf von 12.000 kg Garn für die Weberei, zu liefern im nächsten Halbjahr jeweils bis zum 5. des Monats

Besondere Kaufverträge

[ ] Kauf auf Probe

[ ] Spezifikationskauf

[ ] Kauf nach Probe

55. Was kennzeichnet den Kauf auf Abruf?

a) Der Kaufvertrag kann nur mündlich abgeschlossen werden.
b) Der Käufer kann den Kaufvertrag jederzeit widerrufen.
c) Der Käufer kann nachträglich Menge, Farbe, Größe usw. bestimmen.
d) Der Käufer kann die Liefertermine und Mengen von Teillieferungen noch später bestimmen.
e) Der Käufer bestellt Waren nach, die er regelmäßig von seinem Lieferer bezieht.

56. Wie nennt man einen Kauf, bei dem zunächst eine kleine Menge fest bestellt und eine größere Menge später gekauft wird, falls die Ware dem Käufer zusagt?

a) Kauf zur Probe
b) Spezifikationskauf
c) Kauf auf Abruf
d) Kauf nach Probe
e) Kalendermäßig bestimmter Kauf

57. Ordnen Sie zu!

Kaufvertragsarten

a) Kauf nach Probe
b) Kauf auf Abruf
c) Kauf auf Probe
d) Deckungskauf
e) Spezifikationskauf
f) Fixkauf
g) Kauf zur Probe

Erläuterungen

[ ] Kauf nach eingetretenem Lieferungsverzug von einem anderen Lieferer

[ ] Kauf einer kleinen Menge mit der Absicht, sie zu testen, um eventuell nachzubestellen

[ ] Kauf, bei dem die nähere Bestimmung der bestellten Ware innerhalb einer festgesetzten Frist erfolgt

58. Ordnen Sie zu!

Kaufvertragsarten

a) Kauf zur Probe
b) Kauf auf Probe
c) Spezifikationskauf
d) Kauf nach Probe
e) Kalendermäßig bestimmter Kauf
f) Zielkauf

Erklärungen

[ ] Kauf einer bestimmten Menge; bei Abruf wird die Ware näher bestimmt.

[ ] Die Zahlung ist innerhalb einer bestimmten Frist nach Lieferung zu leisten.

[ ] Kauf mit Rückgaberecht innerhalb einer bestimmten Frist

59. Welche Aussage beschreibt den Spezifikationskauf (Bestimmungskauf) gemäß HGB?

a) Der Liefertermin wird vom Käufer nachträglich innerhalb einer bestimmten Frist festgelegt.
b) Der Käufer bestimmt den genauen Ort der Lieferung spätestens 8 Tage vor der Lieferung.
c) Der Preis wird erst bei Lieferung vom Verkäufer bestimmt, der sich dabei an dem dann gültigen Marktpreis orientiert.
d) Die Transportkosten bestimmt der Verkäufer erst, wenn ihm der Käufer den genauen Lieferort mitgeteilt hat.
e) Der Erfüllungsort für solche Verträge wird immer nach dem HGB bestimmt.
f) Farbe, Form und Größe einer gekauften Ware werden innerhalb einer bestimmten Frist vom Käufer noch näher bestimmt.

60. Ein Großhandelsunternehmen möchte die Einkaufsvorteile für eine größere Bestellmenge in Anspruch nehmen, hat aber nicht genügend Lagerraum. Welche Art des Kaufvertrages wäre für das Großhandelsunternehmen am vorteilhaftesten?

a) Kauf auf Probe
b) Kalendermäßig bestimmter Kauf
c) Kauf nach Probe
d) Kauf auf Abruf
e) Terminkauf
f) Platzkauf

61. Welcher Kaufvertrag kennzeichnet einen kalendermäßig bestimmten Kauf (Fixkauff)?

a) Die gelieferte Ware muss in allen Einzelheiten der an einem bestimmten Tage vorgelegten Probe entsprechen.
b) Das Zustandekommen des Kaufvertrages hängt von der Abnahme der Ware durch den Käufer bis zu einem bestimmten Termin ab.
c) Der Käufer bestellt fest eine kleine Menge mit der Vereinbarung, künftig eine größere Menge zu kaufen.
d) Der Käufer bestellt eine Ware zu einem bestimmten Zeitpunkt, den der Lieferer bestätigt und den er einhalten muss.
e) Der Käufer bestellt von einer Gattungsware eine bestimmte Menge und behält sich die Angabe der noch fehlenden Eigenschaften bis zu einem vereinbarten Termin vor.

62. Ordnen Sie zu!

Arten eines Kaufes

a) Spezifikationskauf
b) Handelskauf
c) Kauf en bloc
d) Kalendermäßig bestimmter Kauf
e) Kommissionskauf
f) Kauf auf Probe
g) Kauf zur Probe
h) Kauf nach Probe

Definitionen

[ ] Der Verkäufer ist erst dann verpflichtet, die Ware mit seinem Auftraggeber abzurechnen, wenn er sie verkauft hat.
[ ] Kauf von Waren im Block zu einem Pauschalpreis, ohne dass für die einzelnen Stücke eine bestimmte Qualität zugesichert wird.
[ ] Der Verkäufer ist verpflichtet, die Ware entsprechend einer vorliegenden Probe zu liefern.
[ ] Kauf einer kleinen Menge. Sagt die Ware zu, wird eine größere Bestellung in Aussicht gestellt.

63. Ordnen Sie zu!

Kaufvertragsarten

a) Kauf zur Probe
b) Kauf auf Probe
c) Kauf nach Probe
d) Spezifikationskauf
e) Kalendermäßig bestimmter Kauf
f) Gattungskauf

Erklärungen

[ ] Der Kaufgegenstand ist eine vertretbare Sache.
[ ] Kauf einer Ware, die genau dem beigelegten Muster entsprechen muss.

64. Bereits verkaufte Ware wird einen Tag vor dem vereinbarten Auslieferungstermin durch einen Brand im Lager des Verkäufers zerstört. Bei welcher Ware hat der Kunde weiterhin Anspruch auf Lieferung?

a) Bei einem Originalmanuskript zu einem Roman von Goethe
b) Bei einem gebrauchten Auto, das in einem guten Zustand war
c) Bei einem Ölgemälde eines Künstlers
d) Bei einem handgefertigten Bernsteinschmuckstück (Unikat)
e) Bei einem neuen DVD-Player der Marke Panasonic

65. Welche Aussage über den kalendermäßig bestimmten Kauf ist richtig?
a) Beim kalendermäßig bestimmten Kauf erfolgt die Lieferung auf dem schnellsten Weg.
b) Beim kalendermäßig bestimmten Kauf wird die Menge zu einem späteren Zeitpunkt festgelegt.
c) Beim kalendermäßig bestimmten Kauf sind kürzere Nachfristen zu setzen, um vom Kaufvertrag zurücktreten zu können, wenn die Ware nicht pünktlich geliefert wird.
d) Beim kalendermäßig bestimmten Kauf kommt der Lieferer nur in Verzug, wenn dem Käufer tatsächlich ein Schaden entstanden ist.
e) Beim kalendermäßig bestimmten Kauf kann der Käufer ohne Setzen einer Nachfrist vom Kaufvertrag zurücktreten, wenn nicht termingerecht geliefert wurde.

66. Welcher Bestandteil eines Angebots gehört zu den Lieferbedingungen?
a) Ab Werk
b) Ziel 30 Tage
c) Solange Vorrat reicht
d) 3 % Skonto innerhalb von 8 Tagen
e) Erfüllungsort und Gerichtsstand ist Nürnberg

67. Ordnen Sie zu!

Erklärungen
a) Der Käufer trägt keine Beförderungskosten.
b) Käufer und Verkäufer tragen je zur Hälfte die ab Versandbahnhof anfallenden Beförderungskosten.
c) Der Käufer trägt die Beförderungskosten ab Versandbahnhof.
d) Der Käufer trägt alle anfallenden Beförderungskosten.
e) Käufer und Verkäufer tragen je zur Hälfte die anfallenden Beförderungskosten.
f) Der Käufer trägt die Beförderungskosten ab Empfangsbahnhof.
g) Der Käufer trägt die Beförderungskosten bis zum Versandbahnhof.

Beförderungsbedingungen
[ ] Frei dort
[ ] Frei Lager
[ ] Unfrei

68. Welcher Aufwand fällt bei der Warenbeschaffung unter den Begriff „Hausfracht"?
a) Die betriebsinternen Transportkosten
b) Die gesamten Bezugskosten
c) Die Anlieferungskosten ab Bestimmungsbahnhof
d) Die Paketgebühren
e) Die Frachtkosten der Railion Deutschland

69. Was bedeutet die Lieferbedingung „ab Bahnhof hier"?
a) Der Käufer trägt alle Kosten für die Lieferung.
b) Der Verkäufer trägt die Kosten für die Lieferung ab Versandbahnhof.
c) Der Verkäufer trägt die Kosten der Lieferung bis zum Empfangsbahnhof.
d) Der Verkäufer trägt die Kosten für die Lieferung bis zum Versandbahnhof.
e) Verkäufer und Käufer tragen alle Kosten für die Lieferung zu gleichen Teilen.

70. Welche Beförderungsklausel ist für den Käufer am günstigsten?
a) Ab Bahnhof hier
b) Frachtfrei
c) Frei Wagon
d) Ab Lager
e) Unfrei

71. Durch welche Lieferbedingung wird der Käufer bei Bahnfracht schlechter gestellt, als die gesetzliche Regelung es vorsieht?
a) Frei Haus
b) Unfrei
c) Ab Werk
d) Frachtfrei
e) Frei Waggon
f) Ab hier

72. In einem Kaufvertrag wurde nicht über den Lieferzeitpunkt vereinbart. Welche gesetzliche Regelung trifft auf die Lieferzeit zu?
a) Die Lieferung kann sofort vom Kunden verlangt werden.
b) Der Lieferer kann die Lieferzeit nach seinem Ermessen bestimmen.
c) Der Lieferer muss erst nach 14 Tagen liefern.
d) Der Kunde muss erst die Ware bezahlen und dann einen Liefertermin bestimmen.
e) Der Lieferer kann erst nach der Aufforderung zur Lieferung liefern.

73. Ordnen Sie zu!

Lieferungsbedingungen	**Sachverhalte**
a) Ab Werk	
b) Ab Lager	[ ] Der Verkäufer trägt die Hausfracht am Versandort.
c) Unfrei	[ ] Der Verkäufer trägt Hausfracht und Verladung der Ware am Versandbahnhof.
d) Frei Waggon	
e) Frachtfrei	[ ] Der Verkäufer trägt die Hausfracht am Versandort, die Verladung der Ware und die Fracht bis zum Bestimmungsbahnhof.
f) Frei Haus	

74. Was beinhaltet der Begriff „Frachtbasis"?
a) Die Frachtbasis bestimmt gleichzeitig den Gerichtsstand.
b) Frachtbasis bedeutet, dass der Verkäufer die Kosten bis zur Empfangsstation zu tragen hat.
c) Frachtbasis bedeutet, dass der Käufer lediglich das Rollgeld ab Empfangsstation zu übernehmen hat.
d) Frachtbasis bestimmt den Ort, ab dem der Käufer die Transportkosten zu tragen hat.
e) Der Vermerk Frachtbasis bestimmt den Erfüllungsort.

75. Was bedeutet die Lieferbedingung „frei", wenn Ware durch die Deutsche Bahn AG versandt wird?
a) Lieferung frei Empfangsstation
b) Lieferung frei Versandbahnhof
c) Lieferung frei Grenzstation
d) Lieferung frei Werk
e) Lieferung frei Haus

76. Wer trägt die Kosten für die Versandverpackung und den Transport, wenn im Kaufvertrag nichts vereinbart ist?
a) Der Verkäufer trägt beides.
b) Der Käufer trägt beides.
c) Der Verkäufer trägt die Transportkosten, der Käufer die Kosten der Verpackung.
d) Der Verkäufer trägt die Kosten der Verpackung, der Käufer die Transportkosten.
e) Käufer und Verkäufer tragen die Kosten je zur Hälfte.

77. Welche Kosten trägt der Verkäufer, wenn keine Lieferbedingung vereinbart wurde und demnach die gesetzliche Regelung (unfrei) gilt?
a) Der Verkäufer trägt die Hausfracht für die Anfuhr zur Versandstation.
b) Der Verkäufer trägt die Hausfracht für die Anfuhr zur Versandstation und die Bahnfracht.
c) Der Verkäufer trägt die Bahnfracht einschließlich Transportversicherung.
d) Der Verkäufer trägt die Bahnfracht und die Hausfracht für die Abfuhr von der Empfangsstation.
e) Der Verkäufer trägt die Hausfracht für die Abfuhr von der Versandstation.
f) Der Verkäufer trägt alle Versandkosten.

78. Ein Hamburger Industriebetrieb verkauft an eine Münchner Großhandlung Waren. Es wird „Frachtbasis Kassel" vereinbart. Welche Aussage ist richtig?
a) Die Großhandlung muss die Frachtkosten von Hamburg bis Kassel tragen.
b) Die Großhandlung muss die Frachtkosten von Kassel bis München tragen.
c) Der Versand der Waren muss über Kassel erfolgen.
d) Der Verkäufer muss die Frachtkosten ab Kassel übernehmen.
e) Der Versand erfolgt ab Kassel in einer Sammelladung.

79. Beim Versand einer Ware entstehen folgende Kosten in €: Fracht 80,00 €; Hausfracht vom Werk des Lieferers bis zum Versandbahnhof 30,00 €; Hausfracht vom Bestimmungsbahnhof bis zum Betrieb des Käufers 20,00 €. Die Lieferbedingung lautet unfrei. Wie viel € hat der Käufer zu tragen?

a) 20,00 €
b) 30,00 €
c) 80,00 €
d) 100,00 €
e) 110,00 €
f) 130,00 €

80. „Warenschulden sind Holschulden". Was bedeutet dieser Merksatz?

a) Der Käufer muss die gekaufte Ware immer selbst abholen.
b) Der Käufer kann bestimmen, mit welchem Transportmittel die Waren geschickt werden.
c) Der Käufer trägt die Beförderungskosten, wenn nichts anderes vereinbart ist.
d) Der Verkäufer muss die verkaufte Ware herbeiholen.
e) Der Merksatz ist ohne praktische Bedeutung.

81. Auf dem Transport wird die gelieferte Ware ohne Verschulden des Frachtführers beschädigt. Hinsichtlich der Lieferbedingungen gilt die gesetzliche Regelung. Wer trägt das Risiko des Transports und die Kosten der Beschädigung?

a) Der Spediteur
b) Der Frachtführer
c) Der Fahrer
d) Der Verkäufer
e) Der Käufer

82. In einem Kaufvertrag ist keine Vereinbarung über die Lieferzeit getroffen worden. Der Verkäufer liefert die bestellte Ware schon kurz nach der Bestellung. Der Käufer ist damit nicht einverstanden. Wie ist die Rechtslage?

a) Der Käufer kann die Ware auf Kosten des Lieferers in einem Lagerhaus einlagern, bis sein eigenes Lager aufnahmebereit ist.
b) Ein Kaufvertrag ohne Lieferzeitvereinbarung ist nichtig, da in einem wesentlichen Punkt keine Übereinstimmung besteht.
c) Der Käufer kann die Lieferung mit Recht zurückweisen, da der Lieferer unbedingt vorher eine Bestellungsannahme mit Lieferzeitangabe schicken musste.
d) Der Verkäufer musste auf alle Fälle vor der beabsichtigten Lieferung mit dem Käufer einen Termin absprechen.
e) Wenn nichts über die Lieferzeit vereinbart ist, kann der Lieferer die Ware sofort liefern, der Käufer darf sie nicht ablehnen.

83. Welche Zahlungsbedingung entspricht der gesetzlichen Regelung?

a) Zahlungsziel 30 Tage, bei Zahlung innerhalb von 8 Tagen 3 % Skonto
b) Zahlung gegen Dreimonatsakzept
c) Zahlung innerhalb von 30 Tagen
d) Zahlung netto Kasse
e) Zahlung im Voraus

84. Welcher Bestandteil in einem Angebot gehört zu den Zahlungsbedingungen?

a) Unfrei
b) Ab Werk
c) 30 Tage netto
d) Freibleibend
e) Brutto für netto

85. Ein Privatmann erhält am 10. Oktober von der Kammgarn-Vertriebs GmbH Stoffe im Wert von 380,00 € zuzüglich Umsatzsteuer. Welche Aussage über die Begleichung des Rechnungsbetrages trifft zu, wenn keine Vereinbarungen getroffen wurden?

a) Der Privatmann muss als Endverbraucher die Umsatzsteuer nicht an die Kammgarn-Vertriebs GmbH, sondern an das Finanzamt überweisen.
b) Die Kosten für die Überweisung können vom Rechnungsbetrag abgesetzt werden.
c) Bei der Geldschuld handelt es sich um eine Schickschuld.
d) Der Rechnungsbetrag muss in bar bezahlt werden.
e) Bei der Geldschuld handelt es sich um eine Holschuld.

86. Unsere Zahlungsbedingung lautet 30 Tage Ziel. Um unsere Kunden zu veranlassen, schneller zu zahlen, wird vorgeschlagen, einen Skontoabzug von 2 % bei Zahlung innerhalb von 10 Tagen zu gewähren. Welcher Erklärung würden Sie in diesem Zusammenhang zustimmen?

a) Durch die Einräumung eines Skontoabzugs für die Kunden verringern sich unsere Erträge, weil der Abzug in der Kalkulation nicht berücksichtigt werden kann.
b) Skontoabzug ist für unsere Kunden uninteressant, weil es wirtschaftlicher ist, das Geld so lange wie möglich auf dem Kontokorrentkonto liegen zu lassen.
c) 2 % für 10 Tage entspricht einem Zinssatz von weit über 30 % und ist damit ein lohnendes Angebot an die Kunden.
d) Skontoabzug gibt es nur bei Barzahlung, wir verkaufen aber überwiegend auf Ziel.
e) Da es sich bei den 2 % nur um geringe Beträge handelt, ist der Vorschlag uninteressant.

87. Im Kaufvertrag war keine Vereinbarung über den Erfüllungsort getroffen worden. Wo ist die gesetzliche Regelung richtig beschrieben?

a) Für die Zahlung des Kaufpreises gilt als Erfüllungsort der Wohn- und Geschäftssitz des Verkäufers.
b) Bei einem Versendungskauf liegt der gesetzliche Erfüllungsort am Wohn- und Geschäftssitz des Käufers.
c) Der gesetzliche Erfüllungsort für die Warenlieferung ist am Wohn- und Geschäftssitz des Verkäufers.
d) Für die Lieferung der Ware gilt als Erfüllungsort der Wohn- und Geschäftssitz des Käufers.
e) Der gesetzliche Erfüllungsort muss immer der Gerichtsstand sein.

88. Welche Bedeutung hat die Klausel „Für beide Teile sind Erfüllungsort und Gerichtsstand der Ort des Lieferers“ in einem Kaufvertrag?

a) Die Ware ist zum Ort des Käufers zu liefern.
b) Der Lieferer trägt die Gefahr der Verschlechterung der Ware bis zum Ort des Käufers.
c) Die Warenschulden werden Schickschulden.
d) Die Geldschulden werden Holschulden.
e) Die Gefahr geht am Ort des Lieferers auf den Käufer über.

89. Welche Aussage über den gesetzlichen Erfüllungsort ist richtig?

a) Bis zum Erfüllungsort muss der Käufer die Transportkosten übernehmen.
b) Der gesetzliche Erfüllungsort ist der Wohnsitz oder die gewerbliche Niederlassung des Gläubigers.
c) Der gesetzliche Erfüllungsort ist der Wohnsitz oder die gewerbliche Niederlassung des Schuldners.
d) Der Erfüllungsort wird vom Gerichtsstand bestimmt.
e) Jeder Kaufvertrag muss eine besondere Regelung über den Erfüllungsort enthalten.

90. In einem Kaufvertrag wurde keine Vereinbarung über den Erfüllungsort getroffen. Zum Zeitpunkt des Vertragsabschlusses befindet sich die gewerbliche Niederlassung des Verkäufers in Osnabrück, die des Käufers in Bielefeld. Welche Aussage ist richtig?

a) Erfüllungsort für die Warenleistung ist Bielefeld.
b) Erfüllungsort für die Geldleistung ist Osnabrück.
c) Erfüllungsort für die Geldleistung ist Bielefeld.
d) Erfüllungsort für die Waren- und Geldleistung ist Osnabrück.
e) Erfüllungsort für die Waren- und Geldleistung ist Bielefeld.

91. Die Hans Wild OHG in Hamburg liefert einem Einzelhändler in Regensburg Waren im Wert von 2.000,00 €. Wo ist der gesetzliche Erfüllungsort für die Warenlieferung und für die Zahlung des Kaufpreises?

a) Erfüllungsort für die Warenlieferung und die Zahlung des Kaufpreises ist Hamburg.
b) Erfüllungsort für die Warenlieferung ist Regensburg, Erfüllungsort für die Zahlung des Kaufpreises ist Hamburg.
c) Erfüllungsort ist eine Stadt, die geografisch zwischen Hamburg und Regensburg liegt.
d) Erfüllungsort für die Warenlieferung ist Hamburg, Erfüllungsort für die Zahlung des Kaufpreises ist Regensburg.
e) Erfüllungsort für die Warenlieferung und Zahlung des Kaufpreises ist Regensburg.

92. Welche Aussage über den Erfüllungsort ist richtig?

a) Befindet sich am Erfüllungsort kein Amts- oder Landgericht, so muss als Erfüllungsort der Sitz des zuständigen Gerichts bestimmt werden.
b) Gesetzlicher Erfüllungsort für die Zahlung ist der Geschäftssitz des Verkäufers.
c) Gesetzlicher Erfüllungsort für die Lieferung ist der Geschäftssitz des Käufers.
d) Ab Erfüllungsort des Lieferers geht gemäß BGB die Gefahr des Verlustes bzw. der Beschädigung beim Transport auf den Käufer über, soweit der Lieferer die Ware nicht selbst transportiert.
e) Gesetzlicher Erfüllungsort für die Lieferung und Zahlung ist der Geschäftssitz des Verkäufers.
f) Gesetzlicher Erfüllungsort für die Lieferung und Zahlung ist der Geschäftssitz des Käufers.

93. Welche Aussage trifft auf den Eigentumsvorbehalt zu?

a) Der Eigentumsvorbehalt muss nicht im Kaufvertrag vereinbart werden, da er gesetzlich geregelt ist.
b) Der Eigentumsvorbehalt muss ausdrücklich in den AGB des Unternehmens geregelt sein.
c) Der Eigentumsvorbehalt muss ausdrücklich im Kaufvertrag vereinbart werden, eine Form muss dabei nicht beachtet werden.
d) Der Eigentumsvorbehalt muss ausdrücklich im Kaufvertrag vereinbart werden, dabei muss die Schriftform beachtet werden.
e) Der Eigentumsvorbehalt ist nur bei zweiseitigen Handelsgeschäften zulässig.
f) Der Eigentumsvorbehalt ist bei Geschäften mit Ratenzahlung nicht zulässig.

94. Warum wird beim Abschluss eines Kaufvertrages häufig Eigentumsvorbehalt vereinbart?

a) Weil der Verkäufer in diesem Fall Besitzer der Ware bleibt
b) Weil der Verkäufer damit die Kaufpreisforderung absichern will
c) Weil der Verkäufer damit das Recht erhält, jederzeit vom Kaufvertrag zurückzutreten
d) Weil der Käufer damit die Zusicherung erhält, Eigentümer zu werden
e) Weil der Verkäufer damit einen Weiterverkauf durch den Kunden unterbinden kann

95. Welche Aussage zum Eigentumsvorbehalt ist richtig?

a) Durch einen Eigentumsvorbehalt bleibt der Verkäufer Besitzer einer Ware, bis der Kaufpreis vollständig bezahlt wird. Der Käufer wird Eigentümer.
b) Durch einen Eigentumsvorbehalt bleibt der Verkäufer Eigentümer einer Ware, bis der Kaufpreis vollständig bezahlt wird. Der Käufer wird Besitzer.
c) Der Eigentumsvorbehalt kann nur im Falle eines Insolvenzverfahrens geltend gemacht werden.
d) Der Eigentumsvorbehalt kann nur dann geltend gemacht werden, wenn der zur Bezahlung einer Ware ausgestellte Wechsel nicht eingelöst wird.
e) Der Eigentumsvorbehalt wird ins Handelsregister eingetragen.

96. Wir verkaufen Waren an einen Kunden unter einem erweiterten Eigentumsvorbehalt. Was wird dadurch erreicht?

a) Die gelieferten Waren bleiben bis zur vollständigen Bezahlung aller unserer Forderungen gegenüber dem Kunden unser Eigentum.
b) Dieser Eigentumsvorbehalt garantiert die Bezahlung der Ware.
c) Dieser Eigentumsvorbehalt sichert uns ein Pfandrecht an der Ware zu.
d) Dieser Eigentumsvorbehalt verhindert die Nutzung der Ware vor ihrer vollständigen Bezahlung durch unseren Kunden.
e) Dieser Eigentumsvorbehalt schützt unseren Kunden.

97. Was beinhaltet die Klausel: „Aus Weiterveräußerung der Ware gegen Dritte entstehende Forderungen tritt der Käufer schon heute in Höhe des Weiterverkaufspreises an uns ab.“?

a) Verlängerter Eigentumsvorbehalt
b) Verarbeitungsverbot
c) Sicherungsübereignung
d) Eigentumsübertragung
e) Weiterverkaufsverbot

98. Die Bavaria Fahrradwerke KG kauft Rohstoffe unter Eigentumsvorbehalt. Welche Aussage ist richtig?

a) Wenn nicht rechtzeitig bezahlt wird, kann der Lieferer die Rohstoffe, soweit sie noch nicht verarbeitet sind, zurückverlangen, wenn die Fristsetzung zur Nacherfüllung erfolglos blieb.
b) Der Lieferer kann die Rohstoffe nicht mehr zurückverlangen, wenn sie zur Hälfte bezahlt sind.
c) Die Rohstoffe dürfen frühestens nach einer Teilzahlung verarbeitet werden.
d) Solange der Eigentumsvorbehalt besteht, dürfen die Rohstoffe nicht verarbeitet werden.
e) Die Rohstoffe können vor der Bezahlung nur mit Zustimmung des Lieferers verarbeitet werden.

99. A liefert B unter Eigentumsvorbehalt eine Ware. B verkauft diese Ware an K gegen Rechnung. K hat die ihm übergebene Ware noch nicht bezahlt. Wer ist Eigentümer der Ware?

a) A, weil er unter Eigentumsvorbehalt geliefert hat
b) B, weil K noch nicht bezahlt hat
c) A und B gemeinschaftlich, weil jeder noch einen Anspruch hat
d) K, weil er die Ware von B gutgläubig gekauft und übernommen hat
e) A, weil B diese Ware nicht hätte weiterverkaufen dürfen

100. Sie erhalten den Auftrag, für die Bavaria Fahrradwerke KG neue Computer anzuschaffen. Bringen Sie die folgenden Phasen des Bestellvorgangs in die richtige Reihenfolge, indem Sie die Ziffern 1 bis 6 in die Kästchen vor den Phasen eintragen.

[ ] Sie bestellen die benötigten Computer.
[ ] Sie nehmen die Merkmale der neu anzuschaffenden Computer in die Anfrage auf.
[ ] Sie holen Angebote ein.
[ ] Der Leiter der Verkaufsabteilung teilt Ihnen die erforderlichen Ausstattungsmerkmale der Computer mit und gibt Ihnen den Auftrag, die benötigten Computer zu beschaffen.
[ ] Sie verhandeln mit dem ausgewählten Lieferer.
[ ] Sie führen einen Angebotsvergleich durch und wählen einen Lieferer aus.

101. Um den Angebotsvergleich anstellen zu können, bedienen Sie sich des Kalkulationsschemas. Bringen Sie dies in die richtige Reihenfolge.

[ ] = Zieleinkauf
[ ] - Liefererskonto
[ ] = Listeneinkaufspreis
[ ] + Bezugskosten
[ ] = Bezugspreis
[ ] - Liefererrabatt
[ ] = Bareinkaufspreis

<u>**Zu den nächsten drei Aufgaben siehe nachstehende Situation!**</u>

Eine Großhandels GmbH erhielt am 8. Januar eine Lieferung Ölfilter, die sie am 3. Januar per Fax bestellt hatte. Bei der durchgeführten Qualitätsprüfung konnten keine Mängel festgestellt werden. Erst durch die eigenen Kunden erfuhr die Großhandels GmbH, dass einige Ölfilter einen Materialfehler hatten.

1. **Welche Feststellung bezüglich der Rechtslage trifft zu und muss auch beim weiteren Vorgehen seitens der Großhandels GmbH beachtet werden?**
   a) Es handelt sich um ein einseitig empfangsbedürftiges Rechtsgeschäft.
   b) Es handelt sich um ein einseitig nicht empfangsbedürftiges Rechtsgeschäft.
   c) Es handelt sich um ein mehrseitiges Rechtsgeschäft mit einseitiger Verpflichtung.
   d) Es handelt sich um einen einseitigen Handelskauf.
   e) Es handelt sich um einen zweiseitigen Handelskauf.
   f) Es handelt sich um einen Stückkauf.
2. **Welcher Teil des mit dem Lieferer geschlossenen Kaufvertrages wurde <u>nicht</u> erfüllt?**
   a) Rechtzeitige Übergabe der Ware
   b) Ordnungsgemäße Lieferung
   c) Besitzübertragung an die Großhandels GmbH
   d) Eigentumsübertragung an die Großhandels GmbH
   e) Annahme der Ware durch die Großhandels GmbH
3. **Wie ist die Rechtslage für die Großhandels GmbH, nachdem sie durch ihre Kunden von den Mängeln der Ölfilter erfuhr?**
   a) Sie hat kein Recht auf eine Mängelanzeige, da die Ware zum Teil schon weiterveräußert wurde.
   b) Sie hat kein Recht auf eine Mängelanzeige, da die Warenprüfung die Mängel hätte erkennen müssen.
   c) Sie kann keine Gewährleistungsansprüche geltend machen, da bei der Qualitätsprüfung keine Mängel festgestellt wurden.
   d) Sie muss ihre Rechte unverzüglich in Form einer Mängelanzeige geltend machen, da es sich um einen versteckten Mangel handelt.
   e) Es handelt sich um einen Qualitätsmangel und dieser wird als arglistig verschwiegener Mangel bezeichnet. Dieser kann noch 30 Jahre nach Kauf geltend gemacht werden.
   f) Es handelt sich um einen Qualitätsmangel, der als offener Mangel innerhalb 14 Tagen nach Kaufdatum gerügt werden muss.
4. **Die Warenannahme der Großhandels GmbH stellt fest, dass eine gelieferte Ware Mängel aufweist. Wann sind Mängel nach den gesetzlichen Vorschriften zu rügen, damit eventuelle Ansprüche auch durchgesetzt werden können?**
   a) Bei einem offenen Mangel muss innerhalb von 8 Tagen nach Eingang der Lieferung gerügt werden.
   b) Bei einem offenen Mangel muss unverzüglich nach Eingang der Lieferung gerügt werden.
   c) Bei einem offenen Mangel muss innerhalb von 24 Monaten nach Eingang der Lieferung gerügt werden.
   d) Bei einem versteckten Mangel muss innerhalb von 6 Monaten nach Eingang der Lieferung gerügt werden.
   e) Bei einem versteckten Mangel muss innerhalb von 12 Monaten unverzüglich nach Entdecken des Mangels der Lieferung gerügt werden.
5. **Eine Bauunternehmung bestellt bei einer Baustoffgroßhandlung 100 Sack Fertigputz. Geliefert werden aber nur 90 Säcke. Drei Wochen nach Lieferung reklamiert die Bauunternehmung. Die Baustoffgroßhandlung weist die Mängelrüge zurück mit der Begründung, dass diese verspätet eingegangen sei. Wie ist die Rechtslage?**
   a) Die Bauunternehmung hat die Lieferung anerkannt, weil sie nicht unverzüglich gerügt hat.
   b) Es handelt sich um einen versteckten Mangel. Die Bauunternehmung hat den Mangel rechtzeitig gerügt.
   c) Die Bauunternehmung hat das Recht, innerhalb der gesetzlichen Gewährleistungspflicht von 24 Monaten den Mangel anzuzeigen.
   d) Da es sich um einen zweiseitigen Handelskauf handelt, hat die Bauunternehmung das Recht, innerhalb von zwölf Monaten den Mangel anzuzeigen. Die Frist wurde also gewahrt.
   e) Die Baustoffgroßhandlung ist verpflichtet, die noch fehlenden 10 Säcke Fertigputz nachzuliefern.

6. **Statt der bestellten dreitürigen Kleiderschränke „Sierra“ wurden zweitürige Schränke mit der Artikelnummer 789 geliefert. Welcher Mangel liegt vor?**
   a) Es ist ein Mangel in der Beschaffenheit.
   b) Es ist ein Mangel in der Qualität.
   c) Es ist ein versteckter Mangel.
   d) Es ist kein Mangel im rechtlichen Sinne.
   e) Es ist ein Sachmangel im rechtlichen Sinne.

7. **Sie arbeiten bei der Bavaria Fahrradwerke KG. Nach der Lieferung der Computer stellen Sie fest, dass die im Lieferumfang enthaltenen Funkmäuse fehlerhaft sind. Wie ist die Rechtslage?**
   a) Die Bavaria Fahrradwerke KG kann für die fehlerhaften Funkmäuse eine Ersatzlieferung verlangen.
   b) Die Bavaria Fahrradwerke KG hat ausschließlich das Recht auf Minderung des Kaufpreises.
   c) Die Bavaria Fahrradwerke KG muss in jedem Fall mit einer Nachbesserung einverstanden sein.
   d) Die Bavaria Fahrradwerke KG kann sofort einen Deckungskauf vornehmen.
   e) Die Bavaria Fahrradwerke KG kann sofort vom Vertrag zurücktreten.

8. **Eine Lieferung aus Hannover ist auf dem Bahntransport zum Käufer in Nürnberg durch höhere Gewalt (Unwetter) vernichtet worden. Der Käufer hat mit Anerkennung der Lieferbedingungen dem Erfüllungsort Hannover zugestimmt. Muss der Käufer die Rechnung begleichen?**
   a) Er muss zahlen, weil Schäden durch höhere Gewalt immer vom Käufer getragen werden müssen.
   b) Er hat nicht zu zahlen, weil Schäden durch höhere Gewalt zu Lasten des Lieferers gehen.
   c) Er ist zur Zahlung verpflichtet, weil die Gefahr in diesem Fall bereits in Hannover auf den Käufer übergeht.
   d) Er muss nicht zahlen, denn er hat keine Ware erhalten.
   e) Er ist nicht zur Zahlung verpflichtet, weil die Gefahr erst in seinem Werk auf ihn übergeht.

9. **Als Mitarbeiter der Warenannahme stellen Sie bei Anlieferung einer dringend benötigten Ware fest, dass die Verpackung beschädigt ist. Wie verhalten Sie sich richtig?**
   a) Sie lehnen die Annahme der Sendung ab, da Sie andernfalls keine Rechte wegen mangelhafter Lieferung mehr geltend machen können.
   b) Sie setzen den Lieferer in Verzug, damit Sie rechtzeitig unbeschädigte Waren erhalten.
   c) Sie nehmen die Lieferung an und kürzen den Rechnungsbetrag pauschal um 20 %.
   d) Da Sie erst in 5 Tagen Zeit zum Auspacken der Pakete haben, unternehmen Sie vorerst nichts.
   e) Sie lassen sich die schadhafte Verpackung auf den Lieferpapieren bestätigen und überprüfen unverzüglich den Inhalt der Sendung.

10. **In welcher Rechtsvorschrift sind die Rügefristen beim Verbrauchsgüterkauf geregelt?**
    a) Im BGB (Bürgerliches Gesetzbuch)
    b) In der VerkVO (Verkaufsverordnung)
    c) Im HGB (Handelsgesetzbuch)
    d) Im EStG (Einkommensteuergesetz)
    e) Im GWB (Gesetz gegen Wettbewerbsbeschränkungen)

11. **Eine Hausfrau stellt an einer gekauften Ware erst bei deren Gebrauch einen Mangel fest. Innerhalb welcher gesetzlichen Frist muss sie rügen?**
    a) Je nach Vereinbarung
    b) Innerhalb von 2 Tagen
    c) Innerhalb von 6 Wochen
    d) Innerhalb von 24 Monaten
    e) Unverzüglich

12. **Aus dem Gesetz ergeben sich Rügefristen beim zweiseitigen Handelskauf. Innerhalb welcher Frist sind versteckte Mängel zu rügen?**
    a) Die Mängel müssen unverzüglich nach der Entdeckung, spätestens innerhalb von 24 Monaten gerügt werden.
    b) Die Mängel müssen innerhalb von 6 Wochen gerügt werden.
    c) Die Mängel müssen unverzüglich nach Erhalt der Ware gerügt werden.
    d) Die Mängel können jederzeit innerhalb von 6 Monaten gerügt werden.
    e) Die Mängel müssen unverzüglich nach Entdeckung, spätestens nach einem Jahr gerügt werden.

13. Ein Privatkunde kauft bei einem Einzelhändler ein Rührgerät. Erst nach 30 Monaten stellt der Kunde fest, dass das Gerät einen Fabrikationsfehler hat und aufgrund dessen nicht mehr funktionstüchtig ist. Welches Recht kann der Privatkunde gegen den Einzelhändler geltend machen?

a) Vom Kaufvertrag zurücktreten
b) Minderung verlangen
c) Ersatzlieferung fordern
d) Schadenersatz fordern
e) Er kann kein Recht geltend machen, aber Umtauch auf Kulanz erbitten.

14. Wie verhält sich ein Kaufmann richtig, der mangelhafte Ware erhielt und beim Lieferer unverzüglich reklamierte?

a) Er muss die beanstandeten Waren sofort zurücksenden.
b) Er muss die beanstandeten Waren aufbewahren und beim zuständigen Amtsgericht Klage erheben.
c) Er muss die mangelhaften Waren auf jeden Fall behalten, da er Preisnachlass erhält.
d) Er muss unverzüglich einen Selbsthilfeverkauf herbeiführen.
e) Er muss die beanstandeten Waren aufbewahren und die Reaktion des Lieferers abwarten.

15. Eine Warenlieferung (zweiseitiger Handelskauf) wird ausgepackt. Dabei stellen sich erhebliche Mängel an der Ware heraus. Was ist zu tun?

a) Unverzüglich die Mängel rügen und die Ware zur Verfügung des Lieferers halten
b) Ware sofort an den Lieferer zurücksenden
c) Unverzüglich die Mängel rügen und die Ware gleichzeitig an den Lieferer zurückschicken
d) Mangelhafte Ware innerhalb von 24 Monaten zurücksenden
e) Mangelhafte Ware 24 Monate aufbewahren

16. Einem Unternehmer fällt erst 8 Monate nach Lieferung auf, dass die Ware einen versteckten Mangel aufweist. Er rügt unverzüglich beim Lieferer. Ist er den Vorschriften des HGB gerecht geworden?

a) Ja, denn die Verjährungsfrist unter Kaufleuten beträgt 4 Jahre.
b) Nein, denn er hätte innerhalb von 6 Monaten rügen müssen.
c) Nein, denn er hätte die Ware sofort bei Lieferung überprüfen müssen.
d) Nein, denn er hätte innerhalb von12 Monaten rügen müssen.
e) Ja, denn er hat unverzüglich nach Feststellung des Mangels innerhalb von 24 Monaten zu rügen.

17. Was ist zu tun, wenn die auf dem Lieferschein angegebene Stückzahl größer als die tatsächlich gelieferte Stückzahl ist?

a) Angelieferte Ware unverzüglich zurückschicken
b) Dem Lieferer unverzüglich eine Mängelrüge erteilen und ihm eine Frist zur Nacherfüllung setzen
c) Rechnung unter Berücksichtigung der Fehlmenge und Ausnutzung von Skonto zur Zahlung anweisen
d) Einen Deckungskauf vornehmen
e) Schadenersatzansprüche gegenüber dem Lieferer geltend machen

18. 250 Säcke Zement wurden bestellt und geliefert. Auf dem Lieferschein stehen jedoch nur 200 Säcke Zement. Welche Aussage ist richtig?

a) Es ist ein Sachmangel im rechtlichen Sinn.
b) Es ist ein kein Mangel im rechtlichen Sinn.
c) Es ist ein versteckter Mangel.
d) Es ist ein Mangel in der Qualität.
e) Es ist ein Mangel in der Beschaffenheit.

19. Hat ein Reifengroßhändler das Recht, Umtausch zu fordern, wenn statt der bestellten LKW-Reifen am 10.06. PKW-Reifen geliefert wurden, die Sendung aber erst am 05.08. bemängelt wurde?

a) Ja, ihm wurde falsche Ware geliefert.
b) Ja, es handelt sich um Gattungsware.
c) Ja, die gesetzliche Reklamationsfrist beträgt bei offenen Mängeln 6 Monate.
d) Ja, denn es liegt ein versteckter Mangel vor.
e) Nein, denn die Beanstandung erfolgte zu spät.
f) Nein, der Reifengroßhändler kann nur Schadenersatz fordern.

20. In welchem Fall liegt ein Quantitätsmangel vor?

a) Der Verkäufer liefert falsche Ware.
b) Der Verkäufer liefert Ware ohne die zugesicherten Eigenschaften.
c) Der Verkäufer liefert zu viel Ware.
d) Der Verkäufer liefert Ware mit unbedeutenden Fehlern.
e) Der Verkäufer liefert Ware in einer nicht bestellten Güteklasse.

21. In welchem Fall liegt ein versteckter Mangel vor?

a) Wenn statt mittelblauer Farbe hellblaue Farbe geliefert wird
b) Wenn ein gusseisernes Motorengehäuse infolge von Luftblasen im Material bricht
c) Wenn die gelieferten Schrauben ein Rechtsgewinde anstatt des bestellten Linksgewindes aufweisen
d) Wenn eine vor vier Wochen gelieferte und erst jetzt durch den Lieferer montierte Maschine Gangungenauigkeiten aufweist
e) Wenn eine gelieferte Bohrmaschine laut Typenschild für 110 V statt wie bestellt für 220 V ausgelegt ist

22. Die vom Anlieferer übernommene Ware wird sofort kontrolliert. Nach Öffnung der Kartons wird festgestellt, dass ein Großteil der mit Stoff bezogenen Knöpfe stark verschmutzt ist. Welche Aussage ist richtig?

a) Es handelt sich um einen offenen Mangel. Die Textilwerke AG muss unverzüglich rügen.
b) Es handelt sich um einen offenen Mangel. Die Textilwerke AG muss innerhalb von 24 Monaten rügen.
c) Es handelt sich um einen versteckten Mangel. Die Textilwerke AG muss unverzüglich rügen.
d) Es handelt sich um einen versteckten Mangel. Die Textilwerke AG muss innerhalb von 24 Monaten rügen.
e) Es handelt sich um einen arglistig verschwiegenen Mangel. Die Textilwerke AG kann bis Jahresende rügen.

23. Eine Sendung mit Gemüsekonserven (Erbsen) ist am 5. Januar bei Ihrem Unternehmen eingetroffen. 2 Wochen nach der Lieferung stellen Sie fest, dass die Dosen falsch etikettiert sind und Bohnen enthalten. Wann müssen Sie diesen Mangel beanstanden?

a) Unverzüglich nach Entdecken des Mangels
b) Spätestens nach Eingang der Sendung
c) Spätestens nach Eingang der Rechnung
d) Innerhalb von 24 Monaten ab dem Zeitpunkt des Entdeckens
e) Innerhalb von 24 Wochen nach der Lieferung

24. Welchen Zeitraum schreibt das BGB als gesetzliche Gewährleistungsfrist für Warenlieferungen vor?

a) 12 Monate
b) 24 Monate
c) 3 Monate
d) 2 Monate
e) 6 Wochen

25. Welcher Fall rechtfertigt eine Mängelrüge?

a) Der Verkäufer liefert zu früh.
b) Der Verkäufer liefert zu einem niedrigeren Preis.
c) Der Verkäufer liefert zu einem höheren Preis.
d) Der Verkäufer liefert eine zu große Menge.
e) Der Verkäufer liefert an eine falsche Adresse.

Zu den nächsten beiden Aufgaben siehe nachstehende Situation!

Sie sind Mitarbeiter/-in der Schröder KG und bestellen bei einer Möbeltischlerei 10 Sitzbänke von jeweils 1,35 m Länge und dazu passende Tische. Das dafür notwendige Holz haben Sie bei einem Holzgroßhändler bereits besorgt und bei der Tischlerei angeliefert. Die Möbeltischlerei verpflichtet sich, die Tische und Bänke zu einem Festpreis von 6 500,00 € (ohne Abzüge) herzustellen.

26. Welche Art von Vertrag wurde geschlossen?

a) Arbeitsvertrag
b) Kaufvertrag
c) Werkvertrag
d) Dienstvertrag
e) Pachtvertrag

27. Die Anlieferung der bestellten Möbelstücke mit LKW des Lieferers erfolgt nach ca. 3 Wochen. Bei der Anlieferung stellen Sie fest, dass die Sitzbänke nicht die vereinbarte Länge haben, sondern 25 cm kürzer sind, und alle Tische keinen festen Stand haben.
Wie verhalten Sie sich nach der Rechtslage richtig?

a) Sie nehmen alle Möbelstücke an und wollen erst nach Ablauf von 6 Monaten eine schriftliche Mängelrüge erteilen.
b) Sie benutzen die Tische und Stühle zu einer Betriebsfeier und wollen sie dann zurückschicken.
c) Sie verkaufen die Möbelstücke an einen Mitarbeiter und fordern die Neuanfertigung.
d) Sie verweigern die Annahme der Möbel und setzen dem Lieferer eine Nachfrist zur fehlerfreien Ersatzlieferung.
e) Da es sich um einen Stückkauf handelt, müssen Sie die mangelhafte Ware akzeptieren und machen keine weiteren Rechte geltend.

28. Ordnen Sie zu!

Rügefristen nach der gesetzlichen Regelung

a) Unverzüglich nach Lieferung
b) Innerhalb von 6 Wochen nach Lieferung
c) Innerhalb von 3 Monaten nach Lieferung
d) Innerhalb von 24 Monaten nach Lieferung
e) Unverzüglich nach Entdeckung, jedoch innerhalb von 24 Monaten nach Lieferung
f) Innerhalb von 12 Monaten nach Lieferung
g) Unverzüglich nach Entdeckung, jedoch innerhalb von 6 Wochen nach Lieferung

Mängel

[ ] Versteckter Mangel bei zweiseitigem Handelskauf

[ ] Offener Mangel bei zweiseitigem Handelskauf

[ ] Versteckter Mangel bei Verbrauchsgüterkauf

Zu den nächsten sechs Aufgaben beachten Sie bitte nachfolgende Rechtsvorschriften!

§ 434 Sachmangel

(1) Die Sache ist frei von Sachmängeln, wenn sie bei Gefahrübergang die vereinbarte Beschaffenheit hat. Soweit die Beschaffenheit nicht vereinbart ist, ist die Sache frei von Sachmängeln

1. wenn sie sich für die nach dem Vertrag vorausgesetzte Verwendung eignet, sonst
2. wenn sie sich für die gewöhnliche Verwendung eignet und eine Beschaffenheit aufweist, die bei Sachen der gleichen Art üblich ist und die der Käufer nach der Art der Sache erwarten kann.
   Zu der Beschaffenheit nach Satz 2 Nr. 2 gehören auch Eigenschaften, die der Käufer nach den öffentlichen Äußerungen des Verkäufers, des Herstellers (§ 4 Abs.1 und 2 des Produkthaftungsgesetzes) oder seines Gehilfen insbesondere in der Werbung oder bei der Kennzeichnung über bestimmte Eigenschaften der Sache erwarten kann, es ei denn, dass der Verkäufer die Äußerung nicht kannte und auch nicht kennen musste, dass sie im Zeitpunkt des Vertragsschlusses in gleichwertiger Weise berichtigt war oder dass sie die Kaufentscheidung nicht beeinflussen konnte.

(2) Ein Sachmangel ist auch dann gegeben, wenn die vereinbarte Montage durch den Verkäufer oder dessen Erfüllungsgehilfen unsachgemäß durchgeführt worden ist. Ein Sachmangel liegt bei einer zur Montage bestimmten Sache ferner vor, wenn die Montageanleitung mangelhaft ist, es sei denn, die Sache ist fehlerfrei montiert worden.

(3) Einem Sachmangel steht es gleich, wenn der Verkäufer eine andere Sache oder eine zu geringe Menge liefert.

§ 437 Rechte des Käufers bei Mängeln

Ist die Sache mangelhaft, kann der Käufer, wenn die Voraussetzungen der folgenden Vorschriften vorliegen und soweit nicht ein anderes bestimmt ist,

1. nach § 439 Nacherfüllung verlangen
2. nach den §§ 440, 323, und 326 Abs. 5 von dem Vertrag zurücktreten oder nach § 441 den Kaufpreis mindern und
3. nach den §§ 440, 280, 281, 283 und 311 a Schadensersatz oder nach § 284 Ersatz vergeblicher Aufwendungen verlangen.

§ 439 Nacherfüllung

(1) Der Käufer kann als Nacherfüllung nach seiner Wahl die Beseitigung des Mangels oder die Lieferung einer mangelfreien Sache verlangen.

(2) Der Verkäufer hat die zum Zweck der Nacherfüllung erforderlichen Aufwendungen, insbesondere Transport-, Wege-, Arbeits- und Materialkosten zu tragen.

(3) Der Verkäufer kann die vom Käufer gewählte Art der Nacherfüllung unbeschadet des § 275 Abs. 2 und 3 verweigern, wenn sie nur mit unverhältnismäßigen Kosten möglich ist. Dabei sind insbesondere der Wert der Sache in mangelfreiem Zustand, die Bedeutung des Mangels und die Frage zu berücksichtigen, ob auf die andere Art der Nacherfüllung ohne erhebliche Nachteile für den Käufer zurückgegriffen werden könnte. Der Anspruch des Käufers beschränkt sich in diesem Fall auf die andere Art der Nacherfüllung; das Recht des Verkäufers, auch diese unter den Voraussetzungen des Satzes 1 zu verweigern, bleibt unberührt.

(4) Liefert der Verkäufer zum Zwecke der Nacherfüllung eine mangelfreie Sache, so kann er vom Käufer Rückgewähr der mangelhaften Sache nach Maßgabe der §§ 346 bis 348 verlangen.

§ 440 Besondere Bestimmungen für Rücktritt und Schadensersatz

Außer in den Fällen des § 281 Abs. 2 und des § 323 Abs. 2 bedarf es der Fristsetzung auch dann nicht, wenn der Verkäufer beide Arten der Nacherfüllung gemäß 439 Abs. 3 verweigert oder wenn die dem Käufer zustehende Art der Nacherfüllung fehlgeschlagen oder ihm unzumutbar ist. Eine Nachbesserung gilt nach dem erfolglosen zweiten Versuch als fehlgeschlagen, wenn sich nicht insbesondere aus der Art der Sache oder des Mangels oder den sonstigen Umständen etwas anderes ergibt.

§ 441 Minderung

(1) Statt zurückzutreten, kann der Käufer den Kaufpreis durch Erklärung gegenüber dem Verkäufer mindern. Der Ausschlussgrund des § 323 Abs. 5 Satz 2 findet keine Anwendung.

(2) Sind auf der ....

(3) Bei der Minderung ist der Kaufpreis in dem Verhältnis herabzusetzen, in welchem zur Zeit des Vertragsschlusses der Wert der Sache in mangelfreiem Zustand zu dem wirklichen Wert gestanden haben würden. Die Minderung ist, soweit erforderlich, durch Schätzung zu ermitteln.

(4) Hat der Käufer mehr als den geminderten Kaufpreis gezahlt, so ist der Mehrbetrag vom Verkäufer zu erstatten. ......

29. Wann spricht der Gesetzgeber (§ 434 BGB) bei einer Kaufsache von einem Sachmangel?

a) Die Kaufsache ist zu einer vertraglich vereinbarten Verwendung geeignet.

b) Die Kaufsache hat die vertraglich vereinbarte Beschaffenheit.

c) Die Kaufsache ist zur gewöhnlichen Verwendung geeignet, so wie dies bei Sachen der gleichen Art üblich ist.

d) Die Kaufsache weist die Beschaffenheit auf, die der Käufer erwarten kann, weil dies bei Sachen der gleichen Art so üblich ist.

e) Die Kaufsache weist nicht die Beschaffenheit auf, die aus Aussagen des Herstellers, insbesondere in der Werbung, zu erwarten war.

30. Eine Warenlieferung, die vereinbarungsgemäß zum 07.01. eingetroffen war, wies Sachmängel auf. Welche Aussage zu den Rechten des Käufers ist zutreffend?

a) Der Käufer kann zwischen Minderung des Kaufpreises und Nacherfüllung wählen.
b) Der Käufer kann sofort das Recht des Rücktritts wählen.
c) Der Käufer kann wählen zwischen der Beseitigung des Mangels oder der Lieferung einer mangelfreien Ware.
d) Der Käufer kann auf Schadensersatz bestehen, auch wenn er dem Lieferer keine Nachfrist zur Nachbesserung gesetzt hat.
e) Der Käufer kann in jedem Fall vom Vertrag zurücktreten, auch wenn eine Beseitigung des Mangels problemlos erfolgen kann.

31. Die Warenlieferung weist kleinere Schäden auf. Diese sind ohne Probleme vom Lieferer zu beseitigen. Welche Aussage zu den Rechtsansprüchen des Käufers ist zutreffend?

a) Der Käufer kann in diesem Fall zunächst das Recht der Minderung für sich beanspruchen.
b) Der Käufer muss dem Lieferer die Möglichkeit der Mangelbeseitigung einräumen.
c) Der Käufer kann vom Vertrag zurücktreten.
d) Der Käufer kann auf Lieferung mangelfreier Ware (= Ersatzlieferung) bestehen.
e) Der Käufer kann auch in diesem Fall auf Schadensersatz bestehen.

32. Der Gesetzgeber hat die Ansprüche des Käufers bei Lieferung mangelhafter Ware geregelt. In welcher Zeile sind die Rechte genannt, die nur „nachrangig“ vom Kunden durchsetzbar sind?

a) Beseitigung des Mangels - Lieferung mangelfreier Ware
b) Minderung - Rücktritt – Schadensersatz
c) Minderung – Nachlieferung einer mangelfreien Sache
d) Mangelbeseitigung – Rücktritt
e) Schadensersatz – Mangelbeseitigung - Minderung

33. Der Gesetzgeber räumt dem Lieferer, dessen Lieferung Sachmängel aufweist, unter Umständen ein Verweigerungsrecht wegen Unverhältnismäßigkeit ein. Bei welchem vom Kunden beanspruchten Recht kann vom Lieferer die Einrede der Unverhältnismäßigkeit geltend gemacht werden?

a) Recht auf Minderung
b) Recht auf Schadensersatz
c) Recht auf Mangelbeseitigung
d) Recht auf Rücktritt
e) Recht auf Schadensersatz und Rücktritt

34. Ordnen Sie zu!

Begriffserläuterungen

a) Der Käufer verlangt Herabsetzung des Kaufpreises.
b) Der Käufer verlangt Ersatzlieferung mangelfreier Ware.
c) Der Käufer verlangt Rückgängigmachung des Vertrages.
d) Der Käufer verweigert Zahlung des vereinbarten Kaufpreises.
e) Der Käufer verlangt Ausbesserung der mangelhaften Ware.
f) Der Käufer verlangt Geldentschädigung, da trotz Nachfristsetzung keine Ersatzlieferung und keine Nachbesserung erfolgte.

Rechte des Käufers bei mangelhafter Lieferung

[ ] Rücktritt
[ ] Minderung
[ ] Schadensersatz statt der Leistung

35. Welche Aussage zu den Verjährungsfristen bei Mängeln ist zutreffend?

a) Die grundsätzlich auf 2 Jahre festgelegte Verjährungsfrist bei Mängelansprüchen kann vertraglich auch im Verbrauchsgüterkauf verkürzt werden.
b) Die grundsätzlich auf 3 Jahre festgelegte Verjährungsfrist bei Mängelansprüchen kann vertraglich nie verkürzt werden.
c) Die grundsätzlich auf 2 Jahre festgelegte Verjährungsfrist bei Mängelansprüchen kann außerhalb eines Verbrauchsgüterkaufs vertraglich auf 1 Jahr verkürzt werden.
d) Die Verjährungsfrist für Mängelansprüche fällt auch unter die Regelverjährung von 3 Jahren.
e) Für Mängelansprüche gelten immer nur die Vorschriften des HGB.

1. **Ein Privatkunde hat von der Bavaria Fahrradwerke KG Waren im Wert von 260,00 € erhalten. Welche Voraussetzung muss gegeben sein, dass der Privatkunde in Zahlungsverzug gerät?**
   a) Er gerät 30 Tage nach Rechnungserhalt in Zahlungsverzug, auch wenn die Rechnung keinen Hinweis auf die rechtliche Regelung des Zahlungsverzuges enthält.
   b) Er gerät nur in Zahlungsverzug, wenn dies vertraglich festgelegt wurde.
   c) Er gerät 30 Tage nach Fälligkeit und Zugang der Rechnung in Verzug, wenn in der Rechnung auf den Zahlungsverzug hingewiesen wurde.
   d) Er gerät 30 Tage nach Zugang einer Mahnung in Verzug.
   e) Für Privatkunden gelten keine gesetzlichen Regelungen.

2. **Eine Rechnung weist folgende Daten auf: Eingegangen: 12. Oktober; gebucht: 14. Oktober; Rechnungsdatum: 10. Oktober; Lieferdatum: 08. Oktober; Bestelldatum: 25. September. Ab wann gerät der Käufer in Zahlungsverzug, wenn folgende Zahlungsbedingung vereinbart war: Zahlbar innerhalb 10 Tagen ab Rechnungsdatum mit 2 % Skonto, innerhalb 20 Tagen ab Rechnungsdatum netto Kasse?**
   a) 25. September
   b) 08. Oktober
   c) 31. Oktober
   d) 12. Oktober
   e) 14. Oktober

3. **Die Bavaria Fahrradwerke KG verkaufte Anfang Januar verschiedene Waren an die Zweiradgroßhandlung Göbel GmbH in Dresden. Es wurde vereinbart, dass die Zahlung des Kaufpreises bei Lieferung fällig wird. Am 10. Januar um 09:00 Uhr erhielt die Zweiradgroßhandlung die Waren und die Rechnung. Da sie am 20. Februar noch nicht gezahlt hat, will die Bavaria Fahrradwerke KG Zinsen fordern. Prüfen Sie, ob und in welcher Höhe nach der gesetzlichen Regelung Zinsen verlangt werden können?**
   a) Zinsen können grundsätzlich nur verlangt werden, wenn sie vereinbart wurden.
   b) Da keine Vereinbarung über Verzugszinsen getroffen wurde, kann die Bavaria Fahrradwerke KG ab dem 11. Januar Verzugszinsen in beliebiger Höhe verlangen.
   c) Da am 10. Januar die Zahlung aufgrund der Lieferung fällig war und an diesem Tag auch die Rechnung zuging, kann die Bavaria Fahrradwerke KG ab dem 11. Februar Verzugszinsen von 9 % über dem aktuellen Basiszinssatz verlangen.
   d) Zinsen können nicht verlangt werden, da die Voraussetzungen für den Zahlungsverzug nicht erfüllt sind. Grundsätzlich muss die Zweiradgroßhandlung erst gemahnt und eine 30-tägige Nachfrist gesetzt werden.
   e) Die Bavaria Fahrradwerke KG kann frühestens ab dem 11. März Verzugszinsen von 9 % über dem Basiszinssatz verlangen.

4. **Ein Kunde hat die Rechnung nicht pünktlich beglichen. Was ist zu tun, wenn der Kunde keine weiteren Informationen zu den Zahlungsbedingungen erhielt?**
   a) Es ist umgehend eine Mahnung mit Fristsetzung für die Zahlung zu veranlassen.
   b) Zahlungsverzug tritt 30 Tage nach Fälligkeit und Zugang der Rechnung ein. Deshalb ist nichts zu unternehmen.
   c) Zahlungsverzug tritt 30 Tage nach Fälligkeit und Zugang der Rechnung ein, wobei der Kunde den Zugangsbeweis führen muss. Deshalb ist nichts zu unternehmen.
   d) Da Zahlungen immer sofort fällig sind, sind sofort Verzugszinsen zu verlangen.
   e) Da der Kunde nicht bezahlt hat, ist ein gerichtlicher Mahnbescheid zu beantragen.

5. **Ein Verkäufer aus Hamburg hat einem Privatkunden aus München Waren im Wert von 8.000,00 € geliefert. Der vertragliche Erfüllungsort ist für beide Teile Frankfurt am Main. Bei welchem Gericht muss der Verkäufer einen Mahnbescheid beantragen, wenn der Privatkunde nicht zahlt?**
   a) Amtsgericht Frankfurt am Main
   b) Amtsgericht Hamburg bzw. beim zuständigen Zentralen Mahngericht
   c) Amtsgericht München
   d) Landgericht Frankfurt am Main
   e) Landgericht Hamburg
   f) Landgericht München

6. Eine Ware wurde ordnungsgemäß geliefert. Über den Erfüllungsort und Gerichtsstand wurde nichts vereinbart. Wo muss ein Verkäufer, der in München wohnt, einen Mahnbescheid beantragen, wenn der Käufer in Kassel nicht zahlt?

a) Beim Amtsgericht München (oder beim Zentralen Mahngericht)
b) Beim Landgericht München
c) Beim Amtsgericht Kassel
d) Beim Landgericht Kassel
e) Wahlweise beim Amtsgericht München oder Amtsgericht Kassel
f) Wahlweise beim Landgericht München oder Landgericht Kassel

7. Die Bavaria Fahrradwerke KG, Landshut, lieferte ihrem Kunden, der Zweirad Gürtner KG in Nürnberg, Fahrräder. Die Rechnung inklusive Umsatzsteuer belief sich auf 1.649,34 €. Da der Kunde nicht rechtzeitig bezahlte, veranlasste die Bavaria Fahrradwerke KG die Zusendung eines Mahnbescheids. Diesem hat der Kunde fristgerecht widersprochen. Welches der folgenden Gerichte ist für das Klageverfahren über die offene Rechnung zuständig, wenn keine vertraglichen Vereinbarungen zum Gerichtsstand getroffen wurden?

a) Das Landgericht Landshut
b) Das Landgericht Nürnberg
c) Das Amtsgericht Landshut
d) Das Amtsgericht Nürnberg
e) Keines der genannten Gerichte, da keine entsprechende Vereinbarung getroffen wurde

8. Warum werden am Ende eines Kalenderjahres bei den Amtsgerichten viele Anträge auf Erlass von Mahnbescheiden gestellt (<u>zwei</u> Antworten)?

a) Weil bei den meisten Unternehmen das Geschäftsjahr am 31.12. endet
b) Weil durch den Mahnbescheid die Verjährungsfristen gehemmt werden
c) Weil durch den Mahnbescheid die Verjährungsfristen von neuem zu laufen beginnen
d) Weil alle Verjährungsfristen am Ende des Kalenderjahres ablaufen
e) Weil alle Verjährungsfristen am Ende des Kalenderjahres beginnen
f) Weil die 3-jährige Regelverjährung mit dem Ende des Kalenderjahres abläuft

9. Welche Frist muss vom Schuldner gewährt werden, wenn er rechtzeitig gegen einen Mahnbescheid Widerspruch erheben will?

a) 3 Tage
b) 7 Tage
c) 2 Wochen
d) 6 Wochen
e) 6 Monate

10. Sie haben einem säumigen Schuldner durch das Zentrale Mahngericht einen Mahnbescheid zustellen lassen. Der Kunde hat dagegen nichts unternommen und auch nicht gezahlt. Was müssen Sie jetzt veranlassen, um Ihre Forderung durchzusetzen?

a) Den Gerichtsvollzieher beauftragen, tätig zu werden
b) Einen Verhandlungstermin beantragen
c) Ein Inkassobüro einschalten
d) Einen Vollstreckungsbescheid beantragen
e) Die Abgabe einer eidesstattlichen Versicherung beantragen

11. Bringen Sie die folgenden Schritte im gerichtlichen Mahnverfahren in die richtige Reihenfolge!

[ ] Gläubiger (Antragsteller) veranlasst Schuldner (Antragsgegner) durch das Gericht zur Abgabe einer eidesstattlichen Versicherung.
[ ] Gläubiger (Antragsteller) beantragt einen Haftbefehl.
[ ] Da der Schuldner (Antragsgegner) nichts unternommen hat, stellt der Gläubiger (Antragsteller) bei Gericht Antrag auf Erlass und Zustellung eines Vollstreckungsbescheids.
[ ] Schuldner (Antragsgegner) verweigert die Abgabe einer eidesstattlichen Versicherung.
[ ] Gläubiger (Antragsteller) stellt bei Gericht Antrag auf Erlass und Zustellung eines Mahnbescheids.
[ ] Pfändung bleibt mangels Masse fruchtlos.

12. Bringen Sie die folgenden Schritte des gerichtlichen Mahnverfahrens, die gegen einen säumigen Schuldner durchzuführen sind, in die richtige Reihenfolge!

[ ] Der Antragsgegner (Schuldner) zahlt nicht und erhebt auch keinen Widerspruch gegen den Mahnbescheid.

[ ] Der Antragsteller (Gläubiger) stellt Antrag auf Erlass eines Mahnbescheides beim Amtsgericht.

[ ] Das Amtsgericht erlässt den Mahnbescheid und stellt ihn dem Antragsgegner (Schuldner) zu.

[ ] Der Antragsteller (Gläubiger) veranlasst die Zwangsvollstreckung.

[ ] Der Antragsteller (Gläubiger) zwingt mit Hilfe des Gerichtes den Antragsgegner (Schuldner) zur Abgabe einer eidesstattlichen Versicherung.

[ ] Der Gerichtsvollzieher stellt dem Antragsteller (Gläubiger) nach fruchtloser Pfändung eine Unpfändbarkeitserklärung zu.

[ ] Der Antragsteller (Gläubiger) erwirkt einen Vollstreckungsbescheid.

[ ] Der Antragsgegner (Schuldner) zahlt nicht und erhebt auch gegen den Vollstreckungsbescheid keinen Einspruch.

13. Bringen Sie die folgenden Schritte im Ablauf eines Mahnverfahrens in die richtige Reihenfolge!

[ ] Gläubiger (Antragsteller) beantragt Mahnbescheid beim Amtsgericht (bzw. beim Zentralen Mahngericht)

[ ] Schuldner (Antragsgegner) erhebt Einspruch gegen Vollstreckungsbescheid.

[ ] Schuldner (Antragsgegner) reagiert auf Mahnbescheid nicht.

[ ] Schuldner (Antragsgegner) zahlt trotz „eingeschriebener" Mahnung nicht.

[ ] Gläubiger (Antragsteller) beantragt Vollstreckungsbescheid.

[ ] Schuldner (Antragsgegner) erhält Vollstreckungsbescheid zugestellt.

[ ] Das Amtsgericht stellt den Mahnbescheid zu.

14. Ordnen Sie zu!

Erläuterungen

a) Offenlegung aller Vermögenswerte in einem Verzeichnis beim Amtsgericht
b) Pfändung von Sachen und deren Verwertung zu Gunsten des Gläubigers
c) Zwangsweise Vorführung des Schuldners aufgrund eines Haftbefehls zur Abgabe einer eidesstattlichen Versicherung
d) Einleitung eines gerichtlichen Mahnverfahrens
e) Vollstreckungsorgan für die Pfändung von Gegenständen
f) Gerichtliches Dokument, das dem Gläubiger gestattet, gegen den Schuldner die Zwangsvollstreckung zu betreiben

Begriffe

[ ] Zwangsvollstreckung

[ ] Vollstreckungsbescheid

[ ] Mahnbescheid

15. Innerhalb welcher Frist muss der Schuldner nach Zustellung eines Vollstreckungsbescheids Einspruch erheben?

a) 3 Tage
b) 1 Woche
c) 2 Wochen
d) 4 Wochen
e) 6 Monate

16. In das Vermögen des Schuldners wird vom Gerichtsvollzieher zwangsvollstreckt. Was bedeutet das?

a) Das gesamte Vermögen wird vom Gerichtsvollzieher verwaltet.
b) Unbewegliche Gegenstände, z. B. Grundstücke, werden freihändig verkauft.
c) Bewegliche Gegenstände werden durch Aufkleben von Pfandsiegelmarken gepfändet.
d) Der Gläubiger kann über das Vermögen des Schuldners verfügen.
e) Der Gläubiger sucht sich beim Schuldner einen Wertgegenstand aus.

17. Ordnen Sie zu!

Begriffe des gerichtlichen Mahnverfahrens	**Erläuterungen**
a) Mahnbescheid	[ ] Offenlegung aller Vermögenswerte in einem Verzeichnis durch den Schuldner beim Amtsgericht
b) Widerspruch	
c) Vollstreckungsbescheid	[ ] Schuldner unternimmt Schritte gegen Mahnbescheid
d) Einspruch	[ ] Pfändung von Sachen und deren Verwertung zugunsten des Gläubigers
e) Zwangsvollstreckung	
f) Eidesstattliche Versicherung	

18. Da einige Privatkunden der Bavaria Fahrradwerke KG Zahlungsschwierigkeiten haben, wird geprüft, ob eine Zwangsvollstreckung erfolgreich durchgeführt werden kann. Was ist dabei zu beachten?

a) Private Fernsehgeräte sind unabhängig von ihrem Wert nie pfändbar.
b) Die Lohnpfändung ist nur dann erfolgreich, wenn der Arbeitgeber des Kunden bereit ist, mitzuwirken.
c) Bei der Bestimmung der pfändbaren Gegenstände müssen sowohl die Berufstätigkeit als auch die Lebensumstände des Schuldners berücksichtigt werden.
d) Die Kücheneinrichtung eines Kunden ist sehr wertvoll. Sie kann ohne Einschränkung sofort vollständig gepfändet werden.
e) Der Pkw des Schuldners ist ohne Einschränkung pfändbar, wenn er in einer Großstadt wohnt.

19. Warum beantragt ein Gläubiger eine „Eidesstattliche Versicherung", obwohl die Zwangsvollstreckung erfolglos war?

a) Der Schuldner soll hierdurch die Berechtigung der Forderung ausdrücklich anerkennen.
b) Die Verjährung der Forderung soll unterbrochen werden.
c) Die Verjährung der Forderung soll gehemmt werden.
d) Der Schuldner soll sich verpflichten, die Schuld zu begleichen, sobald er wieder zu Geld kommt.
e) Es soll festgestellt werden, ob der Schuldner keine Vermögenswerte der Zwangsvollstreckung entzogen hat.

20. In welchem Fall hat der Gläubiger das Recht, vom Schuldner im Mahnverfahren eine „Eidesstattliche Versicherung" zu verlangen?

a) Wenn sich der Schuldner berechtigt weigert zu zahlen
b) Wenn der Gläubiger dies nach Ablauf des Zahlungsziels beantragt
c) Wenn der Schuldner nicht zu einem gerichtlich anberaumten Verhandlungstermin erscheint
d) Wenn beim Schuldner erfolglos gepfändet wurde
e) Wenn der Schuldner unbegründet Einspruch gegen einen Vollstreckungsbescheid erhebt

21. Wie viel Jahre dauert nach Verjährungsrecht die Regelverjährung?

a) 2 Jahre
b) 3 Jahre
c) 5 Jahre
d) 10 Jahre
e) 30 Jahre

22. Wann verjähren Ansprüche auf Zinsen?

a) Nach 2 Jahren
b) Nach 3 Jahren
c) Nach 5 Jahren
d) Nach 10 Jahren
e) Nach 30 Jahren

23. Die Bavaria Fahrradwerke KG lieferte am 04.01.2019 Waren an einen Einzelhändler. Die Forderung aufgrund dieser Warenlieferung beträgt 2.300,00 €. Wann ist diese Forderung verjährt?

a) Am 31.12.2019
b) Am 05.01.2020
c) Am 01.01.2022
d) Am 05.01.2022
e) Am 01.01.2023

24. Wann beginnt die regelmäßige Verjährungsfrist?

a) Am Tag der Entstehung des Anspruchs
b) Mit dem Schluss des Jahres, in dem der Anspruch entstanden ist, ohne Kenntnisnahme seitens des Gläubigers
c) Mit dem Schluss des Jahres, in dem der Anspruch entstanden ist und Kenntnisnahme seitens des Gläubigers
d) Mit dem Schluss des Jahres, in dem der Anspruch entstanden ist und Kenntnisnahme seitens des Schuldners
e) Am Tag der Entstehung des Anspruchs und Kenntnisnahme seitens des Gläubigers

25. Ordnen Sie zu!

Jahre, bis die Forderung verjährt ist	**Forderungen**
a) 2 Jahre	
b) 3 Jahre	[ ] Ansprüche aus mangelhafter Lieferung
c) 4 Jahre	
d) 5 Jahre	[ ] Leistungen, die durch ein Gerichtsurteil festgelegt wurden
e) 10 Jahre	[ ] Forderungen eines Einzelhändlers an einen Privatkunden
f) 30 Jahre	

26. Welche Aussage zu den Verjährungsfristen ist zutreffend?

a) Die grundsätzlich auf 2 Jahre festgelegte Verjährungsfrist bei Mängelansprüchen kann vertraglich auch im Verbrauchsgüterkauf verkürzt werden.
b) Die grundsätzlich auf 3 Jahre festgelegte Verjährungsfrist bei Mängelansprüchen kann vertraglich nie verkürzt werden.
c) Die grundsätzlich auf 2 Jahre festgelegte Verjährungsfrist bei Mängelansprüchen kann außerhalb eines Verbrauchsgüterkaufs vertraglich auf 1 Jahr verkürzt werden.
d) Die Verjährungsfrist für Mängelansprüche fällt auch unter die Regelverjährung von 3 Jahren.
e) Für Mängelansprüche gelten immer nur die Vorschriften des HGB.

27. Eine Forderung ist verjährt. Welche Auswirkung hat dies?

a) Der Gläubiger hat keine Forderung mehr.
b) Der Gläubiger muss sofort einen Antrag auf Mahnbescheid stellen.
c) Der Gläubiger kann nur durch Gerichtsurteil die Zahlung erzwingen.
d) Der Schuldner hat das Recht, die Zahlung zu verweigern.
e) Der Gläubiger kann die Forderung über ein Inkassobüro eintreiben lassen.

28. Nachdem ein Schuldner bezahlt hat, stellt er fest, dass diese Schuld bereits verjährt war. Wie ist die Rechtslage?

a) Der Gläubiger muss den Betrag unter Abzug von Mahnspesen wieder herausgeben.
b) Der Schuldner kann die Rückzahlung des Geldes durch Klage erzwingen.
c) Der Schuldner ist zur Aufrechnung berechtigt, wenn der Gläubiger noch eine weitere Forderung gegen ihn hat.
d) Der Schuldner hat keinen Rechtsanspruch auf Rückzahlung.
e) Der Gläubiger ist verpflichtet, dem Schuldner eine entsprechende Gutschrift zu erteilen.

29. Wodurch wird die Verjährung gehemmt?

a) Der Schuldner leistet eine Teilzahlung.
b) Der Schuldner leistet eine Abschlagszahlung.
c) Der Gläubiger hat Klage erhoben.
d) Der Schuldner zahlt Verzugszinsen.
e) Der Schuldner erkennt seine Schuld gegenüber dem Gläubiger an, indem er eine Sicherheitsleistung erbringt.

30. Die Bavaria Fahrradwerke KG lieferte am 14. Mai 2019 an einen Privatkunden ein Mountainbike und stellt mit gleichem Datum die Rechnung aus, auf der ein Zahlungsziel von 30 Tage eingeräumt wird. Wann ist die Forderung der Bavaria Fahrradwerke KG verjährt?

a) Am 1. Januar 2020
b) Am 15. Juni 2020
c) Am 15. Mai 2021
d) Am 1. Januar 2023
e) Am 15. Mai 2024

31. In welchem Fall tritt der Neubeginn der Verjährung ein?

a) Der Kunde gibt ein Schuldanerkenntnis ab.
b) Der Kunde hat die Eröffnung eines gerichtlichen Vergleichsverfahrens beantragt.
c) Dem Kunden wird eine Postnachnahme zum Rechnungseinzug zugestellt.
d) Der Kunde wird schriftlich gemahnt.
e) Dem Kunden ist der Rechnungsbetrag gestundet.

32. Welchen Einfluss hat das kaufmännische Mahnwesen auf die Verjährung von Forderungen aus zweiseitigen Handelsgeschäften?

a) Es hat keinen Einfluss auf die Verjährung.
b) Die Verjährung wird unterbrochen.
c) Die Verjährung wird gehemmt.
d) Die Forderung verjährt erst nach 30 Jahren.
e) Die Verjährungsfrist wird von 3 auf 10 Jahre verlängert.

33. Welche Aussage über die Verjährung ist richtig?

a) Forderungen unter Kaufleuten können nicht verjähren.
b) Eine verjährte Forderung ist erloschen.
c) Das Forderungsrecht kann nur mehr durch ein Zivilgerichtsverfahren durchgesetzt werden.
d) Das Forderungsrecht besteht weiter, die Zahlung kann jedoch nicht mehr erzwungen werden.
e) Die Begleichung verjährter Forderungen kann mit einem Mahnbescheid erzwungen werden.

34. Wodurch wird die Verjährung <u>nicht</u> gehemmt und <u>nicht</u> unterbrochen?

a) Erhebung der Klage
b) Antrag auf Erlass eines Mahnbescheids
c) Absendung einer Postnachnahme
d) Zinszahlung durch einen Schuldner
e) Teilzahlung durch den Schuldner
f) Anmeldung der Forderung im Insolvenzverfahren

35. Welche Wirkung tritt beim Neubeginn der Verjährung ein?

a) Die Verjährungsfrist verlängert sich um einen gesetzlich festgelegten Zeitraum.
b) Die Verjährungsfrist wird um ein weiteres Jahr verlängert.
c) Der Gläubiger kann nicht mehr auf Zahlung klagen.
d) Die Verjährungsfrist beträgt nunmehr 30 Jahre.
e) Die Verjährungsfrist beginnt von neuem zu laufen.

36. Wie wirkt sich die Zustellung eines Mahnbescheids auf die Verjährungsfrist aus?

a) Die Verjährungsfrist beginnt von neuem.
b) Die Verjährungsfrist beträgt jetzt 30 Jahre.
c) Die Verjährungsfrist wird gehemmt.
d) Die Verjährungsfrist wird nicht beeinflusst.
e) Die Verjährungsfrist wird vom zuständigen Amtsgericht um ein halbes Jahr verlängert.

Siehe zu den nächsten 3 Aufgaben die §§ 247, 286 (3) und § 288 BGB!

§ 247 Basiszinssatz

(1) Der Basiszinssatz beträgt -0,88 Prozent (Stand 01. Januar 2020). Er verändert sich zum 1. Januar und 1. Juli eines Jahres um die Prozentpunkte, um welche die Bezugsgröße seit der letzten Veränderung des Basiszinssatzes gestiegen oder gefallen ist. Bezugsgröße ist der Zinssatz für die jüngste Hauptrefinanzierungsoperation der Europäischen Zentralbank vor dem ersten Kalendertag des betreffenden Halbjahres.

(2) Die Deutsche Bundesbank gibt den geltenden Basiszinssatz unverzüglich nach den in Absatz 1 Satz 2 genannten Zeitpunkten im Bundesanzeiger bekannt.

§ 286 Verzug des Schuldners

(1)...

(2)...

(3) Der Schuldner einer Entgeltforderung kommt spätestens in Verzug, wenn er nicht innerhalb von 30 Tagen nach Fälligkeit und Zugang einer Rechnung oder gleichwertigen Zahlungsaufstellung leistet; dies gilt gegenüber einem Schuldner, der Verbraucher ist, nur, wenn auf diese Folgen in der Rechnung oder Zahlungsaufstellung besonders hingewiesen worden ist. Wenn der Zeitpunkt des Zugangs der Rechnung oder Zahlungsaufstellung unsicher ist, kommt der Schuldner, der nicht Verbraucher ist, spätestens 30 Tage nach Fälligkeit und Empfang der Gegenleistung in Verzug.

(4).....

§ 288 Verzugszinsen

(1) Eine Geldschuld ist während des Verzugs zu verzinsen. Der Verzugszinssatz beträgt für das Jahr fünf Prozentpunkte über dem Basiszinssatz.

(2) Bei Rechtsgeschäften, an denen ein Verbraucher nicht beteiligt ist, beträgt der Zinssatz für Entgeltforderungen neun Prozentpunkte über dem Basiszinssatz.

(3) Der Gläubiger kann aus einem anderen Rechtsgrund höhere Zinsen verlangen.

(4) Die Geltendmachung eines weiteren Schadens ist nicht ausgeschlossen.

37. Ein Einzelhändler ist in Zahlungsverzug geraten. Sein Großhändler berechnet ihm Verzugszinsen. Welcher Zinssatz gilt nach dem BGB, wenn im Kaufvertrag darüber nichts vereinbart wurde?

a) 4 %
b) 5 %
c) 6 %
d) 9 %
e) 9 % über dem Basiszinssatz

38. Ein Kaufmann verlangt von seinem Privatkunden, der 30 Tage nach Rechnungserhalt noch nicht bezahlt hat und der in der Rechnung auf den Zahlungsverzug hingewiesen worden ist, Verzugszinsen. Welche Aussage ist richtig?

a) Er kann Verzugszinsen verlangen, und zwar 5 % über dem aktuellen Basiszinssatz.
b) Er kann Verzugszinsen verlangen, und zwar 9 % über dem aktuellen Basiszinssatz.
c) Zinsen können grundsätzlich nur verlangt werden, wenn sie vorher vertraglich vereinbart worden sind.
d) Da keine vertraglichen Vereinbarungen über Verzugszinsen getroffen worden sind, darf der Kaufmann Verzugszinsen in beliebiger Höhe verlangen.
e) Der Kaufmann muss den säumigen Käufer erst durch Mahnung in Verzug setzen; erst dann kann er nach 30 Tagen Verzugszinsen verlangen.

39. Eine Großhandels GmbH verlangt von ihrem Kunden, der Firma Müller e. K., der 30 Tage nach Rechnungserhalt noch nicht bezahlt hat, Verzugszinsen. Welche Aussage ist richtig?

a) Sie kann Verzugszinsen verlangen und zwar 8,12 %, wenn der derzeitige Basissatz -0,88 % beträgt. Außerdem hat sie Anspruch auf eine Pauschale in Höhe von 40,00 €.
b) Zinsen können grundsätzlich nur verlangt werden, wenn sie vorher vereinbart wurden.
c) Da keine Vereinbarung über Verzugszinsen getroffen wurde, darf die Großhandels GmbH Verzugszinsen in beliebiger Höhe verlangen.
d) Die Großhandels GmbH muss den säumigen Kunden erst in Verzug setzen. Dann kann sie nach 30 Tagen Verzugszinsen verlangen.
e) Die Großhandels GmbH kann höchstens den von der EZB vorgegebenen Basissatz verlangen.

40. Die Müller GmbH verkaufte Anfang Januar verschiedene Waren an die Tischlerei Göbel GmbH in Dresden. Es wurde vereinbart, dass die Zahlung des Kaufpreises bei Lieferung fällig wird. Am 10. Januar um 09:00 Uhr erhielt die Tischlerei die Waren und die Rechnung. Da sie am 20. Februar noch nicht gezahlt hat, will die Müller GmbH Zinsen fordern. Prüfen Sie, ob und in welcher Höhe nach der gesetzlichen Regelung Zinsen verlangt werden können?

a) Zinsen können grundsätzlich nur verlangt werden, wenn sie vereinbart wurden.

b) Da keine Vereinbarung über Verzugszinsen getroffen wurde, kann Müller ab dem 11. Januar Verzugszinsen in beliebiger Höhe verlangen.

c) Da am 10. Januar die Zahlung aufgrund der Lieferung fällig war und an diesem Tag auch die Rechnung zuging, kann die Baustoffhandlung ab dem 11. Februar Verzugszinsen von insgesamt 9 % + (-0,88 %) sowie eine Pauschale von 40,00 € verlangen.

d) Zinsen können nicht verlangt werden, da die Voraussetzungen für den Zahlungsverzug nicht erfüllt sind. Grundsätzlich muss die Tischlerei erst gemahnt und eine 30-tägige Nachfrist gesetzt werden.

e) Der Gesellschafter Müller kann frühestens ab dem 11. März Verzugszinsen von insgesamt 9 % + (-0,88 %) verlangen.

41. Ein Privatkunde hat von einem Großhändler Waren im Wert von 260,00 € erhalten. Welche Voraussetzung muss gegeben sein, dass der Privatkunde in Zahlungsverzug gerät?

a) Er gerät 30 Tage nach Rechnungserhalt in Zahlungsverzug, auch wenn die Rechnung keinen Hinweis auf die rechtliche Regelung des Zahlungsverzuges enthält.

b) Er gerät nur in Zahlungsverzug, wenn dies vertraglich festgelegt wurde.

c) Er gerät 30 Tage nach Fälligkeit und Zugang der Rechnung in Verzug, wenn in der Rechnung auf den Zahlungsverzug hingewiesen wurde.

d) Er gerät 30 Tage nach Zugang einer Mahnung in Verzug.

e) Für Privatkunden gelten keine gesetzlichen Regelungen.

42. Gegenüber einem Kunden aus Düsseldorf besteht aufgrund einer Warenlieferung eine seit dem 17.10. fällige Forderung über 12.360 €. Unser Firmensitz ist Oldenburg. Wo muss der Antrag auf Erlass eines Mahnbescheides gestellt werden?

a) Beim Amtsgericht Oldenburg, weil ausschließlich das Amtsgericht zuständig ist, in dessen Bezirk der Antragsteller seinen Geschäftssitz hat

b) Beim Amtsgericht Düsseldorf, weil ausschließlich das Amtsgericht zuständig ist, in dessen Bezirk der Schuldner seinen Geschäftssitz hat

c) Beim Landgericht Düsseldorf, weil bei einem Streitwert von mehr als 6.000 € ausschließlich das Landgericht zuständig ist, in dessen Bezirk der Schuldner seinen Geschäftssitz hat

d) Nach Wahl des Antragstellers beim Amtsgericht Oldenburg oder beim Amtsgericht Düsseldorf, weil das Gericht den Anspruch nicht prüft, sondern den Mahnbescheid nur von Amts wegen zustellt

e) Nach Wahl des Antragstellers beim Landgericht Oldenburg oder beim Landgericht Düsseldorf, weil das Gericht den Anspruch nicht prüft, sondern den Mahnbescheid nur von Amts wegen zustellt

43. Ein Einzelhändler ist mit einer Zahlung gegenüber einer Großhandels GmbH in Verzug. Wann ist die Forderung aufgrund einer fälligen Rechnung vom 25. April 2018 verjährt?

a) Mit Ablauf des 25. April 2020

b) Mit Ablauf des 31. Dezembers 2020

c) Mit Ablauf des 25. April 2022

d) Mit Ablauf des 31. Dezember 2021

e) Mit Ablauf des 25. April 2048

f) Mit Ablauf des 32. Dezember 2048

Zu den nächsten fünf Aufgaben siehe nachstehende Auszüge aus dem BGB!

§ 209 BGB Wirkung der Hemmung
Der Zeitraum, während dessen die Verjährung gehemmt ist, wird in die Verjährungsfrist nicht eingerechnet.
§ 212 BGB Neubeginn der Verjährung
(1) Die Verjährung beginnt erneut, wenn
1. der Schuldner dem Gläubiger gegenüber den Anspruch durch Abschlagzahlung, Zinszahlung, Sicherheitsleistung oder in anderer Weise anerkennt, oder
2. eine gerichtliche oder behördliche Vollstreckungshandlung vorgenommen oder beantragt wird.
(2) ....
(3).....

44. Welche Wirkung hat der Neubeginn der Verjährung?
a) Die Verjährungsfrist verlängert sich um den bislang abgelaufenen Zeitraum.
b) Die Verjährungsrist wird um ein weiteres Jahr verlängert.
c) Der Gläubiger kann nicht mehr auf Erfüllung seines Anspruchs klagen.
d) Die Verjährungsfrist verlängert sich automatisch auf die Höchstverjährung.
e) Die Verjährungsfrist beginnt von neuem zu laufen.

45. Welche Wirkung hat die Hemmung der Verjährung?
a) Die Verjährungsfrist beginnt von dem Tag an, an dem der Hemmungsgrund eingetreten ist, von neuem zu laufen.
b) Durch die Hemmung der Verjährung hat der Schuldner das Recht, die Leistung zu verweigern.
c) Ist der Tatbestand der Hemmung eingetreten, kann der Schuldner auf eine Verkürzung der Verjährungsfrist bestehen.
d) Der Tatbestand der Hemmung bewirkt, dass die Verjährungsfrist um die Zeit, in der die Verjährung gehemmt war, verlängert wird.
e) Die bis zum Eintreten des Tatbestands der Hemmung abgelaufene Verjährungsfrist wird an die Regelverjährung angehängt.

46. Ein Großhandelsunternehmen schickte am 05.01.2019 eine Rechnung an die Einzelhandels OHG. Am 10.02.2019 wurde eine erste Mahnung geschickt. Welche Aussage ist richtig, wenn die Großhandlung am 15.03.2019 feststellt, dass die Rechnung noch nicht ausgeglichen ist?
a) Die Forderung verjährt am 31.12.2022, da sie der Regelverjährung unterliegt.
b) Die Mahnung vom 10.02.2019 hemmte die Verjährung.
c) Die Mahnung vom 10.02.2019 unterbrach die Verjährung.
d) Erst eine zweite Mahnung hätte die Verjährung gehemmt.
e) Erst eine zweite Mahnung hätte die Verjährung unterbrochen.

47. Wodurch wird der Tatbestand des Neubeginns der Verjährungsfrist erfüllt?
a) Durch Verhandlungen zwischen Gläubiger und Schuldner
b) Durch Zustellen eines Mahnbescheids
c) Durch Klageerhebung
d) Durch die Anerkennung des Anspruchs in Form einer Abschlagszahlung
e) Durch den Tod des Gläubigers

48. In welchem Fall tritt eine Hemmung der Verjährung ein?
a) Der Schuldner erkennt durch eine Abschlagszahlung seine Schuld an.
b) Der Schuldner erklärt sich bereit, dem Gläubiger eine Sicherheitsleitung zu erbringen.
c) Der Schuldner leistet eine Zinszahlung.
d) Der Schuldner erhält im Rahmen des Mahnverfahrens seinen Mahnbescheid zugestellt.
e) Der Gläubiger beantragt eine gerichtliche Vollstreckung, der auch stattgegeben wird.

49. Warum ist die pünktliche Zahlung der Kunden von großer Bedeutung für den Unternehmer?
a) Bei pünktlicher Zahlung muss den Kunden Skonto eingeräumt werden.
b) Die pünktliche Zahlung ist eine wichtige Voraussetzung, um den eigenen Verbindlichkeiten nachkommen zu können.
c) Die pünktliche Zahlung führt zu einem steuerlichen Vorteil.
d) Durch pünktliche Zahlung wird der Eigentumsvorbehalt überflüssig.
e) Durch pünktliche Zahlung verkürzt sich die Gewährleistungsfrist.

1. **In einem Kaufvertrag wurde vereinbart: „Lieferung ab Mitte Januar". Am 24.01. ging beim Verkäufer eine Schreiben ein, in dem die Lieferung angemahnt und bis zum 01.02. erbeten wurde. Am 10.02. war die Ware noch nicht eingegangen, weil beim Lieferer eine Spezialmaschine wegen Wartungsmängeln ausgefallen war. Welche Aussage ist richtig?**
   a) Für den Eintritt des Lieferungsverzuges war eine Nachfristsetzung mit der Mahnung nicht erforderlich, weil der Liefertermin kalendermäßig genau festgelegt war.
   b) Dem Verkäufer wurde eine angemessene Nachfrist bis zum 01.02. gesetzt, danach kann der Käufer nur Schadenersatz statt der Leistung verlangen, aber nicht vom Vertrag zurücktreten.
   c) Es liegt kein Lieferungsverzug vor, weil der Verkäufer den Lieferungsverzug nicht verschuldet hat.
   d) Der Verkäufer befindet sich ab dem 02.02. in Lieferungsverzug; danach kann der Käufer vom Vertrag zurücktreten und Schadensersatz verlangen.
   e) Der Verkäufer befindet sich ab dem 02.02. in Lieferungsverzug; danach kann der Käufer bei einer weiteren erfolglosen Nachfristsetzung Schadenersatz statt der Leistung verlangen.
2. **Der Unternehmer A (= Lieferer) schuldet dem Unternehmer B (= Kunde) eine Warenlieferung laut Kaufvertrag. Unternehmer A hat aber inzwischen einem anderen Kunden (C) die Ware geliefert, da dieser sofort bar zahlte. Folglich kann Unternehmer A nicht mehr rechtzeitig an Unternehmer B liefern. Welche Aussage ist zutreffend?**
   a) A wird von seiner Leistungspflicht befreit, da er nicht mehr liefern kann (§275 Abs. 1)
   b) A wird von seiner Leistungspflicht befreit, da das Eigentum der Ware bereits an den Kunden C übertragen hat.
   c) A wird von seiner Leistungspflicht befreit, da es für ihn mit sehr hohen Kosten verbunden ist, die Ware noch mal am Markt zu beschaffen, um sie dem Kunden B zu liefern. (§ 275 Abs. 2)
   d) A wird von seiner Leistungspflicht nicht befreit, weil Nichterfüllung seiner Leistungspflicht auf sein eigenes Verschulden zurückzuführen ist, da er der Erfüllung eines anderen Vertrages (mit Kunden C) den Vorrang gab. (§ 276)
   e) A ist allein aus dem Grund von seiner Leistungspflicht befreit, da die Regelungen der Vertragsfreiheit ihm die Entscheidung überlassen, wem er seine Ware verkaufen will.
3. **Der Unternehmer A ist wegen höherer Gewalt (Blitzschlag in sein Lager) nicht in der Lage, die Verpflichtung aus dem Kaufvertrag mit Unternehmer B zu erfüllen. Welche Aussage ist zutreffend?**
   a) Der Unternehmer A hat die nötige Sorgfalt nicht walten lassen, denn dann hätte das Einschlagen des Blitzes vermieden werden können.
   b) Der Unternehmer A hat es nicht zu vertreten, dass er nicht liefern kann. Somit ist er von seiner Leistungspflicht entbunden.
   c) Vertragliche Abmachungen müssen immer eingehalten werden, auch wenn der Unternehmer A seine Lieferunfähigkeit nicht zu vertreten hat.
   d) Der Unternehmer A ist zwar von seiner Leistungspflicht entbunden, muss aber den Schaden, den sein Kunde auf grund der ausgebliebenen Warensendung erlitten hat, bezahlen.
   e) Der Unternehmer A ist gezwungen, sich auf dem Markt anderweitig, wenn auch zu höheren Kosten, die Waren zu beschaffen, um seine Pflichten aus dem Kaufvertrag erfüllen zu können.
4. **Unternehmer A ist aufgrund eines Kaufvertrages zur Lieferung einer Warensendung verpflichtet. Er gerät jedoch in Lieferschwierigkeiten, die er auch zu vertreten hat. Er teilt dies seinem Kunden, dem Unternehmer B, mit und bittet diesen, den Liefertermin ca. 6 bis 8 Wochen zu verschieben, damit er die Waren nochmals anderweitig beschaffen kann. Welche Aussage ist richtig?**
   a) Der Kunde B hat keine andere Möglichkeit, als der Bitte des Unternehmers A zu entsprechen.
   b) Der Kunde B kann auf jeden Fall auf der Lieferung zum rechtzeitigen Termin bestehen.
   c) Der Kunde B muss dem Unternehmer A eine angemessene Frist zur Nachlieferung setzen, die diesen 6 bis 8 Wochen entspricht.
   d) Er Kunde B kann nur vom Vertrag zurücktreten, er hat aber nicht das Recht, den ihm aufgrund der ausgebliebenen Warenlieferung entstandenen Schaden einzufordern.
   e) Der Kunde B kann sowohl vom Vertrag zurücktreten als auch Schadensersatz wegen nicht vertragsgemäß erbrachter Leistung verlangen.
5. **In welchem Fall bedarf es keiner Mahnung, um den Lieferer in Lieferungsverzug zu setzen?**
   a) Wenn höhere Gewalt den Lieferungsverzug verursachte
   b) Wenn der im Kaufvertrag kalendermäßig fest bestimmte Liefertermin nicht eingehalten wurde
   c) Wenn die Lieferung für den Käufer bedeutungslos geworden ist
   d) Wenn der Lieferer trotz Vorauszahlung des Kunden nicht liefert
   e) Wenn der Lieferer wiederholt nicht rechtzeitig lieferte

6. **Bringen Sie die folgenden Arbeiten beim Durchsetzen eines Schadenersatzanspruchs in die richtige Reihenfolge!**

[ ] Schadenshöhe ermitteln und Schadensersatz statt der Leistung geltend machen

[ ] Liefertermin gemäß Bestellung überwachen, Lieferung muss fällig sein

[ ] Nach Ablauf der Nachfrist Deckungskauf vornehmen

[ ] Wegen Schadenersatzanspruch Klage erheben

[ ] Lieferer eine Nachfrist zur Nacherfüllung setzen

[ ] Nachfrist erfolglos abgelaufen

7. **Bringen Sie die folgenden Arbeitsschritte beim Lieferungsverzug in die richtige Reihenfolge!**

[ ] Die Schadenshöhe wird ermittelt.

[ ] Da nach Ablauf der Nachfrist noch nicht geliefert worden ist, wird ein Deckungskauf vorgenommen.

[ ] Anhand der Bestellkartei wird festgestellt, dass noch nicht geliefert wurde.

[ ] Der Lieferer wird gemahnt, und es wird eine angemessene Nachfrist zur Nacherfüllung gesetzt.

[ ] Rückfrage bei der Warenannahme

[ ] Dem Lieferer wird die Schadenersatzforderung mitgeteilt.

8. **Bringen Sie die Anspruchsvoraussetzungen für „Schadensersatz statt der Leistung" in eine logisch richtige Reihenfolge!**

[ ] Fristsetzung zur Leistung der Nacherfüllung

[ ] Pflichtverletzung (in Form von Verzug oder Schlechterfüllung)

[ ] Wirksamer Vertrag

[ ] Erfolgloser Fristablauf (Nichterbringung der gesamten Leistung oder Schlechterfüllung)

[ ] Vertretenmüssen des Schuldners

[ ] Schadensanspruch

[ ] Leistungspflicht des Schuldners aus wirksamem Vertragsschluss

9. **Die Elektro-Großhandlung GmbH gerät gegenüber ihrem Kunden, Hans Maier e. K., Elektrogeräte, mit der Lieferung von 20 Kühlschränken in Lieferungsverzug, den er auch zu vertreten hat. Der Kunde, der die Kühlschränke dringend benötigt, hat sich diese daraufhin nach einer Mahnung, mit der er der Großhandlung eine angemessenen Nachfrist zur Nachlieferung gesetzt hatte und diese erfolglos verstrichen war, bei einem anderen Lieferer besorgt. Er verlangt daraufhin von der Elektro-Großhandlung GmbH die Preisdifferenz. Welches Recht aus dem Lieferungsverzug macht der Kunde geltend?**

a) Rücktritt vom Vertrag und Schadenersatz statt der Leistung
b) Schadenersatz wegen verspäteter Lieferung
c) Rücktritt vom Vertrag
d) Erfüllung des Vertrages und Schadenersatz
e) Erfüllung des Vertrages
f) Nachbesserung

10. **Sie sind in der Einkaufsabteilung eines Elektrohandels tätig und bestellen am 17. Mai bei Ihrem Lieferanten 80 Waschmaschinen, die für ein Kundengroßprojekt bis zum 30. Juni unbedingt benötigt werden, da Sie sonst mit einer Konventionalstrafe rechnen müssen. Ihr Lieferant sagt Ihnen schriftlich diesen Termin fest zu. Wie können Sie rechtlich vorgehen, wenn die Waschmaschinen bis zum 30. Juni durch Verschulden des Lieferers nicht eintreffen?**

a) Sie müssen dem Lieferanten eine Mahnung schicken und ihn somit in Verzug setzen.
b) Sie müssen eine Nachfrist setzen und einen neuen Liefertermin des Lieferanten abwarten.
c) Sie müssen erst eine Nachfrist setzen und können dann vom Vertrag zurücktreten.
d) Sie können vom Vertrag zurücktreten und Schadenersatz statt der Leistung fordern.
e) Sie müssen Ihre Bestellung rückgängig machen und können dann einen Deckungskauf tätigen.

11. In welchem Fall liegt eine Berechnung des abstrakten Schadens vor?

a) Der Käufer nimmt für die nicht gelieferte Ware einen Deckungskauf vor und stellt die Mehrkosten dem Verkäufer in Rechnung.
b) Der Käufer verlangt für die nicht gelieferte Ware Schadenersatz in Höhe des Warenwertes.
c) Der Käufer verlangt wegen nicht gelieferter Ware Ersatz für den entgangenen Gewinn.
d) Der Verkäufer nimmt wegen des ausstehenden Zahlungseingangs einen Kredit auf.
e) Der Verkäufer verlangt neben seiner ausstehenden Geldforderung zusätzlich Verzugszinsen.

12. Ein Kunde droht Ihrem Ausbildungsbetrieb bei nicht termingerechter Lieferung der bestellten Waren eine Konventionalstrafe an. Ist der Kunde hierzu berechtigt?

a) Bei verspäteter Lieferung einer Ware kann nach den Vorschriften des HGB stets eine angemessene Konventionalstrafe als Schadenersatz berechnet werden.
b) Die Zahlung einer Konventionalstrafe kann gefordert werden, wenn eine entsprechende Vereinbarung Teil des Kaufvertrags ist.
c) Eine Konventionalstrafe kann nur durch eine juristische Person, z. B. AG oder GmbH, erhoben werden.
d) Die Erhebung einer Konventionalstrafe verstößt gegen den Grundsatz von Treu und Glauben.
e) Eine Konventionalstrafe kann nur ein Gericht verhängen.

13. Bei welcher Klausel über die Lieferzeit ist eine Mahnung erforderlich, um den Lieferer in Verzug zu setzen?

a) Lieferung 15. Oktober
b) Lieferung 7. Oktober fix
c) Lieferung Ende August
d) Lieferung Anfang August
e) Lieferung ab Mitte Mai

14. In einen Kaufvertrag wurde die Lieferungsbedingung „Lieferung im August" aufgenommen. Die Ware trifft bis zum 1. September nicht ein. In welchem Fall tritt kein Lieferungsverzug ein?

a) Die Lieferung wird durch schuldhaftes Handeln des Verkäufers verzögert.
b) Die Lieferung unterbleibt durch vorsätzliches Handeln des Verkäufers.
c) Die Lieferung wird durch fahrlässiges Handeln des Verkäufers verzögert.
d) Die Lieferung wird durch fahrlässiges Handeln des Erfüllungsgehilfen des Verkäufers verzögert.
e) Die Lieferung wird durch zufällige Ereignisse verzögert

15. Ein Großhändler erfüllt seine Verpflichtungen aus dem Kaufvertrag mit einem Einzelhändler nicht wie vereinbart. Welche Voraussetzungen müssen gegeben sein, bevor der Einzelhändler Schadensersatz statt der Leistung verlangen kann?

a) Die nicht rechtzeitig erfolgte Lieferung berechtigt den Einzelhändler dazu, Schadensersatz zu verlangen.
b) Wenn der Einzelhändler erfolglos eine Frist zur Nacherfüllung gesetzt hat, ist er berechtigt, Schadensersatz zu verlangen.
c) Wenn der Großhändler die Nichtleistung zu vertreten hat und der Einzelhändler erfolglos eine Nachfrist gesetzt hat, dann ist die Schadensersatzforderung berechtigt.
d) Wenn der Großhändler fahrlässig seine Pflichten nicht erfüllt hat, ist der Einzelhändler in jedem Fall berechtigt, Schadensersatz zu verlangen, auch ohne Setzen einer Nachfrist.
e) Auch bei einem Geschäft, das kalendermäßig bestimmt war (Termin der Lieferung war fest vereinbart), kann der Einzelhändler nur bei erfolgloser Nachfristsetzung Schadensersatz verlangen.

16. Ein kaufmännischer Angestellter einer Großhandlung nimmt telefonisch die Bestellung eines Kunden entgegen, vergisst aber, sie zur Ausführung des Auftrages an die entsprechende Abteilung weiterzuleiten. Der Kunde macht nun nach Ablauf der in der Mahnung gesetzten Nachfrist eine Schadenersatzforderung wegen Nichterfüllung geltend. Welche Beurteilung ist richtig?

a) Die Bestellung des Kunden wurde nicht schriftlich angenommen, ein Vertrag kam deshalb nicht zustande.

b) Eine Schadenersatzforderung ist nicht möglich, weil Lieferungsverzug nicht eingetreten ist.

c) Der Kunde durfte sich auf eine telefonische Abgabe seiner Bestellung nicht verlassen, er hätte sie sofort schriftlich bestätigen müssen.

d) Die telefonische Annahme einer Bestellung gilt nicht als verbindliche Willenserklärung, ein Vertrag kam deshalb nicht zustande.

e) Die telefonische Annahme der Bestellung ist für die Großhandlung rechtlich verbindlich und begründet bei Lieferungsverzug die Schadenersatzansprüche des Kunden.

17. Welche Aussage zum Lieferungsverzug ist zutreffend?

a) Bei Nichterfüllung seiner vertraglichen Leistungen (Pflichtverletzung) hat der Lieferer Schadensersatz zu leisten, auch wenn er die Pflichtverletzung nicht zu vertreten hat.

b) Bei einer Pflichtverletzung seitens des Lieferers muss ihm nachgewiesen werden, dass er dies zu vertreten hat (= Beweislastumkehr zu Lasten des Lieferers).

c) Der Lieferer selbst muss den Beweis erbringen, dass er die Pflichtverletzung nicht zu vertreten hat.

d) Nur ein Gericht kann darüber entscheiden, ob der Lieferer die Pflichtverletzung zu verantworten hat.

e) Ist die Pflichtverletzung auf fahrlässiges Handeln eines Angestellten des Lieferers zurückzuführen, so ist der Lieferer dafür nicht verantwortlich zu machen.

18. In einem zweiseitigen Handelskauf (beide Geschäftspartner sind Kaufleute) ist der säumige Lieferer durch den Gläubiger erfolgreich in Lieferungsverzug gesetzt worden. Welche Aussage zu den Folgen ist zutreffend?

a) Der Lieferer muss in keinem Fall mit einer Schadensersatzforderung durch den Gläubiger rechnen.

b) Der Lieferer kann bei nachträglicher Erfüllung seiner Pflichten die Forderung nach Schadensersatz erfolgreich abwehren.

c) Der Lieferer muss damit rechnen, dass er neben der Erfüllung seiner Leistung auch noch Schadensersatz und Verzugszinsen in Höhe von 5 % über dem Basissatz zu bezahlen hat.

d) Der Lieferer muss damit rechnen, dass er neben der Erfüllung seiner Leistung auch noch Schadensersatz und Verzugszinsen in Höhe von 9 % über dem Basissatz zu bezahlen hat.

e) Verzugszinsen braucht der Lieferer nur dann zu bezahlen, wenn er in der Forderungsaufstellung auf die Folgen des Verzuges hingewiesen wurde und bereits 30 Tage nach Erhalt der Forderungsaufstellung vergangen sind.

19. Im Kaufvertrag zwischen einem Großhändler und einem Einzelhändler ist nichts über den Liefertermin enthalten. Die Lieferung ist nach 4 Wochen immer noch nicht beim Einzelhändler eingetroffen. Welche Aussage ist zutreffend?

a) Der Großhändler kann vom Einzelhändler in Verzug der Lieferung gesetzt werden, indem er ihm mit einer Mahnung eine angemessene Nachfrist setzt, auch dann, wenn der Großhändler die Lieferverzögerung nicht zu vertreten hat.

b) Der Einzelhändler kann nach erfolglosem Ablauf einer angemessenen Frist, die er dem Großhändler mit einer Mahnung gesetzt hat, vom Vertrag zurücktreten und Schadensersatz verlangen, auch wenn der Großhändler die Lieferverzögerung nicht zu vertreten hat.

c) Der Einzelhändler kann nach erfolglosem Ablauf einer angemessenen Frist, die er dem Großhändler mit einer Mahnung gesetzt hat, vom Vertrag zurücktreten und nur dann Schadensersatz verlangen, wenn der Großhändler die Lieferverzögerung zu vertreten hat.

d) Der Großhändler kann auch ohne Anmahnung der Lieferer in Verzug gesetzt werden.

e) Wenn die entsprechenden gesetzlichen Voraussetzungen (Pflichtverletzung durch Großhändler, Nachfristsetzung durch Mahnung und Verschulden des Großhändlers) gegeben sind, kann der Einzelhändler entweder nur vom Vertrag zurücktreten oder nur Schadensersatz verlangen. Beide Rechte schließen sich gegenseitig aus.

20. Eine Unternehmung beauftragt einen Tischler, einen Verkaufsstand nach Planskizze bis Ende Mai anzufertigen. Der Tischler bestätigt den Auftrag. Am 31. Mai teilt er dann mit, dass sein Geselle eine Woche krank war und er den Verkaufsstand erst Anfang Juni liefern kann. Daraufhin tritt das Unternehmen vom Vertrag zurück. Beurteilen Sie die Rechtslage!

a) Der Rücktritt vom Vertrag ist rechtswirksam, da der vereinbarte Termin nicht eingehalten wurde.
b) Der Rücktritt vom Vertrag ist rechtswirksam, da bei vereinbarten Terminen eine angemessene Fristsetzung und Rücktrittsandrohung nicht erforderlich ist.
c) Der Rücktritt vom Vertrag ist rechtswirksam, da ein Verschulden des Tischlers vorliegt.
d) Der Rücktritt vom Vertrag ist nicht rechtswirksam, da eine angemessene Fristsetzung zur Nacherfüllung nicht eingeräumt wurde.
e) Der Rücktritt vom Vertrag ist nicht rechtswirksam, da kein Verschulden des Tischlers vorliegt.

21. Welche Aussage zu Störungen bei der Erfüllung des Kaufvertrages ist richtig?

a) Beim kalendermäßig bestimmten Kauf (Fixkauf) kann der Käufer im Falle eines Lieferungsverzuges ohne Nachfristsetzung vom Vertrag zurücktreten.
b) Im Falle des Annahmeverzuges darf der Verkäufer beim Selbsthilfeverkauf nicht mitbieten.
c) Bei versteckten Mängeln braucht der Käufer keine Rügefrist einzuhalten.
d) Aufgrund einer berechtigten Mängelrüge hat der Käufer nur das Recht auf eine Preisminderung.
e) Beim Lieferungsverzug kann der Käufer in jedem Fall sofort Schadenersatz statt der Leistung verlangen.

22. Wann gerät der Lieferer in Verzug, wenn die für Montag, den 15.03. fest bestellten Rohstoffe erst am 20.03. eintreffen?

a) Der Lieferer ist bereits am Montag, dem 15.03. mittags in Verzug.
b) Der Lieferer ist ab Dienstag, den 16.03. in Verzug
c) Der Lieferer kommt nur in Verzug, wenn dem Käufer tatsächlich ein Schaden entstanden ist.
d) Der Käufer muss dem Lieferer eine Nachfrist setzen, erst nach deren Ablauf kommt der Lieferer in Verzug.
e) Der Käufer muss erst mahnen, bevor der Lieferer in Verzug gerät.

23. Was versteht man unter einer „angemessenen Nachfrist“ beim Lieferungsverzug?

a) Eine Frist, in der der Lieferer die Ware noch anderweitig beschaffen kann
b) Eine Frist, in der der Lieferer die Ware neu anfertigen kann
c) Eine Frist, in der der Lieferer die Ware zu liefern hat, ohne sie erst zu beschaffen oder anzufertigen
d) Eine Frist, entsprechend der Rügefristen bei Mängeln
e) Eine Frist, die im Ermessen des Lieferers liegt und von ihm bestimmt werden kann

24. Wann kommt der Lieferer als Schuldner der Ware in Verzug, wenn als Tag der Lieferung der 24. November fest vereinbart wurde?

a) Mit Ablauf des 24. November
b) Mit Ablauf einer Nachfrist
c) Mit Zugang eines Mahnbescheides
d) Sobald ihm die erste Mahnung zugegangen ist
e) Am Ende des darauffolgenden Monats
f) Spätestens vier Wochen nach dem 24. November

25. Was versteht man unter einem Deckungskauf?

a) Deckung des Bedarfs vor einer zu erwartenden Preiserhöhung
b) Auffüllung des Lagers, weil der Mindestbestand angegriffen wurde
c) Kauf einer ähnlichen Ware, weil die bisher geführte nicht mehr hergestellt wird
d) Beschaffung einer größeren Menge als üblich, weil das Saisongeschäft bald einsetzen wird
e) Kauf bei einem anderen Lieferer wegen Verzugs des bisherigen Lieferers

26. Ein Käufer hat rechtmäßig einen Deckungskauf zu einem höheren Preis vorgenommen. Welches Recht aus dem Lieferungsverzug wird er dem Lieferer gegenüber geltend machen?

a) Erfüllung des Vertrages
b) Erfüllung des Vertrages und Schadenersatz
c) Rücktritt vom Vertrag
d) Schadenersatz wegen verspäteter Lieferung
e) Schadenersatz statt der Leistung

27. In welchem Fall handelt es sich um einen Deckungskauf?

a) Rohstoffe müssen sofort gekauft werden, da der Lagerbestand den Mindestbestand erreicht hat.

b) Eine Unternehmung deckt sich mit preiswerten Hilfsstoffen aus einem Insolvenzverfahren ein.

c) Wegen zu erwartenden Materialengpässen durch einen bevorstehenden Streik müssen vorsorglich die eigenen Lagerbestände aufgestockt werden.

d) Da der Lieferer in Verzug ist, müssen Rohstoffe anderweitig beschafft werden.

e) Ein Lieferer liefert mangelhafte Rohstoffe, und der Käufer kauft daher mangelfreie Rohstoffe bei einem anderen Lieferer.

1. **In welchem Fall liegt ein Annahmeverzug vor?**
   a) Die Annahme der Sendung wird verweigert, weil die Rohstoffe in die Privatwohnung des Inhabers geliefert wurden, die 20 km vom Betrieb entfernt liegt.
   b) Die Annahme der Sendung wird verweigert, weil die Ware am 20. April geliefert wurde, obwohl sie für den 12. April kalendermäßig fest bestellt war.
   c) Die Annahme der Sendung wird verweigert, weil nicht bestellte Ware, die früher schon oft bezogen wurde, mit der Begründung geliefert wird, sie sei zurzeit besonders günstig und später nicht mehr lieferbar.
   d) Die Ware, die der Geschäftsinhaber selbst telefonisch bestellt hat, wird nicht angenommen, weil die Einkaufsabteilung von der Bestellung nichts weiß.
   e) Die Annahme der Sendung wird verweigert, weil Ware geliefert wurde, deren Lieferung schon lange angemahnt war. Eine gesetzte Nachfrist mit Ablehnungsanordnung ist seit mehr als einer Woche abgelaufen.

2. **In welchem Fall gerät der Käufer in Annahmeverzug?**
   a) Er nimmt die zum 14.09. fix bestellte, aber erst am 24.09. gelieferte Ware nicht an.
   b) Er nimmt die Ware nicht an, weil sein Betrieb bestreikt wird.
   c) Er nimmt die zum 14.09. bestellte und am selben Tag gelieferte Ware nicht an, weil die Ware entgegen der Bestellung beim Zweigbetrieb angeliefert wurde.
   d) Er nimmt die zum 14.09. bestellte Ware nicht an, weil er die Bestellung rechtswirksam widerrufen hat.
   e) Er nimmt die zum 14.09. bestellte und am selben Tag gelieferte Ware nicht an, weil er die Ware inzwischen günstiger beschaffen konnte.

3. **Eine Kundin bestellt bei einem Versandhaus am 15.05. Ware gegen Nachnahme, Eingangsstempel des Versandhauses: 16.05. Am 17.05. schickt die Kundin ein Telefax, dass sie die Bestellung zurückziehe. Am 18.05. sendet das Versandhaus die Ware ab; die Kundin verweigert die Annahme. Welche Aussage ist richtig?**
   a) Das Versandhaus muss die Ware zurücknehmen, weil der Vertrag am 17.05. noch nicht zustande gekommen war.
   b) Das Versandhaus muss die Ware zurücknehmen, weil die Bestellung ordnungsgemäß widerrufen wurde.
   c) Die Kundin befindet sich im Annahmeverzug.
   d) Die Kundin muss die Ware annehmen, ordnungsgemäß aufbewahren und die Weisungen des Versandhauses abwarten; zur Zahlung ist sie nicht verpflichtet.
   e) Das Versandhaus muss die Ware zurücknehmen, weil immer ein Widerrufsrecht von 14 Tagen gilt.

4. **In welchem Fall liegt bei Nichtabnahme von gelieferten Fertigteilen ein Annahmeverzug bei einem Industriebetrieb vor?**
   a) Wenn die Fertigteile am 10.07. dieses Jahres geliefert wurden, obwohl sie für den 05.07. dieses Jahres fest bestellt waren
   b) Wenn die Fertigteile außerhalb der Geschäftsstunden des Käufers am Samstag geliefert wurden
   c) Wenn die Fertigteile in der Zwischenzeit preisgünstiger von einem anderen Lieferer bezogen wurden
   d) Wenn die Bestellung der Fertigteile rechtswirksam widerrufen wurde
   e) Wenn die Fertigteile erst nach dem Ablauf einer gesetzten Nachfrist geliefert wurden

5. **Was versteht man unter Selbsthilfeverkauf?**
   a) Den Verkauf unbestellter Ware
   b) Den Kauf bei einem anderen Lieferer bei Lieferungsverzug
   c) Die öffentliche Versteigerung der Ware bei Annahmeverzug
   d) Den Weiterverkauf von unter Eigentumsvorbehalt gelieferter Ware
   e) Den Verkauf von Waren mit Vereinbarung eines längeren Zahlungszieles
   f) Den Verkauf verderblicher Ware bei mangelhafter Lieferung

6. Wer hat bei einem Selbsthilfeverkauf Anspruch auf einen eventuellen Mehrerlös?
a) Der Gerichtsvollzieher, der die Versteigerung durchgeführt hat
b) Der Lagerhalter, bei dem die Ware hinterlegt wurde
c) Käufer und Verkäufer müssen sich den Mehrerlös teilen.
d) Der Erststeigerer
e) Der Verkäufer
f) Der Käufer

7. In welchem Gesetz ist die Frage des Annahmeverzugs geregelt?
a) Im Bürgerlichen Gesetzbuch
b) In der Zivilprozessordnung
c) Im Betriebsverfassungsgesetz
d) Im Gesetz gegen den unlauteren Wettbewerb
e) Im Gesetz zur Regelung des Rechts der Allgemeinen Geschäftsbedingungen

8. Ein Kaufmann lehnt die Annahme eines von ihm bestellten und ordnungsgemäß gelieferten Kopiergerätes ab. Welche Möglichkeit hat der Lieferer?
a) Er kann erst etwas unternehmen, wenn ihm eine Stellungnahme des Käufers zugegangen ist.
b) Er kann nichts machen, er muss das Gerät auf jeden Fall zurücknehmen.
c) Er kann das Gerät einlagern und beim zuständigen Gericht auf Abnahme klagen.
d) Er muss das Gerät zurücknehmen, kann aber Schadenersatz wegen entgangenem Gewinn fordern.
e) Er kann sofort einen Selbsthilfeverkauf durchführen.

9. Welches Recht hat der Verkäufer beim Annahmeverzug?
a) Er kann Preisminderung verlangen.
b) Er kann die Ware nur versteigern lassen, wenn die Ware einen Marktpreis hat.
c) Er kann Verzugszinsen berechnen.
d) Er kann die Ware einlagern und auf Abnahme klagen.
e) Er kann die Ware nur mit Einverständnis des Käufers versteigern lassen.

10. Ein Kunde hat eine ordnungsgemäß gelieferte Ware nicht angenommen. Welche Aussage ist richtig?
a) Der Lieferer muss stets auf Abnahme klagen.
b) Der Lieferer muss stets ein zweites Mal anbieten.
c) Der Lieferer kann leicht verderbliche Ware ohne Fristsetzung versteigern lassen.
d) Der Lieferer muss in jedem Fall vor dem Verkauf der Ware den Kunden um Einverständnis bitten.
e) Der Lieferer muss die Ware auf eigene Kosten und Gefahr in einem öffentlichen Warenhaus hinterlegen.

11. Bringen Sie die folgenden Schritte bei einem Annahmeverzug in die richtige Reihenfolge!
[ ] Der Lieferer teilt dem Kunden das Ergebnis des Selbsthilfeverkaufs mit.
[ ] Der Lieferer lagert die Ware bei einem Lagerhalter ein.
[ ] Der Lieferer informiert den Kunden über Ort und Zeitpunkt des Selbsthilfeverkaufs.
[ ] Der Kunde verweigert die Annahme der ordnungsgemäß gelieferten Ware.
[ ] Der Lieferer lässt den Selbsthilfeverkauf in Form einer öffentlichen Versteigerung durchführen.
[ ] Der Lieferer teilt dem Kunden den Ort der Aufbewahrung der Ware mit, setzt eine Frist zur Annahme der Ware und droht mit Selbsthilfeverkauf.

12. In welchem Fall kann die Annahme einer Sendung ohne nachteilige Rechtswirkung verweigert werden?
a) Wenn nur ein Teil der bestellten Menge geliefert wird
b) Wenn anzunehmen ist, dass die gelieferte Ware Qualitätsmängel aufweist
c) Wenn der Lieferer bei einem kalendermäßig bestimmten Kauf (Fixkauf) ohne eigenes Verschulden verspätet liefert
d) Wenn die Außenverpackung beschädigt ist und der Frachtführer dies schriftlich bestätigt
e) Wenn der Lieferer, ohne dass ein kalendermäßig bestimmtes Geschäft oder Zweckkauf vorliegt, ohne eigenes Verschulden einen Tag zu spät liefert

1. **Was dient unmittelbar dem Verbraucherschutz?**
   a) Die Festlegung von Mindestpreisen für landwirtschaftliche Erzeugnisse
   b) Die staatliche Förderung wirtschaftlicher Konzentrationen
   c) Die Verpflichtung, alle zum Verkauf ausgestellten Waren mit Preisschildern zu versehen
   d) Die Erhebung von Einfuhrzöllen für ausländische Waren
   e) Die Subventionierung ertragsschwacher Betriebe

2. **Welche Aufgabe hat der Verbraucherschutz?**
   a) Bedürfnisse zu wecken
   b) Anbietern Preise zu diktieren
   c) Markt transparenter zu gestalten
   d) Einheitspreise durchzusetzen
   e) Geschäftslokale auf Unfallsicherheit zu überprüfen

3. **Was dient dem Verbraucherschutz?**
   a) Die Hersteller müssen in der Bundesrepublik Deutschland ihre Waren mit Preisempfehlungen auszeichnen.
   b) Die zunehmende wirtschaftliche Konzentration stärkt die Marktmacht der Anbieter.
   c) Die Unternehmen treffen Preisabsprachen.
   d) Die Verbraucherzentralen veröffentlichen vergleichende Preisinformationen.
   e) Die Bundesregierung setzt für landwirtschaftliche Produkte Mindestpreise fest.

4. **In welchem Fall liegt ein Verstoß gegen die Preisauszeichnungspflicht vor?**
   a) Ein Einzelhandelsgeschäft versieht während einer Aktionswoche seine Waren im Schaufenster mit den herabgesetzten Preisen.
   b) Ein Großhandelsbetrieb verfügt über einen Verkaufsraum für Wiederverkäufer. An den ausgestellten Waren befinden sich keine Preise.
   c) Ein Handwerksbetrieb hängt seine Stundenverrechnungssätze inklusive Umsatzsteuer in seinen Geschäftsräumen aus.
   d) Der Filialleiter einer Bank gibt nur auf Anfrage die Zinssätze für Sparguthaben und Ratenkredite bekannt.
   e) Ein Antiquitätengeschäft stellt in seinem Schaufenster einen wertvollen Barockschrank aus. Eine Preisangabe fehlt.

5. **Ein volljähriger Auszubildender schließt in einem Phono-Fachgeschäft einen Ratenkauf über 900 € für eine Stereo-Anlage ab. 5 Tage später sieht er die gleiche Stereo-Anlage in einem anderen Fachgeschäft für 800 €. Er will deshalb den Kauf rückgängig machen. Auf welches Gesetz kann er sich berufen?**
   a) Auf das Gesetz gegen unlauteren Wettbewerb
   b) Auf die im BGB enthaltenen Bestimmungen zu den Allgemeinen Geschäftsbedingungen
   c) Auf das Bürgerliche Gesetzbuch
   d) Auf das Gesetz gegen Wettbewerbsbeschränkungen
   e) Auf das Verbraucherkreditgesetz
   f) Auf das Handelsgesetzbuch

6. **Welche Aussage über den Widerruf bei Abzahlungsgeschäften ist richtig?**
   a) Ein Verbraucherkredit kann grundsätzlich nicht widerrufen werden.
   b) Der Widerruf kann nur sofort nach Vertragsabschluss vorgenommen werden.
   c) Der Widerruf kann mündlich innerhalb vierzehn Tagen erfolgen.
   d) Für den Widerruf ist im Gesetz keine Frist genannt, eine Begründung ist jedoch erforderlich.
   e) Das Geschäft kann nur schriftlich innerhalb von zwei Wochen widerrufen werden.

7. **Für Fernabsatzgeschäfte mit Verbrauchern bestehen zusätzliche Informations- und Belehrungspflichten. Welche Inhalte gehören nicht dazu?**
   a) Name und Anschrift des Lieferanten - Identität
   b) Ansprechpartner des Lieferanten
   c) Bestehen eines gesetzlichen Mängelhaftungsrechts
   d) Information über das Widerrufsrecht
   e) Fracht-, Liefer-, Versandkosten

8. Welche Aussage zum Verbraucherkredit ist richtig?

a) Vor Abschluss des Vertrages ist der Kunde in Textform über die wesentlichen Merkmale des Vertrages zu informieren.
b) Ratenkäufe zwischen Kaufleuten sollen geregelt werden.
c) Die Menge der Kreditkäufe soll verringert werden.
d) Den Geschäftsbanken wird die Gewährung von Ratenkrediten untersagt.
e) Im Verbraucherkreditgesetz wird ein Höchstzins festgelegt, der Verbraucher vor Wucher schützen soll.

9. Das Verbraucherkreditgesetz sieht bei einem einseitigen Handelskauf einen schriftlichen Kaufvertrag vor. Welcher Bestandteil muss nicht schriftlich niedergelegt sein?

a) Teilzahlungspreis
b) Barzahlungspreis
c) Liefertermin
d) Effektiver Jahreszins
e) Höhe der einzelnen Raten

10. Welcher Hinweis bzw. welche Angabe ist <u>nicht</u> Inhalt einer Garantieerklärung?

a) Hinweis auf gesetzliche Rechte des Verbrauchers
b) Hinweis, dass gesetzliche Rechte durch die Garantie nicht eingeschränkt werden
c) Hinweis, dass gesetzliche Rechte durch die Garantie eingeschränkt werden
d) Inhalt der Garantie
e) Angaben, die für die Geltendmachung der Garantie erforderlich sind, z. B. Dauer, räumlicher Geltungsbereich, Name und Anschrift des Garantiegebers
f) Im BGB sind die Garantieerklärungen geregelt. Danach richtet sich der Umfang der Garantie

11. Ein Achtzehnjähriger widerruft einen Ratenkaufvertrag innerhalb von zwei Wochen. Welches Gesetz regelt dieses Widerrufsrecht?

a) BGB (Widerrufs- und Rückgaberecht bei Verbraucherverträgen)
b) Einkommensteuergesetz
c) Gesetz gegen Wettbewerbsbeschränkungen (GWB)
d) Handelsgesetzbuch (HGB)
e) Verbraucherschutzgesetz

12. In welchem Fall liegt ein Verbrauchsgüterkauf vor?

a) Kauf einer beweglichen Sache eines Verbrauchers von einem Verbraucher
b) Kauf einer beweglichen Sache eines Unternehmers von einem Unternehmer
c) Kauf einer beweglichen Sache eines Unternehmers von einem Verbraucher
d) Kauf einer beweglichen Sache eines Verbrauchers von einem Unternehmer
e) Kauf einer beweglichen Sache bei einer öffentlichen Versteigerung

13. Beim Verbrauchsgüterkauf gelten nach BGB besondere Vorschriften, die den Verbraucher schützen sollen. Welche Aussage zu der Verjährung von Ansprüchen aufgrund von Sachmängeln ist zutreffend?

a) Die Verjährungsfrist für Sachmängel kann auch beim Verbrauchsgüterkauf vertraglich unter die Frist von 2 Jahren festgelegt werden.
b) Bei Ansprüchen aus Sachmängeln hat der Verkäufer grundsätzlich während der Gewährleistungsfrist die Beweislast, dass die Kaufsache bei Übergabe frei von Mängeln war.
c) Bei Ansprüchen aus Sachmängeln hat der Verkäufer die Beweislast nur während der ersten sechs Monate.
d) Die Beweislast liegt immer beim Käufer.
e) Bei Auftreten von Sachmängeln während des ersten Jahres nach Übergabe der Ware liegt die Beweislast beim Verkäufer, während des zweiten Jahres liegt diese beim Käufer.

14. Welche Aussage zu den Allgemeinen Geschäftsbedingungen (AGB) ist richtig?

a) Die AGB betreffen nur individuell ausgehandelte Verträge.
b) Die AGB gelten nur für mündlich geschlossene Verträge.
c) Die AGB sind vorformulierte Vertragsbedingungen.
d) Die AGB gelten nur für Kaufverträge.
e) Die AGB haben Vorrang vor individuellen Vertragsabreden.

15. Im Vertrag ist die Klausel „Es gelten die Allgemeinen Geschäftsbedingungen" zu finden. Welche Bedeutung hat diese Vertragsklausel?

a) Es handelt sich um besondere Bedingungen, die für diesen Vertragsabschluss ausgehandelt worden sind.
b) Es handelt sich um standardisierte Vertragsbedingungen, die durch den Gesetzgeber im HGB verankert sind.
c) Es handelt sich um allgemeine Vertragsbedingungen, für die ohne Einschränkung der Grundsatz der Vertragsfreiheit gilt.
d) Es handelt sich um vorformulierte Vertragsbestandteile, die Vorrang vor allen Regelungen des BGB haben.
e) Es handelt sich um vorformulierte Vertragsbedingungen, die Vertragsbestandteil werden, sofern keine Regelungen des BGB entgegenstehen.

16. Die Verwendung von Allgemeinen Geschäftsbedingungen (AGB) hat Vor- und Nachteile für die Geschäftspartner. Welche Aussage ist richtig?

a) Da bei der Verwendung der AGB zusätzliche individuelle Regelungen ausgeschlossen sind, können im Einzelfall die besonderen Wünsche der Vertragspartner nicht mehr berücksichtigt werden.
b) Da die AGB bei jedem Vertrag schriftlich neu formuliert werden müssen, entsteht für die Vertragspartner ein erheblicher Zusatzaufwand.
c) Da die Vertragsinhalte nicht mehr bei jedem einzelnen Vertrag ausgehandelt werden müssen, ist für den Verwender mit dem Einsatz der AGB ein erheblicher Rationalisierungseffekt verbunden.
d) Das durch die Bestimmungen des BGB zu den Allgemeinen Geschäftsbedingungen Kaufleute besonders geschützt werden, brauchen sich diese nicht mehr mit dem Inhalt der AGB befassen.
e) Da durch die AGB die Grenzen der Vertragsfreiheit aufgehoben werden, haben die Vertragsparteien die Möglichkeit, sich über gesetzliche Mindestanforderungen hinwegzusetzen.

17. Welche Aussage zu den im BGB geregelten Allgemeinen Geschäftsbedingungen (AGB) ist richtig?

a) Die AGB unterliegen der Zustimmung der Verbraucherschutzverbände.
b) Zweifel bei der Auslegung der ABG gehen nach Vertragsabschluss zu Lasten des Kunden.
c) Bestimmungen in den AGB sind unwirksam, wenn sie den Kunden, entgegen den Geboten von Treu und Glauben, unangemessen benachteiligen.
d) Die Bestimmungen der AGB haben Vorrang vor schriftlich fixierten individuellen Vertragsabreden.
e) AGB finden nur bei Verträgen zwischen Kaufleuten Anwendung.

18. Ein Kunde beschwert sich zu Recht über unzulässige Einschränkungen in den allgemeinen Geschäftsbedingungen Ihres Unternehmens. Welche Regelung widerspricht den Vorschriften des BGB?

a) Gerichtsstand und Erfüllungsort für beide Teile ist der Geschäftssitz des Lieferers.
b) Sämtliche Ansprüche aus mangelhafter Lieferung werden ausgeschlossen.
c) Nachträgliche Vertragsänderungen bedürfen der Schriftform.
d) Im Falle des Zahlungsverzuges werden ab Fälligkeit der Rechnung Verzugszinsen berechnet.
e) Individuelle Vertragsabreden haben Vorrang vor den Allgemeinen Geschäftsbedingungen.

19. Welche Aussage über die im BGB geregelten Vorschriften zu den Allgemeinen Geschäftsbedingungen (AGB) ist richtig?

a) Die Vorschriften gelten für alle Verträge.
b) Individuelle Vertragsabsprachen sind ungültig.
c) Verstößt eine Vertragsklausel gegen die AGB, so ist der gesamte Vertrag ungültig.
d) Verstößt eine Vertragsklausel gegen die AGB, so ist nur diese Klausel ungültig.
e) Allgemeine Geschäftsbedingungen dürfen auf keinen Fall handschriftlich verfasst werden.

20. Welche Vorschrift ist aus dem BGB zu den Allgemeinen Geschäftsbedingungen entnommen?

a) Ist über den Zeitpunkt der Lieferung im Kaufvertrag nichts vereinbart, so kann der Käufer sofortige Lieferung verlangen.
b) Eine Lieferung muss unverzüglich geprüft werden.
c) Individuelle Vertragsabreden haben Vorrang vor Allgemeinen Geschäftsbedingungen.
d) Wird durch die Allgemeinen Geschäftsbedingungen nichts anderes festgelegt, so trägt der Käufer die Verpackungskosten.
e) Wenn im Kaufvertrag nichts Anderes vereinbart wurde, so hat der Schuldner die Kosten für die Zahlung der Kaufsumme zu tragen.

21. Welche Aussage über die Allgemeinen Geschäftsbedingungen (AGB) ist richtig?

a) Die AGB gelten nur für Verträge zwischen Kaufleuten.

b) Die AGB werden beim Verbrauchsgüterkauf Vertragsbestandteil, wenn der Verkäufer darauf aufmerksam macht und wenn ihnen nicht widersprochen wird.

c) Die AGB werden beim zweiseitigen Handelskauf Vertragsbestandteil und können nicht geändert werden.

d) Die AGB müssen zur Absicherung der gegenseitigen Rechtspositionen von Fall zu Fall neu ausgehandelt werden.

e) Die AGB wurden vom Gesetzgeber zur Regelung des Wettbewerbs zwischen den Anbietern der gleichen Branche vorgegeben.

22. Welche Klausel in Verträgen ist nach den Allgemeine Geschäftsbedingungen unwirksam?

a) „Eine geringfügige Farbabweichung bei unseren Tapeten ist möglich."

b) „Versteckte Mängel können nach Ablauf einer Frist von 6 Monaten nicht mehr geltend gemacht werden."

c) „Bei Beanstandung der Ware muss der Käufer einen Nachbesserungs- bzw. Ersatzlieferungsversuch des Verkäufers zulassen. Erst bei Fehlschlag können weitere Rechte geltend gemacht werden."

d) „Die Kosten für Entsendung von Monteuren (Fahrt- und Wegekosten) gehören nicht zum Umfang der Garantieleistung."

e) „Im Fall der Nichtkündigung zum vertraglich festgelegten Termin verlängert sich die Vertragsdauer automatisch um ein Jahr."

23. Welche Aussage zu den Allgemeinen Geschäftsbedingungen (AGB) ist richtig?

a) Die Bestimmungen des BGB zu den AGB haben Vorrang vor schriftlich fixierten individuellen Vertragsabreden.

b) AGB finden nur bei Verträgen zwischen Kaufleuten Anwendung.

c) Zweifel bei der Auslegung der AGB gehen nach Vertragsabschluss zu Lasten des Kunden.

d) Liegen AGB vor, dann steht oder fällt der gesamte Vertragsabschluss mit ihrer Anerkennung durch den Kunden.

e) Die Bestimmungen des BGB zu den AGB sind unwirksam, wenn sie den Kunden, entgegen den Geboten von Treu und Glauben, unangemessen benachteiligen.

24. Sie erläutern einem Auszubildenden, was ein Verbrauchsgüterkauf laut BGB ist. Wo ist dieser Begriff richtig beschrieben?

a) Ein Privatkunde kauft von seinem Nachbarn einen gebrauchten Pkw.

b) Ein Privatkunde kauft von der Bavaria Fahrradwerke KG eine Gepäcktasche.

c) Ein Auszubildender der Bavaria Fahrradwerke KG ersteigert sich eine Stereoanlage auf einer öffentlichen Versteigerung.

d) Der Geschäftsführer, Herr Oberpriller, kauft von einem Privatkunden einen Kinderwagen für seine schwangere Tochter.

e) Die Bavaria Fahrradwerke KG kauft von einer Metallwarenfabrik einen großen Posten Schrauben.

<u>Zu den nächsten beiden Aufgaben siehe nachstehende Situation!</u>

Der kaufmännische Angestellte Werner Schick hat in England einen guten Anzugstoff gekauft und will sich von der Schneiderei Böck GmbH einen Maßanzug fertigen lassen. Die Schneiderei Böck GmbH erstellt für Herrn Schick ein entsprechendes Angebot und fügt die Allgemeinen Geschäftsbedingungen der Schneiderei Böck GmbH bei, die unter anderem den Passus enthalten, dass bei Anfertigung eines Maßanzuges dazu die passenden Schuhe von dem Schuhhaus Erwin Probst gekauft werden müssen.

Die Schneiderei Böck GmbH verpflichtet sich, für Herrn Schick einen Maßanzug zum Preis von 600 € anzufertigen und diesen kalendermäßig bestimmt (fix) am 15. Juli frei Haus zu liefern. Herr Schick verpflichtet sich, den Anzugstoff zur Verfügung zu stellen und den Preis am vereinbarten Tag der Lieferung zu bezahlen.

Herr Schick erklärt sich mit der Geltung der AGB einverstanden, obwohl er sie nicht gelesen hat. Anschließend wird noch mündlich vereinbart, dass bei der Anfertigung des Anzugs die von Herrn Schick ausgewählten Knöpfe verwendet werden.

25. Wie stellt sich die Rechtslage für Herrn Schick dar, wenn die Schneiderei Böck GmbH ihre Verpflichtungen nicht einhält?

a) Wenn die Schneiderei Böck GmbH den Liefertermin 15. Juli schuldhaft überschreitet, kann Herr Schick ohne Nachfristsetzung Schadenersatz wegen Nichterfüllung verlangen.

b) Wenn die Schneiderei Böck GmbH den Liefertermin 15. Juli schuldhaft überschreitet, muss Herr Schick erst eine angemessene Nachfrist setzen, bevor er weitere Schritte unternehmen kann.

c) Wenn der gelieferte Anzug einen offenen Mangel aufweist, braucht Herr Schick keine Rügefristen zu beachten.

d) Wenn der gelieferte Anzug einen offenen Mangel aufweist, hat Herr Schick nur die Möglichkeit des Vertragsrücktritts.

e) Wenn der gelieferte Anzug einen versteckten Mangel aufweist, kann Herr Schick nur eine Minderung des Kaufpreises verlangen.

26. Herr Schick und die Schneiderei Böck GmbH vertreten unterschiedliche Auffassungen über die Gültigkeit der dem Angebot beigefügten AGB. Welche der vertretenden Meinungen trifft entsprechend dem abgebildeten Auszug aus dem AGB-Gesetz zu?

a) Die AGB sind kein Vertragsbestandteil geworden, da Herr Schick sie nicht gelesen hat.

b) Die mündlich getroffenen Vertragsvereinbarungen sind rechtlich unwirksam, da die AGB Vorrang vor individuellen Abreden haben.

c) Wenn die AGB auch nur einen Punkt beinhalten, der gegen die Bestimmungen zu den AGBs verstößt, ist der gesamte Vertrag nichtig.

d) Die Bedingung in den AGB, dass bei Anfertigung eines Maßanzuges dazu passende Schuhe bei dem Schuhhaus Erwin Probst gekauft werden müssen, ist so ungewöhnlich, dass Herr Schick nicht damit zu rechnen braucht. Die Bedingung wird folglich nicht Vertragsbestandteil.

e) Zweifel bei der Auslegung der AGB gehen zu Lasten des Kunden Schick.

Auszug aus dem BGB: Gestaltung rechtsgeschäftlicher Schuldverhältnisse durch Allgemeine Geschäftsbedingungen

Erster Abschnitt. Sachlich-rechtliche Vorschriften

1. Unterabschnitt. Allgemeine Vorschriften

§ 305 Einbeziehung Allgemeiner Geschäftsbedingungen in den Vertrag. (1) [1] Allgemeine Geschäftsbedingungen sind alle für eine Vielzahl von Verträgen vorformulierte Vertragsbedingungen, die eine Vertragspartei (Verwender) der anderen Vertragspartei bei Abschluss eines Vertrages stellt. [2] Gleichgültig ist, ob die Bestimmungen einen äußerlich gesonderten Bestandteil des Vertrages bilden oder in die Vertragsurkunde selbst aufgenommen werden, welchen Umfang sie haben, in welcher Schriftart sie verfasst sind und welche Form der Vertrag hat. [3] Allgemeine Geschäftsbedingungen liegen nicht vor, soweit die Vertragsbedingungen zwischen den Vertragsparteien im Einzelnen ausgehandelt sind.

(2) Allgemeine Geschäftsbedingungen werden nur dann Bestandteil eines Vertrages, wenn der Verwender bei Vertragsabschluss
1. die andere Vertragspartei ausdrücklich oder, wenn ein ausdrücklicher Hinweis wegen der Art des Vertragsabschlusses nur unter unverhältnismäßigen Schwierigkeiten möglich ist, durch deutlich sichtbaren Aushang am Ort des Vertragsabschlusses auf sie hinweist und
2. der anderen Vertragspartei die Möglichkeit verschafft, in zumutbarer Weise, die auch eine für den Verwender erkennbare körperliche Behinderung der anderen Vertragspartei angemessen berücksichtigt, von ihrem Inhalt Kenntnis zu nehmen, und wenn die andere Vertragspartei mit ihrer Geltung einverstanden ist.

(3) Die Vertragsparteien können für eine bestimmte Art von Rechtsgeschäften die Geltung bestimmter Allgemeiner Geschäftsbedingungen unter Beachtung der in Absatz 2 bezeichneten Erfordernisse im Voraus vereinbaren.

§ 305 b Vorrang der Individualabrede. Individuelle Vertragsabreden haben Vorrang vor Allgemeinen Geschäftsbedingungen.

§ 305 c Überraschende und mehrdeutige Klauseln. (1) Bestimmungen in Allgemeinen Geschäftsbedingungen, die nach den Umständen, insbesondere nach dem äußeren Erscheinungsbild des Vertrags, so ungewöhnlich sind, dass der Vertragspartner des Verwenders mit ihnen nicht zu rechnen braucht, werden nicht Vertragsbestandteil.
(2) Zweifel bei der Auslegung Allgemeiner Geschäftsbedingungen gehen zu Lasten des Verwenders.
.
.
§ 306 Rechtsfolgen bei Nichteinbeziehung und Unwirksamkeit. (1) Sind Allgemeine Geschäftsbedingungen ganz oder teilweise nicht Vertragsbestandteil geworden oder unwirksam, so bleibt der Vertrag im Übrigen wirksam.
(2) Soweit die Bestimmungen nicht Vertragsbestandteil geworden oder unwirksam sind, richtet sich der Inhalt des Vertrages nach den gesetzlichen Vorschriften.
(3) Der Vertrag ist unwirksam, wenn das Festhalten an ihm auch unter Berücksichtigung der nach Absatz 2 vorgesehenen Änderungen eine unzumutbare Härte für eine Vertragspartei darstellen würde.

§ 306 a Umgehungsverbot. Die Vorschriften dieses Abschnitts findet auch Anwendung, wenn sie durch anderweitige Gestaltungen umgangen werden

§ 307 Inhaltskontrolle (1) [1] Bestimmungen in Allgemeinen Geschäftsbedingungen sind unwirksam, wenn sie den Vertragspartner des Verwenders entgegen den Geboten von Treu und Glauben unangemessen benachteiligen.
[2] Eine unangemessene Benachteiligung kann sich auch daraus ergeben, dass die Bestimmung nicht klar und verständlich ist.
(2) Eine unangemessene Benachteiligung ist im Zweifel anzunehmen, wenn eine Bestimmung
1. mit wesentlichen Grundgedanken der gesetzlichen Regelung, von der abgewichen wird, nicht zu vereinbaren ist, oder
2. wesentliche Rechte oder Pflichten, die sich aus der Natur des Vertrages ergeben, so einschränkt, dass die Erreichung des Vertragszwecks gefährdet ist.

27. Da bei Ihren Kaufverträgen Allgemeine Geschäftsbedingungen verwendet werden, wollen Sie sich mit den betreffenden Vorschriften des BGB vertraut machen. Welche zwei der folgenden Regelungen entsprechen nicht den gesetzlichen Vorschriften zu den AGBs.

a) Gerichtsstand und Erfüllungsort für beide Teile ist Landshut, wenn der Vertragspartner Kaufmann ist.

b) Bei Zahlungsverzug werden ab Fälligkeit der Rechnung 8 % Verzugszinsen fällig.

c) Vertragsabsprachen zwischen den Vertragspartnern haben Vorrang vor den AGB.

d) Nachträgliche Vertragsänderungen müssen schriftlich erfolgen.

e) Sämtliche Ansprüche aus der Mängelrüge werden ausgeschlossen.

f) Bei mangelhafter Leistung gelten die Vorschriften des BGB.

28. Im § 312 b BGB sind die Fernabsatzverträge geregelt. Siehe dazu den abgebildeten Gesetzesausschnitt. Auf welche zwei der genannten Geschäfte sind diese Vorschriften anzuwenden?

a) Peter Müller erteilt seiner Bank den telefonischen Auftrag, für ihn Aktien zu erwerben. Der Auftrag wird brieflich bestätigt.

b) Hans Klemm meldet sich per E-Mail bei der Fernuniversität Kiel zu einem Sprachunterricht an. Die Anmeldung wird ebenfalls per E-Mail bestätigt.

c) Über das Internet bestellt Uwe Schuricht bei einem Versandhaus einen Wohnzimmerschrank. Er erhält eine schriftliche Auftragsbestätigung, der die Liefer- und Zahlungsbedingungen beigefügt sind.

d) Alfred Scholz erhält eine Postwurfsendung der Direktversicherung AG zum Abschluss einer Unfallversicherung und sendet den ausgefüllten Antrag per Post zurück. Die Versicherung nimmt den Antrag an und sendet die Police ebenfalls per Post an Alfred Scholz.

e) Brigitte Kühne bestellt ihre Lebensmittel regelmäßig per Fax bei einem Dienstleister, der einen Einkaufsservice anbietet. Die Waren werden von ihr abends mittels Chipkarte an einem Warenautomaten entnommen.

f) Christian Schwarz beauftragt telefonisch die Energieversorgung GmbH über deren Call-Center, zukünftig die jährliche Wartung seiner Heizungsanlage zu übernehmen. Der Wartungsvertrag wird dem Kunden per Fax zugestellt.

§ 312b Fernabsatzverträge

(1) Fernabsatzverträge sind Verträge über die Lieferung von Waren oder über die Erbringung von Dienstleistungen, einschließlich Finanzdienstleistungen, die zwischen einem Unternehmer und einem Verbraucher unter ausschließlicher Verwendung von Fernkommunikationsmitteln abgeschlossen werden, es sei denn, dass der Vertragsschluss nicht im Rahmen eines für den Fernabsatz organisierten Vertriebs- oder Dienstleistungssystems erfolgt. Finanzdienstleistungen im Sinne des Satzes 1 sind Bankdienstleistungen sowie Dienstleistungen im Zusammenhang mit einer Kreditgewährung, Versicherung, Altersversorgung von Einzelpersonen, Geldanlage oder Zahlung.

(2) Fernkommunikationsmittel sind Kommunikationsmittel, die zur Anbahnung oder zum Abschluss eines Vertrags zwischen einem Verbraucher und einem Unternehmer ohne gleichzeitige körperliche Anwesenheit der Vertragsparteien eingesetzt werden können, insbesondere Briefe, Kataloge, Telefonanrufe, Telekopien, E-Mails sowie Rundfunk, Tele- und Mediendienste.

(3) Die Vorschriften über Fernabsatzverträge finden keine Anwendung auf Verträge

1. über Fernunterricht (§ 1 des Fernunterrichtsschutzgesetzes),
2. über die Teilzeitnutzung von Wohngebäuden (§ 481),
3. über Versicherungen sowie deren Vermittlung,
4. über die Veräußerung von Grundstücken und grundstücksgleichen Rechten, die Begründung, Veräußerung und Aufhebung von dinglichen Rechten an Grundstücken und grundstücksgleichen Rechten sowie über die Errichtung von Bauwerken,
5. über die Lieferung von Lebensmitteln, Getränken oder sonstigen Haushaltsgegenständen des täglichen Bedarfs, die am Wohnsitz, am Aufenthaltsort oder am Arbeitsplatz eines Verbrauchers von Unternehmern im Rahmen häufiger und regelmäßiger Fahrten geliefert werden,
6. über die Erbringung von Dienstleistungen in den Bereichen Unterbringung, Beförderung, Lieferung von Speisen und Getränken sowie Freizeitgestaltung, wenn sich der Unternehmer bei Vertragsschluss verpflichtet, die Dienstleistungen zu einem bestimmten Zeitpunkt oder innerhalb eines genau angegebenen Zeitraums zu erbringen,
7. die geschlossen werden
   a) unter Verwendung von Warenautomaten oder automatisierten Geschäftsräumen oder
   b) mit Betreibern von Telekommunikationsmitteln auf Grund der Benutzung von öffentlichen Fernsprechern, soweit sie deren Benutzung zum Gegenstand haben.

1. Wie bezeichnet man alle Maßnahmen, die dazu dienen, die Geld- und Sachmittel zu beschaffen, die ein Unternehmen benötigt?

a) Investition
b) Hypothekenaufnahme
c) Finanzierung
d) Leasing
e) Kreditaufnahme

2. Welches Investitionsvorhaben betrifft das Anlagevermögen?

a) Beschaffung von Waren
b) Lohnzahlungen
c) Finanzierung der Werbeaktion
d) Einrichtung des Geschäftshauses
e) Beschaffung von Eigenkapital

3. Welches Finanzierungsvorhaben betrifft das Umlaufvermögen?

a) Kauf eines Grundstückes
b) Kauf eines Gebäudes
c) Installation einer neuen Heizungsanlage
d) Beschaffung von Waren
e) Beschaffung von Geschäftseinrichtung

4. Woher können sich Außenstehende Informationen über die Art der Finanzierung eines Unternehmens beschaffen?

a) Aus der Inventur
b) Aus der Unternehmensstatistik
c) Aus der Bilanz
d) Aus dem Inventar
e) Aus dem Finanzierungsplan

5. In welchem Fall handelt es sich um die Selbstfinanzierung eines Unternehmens?

a) Eine AG führt einen Teil des Jahresüberschusses den Gewinnrücklagen zu.
b) Eine AG erhöht das Grundkapital durch Ausgabe neuer Aktien.
c) Ein Unternehmen verfügt über sein Kontokorrentkonto bis zur vereinbarten Höhe.
d) Ein Unternehmen nimmt neue Gesellschafter auf.
e) Ein Unternehmen gibt eine Wandelschuldverschreibung aus.

6. Welche Finanzierungsart bei einer Aktiengesellschaft bezeichnet man als Eigenfinanzierung?

a) Aufnahme eines Hypothekendarlehens
b) Inanspruchnahme des Zahlungsziels bei Lieferern
c) Ausgabe von Schuldverschreibungen
d) Aufnahme eines Bankkredites
e) Ausgabe junger Aktien

7. Ordnen Sie zu!

Finanzwirksame Vorgänge

a) Ein weiterer Gesellschafter mit einer Einlage von 20.000,00 € wird in die Gesellschaft aufgenommen.
b) Die Bavaria Fahrradwerke KG kauft Aktien der Meier AG.
c) Die Bavaria Fahrradwerke KG nimmt bei einer Bank ein Darlehen auf.
d) Der Gesellschafter Oberpriller erhält von der Huber AG Dividende.
e) Der Jahresgewinn des Gesellschafters Oberpriller verbleibt in der KG.
f) Die Bavaria Fahrradwerke KG verlängert ihre Zahlungsziele bei Ausgangsrechnungen.

Finanzierungsformen

[ ] Beteiligungsfinanzierung
[ ] Selbstfinanzierung
[ ] Fremdfinanzierung

8. In welchem Fall handelt es sich um Eigenfinanzierung?
a) Finanzierung durch Aufnahme neuer Gesellschafter
b) Finanzierung durch Bankkredite
c) Finanzierung durch Ausgabe von Obligationen
d) Finanzierung durch Akzeptierung von Wechseln
e) Finanzierung durch Leasing

9. Was versteht man unter Selbstfinanzierung?
a) Eine Erhöhung des Grundkapitals
b) Die Finanzierung aus zurückbehaltenen Gewinnen
c) Die Finanzierung durch Kredite
d) Die Finanzierung durch Einlage eines Stillen Gesellschafters
e) Die Finanzierung durch Verkauf von Lizenzen

10. Welche Möglichkeit hat eine Aktiengesellschaft, sich Fremdkapital zu beschaffen?
a) Bilden von Rückstellungen
b) Ausgabe von Schuldverschreibungen
c) Vornehmen erhöhter Abschreibungen
d) Aufnahme neuer Gesellschafter
e) Ausgabe von jungen Aktien

11. Das Anlagevermögen soll möglichst durch eigene Mittel finanziert sein. Außerdem ist es von Vorteil, noch einen Teil des Umlaufvermögens (ca. 1/3) mit Eigenkapital zu finanzieren. Wie bezeichnet man diesen Tatbestand?
a) Ökonomisches Prinzip
b) Maximalprinzip
c) Goldene Finanzierungsregel
d) Goldene Bilanzregel
e) Goldene Investitionsregel

12. Was besagt die „Goldene Bilanzregel"?
a) Anlagevermögen + Umlaufvermögen = Eigenkapital
b) Anlagevermögen + Umlaufvermögen = Eigenkapital + kurzfristiges Fremdkapital
c) Anlagevermögen + 1/2 Umlaufvermögen = Eigenkapital
d) Anlagevermögen + Umlaufvermögen = Fremdkapital
e) Anlagevermögen + 1/3 Umlaufvermögen = Eigenkapital

13. Bei der Finanzierung eines Unternehmens werden Eigenkapital und Fremdkapital herangezogen. Wie nennt man den Teil, der durch Eigenkapital finanziert ist?
a) Eigenfinanzierung
b) Fremdfinanzierung
c) Kreditfinanzierung
d) Barfinanzierung
e) Sachfinanzierung

14. Welche Aussage trifft <u>nicht</u> auf die Kreditfinanzierung zu?
a) Die Überlassung des Kapitals ist zeitlich befristet.
b) Die Überlassung des Kapitals ist nicht zeitlich befristet.
c) Die Unternehmung ist mit festen Zinsen belastet.
d) Für überlassene Gelder besteht Anspruch auf Rückzahlung.
e) Bei der Kreditfinanzierung wird dem Unternehmen Fremdkapital überlassen.

15. Welche Aussage zur Selbstfinanzierung ist richtig?
a) Der Eigentümer bringt eigene Mittel in die Unternehmung ein.
b) Mehrere Eigentümer bringen eigene Mittel in das Unternehmen ein.
c) Der Eigentümer haftet persönlich für eine Kreditaufnahme.
d) Teile des Gewinnes werden wieder in das Unternehmen eingebracht (investiert).
e) Durch Aufnahme neuer Gesellschafter werden zusätzlich Mittel in das Unternehmen eingebracht.

16. Einem Betrieb werden zu Finanzierungszwecken finanzielle Mittel aus dem Privatvermögen des Eigentümers zugeführt. Wie wird diese Finanzierungsart bezeichnet?

a) Selbstfinanzierung
b) Privatfinanzierung
c) Fremdfinanzierung
d) Kreditfinanzierung
e) Eigenfinanzierung

17. Zur Finanzierung des Unternehmens sind verschiedene Möglichkeiten gegeben. Welches der nachstehenden Beispiele ist eine kurzfristige Finanzierung?

a) Finanzierung durch Darlehen
b) Finanzierung durch Hypothek
c) Finanzierung durch Leasing
d) Finanzierung durch Lieferantenkredit
e) Finanzierung durch Gewinnbeteiligung

18. Wann handelt es sich um eine langfristige Fremdfinanzierung?

a) Finanzierung durch Lieferantenkredit
b) Finanzierung durch Kontokorrentkredit
c) Finanzierung durch Abschreibung
d) Finanzierung durch Hypothekendarlehen
e) Finanzierung durch Leasing

19. Bei welcher Finanzierungsart handelt es sich um eine mittelfristige Fremdfinanzierung?

a) Finanzierung durch Kapitaleinlage
b) Finanzierung durch Lieferantenkredit
c) Finanzierung durch Hypothekenkredit
d) Finanzierung durch Leasing
e) Finanzierung durch Wechselkredit

20. Bei welcher Finanzierungsart handelt es sich um eine Selbstfinanzierung?

a) Finanzierung durch Kapitaleinlagen
b) Finanzierung durch Leasing
c) Finanzierung durch Abschreibung
d) Finanzierung durch Beteiligung
e) Finanzierung durch Wechsel

21. Je nach Herkunft des Kapitals zur Finanzierung eines Unternehmens unterscheidet man in Außen- und Innenfinanzierung. Welche der nachstehenden Finanzierungsarten ist der Außenfinanzierung zuzuordnen?

a) Finanzierung durch Kapitaleinlagen des Eigentümers
b) Finanzierung durch Abschreibungen
c) Finanzierung durch Einbehaltung von Gewinnen
d) Finanzierung aus freigesetzten Mitteln
e) Finanzierung durch Verwendung des erwirtschafteten Gewinns

22. Welche der nachstehenden Finanzierungsarten ist der Innenfinanzierung zuzuordnen?

a) Investition des erwirtschafteten Gewinns
b) Beteiligungsfinanzierung
c) Lieferantenkredit
d) Leasing
e) Kontokorrentkredit

23. Welche Art der Finanzierung liegt vor, wenn der Inhaber privates Vermögen einlegt?

a) Außenfinanzierung
b) Beteiligungsfinanzierung
c) Fremdfinanzierung
d) Selbstfinanzierung
e) Finanzierung durch Abschreibung

24. Worum handelt es sich, wenn Gewinne nicht ausgeschüttet, sondern für die Finanzierung der Unternehmung bereitgestellt oder verwendet werden?

a) Selbstfinanzierung
b) Fremdfinanzierung
c) Beteiligungsfinanzierung
d) Finanzierung durch Leasing
e) Finanzierung durch freigestelltes Kapital

25. Die Hauptversammlung soll über eine Kapitalerhöhung durch die Ausgabe junger Aktien in einem Nennwert von 4 Mio. € beschließen. Welche Arten der Finanzierung liegen vor?

a) Innen- und Eigenfinanzierung
b) Innen- und Beteiligungsfinanzierung
c) Innen- und Selbstfinanzierung
d) Außen- und Fremdfinanzierung
e) Außen- und Eigenfinanzierung

26. Welche Möglichkeit der Fremdkapitalbeschaffung hat ein Industrieunternehmen in der Rechtsform einer AG?

a) Ausgabe junger Aktien
b) Verkauf von festverzinslichen Wertpapieren des Anlagevermögens
c) Verzicht auf die Zahlung von Dividenden
d) Auflösung der gesetzlichen Rücklagen
e) Aufnahme neuer Gesellschafter
f) Ausgabe von Obligationen

27. Ordnen Sie zu!

Vorgänge

a) Fertige Erzeugnisse werden gegen Verrechnungsscheck verkauft.
b) Neue (junge) Aktien werden ausgegeben.
c) Rohstoffe werden verarbeitet.
d) Rohstoffe werden auf Ziel eingekauft.
e) Hilfsstoffe werden gegen Barzahlung gekauft.
f) Gewinn wird nicht entnommen.

Finanzierungsarten

[ ] Beteiligungsfinanzierung
[ ] Selbstfinanzierung
[ ] Fremdfinanzierung

28. Ordnen Sie zu!

Merkmale

a) Personalkredit, der zusätzlich durch Bürgschaft gesichert ist
b) Kurzfristiger Kredit in laufender Rechnung
c) Kurzfristiger Kredit gegen Verpfändung von Waren oder Wertpapieren
d) Langfristiger Kredit mit Absicherung durch Belastung von Grundeigentum
e) Bürgschaftskredit, bei dem die Bank eine selbstschuldnerische Bürgschaft übernimmt

Kreditformen

[ ] Kontokorrentkredit
[ ] Hypothekarkredit
[ ] Lombardkredit
[ ] Avalkredit

29. Wofür eignet sich der Einsatz von langfristigem Fremdkapital?

a) Für den Kauf von Rohstoffen
b) Für die Reparatur der Lkw
c) Für Lohnzahlungen
d) Für die Beschaffung von Maschinen
e) Für die Durchführung des Werbeplans

30. Ordnen Sie zu!

Kreditarten

a) Hypothekenkredit
b) Kontokorrentkredit
c) Blankokredit
d) Bürgschaftskredit
e) Lombardkredit

Kreditsicherungsmittel

[ ] Festverzinsliche Wertpapiere
[ ] Grundstücke

31. Ordnen Sie zu!

Kreditbeispiele

a) Langfristiger Kredit, durch Grundbucheintragung gesichert
b) Bankkredit in dauernd wechselnder Höhe
c) Langfristiger Bankkredit in bestimmter Höhe mit festgelegten Tilgungsraten
d) Finanzierung eines Unternehmens durch Ausgabe von Pfandbriefen
e) Einkauf von Rohstoffen auf Ziel

Kreditarten

[ ] Kontokorrentkredit

[ ] Lieferantenkredit

32. Die Finanzierung einer Maschine in Höhe von 2 Mio. € soll mit einem Bankkredit erfolgen. Welche Art der Finanzierung liegt vor?

a) Außen- und Eigenfinanzierung
b) Innen- und Eigenfinanzierung
c) Innen- und Fremdfinanzierung
d) Außen- und Fremdfinanzierung
e) Außen- und Beteiligungsfinanzierung
f) Außen- und Rückflussfinanzierung

33. Bringen Sie die folgenden Arbeitsschritte eines Finanzierungsvorgangs in die richtige Reihenfolge!

[ ] Kreditbewilligung
[ ] Kreditantrag
[ ] Gutschrift der Bank auf dem Konto des Kreditnehmers
[ ] Investition des geliehenen Betrages in den Betrieb
[ ] Rückzahlung und Zinsleistung
[ ] Prüfung der Kreditwürdigkeit

34. Die Bavaria Fahrradwerke KG benötigt <u>zwei</u> neue Fahrzeuge. Diese sollen fremdfinanziert werden. Welche Kreditart liegt vor, wenn der Kreditgeber die Fahrzeugbriefe einbehält?

a) Ein kurzfristiger Liefererkredit
b) Ein langfristiger Hypothekenkredit
c) Ein durch Sicherungsübereignung gesicherter Kredit bei der Bank
d) Ein kurzfristiger Überziehungskredit
e) Ein Lombardkredit

35. Welche Aussage zur Sicherungsübereignung ist richtig?

a) Der Schuldner bleibt Eigentümer des übereigneten Gutes.
b) Der Gläubiger wird Besitzer des übereigneten Gutes.
c) Der Gläubiger erwirbt kein Verwertungsrecht am übereigneten Gut.
d) Der Schuldner bleibt Besitzer des übereigneten Gutes.
e) Der Gläubiger wird sowohl Eigentümer als auch Besitzer des übereigneten Gutes.

36. Welche Aussage über die Sicherungsübereignung ist richtig?

a) Die Sicherungsübereignung ist eine selbstschuldnerische Bürgschaft.
b) Der Besitz wird auf den Gläubiger übertragen, die angebotenen Sicherheiten bleiben jedoch Eigentum des Schuldners.
c) Das Eigentum wird auf den Schuldner übertragen, die angebotenen Sicherheiten bleiben jedoch im Besitz des Gläubigers.
d) Das Eigentum wird auf den Gläubiger übertragen, die angebotenen Sicherheiten bleiben jedoch im Besitz des Schuldners.
e) Besitz und Eigentum werden vorübergehend auf den Gläubiger übertragen.

37. Welche Sicherungsart ist für die Absicherung eines einmaligen kurzfristigen Kredites durch einen Lieferer am wenigsten geeignet?

a) Abtretung von Forderungen
b) Verpfändung von Wertpapieren
c) Eigentumsvorbehalt an den gelieferten Waren
d) Sicherungsübereignung eines Kraftfahrzeuges
e) Eintragung einer Grundschuld auf das Betriebsgrundstück

38. Zur Aufnahme eines Kredits wird als Kreditsicherung eine Sicherungsübereignung von Maschinen, die im Betrieb verwendet werden, erwogen. Welche Aussage ist hierzu richtig?

a) Die Bank erwirbt zur Sicherung des Kredits das Recht, die übereigneten Maschinen zurückzubehalten.
b) Die Sicherungsübereignung muss von einem Notar beglaubigt werden.
c) Die Bank wird Besitzer, der Kreditnehmer bleibt weiter Eigentümer der sicherungsübereigneten Maschinen.
d) Die Bank wird Eigentümer, der Kreditnehmer bleibt jedoch Besitzer der sicherungsübereigneten Maschinen.
e) Eine zur Sicherheit übereignete Maschine darf nicht in der Produktion eingesetzt werden.

39. Ordnen Sie zu!

Möglichkeiten der Kreditsicherung

a) Zession
b) Hypothek
c) Grundschuld
d) Sicherungsübereignung
e) Selbstschuldnerische Bürgschaft
f) Lombard

Erläuterungen

[ ] Der Kreditnehmer verschafft dem Kreditgeber das Eigentum an Maschinen.
[ ] Der Kreditnehmer verpfändet dem Kreditgeber Wertpapiere.
[ ] Der Kreditnehmer tritt Forderungen gegen Dritte an den Kreditgeber ab.

40. Welche Aussage trifft auf einen Zessionskredit zu?

a) Verkauf eines Wechsels an die Bank
b) Sicherung des Kredits durch einen Bürgen
c) Abtretung einer Kundenforderung an die kreditgebende Bank
d) Sicherung des Kredits durch Übereignung beweglicher Sachen an den Kreditgeber
e) Verpfändung von Wertpapieren an den Kreditgeber

41. Welche Aussage trifft auf den Begriff „Leasing“ zu?

a) Es handelt sich dabei um das Verkaufen von Maschinen zu Finanzierungszwecken.
b) Es handelt sich dabei um das Mieten eines Geschäftshauses.
c) Es handelt sich dabei um das Mieten von z. B. Datenkassen mit dem Recht auf Erwerb des Eigentums am Ende der Mietzeit.
d) Es handelt sich dabei um ein neues Lesegerät bei Scanner-Kassen.
e) Es handelt sich dabei um einen kurzfristigen Bankkredit.

42. Welchen Vorteil hat u. a. das Leasen von z. B. einem Kraftfahrzeug für einen Unternehmer?

a) Leasingraten können steuerlich vom Unternehmer als Geschäftskosten abgesetzt werden.
b) Bei Leasing benötigt der Unternehmer zwar weniger Eigenkapital, die Leasingkosten sind aber höher als bei der Eigenfinanzierung.
c) Bei Leasing trägt der Leasinggeber die Vollkaskokosten.
d) Trotz Zahlungsverzug bei den Leasingraten steht dem Unternehmer der Kraftwagen weiterhin zur Verfügung.
e) Die ersparten Eigenkapitalbeträge werden zum Erwerb des Eigentums am Ende der Leasingzeit verwendet.

43. Bei einer Leasinggesellschaft wird für den Geschäftsführer, Herrn Oberpriller, ein Pkw gemietet. Welche Aussage über die Besitz- bzw. Eigentumsverhältnisse ist richtig?

a) Die Leasinggesellschaft ist Eigentümer des Pkw.
b) Die Leasinggesellschaft ist Besitzer und Eigentümer des Pkw.
c) Die Leasinggesellschaft ist weder Eigentümer noch Besitzer des Pkw.
d) Herr Oberpriller ist Eigentümer des Pkw.
e) Die Bavaria Fahrradwerke KG ist Eigentümer des Pkw.

44. Durch Sicherung eines Kredites soll der Geldgeber vor Verlust des ausgeliehenen Kreditbetrages geschützt werden. Welche Aussage trifft auf einen Personalkredit zu?

a) Die Sicherung des Kredites erfolgt durch Übereignung beweglicher Sachen an den Kreditgeber.
b) Die Sicherung des Kredites erfolgt durch Übereignung unbeweglicher Sachen.
c) Zur Sicherung des Kredites werden bewegliche Sachen vom Kreditgeber als Pfand von der Person des Kreditnehmers genommen.
d) Der Kreditnehmer haftet persönlich mit seinem Haus- und Grundstücksvermögen.
e) Die Sicherung des Kredites liegt in der Person des Kreditnehmers (z. B. sein guter Ruf).

45. **Welche Form der Kreditsicherung liegt vor, wenn neben der Person des Kreditnehmers noch andere Personen zur Rückzahlung herangezogen werden können, und zwar unabhängig davon, ob der Kreditnehmer zahlen kann oder nicht?**
   a) Blankobürgschaft
   b) Ausfallbürgschaft
   c) Zessionsbürgschaft
   d) Selbstschuldnerische Bürgschaft
   e) Gesamtschuldnerische Bürgschaft

46. **Zur Sicherung eines Kredits bleibt der Kreditnehmer Eigentümer einer beweglichen Sache, der Kreditgeber wird Besitzer. Um welche Kreditform handelt es sich?**
   a) Sicherungsübereignung
   b) Grundpfandrecht
   c) Lombardkredit
   d) Zessionskredit
   e) Bürgschaftskredit

47. **Ein Unternehmer verpfändet der Bank seine Lebensversicherung und erhält dafür einen Kredit. Welche Kreditart liegt vor?**
   a) Kontokorrentkredit
   b) Lombardkredit
   c) Zessionskredit
   d) Bürgschaftskredit
   e) Hypothekenkredit

48. **Kredite können durch Sachen (Dinge) gesichert werden. Um welchen Kredit handelt es sich dabei?**
   a) Zessionskredit
   b) Personalkredit
   c) Realkredit
   d) Leasing
   e) Blankokredit

49. **Wann liegt eine Grundschuld vor?**
   a) Belastung eines Grundstücks, die im Grundbuch eingetragen ist, zur Absicherung einer Geldsumme
   b) Belastung eines Grundstücks, die im Grundbuch eingetragen ist, zur Absicherung regelmäßig wiederkehrender Zahlungen
   c) Belastung eines Grundstücks, die im Grundbuch eingetragen ist
   d) Belastung eines beweglichen Gegenstandes mit einem Pfandrecht
   e) Neben dem belasteten Grundstück haftet auch noch die Person des Schuldners.

50. **Für ein Grundstück und eine Fertigungshalle werden insgesamt 900.000,00 € investiert. Die Finanzierung erfolgt in Höhe von 600.000,00 € über Fremdkapital, für das Sicherheiten gestellt werden müssen. Welche Aussage ist richtig?**
   a) Sie kann sowohl über eine Hypothek als auch über eine Grundschuld erfolgen. Beides sind Grundpfandrechte, sie werden ins Grundbuch eingetragen.
   b) Sie kann nur über eine Hypothek erfolgen. Diese wird nicht in das Grundbuch eingetragen.
   c) Sie kann nur über eine Hypothek erfolgen. Dafür ist jedoch eine Bankbürgschaft erforderlich.
   d) Sie kann nur über eine Sicherungsübereignung erfolgen. Dabei wird das Eigentum am Grundstück durch Vertrag vorübergehend an den Kreditgeber übertragen.
   e) Sie kann durch Verpfändung unbeweglicher Gegenstände (Grundstücke u. Fertigungshalle) vorgenommen werden. Das Pfand geht dabei in das Eigentum des Kreditgebers über.

51. **Welche Aussage über Factoring ist richtig?**
   a) Eine Bank will sich an verschiedenen Unternehmen beteiligen.
   b) Ein Unternehmen verkauft einer Factoringgesellschaft Buchforderungen.
   c) Eine Factorgesellschaft vermietet dem Kunden Anlagegegenstände.
   d) Eine Factorgesellschaft übernimmt die Fakturierung für einen Kunden.
   e) Eine Factorgesellschaft übernimmt durch stille Zession Verbindlichkeiten eines Unternehmens.

52. Ein Unternehmer verkauft die Forderung, die er an einen Kunden hat, an ein Institut. Dieses zahlt dem Unternehmer den Forderungsbetrag abzüglich Gebühren (Zinsen, Provision) und verlangt den Betrag später vom Kunden des Unternehmers. Wie nennt man diese besondere Form der Kreditgewährung?

a) Offene Zession
b) Stille Zession
c) Factoring
d) Diskont
e) Bürgschaftskredit

53. Welche Aussage trifft auf ein Annuitätendarlehen zu?

a) Das Darlehen wird in einer Summe am vertraglich vereinbarten Fälligkeitstag zurückbezahlt.
b) Nach einer vereinbarten Kündigungsfrist wird die Rückzahlung des Darlehens fällig.
c) Der Schuldner bezahlt über die gesamte Laufzeit gleich bleibende Beträge, die sich aus Tilgungs- und Zinsanteilen zusammensetzen.
d) Die Tilgungsanteile fester Rückzahlungsbeträge verändern sich während der gesamten Laufzeit nicht.
e) Die Zinsbelastung ändert sich während der gesamten Laufzeit nicht.

54. Welche Form des Darlehens liegt vor, wenn die Höhe der regelmäßigen Ratenzahlungen mit fortschreitender Laufzeit abnimmt?

a) Fälligkeitsdarlehen
b) Zinszahlungsdarlehen
c) Annuitätendarlehen
d) Tilgungsdarlehen
e) Abzahlungsdarlehen

55. Die XY-KG befindet sich in einer drohenden Zahlungsunfähigkeit und beantragt die Eröffnung eines Insolvenzverfahrens. Welche Aussage über die Eröffnung des Verfahrens ist richtig?

a) Die XY-KG bittet ihre Gläubiger um Zahlungsaufschub und verspricht, die Schulden später in voller Höhe zu begleichen.
b) Das Gericht beschließt die Eröffnung des Verfahrens, wenn die Verfahrenskosten gedeckt sind. Ein vorläufiger Insolvenzverwalter wird berufen.
c) Alle Vermögenswerte der XY-KG werden sofort in flüssige Mittel umgewandelt. Damit werden die Schulden beglichen. Die Firma wird gelöscht.
d) Die Ursache für die Zahlungsschwierigkeiten war ein schuldhaftes Verhalten der Inhaber der XY-KG, deshalb muss das Unternehmen sofort zwangsweise aufgelöst werden.
e) Das gesamte pfändbare Vermögen der XY-KG wird mit Hilfe des Gerichts liquidiert und nach gesetzlichen Vorschriften an die Gläubiger verteilt. Die Firma wird gelöscht.

56. Welcher Inhalt gehört <u>nicht</u> zum Insolvenzplan, der nach dem Insolvenzrecht vom Schuldner vorgelegt wird?

a) Bericht über die wirtschaftliche Lage des Unternehmens
b) Konzept für Maßnahmen zur Sanierung
c) Bericht über bereits eingeleitete Maßnahmen der Sanierung
d) Bilanzen, GuV und Liquiditätsrechnungen auf der Basis von Planzahlen
e) Bestätigung der Gläubiger über den Verzicht auf ihre Forderungen

57. Wer entscheidet über die Annahme des Insolvenzplans und damit über den Fortgang des Unternehmens?

a) Der Schuldner selbst
b) Die Gläubigerversammlung
c) Nur die Gläubiger mit den höchsten Forderungen
d) Das Gericht
e) Der Insolvenzverwalter

58. Ein Unternehmen verfügt über 50.000,00 €, die es in den nächsten drei Monaten nicht benötigt. Das Geld soll in dieser Zeit risikofrei möglichst hohe Erträge erbringen. Welche Anlagemöglichkeit erfüllt diese Forderung?

a) Anlage auf einem Sparbuch
b) Anlage durch Kauf von Aktien
c) Anlage auf dem eigenen Kontokorrentkonto
d) Anlage in Edelmetall
e) Anlage auf Festgeldkonto

59. Bei welchen Wertpapieren ist die Höhe des Ertrags variabel?

a) Bei Industrieanleihen
b) Bei Kommunalobligationen
c) Bei Investmentzertifikaten
d) Bei Sparbriefen
e) Bei Pfandbriefen

60. Welches Wertpapier hat einen variablen Ertrag?

a) Industrieschuldverschreibung
b) Bundesanleihen
c) Optionsschein
d) Aktie
e) Wandelschuldverschreibung

1. **Welche Aussage über die Einzelunternehmung ist richtig?**
   a) Die Einzelunternehmung kommt nur noch selten vor.
   b) Der Inhaber haftet nur mit seinem Geschäftsvermögen.
   c) Der Inhaber haftet mit seinem Geschäfts- und Privatvermögen.
   d) Da der Einzelunternehmer das Risiko nicht alleine trägt, muss er auch den Jahresgewinn teilen.
   e) Die Einzelunternehmung ist besonders kapitalkräftig.

2. **Welcher unternehmerischer Vorteil spricht für die Gründung einer Einzelunternehmung?**
   a) Der Einzelunternehmer haftet nur mit seinem Geschäftsvermögen.
   b) Der Einzelunternehmer hat immer steuerrechtliche Vorteile im Vergleich zu den Gesellschaftsunternehmen.
   c) Der Einzelunternehmer ist in seiner Entscheidung über die Gewinnverwendung völlig frei.
   d) Der Einzelunternehmer kann seine Haftung auf bestimmte Vermögensteile beschränken.
   e) Der Einzelunternehmer hat immer eine höhere Kreditwürdigkeit als die Gesellschaftsunternehmen.

3. **Eine Unternehmung wird unter dem Namen „Schuhmann Software KG“ gegründet. Welche Aussage ist richtig?**
   a) Es handelt sich um eine Personengesellschaft.
   b) Es handelt sich um eine Kapitalgesellschaft.
   c) Es handelt sich um eine juristische Person.
   d) Kalb & Schuhmann sind Kommanditisten.
   e) Kalb & Schuhmann sind Aktionäre.

4. **Eine neu gegründete Unternehmung firmiert unter „Software KG“. Um welche Unternehmensform handelt es sich dabei?**
   a) Einzelunternehmung
   b) Genossenschaft
   c) Aktiengesellschaft
   d) GmbH
   e) Kommanditgesellschaft

5. **Zur Erweiterung der Kapitalbasis gründet der Einzelunternehmer König, zusammen mit Herrn Bauer als Kommanditist, eine KG. Welche Aussage entspricht der gesetzlichen Regelung?**
   a) Herr Bauer haftet für die Verbindlichkeiten der KG bis zur Höhe seiner Kapitalanlage.
   b) Herr Bauer erhält als neuer Gesellschafter Geschäftsführungs- und Vertretungsbefugnis.
   c) Herr Bauer erhält für seine Kapitaleinlage eine feste Verzinsung, weitere Ansprüche bestehen nicht.
   d) Beide Gesellschafter haften für die Verbindlichkeiten der Kommanditgesellschaft mit ihrem Gesamtvermögen.
   e) Das Unternehmen soll unter der Firma König & Bauer, KG, in das HR eingetragen werden.

6. **Welche Aussage trifft auf die Kommanditgesellschaft zu?**
   a) Zur Gründung sind mindestens drei Personen erforderlich.
   b) Das vorgeschriebene Mindestkapital beträgt 50.000 €.
   c) Die Firma muss den Namen eines Vollhafters und Teilhafters enthalten.
   d) Die Haftung der Gesellschafter beschränkt sich auf die geleistete Einlage.
   e) Der Komplementär haftet wie der Gesellschafter der OHG.

7. **Eine Einzelhandelsunternehmung firmiert: Enders GmbH & Co., KG. Um welche Unternehmensform handelt es sich?**
   a) Um eine GmbH
   b) Um eine KG
   c) Um eine Einzelunternehmung
   d) Um eine stille Gesellschaft
   e) Um eine eingetragene Genossenschaft

8. **Eine Unternehmung firmiert: „Hans Krause und Max Schulze, OHG, Einzelhandel. Was ist diesem Text zu entnehmen?**
   a) Es kann sich nur um eine Einzelunternehmung handeln.
   b) Es kann sich nur um eine KG handeln.
   c) Es handelt sich um eine Kapitalgesellschaft.
   d) Es handelt sich um eine nicht erlaubte Firmenbezeichnung.
   e) Es handelt sich um eine Personengesellschaft, bei der Hans Krause und Max Schulze Vollhafter sind.

9. **Bei welcher Unternehmensform besteht für alle Gesellschafter gesamtschuldnerische Haftung?**
   a) Eingetragene Genossenschaft
   b) Kommanditgesellschaft
   c) Offene Handelsgesellschaft
   d) Aktiengesellschaft
   e) Gesellschaft mit beschränkter Haftung

10. **Welche Rechtsform hat ein Ausbildungsbetrieb, wenn in diesem Unternehmen Privatkonten (Privateinlagen und Privatentnahmen) geführt werden?**
    a) Eingetragene Genossenschaft
    b) Aktiengesellschaft
    c) Gesellschaft mit beschränkter Haftung
    d) Personengesellschaft
    e) Gesellschaft des bürgerlichen Rechts

11. **Wie ist der Gewinn einer KG gemäß HGB zu verteilen?**
    a) 4 % bezogen auf den Kapitalanteil, Rest nach Köpfen
    b) 4 % bezogen auf den Kapitalanteil, Rest im angemessenen Verhältnis
    c) 4 % erhalten die Vollhafter, den Rest die Teilhafter
    d) Im Verhältnis der Kapitalbeteiligung
    e) Die Gewinnverteilung muss vertraglich festgelegt werden, da das HGB darüber nichts aussagt.

12. **Wie wird der Gewinn bei der OHG nach den Bestimmungen des HGB verteilt, wenn der Gesellschaftsvertrag keine Regelung vorsieht?**
    a) Die Gewinnverteilung erfolgt nach den Kapitalanteilen.
    b) Jeder Gesellschafter erhält zunächst 4 % auf seinen Kapitalanteil, der Rest wird nach Köpfen verteilt.
    c) Der Gewinn wird nach Köpfen verteilt.
    d) Jeder Gesellschafter erhält den gleichen Gewinnanteil.
    e) Jeder Gesellschafter erhält zunächst 4 % auf seinen Kapitalanteil, der Rest wird in angemessenem Verhältnis verteilt.

13. **Zwei Bauunternehmen haben sich zur gemeinsamen Durchführung von Bauarbeiten vorübergehend vereinigt. Welche Rechtsform hat die vorübergehende Zusammenarbeit?**
    a) Stille Gesellschaft
    b) Genossenschaft
    c) Kommanditgesellschaft
    d) Offene Handelsgesellschaft
    e) Gesellschaft des bürgerlichen Rechts

14. **Welcher Gesellschafter haftet unbeschränkt, solidarisch und unmittelbar?**
    a) OHG-Gesellschafter
    b) Mitglied einer Genossenschaft
    c) Kommanditist der Kommanditgesellschaft
    d) GmbH-Gesellschafter
    e) Aktionär

15. Welche Gründe könnten einen Einzelunternehmer bewegen, seine Unternehmung in eine OHG umzuwandeln?

a) Die Privatentnahmen werden nicht mehr mit dem Gewinn verrechnet.
b) Die Vertretungsbefugnis des Einzelunternehmers wird erweitert.
c) Die Haftung wird auf mehrere Inhaber verteilt.
d) Die Gewerbesteuer entfällt.
e) Der Gewinn wird zwangsläufig zunehmen.

16. Wie ist bei der OHG die Haftung eines ausscheidenden Gesellschafters gesetzlich geregelt?

a) Für ausscheidende Gesellschafter gibt es keine Haftung mehr.
b) Der ausscheidende Gesellschafter haftet nur den übrigen Gesellschaftern für durch ihn verursachte Verbindlichkeiten.
c) Der ausscheidende Gesellschafter haftet noch 5 Jahre für alle vor seinem Ausscheiden entstandenen Verbindlichkeiten.
d) Der ausscheidende Gesellschafter haftet noch 3 Jahre für die vor seinem Ausscheiden entstandenen Verbindlichkeiten.
e) Der ausscheidende Gesellschafter haftet noch 5 Jahre auch für die nach seinem Ausscheiden entstehenden Verbindlichkeiten.

17. Eine Unternehmung firmiert: Hans Krause und Max Schulze OHG, Schuhgroßhandel, Im Grase 6, 94032 Passau. Was ist diesem Text zu entnehmen?

a) Es kann sich nur um eine Einzelunternehmung handeln.
b) Es kann sich nur um eine KG handeln.
c) Es handelt sich um eine Kapitalgesellschaft.
d) Es handelt sich um eine nicht erlaubte Firmenbezeichnung.
e) Es handelt sich um eine Personengesellschaft, bei der Hans Krause und Max Schulze Vollhafter sind.

18. Wie ist bei einer OHG die Haftung eines neu in die Gesellschaft eintretenden Gesellschafters gesetzlich geregelt?

a) Er haftet nur für Verbindlichkeiten, die nach seinem Eintritt entstehen.
b) Er haftet für alle Schulden, auch für die bereits bei seinem Eintritt bestehenden.
c) Er haftet nur für Schulden, die bei seinem Eintritt nicht älter als 5 Jahre sind.
d) Er haftet nur für die bereits bei seinem Eintritt bestehenden Schulden, wenn dies ausdrücklich ins Handelsregister eingetragen wird.
e) Er haftet für die bereits bei seinem Eintritt bestehenden Schulden nur in Höhe seiner Kapitaleinlage.

19. Die Gesellschafter einer OHG schließen einen Gesellschaftsvertrag. Einer der Gesellschafter soll im Falle eines Insolvenzverfahrens nicht mit seinem Privatvermögen haften. Welche Wirkung hat die vertragliche Vereinbarung?

a) Der Gesellschafter haftet gegenüber den Gläubigern weiterhin unbeschränkt.
b) Der Gesellschafter haftet nur dann nicht, wenn die vertragliche Regelung im Handelsregister eingetragen wurde.
c) Der Gesellschafter haftet nur mit seiner Geschäftseinlage.
d) Der Gesellschafter haftet nur, wenn das Geschäfts- und Privatvermögen der anderen Gesellschafter nicht ausreicht.
e) Der Gesellschafter haftet im Innen- und Außenverhältnis mit dem Geschäfts- und Privatvermögen.

20. Die Beteiligungen bei der Bauunternehmung Josef Stadler OHG sind wie folgt: Josef Stadler 150.000 €, Gerhard Stadler 70.000 €, Elisabeth Schmitz 25.000 €. Da die Josef Stadler OHG in letzter Zeit ihren Zahlungsverpflichtungen nur sehr unregelmäßig nachkommt, will ein Gläubiger wissen, wie er seine fällige Forderung von 80.000 € eintreiben kann. Welche zwei Möglichkeiten stehen dem Gläubiger zur Verfügung?

a) Der Gläubiger muss zuerst die Josef Stadler OHG auf Zahlung des Rechnungsbetrages verklagen.
b) Der Gläubiger kann den Gesellschafter Gerhard Stadler höchstens auf 70.000 € verklagen, da dessen Einlage so hoch ist. Wegen des Restbetrages muss ein weiterer Gesellschafter verklagt werden.
c) Der Gläubiger kann nur den Gesellschafter Josef Stadler wegen Begleichung der Rechnung verklagen, da dessen Name in der Firma genannt ist.
d) Der Gläubiger kann die Gesellschafterin Elisabeth Schmitz, die über ein beträchtliches Privatvermögen verfügt, verklagen und von ihr die Begleichung des gesamten Rechnungsbetrages fordern.
e) Der Gläubiger kann neben der Josef Stadler OHG auch jeden einzelnen Gesellschafter auf Zahlung des Rechnungsbetrages verklagen.
f) Der Gläubiger kann nur Elisabeth Schmitz auf Zahlung des Rechnungsbetrages verklagen, da diese allein den Kaufvertrag über die gelieferte Ware abgeschlossen hat.

21. Bei welcher Unternehmensform besteht für alle Gesellschafter folgende gesetzliche Gewinnverteilung: „4 % vom Kapitalanteil, Rest nach Köpfen"?

a) Bei der Offenen Handelsgesellschaft
b) Bei der Kommanditgesellschaft
c) Bei der Gesellschaft mit beschränkter Haftung
d) Bei der Aktiengesellschaft
e) Bei der Genossenschaft

22. Welche Aussage über die Gewinnverteilung ist richtig?

a) Nach dem Aktiengesetz erhalten die Mitarbeiter einer AG gemäß ihrer Betriebszugehörigkeit Dividende.
b) Nach dem Aktiengesetz erhalten die Aktionäre entsprechend dem Kurswert ihrer Aktien Dividende.
c) Die Gesellschafter einer OHG können eine vom HGB abweichende Regelung über die Gewinnverteilung treffen.
d) Die Gesellschafter einer OHG erhalten nach dem HGB 4 % auf das eingesetzte Kapital, der Rest des Gewinns wird im angemessenen Verhältnis verteilt.
e) Die Gesellschafter einer KG erhalten nach dem HGB 4 % auf das eingesetzte Kapital, der Rest des Gewinns wird nach Köpfen verteilt.

23. Um welche Gesellschaftsform handelt es sich bei folgendem Eintrag (gekürzt) ins Handelsregister? Gesellschafter: Emil Weiß, 66130 Saarbrücken, Edelweißstr. 3, Haftung unbeschränkt; Helmut Blau, 60020 Frankfurt, Am Weinberg 19, Einlage und Haftungssumme 100 000,00 €.

a) Aktiengesellschaft
b) Gesellschaft mit beschränkter Haftung
c) Offene Handelsgesellschaft
d) Kommanditgesellschaft
e) Genossenschaft

24. Wer ist der Vollhafter bei der Firma „Ganzer & Körner GmbH & Co. KG"?

a) Ganzer, da er der erste der genannten Gesellschafter ist
b) Ganzer, da Körner nur Teilhafter ist
c) Ganzer & Körner, da beide zu gleichen Teilen haften
d) Die „Ganzer & Körner GmbH"
e) Bei einer GmbH & Co. KG gibt es keinen Vollhafter.

25. Welche Aussage trifft auf die Kommanditgesellschaft zu?

a) Zur Gründung sind mindestens 5 Personen erforderlich.
b) Die Gesellschaft ist eine juristische Person des privaten Rechts.
c) Ein Mindesthaftungskapital ist gesetzlich vorgeschrieben.
d) Die Geschäftsführung wird auch von den Kommanditisten wahrgenommen.
e) Mindestens ein Gesellschafter haftet beschränkt.

26. Welche Aussage trifft auf die Kommanditgesellschaft zu?
a) Zur Gründung sind mindestens drei Personen erforderlich.
b) Das vorgeschriebene Mindestkapital beträgt 50.000,00 €.
c) Die Firma muss den Namen eines Vollhafters und Teilhafters enthalten.
d) Die Haftung der Gesellschafter beschränkt sich auf die geleistete Einlage.
e) Der Komplementär haftet wie der Gesellschafter der OHG.

27. Welches gesetzliche Recht hat der Kommanditist?
a) Recht auf Geschäftsführung
b) Recht auf Widerspruch bei außergewöhnlichen Geschäftshandlungen der Komplementäre
c) Recht auf Vertretung
d) Recht auf laufende Kontrolle aller Geschäftsfälle
e) Recht auf Privatentnahmen während des Geschäftsjahres

28. In welcher Unternehmungsform wird zwischen Voll- und Teilhaftern unterschieden?
a) In der Einzelunternehmung
b) In der Kommanditgesellschaft
c) In der Offenen Handelsgesellschaft
d) In der Aktiengesellschaft
e) In der eingetragenen Genossenschaft

29. Die Herren Weiß und Schulz sowie Frau Kremer wollen eine Gesellschaft gründen. Herr Schulz möchte nur mit seiner Einlage haften. Die Vertretung und Geschäftsführung soll ausschließlich durch Frau Kremer übernommen werden und die Kapitalbeschaffung durch die Haftung des privaten Kapitals von Herrn Weiß und Frau Kremer erleichtert werden. Herr Weiß bringt 7.500,00 € ein, Herr Schulz 5.000,00 € und Frau Kremer 10.000,00 €. Darüber hinaus soll kein weiteres Eigenkapital investiert werden. Welche Gesellschaftsform erfüllt die Bedingung des Gründungsvertrages?
a) Eine OHG, mit Frau Kremer als alleinige Vertreterin
b) Eine GmbH, mit Frau Kremer als Geschäftsführerin
c) Eine KG, mit den Komplementären Weiß und Kremer
d) Eine AG, mit Frau Kremer als Vorstand
e) Eine Einzelunternehmung mit zwei stillen Teilhabern

30. Peter Kosslow ist Komplementär und Rudolf Fellermeier Kommanditist der Moosburger Recyclingfirma Kosslow KG. Für Rudolf Fellermeier ist eine Einlage von 35.000 € im Handelsregister eingetragen. Auf diese Einlage sind inzwischen 30.000 € eingezahlt worden. Welche <u>zwei</u> Aussagen zur Haftung der Kosslow KG sind zutreffend?
a) Die Gesellschafter der KG haften alle unbeschränkt, gesamtschuldnerisch und unmittelbar, bei Rudolf Fellermeier ist die persönliche Haftung allerdings auf 30.000 € beschränkt.
b) Beide Gesellschafter können verlangen, dass Gläubiger der KG zunächst auf zur Verfügung stehende Sicherheiten zurückgreifen, ehe sie persönlich zur Haftung herangezogen werden.
c) Die Haftung ist auf das Vermögen der Gesellschafter beschränkt, eine persönliche Haftung der Gesellschafter kommt nur dann zur Anwendung, wenn das Gesellschaftsvermögen zur Befriedigung der Gläubiger nicht ausreicht.
d) Peter Kosslow haftet unmittelbar, unbeschränkt und solidarisch, bei Rudolf Fellermeier ist die persönliche Haftung auf 35.000 € beschränkt.
e) Peter Kosslow kann durch eine entsprechende Eintragung im Handelsregister seine persönliche Haftung begrenzen.
f) Die KG haftet mit ihrem gesamten Vermögen.

31. Ein Kaufmann beabsichtigt, seine beiden volljährigen Söhne an seinem Betrieb zu beteiligen. Er selbst möchte in Form einer Personengesellschaft das Unternehmen allein verantwortlich führen. Welche Rechtsform der Unternehmung ist zu wählen?
a) Aktiengesellschaft
b) Gesellschaft mit beschränkter Haftung
c) Offene Handelsgesellschaft
d) Kommanditgesellschaft
e) Gesellschaft des bürgerlichen Rechts

32. Wer hat nach dem HGB in einer Kommanditgesellschaft die Geschäftsführung und Vertretung, wenn im Gesellschaftsvertrag keine andere Vereinbarung getroffen wurde?

a) Der Aufsichtsrat
b) Die Kommanditisten und Komplementäre gemeinsam
c) Die Komplementäre
d) Die Kommanditisten
e) Alle Gesellschafter gemeinsam

33. Sie wollen ein Unternehmen gründen, bei dem Sie ohne weitere vertragliche Vereinbarungen allein die Geschäfte führen können. Zur besseren Kapitalbeschaffung möchten Sie Teilhaber mit ins Unternehmen aufnehmen. Welche Unternehmensform wählen Sie?

a) Die AG (Aktiengesellschaft)
b) Die GmbH (Gesellschaft mit beschränkter Haftung)
c) Die OHG (offene Handelsgesellschaft)
d) Die KG (Kommanditgesellschaft)
e) Die eG (Genossenschaft)

Zu den nächsten beiden Aufgaben siehe nachstehende Situation!

Erwin und Renate Müller wollen ein Serviceunternehmen für Computer eröffnen. Sie haben 25.000 € Eigenkapital zur Verfügung und sind Eigentümer eines Einfamilienhauses. Ihr Bekannter, Herr Huber, verfügt über ein Eigenkapital von 100.000 € und erwägt, sich an dem Unternehmen finanziell zu beteiligen.

34. Welche Gesellschaftsform würden Herr und Frau Müller wählen, wenn sie ausschließen wollen, dass sie auch mit ihrem Einfamilienhaus haften?

a) Einzelunternehmung
b) Offene Handelsgesellschaft
c) Kommanditgesellschaft
d) Gesellschaft mit beschränkter Haftung
e) Personengesellschaft

35. Herr und Frau Müller entschließen sich letztlich, eine KG zu gründen und Herrn Huber als Kommanditisten zu beteiligen. Zuvor soll jedoch noch die Frage der Gewinnverteilung geklärt werden. Wie ist die gesetzliche Regelung?

a) Jeder Gesellschafter erhält vier Prozent auf seinen Kapitalanteil, der Rest des Jahresgewinnes wird nach Köpfen verteilt.
b) Jeder Gesellschafter erhält vier Prozent auf seinen Kapitalanteil, der Rest des Jahresgewinnes wird in angemessenem Verhältnis verteilt.
c) Die Hälfte des Jahresgewinns wird nach Höhe des Kapitalanteils der Gesellschafter, der Rest des Jahresgewinns nach Köpfen verteilt.
d) Der Anteil des Jahresgewinns richtet sich ausschließlich nach der Höhe des Kapitalanteils der Gesellschafter.
e) Der Jahresgewinn wird unter den Gesellschaftern nach Köpfen verteilt.

36. Welche Aussage zur Rechtsform der KG ist zutreffend?

a) Die Gesellschafter der KG müssen eine Vermögenseinlage von mindestens 25.000,00 € leisten.
b) Kommanditisten der KG haften auch mit ihrem Privatvermögen..
c) Komplementäre der KG sind nicht am Verlust beteiligt.
d) Kommanditisten sind zur persönlichen Mitarbeit in der KG verpflichtet.
e) Komplementäre haben nach dem HGB die Pflicht, die Geschäfte der KG zu führen.

37. Welches Recht bzw. welche Pflicht hat Herr Huber als Kommanditist?

a) Das Recht zur Geschäftsführung
b) Die Pflicht zur Geschäftsführung
c) Das Recht auf Prüfung des Jahresabschlusses
d) Die Pflicht zur Prüfung des Jahresabschlusses
e) Das Recht, weitere Gesellschafter aufzunehmen

Zu den nächsten zwei Aufgaben siehe nachstehende Situation!

Die Elektro GmbH ist ein Großhandelsunternehmen in Hannover. Die Stammeinlagen der fünf Gesellschafter stellen sich wie folgt dar:

Gesellschafter	Stammeinlagen in €
Herr Rülle	7.500
Herr Bott	5.000
Herr Kohl	5.000
Herr Kühn	5.000
Frau Kampen	2.500

Der Gesellschaftsvertrag sieht für die Gewinn- und Verlustverteilung keine besondere Regelung vor. Eine Nachschusspflicht ist nicht festgelegt.

38. Im abgelaufenen Geschäftsjahr wurde von der Elektro GmbH ein Gewinn von 100.000 € erwirtschaftet. Wie viel T€ vom Gewinn erhält der Gesellschafter Rülle? Tragen Sie das Ergebnis in das Kästchen ein!

39. Frau Kampen scheidet am 1. Mai als Gesellschafterin aus der Elektro GmbH aus. An diesem Tag endet auch ihre Tätigkeit als Geschäftsführerin. Der Gesellschafter Rülle hat die Stammeinlage der Gesellschafterin Kampen übernommen. Was hat dies zur Folge?

a) Mit der Übernahme der Stammeinlage von Frau Kampen fällt Herrn Rülle die Tätigkeit als Geschäftsführer automatisch zu.

b) Als Gesellschafter mit der größten Stammeinlage steht Herrn Rülle allein die Bestellung eines neuen Geschäftsführers zu.

c) Durch die Übernahme der Stammeinlage von Frau Kampen erhöht sich der Stimmrechtsanteil von Herrn Rülle in der Gesellschaftsversammlung von bisher 150 auf 200 der insgesamt 500 Stimmen.

d) Bis zur Wahl eines neuen Geschäftsführers übt Herr Rülle nach dem GmbH-Gesetz kommissarisch die Tätigkeit des Geschäftsführers aus.

e) Herr Rülle muss sich nach dem GmbH-Gesetz die Übernahme der Stammeinlage auf der nächsten Gesellschafterversammlung noch genehmigen lassen.

40. Zu einer KG gehören zwei Vollhafter und fünf Teilhafter. Einer der Vollhafter will künftig nur noch mit seiner Einlage haften. Welches Recht steht ihm nach Vollzug dieser Änderung dennoch zu?

a) Das Recht auf Privatentnahmen

b) Das Recht auf Änderung der Firma in eine GmbH

c) Das Recht auf Geschäftsführung und Vertretung der Gesellschaft

d) Das Recht auf Auszahlung seines Gewinnanteils

e) Das Recht auf Widerspruch gegen alle Handlungen des verbleibenden Vollhafters

41. Worin unterscheidet sich in der Haftung die KG von der OHG?

a) Die KG hat nur Vollhafter.

b) Die KG hat Voll- und Teilhafter.

c) Die KG hat nur Teilhafter.

d) Die KG haftet mit 50.000 €

e) Die KG haftet mit 100.000 €.

42. Müller, Schmidt und Schulze wollen gemeinsam ein Unternehmen gründen. Müller kann 100.000 €, Schmidt 50.000 € und Schulze 90.000 € aufbringen. Sie wollen nur mit ihrer Einlage haften. Welche Rechtsform kann gewählt werden?

a) OHG

b) KG

c) GmbH

d) AG

e) EG

43. Ordnen Sie zu!

Gesetzliche Vorschriften

a) Jeder Gesellschafter hat die Pflicht, die Geschäfte der Gesellschaft zu führen und Dienste persönlich zu leisten.
b) Den Gläubigern gegenüber haftet mindestens ein Gesellschafter unbeschränkt.
c) Jeder Gesellschafter hat Anspruch auf 4 % seines Kapitalanteils. Der Rest wird nach Köpfen verteilt.
d) Das Mindestkapital beträgt 25.000 € und wird als Stammkapital bezeichnet.
e) Die Geschäftsführungsbefugnis und Vertretungsmacht werden unmittelbar von der Hauptversammlung übertragen.
f) Das Mindestkapital ist 50.000 € und wird in der Bilanz als gezeichnetes Kapital ausgewiesen.

Rechtsformen

[ ] GmbH

[ ] Kommanditgesellschaft

44. Welche Aussage zu den Unternehmensformen ist richtig?

a) Zu den Personengesellschaften zählen OHG und KG.
b) Zu den Personengesellschaften zählen OHG und GmbH
c) Bei den Personengesellschaften haften die Gesellschafter nur mit dem eingezahlten Kapital.
d) Zu den Kapitalgesellschaften zählen OHG und GmbH.
e) Bei den Kapitalgesellschaften haften die Gesellschafter mit dem eingezahlten Kapital und mit dem Privatvermögen.

45. Bei welcher Gesellschaft handelt es sich um eine Kapitalgesellschaft?

a) Gesellschaft des bürgerlichen Rechts (BGB-Gesellschaft)
b) Kommanditgesellschaft (KG)
c) Gesellschaft mit beschränkter Haftung (GmbH)
d) Einzelunternehmung
e) Offene Handelsgesellschaft (OHG)

46. Wie heißt das beschließende Organ einer GmbH?

a) Gesellschafterversammlung
b) Aufsichtsrat
c) Generalversammlung
d) Mitgliederversammlung
e) Hauptversammlung
f) Vertreterversammlung

47. An einer Großhandels GmbH sind bisher die Gesellschafter Meier und Huber mit je 75.000,00 €, der Gesellschafter Schmitt mit 50.000,00 € beteiligt. Als Geschäftsführer ist seit dem 01. 01. Herr Groß tätig. Wer vertritt die Großhandels GmbH gerichtlich und außergerichtlich?

a) Jeder der drei Gesellschafter alleine
b) Die drei Gesellschafter gemeinschaftlich
c) Herr Groß als Geschäftsführer alleine
d) Herr Groß mit je einem Gesellschafter
e) Herr Groß zusammen mit den drei Gesellschaftern

48. Welches Merkmal kennzeichnet die Gesellschaft mit beschränkter Haftung?

a) Zur Gründung sind mindestens zwei Gesellschafter erforderlich.
b) Die Leitung wird durch den Aufsichtsrat ausgeübt, der für fünf Jahre gewählt wird.
c) Die Mindeststammeinlage je Gesellschafter beträgt 20.000,00 €.
d) Die Haftung der Gesellschafter beschränkt sich auf die vereinbarte Einlage.
e) Die Gesellschaft ist eine Personengesellschaft.

49. Welches sind die Organe einer Gesellschaft mit beschränkter Haftung?

a) Vorstand, Aufsichtsrat
b) Geschäftsführer, Anteilseigner, Kommanditisten
c) Hauptversammlung, Geschäftsführer
d) Aufsichtsrat, Komplementäre, Generalversammlung
e) Gesellschafterversammlung, Geschäftsführer, gegebenenfalls Aufsichtsrat

50. Welche Aussage trifft auf die GmbH zu?

a) Der Gesellschafter einer GmbH kann nicht zugleich auch Geschäftsführer der GmbH sein.
b) Die GmbH wird in das Handelsregister, Abteilung A, eingetragen.
c) Eine GmbH muss bei über 50 ständig beschäftigten Mitarbeitern einen Aufsichtsrat bilden.
d) Das Mindesthaftungskapital einer GmbH bezeichnet man als Stammkapital.
e) Eine GmbH kann nur durch 5 Personen mit einem Mindestkapital von 50.000,00 € gegründet werden.

51. Wie heißt das beschließende Organ einer GmbH?

a) Gesellschafterversammlung
b) Aufsichtsrat
c) Generalversammlung
d) Mitgliederversammlung
e) Hauptversammlung
f) Vertreterversammlung

52. Welche Aussage über die GmbH ist richtig?

a) GmbH-Anteile werden an der Börse gehandelt.
b) Das Stammkapital der GmbH muss bei Neugründung mindestens 100.000,00 € betragen.
c) Alle Gesellschafter der GmbH sind jederzeit zur Vertretung und Geschäftsführung berechtigt.
d) Die Gesellschafter der GmbH haften für die Verbindlichkeiten mit ihrem Privatvermögen.
e) Nach der gesetzlichen Regelung erfolgt die Gewinnverteilung nach Geschäftsanteilen.

53. Ordnen Sie zu!

Merkmale

a) Mehrere unbeschränkt haftende Nichtkaufleute
b) Mehrere nicht haftende Gesellschafter
c) Mindestens 2 unbeschränkt haftende Gesellschafter
d) Mindestens 5 bis zu einem bestimmten Bruchteil des Kapitals haftende Anteilseigner
e) Mindestens eine GmbH als Vollhafter und ein Kommanditist
f) Mindestens 3 beschränkt haftende Anteilseigner

Rechtsformen der Unternehmung

[ ] GmbH & Co. KG
[ ] OHG
[ ] Genossenschaft

54. Ordnen Sie zu!

Merkmale

a) Mehrere unbeschränkt haftende Nichtkaufleute
b) Mehrere nicht haftende Gesellschafter
c) Mindestens 1 beschränkt haftender Gesellschafter
d) Mindestens 5 bis zu einem bestimmten Bruchteil des Kapitals haftende Anteilseigner
e) Mindestens ein unbeschränkt haftender Gesellschafter
f) Mindestens 3 beschränkt haftende Anteilseigner

Rechtsformen einer Unternehmung

[ ] GmbH
[ ] KGaA

55. Ordnen Sie zu!

Aussagen

a) Das Kapital wird von Vollhaftern und Teilhaftern aufgebracht.
b) Jeder Gesellschafter ist nach dem Gesetz zur Geschäftsführung und Vertretung berechtigt.
c) An der Gründung müssen sich mindestens 5 Personen mit einem Mindestkapital von 50 000 € beteiligen.
d) Kommanditisten sind nach HGB zur Vertretung der Gesellschaft berechtigt.
e) Alle Gesellschafter leisten ihre Einlage, in deren Höhe sie haften; die Gesellschaft wird durch Geschäftsführer geleitet und vertreten.
f) Das Stammkapital muss mindestens 20 000 € betragen; die Mindesteinzahlung beträgt 25 % der Stammeinlage.
g) Die Gesellschafter können einen oder mehrere Geschäftsführer bestellen; ein Geschäftsführer muss nach dem Gesetz Gesellschafter sein.
h) Laut HGB bekommt jeder Gesellschafter eine 5 %ige Verzinsung seiner Einlage.

Unternehmensformen

[ ] OHG
[ ] GmbH
[ ] KG

56. Auf welche der nachstehenden Unternehmen, die in das Handelsregister eingetragen sind, treffen die Aussagen zu? Ordnen Sie zu!

Unternehmen

a) Gebäudereinigung Sommer OHG

b) Gebrauchtwagenhandel Riederer GmbH & Co. KG

c) IZB Soft GmbH

Aussagen

[ ] Die Registereintragung ist immer konstitutiv.

[ ] Jeder Gesellschafter haftet persönlich für Verbindlichkeiten der Unternehmung.

[ ] Jeder Gesellschafter ist gesetzlich zur Geschäftsführung befugt.

[ ] Jeder Gesellschafter ist gesetzlich zur Vertretung befugt.

57. Eine GmbH besteht aus zwei Gesellschaftern sowie einem Geschäftsführer. Ein Gesellschafter scheidet aus. Die Gesellschaft soll aber weitergeführt werden. Welche Beurteilung der Rechtslage trifft zu?

a) Die Gesellschaft kann als Ein-Mann-GmbH weitergeführt werden.

b) Die Gesellschaft kann nur dann als GmbH weitergeführt werden, wenn sich für den ausscheidenden Gesellschafter ein Nachfolger findet, der in all seine Rechte und Pflichten eintritt.

c) Die Firma muss in ein Einzelunternehmen umgewandelt werden.

d) Ein Gesellschafter kann nur ausscheiden, wenn der andere hierzu seine Einwilligung erteilt.

e) Der Gesellschafter kann nur ausscheiden, wenn der Geschäftsführer sein Einverständnis erteilt.

58. Wer hat nach dem Gesetz in einer GmbH die Stellung eines gesetzlichen Vertreters?

a) Der Geschäftsführer

b) Alle Gesellschafter

c) Der Vorstand

d) Der Aufsichtsrat

e) Die Gesellschafterversammlung

59. Bei welcher Gesellschaft ist der gesetzliche Vertreter richtig genannt?

a) AG: Die Hauptversammlung

b) AG: Der Aufsichtsrat

c) AG: Der Prokurist

d) KG: Der Teilhafter

e) GmbH: Der Geschäftsführer

60. Welche zwei Aussagen treffen auf die GmbH zu?

a) Der Gesellschafter einer GmbH kann nicht zugleich auch Geschäftsführer der GmbH sein.

b) Die GmbH wird in das Handelsregister, Abteilung A, eingetragen.

c) Eine GmbH muss bei über 50 ständig beschäftigten Mitarbeitern einen Aufsichtsrat bilden.

d) Das Mindesthaftungskapital einer GmbH bezeichnet man als Stammkapital.

e) Eine GmbH kann nur durch 5 Personen mit einem Mindestkapital von 25 000 € gegründet werden.

f) Jeder Gesellschafter der GmbH muss eine Stammeinlage von mindestens 1,00 € leisten.

61. Wie erfolgt in der GmbH die Ergebnisverteilung (nach GmbH-Gesetz)?

a) Im Verhältnis der Geschäftsanteile der Gesellschafter

b) Nach Köpfen, ohne Berücksichtigung der Geschäftsanteile

c) Die Gesellschafter erhalten zunächst eine Verzinsung ihres Kapitals in Höhe von 4 %, der Rest wird in angemessenem Verhältnis verteilt.

d) Die Gesellschafter erhalten zunächst eine Verzinsung ihres Kapitals in Höhe von 4 %, der Rest wird nach Köpfen verteilt.

e) Die Gesellschafter erhalten eine Dividende.

62. Welche vier Merkmale kennzeichnen eine Genossenschaft?

a) Keine Mindestzahl von Gründern - Stammeinlage - Stammkapital - Gesellschafterversammlung
b) Mindestens 7 Gründer - Beteiligung durch Kapitalanteile - nur voll haftende Gesellschafter - Recht auf Privatentnahmen
c) Mindestens 2 Gründer (Vollhafter und Teilhafter) - Beteiligung durch Kapitalanteile - Kontrollrecht - Verlustbeteiligung
d) Mindestens 5 Gründer - Beteiligung durch Aktien - festes Grundkapital - Hauptversammlung
e) Mindestens 3 Gründer - Beteiligung durch Geschäftsanteile - kein festes Kapital – Generalversammlung

63. Eine Gesellschaft erstrebt für ihre Mitglieder Vorteile durch Großeinkauf. Ihre Organe sind der Vorstand, der Aufsichtsrat und die Generalversammlung. Welche Rechtsform liegt vor?

a) GmbH
b) OHG
c) eG
d) AG
e) KG

64. Ordnen Sie zu!

Unternehmungsformen

a) Einzelunternehmung
b) OHG
c) KG
d) GmbH
e) AG
f) eG

Merkmale

[ ] Laut Gesetz müssen mindestens 3 Gründer einen Gesellschaftsvertrag (Statut) aufstellen.

[ ] Es ist eine Personengesellschaft mit mindestens einem Voll- und einem Teilhafter.

[ ] Die Organe sind Vorstand, Aufsichtsrat und Hauptversammlung.

65. Ordnen Sie zu!

Organe

a) Vorstand
b) Aufsichtsrat
c) Wirtschaftsausschuss
d) Hauptversammlung
e) Betriebsrat
f) Jugendvertretung

Tätigkeiten und Aufgaben in einer AG

[ ] Beschließt über Kapitalerhöhung

[ ] Überwacht die Geschäftsführung und prüft den Jahresabschluss und den Geschäftsbericht

[ ] Vertritt die Mitarbeiter gegenüber der Unternehmensleitung und nimmt Mitbestimmungsrechte wahr.

66. Welche Aussage zur Aktiengesellschaft trifft zu?

a) Sie hat eine eigene Rechtspersönlichkeit.
b) Die Haftung erstreckt sich auch auf das Privatvermögen der Anteilseigner.
c) Die Anteilseigner besitzen Vertretungsmacht für die Gesellschaft.
d) Die Anteilseigner besitzen das Recht der Geschäftsführung.
e) Die Steuerpflicht der Aktiengesellschaft wird durch die Einkommensteuerpflicht der Anteilseigner ersetzt.

67. Ordnen Sie zu!

Merkmale einzelner Unternehmensformen

a) Alle Gesellschafter sind nach gesetzlicher Regelung zur Geschäftsführung berechtigt und verpflichtet.
b) Mindestens ein Gesellschafter haftet unbeschränkt, unmittelbar und solidarisch.
c) Zur Gründung reicht ein Gründer.
d) Die Organe sind: Generalversammlung, Aufsichtsrat, Vorstand.
e) Komplementär ist eine GmbH.
f) Am Abschluss des Gesellschaftsvertrages müssen sich mindestens 8 Personen beteiligen.

Zugehörige Gesellschaften

[ ] Aktiengesellschaft

[ ] OHG

[ ] Eingetr. Genossenschaft

[ ] GmbH & Co. KG

[ ] KG

Situation zu den nächsten zwei Aufgaben.

Sie haben Aktien einer aufstrebenden Aktiengesellschaft gekauft. Diese erwirtschaftet Gewinne.

68. Wie können Sie an den Gewinnen dieser AG beteiligt werden?
a) Sie erhalten regelmäßig eine Prämie.
b) Das Unternehmen teilt den Gewinn in Tantiemen auf.
c) Das Stammkapital wird erhöht.
d) Die AG schüttet Dividenden aus.
e) Sie erhalten Bezugsrechte anlässlich einer Kapitalerhöhung.

69. Welchen Anteil am Gewinn werden Sie erhalten?
a) Einen vereinbarten Betrag, da es sich um festverzinsliche Papiere handelt.
b) Dies hängt vom Beschluss der Hauptversammlung ab.
c) Die Höhe ist ungewiss, aber die AG ist verpflichtet, Dividende auszuschütten.
d) Mehr als im letzten Jahr, weil der Wert der Aktie sich durch die Gewinnbeteiligung erhöht hat.
e) Dies hängt ausschließlich vom Kurs der Aktie ab.

70. Welche Aufgabe obliegt u. a. der Hauptversammlung einer Aktiengesellschaft?
a) Geschäftsführung und Vertretung
b) Beschlussfassung über Kapitalerhöhung
c) Erstellung des Jahresabschlusses
d) Bestellung des Vorstands
e) Überwachung des Vorstands

71. Ordnen Sie zu!

Gesellschafter oder Mitglieder	**Merkmale**
a) Gesellschafter einer OHG	[ ] Haftet unbeschränkt, unmittelbar und solidarisch.
b) Mitglied einer Genossenschaft	
c) Kommanditist	[ ] Erhält am Jahresende im Allgemeinen eine Dividende.
d) Stiller Gesellschafter	
e) Aktionär	[ ] Hat ein Recht auf Widerspruch nur bei außergewöhnlichen Rechtsgeschäften.
f) Gesellschafter einer GmbH	

72. Wer kontrolliert nach den Vorschriften des Aktiengesetzes den Vorstand der AG?
a) Der Aufsichtsrat
b) Der Betriebsrat
c) Das Gewerbeaufsichtsamt
d) Die Hauptversammlung
e) Die Betriebsversammlung

73. Welches Merkmal kennzeichnet die Aktiengesellschaft?
a) Die Aktiengesellschaften haben keine eigene Rechtspersönlichkeit.
b) Geschäftsführungsbefugnis und Vertretungsmacht stehen allen Aktionären zu.
c) Die Haftung beschränkt sich auf das Gesellschaftsvermögen.
d) Die Aktionäre haften auch mit ihrem Privatvermögen.
e) Die Aktiengesellschaften sind von der Körperschaftssteuer befreit.

74. Ab welchem Zeitpunkt ist eine Maschinenbau-AG rechtsfähig?
a) Gründungsbeschluss der Gesellschafter
b) Annahme der Satzung durch die Gesellschafter
c) Schluss der Kapitalzeichnungsfrist
d) Aufnahme der Geschäfte durch den Vorstand
e) Eintragung im zuständigen Handelsregister

75. Ordnen Sie zu!

Begriffe
a) Aufsichtsrat
b) Gesellschafterversammlung
c) Vorstand
d) Hauptversammlung
e) Geschäftsführer
f) Betriebsrat

Organe der AG
[ ] Leitendes Organ
[ ] Überwachendes Organ
[ ] Beschließendes Organ

76. Welche vier Begriffe kennzeichnen die Aktiengesellschaft?
a) Personengesellschaft - Kannkaufmann - Aufsichtsrat – Stammkapital
b) Personengesellschaft - Formkaufmann - Aufsichtsrat - Grundkapital
c) Kapitalgesellschaft - Kannkaufmann - Aufsichtsrat - Stammkapital
d) Kapitalgesellschaft - Formkaufmann - Aufsichtsrat - Grundkapital
e) Kapitalgesellschaft - Kannkaufmann - Geschäftsführer - Grundkapital
f) Kapitalgesellschaft - Formkaufmann - Vorstand – Stammkapital

77. Ordnen Sie zu!

Rechtsformen der Unternehmung
a) Einzelunternehmung
b) Offene Handelsgesellschaft
c) Kommanditgesellschaft
d) Stille Gesellschaft
e) Aktiengesellschaft
f) GmbH
g) Eingetragene Genossenschaft

Gesetzliche Gewinnverteilung
[ ] Vom ausgeschütteten Gewinn erhält jeder Berechtigte anteilmäßige Dividende.
[ ] Vom Gewinn erhält jeder Berechtigte 4 % der Kapitaleinlage, der Rest wird im angemessenen Verhältnis verteilt.
[ ] Vom Überschuss erhält jeder Berechtigte einen Anteil im Verhältnis des Geschäftsguthabens.
[ ] Vom Gewinn erhält jeder Berechtigte 4 % der Kapitaleinlage, der Rest wird nach Köpfen verteilt.

78. Ordnen Sie zu!

Geschäftsführungsbefugnisse
a) Die Gesellschafter übernehmen die Geschäftsführung.
b) Der Unternehmer übernimmt die Geschäftsführung.
c) Der Aufsichtsrat übernimmt die Geschäftsführung.
d) Der Vorstand übernimmt die Geschäftsführung.
e) Die Komplementäre übernehmen die Geschäftsführung.
f) Der Prokurist übernimmt die Geschäftsführung.
g) Der Geschäftsführer übernimmt die Geschäftsführung.

Unternehmensformen
[ ] KG
[ ] Einzelunternehmung
[ ] AG
[ ] OHG
[ ] GmbH

79. Welches Recht ist unter anderem mit einer Aktie verbunden?
a) Das Recht auf laufende Überwachung der Geschäftstätigkeit des Vorstands einer AG
b) Das Stimmrecht bei der Bestellung der Mitglieder des Vorstands einer AG
c) Das Stimmrecht bei der Wahl des Vorsitzenden des Aufsichtsrats einer AG
d) Das Stimmrecht bei der Abberufung der Mitglieder des Vorstands einer AG
e) Das Stimmrecht bei der Entlastung der Mitglieder des Vorstands und des Aufsichtsrats einer AG

80. Welche Merkmale treffen auf eine Unternehmergesellschaft („Mini-GmbH") zu?
a) Kapitalgesellschaft – persönliche Haftung der Gesellschafter – 12.500 € Stammkapital
b) Personengesellschaft – persönliche Haftung der Gesellschafter – 1,00 € Stammkapital
c) Kapitalgesellschaft – Mindesteinzahlung 12.500 € – 25.000 € Stammkapital
d) Kapitalgesellschaft – Mindesteinzahlung 1,00 € – haftungsbeschränkt
e) Genossenschaft – Mindesteinzahlung 100 € – haftungsbeschränkt
f) Genossenschaft – persönliche Haftung der Gesellschafter – 1,00 € Stammkapital

1. **Welche Aussage zu unten stehendem Organisationsplan ist richtig?**
   a) Der Plan zeigt u. a. den organisatorischen Aufbau der Abteilung „Materialwirtschaft“.
   b) Der Organisationsplan zeigt, dass der Einkauf von der Materialwirtschaft organisatorisch getrennt ist.
   c) Einkauf und Lager sind unmittelbar der kaufmännischen Leitung untergeordnet.
   d) Der Organisationsplan zeigt eine Stellenbeschreibung.
   e) Aus dem Organisationsplan geht der Arbeitsablauf in der Abteilung „Materialwirtschaft“ hervor.

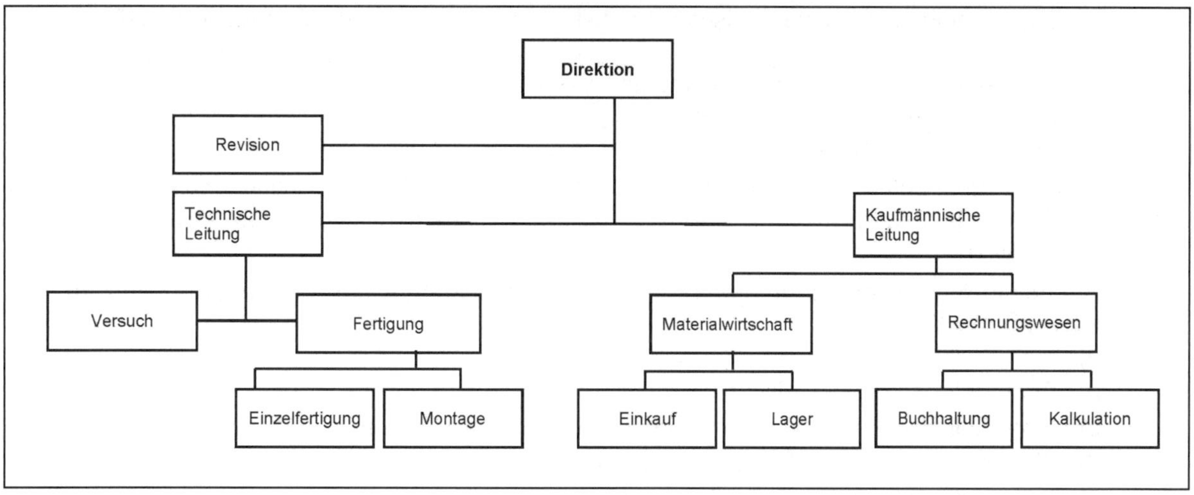

2. **Ordnen Sie zu!**

Erläuterungen

a) Es sind unerwartete Situationen im Betriebsablauf (ungeplante Regelungen) zu bewältigen.
b) Im Rahmen einer vorgegebenen Organisation ist in besonderen Situationen fallweise zu entscheiden.
c) Eine nachgeordnete Stelle kann von mindestens zwei übergeordneten Instanzen Anordnungen erhalten.
d) Die personellen Zuständigkeiten und die Regelungen für den Arbeitsablauf sind nicht hinreichend bestimmt.
e) Weisungen laufen direkt über mehrere Stufen: von den oberen über die mittleren zu den unteren Stellen.
f) Die Mitglieder des Leitungsorgans (Direktorium) sind grundsätzlich gleichberechtigt.
g) Der Vorstandsvorsitzende ist gegenüber den übrigen Mitgliedern des Leitungsorgans weisungsberechtigt.

Begriffe aus der Organisation

[ ] Einliniensystem

[ ] Improvisation

[ ] Direktorialsystem

[ ] Disposition

3. **Ordnen Sie zu!**

Erläuterungen

a) Eine Nachricht, die zweckbezogen ist und für den Empfänger einen Neuigkeitswert besitzt
b) Der Austausch von Informationen in Wort, Bild oder Schrift steht im Vordergrund.
c) Regelt den zeitlichen und räumlichen Ablauf der zur Aufgabenerfüllung notwendigen Arbeitsprozesse
d) Durchsetzung von Neuerungen wie z. B. Einführung neuer Güter in den Markt
e) Regelt entsprechend der innerbetrieblichen Arbeitsteilung die Zuständigkeiten für Teilaufgaben
f) Übertragung von Aufgaben und Zuständigkeiten
g) Stellt ein System von Regelungen für die Arbeitsfolge innerhalb eines Arbeitsprozesses bereit, um möglichst kurze Durchlaufzeiten zu erreichen

Fachbegriffe der Organisationskunde

[ ] Delegation

[ ] Kommunikation

[ ] Information

4. **Womit beschäftigt sich die Aufbauorganisation?**
   a) Mit der Erstellung von Vordrucken und Formularen
   b) Mit der Ordnung der Arbeitszeit
   c) Mit der strukturellen Ordnung des Betriebes
   d) Mit der Erledigung eines Auftrages
   e) Mit der Überwachung des Arbeitsablaufes

5. **Welche Aussage zum Organigramm ist richtig?**
   a) Ein Organigramm ist die grafische Darstellung der Organe einer Aktiengesellschaft.
   b) Ein Organigramm ist die grafische Darstellung der Organisationsstruktur einer Unternehmung, aus der die hierarchische Eingliederung der Abteilungen ersichtlich ist.
   c) Ein Organigramm ist die grafische Darstellung von Arbeitsabläufen, die zur Aufrechterhaltung der Betriebsbereitschaft der Organisationsabteilung notwendig sind.
   d) Ein Organigramm ist das im Betrieb vorhandene Verzeichnis der Anschriften aller Mitarbeiter.
   e) Ein Organigramm ist die Darstellung einzelner Managementtechniken mit Hilfe genormter Symbole.

6. **Bei der Aufbauorganisation spielt die Bildung von „Stellen“ eine Rolle. Was versteht man unter einer „Stelle“?**
   a) Eine Stelle ist an die Weisungen der Kostenstelle gebunden.
   b) Eine Stelle ist immer gleichzeitig eine Kostenstelle.
   c) Eine Stelle ist immer mit einem Arbeitsplatz und einer Kostenstelle identisch.
   d) Eine Stelle umfasst mehrere Kostenstellen.
   e) Eine Stelle ist z. B. das Aufgabengebiet eines Mitarbeiters.

7. **Welche Aussage über die Aufbauorganisation einer Unternehmung ist richtig?**
   a) Beim Mehrliniensystem ist jede Stelle nur einer übergeordneten Instanz mit Weisungsbefugnis unterstellt.
   b) Beim Stabliniensystem haben die Stabsabteilungen klare Anordnungs- und Entscheidungsbefugnisse.
   c) Beim Einliniensystem erhält jede Stelle Weisungen auf kürzestem Wege von spezialisierten Funktionsstellen.
   d) Beim Stabliniensystem haben die Stäbe als Hauptaufgabe Beratung und Information und keine Weisungsbefugnis.
   e) Bei der Matrixorganisation handelt es sich um ein weiterentwickeltes Stabliniensystem.

8. **Im Rahmen des bisherigen Organisationssystems gibt es keine eigenständige Rechtsabteilung. Jetzt soll diese eingerichtet werden und dem Vorstand beratend zur Seite stehen. Wie kann dieses Organisationssystem bezeichnet werden?**
   a) Einliniensystem
   b) Mehrliniensystem
   c) Funktionssystem
   d) Stabliniensystem
   e) Spartensystem

9. **Welche Aussage über den Begriff „Stabsabteilung“ ist richtig?**
   a) Den Anweisungen der Stabsabteilung haben alle untergeordneten Stellen eines Betriebes Folge zu leisten.
   b) Die Stabsabteilung ist der Linienabteilung übergeordnet und kann Anweisungen an Linienabteilungen geben.
   c) Die Stabsabteilung berät und unterstützt die Linienabteilung.
   d) Die Stabsabteilung erteilt Anweisungen, an die sich die Fertigungsabteilungen zu halten haben.
   e) Der Stabsabteilung sind mehrere Linienabteilungen eines Bereiches untergeordnet.

10. Welche Aussage über die abgebildete Organisationsstruktur ist richtig?

a) Die Abteilung für Programmierung ist ein Beispiel für die Organisation nach dem Mehrliniensystem.

b) Die Abteilung „Organisation und Datenverarbeitung“ ist eine Stabsstelle der kaufmännischen Leitung.

c) Der Leiter der DV-Abteilung untersteht der Abteilung „Schulung“.

d) Der Leiter der Arbeitsvorbereitung kann dem Leiter des Rechenzentrums Weisung erteilen.

e) Die DV-Abteilung untersteht direkt der kaufmännischen Leitung.

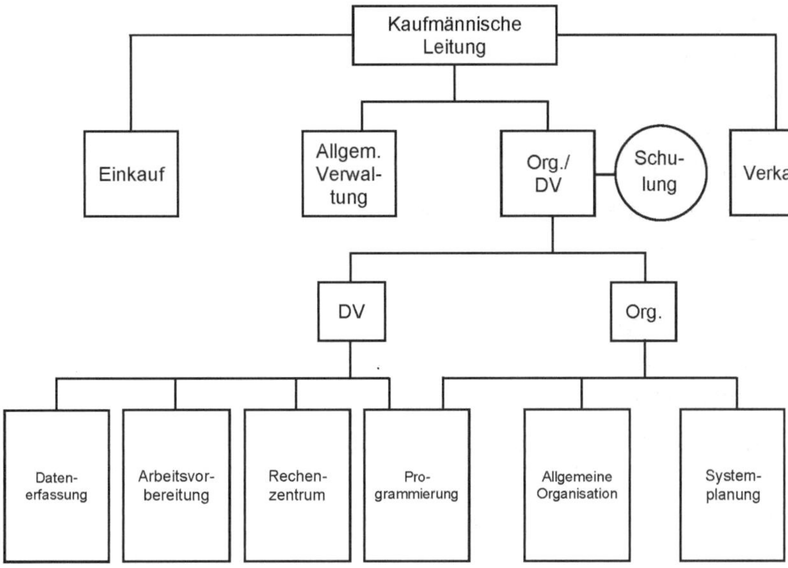

11. Ordnen Sie zu!

Organisationsformen

a) Mehrliniensystem

b) Stabliniensystem

c) Spartenorganisation

d) Einliniensystem

e) Funktionssystem

f) Matrixsystem mit Querfunktion

Definitionen

[ ] Jedes Organisationsmitglied hat nur den unmittelbar nachgeordneten Organisationsmitgliedern Weisungen zu erteilen, und diese haben nur von einem bestimmten übergeordneten Organisationsmitglied Weisungen zu befolgen. In der Organisationsstruktur sind keine Stabsstellen vorgesehen.

[ ] Spezialisten werden in besonderen Abteilungen zusammengefasst und Linienpositionen zugeordnet, für die sie Hilfs- und Entlastungsaufgaben ohne Weisungsbefugnis zu erfüllen haben.

[ ] Objektbezogene Kompetenzen werden nach Produkten oder Produktgruppen zusammengefasst. Nicht objektspezifische Tätigkeiten werden von Zentralbereichen wahrgenommen.

12. Welche Stelle im abgebildeten Organisationsplan ist eine Stabsstelle?

a) Einkauf

b) Kaufmännische Leitung

c) Revision

d) Direktion

e) Versuch

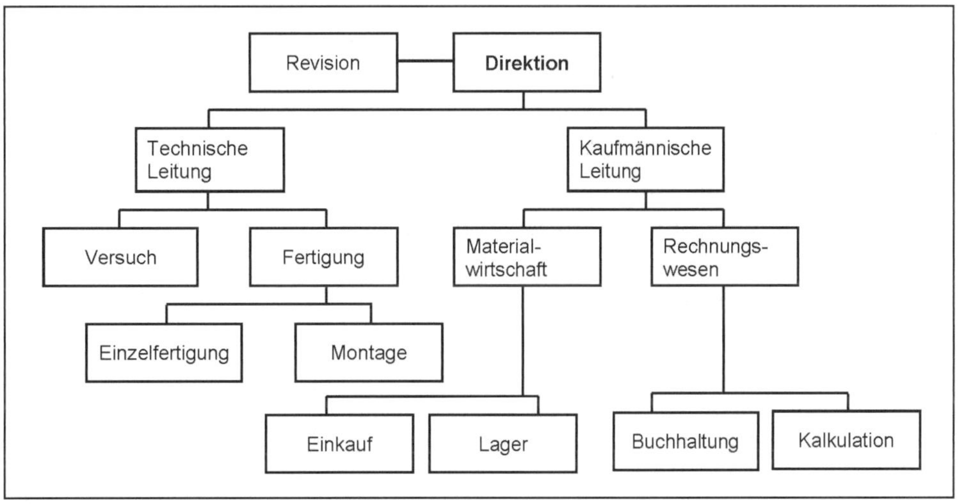

13. Welche Aufgabenstellung ist der Ablauforganisation zuzuordnen?
a) Der Umfang des Arbeitsgebietes einer Stelle ist dem durchschnittlichen Leistungsvermögen des Aufgabenträgers entsprechend genau festzulegen.
b) Die Durchlaufzeiten für die Bearbeitungsobjekte sind zu verringern.
c) Die Gesamtaufgabe eines Unternehmens ist in Haupt-, Teil- und Einzelaufgaben zu zergliedern.
d) Die Struktur des Betriebes ist exakt darzustellen.
e) Die Weisungsbefugnisse der Instanzen sind abzugrenzen.

14. Welche Unterlage gibt in einem Unternehmen eine Gesamtübersicht über die Unternehmensstruktur?
a) Der Organisationsplan
b) Der Arbeitsablaufplan
c) Die Stellenbeschreibung
d) Die Arbeitsanweisung
e) Die Organisationsrichtlinien

15. Welche Aufgabe gehört zur Ablauforganisation?
a) Auflösen einer Stabsstelle
b) Festlegung von Stellenbeschreibungen
c) Abgrenzung von Zuständigkeiten
d) Neuschaffung von Stellen
e) Erstellung von Arbeitsanweisungen

16. Welches Organisationssystem ist nachstehend abgebildet?
a) Das Matrixsystem
b) Das Funktionssystem
c) Das Einliniensystem
d) Das Stabliniensystem
e) Das Spartensystem

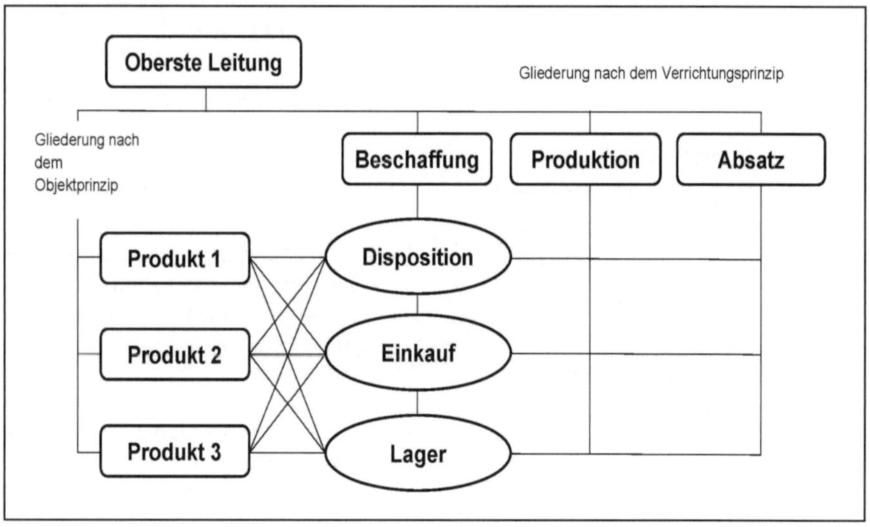

17. Ordnen Sie zu!
Organisationsformen
a) Funktionssystem
b) Matrixsystem
c) Stabliniensystem
d) Mehrliniensystem
e) Spartenorganisation
f) Einliniensystem

Definitionen

[ ] Den im Liniensystem organisierten Instanzen werden zu ihrer Entlastung Stellen zugeordnet, die keine Weisungsbefugnis haben.

[ ] Vergleichsweise homogene Produkte oder Produktgruppen werden eigenverantwortlich nach dem Objektprinzip zusammengefasst.

18. Ordnen Sie zu!
Grundbegriffe der Betriebsorganisation
a) Zentralisation
b) Betriebsorganisation
c) Dezentralisation
d) Improvisation
e) Disposition
f) Delegation

Erläuterungen

[ ] Kurzfristiges Einstellen auf eine nicht vorhergesehene Situation

[ ] Regelungen für einen bestimmten Einzelfall

[ ] Langfristige Regelungen für gleichartige Vorgänge

19. Nach welchem Prinzip bzw. System ist das Unternehmen organisiert? Siehe dazu nachstehende Abbildung!

a) Nach dem Matrixprinzip
b) Nach dem Stabliniensystem
c) Nach dem Spartenprinzip
d) Nach dem Objektprinzip
e) Nach dem Verrichtungsprinzip

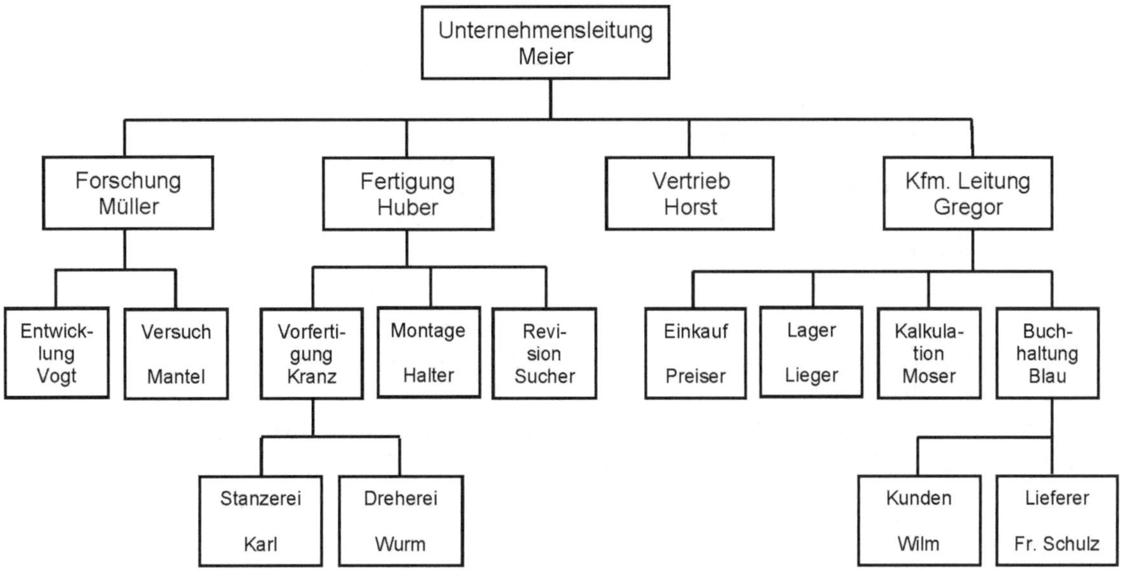

20. Stellen Sie anhand des abgebildeten Organigramms fest, welcher Mitarbeiter eine Stabsstelle bekleidet?

a) Herr Neu, als Vorstand der UNION-Bank AG
b) Frau Storm, als Assistentin des Vorstandes
c) Herr Pöhlmann, Herr Winter und Frau Schön als Filialleiter
d) Herr Händel, da er gegenüber Frau Roth weisungsgebunden ist
e) Herr Neu und Frau Storm, da beide in der obersten Hierarchieebene stehen

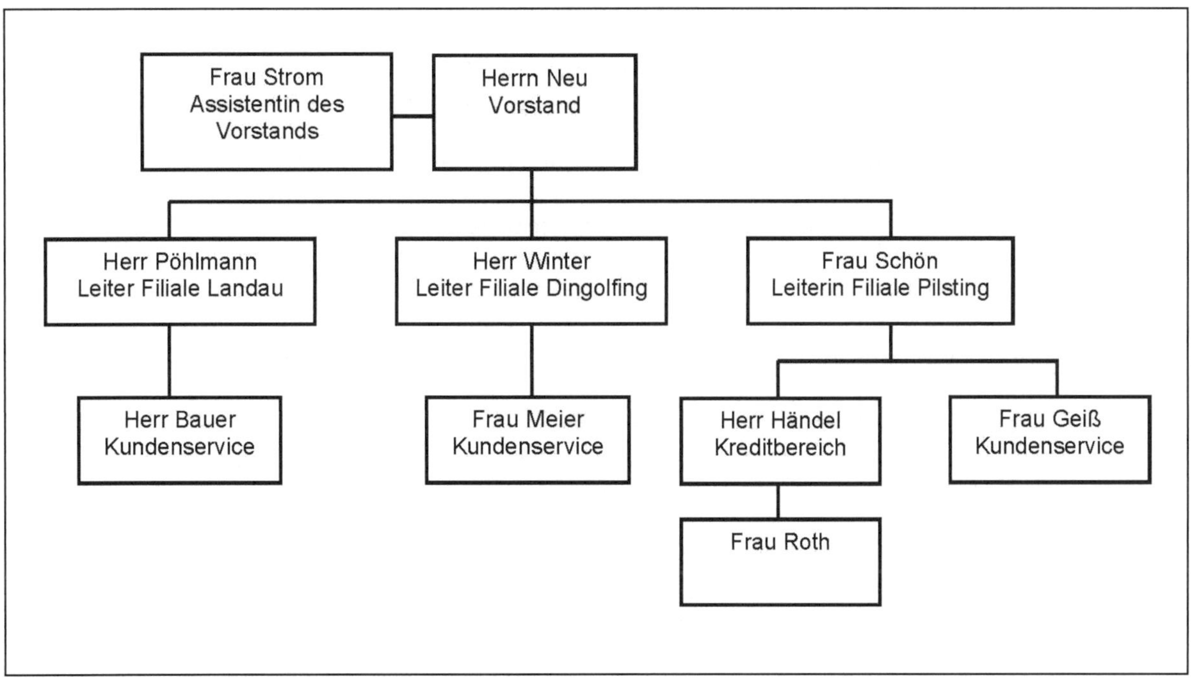

21. Welche Aufgabe gehört in den Bereich der Aufbauorganisation?
a) Auftragsdurchlaufzeiten verkürzen
b) Stellenauslastung gleichmäßig gestalten
c) Arbeitsfluss störungsfrei organisieren
d) Termineinhaltung gewährleisten
e) Stellenaufgaben auf Aufgabenträger übertragen

22. Wodurch unterscheiden sich die Organisationssysteme Stabliniensystem und Liniensystem?
a) Die Stabsstellen geben Anweisungen an die Linienstellen.
b) Die Stabsstellen haben gleiche Weisungsbefugnisse wie die Linienstellen.
c) Die Aufgabenverteilung erfolgt zum Teil von unten nach oben.
d) Die Stabsstellen sind Linienstellen auf vertikaler Ebene.
e) Ausgewählten Linienstellen sind Stabsstellen zugeordnet.

23. Welche der folgenden Aufgaben ist der Aufbauorganisation zuzuordnen?
a) Sie regelt die Betriebsstrukturen durch Bildung von Aufgabenbereichen.
b) Sie beschreibt die Arbeitsabläufe.
c) Sie koordiniert die betrieblichen Leistungen in zeitlicher Hinsicht.
d) Sie koordiniert die betrieblichen Leistungen in Hinsicht auf interne und externe Prüfungen.
e) Sie ordnet die Arbeitsvorgänge so, dass jeder Vorgang von möglichst vielen Stellen bearbeitet werden muss.

24. Im Rahmen der Organisationslehre unterscheidet man die Begriffe Aufbau- und Ablauforganisation. Welche zwei Aussagen sind der Ablauforganisation zuzuordnen?
a) Festlegung der Weisungsbefugnis zwischen verschiedenen Abteilungen
b) Zusammenfassung von Teilaufgaben zu Stellen
c) Festlegung von Bearbeitungswegen zwischen einzelnen Abteilungen im Unternehmen
d) Besetzung von Stellen durch Aufgabenträger
e) Terminliche Planung von Arbeitskräften und Arbeitsmitteln
f) Auslagerung der Rechtsabteilung in ein externes Unternehmen

25. Welche Aufgabe ist der Aufbauorganisation zuzuordnen!
a) Das Bilden von Stellen und Abteilungen
b) Das Festlegen von Arbeitsabläufen
c) Die Durchführung von Abteilungsleiterbesprechungen
d) Das optimale Auslasten von Arbeitsmitteln und Arbeitskräften
e) Die Organisation von außerbetrieblichen Fortbildungsveranstaltungen

26. Welche der folgenden Aussagen beschreibt den Begriff der „Ablauforganisation“ richtig?
a) Die Ablauforganisation sorgt für einen reibungslosen Ablauf aller im gewöhnlichen Geschäftsbetrieb anfallenden Arbeiten, soweit diese nur unmittelbar aufeinander folgen und nicht parallel verlaufen.
b) Die Aufgabe der Ablauforganisation ist die Zerlegung der ganzheitlichen Arbeitsprozesse, bis diese nicht mehr weiter teilbar sind.
c) Im Vordergrund aller Überlegungen der Ablauforganisation steht die Bildung von Stellen und Abteilungen.
d) Die Ablauforganisation ist die Gestaltung der Geschäftsprozesse durch die Zerlegung der Arbeitsprozesse in nicht mehr teilbare Prozessschritte.
e) Die Ablauforganisation ist gekennzeichnet durch die rationale und folgerichtige Gestaltung von Arbeitsprozessen zur Erfüllung von betrieblichen Teilprozessen.

27. Welche Aussage zur Betriebsorganisation ist richtig?
a) Unter Organisation versteht man kurzfristige Regelungen unvorhersehbarer Fälle.
b) Organisation bezeichnet Dauerregelungen für den rationellen Einsatz aller produktiven Kräfte eines Betriebs.
c) Die Organisation ist auf die Maschinen eines Betriebes beschränkt.
d) Die Organisation ist dann wirksam, wenn der Umsatz eines Betriebes gesteigert wird.
e) Unter Organisation versteht man das Führen von Karteien.
f) Organisation heißt: Menschliche Arbeit durch Maschinen ersetzen.

28. Welche Aussage über die abgebildete Organisationsstruktur Ihres Hauses ist richtig?

a) Die Über- bzw. Unterordnungsverhältnisse sind deutlich zu erkennen und zeigen eindeutig die Zuständigkeiten auf.

b) Alle Informationen müssen über die Abteilung Unternehmenssteuerung laufen, wenn die Mitarbeiter der untersten Organisationsebene miteinander kommunizieren wollen.

c) Die Stabsstellen entlasten die Leiter aller Abteilungen, da die Mitarbeiter der Stabsstellen auf ihrem Fachgebiet besonders gut ausgebildet sind.

d) Entscheidungen können nur langsam gefällt werden, da die Zuständigkeiten nicht klar geregelt sind.

e) Die Geschäftsleitung wird durch Stabsstellen unterstützt.

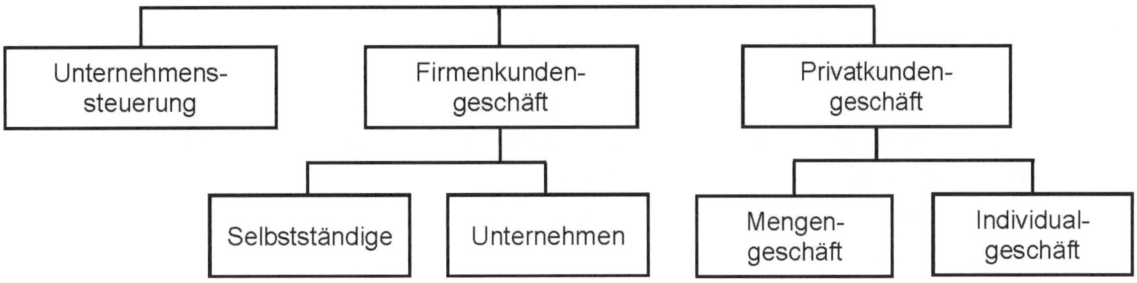

29. Welche Aussage zu unten stehendem Organisationsplan ist richtig?

a) Die Ablauforganisation des Kreditinstituts ist nach Hierarchieebenen strukturiert.

b) Bei der Erstellung der Ablauforganisation des Kreditinstituts hat eine Personenorientierung stattgefunden.

c) Das Organigramm informiert über die Ablauforganisation des Kreditinstituts.

d) Es handelt sich um ein Matrix-System, bei dem der Vorstand die oberste Hierarchiestufe einnimmt.

e) Es handelt sich um ein Stablinien-System mit eindeutigen Anordnungsbefugnissen.

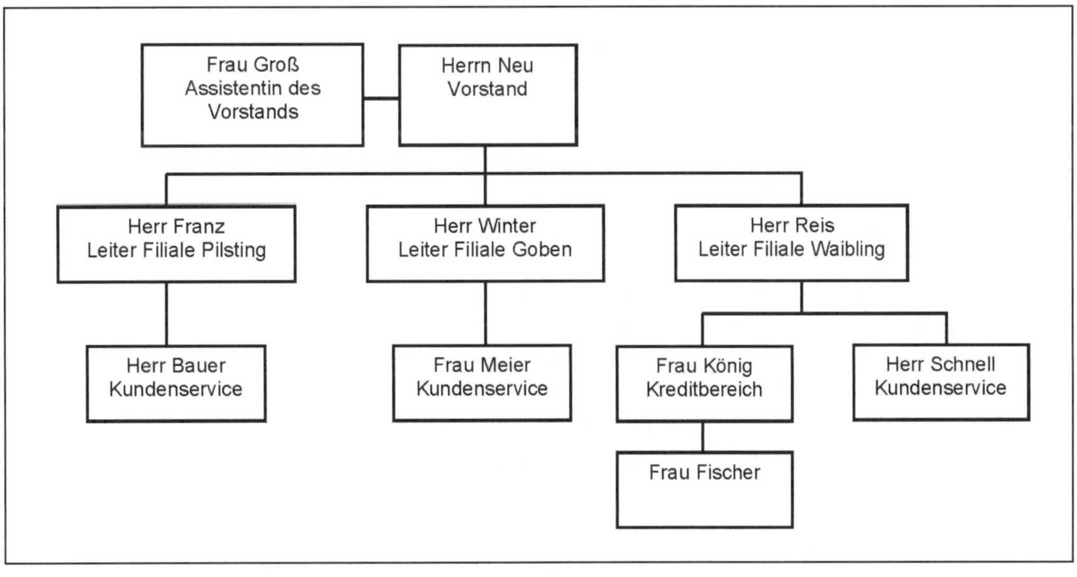

30. Im Rahmen einer Organisationsuntersuchung werden alle Stellen danach analysiert, welche Aufgaben jeweils zu erledigen sind. Welche Zielsetzung wird mit dieser Aufgabenanalyse verfolgt?

a) Die Erstellung eines Organisationsplans

b) Die Erstellung einer Stellenausschreibung

c) Das Erstellen eines Netzplans

d) Die Festlegung der Weisungs- und Entscheidungssysteme

e) Die Erstellung der einzelnen Stellenbeschreibungen

f) Die Feststellung des Ausnutzungsgrades der einzelnen Mitarbeiter

31. Sie haben den Auftrag, ein Organigramm zu entwerfen. Welches Feld verwenden Sie für die Geschäftsleitung?

a) Das Rechteck
b) Das obere Oval
c) Das untere Oval
d) Beide Ovale
e) Keins von den Dreien

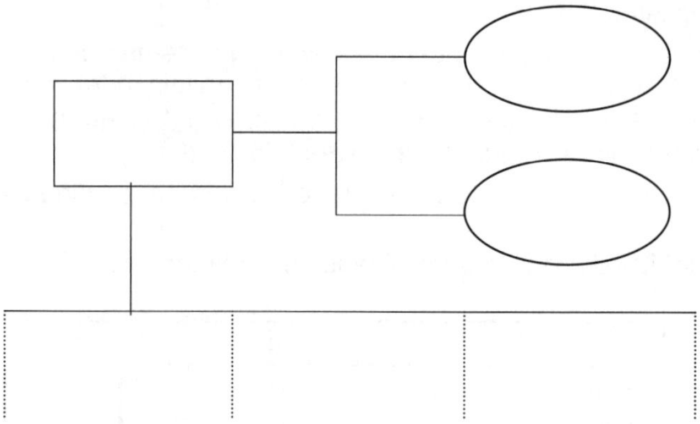

32. Ordnen Sie den Organisationsarten die mit ihnen verbundenen Nachteile zu!

Organisationsarten

a) Einlinienorganisation
b) Mehrlinienorganisation
c) Stablinienorganisation
d) Spartenorganisation

Nachteile

[ ] Unternehmensleitung verliert leicht den Überblick über die verschiedenen „Divisionen".

[ ] Schwerfälliger Dienstweg, Weisungsweg

[ ] Überschneidung von Anweisungen, Koordinierungsprobleme Kompetenzstreitigkeiten

[ ] Gute Vorschläge des nicht weisungsberechtigten Beraters werden ggf. von Mitarbeitern abgeblockt.

33. Die Weisungsbefugnisse sind bei einer neu eröffneten Filiale nach dem Stabliniensystem aufgebaut. Welche Personen erhalten Weisungsbefugnis?

a) Die Filialleitung und die Mitarbeiter der Stabsstellen
b) Die Mitarbeiter der Stabsstellen
c) Die Filialleitung und die Vorgesetzten in den einzelnen Instanzen
d) Jeder Mitarbeiter
e) Nur der Unternehmer

34. Die Geschäftsleitung beabsichtigt eine Stabsstelle einzurichten. Wodurch ist eine solche Stabsstelle gekennzeichnet?

a) Die Stabsstelle hat keine Weisungsbefugnis. Sie soll der zugewiesenen Instanz beratend zur Seite stehen und diese entlasten.
b) Die Stabsstelle gewinnt ihr betriebsinternes Gewicht dadurch, dass sie weit reichende Weisungsbefugnis gegenüber Mitarbeitern hat.
c) Die Stabsstelle hat innerhalb eines Funktionssystems die Möglichkeit, neben anderen Vorgesetzten ausführenden Stellen Anweisungen zu erteilen.
d) Die Stabsstelle ist beim Liniensystem in den Instanzenweg eingegliedert.
e) Die Stabsstelle wird insofern in die Verantwortung genommen, als sie ihre Ideen und Vorschläge auch realisieren muss.

35. Im Bankensektor lässt sich bereits seit einigen Jahren der Trend beobachten, dass Banken verstärkt mit Verbundpartnern, wie z. B. einer Bausparkasse und/oder einer Versicherung zusammen arbeiten. Was spricht für eine solche Form der Kooperation, die auch als „strategische Allianz" bezeichnet wird?

a) Strategische Allianzen haben den Vorteil, dass die Absatzrisiken aufgeteilt werden. So verfügt z. B. der eine Partner über das Produkt, der andere über das Vertriebsnetz.
b) Strategische Allianzen schaffen regelmäßig neue Arbeitsplätze.
c) Strategische Allianzen versprechen Kostenersparnisse, da nur noch eine gemeinsame Buchhaltung und Personalabteilung benötigt wird.
d) Strategische Allianzen sichern die Marktstellung der Verbundpartner. Aus diesem Grund müssen sie auch vom Bundeskartellamt genehmigt werden.
e) Strategische Allianzen fördern die Arbeitsroutine und ~effizienz, da die Lebenszyklen der Bankprodukte immer länger werden und sich die Mitarbeiter besser einarbeiten können.

36. Welches Organisationsmittel ist in der Abbildung dargestellt?

a) Organisationsplan
b) Arbeitsanweisung
c) Arbeitsablaufplan
d) Stellenbeschreibung
e) Stellenplan
f) Personalkarte

Stellenbezeichnung:
Leiter der Abteilung Finanzen und Rechnungswesen
Stelleneinordnung:

Unterstellung:	Kaufmännische Leitung
Überstellung:	Hauptbuchhaltung Kreditoren/Debitoren Kostenrechnung

Stellenaufgaben
- Fachliche und disziplinarische Leitung der Abteilung
- Erstellen des vierteljährlichen Finanzplanes

Stellenvertretung
vertritt:
wird vertreten: Kaufmännische Leitung

Stellenanforderung

Ausbildung:	Dipl. Kaufmann, Dipl. Betriebswirt oder Bankbetriebswirt
Erfahrung:	mindestens 5 Jahre Berufserfahrung
Kenntnisse:	EDV-Anwendung im Rechnungswesen

37. In der Bavaria Fahrradwerke KG findet eine Umfrage bezüglich des Betriebsklimas statt. Welches Verhalten der Führungskräfte trägt nicht zu einem positiven Betriebsklima bei?

a) Die Vorgesetzten erkennen die Leistungen, die ihre Mitarbeiter erbringen, an und sind auch in der Lage konstruktive Kritik anzubringen.
b) Die Vorgesetzten bemerken Veränderungen in der Persönlichkeit ihrer Mitarbeiter und bieten ihre Hilfe in einem Vier-Augen-Gespräch an.
c) Die Vorgesetzten erkennen die Stärken und Schwächen ihrer Mitarbeiter und teilen ihnen entsprechend ihren Fähigkeiten verantwortungsvolle Aufgaben zu.
d) Die Vorgesetzten erledigen alle wichtigen und verantwortungsvollen Aufgaben selbst und lassen ihre Mitarbeiter ausschließlich Routinearbeiten durchführen.
e) Die Vorgesetzten fördern die Leistungsfähigkeit und Motivation ihrer Mitarbeiter durch gezielte Personalentwicklungsmaßnahmen.

38. Die Motivation der Mitarbeiter ist für das Betriebsklima von großer Bedeutung. Welches Führungsverhalten wirkt sich negativ auf die Motivation der Mitarbeiter aus?

a) Die Mitarbeiter leisten gelegentlich Überstunden, bekommen diese mit Zuschlägen bezahlt.
b) Zwischen der Führungskraft und den Mitarbeitern herrscht ein offenes und ehrliches Verhältnis.
c) Im Unternehmen gibt es sowohl materielle als auch immaterielle Anreizsysteme nur für die Führungskräfte.
d) Die Mitarbeiter werden regelmäßig mit wichtigen Informationen versorgt.
e) Die Mitarbeiter erhalten regelmäßig Feedback von ihren Vorgesetzten, dabei fließen sowohl Lob als auch konstruktive Kritik ein.

39. Welche Aussage trifft auf den kooperativen Führungsstil zu?

a) Die Diskussionen über die gemeinsame Arbeit gelten als überflüssig.
b) Die Verantwortungsbereitschaft der Mitarbeiter soll gefördert werden.
c) Die Ziele der Arbeit werden von den Vorgesetzten allein festgelegt und den Mitarbeitern vorgeschrieben.
d) Die Eigeninitiative der Mitarbeiter ist unerwünscht.
e) Die Konferenzen dienen vorwiegend der Weitergabe von Anweisungen.

40. Was kennzeichnet den kooperativen Führungsstil?

a) Der Vorgesetzte entscheidet allein.
b) Der Vorgesetzte verzichtet auf jegliche Führung.
c) Der Vorgesetzte verlangt von seinen Mitarbeitern grundsätzlich Unterordnung.
d) Der Vorgesetzte delegiert Verantwortung an seine Mitarbeiter.
e) Der Vorgesetzte gewährt den Mitarbeitern keinen eigenen Entscheidungsspielraum.

41. Als Betriebsrätin interessiert sich Frau Erna Müller natürlich auch über Führungsstile. Welche Zeile enthält die richtige Zuordnung zu Führungsstil, Entscheidungsfindung und Kommunikationsweg?

	Führungsstil	Entscheidungsfindung	Kommunikationsweg
a)	kooperativ	gemeinsam	mehrseitig
b)	kooperativ	Vorgesetzter allein	einseitig
c)	kooperativ	Vorgesetzter allein	mehrseitig
d)	dirigistisch	gemeinsam	mehrseitig
e)	dirigistisch	gemeinsam	einseitig

42. Welche Gruppe von Merkmalen gilt insbesondere für leitende Angestellte eines Betriebes?

a) Weisungsrecht, Entlohnung in der Regel ohne tarifliche Bindung
b) Tariflohn, Pflicht zur Leistung von Mehrarbeitsstunden
c) Befreiung von der Unfallversicherungspflicht, kein Streikrecht
d) Kein Streikrecht, Tariflohn
e) Generelle Befreiung von der Sozialversicherungspflicht, Tariflohn

43. Durch den Führungsstil wird bestimmt, inwieweit der Vorgesetzte Ziele allein festsetzt oder ob er die Mitarbeiter in die Entscheidungsfindung einbezieht. Welcher Führungsstil bezieht die Mitarbeiter am stärksten ein?

a) Autoritärer Führungsstil
b) Laissez-faire Führungsstil
c) Bürokratischer Führungsstil
d) Informierender Führungsstil
e) Kooperativer Führungsstil

44. Welche der folgenden Aussagen kennzeichnet den kooperativen Führungsstil?

a) Die Mitarbeiter erkennen den Vorgesetzten als alleinige Instanz an.
b) Der kooperative Führungsstil zeichnet sich durch hohe Entscheidungsgeschwindigkeit aus.
c) Der Vorgesetzte führt sehr straff und übt häufig Kontrollen bei seinen Mitarbeitern aus.
d) Die Anforderungen an den kooperativ Führenden sind u. a. Delegationsfähigkeit, Erfolgskontrolle und Einbeziehen der Mitarbeiter in die Entscheidungen.
e) Kooperativ führt, wer die Mitarbeiter kraft Hierarchie leitet, gerne Anordnungen gibt, seine Meinung durchzusetzen versucht und sehr schnell entscheidet.

45. Welche Aussage beschreibt den kooperativen Führungsstil im Unternehmen richtig?

a) Die Mitarbeiter werden eng geführt, die Führungskraft gibt Anweisungen und erwartet deren genaue Befolgung. Die Führungskraft regiert und dominiert das Geschehen. Die Wertschätzung der Mitarbeiter ist eher gering. „Die Mitarbeiter sind unfähig. Der Chef bin ich."
b) Die Mitarbeiter haben alle erdenklichen Freiheiten. Die Führungskraft interessiert sich eher wenig für ihre Mitarbeiter. „Lasst mich bloß mit euren Problemen in Ruhe!"
c) Durch Information und Delegation sollen Entscheidungsbereitschaft und Verantwortungsübernahme bei den Mitarbeitern gefördert werden. Förderung durch Forderung und Zutrauen stehen im Mittelpunkt zwischen Führungskraft und Mitarbeitern. „So viel Freiheit wie möglich, so viel Lenkung wie nötig."
d) Die Führungskraft ist mit Leib und Seele für ihre Mitarbeiter da. Liebevoll und fürsorglich kümmert sie sich um die Belange der Unterstellten. Als Vater- oder Mutterfigur zeigt sie, wo es lang geht. „Ich weiß schließlich, was gut und richtig für meine Mitarbeiter ist."
e) Von den Mitarbeiten, die untereinander im Wettbewerb stehen, werden Spitzenleistungen und Gehorsam erwartet. „Wer nicht mithält, kann gehen. Nur der Beste ist für mich gut genug. Für gute Vorschläge bin ich immer zu haben, aber Entscheidungen treffe ich allein."

46. Welche Maßnahme eines Vorgesetzten ist nicht geeignet, die Zusammenarbeit und den Zusammenhalt seines Teams zu fördern?

a) Er informiert die Gruppe über wichtige Entscheidungen und Prozesse im Unternehmen.
b) Bei Konflikten in der Gruppe versucht er zu vermitteln.
c) Er initiiert Workshops bzw. Seminare, auf denen Teamarbeit thematisiert wird.
d) Er kontrolliert in regelmäßigen Abständen die Arbeitsergebnisse und bietet bei Problemen Hilfestellung an.
e) Er überlässt den Gruppenmitgliedern alle Entscheidungs- und Handlungsfreiheiten.

1. **Der Ausbilder im Verkauf weist den Auszubildenden im 2. Ausbildungsjahr in die Kontrolle von Rechnungen ein. Welche betriebliche Vollmacht ermächtigt den Ausbilder dazu?**
   a) Einzelvollmacht
   b) Sondervollmacht
   c) Artvollmacht
   d) Generalvollmacht
   e) Gesamtvollmacht
   f) Gesamtprokura

2. **Dem Einkaufssachbearbeiter wird Artvollmacht erteilt. Welches Recht ist damit verbunden?**
   a) Das Recht, Grundstücke für das Unternehmen zu kaufen
   b) Das Recht, Gebäude für das Unternehmen zu verkaufen
   c) Das Recht, für das Unternehmen Bestellungen zu unterschreiben
   d) Das Recht, Darlehen für das Unternehmen aufzunehmen
   e) Das Recht, Wechselverbindlichkeiten für das Unternehmen einzugehen
   f) Das Recht, für das Unternehmen Prozesse zu führen

3. **Welches Rechtsgeschäft darf nach dem HGB ein Handlungsbevollmächtigter ohne besondere Befugnisse vornehmen?**
   a) Büromaschinen einkaufen
   b) Wechsel unterschreiben
   c) Darlehen aufnehmen
   d) Grundstücke kaufen und verkaufen
   e) Prozesse führen

4. **Welche Rechtshandlung kann nach HGB ein Handlungsbevollmächtigter ohne besondere Vollmacht vornehmen?**
   a) Er kann Betriebsgrundstücke verkaufen.
   b) Er kann Betriebsgrundstücke belasten.
   c) Er kann Wechselverbindlichkeiten eingehen.
   d) Er kann Darlehen aufnehmen.
   e) Er kann Forderungen einziehen.
   f) Er kann Prozesse führen.

5. **Welche Aussage trifft nach dem HGB auf die Handlungsvollmacht zu?**
   a) Ein Handlungsbevollmächtigter darf Grundstücke ohne besondere Vollmachten veräußern und belasten.
   b) Die Erteilung einer Handlungsvollmacht muss notariell beglaubigt werden.
   c) Ein Handlungsbevollmächtigter kann für den Geschäftsinhaber alle Rechtsgeschäfte vornehmen mit Ausnahme der Bilanzunterzeichnung und der Betriebsveräußerung.
   d) Die Handlungsvollmacht kann mündlich, schriftlich oder stillschweigend durch Duldung bestimmter Handlungen erteilt werden.
   e) Der Name eines Handlungsbevollmächtigten muss im Handelsregister eingetragen sein.

6. **In welchem Fall liegt eine Artvollmacht vor?**
   a) Eine Mitarbeiterin erhält Inkassovollmacht.
   b) Ein Auszubildender wird beauftragt, für seinen Ausbildungsbetrieb bei einer Bank einen Rechnungsbetrag einzubezahlen.
   c) Ein Angestellter hat Vollmacht für den Abschluss aller Rechtsgeschäfte, die der Betrieb eines bestimmten Handelsgewerbes mit sich bringt.
   d) Ein Mitarbeiter erhält eine Vollmacht, die in das Handelsregister einzutragen ist.
   e) Ein Kaufmann beauftragt einen Rechtsanwalt mit der Führung eines Prozesses.

7. Mit unten stehenden Arbeitsvertrag erhält Frau Maier für die Ausübung der aufgeführten Tätigkeit Vollmacht. Welche betriebliche Vollmacht wurde ihr erteilt?

a) Gesamtprokura
b) Einzelprokura
c) Gesamtvollmacht
d) Artvollmacht
e) Einzelvollmacht
f) Sondervollmacht

Arbeitsvertrag

für sozialversicherungspflichtige Arbeitsverhältnisse oberhalb der Geringverdienergrenze (Zu den einzelnen Arbeitsbedingungen sind teilweise mehrere Alternativen genannt, das Nichtzutreffende ist zu streichen)

Zwischen Großhandels GmbH, Luitpoldstr. 87, 84032 Landshut
(Name und Anschrift, im Folgenden Arbeitgeber genannt)

und

Frau/~~Herrn~~ Petra Maier, Flurstr. 13, 84107 Weihmichl, geb. am 20.09.1986
(im Folgenden Arbeitnehmer genannt)

wird folgender Arbeitsvertrag geschlossen.

1. Tätigkeit
Der Arbeitnehmer wird vom 01. Nov. 16 an als Sachbearbeiterin in der Kostenrechnung
unbefristet bis zum – eingestellt.

2. Arbeitszeit
Die regelmäßige Arbeitszeit beträgt wöchentlich/monatlich 40 Stunden.
Als Kernarbeitszeit werden festgelegt:
Mo-Fr 9.00 – 16.00 Uhr

Leistet der Arbeitnehmer auf Anordnung des Arbeitgebers Überstunden, werden diese mit einem zusätzlichen Zuschlag von 25 % vergütet.

3. Probezeit und Kündigung
a) Die ersten 3 ~~Wochen~~/Monate gelten als Probezeit, in der das Arbeitsverhältnis von beiden Seiten mit einer Frist von zwei Wochen (kürzeste gesetzliche Frist) gekündigt werden kann.
b) Nach Ablauf der Probezeit kann das Arbeitsverhältnis von beiden Parteien mit einer Frist von (normale gesetzliche Frist: vier Wochen zum 15. des Monats oder zum Monatsende) gekündigt werden. Im Übrigen gelten die gesetzlichen Bestimmungen.
c) Bei einer ordentlichen Kündigung ist der Arbeitgeber berechtigt, den Arbeitnehmer während der Kündigungsfrist ganz oder teilweise von der Arbeit freizustellen.

4. Allgemeine Pflichten
a) Der Arbeitnehmer verpflichtet sich, ihm übertragene Arbeiten sorgfältig auszuführen, nach Bedarf auch andere Arbeiten zu übernehmen.
b) Der Arbeitnehmer verpflichtet sich, Verschwiegenheit über die ihm bekannt werdenden Angelegenheiten des Arbeitgebers zu wahren.

Zu den nächsten beiden Aufgaben siehe nachstehende Situation!

Ein Sachbearbeiter der Verkaufsabteilung gibt ein schriftliches Angebot ab.

Die Führungsgrundsätze einer Großhandels GmbH lauten:
„Eine überzeugende Führungsleistung weist folgende Merkmale auf:
- Für eine gute, erfolgreiche Verkaufspolitik übernehmen die Führungskräfte jeweils die entscheidende Verantwortung.
- Für die guten, erfolgreichen Verkaufsgespräche übernehmen die Sachbearbeiter im Verkauf jeweils die entscheidende Verantwortung.
- Ein Eingriff eines Vorgesetzten in die Kompetenz der Mitarbeiter ist auch im Ausnahmefall nicht vorgesehen.“

8. Durch welche Führungstechnik wurde der Mitarbeiter mit der Kompetenz zur Abgabe des Angebotes ermächtigt?

a) Führen durch Übertragen von Verantwortung
b) Führen nach dem Ausnahmeprinzip
c) Management by exceptions
d) Management by crisis
e) Management by results

9. Welche Vollmacht berechtigt den Sachbearbeiter zur Abgabe des Angebotes?

a) Spezialvollmacht
b) Allgemeine Vollmacht
c) Artvollmacht
d) Generalvollmacht
e) Einzelprokura
f) Einzelvollmacht

10. Die Großhandels GmbH ernannte einen ihrer Mitarbeiter am 04. 10. zum Prokuristen. Dies wurde den Geschäftspartnern noch am gleichen Tag per Fax mitgeteilt. Am 06. 10. wurde die Eintragung der Ernennung zum Prokuristen ins Handelsregister beantragt und am 31. 10. erfolgte die Veröffentlichung der Eintragung. Ab wann kann der neu ernannte Prokurist für die Großhandels GmbH rechtswirksam Geschäfte vornehmen? Tragen Sie das exakte Datum in das Kästchen ein!

11. Welche Rechtshandlung darf der Prokurist einer GmbH nicht vornehmen?

a) Veränderungen des angebotenen Sortiments
b) Kauf eines preiswerten Grundstücks für die Großhandels GmbH
c) Vertretung der Großhandels GmbH vor Gericht
d) Aufnahme eines neuen Gesellschafters
e) Kündigung des bisherigen Lagerleiters und Einstellen eines neuen

12. Welches Rechtsgeschäft darf ein Prokurist ohne besondere Vollmacht vornehmen?

a) Antrag auf Insolvenzverfahren stellen
b) Handelsregistereintragung anmelden
c) Darlehen aufnehmen
d) Bilanz unterschreiben
e) Grundstück veräußern

13. In jedem Betrieb ist die Frage der Unterschriftserteilung geregelt. Welche Aussage ist richtig?

a) Die Unterschriftenregelung wird zwischen Betriebsrat und Unternehmensleitung vereinbart.
b) Die Unterschriftenregelung hängt überwiegend von den Anweisungen der Unternehmensleitung ab; nur die Unterzeichnung des Prokuristen ist gesetzlich geregelt.
c) Die Unterschriftenregelung ist in jedem Fall zwingend durch den Gesetzgeber vorgeschrieben.
d) Die Unterschriftenregelung muss in das Handelsregister eingetragen werden.
e) Jeder Arbeitnehmer hat das Recht, die von ihm verfassten Geschäftsbriefe selbst zu unterzeichnen.

14. Welches Rechtsgeschäft ist einem Prokuristen nur mit einer zusätzlichen, besonderen Vollmacht erlaubt?

a) Kauf von Wertpapieren
b) Eingehen von Wechselverbindlichkeiten
c) Belastung eines Grundstückes
d) Unterzeichnen der Bilanz
e) Kauf eines Geschäftshauses

15. Welche Rechtshandlung ist einem Prokuristen ohne besondere Vollmacht nach dem Gesetz erlaubt?

a) Unterzeichnung von Inventar und Bilanz
b) Einstellen und Entlassen von Mitarbeitern
c) Belastung von Grundstücken
d) Änderung der Firma
e) Beantragung des Insolvenzverfahrens

16. Was ist einem Prokuristen im Rahmen seiner Geschäftstätigkeit gestattet?

a) Eidesstattliche Erklärungen für den Unternehmer abgeben
b) Bilanzen unterschreiben
c) Grundstücke verkaufen
d) Grundstücke kaufen
e) Steuererklärungen unterschreiben

17. Welche Aussage über die Prokura ist richtig?

a) Eine Beschränkung der Prokura ist Dritten gegenüber wirksam.
b) Prokura berechtigt nicht zum Kauf von Grundstücken.
c) Ein Handwerker kann grundsätzlich nur Einzelprokura erteilen.
d) Nur der Kaufmann lt. HGB kann Prokura erteilen.
e) Ein Kleingewerbetreibender kann Prokura erteilen.

18. Am 15.05. wurde die Prokura des P mündlich widerrufen. Sie war im Innenverhältnis auf Rechtsgeschäfte bis 10.000 € beschränkt. Am 30.05. wird die Prokura im Handelsregister gelöscht, die Löschung anschließend veröffentlicht. P schließt für das Unternehmen am 20.05. einen Vertrag über 40.000 €. Der Vertragspartner war über den Widerruf nicht informiert. Welche Aussage über diesen Vertrag ist zutreffend?

a) Er verpflichtet das Unternehmen nicht, weil die Prokura am 15.05. erloschen ist.
b) Er verpflichtet das Unternehmen, weil der Widerruf der Prokura notariell beglaubigt werden muss.
c) Er verpflichtet das Unternehmen nur bis zu einem Betrag von 10.000 €, weil die Prokura im Innenverhältnis auf 10.000 € begrenzt war.
d) Er verpflichtet das Unternehmen in Höhe von 40.000 €, weil der Widerruf beim Vertragsabschluss noch nicht im Handelsregister eingetragen und veröffentlicht war.
e) Er verpflichtet das Unternehmen nicht, weil die Beschränkung der Prokura im Innen- und Außenverhältnis gilt.

19. Welche Rechtshandlungen sind einem Prokuristen erlaubt?

a) - Aufnahme eines weiteren Gesellschafters in eine OHG - Erteilung einer Handlungsvollmacht
b) - Aufnahme eines Darlehens über 250.000,00 € - Antrag auf Eröffnung des Insolvenzverfahrens
c) - Aufnahme eines Darlehens unter 250.000,00 € - Unterzeichnung der Bilanz
d) - Erteilung einer Artvollmacht - Einstellung einer Sachbearbeiterin für die Personalabteilung
e) - Kauf von 500 CD-ROM - Unterschreiben der Steuererklärung

20. Zu welchen Geschäften bzw. Rechtshandlungen ist der Prokurist ermächtigt?

a) Veräußerung von Grundstücken – Leistung eines Eides für die Gesellschaft
b) Erteilung einer Artvollmacht – Aufnahme eines Gesellschafters
c) Einstellen von Mitarbeitern – Unterzeichnung der Bilanz
d) Aufnahme von Darlehen – Erteilung von Prokura
e) Erteilung einer Handlungsvollmacht – Aufnahme von Darlehen

21. Welche Aussagen über Handlungsvollmacht und Prokura sind richtig?

a) Die Prokura muss ausdrücklich, die Handlungsvollmacht kann stillschweigend erteilt werden.
b) Der Umfang der Prokura kann im Außenverhältnis beliebig geregelt werden, der Umfang der Handlungsvollmacht ist gesetzlich vorgeschrieben.
c) Die Handlungsvollmacht berechtigt zu außergewöhnlichen Rechtsgeschäften, der Umfang der Prokura ist gesetzlich vorgeschrieben.
d) Die Prokura wird nur vom Kaufmann lt. HGB erteilt, die im Umfang geringere Handlungsvollmacht nur vom Kleingewerbetreibenden.
e) Die Handlungsvollmacht umfasst auch den Kauf von Grundstücken, die Prokura nur den Verkauf.

22. Frau Dr. Petra Schumm und Herr Simon Kostler besitzen Gesamtprokura. Welche Rechtshandlung(en) dürfen sie nach dem Gesetz vornehmen?

a) Sie sind bevollmächtigt, gemeinsam sämtliche Rechtsgeschäfte inklusive Verkauf und Belastung von Grundstücken im Namen des Unternehmens eigenverantwortlich abzuschließen.
b) Sie haben bei gewöhnlichen Rechtsgeschäften Einzelvertretungsbefugnis, bei außergewöhnlichen Rechtsgeschäften, wie z. B. Aufnahme eines Darlehens, muss ein Einverständnis der Geschäftsleitung vorliegen.
c) Sie dürfen als Einzelperson mit dieser Vollmacht Grundstücke des Unternehmens verkaufen.
d) Sie können das Unternehmen in allen Vertragsverhandlungen einzeln und in unbeschränkter Höhe vertreten.
e) Sie sind bevollmächtigt, das Unternehmen gemeinsam in allen gerichtlichen und außergerichtlichen Geschäften und Rechtshandlungen im Rahmen des Geschäftsbetriebes zu vertreten.

23. Welche Vollmacht liegt vor, wenn ein Brief folgende Unterschriften tragen muss: „Buchhandlung Braun & Co., ppa. Lenz; ppa Günther“?

a) Handlungsvollmacht
b) Einzelprokura
c) Filialprokura
d) Gesamtprokura
e) Artvollmacht

24. Ein kaufmännischer Angestellter in einem Großhandelsbetrieb besitzt allgemeine Handlungsvollmacht im Sinne des HGB. Welche Rechtshandlung darf er für sein Unternehmen vornehmen, ohne dafür eine besondere Befugnis erhalten zu haben?

a) Darlehen aufnehmen
b) Mitarbeiter einstellen
c) Bilanz unterschreiben
d) Grundstücke verkaufen
e) Wechselverbindlichkeiten eingehen
f) Prozesse führen

Zu den nächsten beiden Aufgaben siehe nachstehende Situation!

Die E. Marten OHG, Kfz-Zubehör, beschäftigt zur Zeit 65 Mitarbeiter. Im Handelsregister ist für Herrn Hielscher Einzelprokura eingetragen. Frau Fiedler wurde die allgemeine Handlungsvollmacht erteilt; über den normalen Umfang hinausgehende Befugnisse wurden ihr nicht erteilt. Während des Urlaubs der beiden Gesellschafter wurden folgende Handlungen vorgenommen:

1) Akzeptierung eines Wechsels über 12.000,00 €
2) Betriebsbedingte Kündigung des Lagerverwalters
3) Unterzeichnung der Bilanz
4) Aufnahme eines Darlehens
5) Erteilung der allgemeinen Handlungsvollmacht an den Mitarbeiter Schmidt

25. Welche Handlung durfte Herr Hielscher nicht vornehmen?

Tragen Sie die entsprechende Ziffer in das Kästchen ein! ☐

26. Welche Handlung durfte Frau Fiedler vornehmen?

Tragen Sie die entsprechende Ziffer in das Kästchen ein! ☐

Zu den nächsten beiden Aufgaben siehe nachstehende Situation!

Eine Erbschaft versetzt Heinz Dusel in die Lage, sich einen lang gehegten Wunsch zu erfüllen. Er kauft die alt eingesessene, sehr renommierte Weinhandlung „Tom Winzer“ als Alleininhaber und setzt seinen Schwager Peter Wachter als Prokurist ein. Dusel vereinbart dabei mit Wachter, dass dieser als Prokurist keine Grundstücke erwerben darf. Die Firma bleibt als solche bestehen.

27. Heinz Dusel liegt daran, dass der Inhaberwechsel und die Prokuraerteilung nach außen hin zunächst möglichst wenig bekannt werden. Welche Vorgehensweise des Heinz Dusel entspricht den gesetzlichen Bestimmungen?

a) Er unterlässt beim zuständigen Amtsgericht jeglichen Antrag auf Änderung der Eintragung(en) im Handelsregister und unterschreibt die Geschäftspost vom Zeitpunkt der Übernahme mit „Heinz Dusel“.
b) Er stellt beim zuständigen Amtsgericht den Antrag auf Änderung bezüglich des Eigentümerwechsels, nicht aber auf Eintragung der Prokuraerteilung.
c) Er stellt beim zuständigen Amtsgericht den Antrag auf Änderung bezüglich des Eigentümerwechsels sowie auf Eintragung der Prokuraerteilung und unterschreibt die Geschäftspost zum Zeitpunkt der Übernahme an mit „Heinz Dusel“.
d) Er stellt beim zuständigen Amtsgericht den Antrag auf Änderung bezüglich des Eigentümerwechsels sowie auf Eintragung der Prokuraerteilung und weist seinen Prokuristen an, die Geschäftspost mit „Heinz Dusel“ zu unterschreiben, da er selbst häufig auf Geschäftsreise ist.
e) Er unterlässt beim zuständigen Amtsgericht jeglichen Antrag auf Änderung der Eintragungen im Handelsregister und weist seinen Prokuristen an, die Geschäftspost mit „Heinz Dusel“ zu unterschreiben, da er selbst häufig auf Geschäftsreise ist.

28. Heinz Dusel befindet sich auf einer längeren Geschäftsreise. Während seiner Abwesenheit wird Peter Wachter ein Nachbargrundstück angeboten, welches Dusel für die Erweiterung der Weinhandlung bisher vergeblich erwerben wollte. Da der Grundstücksverkäufer auf schnellen Abschluss drängt, der Kaufpreis äußerst günstig ist und der Gundstückskauf im Unternehmerinteresse liegt, schließt Peter Wachter für das Unternehmen den Grundstücksvertrag ab. Ist die Weinhandlung an diesen Kaufvertrag gebunden?

a) Ja, da die Berechtigung zum Grundstückserwerb ein Bestandteil der Prokura darstellt und eine diesbezügliche Einschränkung im Innenverhältnis Dritten gegenüber unwirksam ist.

b) Ja, da ein Prokurist im Unternehmensinteresse handelte und das Unternehmen aus dem Grundstückskauf nur Vorteile zieht.

c) Ja, da ein Prokurist während der Abwesenheit des Unternehmers diesen für alle Rechtshandlungen im unternehmerischen Bereich vertreten darf.

d) Nein, da Grundstückskäufe und Grundstücksverkäufe zu den Tätigkeiten gehören, die vom Unternehmer im Rahmen des Unternehmens nicht delegiert werden dürfen.

e) Nein, da der Prokurist die vereinbarte Einschränkung nicht beachtet hat und somit den Kaufvertrag nicht abschließen durfte.

29. Sie lesen in der Tageszeitung die abgebildete Mitteilung aus dem Handelsregister. Welches der nachstehenden Rechtsgeschäfte ist demnach gültig?

a) Die Prokuristen Peter Gebhardt und Uwe Schuricht verkaufen ein Firmengrundstück.

b) Die Prokuristen Peter Gebhardt und Uwe Schuricht unterschreiben die Bilanz des letzten Geschäftsjahres.

c) Der Prokurist Uwe Schuricht erteilt dem Einkaufsleiter Heinz Sporer Prokura.

d) Der Prokurist Uwe Schuricht nimmt Gerhard Gerauer als neuen Gesellschafter auf.

e) Die Prokuristen Peter Gebhardt und Uwe Schuricht nehmen ein Darlehen über 80.000,00 € bei der Hausbank auf.

Registergericht Landshut HRA 4567
Veränderung
04. April

Bavaria Fahrradwerke KG, Weilerstr. 12, 84032 Landshut

Die Prokura Josef Weber ist erloschen. Die Prokuristen Peter Gebhardt und Uwe Schuricht sind nicht mehr einzelvertretungsberechtigt, sondern gemeinschaftlich vertretungsbefugt.

....

1. **Wer ist laut HGB Kaufmann?**
   a) Kaufmann ist, der vereinfachten Aufzeichnungspflicht unterliegt.
   b) Kaufmann ist auch der, der keine Firma haben darf.
   c) Kaufmann ist der Gewerbetreibende ohne kaufmännische Organisation, wenn er nicht im Handelsregister eingetragen ist.
   d) Kaufmann ist jeder Gewerbetreibende mit kaufmännischer Organisation.
   e) Kaufmann ist jeder Nicht-Kaufmann, wenn er ein Gewerbe betreibt.

2. **Welche der nachstehenden Aussagen trifft auf einen Kaufmann nach HGB zu?**
   a) Ihm genügt die Mindestbuchführung.
   b) Er kann keine eigene Firma führen.
   c) Er ist zur ordnungsgemäßen Buchführung verpflichtet.
   d) Er kann keine Gesellschaft gründen.
   e) Von ihm wird keine Handelsregistereintragung verlangt.

3. **Wie bezeichnet man einen Kaufmann in der Rechtsform der Kapitalgesellschaft?**
   a) Kannkaufmann
   b) Nicht-Kaufmann
   c) Formkaufmann
   d) Istkaufmann
   e) Kaufmann nach BGB

4. **Welche Aussage trifft auf Kleingewerbetreibende zu, die nicht als „Kaufmann nach HGB“ gelten?**
   a) Sie betreiben ein Grundhandelsgewerbe.
   b) Auf sie treffen alle Bestimmungen des HGB zu.
   c) Sie müssen eine Firma haben, unter der sie z. B. verklagt werden können.
   d) Sie können eine mündliche Bürgschaft rechtswirksam übernehmen.
   e) Sie können Prokura erteilen.

5. **Wo ist nachstehende Kaufmannsdefinition nachzulesen: „Kaufmann im Sinne dieses Gesetzes ist, wer ein Handelsgewerbe betreibt.“?**
   a) GewO §1
   b) BGB § 1
   c) HGB § 1
   d) BGB § 6
   e) HGB § 3

6. **Wer ist <u>kein</u> Kaufmann im Sinne des HGB?**
   a) Forschungsgesellschaft mbH
   b) Zwei Landwirte, die gemeinsam eine Hühnerfarm betreiben und 10 Mitarbeiter beschäftigen
   c) Vorstandsmitglied einer Aktiengesellschaft
   d) Autovermietung Maier OHG
   e) Bankhaus Schmidt AG

7. **Was versteht man unter der Firma eines Kaufmanns?**
   a) Seine Geschäftstätigkeit
   b) Seinen bürgerlichen Namen, unter dem er Verträge abschließt
   c) Seinen Namen, unter dem er Handelsgeschäfte betreibt
   d) Seinen Betrieb
   e) Die Produktionsstätte eines Unternehmens, z. B. die Lagerräume

8. **Welches Recht steht im Gegensatz zum Nicht-Kaufmann nur dem Kaufmann nach HGB zu?**
   a) Erteilen einer Handlungsvollmacht
   b) Erteilen von Prokura
   c) Eingehen von Wechselverbindlichkeiten
   d) Kauf von Grundstücken
   e) Einstellen von Mitarbeitern

9. Welche der nachstehenden Aussagen trifft auf den Gewerbe treibenden Nicht-Kaufmann zu?
a) Er muss sich ins Handelsregister eintragen.
b) Er kann Prokura erteilen.
c) Er kann eine Firma führen.
d) Er hat das Recht zur Gesellschaftsgründung.
e) Es genügen vereinfachte Aufzeichnungen.

10. Um welchen Kaufmann handelt es sich bei einem Kleingewerbebetrieb, der sich freiwillig ins Handelsregister eintragen lässt?
a) Kannkaufmann
b) Nicht-Kaufmann
c) Formkaufmann
d) Kaufmann nach BGB
e) Kaufmann laut Gewerbebetrieb

11. Welche Aussage über den Kaufmann nach HGB bzw. den Nicht-Kaufmann ist richtig?
a) Der Kaufmann nach HGB kann keine Gesellschaft gründen, der Nicht-Kaufmann kann das.
b) Der Kaufmann nach HGB braucht nicht im Handelsregister eingetragen zu werden, wohl aber der Nicht-Kaufmann.
c) Der Kaufmann nach HGB kann eine Firma führen, der Nicht-Kaufmann nicht.
d) Der Kaufmann nach HGB hat Wahlrecht bei der Eintragung ins Handelsregister, der Nicht-Kaufmann muss sich eintragen lassen.
e) Der Nicht-Kaufmann als Kleingewerbetreibender hat immer einen in kaufmännischer Weise eingerichteten Geschäftsbetrieb, der Kaufmann nach HGB nicht.

12. Was wird im HGB als Firma bezeichnet?
a) Ein kaufmännischer Betrieb
b) Eine Unternehmung
c) Der Arbeitgeber
d) Ein Fachgeschäft
e) Der Geschäftsname eines Kaufmanns nach HGB, unter dem er seine Geschäfte betreibt
f) Der bürgerliche Name eines Gewerbe treibenden Nicht-Kaufmannes, unter dem er sein Handelsgewerbe betreibt

13. Franz Amsel und Otto Drossel gründen in Nürnberg eine Möbel-Einrichtungshaus in der Rechtsform einer KG. Nur Otto Drossel ist Vollhafter. Welche Firmenbezeichnung entspricht den gesetzlichen Bestimmungen?
a) Einrichtungshaus Amsel & Drossel
b) Otto Drossel, KG
c) AmDro-Einrichtungen
d) Nürnberger Möbel-Einrichtungshaus
e) Franz Amsel und Otto Drossel

14. Nach dem Tod seines Onkels erhält Herr Franz Karl Meier als Alleinerbe ein Lebensmittelgeschäft, die Firma Fritz Müller, Lebensmittel, e.K. Er will das Geschäft durch eine große Frischobstabteilung ergänzen. Welche Firma darf er nach dem HGB nicht führen?
a) Karl Meier, e. K.
b) Lebensmittel Meier, e. Kfm.
c) Franz Meier, e. K., Lebensmittel
d) Fritz Müller, Lebensmittel
e) Fritz Müller, e. K., Lebensmittel, Lebensmittel und Frischobst
f) Karl Meier, e. Kfm., Lebensmittel und Frischobst

15. Die Herren Weiß, Schulz und Kremer gründen ein Unternehmen. Weiß und Schulz sind Vollhafter, Kremer ist Teilhafter. Unter welcher Firma können sie ihr Geschäft betreiben?
a) Weiß & Schulz e. K.
b) Weiß und Schulz AG
c) Weiß und Schulz KG
d) Weiß und Schulz OHG
e) Weiß und Schulz GmbH

16. Welche Firmenbezeichnung in der Rechtsform einer OHG ist rechtsgültig?

a) Weiß & Schulze KG
b) Weiß & Co.
c) Paul Schulze
d) Weiß OHG
e) Peter Weiß

17. Josef Feller möchte sich mit Paul Maier in der Computerbranche selbständig machen. Sie beabsichtigen, mit einem weiteren Partner ein Unternehmen zu gründen. Das Unternehmen soll nun ins Handelsregister eingetragen werden. Wie ist eine Firmierung als juristische Person möglich?

a) Feller, Maier & Co. KG
b) Josef Feller OHG
c) Feller, Maier KG
d) Computer-Service GmbH
e) Josef Feller GbR

18. Hans Ludwig Schneider möchte ein Feinkost-Geschäft als Einzelunternehmung gründen. Unter welcher Bezeichnung wird die Firma im Handelsregister eingetragen?

a) Ludwig Schneider e. K.
b) H. Schneider
c) H. L. Schneider
d) Feinkost-Schneider
e) L. Schneider, Einzelhandel

19. Welche Aussage über die Firma entspricht den Vorschriften des HGB, wenn die Firma in den letzten Jahren gegründet wurde?

a) Die Firma einer KG muss aus dem Namen eines persönlich haftenden Gesellschafters und dem Namen eines Kommanditisten bestehen.
b) Die Firma eines Einzelhandelsunternehmens muss den Rechtszusatz „eingetragener Kaufmann" bzw. eine allgemein verständliche Abkürzung enthalten.
c) Werden in die Firma einer OHG die Namen von zwei Gesellschaftern aufgenommen, muss der Vorname eines der beiden Gesellschafter enthalten sein.
d) Bei einer Aktiengesellschaft als Sachfirma kann der Zusatz „Aktiengesellschaft" weggelassen werden.
e) Der Einzelkaufmann muss seine Firma mit einem Zusatz versehen, aus dem der Gegenstand des Unternehmens hervorgeht.

20. Welche Aussage über Firmengrundsätze ist richtig?

a) Firmenwahrheit bedeutet, dass jede Unternehmung ihren Jahresabschluss veröffentlichen muss.
b) Firmenausschließlichkeit bedeutet, dass an einem Ort die gleiche Firma nicht von mehreren Unternehmen geführt werden kann.
c) Firmenklarheit bedeutet, dass jede Firma den vollen Vornamen des Inhabers enthalten muss.
d) Firmenbeständigkeit bedeutet, dass eine Firma nicht geändert werden kann.
e) Firmenwahrheit bedeutet, dass beim Wechsel in der Person des Inhabers die Firma mit dem Zusatz „Nachfolger" zu versehen ist.

21. In welchem Fall liegt ein Verstoß gegen den Grundsatz der Firmenwahrheit vor?

a) Der Gründer einer Einzelunternehmung beantragt, als Firma der Unternehmung seinen vollen bürgerlichen Namen ins Handelsregister einzutragen.
b) Die Gründer einer KG beantragen, als Firma nur den Namen eines persönlich haftenden Gesellschafters mit dem Zusatz einzutragen, der auf das Gesellschaftsverhältnis hindeutet.
c) Die Gründer einer KG beantragen, neben dem Namen des persönlich haftenden Gesellschafters auch den des nicht persönlich haftenden Gesellschafters in die Firma mit aufzunehmen.
d) Die Gründer einer OHG beantragen, nur den Namen eines der Gesellschafter mit einem das Gesellschaftsverhältnis andeutenden Zusatz als Firma einzutragen.
e) Der Gründer einer KG will im Firmennamen zum Ausdruck bringen, dass er mit Computerprogrammen handelt, z. B. Software KG.

22. Ordnen Sie zu!

Aussagen über die Firma	Firmengrundsätze
a) Jede neue Firma muss sich von allen an demselben Ort bereits bestehenden Firmen deutlich unterscheiden.	[ ] Firmenbeständigkeit
b) Beim Erwerb eines Unternehmens darf die bisherige Firma nach Einwilligung des bisherigen Inhabers fortgeführt werden.	[ ] Firmenausschließlichkeit
c) An der Eingangstür muss ein Firmenschild angebracht sein, aus dem der Name des Inhabers und die Telefonnummer hervorgeht.	[ ] Öffentlichkeit der Firma
d) Ein Kaufmann nach HGB muss die Firma seines Geschäftes zur Eintragung ins Handelsregister anmelden.	
e) Es muss aus der Firma erkennbar sein, welche Unternehmensform vorliegt.	
f) Die Firma darf keine Zusätze über Art und Umfang des Geschäftes enthalten, die Außenstehende täuschen könnten.	

23. Klaus Neumann hat die Buchhandlung „Friedrich Müller e. K." erworben. Er möchte das Geschäft unter der bisherigen Firma fortführen. Welche Aussage zu diesem Sachverhalt entspricht der gesetzlichen Regelung?

a) Bei Fortführung des Geschäftes unter der alten Firma entfällt für Herrn Neumann jegliche Haftung für Schulden aus der Zeit vor der Geschäftsübernahme.
b) Herr Neumann kann das Geschäft nur mit Einwilligung des bisherigen Inhabers unter der alten Firma fortführen.
c) Herr Neumann kann das Geschäft unter der alten Firma fortführen.
d) Eine Fortführung des Geschäftes unter der alten Firma ist nur dann möglich, wenn die zuständige Industrie- und Handelskammer zustimmt.
e) Eine Fortführung des Geschäftes unter der alten Firma ist generell nicht zulässig.

24. Peter Schmidt will in Stuttgart ein Einzelunternehmen gründen. Im Handelsregister existiert bereits eine Firma Peter Schmidt. Deshalb nennt er seine Firma „Feinkost Peter Schmidt, e. K.". Welcher Firmengrundsatz wird dadurch beachtet?

a) Der Grundsatz der Firmenöffentlichkeit
b) Der Grundsatz der Firmenbeständigkeit
c) Der Grundsatz der Firmenklarheit
d) Der Grundsatz der Firmenausschließlichkeit
e) Der Grundsatz der Firmenwahrheit

25. Der Großhandels GmbH wird die MOI ComputerTec GmbH zu Kauf angeboten. Die Großhandels GmbH entschließt sich zum Kauf dieser Firma, will aber den Namen dieses Unternehmens beibehalten. Welchem Firmengrundsatz wird in diesem Fall entsprochen?

a) Firmenöffentlichkeit
b) Firmenbeständigkeit
c) Firmenwahrheit
d) Firmenklarheit
e) Firmenausschließlichkeit

26. Anzeige unter „Amtliche Bekanntmachungen" in der Tageszeitung: HRA Nr. 178 Neueintragung Carsten Baumann e. K., Weine und Spirituosen, Groß- und Einzelhandel. Was bedeutet diese Veröffentlichung?

a) Die Personengesellschaft Carsten Baumann ist in Abteilung A des Handelsregisters eingetragen worden.
b) Carsten Baumann hat eine Lizenz als Wein- und Spirituosen-Händler erhalten.
c) Die Einzelunternehmung Carsten Baumann e. K. ist in Abteilung A des Handelsregisters eingetragen worden.
d) Die Einzelunternehmung Carsten Baumann e. K. ist in Abteilung B des Handelsregisters eingetragen worden.
e) Die Eintragung der Einzelunternehmung Carsten Baumann e. K. im Handelsregister wird angekündigt.

27. Welche Aussage über das Handelsregister trifft zu?

a) Das Handelsregister ist das Verzeichnis der Kaufleute nach HGB eines Amtsgerichtsbezirks.
b) Im Handelsregister kann das haftende Eigenkapital der Gesellschafter einer Personengesellschaft eingesehen werden.
c) Im Handelsregister sind alle Gewerbebetriebe eingetragen.
d) Aus der Abteilung A können Gesellschaften mit beschränkter Haftung, aus der Abteilung B Einzelhandelskaufleute entnommen werden.
e) In das Handelsregister werden alle Sachverhalte eingetragen, die der Antragsteller schriftlich einreicht.

28. Welcher Vorgang ist in das Handelsregister einzutragen?

a) Die Bestellung einer Hypothek auf ein Betriebsgrundstück
b) Die Erteilung einer Handlungsvollmacht
c) Die Aufnahme eines Großkredits
d) Die Vereinbarung der Gütertrennung eines Einzelunternehmers mit seiner Frau
e) Die Bestellung eines Prokuristen

29. Welche Aussage über das Handelsregister ist richtig?

a) Das Handelsregister wird beim Landgericht geführt.
b) Das Handelsregister ist das Verzeichnis aller Kannkaufleute.
c) Das Handelsregister kann nur von Kaufleuten eingesehen werden.
d) Das Handelsregister hat drei Abteilungen: Abt. A: Einzelunternehmer; Abt. B: Personengesellschaften; Abt. C: Kapitalgesellschaften.
e) Durch die Eintragung ins Handelsregister wird die Rechtsstellung eines Prokuristen nur bekannt gemacht, nicht begründet.

30. Welche Bedeutung haben rot unterstrichene Eintragungen im Handelsregister?

a) Sie dürfen nicht veröffentlicht werden.
b) Sie gelten als gelöscht.
c) Sie sind wichtiger als andere Eintragungen.
d) Sie sind nur mit Einwilligung des Amtsgerichts einzusehen.
e) Sie gelten wie andere Eintragungen auch.

31. Welcher Rechtsvorgang in einem Unternehmen muss ins Handelsregister eingetragen werden?

a) Der Vorstand einer Genossenschaft ist neu gewählt worden.
b) In einer OHG ist ein anderer Gesellschafter mit der Führung der Geschäfte beauftragt worden.
c) Ein Einzelunternehmen hat einen stillen Gesellschafter aufgenommen.
d) Dem Leiter des Rechnungswesens einer GmbH wurde die Artvollmacht entzogen.
e) In einer GmbH wurde von den Gesellschaftern ein neuer Geschäftsführer eingesetzt.

32. Welche Aussage über das Handelsregister ist richtig?

a) In Abteilung B wird die Einlagenhöhe der Gesellschafter einer Personengesellschaft eingetragen.
b) Die Anmeldung zur Eintragung muss in öffentlich beglaubigter Form eingereicht werden.
c) Um Einsicht in das Handelsregister nehmen zu können, muss ein berechtigtes Interesse nachgewiesen werden.
d) Die Erteilung einer Handlungsvollmacht ist im Handelsregister einzutragen.
e) Es ist ein Verzeichnis aller Unternehmen eines Amtsgerichtsbezirkes.
f) Die deklaratorische Wirkung der Handelsregistereintragung besagt, dass eine Tatsache erst durch die Eintragung rechtswirksam wird.

33. Welche Aussage über das Handelsregister ist richtig?

a) Das Handelsregister wird bei der zuständigen Industrie- und Handelskammer geführt.
b) Das Handelsregister ist gegliedert in Abteilung A für Personengesellschaften, Abteilung B für Kapitalgesellschaften und Abteilung C für Genossenschaften.
c) Eine Eintragung in das Handelsregister erfolgt auf Anmeldung, die vom Amtsgericht beglaubigt sein muss.
d) Die konstitutive Wirkung der Handelsregistereintragung besagt, dass eine Tatsache erst durch die Eintragung rechtswirksam wird.
e) In das Handelsregister werden die Gesellschafter einer GmbH n i c h t eingetragen.

34. Für welche der unten genannten Rechtsformen besitzt die Eintragung in das Handelsregister konstitutiven Charakter?

a) OHG
b) AG
c) KG
d) Einzelunternehmung
e) Stille Gesellschaft

35. Welche Tatsache über eine Gesellschaft mit beschränkter Haftung (GmbH) ist <u>nicht</u> im Handelsregister eingetragen?

a) Ort der Niederlassung: Kassel
b) Gegenstand des Unternehmens: Veranstaltung und Vermittlung von Reisen
c) Stammkapital: 25.000,00 €
d) Geschäftsführer: Robert Marschall
e) Einzelprokura: Gustav Schulze
f) Handlungsbevollmächtigte: Hans Gerlach und Emil Schulze

36. Welche Aussage über das Handelsregister ist richtig?

a) Das Handelsregister ist ein Verzeichnis aller Unternehmen eines Amtsgerichtsbezirks.
b) Durch die Eintragung in das Handelsregister wird ein Kaufmann zum Musskaufmann.
c) Auch ohne Nachweis eines berechtigten Interesses kann jeder das Handelsregister einsehen.
d) Eine Artvollmacht wird erst durch die Eintragung in das Handelsregister rechtsgültig.
e) Alle zeichnungsberechtigten Personen eines Unternehmens sind im Handelsregister eingetragen.

37. Welche Unternehmensform wird in der Abteilung B des Handelsregisters geführt?

a) Einzelunternehmung
b) eG
c) GmbH
d) KG
e) OHG

38. Was wird nicht in das Handelsregister eingetragen?

a) Der Widerruf einer Prokura.
b) Die Firma einer OHG.
c) Der Ausschluss eines Gesellschafters einer OHG von der Vertretung der Gesellschaft.
d) Die Vereinbarung der Gesamtvertretung durch die Gesellschafter einer OHG.
e) Die Einlagen der Gesellschafter einer OHG.

39. Welche Rechtsform eines Unternehmens wird in die Abteilung A des Handelsregisters eingetragen?

a) eG
b) GmbH
c) GmbH & Co. KG
d) AG
e) KGaA

40. Ein Einzelhändler betreibt ein Geschäft als Kleingewerbetreibender, ohne sich ins Handelsregister eintragen zu lassen. Welche Aussage ist richtig?

a) Er hat das Recht, sich mündlich zu verbürgen.
b) Er hat das Recht, Handlungsvollmacht zu erteilen.
c) Er hat das Recht, eine Firma zu führen.
d) Er hat das Recht, eine OHG zu gründen.
e) Er kann Prokura erteilten.

41. Ein Einzelhändler betreibt ein Geschäft als Kleingewerbetreibender und will sich ins Handelsregister eintragen lassen. Welche Aussage ist richtig?

a) Als Kleingewerbetreibender darf man sich nicht ins Handelsregister eintragen lassen.
b) Er kann eine OHG bzw. ein KG gründen, wenn er sich ins Handelsregister hat eintragen lässt.
c) Durch die Eintragung ins Handelsregister wird er Formkaufmann.
d) Durch die Eintragung ins Handelsregister wird er Kaufmann laut Rechtsform.
e) Er ist in jedem Fall Kaufmann nach HGB, auch wenn er sich nicht ins Handelsregister eintragen lässt.

42. Wo muss außer in einem vom Amtsgericht bestimmten Blatt gemäß HGB eine Eintragung ins Handelsregister bekannt gemacht werden?
a) Im Gesetz- und Verordnungsblatt
b) Im Handelsblatt
c) Im Bundesanzeiger
d) Im Mitteilungsblatt der IHK
e) Im Bundesgesetzblatt

43. Welche Eintragung ins Handelsregister ist rechtserklärend (deklaratorisch)?
a) Die beschränkte Haftung des Kommanditisten
b) Die Rechtsform der Kapitalgesellschaft
c) Die Eintragung eines Bauunternehmens
d) Die Eintragung eines land- und forstwirtschaftlichen Betriebes
e) Die Eintragung eines Handelsgewerbes

44. Ein Unternehmer, der Autositze industriell herstellt, lässt sich mit „Ernst Schmalbach, KG" ins Handelsregister eintragen. Welcher Begriff trifft auf diese Eintragung zu?
a) Kapitalgesellschaft
b) Fabrik
c) Unternehmung
d) Betrieb
e) Firma

45. In der Filiale einer Großhandels GmbH hat Herr Krause Prokura zusammen mit einem Geschäftsführer oder einem anderen Prokuristen. Wo muss diese Information in jedem Fall eingetragen sein?
a) In der Datei des Datenschutzbeauftragten
b) Im Organisationsplan als Stabsstelle des Unternehmens
c) In der Gewerbeanmeldung des Unternehmens
d) Beim Finanzamt für die Unterschriftskontrolle bei eingereichten Steuererklärungen
e) Im Handelsregister

<u>**Zu den nächsten drei Aufgaben siehe folgenden Zeitungsartikel!**</u>

> **AMTSGERICHT**
> **Handelsregister**
>
> **Veränderungen**:
>
> HRA 3458 – 1.3.2002 – **BEMATEC Computer Systeme Becker & Müllenbach, oHG**
>
> Als persönlich haftender Gesellschafter ist ausgeschieden: Mathias Müllenbach. Nils Becker ist jetzt Alleininhaber. Die Firma ist geändert in: **BEMATEC Computer Systeme Nils Becker e.K.**

46. Welches wäre die kürzeste zulässige Firmenbezeichnung für die neue Firma?
a) BEMATEC COMPUTERSYSTEME e.K.
b) BEMATEC COMPUTERSYSTEME OHG
c) Nils Becker e.K.
d) Nils Becker & Mathias Müllenbach
e) Nils Becker & Co.
f) Nils Becker KG

47. Wird die Firma weiterhin im Handelsregister geführt?
a) Ja, als Einzelunternehmung
b) Ja, als OHG
c) Ja, als stille Gesellschaft
d) Nein, sie wird eine Einzelunternehmung und gehört nicht mehr ins Handelsregister
e) Nein, im Handelsregister befinden sich nur Gesellschaften.

48. Welche rechtliche Veränderung ergibt sich daraus?
a) Herr Müllenbach haftet nicht mehr, auch für die bisher entstandenen Verbindlichkeiten ist er nicht mehr zur Haftung verpflichtet.
b) Herr Müllenbach tritt mit seiner bisherigen Einlage als Darlehensgeber auf.
c) An dem Firmenzusatz ist zu erkennen, dass Herr Müllenbach ein Kommanditist geworden ist.
d) An dem Firmenzusatz ist zu erkennen, dass Herr Nils Becker allein mit seinem Privat- und Geschäftsvermögen haftet.
e) An dem Firmenzusatz ist zu erkennen, dass Herr Nils Becker einen neuen Kommanditisten aufgenommen hat.

49. Die Gesellschafterversammlung einer GmbH beschließt eine Heraufsetzung des Stammkapitals von derzeit 100.000,00 € auf 200.000,00 €. Wem ist dieser Beschluss zur Eintragung mitzuteilen?

a) Dem Handelsregister beim zuständigen Amtsgericht
b) Dem Bundesverband des Groß- und Außenhandels
c) Der zuständigen IHK
d) Den im Betrieb vertretenen Gewerkschaften HBV und DAG
e) Dem zuständigen Arbeitsamt

50. Welche Aussage über das Handelsregister ist richtig?

a) Es erfasst den Umsatz der Handelsbetriebe in einem Amtsgerichtsbezirk.
b) Es ist das amtliche Verzeichnis aller Gewerbetreibenden eines Amtsgerichtsbezirkes.
c) Es unterrichtet die Öffentlichkeit über die Kapitalanteile der eingetragenen Aktionäre.
d) Es ist ein amtliches Verzeichnis von Kaufleuten nach HGB und von allen freiwilligen Eintragungen eines Amtsgerichtsbezirkes.
e) Alle Eintragungen im Handelsregister werden von der IHK im Auftrag des Amtsgerichts öffentlich bekannt gemacht.

51. Welche Aussage über das Handelsregister ist richtig?

a) Das Handelsregister wird bei der zuständigen Industrie- und Handelskammer geführt.
b) Das Handelsregister ist gegliedert in Abteilung A für Personengesellschaften, Abteilung B für Kapitalgesellschaften und Abteilung C für Genossenschaften.
c) Eine Eintragung in das Handelsregister erfolgt auf Anmeldung, die vom Amtsgericht beglaubigt sein muss.
d) Die deklaratorische Wirkung der Handelsregistereintragung besagt, dass eine Tatsache erst durch die Eintragung rechtswirksam wird.
e) In das Handelsregister werden u. a. Insolvenzen von Handelsgesellschaften eingetragen.

52. Das Ehepaar Müller und Herr Huber schließen einen Gesellschaftervertrag zur Gründung der KG ab und wollen ihre Firma in das Handelsregister eintragen lassen. Bei welcher Stelle wird das Handelsregister geführt?

a) Beim Amtsgericht
b) Beim Landgericht
c) Beim Finanzamt
d) Bei der IHK
e) Bei der Gemeindeverwaltung
f) Beim Gewerbeaufsichtsamt

53. Welche Eintragung ins Handelsregister hat rechtserzeugende Wirkung?

a) Eintragung eines Speditionsunternehmens
b) Eintragung eines neuen Gesellschafters
c) Eintragung eines Handelsvertreters
d) Eintragung einer Gesellschaft mit beschränkter Haftung
e) Eintragung einer Änderung des Geschäftssitzes

54. Welche Einteilung des Handelsregisters ist richtig?

a) Abteilung A: Einzelunternehmen
Abteilung B: Personen- u. Kapitalgesellschaften
b) Abteilung A: Einzelunternehmen, Personengesellschaften
Abteilung B: Kapitalgesellschaften, Genossenschaften
c) Abteilung A: Einzelunternehmen, Personengesellschaften
Abteilung B: Kapitalgesellschaften
Abteilung C: Genossenschaften
d) Abteilung A: Einzelunternehmen, Personenunternehmen
Abteilung B: Kapitalgesellschaften
e) Abteilung A: Einzelunternehmen, Personengesellschaften, Kapitalgesellschaften
Abteilung B: Genossenschaften
Abteilung C: Vereine
f) Abteilung A: Einzelunternehmen
Abteilung B: Personengesellschaften
Abteilung C: Kapitalgesellschaften

55. Unter „Amtlichen Bekanntmachungen" in der Tageszeitung wird unter Nr. HRA 13 456 die Neueintragung der „Bauunternehmung Heinz Müller, e.K., Brühlstraße 7, 30169 Hannover" bekannt gegeben. Welche Aussage über diese Veröffentlichung ist richtig?

a) Heinz Müller betreibt ein Gewerbe mit kaufmännischer Organisation.

b) Die Bauunternehmung Heinz Müller ist eine Personengesellschaft, die in Abteilung A des Handelsregisters eingetragen ist.

c) Die Bauunternehmung Heinz Müller wird mit der Eintragung Formkaufmann.

d) Die Bauunternehmung Heinz Müller ist als Kapitalgesellschaft in Abteilung B des Handelsregisters eingetragen.

e) Die Eintragung ins Handelsregister hatte deklaratorische Wirkung.

56. Heinz Huber kauft die alt eingesessene sehr renommierte „Weinhandlung Jaques Weindepot" als Alleininhaber und setzt seinen Schwager Peter Schmitt als Prokuristen ein. Die Firma bleibt als solche bestehen. Herr Huber liegt daran, dass der Inhaberwechsel und die Prokuraerteilung nach außen hin zunächst möglichst wenig bekannt werden. Welche Vorgehensweise des Herrn Huber entspricht den gesetzlichen Bestimmungen?

a) Er unterlässt beim zuständigen Amtsgericht jeglichen Antrag auf Änderung der Eintragung(en) im Handelsregister und unterschreibt die Geschäftspost vom Zeitpunkt der Übernahme mit „Heinz Huber".

b) Er stellt beim zuständigen Amtsgericht den Antrag auf Änderung bezüglich des Eigentümerwechsels, nicht aber auf Eintragung der Prokuraerteilung.

c) Er stellt beim zuständigen Amtsgericht den Antrag auf Änderung bezüglich des Eigentümerwechsels sowie auf Eintragung der Prokuraerteilung und unterschreibt die Geschäftspost vom Zeitpunkt der Übernahme an mit „Heinz Huber".

d) Er stellt beim zuständigen Amtsgericht Antrag auf Änderung bezüglich des Eigentümerwechsels sowie auf Eintragung der Prokuraerteilung und weist seinen Prokuristen an, die Geschäftspost mit „Heinz Huber" zu unterschreiben, da er selbst häufig auf Geschäftsreise ist.

e) Er unterlässt beim zuständigen Amtsgericht jeglichen Antrag auf Änderung der Eintragungen im Handelsregister und weist seinen Prokuristen an, die Geschäftspost mit „Heinz Huber" zu unterschreiben, da er selbst häufig auf Geschäftsreise ist.

57. Ordnen Sie die verschiedenen Handelsregistereintragungen den genannten Sachverhalten zu, indem Sie den Buchstaben der zutreffenden Variante in das Kästchen vor dem Sachverhalt eintragen!

Eintragungsvarianten

a) Eintragung in Abteilung A mit konstitutiver Wirkung

b) Eintragung in Abteilung B mit konstitutiver Wirkung

c) Eintragung in Abteilung A mit deklaratorischer Wirkung

d) Eintragung in Abteilung B mit deklaratorischer Wirkung

e) Keine Eintragungsvariante zutreffend

Sachverhalte

[ ] Die Brummer OHG nimmt einen neuen Gesellschafter auf.

[ ] Die Kreditbank AG entzieht Herrn Schilling die Prokura.

[ ] Die Einlage des Kommanditisten M. Munz wird von 60.000,00 € auf 40.000,00 € herabgesetzt.

[ ] Die Finanzberatungsgesellschaft mbH wird in eine AG umgewandelt.

[ ] Christine Huber wird Generalbevollmächtigte der X-AG.

1. Was sind Steuern?

a) Steuern sind einmalige oder wiederkehrende Abgaben ohne Anspruch auf direkte Gegenleistung, die ein öffentlich-rechtliches Gemeinwesen von all denen erhebt, die den Tatbestand erfüllen, an den das Gesetz die Steuerpflicht knüpft.

b) Steuern sind zweckgebundene Abgaben, die von den Bürgern geleistet werden, um die Ausgaben des Staates zu decken.

c) Steuern sind Pflichtbeiträge, die ausschließlich von natürlichen Personen zu leisten sind, um die Ausgaben zu decken, die den juristischen Personen im Wege ihrer Aufgabenerfüllung entstanden sind.

d) Steuern sind Sach- und Geldleistungen, die unabhängig von einer speziellen Steuerpflicht von all denen erhoben werden, die in dem Bereich eines öffentlich-rechtlichen Gemeinwesens leben.

e) Steuern sind Geld- und Sachleistungen, die dazu berechtigen, von einem öffentlich-rechtlichen Gemeinwesen ohne Rücksicht auf kollektive Bedürfnisse eine spezielle Gegenleistung zu verlangen.

2. Welche Aussage zu den Steuern in der Bundesrepublik Deutschland ist richtig?

a) Steuern sind zweckgebundene Einnahmen des Staates.

b) Steuern sind die einzigen Einnahmen des Staates.

c) Alle Steuern können von der Bundesregierung zum Ausgleich von Einnahmedefiziten durch einen Kabinettsbeschluss erhöht werden.

d) Das gesamte Steueraufkommen wird prozentual auf den Bund, die Länder und Gemeinden verteilt.

e) Über die Verwendung des Steueraufkommens kann der Steuerpflichtige nicht direkt mitentscheiden.

3. Welche Aussage über Steuern ist richtig?

a) Besitzsteuern unterteilen sich in Personen- und Verkehrsteuern.

b) Alle Steuern werden direkt von den Finanzämtern eingezogen.

c) Bei den indirekten Steuern wird die Leistungsfähigkeit der einzelnen Steuerzahler berücksichtigt.

d) Bei den direkten Steuern wird die Leistungsfähigkeit der einzelnen Steuerzahler nicht berücksichtigt.

e) Grundsätzlich wird jeder Endverbraucher von Waren oder Dienstleistungen, unabhängig von seiner Leistungsfähigkeit, mit dem gleichen Mehrwertsteuersatz belastet.

4. Welche Aussage über direkte bzw. indirekte Steuern ist richtig?

a) Direkte Steuern haben das Einkommen, den Ertrag oder das Vermögen zur Bemessungsgrundlage und werden direkt von den Steuerträgern an das Finanzamt gezahlt.

b) Direkte Steuern haben das Einkommen, den Ertrag oder das Vermögen zur Bemessungsgrundlage und werden über die Preise der belasteten Güter gezahlt.

c) Direkte Steuern haben die Einkommensverwendung (Konsum) zur Bemessungsgrundlage und werden über Preise der belasteten Güter gezahlt.

d) Indirekte Steuern haben das Einkommen, den Ertrag oder das Vermögen zur Bemessungsgrundlage und werden von den Steuerträgern unmittelbar an das Finanzamt gezahlt.

e) Indirekte Steuern haben die Einkommensverwendung (Konsum) zur Bemessungsgrundlage, werden aber von den Steuerträgern direkt an das Finanzamt gezahlt.

5. Welche Steuer ist eine indirekte Steuer?

a) Einkommensteuer

b) Körperschaftsteuer

c) Tabaksteuer

d) Erbschaftsteuer

e) Grundsteuer

6. Welche Aussage zur Grundsteuer ist richtig?

a) Die Grundsteuer ist die Steuer, die das gewerbesteuerpflichtige Unternehmen entrichten muss.

b) Die Grundsteuer ist beim Erwerb eines Grundstücks zu entrichten.

c) Die Grundsteuer ist vom Eigentümer eines Grundstücks zu entrichten.

d) Die Grundsteuer ist vom Grundstücksmakler für sein Einkommen zu entrichten.

e) Die Grundsteuer ist von den Gemeinden an das Bundesland abzuführen.

7. **Welche <u>zwei</u> Aussagen zur Umsatzsteuer sind richtig?**
   a) Sie ist eine direkte Steuer, weil der Steuerzahler zugleich der Steuerschuldner ist.
   b) Sie ist eine Gemeinschaftssteuer, weil das Steueraufkommen Bund, Ländern und Gemeinden zufließt.
   c) Sie ist eine Betriebssteuer, weil sie als Betriebsausgabe den Gewinn mindert.
   d) Sie ist eine Verbrauchsteuer, weil steuerpflichtiger Tatbestand der Verbrauch ist.
   e) Die Umsatzsteuer ist eine indirekte Steuer, weil Steuerzahler und Steuerträger verschiedene Personen sind.
   f) Sie ist für die Unternehmen ein wesentlicher Kostenfaktor.
   g) Die Umsatzsteuer ist eine Betriebssteuer, weil sie als Betriebsausgabe den Gewinn mindert.

8. **Bei welcher Steuer erhöht sich der Steuerbetrag für den Verbraucher automatisch mit jeder Preissteigerung?**
   a) Bei der Umsatzsteuer
   b) Bei der Gewerbesteuer
   c) Bei der Lohnsteuer
   d) Bei der Einkommensteuer
   e) Bei der Erbschaftsteuer

9. **Welche Beschreibung der Steuern in der Bundesrepublik Deutschland ist zutreffend?**
   a) Über die Verwendung des Steueraufkommens kann der Steuerpflichtige direkt mitentscheiden.
   b) Steuern sind alle an den Staat zu entrichtenden Abgaben und Beiträge.
   c) Steuern werden ohne unmittelbare Gegenleistung zwangsweise erhoben.
   d) Das gesamte Steueraufkommen wird prozentual zwischen Bund und Ländern aufgeteilt.
   e) Alle Steuern sind Einnahmen der Bundesregierung.

10. **Welche Steuer ist eine Verbrauchsteuer?**
   a) Die Einkommensteuer
   b) Die Grundsteuer
   c) Die Tabaksteuer
   d) Die Gewerbesteuer
   e) Die Kraftfahrzeugsteuer

11. **Welche Aufzählung enthält ausschließlich Besitzsteuern?**
   a) Lohnsteuer - Grundsteuer - Kfz-Steuer
   b) Einkommensteuer - Kirchensteuer - Tabaksteuer
   c) Biersteuer - Lohnsteuer - Erbschaftsteuer
   d) Körperschaftsteuer - Gewerbesteuer - Einkommensteuer
   e) Energiesteuer - Tabaksteuer – Umsatzsteuer

12. **Ordnen Sie zu!**

Steuerarten
   a) Kraftfahrzeugsteuer
   b) Umsatzsteuer
   c) Erbschaftsteuer
   d) Versicherungssteuer
   e) Energiesteuer

Steuern nach dem Gegenstand der Besteuerung

[ ] Besitzsteuern

[ ] Verbrauchssteuern

13. **Ordnen Sie zu!**

Erklärungen
   a) Mit dieser Steuer ist grundsätzlich jede Ware belastet, die im Inland verkauft wird.
   b) Zu dieser Steuer werden Personen herangezogen, wenn sie z. B. Gewinne aus einem Geschäft oder Einnahmen aus freiberuflicher Tätigkeit haben.
   c) Diese Steuer fällt nur bei juristischen Personen an.
   d) Diese Steuer wird vom Arbeitsentgelt einbehalten und vom Arbeitgeber an das Finanzamt abgeführt.
   e) Bemessungsgrundlage ist z. B. der Gewinn einer AG.
   f) Bei dieser Steuer handelt es sich um eine zweckgebundene Einnahme des Staates.

Steuerarten

[ ] Umsatzsteuer

[ ] Einkommensteuer

[ ] Lohnsteuer

14. Welche Aussage über die Körperschaftsteuer ist richtig?
- a) Sie ist in voller Höhe von jedem Aktionär zu tragen.
- b) Sie ist die Vermögensteuer für juristische Personen.
- c) Sie ist die Einkommensteuer, die von juristischen Personen zu zahlen ist.
- d) Sie fließt ausschließlich dem Bund zu.
- e) Sie ist die Steuer, die eine natürliche Person zu zahlen hat, wenn das steuerpflichtige Einkommen bestimmte Beträge überschreitet.

15. Ordnen Sie zu!

Steuerart nach dem Steuergegenstand	**Steuern**
a) Tabaksteuer	
b) Einkommensteuer	[ ] Verkehrssteuer
c) Erbschaftsteuer	
d) Lohnsteuer	[ ] Verbrauchssteuer
e) Umsatzsteuer	
f) Gewerbesteuer	

16. Bei welcher Steuer können die Gemeinden die Höhe der Steuerschuld beeinflussen?
- a) Vermögensteuer
- b) Grunderwerbsteuer
- c) Einkommensteuer
- d) Gewerbesteuer
- e) Körperschaftsteuer
- f) Kraftfahrzeugsteuer

17. Welche Unternehmung ist körperschaftsteuerpflichtig?
- a) Stille Gesellschaft
- b) Einzelunternehmung
- c) KG
- d) AG
- e) OHG

18. Welche Steuer zählt zu den Verkehrssteuern?
- a) Körperschaftsteuer
- b) Einkommensteuer
- c) Gewerbesteuer
- d) Energiesteuer
- e) Umsatzsteuer
- f) Kirchensteuer

19. Wer darf Steuern erheben?
- a) Der Bund und die Finanzämter
- b) Die Länder und alle öffentlich-rechtlichen Körperschaften
- c) Der Bund, die Länder und die Gemeinden
- d) Die Sozialversicherungsträger und die Gemeinden
- e) Der Bund, die Länder und die Sozialversicherungsträger

20. Welche Steuer fließt ausschließlich den Gemeinden zu?
- a) Einkommensteuer
- b) Umsatzsteuer
- c) Energiesteuer
- d) Hundesteuer
- e) Kraftfahrzeugsteuer
- f) Grunderwerbsteuer

21. Welche Zuordnung ist durchgehend richtig?

	Bundessteuern	**Ländersteuern**	**Gemeinschaftssteuern**
a)	Gewerbesteuer	Kfz-Steuer	Umsatzsteuer
b)	Grunderwerbsteuer	Gewerbesteuer	Körperschaftsteuer
c)	Energiesteuer	Tabaksteuer	Einkommensteuer
d)	Umsatzsteuer	Energiesteuer	Grundsteuer
e)	Einkommensteuer	Umsatzsteuer	Energiesteuer

22. Welche Steuer ist in voller Höhe eine Bundessteuer?

a) Kirchensteuer
b) Grundsteuer
c) Gewerbesteuer
d) Energiesteuer
e) Kraftfahrzeugsteuer

23. Ordnen Sie zu!

Steuerarten	**Steuereinteilungen nach dem Empfänger**
a) Tabaksteuer	
b) Grundsteuer	[ ] Bund und Ländern
c) Kaffeesteuer	
d) Energiesteuer	[ ] Länder
e) Körperschaftsteuer	
f) Erbschaftsteuer	[ ] Gemeinden
g) Branntweinsteuer	

24. Bei welcher Steuer ist der Tarif teilweise progressiv?

a) Einkommensteuer
b) Getränkesteuer
c) Tabaksteuer
d) Branntweinsteuer
e) Umsatzsteuer

25. Welche Steuer ist richtig zugeordnet?

		Steuerempfänger			**Steuergegenstand**		
	Unterteilung nach Steuerarten	Bundes-steuer	Landes-steuer	Gemeinde-steuer	Besitz-steuer	Verkehr-steuer	Verbrauch-steuer
a)	Energiesteuer			X			X
b)	Kfz-Steuer	X				X	
c)	Gewerbesteuer	X				X	
d)	Grundsteuer		X		X		
e)	Einkommensteuer			X	X		

26. Welche Wirkung hätte eine durchgehend progressive Besteuerung des Einkommens für den Steuerpflichtigen?

a) Bei einer Einkommenserhöhung steigen die Steuern prozentual mehr als das Einkommen.
b) Bei einer Einkommenserhöhung steigt das Einkommen prozentual mehr als die Steuern.
c) Bei jeder Einkommenserhöhung steigen die Steuern im gleichen Verhältnis wie das Einkommen.
d) Alle Steuerpflichtigen werden durch dieses Steuersystem gleich besteuert.
e) Durch die progressive Besteuerung werden dem Steuerpflichtigen Leistungsanreize gegeben, um mehr zu verdienen.

27. Wie verläuft bei steigendem Einkommen die Besteuerung nach dem Einkommensteuergesetz in der Bundesrepublik Deutschland?

a) Die Besteuerung erfolgt durchgehend proportional.
b) Die Besteuerung erfolgt durchgehend progressiv.
c) Die Besteuerung erfolgt zunächst progressiv und dann, nach einer Freizone, proportional.
d) Nach einem steuerfreien Betrag erfolgt die Besteuerung zuerst progressiv und dann proportional.
e) Nach einem steuerfreien Betrag erfolgt die Besteuerung zuerst proportional und dann progressiv.

28. Bei sonst unveränderten Einflussfaktoren führen nominale Einkommenssteigerungen aus unselbständiger Arbeit in der Bundesrepublik Deutschland zu einer überproportionalen Steigerung des Lohnsteueraufkommens. Welche Begründung für diese Steigerung ist richtig?

a) Die nominalen Einkommenssteigerungen führen zur Eingruppierung in eine andere Steuerklasse.
b) Durch die Lohn- und Gehaltserhöhungen wird eine große Zahl von Arbeitnehmern stärker von der Steuerprogression erfasst.
c) Bei höheren Einkommen entfällt der Arbeitnehmerfreibetrag.
d) Bei Doppelverdienern mit einem Gesamtjahreseinkommen über 80.000 € ist das Ehegattensplitting nicht erlaubt.
e) Übertreffen die realen Einkommenssteigerungen die nominalen, so sind diese Besteuerungsgrundlage.

29. Welcher Sachverhalt begründet eine Besitzsteuer?

a) Zahlung einer Versicherungsprämie
b) Verkauf von Erzeugnissen
c) Kauf einer Schachtel Zigaretten
d) Gewinn einer GmbH
e) Erwerb eines Kraftfahrzeuges

30. Welche Steuern haben juristische Personen vom Gewinn zu zahlen?

a) Einkommensteuer
b) Körperschaftsteuer
c) Gewerbekapitalsteuer
d) Umsatzsteuer
e) Kapitalertragsteuer

31. Welche Steuer ist an die Gemeinde abzuführen?

a) Grundsteuer
b) Einkommensteuer
c) Körperschaftsteuer
d) Kfz-Steuer
e) Umsatzsteuer

32. Welche Steuer zählt zu den Betriebssteuern und wird daher als Kostenart erfasst?

a) Die Einkommensteuer
b) Die Umsatzsteuer
c) Die Lohnsteuer
d) Die Gewerbesteuer
e) Die Körperschaftsteuer

33. Welche Steuer ist eine Personensteuer?

a) Umsatzsteuer
b) Biersteuer
c) Einkommensteuer
d) Kfz-Steuer
e) Versicherungssteuer

34. Welche Steuer ist eine Realsteuer?

a) Gewerbesteuer
b) Umsatzsteuer
c) Einkommensteuer
d) Lohnsteuer
e) Kirchensteuer

35. Welche Aussage trifft auf den Begriff „Realsteuer" zu?

a) Realsteuern werden nur von natürlichen Personen erhoben.
b) Realsteuern werden nur von juristischen Personen erhoben.
c) Besteuerungsgrundlage ist eine Sache oder Grundstück.
d) Realsteuern sind indirekte Steuern.
e) Realsteuern fallen nur beim tatsächlichen Verbrauch von Gütern an.

36. Welche Aussage gilt für den Begriff „Personensteuern"?

a) Personensteuern werden nur von natürlichen Personen erhoben.
b) Personensteuern werden nur von juristischen Personen erhoben.
c) Personensteuern sind von solchen Personen zu entrichten, die Grundbesitz haben.
d) Einkommensteuer und Körperschaftsteuer sind Personensteuern.
e) Personensteuern sind indirekte Steuern.

37. Bei welcher Steuerart spielt der Begriff „Hebesatz" eine Rolle?

a) Umsatzsteuer
b) Gewerbesteuer
c) Einkommensteuer
d) Grundsteuer
e) Hundesteuer

38. Was ist unter dem Begriff „direkte Steuern" zu verstehen?

a) Es sind Steuern, die direkt an die Gemeinden verteilt werden.
b) Es sind Steuern, die direkt dem Bund zufließen.
c) Es sind Steuern, die vom Steuerzahler unmittelbar an das Finanzamt abzuführen sind, z. B. Einkommensteuer.
d) Es sind Steuern, die direkt an die Länder verteilt werden.
e) Es sind Steuern, die in den Preisen verschiedener Güter direkt enthalten sind.

39. Welche zwei Aussagen zur Umsatzsteuer sind richtig?

a) Die Umsatzsteuer ist eine Bundessteuer, weil sie allein dem Bund zufließt.
b) Die Umsatzsteuer ist eine direkte Steuer, weil der Steuerzahler zugleich der Steuerträger ist.
c) Die Umsatzsteuer ist eine indirekte Steuer, weil Steuerzahler und Steuerträger verschiedene Personen sind.
d) Die Umsatzsteuer ist eine Gemeindesteuer, weil das Steueraufkommen den Gemeinden zufließt.
e) Die Umsatzsteuer ist eine Verkehrssteuer. Bemessungsgrundlage ist der Nettoumsatz.
f) Die Umsatzsteuer ist eine Betriebssteuer, weil sie als Betriebsausgabe den Gewinn mindert.

40. Es gibt Steuerarten, die nach einem bestimmten Schlüssel auf Bund und Länder verteilt werden (Gemeinschaftssteuer). Auf welche der nachstehenden Steuerarten trifft dies zu?

a) Einkommensteuer
b) Zölle
c) Körperschaftsteuer
d) Hundesteuer
e) Vergnügungssteuer

41. Warum sind Gemeinden an der Ansiedlung von Wirtschaftsunternehmen interessiert?

a) Wegen erhöhter Einnahmen aus der Körperschaftssteuer
b) Wegen erhöhter Einnahmen aus der Einkommensteuer
c) Wegen erhöhter Einnahmen aus der Gewerbesteuer
d) Wegen erhöhter Einnahmen aus der Umsatzsteuer
e) Wegen erhöhter Einnahmen aus der Energiesteuer

42. Ordnen Sie zu!

Steuerarten	**Steuerempfänger**
a) Energiesteuer	[ ] Bund, Länder und Gemeinden
b) Erbschaftsteuer	[ ] Nur die Länder
c) Tabaksteuer	[ ] Nur die Gemeinden
d) Hundesteuer	
e) Einkommensteuer	
f) Kirchensteuer	

43. Ist der Umsatzsteuerausweis bei den einzelnen Positionen des abgebildeten Kassenbons eines Supermarktes korrekt?

a) Nein, denn die Blumenvase wurde falsch eingestuft.
b) Nein, denn der Champagner wurde falsch eingestuft.
c) Nein, denn die Kartoffeln wurden falsch eingestuft.
d) Nein, denn die Zeitschriften wurden falsch eingestuft.
e) Ja, der Umsatzsteuerausweis ist in allen Positionen korrekt.

SB-Markt	
Blumenvase	20,52 **
Obst und Gemüse	3,00 *
Champagner	25,65 **
Kartoffeln	6,12 **
Margarine	0,85 *
Zeitschriften	5,00 *
Summe €	61,14
Darin enthalten	
* UST 7 %	0,58
** UST 19 %	8,35
ERHALTEN	**65,00**
ZURÜCK	**3,86**
45468 15.07.20..	16.34 Uhr

44. Welche Steuer ist richtig zugeordnet?

		Steuerempfänger			Steuergegenstand		
	Urteil nach Steuerarten	Bundes-steuer	Landes-steuer	Gemeinde-steuer	Besitz-steuer	Verkehr-steuer	Verbrauch-steuer
a)	Erbschaftsteuer	X					X
b)	Hundesteuer			X	X		
c)	Gewerbesteuer	X				X	
c)	Grundsteuer		X		X		
e)	Brandweinsteuer			X	X		

45. In welchem Fall handelt es sich nach dem Einkommensteuergesetz um Einkünfte aus nichtselbstständiger Arbeit?

a) Ein Arzt erhält von einem Privatpatienten sein Honorar.
b) Ein Angestellter erhält von seiner Bank eine Zinsgutschrift.
c) Ein Hauseigentümer erhält die Miete.
d) Ein Angestellter erhält das vertraglich festgelegte Urlaubsgeld.
e) Ein Anteilseigner einer AG erhält die Dividende.

46. Ordnen Sie zu!

Beispiele für Einkommen

a) Zinsen
b) Miete
c) Löhne und Gehälter
d) Arzthonorar
e) Gewinn des Unternehmers
f) Gewinn aus Spekulationen

Einkunftsarten

[ ] Einkünfte aus Gewerbebetrieben

[ ] Einkünfte aus nichtselbstständiger Arbeit

[ ] Einkünfte aus Kapitalvermögen

47. Eine Aufgabe der staatlichen Steuerpolitik ist, u. a. auch die primäre Verteilung der Einkommen in Deutschland zu modifizieren. Welche <u>zwei</u> Aussagen dazu sind zutreffend?

a) Die Erhöhung der indirekten Steuern belastet alle Bürger relativ zu ihrem Einkommen gleich.
b) Die Bezieher hoher Einkommen sollen sich mit höheren Beträge an der Finanzierung staatlicher Aufgaben beteiligen als Geringverdiener.
c) Das Ausmaß von Schwarzarbeit und Schattenwirtschaft ist auch von der staatlichen Steuerpolitik abhängig.
d) Die staatliche Steuerpolitik wird ausschließlich an der Höhe der zur Finanzierung der staatlichen Aufgaben erforderlichen Mittel ausgerichtet.
e) Die Steuerreform mit den drei Schritten von 2001 bis 2005 hat das System der Einkommensteuer erheblich vereinfacht.
f) Die Akzeptanz der steuerlichen Belastungen von Bevölkerung und Wirtschaft ist für die staatliche Steuerpolitik langfristig unerheblich.

48. Welche Aussage über die ursprüngliche Zielsetzung und die Folgen der Ökosteuer ist zutreffend?

a) Die Einnahmen aus der Ökosteuer sind ausschließlich für die Förderung von Umweltschutzmaßnahmen vorgesehen.
b) Die Ökosteuer ist kein marktkonformes Steuerungsinstrument zur Senkung des Energieverbrauchs und der Umweltbelastung.
c) Durch die Ökosteuer wird der Preis für Umweltbelastungen erhöht, die Einnahmen aus der Ökosteuer werden jedoch für die Senkung der Rentenversicherungsbeiträge verwendet.
d) Das vorrangige Ziel der Ökosteuer ist die Förderung von Existenzgründungen und Schaffung von Arbeitsplätzen im Bereich der Umwelttechnologien.
e) Die Einführung der Ökosteuer hat insbesondere die Kosten in der Exportgüterindustrie erhöht und damit zu einem starken Rückgang des Exports in den letzten Jahren geführt.

49. Welche <u>zwei</u> Aussagen sind mit den Grundsätzen der Besteuerung übereinstimmend?

a) Die Mehrwertsteuer belastet alle Haushalte mit einem einheitlichen Steuersatz und erfüllt damit den Grundsatz der Gleichmäßigkeit am umfassendsten.
b) Eine Verschiebung der Steuerbelastung zu den indirekten Steuern belastet die Bezieher niedriger Einkommen prozentual stärker.
c) Eine gerechte Besteuerung nach der wirtschaftlichen Leistungsfähigkeit sollte so gestaltet sein, dass der persönliche Steuersatz mit steigendem Einkommen zunimmt.
d) Die Einkommensteuer fördert die Leistungsbereitschaft, weil bis zum Erreichen des Spitzensteuersatzes die steuerliche Belastung mit zunehmendem Einkommen sinkt.
e) Wenn die Besteuerung der Einkommen an der individuellen Leistungsfähigkeit ausgerichtet werden soll, ist die proportionale Besteuerung der progressiven Besteuerung vorzuziehen.
f) Die Mehrwertsteuer belastet Haushalte mit geringerem Einkommen absolut wesentlich stärker als Haushalte mit einem höheren Einkommen.

50. Welche Steuer fließt ausschließlich den Gemeinden zu?

a) Einkommensteuer
b) Umsatzsteuer
c) Energiesteuer
d) Hundesteuer
e) Kraftfahrzeugsteuer
f) Grunderwerbsteuer

51. Unternehmungen arbeiten mit örtlichen Verwaltungsstellen zusammen, unter anderem auch mit dem Finanzamt, der IHK und der Gemeinde. Worin besteht eine Aufgabe des Finanzamtes?

a) Festlegung der Beitragshöhe für die Sozialversicherung
b) Festlegung aller Steuersätze
c) Erhebung von Werbungskosten
d) Einforderung der Umsatzsteuer
e) Förderung der Wirtschaft

52. Welche zwei Aussagen zur Umsatzsteuer sind richtig?

a) Sie ist eine direkte Steuer, weil der Steuerzahler zugleich der Steuerschuldner ist.
b) Sie ist eine Gemeinschaftssteuer, weil das Steueraufkommen Bund, Ländern und Gemeinden zufließt.
c) Sie ist eine Betriebssteuer, weil sie als Betriebsausgabe den Gewinn mindert.
d) Sie ist eine Verbrauchsteuer, weil steuerpflichtiger Tatbestand der Verbrauch ist.
e) Die Umsatzsteuer ist eine indirekte Steuer, weil Steuerzahler und Steuerträger verschiedene Personen sind.
f) Sie ist für die Unternehmen ein wesentlicher Kostenfaktor.
g) Die Umsatzsteuer ist eine Betriebssteuer, weil sie als Betriebsausgabe den Gewinn mindert.

53. Was ist nicht umsatzsteuerpflichtig?

a) Lieferung von Waren
b) Eigenverbrauch
c) Verzugszinsen
d) Werbeanzeige
e) Einkauf eines Privatmannes

54. Was ist bei der Umsatzsteuer unter dem Begriff „Zahllast“ zu verstehen?

a) Der Betrag, der im Einzelfall zu Lasten des Käufers als Vorsteuer anfällt
b) Die Umsatzsteuer, die der Verkäufer vereinnahmt
c) Der Betrag der Umsatzsteuer, der an das Finanzamt gezahlt werden muss
d) Der Betrag, den das Finanzamt an den Steuerpflichtigen zurückzahlen muss
e) Die Gesamtsumme der Vorsteuer

55. Um welche Einkunftsarten nach dem Einkommensteuergesetz handelt es sich in den Beispielen a) - e)? Ordnen Sie zu!

Beispiele

a) Ein Rechtsanwalt erhält sein vereinbartes Honorar.
b) Ein Angestellter erhält von seinem Kreditinstitut eine Zins- und Dividendengutschrift.
c) Ein Hauseigentümer erhält die Miete.
d) Ein Angestellter erhält das vertraglich festgelegte Weihnachtsgeld.
e) Ein Schreinermeister erwirtschaftet durch seinen Betrieb einen Gewinn.

Einkünfte aus:

[ ] Kapitalvermögen
[ ] Vermietung und Verpachtung
[ ] selbstständiger Arbeit
[ ] Gewerbebetrieb
[ ] nichtselbstständiger Arbeit

56. Welche Aussage zur Lohn- bzw. Einkommensteuer ist richtig?

a) Zur Vereinfachung der Berechnung der Steuerschuld werden die Werbungskosten und Sonderausgaben durch Pauschalbeträge berücksichtigt, unabhängig davon, ob die nachgewiesenen Aufwendungen höher oder niedriger als diese Pauschalbeträge sind.
b) Einkünfte aus Kapitalvermögen, z. B. Zinsen aus Sparguthaben, unterliegen nicht der Einkommensteuer.
c) Bei der Einkommensteuer ist die Summe der Einkünfte Bemessungsgrundlage für die zu zahlende Steuer.
d) Übersteigt die im Laufe des Jahres einbehaltene Lohnsteuer die tatsächlich zu entrichtende Jahreslohnsteuer, wird vom Finanzamt die zuviel entrichtete Steuer nur dann zurückgezahlt, wenn eine Einkommensteuererklärung abgegeben wird.
e) Die Einkommensteuer ist eine direkte Steuer, da sie vom Arbeitgeber direkt an das Finanzamt gezahlt wird.

57. Was versteht man unter Steuerprogression?

a) Oberhalb bestimmter Einkommensgrenzen wird ein Steuerzuschlag erhoben.
b) Der Steuersatz sinkt mit zunehmendem Einkommen.
c) Der Steuersatz bleibt ohne Rücksicht auf die Höhe des zu versteuernden Einkommens immer gleich.
d) Der Steuersatz steigt mit zunehmendem Einkommen.
e) Der Steuersatz steigt von Jahr zu Jahr entsprechend der Inflationsrate.

58. Ordnen Sie zu!

Einnahmen von Privatpersonen

a) Vertragliches Urlaubsgeld eines Angestellten
b) Mieteinnahme
c) Lottogewinn in Höhe von 30.000 €
d) Altersrente
e) Dividende
f) Vortragshonorar

Einkunftsarten

[ ] Einkünfte aus selbständiger Tätigkeit
[ ] Einkünfte aus nichtselbständiger Tätigkeit
[ ] Einkünfte aus Kapitalvermögen

59. Welche Ausgaben sind bei der Ermittlung der Einkünfte Werbungskosten?

a) Gezahlte Kirchensteuer
b) Vorsorgeaufwendungen
c) Aufwendungen für typische Berufskleidung
d) Spenden
e) Beiträge zu einer privaten Haftpflichtversicherung
f) Ausgaben für die Berufsausbildung von Kindern

60. Was gehört zu den Sonderausgaben im Sinne des Steuerrechts?

a) Beiträge zu Berufsverbänden
b) Gezahlte Kirchensteuer
c) Aufwendungen für eine berufliche Fortbildung
d) Aufwendungen für Arbeitsmittel
e) Mehraufwendungen wegen doppelter Haushaltsführung

61. Ordnen Sie zu!

Ausgabenbelege

a) Spendenquittung für kirchliche Hilfswerke
b) Quittung für Illustriertenabonnement
c) Bescheinigung des Arbeitgebers über die einbehaltenen Sozialversicherungsbeiträge
d) Nachweise für die auswärtige Unterbringung der Tochter zur Berufsausbildung
e) Quittung für Gewerkschaftsbeitrag
f) Zinslastschrift für in Anspruch genommenen Dispositionskredit

Steuerlich abzugsfähige Ausgaben

[ ] Werbungskosten
[ ] Vorsorgeaufwendungen
[ ] Außergewöhnliche Belastung

62. Welcher Aufwand gilt nach dem Einkommensteuergesetz als außergewöhnliche Belastung?

a) Erhöhte Aufwendungen für Fahrtkosten des mehrere Monate außerhalb seines Wohnortes arbeitenden Monteurs
b) Erhöhte Aufwendungen für den Unterhalt des zur Ausbildung auswärts untergebrachten Sohnes
c) Erhöhte Aufwendungen für Instandhaltungs- und Instandsetzungsarbeiten am eigenen Wohnhaus
d) Erhöhte Aufwendungen für Sonderzahlungen an die Bausparkasse
e) Erhöhte Aufwendungen für Beiträge zur freiwilligen Krankenversicherung

63. Welche nachgewiesenen Aufwendungen kann ein Arbeitnehmer als Werbungskosten bei Einkünften aus nichtselbstständiger Arbeit geltend machen?

a) Spenden für das Rote Kreuz
b) Beiträge zu einer privaten Krankenversicherung
c) Kosten für eine Stellensuchanzeige
d) Kosten für eine Weiterbildung in einem nicht ausgeübten Beruf
e) Kosten für das Abonnement einer Tageszeitung

64. Welche Aufwendungen des Steuerzahlers gehören zu den Werbungskosten?

a) Beiträge an Bausparkassen zur Erlangung eines Bauspardarlehens
b) Kosten für die Berufsausbildung der 16-jährigen Tochter
c) Eine Spende an die Kirchengemeinde
d) Das Honorar für den Steuerberater
e) Zinsen aus einem Bausparvertrag
f) Aufwendungen für Arbeitsmittel

65. Welche Aufwendungen gehören zu den Vorsorgeaufwendungen nach dem Einkommensteuergesetz?

a) Die Mitgliedsbeiträge zu Gewerkschaften
b) Die Aufwendungen für doppelte Haushaltsführung
c) Der Sozialversicherungsanteil des Arbeitnehmers
d) Die Fahrtkosten von der Wohnung zur Arbeitsstätte
e) Die Schuldzinsen für ein Darlehen für die Wohnungseinrichtung
f) Die Aufwendungen für Berufskleidung

66. Ordnen Sie zu!

Ausgaben

a) Prämie für die Lebensversicherung
b) Prämie für die Hausratversicherung
c) Bezugsgebühren für die Tageszeitung
d) Aufwendungen für Fachbücher
e) Beiträge für den Mieterschutzbund
f) Unterstützung bedürftiger Personen

Steuerlich berücksichtigungsfähige Ausgaben

[ ] Werbungskosten
[ ] Sonderausgaben
[ ] Außergewöhnliche Belastung

67. Welche Auswirkung hat die Eintragung eines Steuerfreibetrages für die täglichen Fahrten zur Arbeitsstätte auf die Lohnsteuerkarte?

a) Die Eintragung bleibt unberücksichtigt.
b) Die Eintragung ist nur für den Lohnsteuerjahresausgleich von Bedeutung.
c) Der eingetragene Freibetrag vermindert den zu versteuernden Bruttolohn.
d) Der eingetragene Freibetrag vermindert alle vom Bruttolohn abzuziehenden Beträge.
e) Der eingetragene Freibetrag wird dem ermittelten Nettolohn zugeschlagen.

68. Herr Müller arbeitet am Schalter einer Bank. Sein Jahresverdienst beläuft sich auf 30.000,00 €. Für Fahrten zwischen seiner Wohnung und dem Arbeitsplatz muss er jährlich 1.500 € aufwenden. Den Anzug, den er sich für 500,00 € gekauft hat, trägt er auch hin und wieder in der Bank. Für das Buch „Prüfungsvorbereitung aktuell – Sicher zum Bankfachwirt" bezahlt er 31,30 €. Für Kantinenessen zahlt er jährlich 220,00 €. Welchen Werbungskostenbetrag kann er geltend machen? Tragen Sie das Ergebnis in das Kästchen ein!

69. Siehe nachstehende Tabellen zur Erbschaft- und Schenkungsteuer. Berechnen Sie die anfallende Erbschaftsteuer, wenn Herr Müller von seinem verstorbenen Bruder 55.000,00 € erbt? Tragen Sie das Ergebnis in das Kästchen ein!

Tabelle über die Steuerklassen und Freibeträge:

Steuerklasse	Personenkreis	Freibetrag in €
I	Ehegatte u. eingetragene Lebenspartner	500.000
	Kinder und Stiefkinder	400.000
	Enkelkinder	200.000
	Eltern und Großeltern bei Erbschaften	100.000
II	Eltern und Großeltern bei Schenkungen; Geschwister, Neffen und Nichten; Stiefeltern, Schwiegereltern, geschiedene Ehegatten	20.000
III	alle übrigen Beschenkten und Erwerber (z. B. Tanten, Onkel); Zweckzuwendungen	20.000

Tabelle über die Steuersätze

Wert des steuerpflichtigen Erwerbs bis einschließlich €	Prozentsatz in der Steuerklasse		
	I	II	III
75.000	7	15	30
300.000	11	20	30
600.000	15	25	30
6,0 Mio.	19	30	30
13,0 Mio.	23	35	50
26,0 Mio.	27	40	50
> 26,0 Mio.	30	43	50

70. In welcher Zeile sind alle Ausgaben richtig zugeordnet?

	Werbungskosten	Sonderausgaben	Außergewöhnliche Belastung
a)	Beiträge zu Berufsverbänden	berufliche Fortbildungskosten	Kosten für auswärts studierendes Kind
b)	Kosten für auswärts studierendes Kind	Kirchensteuer	Krankenversicherungsbeiträge
c)	berufliche Fortbildungskosten	Krankenversicherungsbeiträge	Kosten für auswärts studierendes Kind
d)	Krankenversicherungsbeiträge	Beiträge zu Berufsverbänden	Kirchensteuer
e)	Kirchensteuer	Kosten für auswärts studierendes Kind	berufliche Fortbildungskosten

71. Sie kontrollieren Ihren Einkaufszettel. Dabei stellen Sie folgende Einträge bezüglich der Umsatzsteuer fest: Haushaltsware 19 %, Obst 7 %, Gemüse 7 %, CD-Rohlinge 19 %, Zeitschriften 19 %, Rotwein 19 %, T-Shirt 19 %. Welcher Eintrag ist nicht korrekt?

a) Rotwein
b) T-Shirt
c) Obst
d) Zeitschriften
e) Gemüse
f) CD-Rohlinge
g) Haushaltsware

72. Welche drei nachgewiesenen Aufwendungen kann ein Arbeitnehmer als Werbungskosten bei Einkünften aus nichtselbständiger Arbeit geltend machen?

a) Spenden für das Rote Kreuz
b) Beiträge zu einer privaten Krankenversicherung
c) Kosten für eine Stellenanzeige sowie Portokosten für ein Bewerbungsschreiben
d) Kosten für eine Weiterbildung in einem nicht ausgeübten Beruf
e) Kosten für das Abonnement einer Tageszeitung
f) Aufwendungen für Arbeitsmaterial
g) Aufwendungen für die Fahrt zur Arbeitsstätte
h) Ausgaben für die Berufsausbildung der Kinder
i) Zinsen aus einem Bausparvertrag

73. Warum ist es sinnvoll, einen Lohnsteuerjahresausgleich durchzuführen?

a) Weil es bei Arbeitnehmern während eines Kalenderjahres steuerlich abzugsfähige Ausgaben gibt, die vom Arbeitgeber beim monatlichen Lohnsteuerabzug nicht berücksichtigt werden können

b) Weil der Arbeitgeber bei der monatlichen Lohnsteuerberechnung keine Freibeträge für Werbungskosten und Sonderausgaben berücksichtigt

c) Weil Arbeitnehmer steuerlich abzugsfähige Ausgaben im Voraus nicht geltend machen dürfen

d) Weil der Arbeitnehmerfreibetrag sich nur beim Lohnsteuerjahresausgleich steuermindernd auswirkt

e) Weil der Arbeitgeber grundsätzlich keinen Lohnsteuerjahresausgleich für den Arbeitnehmer vornehmen darf

74. Welche Tatbestände bzw. Merkmale werden bei der Berechnung des monatlichen Lohnsteuerabzugs berücksichtigt?

a) Die Dauer der Betriebszugehörigkeit

b) Die Stellung im Betrieb und Unternehmen in ausführender oder leitender Funktion

c) Das Alter, der Familienstand und die Höhe des Einkommens

d) Die Beiträge und sonstigen Abgaben an die Sozialversicherungsträger

e) Nur die Höhe des Bruttoeinkommens

75. Ordnen Sie zwei der angegebenen Daten, die in die Lohnsteuerkarte einzutragen sind, den dafür zuständigen Institutionen zu.

Daten

a) Erhöhter Freibetrag für Werbungskosten

b) Zahl der Kinderfreibeträge

c) Grundfreibetrag

d) Arbeitnehmer-Pauschale für Werbungskosten

e) Vorsorgepauschale

f) Höhe der Lohnsteuerabzüge

Institutionen

[ ] Gemeinde

[ ] Finanzamt

76. Ordnen Sie die genannten Einkunftsarten den Einnahmen zu!

Einkunftsarten nach EStG

a) Einkünfte aus Land- und Forstwirtschaft

b) Einkünfte aus Gewerbebetrieb

c) Einkünfte aus selbständiger Arbeit

d) Einkünfte aus nichtselbständiger Arbeit

e) Einkünfte aus Kapitalvermögen

f) Einkünfte aus Vermietung und Verpachtung

g) Sonstige Einkünfte

Einnahmen

[ ] Ein Bankkunde erhält eine Zinsgutschrift.

[ ] Ein Angestellter erhält Urlaubsgeld.

[ ] Ein Rechtsanwalt erhält für die Beratung eines Mandanten in seiner eigenen Anwaltskanzlei ein Honorar.

[ ] Ein Gesellschafter einer OHG erhält seinen Gewinnanteil.

[ ] Ein Forellenzüchter erhält Einnahmen aus dem Verkauf seiner Fische.

[ ] Ein Maler überlässt seinem Bekannten eine Eigentumswohnung entgeltlich für 2 Jahre.

77. **Zur Ermittlung des zu versteuernden Einkommens soll nachstehend vereinfacht dargestellte Schema behilflich sein. Tragen Sie die Buchstaben der entsprechenden Begriffe in die entsprechenden Lücken des Schemas ein!**

Begriffe

a) Einnahmen
b) Einkommen
c) Einkünfte
d) Werbungskosten
e) Freibeträge
f) Sonderausgaben
g) Freigrenzen
h) Pauschalbeträge

Schema zur Ermittlung des zu versteuernden Einkommens

................................?..
-....................... ....?..
- Einkunftsabhängige Freibeträge
= Summe der Einkünfte
- Freibetrag für Land- und Forstwirtschaft
= Gesamtbetrag der Einkünfte
- ....?..
- Außergewöhnliche Belastungen
=...............................?..
- Kinderfreibetrag
- Erziehungsfreibetrag
- Haushaltsfreibetrag
= zu versteuerndes Einkommen

78. **Ein kaufmännischer Angestellter erwartet für das kommende Jahr für Fahrtkosten zwischen seiner Wohnung und der Arbeitsstätte Ausgaben in Höhe von 2.500 €. Kann er sich aus diesem Grund in seine Lohnsteuerkarte einen Freibetrag eintragen lassen?**

a) Nein, denn es ist grundsätzlich nicht möglich, dass man im Voraus diese Ausgaben als Freibetrag in die Lohnsteuerkarte eintragen lässt.
b) Ja, er muss sich wegen des Eintrags an seine Gemeinde wenden.
c) Nein, ein Eintrag ist nicht möglich, da die Ausgaben erst nach Jahresende als außergewöhnliche Belastung mittels Einkommensteuererklärung geltend gemacht werden können.
d) Ja, er kann einen Eintrag als Sonderausgabenfreibetrag entsprechend der steuerlichen Regelungen beim Finanzamt vornehmen lassen.
e) Ja, er kann einen Eintrag als Werbungskostenfreibetrag entsprechend der steuerlichen Regelungen beim Finanzamt vornehmen lassen.

79. **Was gehört zu den Sonderausgaben, die ein Arbeitnehmer im Rahmen seiner Einkommensteuererklärung geltend machen kann (zwei Antworten)?**

a) Aufwendungen für Berufskleidung
b) Fahrtkosten zur Arbeitsstätte
c) Beiträge zu Berufsverbänden
d) Gehalt einer Haushaltshilfe
e) Gezahlte Kirchensteuer
f) Aufwendungen für eine krankheitsbedingte Kur

80. **Ein Arbeitnehmer ist dabei, seine Steuererklärung vorzubereiten. Folgende Zahlen hat er bereits zusammengetragen:**

Haftpflichtversicherungsbeiträge	**220,00 €**
Arbeitnehmeranteil zur gesetzlichen Sozialversicherung	**3.560,00 €**
Gewerkschaftsbeiträge	**85,00 €**
Gezahlte abzüglich erstatte Kirchensteuer	**140,00 €**

Wie hoch ist die Summe der Sonderausgaben? Tragen Sie das Ergebnis in das Kästchen ein!

Situation zu den folgenden zwei Aufgaben:

> **Ein Angestellter hat während des Jahres folgende Belege gesammelt:**
> **1. Spendenquittung für Caritas: 150,00 €**
> **2. Quittung über Aufwendungen für Arbeitsmittel: 100,00 €**
> **3. Bescheinigung des Arbeitgebers über einbehaltene Sozialversicherungsbeiträge: 750,00 €**
> **4. Quittung für Gewerkschaftsbeiträge: 90,00 €**
> **5. Zinslastschrift für in Anspruch genommenen Dispositionskredit: 190,00 €**
> **6. Quittung der Tageszeitung für aufgegebene Stellengesuchsanzeigen: 75,00 €**
> **7. Aufwendungen für berufliche Fortbildung: 1.000,00 €**

81. Ermitteln Sie den Betrag, der nach dem Einkommensteuergesetz als Werbungskosten geltend gemacht werden kann und tragen Sie diesen in das Kästchen ein.

82. Welcher Betrag kann nach dem Einkommensteuergesetz in keinem Fall Steuer mindernd geltend gemacht werden? Tragen Sie den Betrag in das Kästchen ein.

Zu den nächsten drei Aufgaben siehe folgende Situation!

> **Ein verheirateter Angestellter hat drei Kinder, die alle in seinem Haushalt leben. Nur zwei dieser Kinder sind auch Kinder seiner Ehefrau, die in keinem Arbeitsverhältnis steht. Ein Kind entstammt einer früheren Ehe. Die geschiedene Mutter ist selbst berufstätig. Der Angestellte wohnt in Landshut und arbeitet in München.**

83. In welche Lohnsteuerklasse wird der Angestellte eingestuft?
a) Lohnsteuerklasse I
b) Lohnsteuerklasse II
c) Lohnsteuerklasse III
d) Lohnsteuerklasse IV
e) Lohnsteuerklasse V
f) Lohnsteuerklasse VI

84. Wie kann der Angestellte im Rahmen seiner Einkommensteuererklärung seine Beiträge zur gesetzlichen Sozialversicherung geltend machen?
a) Er kann sie nicht geltend machen, da diese Pflichtbeiträge bereits im Rahmen des Einkommensteuertarifes berücksichtigt sind.
b) Er kann sie als Werbungskosten geltend machen.
c) Er kann sie als außergewöhnliche Belastungen geltend machen.
d) Er kann sie als unbeschränkt abzugsfähige Sonderausgaben geltend machen.
e) Er kann sie als beschränkt abzugsfähige Sonderausgaben geltend machen.

85. Bei welcher Position des vereinfachten Schemas zur Berechnung des zu versteuernden Einkommens sind die Fahrtkosten des Angestellten von seinem Wohnort in Landshut bis zu seiner Arbeitsstätte in München zu berücksichtigen?
a) Einkünfte aus Land- und Forstwirtschaft – Betriebsausgaben
b) Einkünfte aus Gewerbebetrieb und aus selbständiger Arbeit – Betriebsausgaben
c) Einkünfte aus nichtselbständiger Arbeit – Werbungskosten
d) Einkünfte aus Kapitalvermögen, Dividenden, Zinsen, Gewinnanteilen – Werbungskosten
e) Einkünfte aus Vermietung und Verpachtung und sonstige Einnahmen – Werbungskosten

1. **In der Werkstätte „Zuschneiderei" entsteht ein vorübergehender Engpass. Wie kann dieser Engpass kurzfristig ausgeglichen werden?**
   a) Durch den Kauf zusätzlicher Zuschneidevorrichtungen
   b) Durch Ableisten von Mehrarbeitsstunden
   c) Durch Errichten eines neuen Zweigwerkes
   d) Durch innerbetriebliche Stellenausschreibung
   e) Durch Umstellung von Werkstattfertigung auf Fließfertigung

2. **Welche Aufgabe gehört in den Bereich der Personalplanung?**
   a) Ausarbeitung des Ausbildungsplanes für einen neu geschaffenen Ausbildungsplatz
   b) Ermittlung von Vor- und Nachteilen bei Einführung von Gleitzeit
   c) Feststellung des Bedarfs an Fachkräften
   d) Kostenvergleich zwischen Hand- und Maschinenarbeit zur Lösung einer betrieblichen Aufgabe
   e) Ausarbeitung von Stellenangeboten

3. **Welches organisatorische Hilfsmittel wird bei der Personalplanung eingesetzt?**
   a) Die Stellenbeschreibung
   b) Die Stellenausschreibung
   c) Das Stellenangebot
   d) Das Bewerbungsschreiben
   e) Das Kreisdiagramm

4. **Welcher Vorgang kann bei sonst gleich bleibenden Bedingungen zu einem Neubedarf im Rahmen der Personalplanung führen?**
   a) Das Ausscheiden von Arbeitnehmern aus dem Betrieb
   b) Das Versetzen von Arbeitnehmern in eine andere Betriebsabteilung
   c) Das Stilllegen eines Betriebsteiles
   d) Das Erreichen der Altersgrenze von Arbeitnehmern
   e) Die tarifliche Verkürzung der Wochenarbeitszeit

5. **Ordnen Sie zu!**

Personalveränderungen	**Personalbedarfsdeckung**
a) Der Einsatz moderner Produktionsmaschinen führt zu einer Umbesetzung der einzelnen Abteilungen.	
b) Der Einsatz von modernen Produktionsmaschinen führt zu einem geringeren Bedarf an Arbeitskräften.	[ ] Neubedarf
c) Die Ausweitung der Produktion führt trotz Einsatz moderner Produktionsmaschinen zu einem zusätzlichen Bedarf an Arbeitskräften.	[ ] Ersatzbedarf
d) Trotz neuer Produktionsmaschinen kann die Zahl der Arbeitskräfte gehalten werden, nur für ausgeschiedene Arbeitskräfte müssen neue Mitarbeiter eingestellt werden.	[ ] Minderbedarf
e) Die Zahl der aus Altersgründen ausscheidenden Mitarbeiter deckt sich mit der durch neue Produktionsmaschinen freigesetzten Zahl an Arbeitsplätzen.	
f) Eine Ausweitung der Produktion konnte durch den Einsatz moderner Produktionsmaschinen mit dem bisherigen Arbeitskräftebestand durchgeführt werden.	

6. Im Zuge der geplanten Betriebserweiterung für das kommende Jahr muss die Bavaria Fahrradwerke KG den Personalbedarf planen. Welche Größe wird in diesem Zusammenhang mit dem folgenden Schema ermittelt?

Geplanter Personalbestand

- derzeitiger Personalbestand

- Personalzugang infolge abgeschlossener Einstellungsverfahren

+ Personalabgang infolge bevorstehenden Ausscheidens aus dem Unternehmen

= ?

a) Die durchschnittlichen Personalveränderungen
b) Der durchschnittliche Personalstand
c) Die Fluktuationsquote
d) Der Personalersatzbedarf
e) Der Personal(beschaffungs)bedarf

Zu den nächsten zwei Aufgaben siehe nachstehende Situation.

Sie sind für den Personaleinsatz in der Produktion zuständig. Bei Schichtbeginn hat sich ein schwerer Unfall ereignet, bei dem sich der Mitarbeiter Hinterseher so schwer verletzt hat, dass er für einige Zeit ausfällt. Sie müssen unverzüglich die nötigen Maßnahmen ergreifen, damit der Schichtbetrieb in der Produktion weiter geführt werden kann. Der Schichtplan für die nächsten 8 Tage sieht wie folgt aus:

Schicht	Facharbeiter	Stellvertreter
Frühschicht	Hinterseher	(Wannisch) Urlaub bis Ende nächster Woche
Spätschicht	Schweins	Loher
Nachtschicht	Kohlbauer	

7. Welche Information ist obigem Schichtplan zu entnehmen?

a) Der Arbeiter Hinterseher kann in den nächsten Wochen durch den nicht ausgebildeten Mitarbeiter Strauß vertreten werden.
b) Für den Arbeiter Hinterseher steht in den nächsten Tagen keine geeignete Vertretung zur Verfügung.
c) Durch eine Änderung des Schichtplans kann für eine geeignete Vertretung des Mitarbeiters Hinterseher gesorgt werden.
d) Die Produktion kann in den nächsten Tagen ohne den Arbeiter Hinterseher nicht wieder aufgenommen werden.
e) Der Arbeiter Hinterseher wird seine Arbeit in den nächsten Tagen wieder aufnehmen können, eine Vertretung ist nicht nötig.

8. Der Mitarbeiter Schweins reicht für die nächsten 14 Tage Urlaub ein. Wie müssen Sie entscheiden?

a) Sie müssen den Urlaub ablehnen, da außer ihm kein ausgebildeter Facharbeiter zur Verfügung steht.
b) Sie müssen den Urlaub genehmigen, da keine betrieblichen Belange entgegenstehen.
c) Sie müssen den Urlaub genehmigen, da der Urlaub des Mitarbeiters sonst verfällt.
d) Sie müssen den Urlaub genehmigen, da für Notfälle der Mitarbeiter Wannisch zur Verfügung steht.
e) Sie müssen den Urlaub ablehnen, da sonst nicht mehr alle drei Schichten besetzt werden können.

9. Welche Aussage zur innerbetrieblichen Stellenausschreibung ist richtig?

a) Der Betriebsrat kann eine innerbetriebliche Stellenausschreibung verlangen.
b) Der Betriebsrat muss einen geeigneten Mitarbeiter nennen können, wenn er eine innerbetriebliche Ausschreibung fordert.
c) Wird eine innerbetriebliche Stellenausschreibung durchgeführt, darf unter keinen Umständen ein neuer Mitarbeiter eingestellt werden.
d) Wurde eine innerbetriebliche Stellenausschreibung durchgeführt, so muss bei gleicher Qualifikation die Stelle mit dem eigenen Mitarbeiter besetzt werden.
e) Der Arbeitgeber kann sich der Forderung des Betriebsrates nach einer innerbetrieblichen Stellenausschreibung widersetzen, wenn er nachweisen kann, dass dadurch ein anderer Arbeitsplatz unbesetzt bleibt.

10. Ihr Betriebsleiter gibt Ihnen die Anweisung, eine wieder zu besetzende Stelle extern auszuschreiben. Mit welchem Argument können Sie unter rechtlichen Gesichtspunkten dieser Anweisung widersprechen?

a) Das Risiko einer Fehlbesetzung ist bei einer internen Ausschreibung zu hoch.
b) Der Betriebsrat hat die interne Ausschreibung bereits gefordert.
c) Betriebsfremde Bewerber sind grundsätzlich nicht so qualifiziert.
d) Die Kosten und der Aufwand sind für eine externe Personalbeschaffung zu hoch.
e) Der Betriebsrat muss für eine Neubesetzung erst seine Zustimmung geben.

11. Sie wollen Textbausteine bei der Formulierung einer internen Stellenanzeige verwenden. Welchen Baustein benötigen Sie dabei <u>nicht</u>?

a) Sie sind dem Betriebsleiter direkt unterstellt.
b) Zu Ihren Aufgaben gehört auch die Betreuung von Auszubildenden.
c) Wir erwarten sehr gute Englischkenntnisse.
d) Sie erhalten ein 13. Monatsgehalt.
e) Sie sollten mit technischen Begriffen vertraut sein.

12. Der Betriebsrat besteht auf sein Recht, bei der Personalbeschaffung zunächst eine interne Ausschreibung vorzunehmen. Bringen Sie den Arbeitsablauf bei der Personalbeschaffung in die richtige Reihenfolge!

[ ] Eingang der Bewerbungen
[ ] Einladungen zu Vorstellungsgesprächen verschicken
[ ] Stellenausschreibung am schwarzen Brett
[ ] Ermittlung des Personalbedarfs
[ ] Analyse der Bewerbungen
[ ] Meldung des Personalbedarfs an das Arbeitsamt
[ ] Verschicken der Arbeitsverträge

13. Sie erhalten folgende Personalanforderung: „Mitarbeiter/-in für die Einkaufsabteilung, Ausbildung im Hause, mehrjährige Berufserfahrung in der Vertriebsabteilung“. Was unternehmen Sie?

a) Sie wenden sich an das Arbeitsamt, um geeignete Bewerber zu finden.
b) Sie lassen in verschiedenen Tageszeitungen eine Stellenanzeige veröffentlichen.
c) Sie vermitteln einen Auszubildenden im letzten Ausbildungsjahr an die Einkaufsabteilung.
d) Sie beauftragen eine private Stellenvermittlung, einen geeigneten Angestellten zu finden.
e) Sie verfassen eine interne Stellenausschreibung, um geeignete Bewerber zu finden.

14. Welche Angabe kann bei einer internen Stellenausschreibung weggelassen werden?

a) Aufgabenschwerpunkt
b) Einsatzort
c) Branche
d) Tarifgruppe
e) Einsatzzeitpunkt

15. Eine externe Stellenausschreibung soll erfolgen. Welche Form ist zu wählen, wenn die geplante Ausschreibung mit einer externen Vorauswahl verbunden sein soll?

a) Anzeige in der Tageszeitung
b) Personalbörse im Radio
c) Auftrag an einen privaten Arbeitsvermittler
d) Homepage der Bavaria Fahrradwerke KG
e) Aushang am Eingangstor der Bavaria Fahrradwerke KG

16. Da eine langjährige Mitarbeiterin aus dem Betrieb ausscheidet, muss entschieden werden, ob zur Neubesetzung eine interne oder externe Stellenausschreibung erfolgen soll. Was gilt für eine innerbetriebliche Stellenausschreibung?

a) Sie ist im Betriebsverfassungsgesetz generell vorgeschrieben.
b) Sie spart Kosten und fördert die Entwicklungschancen der eigenen Mitarbeiter/-innen.
c) Sie spart Kosten und garantiert die richtige Besetzung der Stelle.
d) Sie ist die einzige Möglichkeit, um Personal an anderer Stelle abzubauen.
e) Sie ist kostengünstiger, da interne Bewerber/innen unter Tarif bezahlt werden können.

17. Ein Unternehmen unterscheidet bei ihrer Personalplanung die abgebildeten Personalbedarfsarten. Welche Personalbedarfsart wird im Allgemeinen durch Auswerten von Fehlzeitenstatistiken ermittelt?

a) Einsatzbedarf
b) Reservebedarf
c) Neubedarf
d) Ersatzbedarf
e) Freistellung

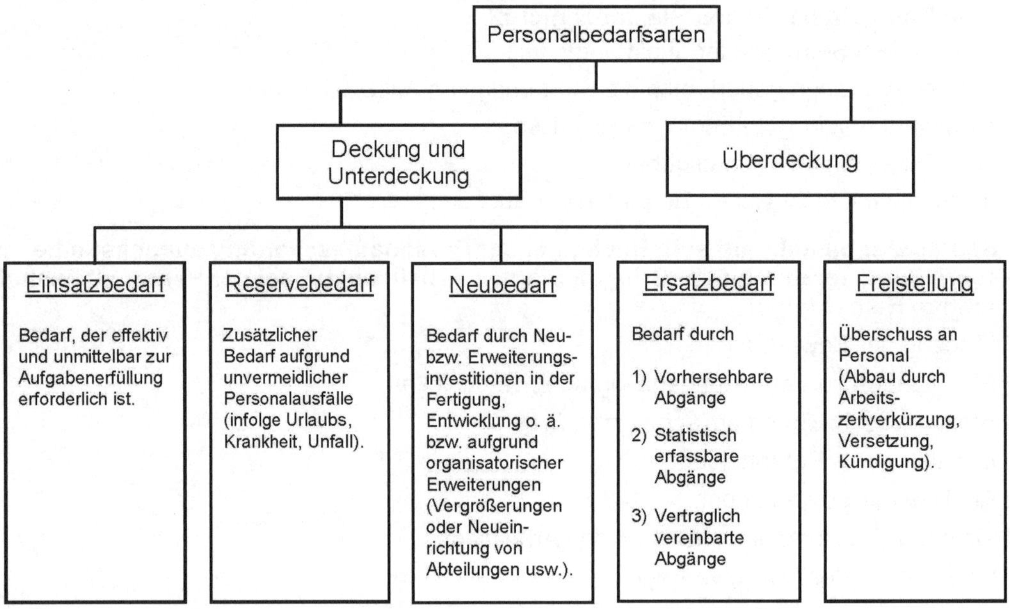

18. Die Stelle des aus Altersgründen ausscheidenden kaufmännischen Gruppenleiters soll neu besetzt werden. Welches Argument spricht für eine externe Stellenbeschreibung?

a) Die externe Stellenbeschreibung erhöht die Motivation der vorhandenen Mitarbeiter.
b) Die Stärken und Schwächen externer Bewerber sind besser erkennbar.
c) Externe Bewerber sind mit den Betriebsabläufen besser vertraut.
d) Ein externer Bewerber steht der neuen Aufgabenstellung unvoreingenommener gegenüber.
e) Externe Bewerber können die Anforderungen an die zu besetzende Stelle besser einschätzen.

19. Ein neuer Mitarbeiter soll nach Ablauf der Probezeit nicht in ein festes Anstellungsverhältnis übernommen werden. Sie sind zuständig für Einstellungen und Entlassungen. Wie gehen Sie vor?

a) Sie kündigen dem Mitarbeiter mit einwöchiger Frist zum Monatsende und unterrichten den Betriebsrat.
b) Sie warten bis zum Ende der Probezeit, kündigen dem Mitarbeiter fristlos und informieren den Betriebsrat.
c) Sie kündigen dem Mitarbeiter ohne Einhaltung einer Frist und unterrichten den Betriebsrat.
d) Sie kündigen dem Mitarbeiter mit einer Frist von 2 Wochen und gewähren ihm Urlaub zur Stellensuche.
e) Sie kündigen dem Mitarbeiter mit Zustimmung des Betriebsrates mit einer Frist von 2 Wochen.

20. Welche betriebliche Maßnahme beeinflusst unmittelbar die Personalbedarfsplanung?

a) Herabsetzung der Arbeitszeit
b) Verbesserung der Public Relations
c) Inseratserie mit Stellenangeboten
d) Umstellung von Einzelbüros auf Großraumbüros
e) Einführung der Gleitzeit

21. In der Bavaria Fahrradwerke KG hat sich für die kommenden 2 Jahre ein zusätzlicher Personalbedarf von 5 % ergeben. Welche Ursache kann dafür ausschlaggebend gewesen sein?

a) Rationalisierung der Arbeitsplätze durch die Einführung neuer Technologien

b) Inanspruchnahme von Erziehungsurlaub durch mehrere Mitarbeiterinnen

c) Erweiterung des Fertigungsprogramms durch neue Produkte

d) Zu erwartende Übernahme einer größeren Zahl von Auszubildenden in das ungekündigte Anstellungsverhältnis

e) Gründung eines Konkurrenzunternehmens in unmittelbarer Nähe

22. Zu den Aufgaben des Personalwesens gehört es, den Nachwuchsbedarf für das Unternehmen zu ermitteln. Welche Kriterien bestimmen die quantitative Personalbedarfsplanung?

a) Die anstehenden Pensionierungen

b) Die Zahl der zur Zeit unbesetzten Arbeitsplätze

c) Die Höhe der regionalen Arbeitslosenquote

d) Die Altersstruktur, die Fluktuationsrate und die voraussichtliche Entwicklung des Unternehmens

e) Die Fluktuationsrate des Vorjahres

23. Wo sind die Aufgaben und Zuständigkeiten eines Sachbearbeiters geregelt?

a) In der Stellenbeschreibung

b) In der Arbeitsordnung

c) Im Arbeitsablaufplan

d) Im Personaleinsatzplan

e) Im betrieblichen Ausbildungsplan

24. In Ihrem Unternehmen soll Schichtarbeit eingeführt werden. Die Produktionsleitung hat hierzu bei Ihnen zwei Ingenieure angefordert, mit dem Hinweis, dass lediglich männliche Personen einzustellen sind. Wie verhalten Sie sich richtig?

a) Sie schreiben die Stellen auf Wunsch der Produktionsleitung extern aus und zwar nur für männliche Bewerber.

b) Sie schreiben die Stellen intern für Männer und Frauen aus, lehnen aber Bewerberinnen unter Hinweis auf Nachtarbeitsverbot ab.

c) Sie schreiben die Stellen auf Wunsch der Produktionsleitung intern ausdrücklich nur für männliche Bewerber aus.

d) Sie informieren den Betriebsrat über den speziellen Wunsch der Produktionsleitung und schreiben die Stellen intern ausdrücklich nur für männliche Personen aus.

e) Sie weisen die Produktionsleitung auf die Gleichberechtigung von Mann und Frau hin und schreiben die Stelle geschlechtsneutral aus.

25. Sie erhalten auf eine Stellenausschreibung hin mehrere Bewerbungen. Bringen Sie die zur Bearbeitung der Bewerbungen erforderlichen Arbeitsschritte in die richtige Reihenfolge!

[ ] Kontrolle der Bewerbungen auf Vollständigkeit

[ ] Entgegennahme der Bewerbungen

[ ] Aussortieren unvollständiger Bewerbungen und Nachfordern fehlender Unterlagen

[ ] Einladen der geeigneten Bewerber zu einem Vorstellungsgespräch

[ ] Analyse der vollständigen Bewerbungsunterlagen nach vorgegebenen Kriterien

[ ] Durchführung von Vorstellungsgesprächen mit geeigneten Bewerbern

[ ] Ausfertigen der Arbeitsverträge und Zusammenstellen der Unterlagen

26. Bringen Sie die folgenden Arbeiten bei der Personalbeschaffung nach Abstimmung mit dem Betriebsrat in die richtige Reihenfolge!

[ ] Eine Stellenanzeige aufgeben

[ ] Geeignet erscheinende Bewerber zum Vorstellungsgespräch einladen

[ ] Für einen Bewerber entscheiden

[ ] Entscheiden, die Stelle extern zu besetzen

[ ] Vorstellungsgespräche führen

[ ] Ungeeignet erscheinende Bewerber aussortieren

[ ] Bewerbungsunterlagen sichten

[ ] Eine zusätzliche Planstelle genehmigen

27. Die beschlossenen Personalmaßnahmen werden durchgeführt. Für die zu besetzende Stelle im Einkauf liegen die Unterlagen von 20 Bewerbern vor. Sie sollen den weiteren Ablauf planen. Bringen Sie die erforderlichen Arbeitsschritte in die richtige Reihenfolge!

[ ] Rücksprache mit der Einkaufsabteilung und Festlegung, welche der verbliebenen Bewerber zu einem Einstellungsgespräch eingeladen werden einschließlich Terminabsprache

[ ] Entscheidung für einen Bewerber aufgrund der Einstellungsgespräche

[ ] Analysieren und Bewerten der Bewerbungsunterlagen

[ ] Ausgewählte Bewerber zum Einstellungsgespräch einladen

[ ] Abschluss des Arbeitsvertrages und schriftliche Absage an die übrigen Bewerber mit Rücksendung der Unterlagen

[ ] Aussondern der ungeeigneten Bewerber, Erteilen einer schriftlichen Absage und Zurücksenden der Bewerbungsunterlagen

[ ] Einstellungsgespräch in der Personal- und Einkaufsabteilung führen

28. Bringen Sie die folgenden Schritte bei der Einstellung eines kaufmännischen Angestellten in die richtige Reihenfolge!

[ ] Ausgewählte Bewerber zu Vorstellungsgesprächen einladen

[ ] Stellenanzeige in einer Tageszeitung aufgeben

[ ] Dem Betriebsrat die getroffene Auswahl mitteilen

[ ] Nach Zustimmung des Betriebsrates einen Arbeitsvertrag mit dem ausgewählten Bewerber abschließen

[ ] Eingegangene Bewerbungen prüfen und eine Vorauswahl treffen

[ ] Den Betriebsrat über die geplante Einstellung eines Mitarbeiters unterrichten

[ ] Vorstellungsgespräche führen und auswerten

29. Bringen Sie die erforderlichen Arbeitsschritte bei der Einstellung eines neuen Einkäufers in die richtige Reihenfolge?

[ ] Eingegangene Bewerbungen durch die Personalabteilung sichten

[ ] Ausgewählte Bewerber zur persönlichen Vorstellung einladen, ungeeigneten Bewerbern schriftlich absagen

[ ] Auswahl des richtigen Werbeträgers und Entwerfen der Personalanzeige

[ ] Die Abteilung Einkauf meldet, dass ein Sachbearbeiter für eine neue Warengruppe eingestellt werden soll

[ ] Vorausgewählte Bewerbungen mit der Abteilung Einkauf besprechen

[ ] Geeigneten Mitarbeiter aufgrund der persönlichen Vorstellung auswählen und arbeitsvertragliche Einzelheiten klären

30. Sie sollen das Einstellungsverfahren für Auszubildende so objektiv wie möglich planen. Welche Maßnahme schlagen Sie vor?

a) Die Beschaffung von Referenzen
b) Die Vereinbarung einer Probezeit
c) Die Durchführung von Einstellungstests
d) Die Führung von Einstellungsgesprächen
e) Die Vereinbarung eines Kurzpraktikums

31. Im Lohnbüro müssen bestimmte Angaben in Arbeitspapiere eingetragen werden. Ordnen Sie zu!

Angaben

a) Urlaubsansprüche und genommene Urlaubstage
b) Gesetzlicher Mindesturlaub
c) Einbehaltene vermögenswirksamen Leistungen
d) Arbeitgeberanteil zur Arbeitslosenversicherung
e) Genommene Sonderurlaubstage für Hochzeit
f) Steuernummer des Arbeitnehmers beim Wohnsitzfinanzamt
g) Beitragspflichtiges Bruttoarbeitsentgelt
h) Arbeitgeberanteil zur Vermögensbildung
i) Einbehaltene Lohn- u. Kirchensteuer, Solidaritätszuschlag, steuerpflichtiges Entgelt

Arbeitspapiere

[ ] Lohnsteuerbescheinigung

[ ] Versicherungsnachweis der Sozialversicherung

[ ] Urlaubsbescheinigung

32. Welche Bewerbungsunterlagen sollen die Bewerber vorlegen?

a) Bewerbungsschreiben, Gesundheitspass, Lebenslauf mit Passbild
b) Bewerbungsschreiben, Lebenslauf mit Passbild, Urlaubsbescheinigung
c) Bewerbungsschreiben, Lebenslauf mit Passbild, Zeugnisse
d) Bewerbungsschreiben, Zeugnisse, Sozialversicherungsausweis

33. Welche Unterlage muss dem Personalbüro bei Antritt einer neuen Stelle von einem kaufmännischen Angestellten in jedem Fall vorgelegt werden?

a) Ein handgeschriebener Lebenslauf
b) Ein ausführliches Bewerbungsschreiben
c) Beglaubigte Zeugnisabschriften
d) Der Sozialversicherungsausweis
e) Ein polizeiliches Führungszeugnis

34. Ordnen Sie Einstellungsunterlagen richtig zu!

Unterlagen bei der Einstellung

a) Lohnsteuerkarte mit Steuerklasse II
b) Steueridentifikationsnummer
c) Mitgliedsausweis einer Ersatzkasse
d) Sozialversicherungsausweis
e) Betriebsärztliches Gutachten
f) Polizeiliches Führungszeugnis
g) Lohnsteuerkarte mit Steuerklasse IV

Erklärungen

[ ] Unterlage dient dem Nachweis der Straffreiheit bzw. möglicher Vorstrafen

[ ] Nachweis der Versicherung bei einem Rentenversicherungsträger

[ ] Arbeitnehmer vollbeschäftigt/Ehegatte zur Zeit im Erziehungsurlaub

35. Welche Unterlage können Sie einem in Ihr Unternehmen eingestellten kaufmännischen Mitarbeiter sofort zurückgeben?

a) Die Lohnsteuerbescheinigung
b) Die Urlaubsbescheinigung des letzten Arbeitgebers
c) Den Personalfragebogen
d) Die Mitgliedsbescheinigung seiner Krankenkasse
e) Die Geburtsurkunde

36. Wer erhält die Abmeldung zur Sozialversicherung im Falle einer Kündigung?

a) Die Deutsche Rentenversicherung
b) Die Bundesagentur für Arbeit
c) Das zuständige Ordnungsamt
d) Die zuständige Krankenkasse

37. Wozu ist der Arbeitgeber nach dem Starttermin von ELStAM (Elektronische Lohnsteuerabzugsmerkmale) am 01.01.2012 <u>nicht</u> verpflichtet?

a) Für die Anmeldung und den Abruf der ELStAM hat sich der Arbeitgeber mit seiner Steuernummer zu authentifizieren.
b) Von der zuständigen Gemeinde die persönlichen Daten des Arbeitnehmers anzufordern.
c) Anmeldung der bei ihm beschäftigten Arbeitnehmer für den Abruf der ELStAM.
d) Er hat die ELStAM in der ersten Lohn- u. Gehaltsabrechnung deutlich auszuweisen und dem Arbeitnehmer auszuhändigen.
e) Er ist verpflichtet, die elektronisch bereitgestellten Änderungen zu ELStAM abzurufen.
f) Er hat dem Bundeszentralamt für Steuern den Tag der Beendigung des Dienstverhältnisses unverzüglich mitzuteilen.

38. Zu welchen Arbeiten ist der Arbeitgeber beim Ausscheiden eines Mitarbeiters rechtlich <u>nicht</u> verpflichtet?

a) Zum Bescheinigen der einbehaltenen Kirchensteuer
b) Zum Erstellen einer Urlaubsbescheinigung über Gesamturlaub und genommenen Urlaub
c) Zum Ausfüllen des Versicherungsnachweises
d) Zum Ausfüllen einer Arbeitsbescheinigung nach dem Arbeitsförderungsgesetz für den Anspruch auf Arbeitslosengeld
e) Zum Erstellen einer Bescheinigung über einbehaltene Pfändungsbeträge nach der Lohnpfändungstabelle

39. Ein Arbeiter scheidet am 20.05. bei der X-Unternehmung aus. Was muss die Personalabteilung unternehmen?

a) Sie muss dem Finanzamt den Arbeitnehmer als nicht mehr lohnsteuerpflichtig melden.
b) Sie muss den Arbeitnehmer bei der zuständigen Krankenkasse abmelden.
c) Sie muss der Berufsgenossenschaft das Ausscheiden des Arbeitnehmers namentlich mitteilen.
d) Sie muss die Deutsche Rentenversicherung Regional vom Ausscheiden des Arbeitnehmers unterrichten.
e) Sie muss dem Arbeitsamt die offene Stelle melden.

40. Bringen Sie die zur Entlassung eines Mitarbeiters erforderlichen Arbeitsschritte in die richtige Reihenfolge!

[ ] Aushändigen des Kündigungsschreibens
[ ] Abmahnung wegen Fehlverhaltens
[ ] Zustimmung des Betriebsrates
[ ] Aushändigung der Arbeitspapiere
[ ] Ausstellen eines Arbeitszeugnisses

41. Sie sollen einer aus dem Unternehmen ausscheidenden Mitarbeiterin ein Zeugnis ausstellen. Bringen Sie die dazu erforderlichen Arbeitsschritte in die richtige Reihenfolge!

[ ] Mit dem vorbereiteten Beurteilungsbogen eine schriftliche Beurteilung vom direkten Vorgesetzten anfordern.
[ ] Das Zeugnis rechtsverbindlich unterschreiben lassen.
[ ] Persönliche Daten, Beschäftigungsdauer und Kündigungstermin in den standardisierten Beurteilungsbogen übernehmen.
[ ] Das Zeugnis der ausscheidenden Mitarbeiterin übergeben oder zuschicken.
[ ] Das Zeugnis formulieren.

42. Ein Angestellter eines Industrieunternehmens hat gekündigt und erhält bei seinem Ausscheiden aus dem Unternehmen ein einfaches Zeugnis. Welche Angabe muss darin enthalten sein?

a) Besondere Kenntnisse
b) Art und Dauer des Beschäftigungsverhältnisses
c) Grund des Ausscheidens
d) Führung und Leistung während des Beschäftigungsverhältnisses
e) Staatsangehörigkeit

43. Die Auszubildende Petra Schmitt hat in Ihrem Unternehmen eine zweijährige Ausbildung zur Kauffrau für Bürokommunikation absolviert. Nun will sie noch Betriebswirtschaftslehre studieren. Sie verlangt ein Zeugnis. Welche Aussage ist zutreffend?

a) Petra Schmitt erhält kein Zeugnis, da sie es für das Studium nicht benötigt.
b) Petra Schmitt hat als Auszubildende generell keinen Anspruch auf ein Zeugnis.
c) Petra Schmitt als Auszubildende kann nur ein einfaches Zeugnis erhalten.
d) Petra Schmitt als Auszubildende hat auf Antrag Anspruch auf ein qualifiziertes Zeugnis.
e) Petra Schmitt hat wegen der Verkürzung ihrer Ausbildungszeit keinen Anspruch auf ein Zeugnis.

44. Ein Mitarbeiter, der wegen Diebstahls entlassen wurde, beschwert sich, dass in seinem Zeugnis, das er nach Ausscheiden aus dem Unternehmen erhalten hatte, nicht der von ihm gewünschte Zusatz „ehrlich und zuverlässig" enthalten ist. Mit welchem Argument ist die Beschwerde abzuweisen?

a) Das Zeugnis ist ordnungsgemäß erstellt, da Ehrlichkeit und Zuverlässigkeit nicht die entscheidenden Kriterien für eine erfolgreiche Zusammenarbeit sind.
b) Das Zeugnis ist ordnungsgemäß erstellt worden, da es nicht nur wohlwollend sondern auch wahr sein muss.
c) Das Zeugnis muss geändert werden, da es wohlwollende Formulierungen beinhalten muss.
d) Das Zeugnis muss neu erstellt werden, da es die Formulierungswünsche des Betroffenen berücksichtigen muss.
e) Das Zeugnis muss nicht geändert werden, da der Arbeitgeber völlige Formulierungsfreiheit hat.

45. Der Auszubildende Alexander Witt erhält am letzten Arbeitstag von seinem Arbeitgeber ein Arbeitszeugnis. Darin steht folgender Satz; „Herr Witt gehört der Gewerkschaft ver.di an und beteiligte sich an deren Aktivitäten.“ Ist diese Aussage in einem Arbeitszeugnis zulässig?

a) Aussagen über die Zugehörigkeit zu Gewerkschaften sind nicht zulässig.
b) Arbeitszeugnisse müssen wahr und vollständig sein. Daher muss dieser Satz in ein Zeugnis aufgenommen werden.
c) In einem qualifizierten Zeugnis dürfen nur Angaben über die Dauer und Art der Tätigkeit stehen.
d) Diese Formulierung ist zu direkt. Negative Aussagen sollten geschickter formuliert werden.
e) Da Arbeitszeugnisse das berufliche Fortkommen des Arbeitnehmers nicht behindern sollen, dürfen nur dessen positive Eigenschaften erwähnt werden.

46. Wozu dient die Arbeitsplatzbeschreibung?

a) Zur zeichnerischen Darstellung der Lage von Arbeitsplätzen
b) Zur optimalen Steuerung des Materialflusses
c) Zur Bewertung eines Arbeitsplatzes
d) Zur Bestimmung des Zeitgrades
e) Zur Beschaffung neuer Anlagen

47. Welche Aussage über die Arbeitsplatzbeschreibung ist <u>falsch</u>?

a) Sie legt nur den Ort im Bürogebäude fest, an dem der Schreibtisch des Arbeitnehmers steht.
b) Sie erlaubt dem Arbeitgeber die Kontrolle über die Leistung des Arbeitnehmers.
c) Sie bildet eine Grundlage für die Gehaltsfindung.
d) Sie bezeichnet die Einfügung des Arbeitsplatzes in die Organisationsstruktur der Unternehmung.
e) Sie gibt dem Arbeitnehmer die Möglichkeit, die ihm übertragenen Tätigkeiten mit den im Arbeitsvertrag vereinbarten zu vergleichen.

48. Ordnen Sie zu!

Aufgaben der Abteilung Personalwesen

a) Verwaltung der betrieblichen Unterstützungskasse
b) Personalakten führen
c) Gehaltsabrechnungen durchführen
d) Prüfen der betrieblichen Verbesserungsvorschläge
e) Stellengesuche analysieren
f) Ausbildungspläne erstellen
g) Gehaltsabrechnung durchführen

Organisationseinheiten

[ ] Personalbeschaffung
[ ] Personalentwicklung
[ ] Sozialwesen

49. Sie haben die Aufgabe, zu Beginn eines jeden Jahres eine interne Mitteilung an alle Abteilungsleiter zu erstellen, in der diese über die verschiedenen Pflichten informiert werden. Welche sinnvolle Regelung erleichtert die Zusammenarbeit zwischen der Personalverwaltung und den Abteilungen?

a) Jede Abteilung ist für die Einarbeitung neuer Mitarbeiter selbst zuständig.
b) Befristete Einstellungen nimmt die Fachabteilung direkt vor.
c) Jede Abteilung ist verpflichtet, eine bestimmte Anzahl von Ausbildungsplätzen zur Verfügung zu stellen.
d) Die Personalakten der Mitarbeiter werden dezentral in jeder Abteilung geführt.
e) Jede Abteilung muss die Lohnabrechnung für ihre Mitarbeiter eigenständig durchführen.

50. Ordnen Sie zu!

Bildungsmaßnahmen

a) Kurzeinweisung in ein neues Kopiergerät
b) Krankheitsbedingtes Erlernen eines zweiten Berufes
c) Vorbereitung auf die Prüfung zum Fachwirt
d) Mitarbeiterbesprechung zum Thema „Umsatzsteigerung“
e) Tagesschulungen zur „Rechtschreibreform“
f) Vertriebsleitertagung zum Thema „Umsatzplanung“

Arten beruflicher Bildung

[ ] Anpassungsfortbildung
[ ] Aufstiegsfortbildung
[ ] Umschulung

51. Die Personalabteilung hat aufgrund vorliegender Stellenanforderungen individuelle Personalentwicklungsmaßnahmen geplant. Ordnen Sie zu!

Stellenanforderungen

a) Die Lagerhaltung soll durch die Einführung eines Strichcode-Systems transparent gemacht und von einem Mitarbeiter laufend überwacht werden.

b) Der Verkaufsleiter hat für die Darstellung neuer Produkte und Vertriebswege einen Assistenten angefordert.

c) Die Entwicklungsabteilung arbeitet mit einem Zulieferer in Italien zusammen. Für die Abwicklung der Korrespondenz wurde eine Schreibkraft beantragt.

d) Der Leiter des Rechnungswesens wird in drei Jahren in den vorgezogenen Ruhestand gehen. Ein Nachfolger soll herangebildet werden.

e) Der Leiter des Einkaufs braucht eine Assistentin, die ihm bei den Verhandlungen mit einem mexikanischen Lieferanten unterstützt.

f) Um die Umweltschutzauflagen besser erfüllen zu können, soll ein Mitarbeiter die Bedürfnisse der Abteilungen Fertigung und Einkauf aufeinander abstimmen.

Personalentwicklungsmaßnahmen

[ ] Fortbildung zum Bilanzbuchhalter

[ ] Fortbildung im kaufmännischen „Intensiv-Sprachkurs Spanisch“

[ ] Anpassungsfortbildung in Präsentationstechniken wie Power Point

<u>**Zu den nächsten zwei Aufgaben siehe nachstehende Situation.**</u>

Eine Mitarbeiterin, die seit 3 Jahren im Unternehmen arbeitet, erkundigt sich bei einem Betriebsratsmitglied über Nutzen und Kosten einer Aufstiegsfortbildung. Außerdem will sie wissen, ob sie vom Betrieb Unterstützung bekommen könnte.

52. Der ausgewählte Lehrgang kostet 2.500,00 €. Die Mitarbeiterin bittet den Betriebsrat, bei der Geschäftsführung eine Kostenbeteiligung zu erwirken. Welchen Handlungsspielraum hat der Betriebsrat im Rahmen seiner Mitbestimmungsrechte?

a) Der Betriebsrat kann die Kostenübernahme erzwingen.

b) Der Betriebsrat kann eine freiwillige personelle Einzelregelung oder eine Betriebsvereinbarung mit dem Arbeitgeber abschließen.

c) Der Betriebsrat kann die Aufnahme einer Fortbildungsregelung in den Tarifvertrag erwirken.

d) Der Betriebsrat hat keine Handlungsmöglichkeit, da es sich um eine personelle Einzelmaßnahme handelt.

e) Der Betriebsrat hat nur bei Anpassungsfortbildungen ein Mitbestimmungsrecht, da diese dem Erhalt des Arbeitsplatzes dienen.

53. Die Mitarbeiterin erhält vom Unternehmen einen Zuschuss von 1.500,00 €. Sie will nun wissen, ob sie den Fortbildungsaufwand auch steuerlich geltend machen kann. Welche Aussage ist zutreffend?

a) Die Mitarbeiterin kann die den Zuschuss übersteigenden Lehrgangsgebühren und die mit dem Lehrgang verbundenen Aufwendungen als Werbungskosten in der Einkommensteuer geltend machen.

b) Kosten für Aufstiegsfortbildungen können nicht geltend gemacht werden, da diese einem persönlichen Vorteil dienen.

c) Die Mitarbeiterin kann keinen Steuer sparenden Nutzen aus der Aufstiegsfortbildung ziehen, da sie bereits eine Förderung vom Unternehmen erhalten hat.

d) Die Mitarbeiterin kann die Fahrtkosten des Lehrgangs geltend machen, nicht jedoch die Lehrgangs- und Prüfgebühren.

e) Die Mitarbeiterin kann den Fortbildungslehrgang in vollem Umfang steuerlich geltend machen, da der Zuschuss, den sie vom Unternehmen erhalten hat, eine freiwillige soziale Leistung ist.

54. Sie sollen die Teilnehmer für eine innerbetriebliche Fortbildung mit dem Schwerpunkt EDV-Tabellenkalkulation einladen. Da sich mehr Interessenten gemeldet haben, als Plätze zur Verfügung stehen, müssen Sie eine Auswahl treffen. Wem werden Sie den Vorzug geben?

a) Den Mitgliedern der Geschäftsleitung
b) Den Mitgliedern des Betriebsrates
c) Den Ausbildern von gewerblichen Auszubildenden
d) Den Teilnehmern der Fachschule für Bürokommunikation
e) Den Mitarbeitern, die Statistiken aufbereiten und in geeigneter Form darstellen müssen

55. Künftig sollen alle zwei Jahre die Mitarbeiter/-innen beurteilt werden. Bringen Sie die bei der Personalbeurteilung erforderlichen Arbeitsschritte in die richtige Reihenfolge!

[ ] Das Leistungsverhalten des Mitarbeiters beobachten
[ ] Termin für Mitarbeitergespräch vereinbaren
[ ] Maßnahmen für die Zukunft vereinbaren
[ ] Stärken und Schwächen des Mitarbeiters im Mitarbeitergespräch aufzeigen
[ ] Leistungsverhalten des Mitarbeiters den Kriterien zuordnen
[ ] Kriterien für die Beurteilung mit Zustimmung des Betriebsrates aufstellen

56. Zur Beurteilung der Auszubildenden sollen künftig standardisierte Beurteilungsbögen eingesetzt werden. Welcher Vorteil ist damit verbunden?

a) Der Beurteilende kann individueller auf den Beurteilten eingehen.
b) Man kann die Beurteilungen besser vergleichen.
c) Der Beurteilende kann seine sprachlichen Fähigkeiten voll einbringen.
d) Die aktuellen Leistungen des zu Beurteilenden können besser berücksichtigt werden.
e) Der Beurteilende lässt sich weniger von Vorurteilen beeinflussen.

57. Aufgrund von Qualitätskontrollen wurde festgestellt, dass mehrere Produkte in einem Produktionsbereich fehlerhaft hergestellt worden sind. Die genauere Untersuchung zeigt, dass für die Fehler zwei neue Mitarbeiter verantwortlich waren. Wie reagieren Sie, wenn künftig ähnliche Fehler von vornherein vermieden werden sollen?

a) Sie stellen die Mitarbeiter umgehend der Personalabteilung zwecks Versetzung in einen anderen Bereich zur Verfügung.
b) Sie veranlassen umgehend, dass die Mitarbeiter im Anschluss an die Schicht die Nacharbeit persönlich verrichten.
c) Sie veranlassen eine Qualifikationsanalyse aller Mitarbeiter des Bereichs, um gezielte Schulungen zu beantragen.
d) Sie veranlassen, dass Mitarbeiter, die fehlerhaft arbeiten, Schadensersatz leisten müssen.
e) Sie lassen vorsorglich alle Produkte von den Mitarbeitern, die sie gefertigt haben, namentlich kennzeichnen.

58. Wozu kann die Bavaria Fahrradwerke KG nachstehendes Schema benützen?

a) Zur Ermittlung einer Leistungszulage
b) Zur Ermittlung des tariflichen Grundgehaltes
c) Zur Eingruppierung der Mitarbeiter in Gehaltsgruppen
d) Zur Ermittlung des quantitativen Personalbedarfs
e) Als Unterlage für eine Arbeitsplatzbeschreibung

BEURTEILUNGSMERKMALE			BEURTEILUNGSSTUFEN				
Grundmerkmal A:		Arbeitseinsatz	1	2	3	4	5
Einzelmerkmale	Artikel	Erläuterungen: Zügige Erledigung übertragener Arbeitsaufgaben	Die Anforderungen werden in der Regel nicht immer in allen Einzelmerkmalen erfüllt	Die Anforderungen werden in der Regel in allen Einzelmerkmalen erfüllt	Die Anforderungen werden erfüllt und in Einzelmerkmalen häufig übertroffen	Die Anforderungen werden in allen Einzelmerkmalen häufig übertroffen	Die Anforderungen werden in allen Einzelmerkmalen häufig und in Einzelmerkmalen stets nennenswert übertroffen
	Initiative	Eigener Antrieb bei der Durchführung von Arbeitsaufgaben					
	Belastbarkeit	Befähigung nach Art und Intensität unterschiedlichen Anforderungen gerecht zu werden					
	Einsatzfähigkeit	Vorübergehende Ausführung anderer und/oder zusätzlicher Arbeitsaufgaben*) sowie – wenn notwendig – vielseitige Einsetzbarkeit					
Grundmerkmal B:		Arbeitssorgfalt	1	2	3	4	5
Einzelmerkmale	Gründlichkeit	Erläuterungen: Arbeitsaufgaben gewissenhaft erledigen	Die Anforderungen werden nicht immer in allen Einzelmerkmalen erfüllt	Die Anforderungen werden in der Regel in allen Einzelmerkmalen erfüllt	Die Anforderungen werden erfüllt und in Einzelmerkmalen übertroffen	Die Anforderungen werden in allen Einzelmerkmalen häufig übertroffen	Die Anforderungen werden in allen Einzelmerkmalen häufig und in Einzelmerkmalen stets nennenswert übertroffen
	Zuverlässigkeit	Arbeitsaufgaben richtig und termingerecht ausführen					
	Kostengerechtes Verhalten	Kostenorientierte und rationale Erledigung von Arbeitsaufgaben					
	Soweit zutreffend: Beachtung der Sicherheits- und Schutzvorschriften						

Grundmerkmal C:		Anwendung der Kenntnisse	BEURTEILUNGSSTUFEN 1	2	3	4	5
Einzelmerkmale	Beweglichkeit des Denkens	Erläuterungen: Fähigkeit, sich auf veränderte Sachlagen, Probleme und Aufgaben rasch ein- und umzustellen (z.B. Auffassungsgabe)	Die Anforderungen werden nicht immer in allen Einzelmerkmalen erfüllt	Die Anforderungen werden in der Regel in allen Einzelmerkmalen erfüllt	Die Anforderungen werden erfüllt und in Einzelmerkmalen übertroffen	Die Anforderungen werden erfüllt und in Einzelmerkmalen häufig übertroffen	Die Anforderungen werden in allen Einzelmerkmalen häufig und in Einzelmerkmalen stets nennenswert übertroffen
	Überblick	Erkennen von Zusammenhängen					
	Erkennen und Beurteilen des Wesentlichen	Arbeitsvorgänge ihrer Wichtigkeit nach einzuordnen.					
Grundmerkmal D:		Zusammenarbeit und personelle Wirksamkeit	BEURTEILUNGSSTUFEN 1	2	3	4	5
Einzelmerkmale	Informationsaustausch	Erläuterungen: Sachdienlicher Informationsaustausch innerhalb und/oder außerhalb des Unternehmens	Die Anforderungen erden nicht immer in allen Einzelmerkmalen erfüllt	Die Anforderungen werden in der Regel in allen Einzelmerkmalen erfüllt	Die Anforderungen werden erfüllt und in Einzelmerkmalen übertroffen	Die Anforderungen werden in allen Einzelmerkmalen häufig übertroffen	Die Anforderungen werden in allen Einzelmerkmalen häufig und in Einzelmerkmalen stets nennenswert übertroffen
	Zusammenarbeit	Aufgeschlossen sein für gemeinsame Lösungen von Arbeitsaufgaben					
	Überzeugungsfähigkeit	Fähigkeit, einen Sachverhalt klar und vollständig auszudrücken und andere für eine Meinung zu gewinnen					
	Führungsverhalten	Fähigkeit, Mitarbeiter zu überwachen, anzuweisen oder anzuleiten, zu beurteilen, zu fördern und weiterzubilden					

Die drei nächsten Aufgaben gehören zusammen.

59. Die Bavaria Fahrradwerke KG beabsichtigt, ein neues Verfahren zur regelmäßigen Leistungsbeurteilung der Mitarbeiter einzuführen. Was ist bezüglich Einführung und Umsetzung des neuen Beurteilungssystems zu beachten?

a) Betriebsrat und Jugendvertretung dürfen auf keinen Fall vor Einführung des Systems Kenntnis davon erlangen.
b) Betriebsrat und Jugendvertretung müssen das System gemeinsam erarbeiten.
c) Mit dem Betriebsrat ist über die Einführung des Systems ein Tarifvertrag abzuschließen.
d) Vor der Einführung des Systems ist von allen Mitarbeitern die Zustimmung dafür einzuholen.
e) Vor der Einführung des Systems ist mit dem Betriebsrat eine Betriebsvereinbarung abzuschließen.

60. Es ist sicherzustellen, dass bei Anwendung des neuen Beurteilungssystems die Richtlinien für Datensicherheit und Datenschutz eingehalten werden. Welche Zusicherung ist daher dem Datenschutzbeauftragten zu geben?

a) Alle Beurteilungen werden nur mündlich erfolgen, eine Aufzeichnung der Daten für spätere Prüfungen ist nicht notwendig.

b) Zu allen Beurteilungsgesprächen wird je 1 Mitglied von Jugend- und Auszubildendenvertretung und vom Betriebsrat hinzugezogen.

c) Nur besonders geschulte und auf den Datenschutz verpflichtete Mitarbeiter werden die Beurteilungen bearbeiten und speichern.

d) Alle Aufzeichnungen über die Beurteilungen werden unmittelbar nach den Beurteilungsgesprächen vernichtet.

e) Die Beurteilungen finden grundsätzlich als Gruppengespräche unter Zeugen statt, eine Datensicherung ist daher nicht notwendig.

61. Die Mitarbeiter sind per Rundschreiben über das neue Beurteilungssystem zu informieren. Welche Formulierung ist hierzu nicht geeignet und daher zu streichen?

a) Durch regelmäßige Beurteilungen wird der Kontakt zwischen Mitarbeitern und Vorgesetzten gefördert.

b) Durch regelmäßige Beurteilungen können Steigerung oder Minderung der Arbeitsleistung besser erkannt werden.

c) Durch regelmäßige Beurteilungen können besondere Fähigkeiten besser herausgefunden und beruflich gefördert werden.

d) Durch regelmäßige Beurteilungen ist auszuschließen, dass sich einzelne Mitarbeiter falsch eingestuft fühlen.

e) Durch regelmäßige Beurteilungen können Unterlagen für Gehaltsumstufungen und Zeugnisse gewonnen werden.

62. Bringen Sie die bei einer regelmäßig durchzuführenden Personalbeurteilung anfallenden Arbeitsschritte in die richtige Reihenfolge!

[ ] Bewertung des Leistungsverhaltens des Mitarbeiters entsprechend den Beurteilungskriterien

[ ] Beobachten des Leistungsverhaltens des Mitarbeiters

[ ] Ablage des Vorgangs in der Personalakte

[ ] Aufzeigen von Stärken und Schwächen im Beurteilungsgespräch

[ ] Unterschrift des Mitarbeiters unter den Beurteilungsbogen

[ ] Einladung des Mitarbeiters zum Beurteilungsgespräch

63. Welche Leistungsbeurteilung ist die beste?

a) Wir waren mit Ihren Leistungen stets zufrieden.

b) Seine Leistungen haben unseren Erwartungen voll entsprochen.

c) Sie war immer mit Interesse bei der Sache und hat sich bemüht, unseren Erwartungen zu entsprechen.

d) Wir waren mit seinen Leistungen zufrieden.

e) Sie hat die Aufgaben ihres Verantwortungsbereiches stets zu unserer uneingeschränkten Zufriedenheit erledigt.

64. Gemäß Bundesdatenschutzgesetz ist ein Mitarbeiter an die Geheimhaltungspflicht gebunden. Welche Aussage hierzu ist zutreffend?

a) Die Verpflichtung besteht auch nach Beendigung seiner Tätigkeit beim vorherigen Arbeitgeber fort.

b) Die Verpflichtung endet nach vier Jahren.

c) Die Verpflichtung endet mit dem Tag des Ausscheidens aus dem bisherigen Arbeitsverhältnis.

d) Die Verpflichtung endet nach 10 Jahren.

e) Die Verpflichtung endet mit der Unterzeichnung der Datenschutzverpflichtung beim neuen Arbeitgeber.

65. Welche gesetzlichen Vorschriften sind gemäß Bundesdatenschutzgesetz bei der Einrichtung einer Personaldatei zu beachten?

a) Auf Personaldateien, die ausschließlich innerbetrieblichen Zwecken dienen, ist das Bundesdatenschutzgesetz nicht anzuwenden.

b) Jeder Arbeiter hat zwar ein Auskunftsrecht über die von ihm gespeicherten Daten, kann aber nicht deren Löschung verlangen.

c) Die Vorschriften des Bundesdatenschutzgesetzes gelten nur für Behörden, Anstalten und Körperschaften des öffentlichen Rechts.

d) Das Bundesdatenschutzgesetz schützt auch personenbezogene Daten, die von Betrieben erfasst werden.

e) Beim Aufbau und bei der Einrichtung einer elektronischen Personaldatei hat der Betriebsrat ein Informationsrecht.

66. Eine Mitarbeiterin wendet sich an Sie, um ihre Personalakte einzusehen. Welche Aussage ist richtig?

a) Sie verzögern die Herausgabe, bis Sie mit dem Personalleiter gesprochen haben.

b) Sie verlangen die Anwesenheit eines Betriebsratsmitgliedes.

c) Sie geben der Mitarbeiterin ihre Personalakte zum Kopieren mit.

d) Sie lassen die Mitarbeiterin in Ihrem Beisein Einsicht in Ihre Personalakte nehmen.

e) Sie entfernen die geheimen Beurteilungen und lassen die Mitarbeiterin dann Einsicht in ihre Personalakte nehmen.

f) Sie zeigen der Mitarbeiterin nur die offizielle Personalakte, die Nebenakte beim Personalleiter müssen Sie nicht zeigen.

67. Ein neu eingerichtetes Personaldatensystem wird vom Datenschutzbeauftragten überprüft. Worauf muss er dabei <u>nicht</u> achten?

a) Nur bestimmte Mitarbeiter dürfen mit dem System arbeiten.

b) Bestimmte Mitarbeiter dürfen nur auf bestimmte Datensegmente zugreifen.

c) Die bestimmten Mitarbeiter identifizieren sich beim Zugriff mit einem Passwort.

d) Nur bestimmte Mitarbeiter dürfen die Personaldaten erfassen.

e) Die bestimmten Mitarbeiter dürfen nur in Anwesenheit eines Vorgesetzten Daten aufrufen.

68. Bei welcher Maßnahme liegt ein Verstoß gegen § 5 des Bundesdatenschutzgesetzes vor?

a) Sie übermitteln der von Ihrem Unternehmen beauftragten Lohnabrechnungsstelle die Lohnpfändungsdaten betroffener Mitarbeiter.

b) Sie melden der Berufsgenossenschaft, dass sich ein bestimmter Arbeitsunfall unter Alkoholeinfluss ereignet hat.

c) Sie erstellen für den Betriebsrat nach Ablauf der Leistungsbeurteilung der Mitarbeiter eine namentliche Liste mit den für die Leistungszulage jeweils erreichten Punkten.

d) Sie erstellen für den zuständigen Arbeitgeberverband eine Übersicht über die von verschiedenen Arbeitnehmergruppen geleisteten Überstunden.

e) Sie geben einem Berater des Arbeitsamtes Auskunft über den Tätigkeitsbereich eines neu einzustellenden Arbeitnehmers.

69. Ihr Aufgabengebiet umfasst u. a. die Anlage und Pflege der Personalstammdaten und der Personalakte. Welche <u>beiden</u> Erläuterungen zu diesen beiden Personalverwaltungsinstrumenten sind fehlerhaft?

a) Jeder Arbeitnehmer hat nur in besonders begründeten Fällen ein Einsichtsrecht nach dem Betriebsverfassungsgesetzt.

b) Die Personalakte im engeren Sinne ist die meist in Papierform geführte Einzelakte. Sie enthält u. a. die Einstellungsunterlagen.

c) Ist ein Arbeitnehmer mit dem Inhalt eines Schriftstücks nicht einverstanden, kann er darauf bestehen, dass eine Gegenerklärung der Personalakte beigefügt wird.

d) Wenn ein Arbeitnehmer in die über ihn geführte Personalakte Einsicht nehmen will, kann er ein Betriebsratsmitglied hinzuziehen.

e) Da die Personalakte - anders als eine Personalstammdatei - keine Datei im Sinne des Bundesdatenschutzgesetzes ist, muss der Arbeitgeber keine besonderen Schutzmaßnahmen vor unbefugter Einsicht ergreifen.

f) Die Personalstammdatei enthält u. a. jene Daten, die für die Abwicklung der Entlohnung wichtig sind.

70. Künftig soll die Arbeitszeiterfassung in Ihrem Unternehmen elektronisch erfolgen. Dabei sind personenbezogene Daten wie Name, Vorname, Anschrift, Einstellungsort, Arbeitszeitmodell aufzunehmen. Welche Rechtsgrundlage ist bei dem Vorhaben zu beachten?

a) Arbeitsstättenverordnung
b) Bundesarbeitsgesetz
c) Arbeitszeitordnung
d) Bundesdatenschutzgesetz
e) Tarifvertragsgesetz

<u>Zu den nächsten drei Aufgaben siehe nachstehende Situation.</u>

Sie arbeiten in der Personalabteilung und sind zuständig für die Urlaubsregelung in der Einkaufsabteilung. Es besteht ein tariflicher Urlaubsanspruch von 30 Arbeitstagen. Als Arbeitstage zählen Montag bis Freitag. Heiligabend und Silvester werden wie Feiertage geregelt. Zu gewährleisten ist in jeder Abteilung eine Mindestbesetzung von 50 %.
Für die Weihnachtszeit dieses Jahres haben bereits die Kollegin Maier und der Kollege Lehner ihre Urlaubsansprüche angemeldet. Sie haben auch schon eine Reise gebucht. Beide sind ledig, haben keine Kinder und sind seit zwei Jahren in Ihrem Unternehmen beschäftigt.
Sie haben die Urlaubswünsche entgegen genommen und in die abgebildete Anlage eingetragen.

Einkaufsabteilung - Urlaubsplanung														
Dezember d. J.	Mo	Di	Mi	Do	Fr	Mo	Di	Mi	Do	Fr	Mo	Di	Mi	**Anmeldung am:**
	15	16	17	18	19	22	23	24	25	26	29	30	31	
Maier, Sandra	U	U	U	U	U	U	U	F	F	F	U	U	F	02.01. d. J.
Lehner, Ulrich								F	F	F			F	
Schulze, Peter								F	F	F			F	
Schuricht, Uwe						U	U	F	F	F	U	U	F	06.08. d. J.
Januar n. J.	Do	Fr	Mo	Di	Mi	Do	Fr	Mo	Di	Mi	Do	Fr		
	01	02	05	06	07	08	09	12	13	14	15	16		
Maier, Sandra	F	U	U	U	U	U	U							02.01. d. J.
Lehner, Ulrich	F													
Schulze, Peter	F													
Schuricht, Uwe	F	U	U	U	U	U	U	U						06.08. d. J.

71. Am 10. November kommt nun Herr Schulze und beantragt für die Zeit vom 19.12. bis zum 5. Januar nächsten Jahres Urlaub, da er mit seinen beiden schulpflichtigen Kindern in den Skiurlaub fahren möchte. Er hat noch einen Urlaubsanspruch von 5 Tagen für dieses Jahr. Wie haben Sie zu entscheiden?

a) Herr Schulze kann keinen Urlaub nehmen, da zwei weitere Mitarbeiter bereits vor ihm für den in Frage kommenden Zeitraum Urlaub angemeldet haben.
b) Herr Schulze kann den Urlaub nehmen, da Mitarbeiter mit schulpflichtigen Kindern bei der Urlaubsplanung immer vorrangig berücksichtigt werden müssen.
c) Herr Schulze kann keinen Urlaub nehmen, weil sein Resturlaub für den geplanten Zeitraum nicht ausreicht.
d) Herr Schulze kann wie gewünscht den Urlaub nehmen, weil er als Mitglied des Betriebsrates seine Urlaub selbstständig planen darf.
e) Herr Schulze kann wie gewünscht den Urlaub nehmen, weil er bereits seit drei Jahren regelmäßig in den Weihnachtsferien Urlaub genommen hat.

72. Seit 01. November ist ein neuer Kollege in die Vertriebsabteilung eingestellt worden. Sein bisheriger Arbeitgeber hat ihm bescheinigt, dass er dort den ihm zustehenden Jahresurlaub von 24 Tagen vollständig genommen hat. Der neue Kollege möchte nun von Ihnen wissen, wie viel Tage er dieses Jahr noch Urlaub nehmen darf? Tragen Sie das Ergebnis in das Kästchen ein!

73. Der neue Kollege kann aber seinen Resturlaub im laufenden Kalenderjahr nicht mehr nehmen, da die dringende Einarbeitung in die neue Position noch nicht abgeschlossen ist. Welche Regelung ist für ihn zutreffend?

a) Wenn der Urlaub nicht bis zum 31.12. genommen worden ist, entfällt er vollständig.
b) Der Urlaub kann in diesem besonderen Fall auf das nächste Jahr übertragen werden, muss aber gemäß Bundesurlaubsgesetz bis zum 31. März genommen worden sein.
c) Da bereits beim alten Arbeitgeber Urlaub genommen wurde, entfällt der Anspruch auf Urlaub bei seinem jetzigen Unternehmen.
d) Da der Urlaub nicht bis zum 31.12. genommen werden kann, muss der Urlaub gemäß Bundesurlaubsgesetz ausbezahlt werden.
e) Der Urlaub kann in diesem besonderen Fall auf das nächste Jahr übertragen werden, muss aber gemäß Bundesurlaubsgesetz bis zum 31. Januar genommen worden sein.

74. Eine Angestellte teilt Ihnen per Brief mit, dass sie während ihres Urlaubs von Sonntag bis Donnerstag, also 5 Tage krank und arbeitsunfähig war. Eine entsprechende Arbeitsunfähigkeitsbescheinigung eines Arztes liegt bei. Die Angestellte verlangt, dass ihr die 5 Krankheitstage als Urlaubstage an ihren Urlaub angehängt werden. Wie ist zu entscheiden?

a) Der Forderung der Angestellten ist zu entsprechen, da sie nach dem Bundesurlaubsgesetz einen Rechtsanspruch auf die sofortige Urlaubsverlängerung hat.
b) Da es möglich ist, eine Vertretung für die Angestellte zu organisieren, kann der Angestellten die Anhängung der 5 Urlaubstage genehmigt werden.
c) Da es möglich ist, eine Vertretung für die Angestellte zu organisieren, kann der Angestellten die Anhängung von 4 Urlaubstagen genehmigt werden.
d) Der Forderung st nicht zu entsprechen, da der Angestellten vier Urlaubstage ausbezahlt werden müssen.
e) Der Forderung ist nicht zu entsprechen, da der Angestellten nur vier Urlaubstage zum Anhängen an ihren gegenwärtigen Urlaub gewährt werden können, wenn der Betriebsrat vorher zugestimmt hat.
f) Der Forderung ist nicht zu entsprechen, da der Angestellten die fünf Urlaubstage ausbezahlt werden müssen.

75. Während eines 14-tägigen Urlaubs erkrankt ein Mitarbeiter. Er legt eine Arbeitsunfähigkeitsbescheinigung über 4 Tage vor und will diese Zeit im Anschluss an den vereinbarten Urlaub anhängen. Wie haben Sie zu entscheiden?

a) Der Mitarbeiter benötigt die Zustimmung des Vorgesetzten und kann die Entscheidung über die Urlaubsverlängerung nicht einseitig treffen.
b) Der Mitarbeiter kann ohne Zustimmung des Vorgesetzten den Urlaub erweitern, wenn ein Kollege zur Abwesenheitsvertretung bereit ist.
c) Der Mitarbeiter kann ohne Zustimmung des Vorgesetzten den Urlaub sofort um die Krankheitstage verlängern.
d) Der Mitarbeiter hat keinen Anspruch auf den Ersatz des entgangenen Urlaubs, da der Arbeitgeber das Risiko für Erkrankungen während des Urlaubs nicht zu tragen hat.
e) Der Mitarbeiter kann die Krankheitstage an den Urlaub anhängen, wenn dabei eine Abwesenheit von drei Wochen nicht überschritten wird.

76. Ein Mitarbeiter hat sich am Wochenende beim Sport den rechten Arm gebrochen. Am Montag bringt er die entsprechende Krankmeldung mit. Was ist zu unternehmen?

a) Da ein Unfall die Ursache ist, melden Sie dies der Berufsgenossenschaft.
b) Da sich der Unfall in der Freizeit ereignete, wird dem Mitarbeiter entsprechender Lohn abgezogen.
c) Sie registrieren den Eingang der Arbeitsunfähigkeitsbescheinigung und wünschen dem Mitarbeiter gute Besserung.
d) Sie aktualisieren die Unfallstatistik des Betriebes.
e) Sie schicken die Arbeitsunfähigkeitsbescheinigung an die Krankenkasse des Mitarbeiters, da es sich um einen Arbeitsunfall handelt.

77. Bei welchem Unfall handelt es sich weder um einen Betriebs- noch um einen Arbeitsunfall, so dass Sie den Fall mit dem Vermerk „betrifft den Privatbereich“ zurückweisen müssen?

a) Ein Mitarbeiter ist auf dem direkten Weg vom Betrieb nach Hause mit dem Fahrrad gestürzt.
b) Ein Mitarbeiter ist im Geschäftsgebäude ausgerutscht und hat sich den Fuß gebrochen.
c) Ein Mitarbeiter ist auf dem Weg zu einem Kunden mit dem Auto in einen Graben gerutscht.
d) Ein leitender Mitarbeiter hat mit seinem Dienstwagen in der Freizeit einen Unfall verursacht.
e) Ein Mitarbeiter beachtet die Unfallverhütungsvorschriften nicht und stürzt vom Dach.

78. Ab welcher Frist müssen meldepflichtige, leichte Arbeitsunfälle der Berufsgenossenschaft gemeldet werden?

a) Innerhalb eines Tages
b) Innerhalb von 3 Tagen
c) Innerhalb von 4 Tagen
d) Innerhalb von 8 Tagen
e) Innerhalb von 14 Tagen

79. Eine Sachbearbeiterin in der Buchhaltung möchte nach der Geburt ihres Kindes von der Möglichkeit der alternierenden Telearbeit Gebrauch machen. Wie müsste sich die Mitarbeiterin dann ihre Arbeit organisieren?

a) Die Sachbearbeiterin arbeitet zu Hause und kommuniziert mit dem Betrieb ausschließlich über die Netze zur Informations- und Datenübertragung.
b) Die Sachbearbeiterin arbeitet in einem Telezentrum für verschiedene Arbeitgeber.
c) Die Sachbearbeiterin wechselt zwischen dem Arbeitsplatz zu Hause und dem Arbeitsplatz im Betrieb.
d) Die Sachbearbeiterin arbeitet in einer mit entsprechender Technik ausgestatteten „Zweigstelle" des Unternehmens.
e) Die Sachbearbeiterin arbeitet an unterschiedlichen Standorten, je nachdem wohin ihr Arbeitgeber sie schickt.

80. Welche Aussage über die Führung und Verwaltung von Personalakten ist richtig?

a) Jedes Betriebsratsmitglied kann jederzeit die Personalakten einsehen.
b) Bei Rechtsstreitigkeiten zwischen Arbeitgeber und Arbeitnehmer kann der Betriebsratsvorsitzende die Personalakten jederzeit einsehen.
c) Der Arbeitnehmer darf nur bei Vorliegen eines wichtigen Grundes seine Personalakte einsehen.
d) Der Arbeitnehmer darf ohne Nachweis eines besonderen Grundes seine Personalakte einsehen.
e) Nach Auflösung des Beschäftigungsverhältnisses muss die gesamte Personalakte dem Arbeitnehmer herausgegeben werden.

81. Nach welchem Merkmal darf in einem Personalfragebogen nicht gefragt werden?

a) Familienstand
b) Zugehörigkeit zu einer politischen Partei
c) Zugehörigkeit zu einer Religionsgemeinschaft
d) Erlernter Beruf
e) Frühester Eintrittstermin

82. Die Mitarbeiterin Frau Schmitt, seit 16 Jahren im Betrieb, hat sich für die neu eingerichtete Stelle in der Dispositionsabteilung beworben. Um ihre Chancen einschätzen zu können, möchte sie Einsicht in ihre Personalakte nehmen. Wie stellt sich die Rechtslage dar?

a) Frau Schmitt kann die Einsicht in ihre Personalakte verweigert werden, da Arbeitnehmer hierauf grundsätzlich keinen Anspruch haben.
b) Frau Schmitt muss ihre Bitte über den Betriebsrat vortragen. Die Einsicht in die Personalakte darf sie nur im Beisein eines Vertreters des Betriebsrates vornehmen.
c) Frau Schmitt hat keinen Anspruch auf Einsicht in ihre Personalakte, da dieses Recht nur dem Betriebsrat zusteht.
d) Frau Schmitt muss ein begründetes Interesse für ihren Wunsch nach Einsicht in ihre Personalakte nachweisen, das im vorliegenden Fall gegeben ist.
e) Frau Schmitt hat das Recht auf Einsicht in ihre Personalakte.

83. Welches Gesetz sichert dem Arbeitnehmer das Recht zur Einsicht in seine Personalakte zu?

a) Das Arbeitsförderungsgesetz
b) Das Jugendarbeitsschutzgesetz
c) Das Berufsbildungsgesetz
d) Das Betriebsverfassungsgesetz
e) Das Bundesausbildungsförderungsgesetz

84. In einem Bewerbungsgespräch muss der Bewerber wahrheitsgemäß Auskunft geben über seine berufliche Qualifikation sowie über alle anderen sein künftiges Arbeitsverhältnis betreffenden Angelegenheiten. Wozu muss er keine Auskunft geben?

a) Über eine eventuell vorliegende Schwerbehinderung
b) Über seinen exakten beruflichen Werdegang
c) Über seinen Familienstand
d) Über eine eventuelle Gewerkschaftszugehörigkeit
e) Über seine Krankenkassenzugehörigkeit
f) Über sein Alter

85. Welche Änderungen bei den Lohnsteuerabzugsmerkmalen werden von der Gemeinde erfasst und weitergegeben?

a) Eintragung eines Lohnsteuerfreibetrags
b) Änderung/ Wechsel der Steuerklasse
c) Anzahl der Kinder über 18 Jahre
d) Geburt eines Kindes
e) Kinder unter 18 Jahren

86. Welche Angaben trägt der Arbeitgeber in die Meldung zur Sozialversicherung ein?

a) Versicherungsnummer
b) Beiträge zur Krankenversicherung
c) Beiträge zur Rentenversicherung
d) Beiträge zur Arbeitslosenversicherung
e) Beitragspflichtiges Bruttoarbeitsentgelt
f) Beitragspflichtiges Nettoarbeitsentgelt

87. In der X-Unternehmung hat es in den letzten Monaten Zu- und Abgänge beim Personal gegeben. Welche Aussage über diese Fluktuation lässt sich aus folgender Personalstatistik ableiten?

Monat	Sept.	Okt.	Nov.	Dez.	Jan.	Febr.	März.
Mitarbeiter	128	126	124	122	121	122	126
Abgänge	10	8	10	8	5	3	2
Zugänge	8	6	8	7	6	7	6

a) Die Fluktuation ist in den letzten drei Monaten gleich.
b) Die Fluktuation lässt sich aus dieser Statistik nicht bestimmen.
c) Die Fluktuation ist in den letzten drei Monaten gestiegen.
d) Die Fluktuation ist in den letzten drei Monaten niedriger als in den Vormonaten.
e) Die Fluktuation ist im Monat Oktober am größten.

88. Die X-Unternehmung will ihr Personal nach Funktionen organisieren. Welche Aufgabe wird der Abteilung Aus- und Weiterbildung zugeordnet?

a) Ermittlung des quantitativen Personalbedarfs
b) Einstellung neuer Mitarbeiter für den Personalbereich
c) Führen der Personalakten der Mitarbeiter, die an einer Weiterbildungsmaßnahme teilgenommen haben
d) Entwicklung und Durchführung von Maßnahmen zur Mitarbeiterqualifizierung
e) Ermittlung des monatlichen Bruttogehalts der Mitarbeiter
f) Entscheidung über den Einsatz der ausgebildeten Mitarbeiter

89. Welche Aussage über die Arbeitnehmersparzulage ist richtig?

a) Sie ist ein Zuschuss der Bank zur Förderung des Sparens.
b) Sie steht jedem Arbeitnehmer zu, unabhängig von der Höhe seines Einkommens.
c) Sie ist eine freiwillige soziale Leistung des Arbeitgebers an seine Mitarbeiter.
d) Sie wird dem Arbeitnehmer mit seinem Gehalt monatlich ausgezahlt, wenn er nach dem 5. Vermögensbildungsgesetz spart.
e) Sie wird dem Arbeitnehmer vom Finanzamt bar ausbezahlt.
f) Sie wird nach Ablauf des jeweiligen Jahres im Rahmen eines Lohnsteuerjahresausgleiches oder einer Veranlagung zur Einkommensteuer vom Finanzamt ausgezahlt.

1. **Ordnen Sie zu!**

Formen des Arbeitsentgeltes

a) Provision
b) Zeitlohn
c) Akkordlohn
d) Prämienlohn
e) Erfolgsbeteiligung
f) Fixum

Beispiele

[ ] Bezahlung ausschließlich nach Leistungen

[ ] Prozentuale Beteiligung am Umsatz

[ ] Ausgabe von Belegschaftsaktien

2. **Präsente für eine Hausmesse werden von zwei jugendlichen Schülern künstlerisch sorgfältig verpackt. Welche Form der Entlohnung ist für diese Tätigkeit am zweckmäßigsten?**

a) Stückzeitakkord, da die Jugendlichen keine Überstunden machen dürfen, hierbei theoretisch aber auf eine längere Arbeitszeit als vierzig Stunden je Woche kommen können.
b) Stückgeldakkord, da die Jugendlichen dadurch in der vorgegebenen 40-Stunden-Woche zu erhöhter gleichmäßiger Leistung gebracht werden können.
c) Zeitlohn mit Qualitätsprämie, da die Jugendlichen dadurch einen Anreiz erhalten, die Arbeit besonders sorgfältig zu erledigen.
d) Gruppenakkord, da die beiden Schüler sich somit gegenseitig in ihrer Leistung anspornen könnten.
e) Zeitlohn und Akkordlohn, damit die Jugendlichen die Möglichkeit haben, durch erhöhte Anstrengungen in kürzerer Zeit ein höheres Entgeld zu erzielen.

3. **Bei welcher Vergütungsform wird der Mitarbeiter am Unternehmenserfolg beteiligt?**

a) Bei der Gewinnbeteiligung
b) Beim Prämienlohn
c) Beim Akkordlohn
d) Beim Leistungslohn
e) Bei der Provision

4. **Ordnen Sie zu!**

Entlohnungsformen

a) Akkordlohn
b) Prämienlohn
c) Zeitlohn
d) Gehalt
e) Gewinnbeteiligung
f) Naturallohn

Aussagen über Entlohnungsformen

[ ] Freiwillig oder vertraglich vereinbarte Zahlungen für besonders qualifizierte oder höhere zusätzliche Arbeitsleistungen.

[ ] Je größer die Arbeitsleistung, um so höher der Bruttolohn. Gefahr der Gesundheitsschädigung der betroffenen Arbeitnehmer.

[ ] Beteiligung des Arbeitnehmers am Betriebsergebnis, welches durch Zusammenwirken von Kapital und Arbeit erzielt wird.

5. **Welche Aussage über den Zeitlohn ist richtig?**

a) Der Zeitlohn setzt voraus, dass der Arbeiter das Risiko mangelhafter Arbeitsleistung selbst trägt.
b) Der Zeitlohn findet vor allem Anwendung, wenn die Leistung leicht messbar ist.
c) Der Zeitlohn ist verbunden mit besonderen und schwierigen Abrechnungsarbeiten.
d) Der Zeitlohn bleibt auch bei Mehrleistungen innerhalb der üblichen Arbeitszeit gleich und wirkt sich nicht auf die Lohnkosten je Stück aus.
e) Der Zeitlohn bleibt auch bei Mehrleistungen innerhalb der üblichen Arbeitszeit gleich; er wirkt sich aber dann degressiv auf die Lohnkosten je Stück aus.

6. Welche Lohnform wird in der Grafik dargestellt?

a) Akkordlohn
b) Prämienlohn
c) Zeitlohn
d) Gewinnbeteiligung
e) Provision

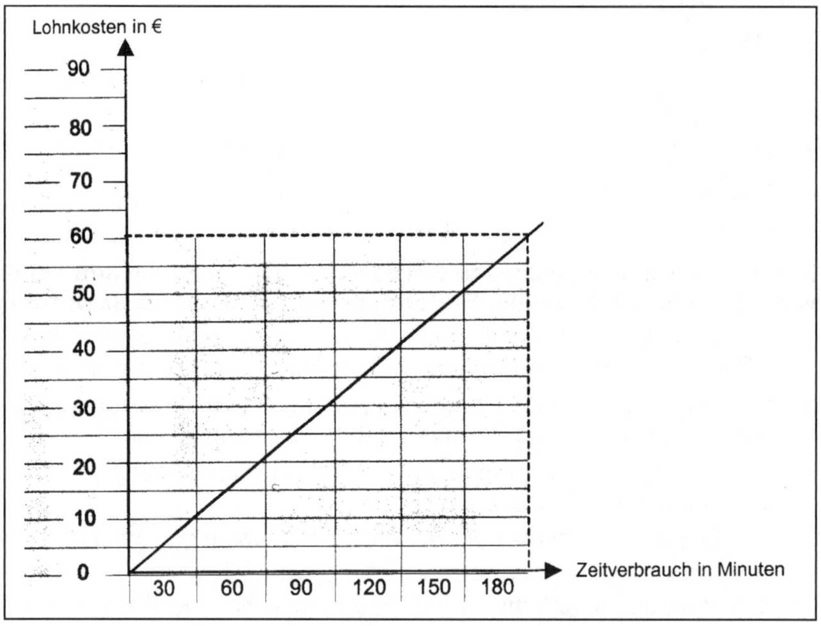

7. Ordnen Sie zu!

Begriffserklärungen

a) Besondere Vergütung aufgrund von Tarifverträgen
b) Zuschlag zur normalen Entlohnung, die Höhe des Zuschlags richtet sich nach dem Geschäftsergebnis
c) Grundlohn mit besonderer Zulage für eine besondere Leistung des Arbeitnehmers
d) Entlohnung nach Arbeitsdauer
e) Entlohnung durch Beteiligung am Unternehmensgewinn
f) Entlohnung für eine Leistungsmenge unabhängig von der tatsächlichen Arbeitszeit

Entlohnungsformen

[ ] Zeitlohn
[ ] Prämienlohn
[ ] Akkordlohn

8. Orden Sie zu!

Leistungen bzw. Zahlungen

a) Nicht tariflich abgesicherte Sonderzahlungen zum Weihnachtsfest
b) Zusätzliche Entlohnung für Arbeit in besonders schmutziger Umgebung
c) Zahlung für einen besonders guten Verbesserungsvorschlag
d) Gehaltsanteil, der nach der Höhe des erzielten Umsatzes berechnet wird
e) Entgelt, das ausschließlich nach der Arbeitszeit berechnet wird
f) Entgelt, das ausschließlich nach der Menge der erbrachten Arbeit berechnet wird

Entlohnformen/-bestandteile

[ ] Prämie
[ ] Zeitentgelt
[ ] Gratifikation
[ ] Leistungsentgelt
[ ] Zuschlag
[ ] Provision

9. Ein verheirateter Angestellter hat vier unterhaltspflichtige Kinder, seine Ehefrau bezieht keinen Arbeitslohn. Das Ehepaar lebt nicht getrennt. In welche Steuerklasse wird der Angestellte eingestuft?

a) Steuerklasse I
b) Steuerklasse II
c) Steuerklasse III
d) Steuerklasse IV
e) Steuerklasse V
f) Steuerklasse VI

10. Ein neuer Mitarbeiter, verheiratet, 2 Kinder, gab auch nach über drei Monaten seine Steueridentifikationsnummer nicht ab. Welche Lohnsteuerklasse wird dann für die Berechnung seiner Lohnsteuer zugrunde gelegt?

a) Steuerklasse I
b) Steuerklasse II
c) Steuerklasse III
d) Steuerklasse IV
e) Steuerklasse V
f) Steuerklasse VI

11. Eine langjährige Mitarbeiterin ist ledig und hat ein fünfjähriges Kind im gleichen Haushalt. Welche Steuerklasse muss hier bei der Berechnung der Lohnsteuer berücksichtig werden?

a) Steuerklasse I
b) Steuerklasse II
c) Steuerklasse III
d) Steuerklasse IV
e) Steuerklasse V
f) Steuerklasse VI

12. Von welcher Steuerklasse muss ausgegangen werden bei einem verheirateten Arbeitnehmer ohne Kinder und nicht berufstätiger Ehepartnerin?

a) Steuerklasse I
b) Steuerklasse II
c) Steuerklasse III
d) Steuerklasse IV
e) Steuerklasse V

13. Ordnen Sie zu!

Lohnsteuerklassen:

a) Lohnsteuerklasse I
b) Lohnsteuerklasse II
c) Lohnsteuerklasse III
d) Lohnsteuerklasse IV
e) Lohnsteuerklasse V
f) Lohnsteuerklasse VI

Steuerpflichtige

[ ] Verheiratet, Ehegatte hat keine steuerpflichtige Beschäftigung

[ ] Verheiratet, beide Ehegatten haben ein steuerpflichtiges Arbeitsverhältnis

[ ] Alleinerziehende Person, 40 Jahre alt, 3 Kinder - gemeinsamer Haushalt

14. Welche Abgabe wird vom Arbeitnehmer allein getragen?

a) Lohnsteuer
b) Unfallversicherungsbeitrag
c) Arbeitslosenversicherungsbeitrag
d) Rentenversicherungsbeitrag
e) Krankenversicherungsbeitrag

15. Welche Lohnsteuerklassen können berufstätige Ehepaare auf Antrag wählen?

a) Beide Partner Lohnsteuerklasse V
b) Ein Partner Lohnsteuerklasse IV, der andere Lohnsteuerklasse V
c) Ein Partner Lohnsteuerklasse III, der andere Lohnsteuerklasse V
d) Ein Partner Lohnsteuerklasse III, der andere Lohnsteuerklasse IV
e) Beide Partner Lohnsteuerklasse III
f) Ein Partner Lohnsteuerklasse I, der andere Lohnsteuerklasse III

16. Welche Angabe ist für die Berechnung der Lohnsteuer im Unternehmen von Bedeutung?

a) Name des Ehegatten
b) Geburtsdatum des Steuerpflichtigen
c) Konfession des Steuerpflichtigen
d) Zuständiges Finanzamt
e) Steuerfreie Beträge
f) Name des Steuerpflichtigen

17. Welche Information, die in den Personalstammdaten festgehalten ist, spielt für die Lohnabrechnung keine Rolle?

a) Steuerklasse
b) Krankenversicherungssatz
c) Beitragsbemessungsgrenze
d) Konfession
e) Nationalität

18. Ein Angestellter, dessen Bruttogehalt 2.600,00 € beträgt, hat einen Freibetrag von 100,00 € je Monat. Was bedeutet das?

a) Zum Jahresende werden ohne Antrag 2.500,00 € vom Finanzamt erstattet.
b) Das lohnsteuerpflichtige Entgelt vermindert sich um 100,00 € monatlich.
c) Das Bruttogehalt erhöht sich um 100,00 € je Monat.
d) Die Lohnsteuer ermäßigt sich um 100 € je Monat.
e) Dieser Freibetrag wirkt sich auf das sozialversicherungspflichtige Einkommen aus.

19. Wer darf die Steuerklasse bei den elektronischen Lohnsteuerabzugsmerkmalen (ELStAM) ändern?

a) Der Personalleiter
b) Die Gemeindeverwaltung
c) Das zuständige Finanzamt
d) Die Oberfinanzdirektion
e) Der Steuerpflichtige

20. Stellen Sie die Richtigkeit der Steuerklasse fest.

Ordnen Sie zu!

a) Steuerklasse I
b) Steuerklasse II
c) Steuerklasse III
d) Steuerklasse IV
e) Steuerklasse V
f) Steuerklasse VI

Familien- und Arbeitsverhältnis

[ ] In Teilzeit beschäftigter Arbeiter, der in Ihrer Firma sein zweites Beschäftigungsverhältnis hat

[ ] Ledige Arbeiterin ohne Kinder

21. Welche Daten sind bei der Einrichtung eines Lohnkontos als Stammdaten zu erfassen?

a) Der Tag der Lohnzahlung
b) Der Bruttoarbeitslohn
c) Die Angaben aus dem elektronischen Datenabruf aus ELStAM
d) Die einbehaltene Lohn- und Kirchensteuer
e) Der monatliche Arbeitgeberanteil zur Sozialversicherung

22. Welche Angabe steht nicht auf dem Lohnkonto eines Mitarbeiters?

a) Zuständiges Finanzamt für das Unternehmen
b) Vor- und Familienname
c) Höhe des gezahlten Arbeitsentgelts
d) Höhe des gezahlten Kurzarbeitergeldes
e) Höhe der einbehaltenen Lohnsteuer

23. Welche Aussage über die Abführung von Lohn- und Gehaltsabzügen ist richtig?

a) Die einbehaltene Lohnsteuer wird vom Arbeitgeber an die für die Arbeitnehmer zuständigen Finanzämter überwiesen.
b) Die einbehaltene Kirchensteuer wird vom Arbeitgeber an die für Arbeitnehmer zuständigen Finanzämter überwiesen.
c) Die einbehaltenen Sozialversicherungsbeiträge werden vom Arbeitgeber - je nach Versicherungszweig - an die Krankenkassen und Rentenversicherungsanstalten überwiesen.
d) Die einbehaltene Lohn- und Kirchensteuer und die Sozialversicherungsbeiträge werden an das für den Arbeitgeber zuständige Finanzamt überwiesen, das dann die Verteilung an die zuständigen Stellen vornimmt.
e) Die einbehaltenen Sozialversicherungsbeiträge von versicherungspflichtigen Arbeitnehmern werden jeweils an die Krankenkassen überwiesen, bei denen die Arbeitnehmer versichert sind.

24. Woraus wird die Kirchensteuer errechnet?

a) Aus dem Nettoeinkommen
b) Aus der Lohnsteuer
c) Aus dem Bruttoeinkommen
d) Aus den Gesamtabzügen
e) Aus den Sozialversicherungsabzügen

25. Von wem erhält der Arbeitgeber die Daten für den Lohnsteuerabzug?

a) Arbeitsamt
b) Arbeitnehmer
c) Gemeinde-/Stadtverwaltung
d) Finanzverwaltung
e) Landratsamt

26. Ein Angestellter möchte seine vermögenswirksame Leistung von 40 € mit dem Gehalt ausgezahlt bekommen und nicht fest anlegen. Er argumentiert, er bekäme doch keine Arbeitnehmersparzulage und sehe deshalb darin keinen Nutzen. Wie ist die gesetzliche Regelung?

a) Sie können den Betrag mit dem Bruttogehalt zusammen den gesetzlichen Abzügen unterwerfen und verlangen keine Anlage nach dem Vermögensbildungsgesetz, da der Angestellte keinen Anspruch auf die Arbeitnehmersparzulage hat.
b) Der Arbeitnehmer muss, sofern er Anspruch auf diese Leistung erhebt, einen entsprechenden Nachweis eines Anlageinstituts vorlegen.
c) Falls im Tarifvertrag keine verbindliche Anlageform für die vermögenswirksamen Leistungen vorgeschrieben ist, können Sie dem Wunsch des Angestellten entsprechen.
d) Der Anspruch des Arbeitnehmers besteht auch dann, wenn er die vermögenswirksame Leistung auf sein Girokonto gutschreiben lässt.
e) Da von der vermögenswirksamen Leistung die gesetzlichen Abzüge berechnet werden, muss sich der Arbeitnehmer für keine konkrete Anlageform entscheiden.

27. Welche Angabe wird vom Arbeitgeber in die Lohnsteuerbescheinigung übernommen?

a) Nettoarbeitslohn
b) Steuerklasse
c) Familienstand
d) Name und Anschrift des Beschäftigten
e) Einbehaltene Lohnsteuer

28. Welche Angabe ist von der Gemeinde in den Datenbestand der Lohnsteuerabzugsmerkmale hinzuzufügen?

a) Name der Kinder unter 16 Jahren
b) Geburt eines Kindes
c) Steuerfreibetrag für Werbungskosten
d) Anzahl der Kinder über 18 Jahre
e) Name der Ehefrau
f) Arbeitgeber

29. Was muss der Arbeitgeber u. a. auf der Lohnsteuerbescheinigung eintragen?

a) Den Betrag der vermögenswirksamen Leistungen
b) Die steuerfreien Geldgeschenke bei Arbeitsjubiläen
c) Die Steuerfreibeträge
d) Die Änderung des Familienstandes
e) Die Änderung des Wohnsitzes

30. Was muss bei der Berechnung des Bruttoverdienstes berücksichtigt werden?

a) Vorschüsse
b) Gepfändete Beträge
c) Leistungszulage
d) Lohnsteuer
e) Arbeitnehmeranteil an den vermögenswirksamen Leistungen

31. Die monatliche Gehaltsabrechnung eines Mitarbeiters wird bearbeitet. Welche Versicherungsbeiträge werden von diesem Gehalt einbehalten?

a) Beiträge zur Unfallversicherung
b) Beiträge zur privaten Krankenversicherung
c) Beiträge zur Invaliditätsversicherung
d) Beiträge zur Berufshaftpflichtversicherung
e) Beiträge zur Pflegeversicherung

32. Bringen Sie die folgenden Arbeitsschritte bei der Gehaltsabrechnung in die richtige Reihenfolge!

[ ] Berechnen des sozialversicherungspflichtigen und des steuerpflichtigen Bruttoentgeltes und Ermitteln der gesetzlichen Abzüge
[ ] Berechnen des Bruttoentgelts laut Tarif
[ ] Abzug der Sparleistungen
[ ] Berechnen des Nettoentgeltes
[ ] Berechnen des auszuzahlenden Betrages
[ ] Feststellen der Berechnungsgrundlagen (Gehaltsgruppe/Vergütung) laut Arbeitsvertrag

33. Bringen Sie die folgenden Arbeitsschritte für die Gehaltsabrechnung in die richtige Reihenfolge!

[ ] Ermitteln des steuer- und sozialversicherungspflichtigen Bruttogehalts
[ ] Ermitteln der Steuerabzüge und der Sozialversicherungsbeiträge
[ ] Feststellen des tariflichen Bruttogehalts
[ ] Berechnen des zu überweisenden Betrages
[ ] Ausstellen des Überweisungsträgers
[ ] Ermitteln der Summe der gesetzlichen Abzüge
[ ] Überweisen des Nettogehalts

34. Das Bruttoarbeitsentgelt wurde ermittelt. Bringen Sie die erforderlichen Arbeitsschritte der Entgeltabrechnung in die richtige Reihenfolge!

[ ] Abzug der erhaltenen Vorschüsse und Berechnen des auszuzahlenden Betrages
[ ] Berechnen des steuerpflichtigen Bruttoarbeitsentgeltes
[ ] Berechnen des Nettoarbeitsentgeltes
[ ] Überweisung an die Bank
[ ] Berechnen der gesetzlichen Abzüge

35. Welche Zeile in der folgenden Aufstellung zur Lohnabrechnung ist falsch? Tragen Sie den entsprechenden Buchstaben in das Kästchen ein!

a) Grundgehalt
b) + Zuschlag für Überstunden
c) <u>- Arbeitgeberzuschuss zu den vermögenswirksamen Leistungen</u>
d) = Bruttogehalt
e) - Lohnsteuer
f) - Solidaritätszuschlag
g) - Kirchensteuer
h) <u>- Arbeitnehmeranteil zur Sozialversicherung</u>
i) = Nettogehalt
j) <u>- (gesamte) vermögenswirksame Leistungen</u>
k) = Auszahlung

[ ]

36. Das Bruttogehalt eines Angestellten beläuft sich auf 4.250,00 €. An welche Versicherung muss er aufgrund gesetzlicher Regelung Beiträge entrichten?

a) An die Vermögensversicherung
b) An die Direktversicherung
c) An die Unfallversicherung
d) An die Arbeitslosenversicherung
e) An die Haftpflichtversicherung

37. Sie sollen die Überweisung der Rentenversicherungsbeiträge für einen neuen Mitarbeiter ermitteln. Welche Unterlagen benötigen Sie dazu von dem neuen Mitarbeiter?

a) Urlaubsbescheinigung und Mitgliedsbescheinigung der Krankenkasse
b) Sozialversicherungsausweis und steuerliche Identifikationsnummer
c) Lebensversicherungspolice und Arbeitsvertrag
d) Lebensversicherungspolice und Urlaubsbescheinigung
e) Mitgliedsbescheinigung der Krankenkasse und Sozialversicherungsausweis

38. Welche Bedeutung haben die Steuerdaten eines Arbeiternehmers zur Ermittlung der Kirchensteuer?

a) Für die Ermittlung der Kirchensteuer brauchen Sie den monatlichen Steuerfreibetrag nicht zu beachten.
b) Sie müssen den konfessionsgebundenen Steuersatz von 8 % anwenden.
c) Sie müssen die einbehaltene Kirchensteuer an die Katholische Kirche abführen.
d) Sie müssen den bundeseinheitlichen Steuersatz von 9 % anwenden.
e) Sie müssen Lohnsteuerklasse und Kinderfreibeträge bei der Ermittlung der Kirchensteuer berücksichtigen.

Zu den nächsten drei Aufgaben siehe nachstehende Situation.

Sie arbeiten in der Personalabteilung und sind für Einstellungen und Entlohnungen zuständig. Der 21-jährige Günther Leipold, der soeben seine Ausbildung beendet hat, wird in Ihr Unternehmen übernommen und erhält einen unbefristeten Vollarbeitszeitvertrag. Er wird in die Gehaltsgruppe G III eingestuft. Er legt einen Vertrag für die vermögenswirksamen Leistungen vor. Als Grundlage für Ihre Entgeltberechnungen liegen Ihnen die (ausschnittsweise) abgebildeten Tarifverträge vor!

39. Ermitteln Sie mit Hilfe der abgebildeten Tarifvertragsauszüge das sozialversicherungsflichtige Bruttoarbeitsentgelt und tragen Sie das Ergebnis in das Kästchen ein!

40. Günther Leipold heiratet nun völlig überraschend nach seiner Übernahme in das Unternehmen seine um 2 Jahre ältere Kollegin, die ebenfalls in Gehaltsgruppe III eingestuft ist. Das Paar möchte nun wissen, ob durch ihre Heirat steuerliche Änderungen auf sie zukämen. Welche beiden Informationen sind zutreffend?

a) Die Änderung der Lohnsteuerklassen wird nun auf Antrag vom zuständigen Finanzamt vorgenommen.
b) Die Änderung der Lohnsteuerklassen wird nur auf Antrag von der zuständigen Gemeinde oder dem zuständigen Einwohnermeldeamt vorgenommen.
c) Verheiratete werden steuerlich begünstigt. Hierzu wird ein Freibetrag in den Lohnsteuerabzugsmerkmalen vom zuständigen Finanzamt eingetragen.
d) Bei beiden Ehepartnern ändert sich zwar aufgrund der Eheschließung die Lohnsteuerklasse, die monatliche Steuerbelastung bleibt jedoch bei beiden gleich, wenn beide die Steuerklasse IV wählen.
e) Die monatliche Steuerbelastung sinkt durch die Eheschließung in Abhängigkeit von der Höhe des Familieneinkommens unter der Voraussetzung, dass beide Partner die Lohnsteuerklasse IV wählen.
f) Die steuerlich günstigste Lösung wäre, wenn Günther Leipold die Steuerklasse III und seine Frau die Steuerklasse V wählen würde.

41. Ein anderer Mitarbeiter, der in der Fertigungsabteilung arbeitet, leistete in einer Woche wegen Sonderschichten 45 Stunden. Er ist in Lohngruppe 5 eingestuft. Die tarifliche Arbeitszeit beträgt 35 Stunden. Ermitteln Sie den Wochenlohn und tragen Sie das Ergebnis in das Kästchen ein!

Auszug aus dem Lohn- und Gehaltstarifvertrag

Gehaltsgruppen	G I	G II	G III	G IV	G V	G VI	Bemerk.
Bis 21 Jahre	1.150	1.231	1.301	1.436			
Ab 21 Jahre	1.210	1.293	1.366	1.504	1.795		
Ab 23 Jahre	1.309	1.401	1.473	1.622	1.943		
Ab 25 Jahre	1.409	1.501	1.579	1.744	2.092		
Ab 27 Jahre	1.504	1.603	1.700	1.868	2.241		
Ab 29 Jahre	1.598	1.707	1.802	1.993	2.391	2.790	

Lohngruppe	L 1	L 2	L 4	L 4	L 5	L 6	
Monat	1.270	1.370	1.480	1.590	1.705	1.820	
Stunde	9,35	9,55	9,70	10,35	11,20	11,90	

Zuschläge für Mehrarbeit

1. Für die zuschlagspflichtige Mehrarbeit ist für jede Arbeitsstunde die entsprechende Grundvergütung und der jeweilige Mehrarbeitszuschlag zu zahlen.
2. Die Mehrarbeitszuschläge betragen:
   a) für die 1. bis 5. Mehrarbeitsstunde je Woche 25 % des Stundenverdienstes
   b) für die 6. bis 9. Mehrarbeitsstunde je Woche 35 % des Stundenverdienstes
   c) ab der 10. Mehrarbeitsstunde je Woche 50 % des Stundenverdienstes
3. (...)

Auszug aus dem Tarifvertrag über vermögenswirksame Leistungen

(1)

2. Die vermögenswirksame Leistung beträgt monatlich für jeden Arbeitnehmer/jede Arbeitnehmerin bei
   - einer Wochenarbeitszeit von 16 bis einschließlich 19 Stunden 7,50 €
   - einer Wochenarbeitszeit von 20 bis einschließlich 25 Stunden 13,50 €
   - einer Wochenarbeitszeit von 26 bis einschließlich 35 Stunden 20,00 €.

(3)

42. Die 22-jährige Einkaufssachbearbeiterin erhält erstmalig ein sozialversicherungspflichtiges Einkommen von 1.800,00 €. Welche Sozialversicherungsabzüge hat die Mitarbeiterin monatlich zu erwarten, wenn für die Berechnung folgende Beitragssätze gelten? Krankenversicherung: 14,6 %, Zusatzbeitrag zur KV 1,1 %; Rentenversicherung: 18,6 %; Pflegeversicherung: 3,05 %; Arbeitslosenversicherung: 2,4 %. Tragen Sie das Ergebnis in das Kästchen ein!

43. Bei der Bavaria Fahrradwerke KG kann nach Gleitzeit gearbeitet werden. Das tägliche Arbeitssoll ist 8 Stunden. Das Gleitzeitkonto einer Mitarbeiterin weist am Ende letzter Woche einen Stand von + 190 auf. Am Montag arbeitete sie von 7:30 Uhr bis 16:45 Uhr. Mittagspause war von 11:30 Uhr bis 12:30 Uhr. Berechnen Sie den Stand des Gleitzeitkontos am Montagabend und tragen Sie das Ergebnis in das Kästchen ein!

44. Welche der folgenden Maßnahmen der Bundesregierung dient der Absicherung sozial schwacher Mitbürger?

a) Einführung eines Höchstlohns für Nachtarbeiter
b) Erhöhung des Kindergeldes bis zu einer bestimmten Einkommensgrenze
c) Preisstopp für Benzin für Berufspendler
d) Erhöhung des Mehrwertsteuersatzes auf 20 %
e) Abschaffung des Kinderfreibetrages bei der Einkommensteuer

ENTGELDABRECHNUNGEN
BEI DEN NACHSTEHENDEN AUFGABEN SIND DIE RICHTIGEN ERGEBNISSE ZU BERECHNEN!

45. Für einen Arbeitnehmer ist die folgende Lohnliste erstellt worden:

Stundenlohn	Normalstunden	Überstunden
15,60 €	170	8
Überstundenzuschlag:		25 %

Wie viel € beträgt der Bruttolohn?

46. Ein Arbeitnehmer erhält monatlich ein Gehalt von 2 500,00 €. Zusätzlich übernimmt der Arbeitgeber monatlich 20,00 € der vermögenswirksamen Leistungen.
Wie viel € beträgt der monatliche Auszahlungsbetrag, wenn 434,00 € Lohn- und Kirchensteuer incl. Solidaritätszuschlag, 420,00 € Sozialversicherungsanteil des Arbeitnehmers sowie die vermögenswirksame Sparleistung von 40,00 € berücksichtigt werden müssen?

47. Durch Tarifabschluss wird die wöchentliche Arbeitszeit von 40 Stunden auf 37,5 Stunden gesenkt. Es ist voller Lohnausgleich vorzunehmen.
Wie viel € beträgt der Stundenlohn eines Facharbeiters, der bisher 18,00 € je Stunde verdient hat?

48. Ein Arbeitnehmer erhält monatlich ein Tarifgehalt von 2.600,00 €. Der Arbeitgeberzuschuss zu den vermögenswirksamen Leistungen beträgt 30,00 €.
Wie viel € beträgt das auszuzahlende Gehalt, wenn 5,5 % Solidaritätszuschlag aus 411,30 € Lohnsteuer gerechnet werden, 520,08 € als Sozialversicherungsanteil anfallen und der AN vermögenswirksame Sparleistung von 40,00 € erbringt?

49. Laut Vertrag erhält ein Reisender im Urlaubsmonat Juli ein Fixum von 1 100,00 € und als Provision die monatliche Durchschnittsprovision des letzten Jahres. (Der Urlaubsmonat bleibt unberücksichtigt.)

Provisionen des letzten Jahres:

August	2 100,00 €	Januar	1 900,00 €
September	2 300,00 €	Februar	2 450,00 €
Oktober	2 500,00 €	März	2 150,00 €
November	2 850,00 €	April	2 250,00 €
Dezember	2 600,00 €	Mai	2 300,00 €
		Juni	2 450,00 €

Wie viel € betragen seine Bezüge im Urlaubsmonat?

50. Ein Facharbeiter arbeitet 134 Stunden im Monat. Sein tariflicher Grundlohn beträgt 10,50 € pro Stunde. Der Mann erhält auf den Grundlohn eine Erschwerniszulage von 3 % und einen Fahrtkostenanteil in Höhe von 55,00 €. Berechnen Sie den Bruttolohn. Tragen Sie das Ergebnis in das Kästchen ein!

51. Eine Mitarbeiterinder Bavaria Fahrradwerke KG erhält ein monatliches Fixum von 1.500,00 € brutto. Sie erhält zusätzlich eine Umsatzprovision von 2 %. Im letzten Monat betrug ihr Umsatz 65.400,00 €. Wie hoch war das Bruttogehalt der Mitarbeiterin im letzten Monat? Tragen Sie das Ergebnis in das Kästchen ein.

52. Das sozialversicherungspflichtige Entgelt einer Mitarbeiterin mit Kind beträgt 4.300,00 € im Monat. Folgende Daten zur Sozialversicherung liegen vor:

Beitragsbemessungsgrenze zur Krankenversicherung	4.687,50 €
Versicherungspflichtgrenze	5.212,50 €
Beitragsbemessungsgrenze zur Rentenversicherung (West)	6.900,00 €

Folgende Beitragssätze zu den einzelnen Sozialversicherungen sind gegeben:

Rentenversicherung	18,6 %
Arbeitslosenversicherung	2,4 %
Krankenversicherung	14,6 % (Zusatzbeitrag 1,1 %)
Pflegeversicherung	3,05 %.

KV:
RV:

Berechnen Sie die von der Mitarbeiterin zu leistenden Beiträge in € zur Kranken- und Rentenversicherung. Tragen Sie die Ergebnisse in das Kästchen oben ein!

53. Aus der Lohnbuchhaltung für einen 21-jährigen Mitarbeiter liegen Ihnen folgende Zahlen vor:

Bruttoeinkommen	1.510,99 €	
Lohnsteuer	67,91 €	
Solidaritätszuschlag	0,00 €	
Kirchensteuer	6,11 €	
Krankenversicherung		?
Pflegeversicherung		?
Rentenversicherung		?
Arbeitslosenversicherung		?
Summe gesetzl. Abzüge		?
Auszahlung		

Ergänzen Sie die Aufstellung und ermitteln Sie den Auszahlungsbetrag unter Berücksichtigung der aktuell geltenden Sozialversicherungsbeitragssätze (KV 14,6 %, Zusatzbeitrag 1,30 %, PV 3,05 %, RV 18,6 %, AV 2,4 %). Tragen Sie die Lösung in das Kästchen ein!

54. Zwei Mitarbeiter haben angeblich dasselbe Bruttogehalt. Ihr Nettogehalt sei aber unterschiedlich. Sie wollen der Sache auf den Grund gehen und besorgen sich die entsprechenden Unterlagen der beiden Mitarbeiter. Berechnen Sie das jeweilige Nettogehalt unter Berücksichtigung folgender Daten:

	Mitarbeiter A 25 Jahre alt	Mitarbeiter B 27 Jahre alt
Bruttogehalt	2.226,00 €	2.226,00 €
Steuerklasse	I	III
Kinderfreibeträge	keine	2 Kinderfreibeträge
Kirchenzugehörigkeit	katholisch	---
Beitragssatz Krankenkasse	14,6 %	14,6 %
Zusatzbeitrag für KV	1,1 %	1,1 %
<u>Im Übrigen gelten folgende Daten:</u>		
Kirchensteuersatz		9 %
Solidaritätszuschlag		5,5 %
Rentenversicherung		18,6 %
Arbeitslosenversicherung		2,4 %
Pflegeversicherung		3,05 %
Pflegeversicherung Zusatzbeitrag für Kinderlose ab Alter 23		0,25 %

Benutzen Sie zur Ermittlung der Nettolöhne folgendes Schema! Zur Ermittlung der Steuerabzüge siehe die abgebildete Steuertabelle!

Mitarbeiter	A	B
Bruttogehalt		
Lohnsteuer		
Solidaritätszuschlag		
Kirchensteuer		
Krankenversicherung		
Rentenversicherung		
Arbeitslosenversicherung		
Pflegeversicherung		
Zusätzliche Pflegevers. für Kinderlose		
Nettogehalt		

<u>**Zu den nächsten sechs Aufgaben.**</u>

Den Aufgaben liegen folgende Angaben zugrunde:
Der Kirchensteuersatz beträgt 9 %, der Solidaritätszuschlag 5,5 %. Es ist mit folgenden Sozialversicherungssätzen zu rechnen:

Krankenversicherung	14,6 %
Zusatzbeitrag KV	1,1 %
Rentenversicherung	18,6 %
Arbeitslosenversicherung	2,4 %
Pflegeversicherung	3,05 %
Pflegeversicherung Zusatzbeitrag für Kinderlose (ab Alter 23)	0,25 %

Beachten Sie außerdem die am Ende des Bereichs WISO 12.2 angefügte Steuertabelle. Tragen Sie die Lösung jeweils in das vorgesehene Kästchen ein!

55. **Ein 22-jähriger Angestellter mit Lohnsteuerklasse I erhält monatlich 2.224,00 € brutto. Wie hoch ist sein Nettogehalt nach Abzug der Sozialversicherungsbeiträge und der Steuern?**

56. **Die Lohnabrechnung eines 26-jährigen Arbeiters enthält folgende Angaben: Bruttolohn 2.235,00 €, Lohnsteuerklasse III/0, Vermögenswirksame Leistungen des Arbeitnehmers 40,00 € (kein Arbeitgeberzuschuss), Vorschuss auf nächstes Gehalt 250,00 €. Wie viel € beträgt der Auszahlungsbetrag?**

57. **Ein Arbeitnehmer, Steuerklasse IV/0, hat ein Bruttogehalt von 2.232,00 €. Nach der Geburt von Zwillingen scheidet seine Frau aus dem Berufsleben aus. Wie viel € beträgt die höchstmögliche monatliche Lohnsteuerersparnis des Arbeitnehmers nach dem Wechsel in die günstiger Lohnsteuerklasse gemäß beigefügter Tabelle?**

58. **Ein Angestellter erhält monatlich ein Gehalt in Höhe von 2.218,00 €. Er ist verheiratet und hat zwei Kinder (die Ehefrau ist nicht berufstätig). Das Unternehmen zahlt aufgrund einer tariflichen Vereinbarung zur Vermögensbildung einen Arbeitgeberzuschuss von monatlich 13,29 €. Wie viel € erhält der Angestellte, wenn er 40,00 € vermögenswirksam spart und außerdem noch eine Tilgungsrate für ein Arbeitgeberdarlehen von 100,00 € zu berücksichtigen ist?**

59. **Der Bruttolohn eines verheirateten, kirchensteuerpflichtigen Arbeitnehmers beträgt 2.304,00 €. Er hat die Steuerklasse III/2,0. Wie viel € beträgt das Nettogehalt unter Berücksichtigung eines monatlichen Steuerfreibetrages von 80,00 €?**

60. **Ein Arbeitnehmer, 32 Jahre alt, Steuerklasse II/1,0, hat ein Tarifgehalt von 2.217,00 €. Es wurde ein VL-Vertrag nach dem Vermögensbildungsgesetz über monatlich 40 € abgeschlossen. Der Arbeitgeber trägt hiervon 50 %. Wie viel € erhält der Arbeitnehmer ausgezahlt, wenn 350 € Vorschuss aus dem Vormonat verrechnet werden?**

Allgemeine Monats-Lohnsteuertabelle 2020 Teil West

von 2223 € bis 2237,99 €, Kirchensteuer 9%

Kinderfreibetrag				0		0,5		1		1,5		2		2,5		3		3,5		4
ab €	StK	Steuer	SolZ	KiStr	SolZ	KiStr	SolZ	KiStr	SolZ	KiStr	SolZ	KiStr	SolZ	KiStr	SolZ	KiStr	SolZ	KiStr	SolZ	KiStr
2.223,00																				
	1	224,08	12,32	20,16	7,66	12,54	-	5,47	-	0,17	-	-	-	-	-	-	-	-	-	-
	2	182,08	-	-	3,80	9,00	-	2,61	-	-	-	-	-	-	-	-	-	-	-	-
	3	23,16	-	2,08	-	-	-	-	-	-	-	-	-	-	-	-	-	-	-	-
	4	224,08	12,32	20,16	9,95	16,29	7,66	12,54	3,61	8,91	-	5,47	-	2,54	-	0,17	-	-	-	-
	5	476,00	26,18	42,84	-	-	-	-	-	-	-	-	-	-	-	-	-	-	-	-
	6	507,50	27,91	45,67	-	-	-	-	-	-	-	-	-	-	-	-	-	-	-	-
2.226,00																				
	1	224,75	12,36	20,22	7,70	12,60	-	5,52	-	0,20	-	-	-	-	-	-	-	-	-	-
	2	182,75	-	-	3,93	9,05	-	2,64	-	-	-	-	-	-	-	-	-	-	-	-
	3	23,66	-	2,12	-	-	-	-	-	-	-	-	-	-	-	-	-	-	-	-
	4	224,75	12,36	20,22	9,99	16,35	7,70	12,60	3,75	8,97	-	5,52	-	2,58	-	0,20	-	-	-	-
	5	477,00	26,23	42,93	-	-	-	-	-	-	-	-	-	-	-	-	-	-	-	-
	6	508,33	27,95	45,74	-	-	-	-	-	-	-	-	-	-	-	-	-	-	-	-
2.229,00																				
	1	225,41	12,39	20,28	7,73	12,65	-	5,58	-	0,23	-	-	-	-	-	-	-	-	-	-
	2	183,33	-	-	4,05	9,11	-	2,69	-	-	-	-	-	-	-	-	-	-	-	-
	3	24,00	-	2,16	-	-	-	-	-	-	-	-	-	-	-	-	-	-	-	-
	4	225,41	12,39	20,28	10,03	16,41	7,73	12,65	3,86	9,02	-	5,58	-	2,62	-	0,23	-	-	-	-
	5	477,83	26,28	43,00	-	-	-	-	-	-	-	-	-	-	-	-	-	-	-	-
	6	509,33	28,01	45,83	-	-	-	-	-	-	-	-	-	-	-	-	-	-	-	-
2.232,00																				
	1	226,08	12,43	20,34	7,77	12,71	-	5,62	-	0,27	-	-	-	-	-	-	-	-	-	-
	2	184,00	-	-	4,16	9,16	-	2,72	-	-	-	-	-	-	-	-	-	-	-	-
	3	24,50	-	2,20	-	-	-	-	-	-	-	-	-	-	-	-	-	-	-	-
	4	226,08	12,43	20,34	10,06	16,47	7,77	12,71	3,98	9,08	-	5,62	-	2,66	-	0,27	-	-	-	-
	5	478,83	26,33	43,09	-	-	-	-	-	-	-	-	-	-	-	-	-	-	-	-
	6	510,16	28,05	45,91	-	-	-	-	-	-	-	-	-	-	-	-	-	-	-	-
2.235,00																				
	1	226,75	12,47	20,40	7,80	12,77	-	5,67	-	0,29	-	-	-	-	-	-	-	-	-	-
	2	184,66	-	-	4,30	9,22	-	2,77	-	-	-	-	-	-	-	-	-	-	-	-
	3	25,00	-	2,25	-	-	-	-	-	-	-	-	-	-	-	-	-	-	-	-
	4	226,75	12,47	20,40	10,10	16,52	7,80	12,77	4,11	9,14	-	5,67	-	2,70	-	0,29	-	-	-	-
	5	479,66	26,38	43,16	-	-	-	-	-	-	-	-	-	-	-	-	-	-	-	-
	6	511,16	28,11	46,00	-	-	-	-	-	-	-	-	-	-	-	-	-	-	-	-

1. **Welche Zielkombination kennzeichnet die vier Hauptziele der staatlichen Wirtschaftspolitik nach dem Stabilitätsgesetz?**
   a) Erhaltung der Kaufkraft des Geldes, hoher Beschäftigungstand, außenwirtschaftliches Gleichgewicht, Nullwachstum.
   b) Größtmögliches Wirtschaftswachstum, absolut gleiche Besteuerung der Wirtschafssubjekte, hohe Devisenbestände der Deutschen Bundesbank, Stabilität des Preisniveaus
   c) Gerechte Einkommensverteilung, hoher Beschäftigungsstand, stetiges und angemessenes Wirtschaftswachstum, Stabilität des Preisniveaus
   d) Stabilität des Preisniveaus, keine Verschuldung der öffentlichen Haushalte, außenwirtschaftliches Gleichgewicht, Vollbeschäftigung.
   e) Stabilität des Preisniveaus, hoher Beschäftigungsstand, außenwirtschaftliches Gleichgewicht, stetiges und angemessenes Wirtschaftswachstum

2. **Welches Ziel der Wirtschaftspolitik gehört nach dem Gesetz zur Förderung der Stabilität und des Wachstums zum „Magischen Viereck“?**
   a) Gerechte Einkommensverteilung
   b) Außenwirtschaftliches Gleichgewicht
   c) Ausgeglichene Handelsbilanz
   d) Gleichbleibende Geldmenge
   e) Umweltschutz

3. **Die abgebildete Grafik zeigt vier angestrebte wirtschaftspolitische Ziele symbolisch auf. Welches wirtschaftspolitische Ziel entspricht dem in der Grafik eingekreisten (unteren) Feld?**

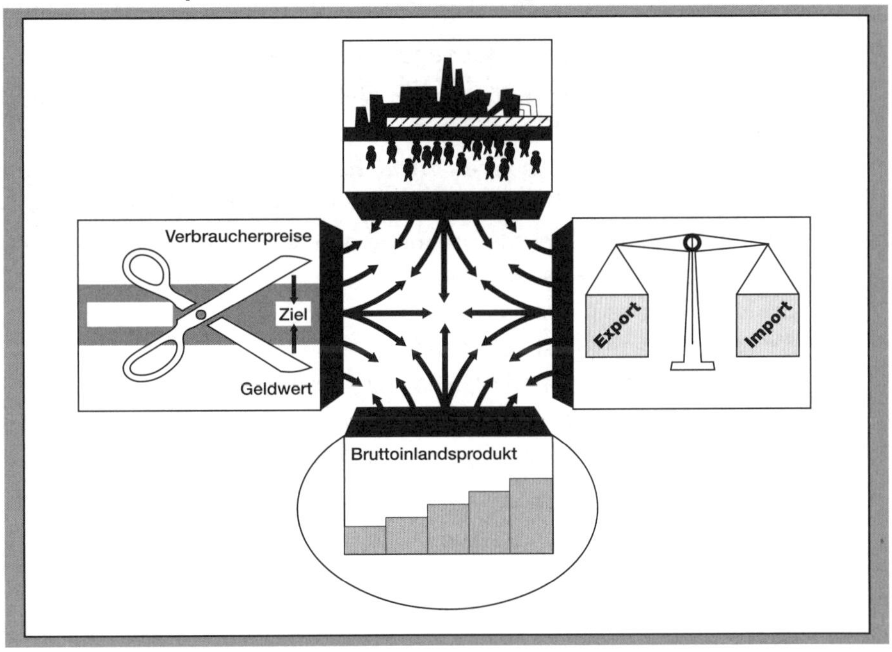

   a) Preisniveaustabilität
   b) Stetiges und angemessenes Wirtschaftswachstum
   c) Außenwirtschaftliches Gleichgewicht
   d) Hoher Beschäftigungsgrad
   e) Soziale Gerechtigkeit

4. **In welchem Fall liegt ein wirtschaftspolitischer Zielkonflikt vor?**
   a) Bei steigender Beschäftigung erhöht sich das Preisniveau.
   b) Bei steigender Beschäftigung erhöht sich das Wirtschaftswachstum.
   c) Bei sinkenden Gehältern sinkt das Preisniveau.
   d) Bei rückläufiger Arbeitslosigkeit bleiben die Gehälter stabil.
   e) Bei stabilen Preisen steigt die Kaufkraft des Geldes.
   f) Die Produktivität erhöht sich im Ausmaß der besseren Kapazitätsauslastung.

5. Welches wirtschaftspolitische Ziel ist hauptsächlich durch eine restriktive Geldpolitik zu erreichen?

a) Preisstabilität
b) Außenwirtschaftliches Gleichgewicht
c) Hoher Beschäftigungsstand
d) Wirtschaftswachstum
e) Gerechte Einkommens- und Vermögensverteilung

6. Was trägt vor allem dazu bei, die Stabilität des Preisniveaus zu sichern?

a) Eine ständig aktive Zahlungsbilanz
b) Ein ausgewogenes Verhältnis von Papier- und Münzgeld
c) Ein ausgewogenes Verhältnis von Güter- und Geldmenge
d) Die Abhängigkeit der Organe der Bundesbank von Weisungen der Bundesregierung
e) Hohe Haushaltsdefizite

7. Woran ist zu erkennen, dass und in welchem Umfang das wirtschaftspolitische Ziel „außenwirtschaftliches Gleichgewicht“ gestiegen ist?

a) An der Menge der importierten Güter im Verhältnis zum Bruttoinlandsprodukt
b) An der Menge der exportierten Güter im Verhältnis zum Bruttoinlandsprodukt
c) An der Leistungsbilanz
d) An der Differenz zwischen den Erwerbs- und Vermögenseinkommen von Inländern und ausländischen Arbeitskräften
e) An dem Verhältnis zwischen Kapitalimport und Währungsreserven

8. Beurteilen Sie folgende Aussagen zur Wirtschaftspolitik.

(1) Exportüberschüsse führen bei gleichem Güterangebot zu Preissenkungen und zu Devisenrückgängen.

(2) Die Ziele „angemessenes Wirtschaftswachstum“ sowie „Preisstabilität“ sind mit der Steigerung der Nachfrage nach Konsum- und Investitionsgütern automatisch zu erreichen.

(3) Das Wirtschaftswachstum misst man an der Steigerung des realen Bruttoinlandsproduktes.

a) Nur Aussage (1) ist zutreffend.
b) Nur Aussage (2) ist zutreffend.
c) Nur Aussage (3) ist zutreffend.
d) Die Aussagen (1) und (2) sind zutreffend.
e) Die Aussagen (2) und (3) sind zutreffend.
f) Die Aussagen (1) und (3) sind zutreffend.

9. Wobei handelt es sich um ein Ziel des Staates im Sinne des Stabilitätsgesetzes?

a) Hoher Beschäftigungsstand
b) Niedrige Steuersätze
c) Gerechte Vermögensverteilung
d) Mitbestimmung
e) Chancengleichheit
f) Verbesserung der Umweltbedingungen

10. Welches wirtschaftspolitische Ziel wird unmittelbar an den jährlichen Veränderungen des realen Bruttoinlandsproduktes gemessen?

a) Preisniveaustabilität
b) Hoher Beschäftigungsgrad
c) Außenwirtschaftliches Gleichgewicht
d) Stetiges und angemessenes Wirtschaftswachstum
e) Gerechte Einkommens- und Vermögensverteilung
f) Verbesserung der Umweltbedingungen

11. Ordnen Sie zu!

Wirtschaftliche Maßgrößen

a) Leistungsbilanz
b) Das reale Bruttoinlandsprodukt
c) Die Zahl der offenen Stellen
d) Die Kaufkraft des Geldes
e) Die Lohnquote
f) Die Arbeitslosigkeit

Globalziele des Stabilitätsgesetzes

[ ] Preisniveau
[ ] Außenwirtschaftliches Gleichgewicht
[ ] Stetiges und angemessenes Wirtschaftswachstum

12. Die wirtschaftspolitischen Ziele der Bundesrepublik sind im so genannten „Magischen Viereck" vereint. Ordnen Sie zwei der Messgrößen, die Auskunft über den Erfolg der angestrebten wirtschaftlichen Ziele der Bundesregierung geben, den Zielen der Stabilitätsgesetzes zu!

Messgrößen

a) Arbeitslosenquote = Verhältnis der Arbeitslosen zu der Zahl der zivilen Erwerbspersonen in Prozent
b) Veränderungen der Zahl der Erwerbslosen zum Jahresende gegenüber der Zahl der Arbeitslosen zum Ende des Vorjahres
c) Vergleich der Marktpreise des Bruttoinlandsproduktes (BIP) zum Jahresende gegenüber den Marktpreisen des BIP zum Ende des Vorjahres
d) Veränderung des Preisniveaus im gesamten Jahr gegenüber dem Vorjahr, gemessen am Lebenshaltungskostenindex
e) Veränderung des BIP des gesamten Jahres gegenüber dem Vorjahr, gemessen in Preisen von 1995 (Indexverfahren)

Ziele des § 1 Stabilitätsgesetz

[ ] Preisniveaustabilität
[ ] Hoher Beschäftigungsgrad

13. Als problematisch wird unter dem Schlagwort „Zielkonflikte" herausgestellt, dass bei der Bekämpfung der Arbeitslosigkeit andere anzustrebenden Ziele nicht außer Acht gelassen werden dürfen. Prüfen Sie, welche Behauptung falsch ist!

a) Maßnahmen zur Erhöhung der Nachfrage können zwar zur Schaffung neuer Arbeitsplätze beitragen, sie wirken jedoch auch inflationsfördernd.
b) Maßvolle Tarifabschlüsse können zwar zur Schaffung neuer Arbeitsplätze beitragen, sie dienen jedoch nicht unbedingt dem Ziel einer gerechten Einkommensverteilung.
c) Maßnahmen zur Erhöhung der Nachfrage führen regelmäßig zum Abbau von Arbeitsplätzen, sie gefährden gleichzeitig das Wirtschaftswachstum.
d) Maßnahmen zur Verbesserung der Umweltbedingungen können zwar zur Schaffung neuer Arbeitsplätze im Bereich neuer Umwelttechnologien beitragen. Andererseits können jedoch strenge Umweltauflagen Betriebsverlagerungen in Länder mit weniger strengen Umweltauflagen führen.
e) Hohe Exportüberschüsse können zwar zur Konjunkturbelebung und damit zu einer Arbeitsplatzbeschaffung beitragen, sie dienen jedoch nicht unbedingt dem Ziel eines außenwirtschaftlichen Gleichgewichts.

14. Zu welchem wirtschaftspolitischen Ziel steht eine anhaltend starke Erhöhung der Staatsausgaben in Konflikt?

a) Stetiges und angemessenes Wachstum
b) Hoher Beschäftigungsgrad
c) Preisniveaustabilität
d) Gerechte Einkommens- und Vermögensverteilung
e) Außenwirtschaftliches Gleichgewicht

15. Was bedeutet die Aussage: „Das durchschnittliche Realeinkommen der Arbeitnehmer in der Bundesrepublik Deutschland ist im letzten Jahr um 1 % gefallen"?

a) Der durchschnittliche Kaufkraftverlust entsprach der durchschnittlichen Lohnerhöhung.
b) Der Kaufkraftverlust war durchschnittlich 1 % geringer als die Lohnerhöhung.
c) Der Kaufkraftverlust war durchschnittlich 1 % höher als die Lohnerhöhung.
d) Der Lohnanstieg war durchschnittlich 1 % höher als der Preisverfall.
e) Die Preise sind durchschnittlich 1 % weniger gestiegen als der Lohn.

16. Welches Ziel ist nicht im Gesetz zur Förderung der Stabilität und des Wachstums der Wirtschaft enthalten?

a) Hoher Beschäftigungsstand
b) Stabilität
c) Gerechte Einkommensverteilung
d) Außenwirtschaftliches Gleichgewicht
e) Stetiges und angemessenes Wirtschaftswachstum

17. Als Inflation bezeichnet man einen Prozess anhaltender und erheblicher Steigerung des Preisniveaus und damit sinkenden Geldwertes. Wodurch kann eine Inflation entstehen?

a) Durch Lohnerhöhungen, die unter dem Produktivitätszuwachs liegen
b) Durch den Verkauf von Wertpapieren durch die Deutsche Bundesbank im Auftrag des Systems der Europäischen Zentralbanken (ESZB)
c) Durch starke Erhöhung der staatlichen Nachfrage bei gleichbleibendem Angebot
d) Durch das Sinken der Nachfrage nach Investitionsgütern bei gleichbleibendem Angebot
e) Durch Rückgang der Konsumgüternachfrage bei gleichbleibendem Angebot

18. Die Bundesregierung will durch ihre Ausgaben- und Einnahmenpolitik eine inflationäre Entwicklung bekämpfen, die durch eine Übernachfrage entstanden ist. In welcher Zeile zielen alle Maßnahmen in die gewünschte Richtung?

Einkommensteuersätze	Konjunkturausgleichsrücklage	Investitionsaufträge
a) senken	erhöhen	erhöhen
b) erhöhen	verringern	verringern
c) erhöhen	erhöhen	erhöhen
d) senken	verringern	verringern
e) erhöhen	erhöhen	verringern
f) erhöhen	verringern	erhöhen

19. Wie müssten Bund, Länder und Gemeinden ihre finanzpolitischen Instrumente nach dem Stabilitätsgesetz handhaben, um einer sich abzeichnenden Konjunkturüberhitzung entgegenzuwirken?

Steuersätze	Abschreibungssätze	öffentliche Aufträge
a) erhöhen	verringern	verringern
b) erhöhen	verringern	erhöhen
c) verringern	verringern	erhöhen
d) verringern	erhöhen	verringern
e) erhöhen	erhöhen	verringern

20. Eine Inflation wirkt sich unter anderem auf die Preise, die Geldmenge und die Kaufkraft aus. In welcher Zeile sind alle Auswirkungen richtig dargestellt?

Preise	Geldmenge	Kaufkraft
a) bleiben unverändert	bleibt unverändert	sinkt
b) sinken	sinkt	steigt
c) steigen	steigt	sinkt
d) steigen	steigt	steigt
e) sinken	steigt	sinkt
f) steigen	sinkt	sinkt

21. Welche Aussage zum Wirtschaftswachstum ist richtig?

a) Zwischen dem nominalen und realen Bruttoinlandsprodukt besteht hinsichtlich der Aussagekraft über das Wirtschaftswachstum kein Unterschied.
b) Die Erschließung und Verarbeitung der in einem Lande vorhandenen Rohstoffe hat keinen Einfluss auf das Wirtschaftswachstum.
c) Technischer Fortschritt und Produktionsstruktur eines Landes haben wesentlichen Einfluss auf das Wirtschaftswachstum.
d) Die Bevölkerungsstruktur hat keinen Einfluss auf das Wirtschaftswachstum.
e) Die Realisierung eines angemessenen Wirtschaftswachstums bewirkt automatisch Preisniveaustabilität und Vollbeschäftigung.

22. Wie wirkt eine inflationäre Entwicklung?

a) Die Geldvermögen, z. B. Sparguthaben, gewinnen Kaufkraft.
b) Bei gleichbleibenden Nominallöhnen sinken die Reallöhne.
c) Die Geldmenge sinkt bei gleichzeitig rückläufiger Umlaufsgeschwindigkeit des Geldes.
d) Der Nominalwert des Geldes sinkt.
e) Das Geldvolumen steigt ebenso stark wie die Produktion an Gütern und Dienstleistungen.

23. Welche Aussage zur Inflation ist richtig?

a) Der Eigentümer von Geldvermögen ist gegenüber dem Eigentümer von Sachwerten in einer Inflation benachteiligt.
b) In der Inflation steigt der Wert des Geldes.
c) Die Inflation bewirkt eine gleichmäßige Verteilung der Vermögen.
d) In der Inflation sinken die Preise.
e) Inflation ist in jeder Höhe wirtschaftspolitisch unbedenklich.

24. Sowohl Inflation als auch Deflation stellen mögliche gesamtwirtschaftliche Ungleichgewichte dar. Welcher Vorgang kann bei sonst unveränderten Einflussgrößen eine deflationäre Wirkung auslösen.

a) Die Tarifpartner vereinbaren Lohnsteigerungen über dem Produktivitätszuwachs.
b) Die Preise sinken, gleichzeitig geht die Nachfrage der privaten Haushalte zurück.
c) Die privaten Einkommen steigen und lösen einen Nachfrageüberhang aus.
d) Die Regierung erhöht ihre Ausgaben durch zusätzliche Staatsverschuldung.
e) Die Bundesbank senkt die Kreditleitzinsen und löst eine Steigerung der Investitionen aus.

25. Ordnen Sie zu.

Begriffserläuterungen

a) Beeinflussung der gesamtwirtschaftlichen Nachfrage mit finanzpolitischen Mitteln und geldpolitischen Instrumenten mit dem Ziel, ein gesamtwirtschaftliches Gleichgewicht zu erreichen.
b) Gleichzeitiges aufeinander abgestimmtes Verhalten der Gebietskörperschaften, Gewerkschaften und Unternehmerverbände zur Erreichung der gesamtpolitischen Ziele
c) Wert aller Güter und Dienstleistungen, die in einer Volkswirtschaft in einem Jahr konsumiert, investiert oder exportiert (vermindert um die Importe) werden
d) Langfristige Anlage von Kapital zur Erhaltung, Verbesserung und Vermehrung der Produktionsmittel
e) Prozess anhaltender Geldwertverschlechterung infolge von Preissteigerungen
f) Gesamtnachfrage nach Gütern und Dienstleistungen kann mit dem Gesamtangebot nicht Schritt halten, weil zu wenig Geld im Umlauf ist.

Grundbegriffe

[ ] Investitionen
[ ] Inflation
[ ] Konjunkturpolitik

26. Welcher Vorgang kann bei sonst gleichbleibenden Einflussfaktoren eine inflationäre Entwicklung auslösen?

a) Einfuhrsperren ausländischer Handelspartner führen zu einer Senkung des Exportes.
b) Die zunehmende Sparneigung führt zu einem Nachfrageausfall am Konsumgütermarkt.
c) Die Regierung schränkt ihre Ausgaben ein, um die Staatsverschuldung zu verringern.
d) Die Löhne steigen im gleichen Maß wie die Produktivität.
e) Trotz ausgelasteter Kapazitäten besteht ein Nachfrageüberhang.

27. Welche Aussage über die Kaufkraft des Geldes ist richtig?

a) Die Kaufkraft ist gleichbedeutend mit dem Eigenwert des Geldes.
b) Mit Hilfe der Kaufkraft werden Güter verschiedener Art messbar.
c) Kaufkraft wird durch die Gütermenge festgelegt, die man mit einer Geldeinheit erwerben kann.
d) Steigende Güternachfrage bei gleichbleibendem Angebot erhöht die Kaufkraft.
e) Die Kaufkraft ist unabhängig von der Geldmenge.

28. Ordnen Sie zu.

Wirtschaftliche Kennzahlen

a) Lebenshaltungskostenindex
b) Reales Volkseinkommen
c) Arbeitslosenquote
d) Lohnquote
e) Rentabilität
f) Wirtschaftlichkeit
g) Nachfrageelastizität

Volkswirtschaftliche Begriffe

[ ] Einkommensverteilung

[ ] Kaufkraft des Geldes

[ ] Wirtschaftswachstum

29. Welche staatliche Maßnahme soll Unterbeschäftigung abbauen?

a) Generelle Erhöhung der Einkommensteuersätze
b) Einnahmestilllegung
c) Einschränkung der steuerlichen Abschreibungsmöglichkeiten
d) Bildung von Haushaltsüberschüssen
e) Gewährung von Investitionszulagen

30. Welche Aussage zur Inflation ist richtig?

a) Bei einer Inflation steigt die Kaufkraft des € ständig.
b) Die Erhöhung der Mineralölpreise hat in Industrieländern keinen Einfluss auf die inflationäre Entwicklung.
c) Bei einer Inflation ist in einer Volkswirtschaft zu wenig Geld im Umlauf.
d) Eine Erhöhung des Bargeldumlaufs wirkt inflationshemmend.
e) Wenn Anbieter die Marktmacht haben, Preiserhöhungen durchzusetzen, verstärkt dies eine inflationäre Entwicklung.
f) Eine Senkung des Leitzinses wirkt dem Preisanstieg entgegen.

31. Welcher Vorgang trägt zur Stabilisierung des Preisniveaus bei einer inflationären Entwicklung bei?

a) Lohnerhöhung um 10 % bei Steigerung des Bruttoinlandsproduktes um 5 %.
b) Verkürzung der wöchentlichen Arbeitszeit bei vollem Lohnausgleich
c) Verstärkung des Exportes
d) Verstärkung der Spartätigkeit
e) Erhöhung der Staatsausgaben

32. In welchem Fall liegt ein reales wirtschaftliches Wachstum vor?

a) Die nominelle Zunahme des Volkseinkommens ist niedriger als der Kaufkraftverlust des Geldes.
b) Das Volkseinkommen verringert sich gegenüber dem Vorjahr.
c) Das Volkseinkommen bleibt bei unveränderter Kaufkraft gleich hoch.
d) Das Volkseinkommen steigt stärker als die Preissteigerungsrate.
e) Die nominelle Zunahme des Volkseinkommens wird durch Kaufkraftschwund aufgezehrt.

33. Welche Aussage über die Auswirkung einer Inflation ist richtig?

a) Die Lohn- und Gehaltsempfänger müssen einen Kaufkraftverlust hinnehmen, wenn die Inflationsrate über der tariflichen Erhöhung der Gehälter liegt.
b) Die Besitzer von Sparguthaben werden nicht benachteiligt, da sich die Verzinsung automatisch der Preissteigerungsrate anpasst.
c) Wenn gesamtwirtschaftlich das Angebot die Nachfrage nach Gütern und Dienstleistungen übersteigt, so steigt das Preisniveau.
d) Eine Verminderung der Angebotsmenge bewirkt einen Rückgang der Preissteigerungsrate.
e) Kreditnehmer werden durch eine Inflation benachteiligt, denn mit wachsender Geldentwertung müssen sie, unter Berücksichtigung der Kaufkraft, mehr tilgen.

34. Im Wirtschaftsteil einer Zeitung steht: „Die Verbraucherpreise werden im Jahr 20xx voraussichtlich um 5 % steigen." Welche Aussage ist richtig?

a) Die Entwicklung der Verbraucherpreise beeinflusst die Entwicklung des Reallohnes.
b) Aus dieser Zahl lässt sich unmittelbar eine Angabe über die Entwicklung des Nominallohnes gewinnen.
c) Aus dieser Zahl kann man unmittelbar die durchschnittliche Erhöhung des Reallohnes ableiten.
d) Dieser Preisanstieg wurde ausschließlich durch die Lohn- und Gehaltserhöhungen des letzten Jahres bewirkt.
e) Wenn die Löhne und Gehälter gleichbleiben, steigt die Kaufkraft um 5 %.
f) Wenn die Löhne und Gehälter um 6 % steigen, fällt die Kaufkraft um 1 %.

35. Welche im Stabilitätsgesetz vorgesehene Maßnahme wirkt Nachfrage erhöhend?

a) Heraufsetzung der Einkommensteuer um höchstens 10 % für längstens 1 Jahr
b) Aussetzung der Sonderabschreibungen
c) Beschränkung der Möglichkeiten der Kreditaufnahme durch die öffentliche Hand
d) Beschleunigung der Planung und Vergabe von Investitionsvorhaben des Staates
e) Bildung einer Konjunkturausgleichsrücklage bei der Deutschen Bundesbank

36. Was ist im „Gesetz zur Förderung der Stabilität und des Wachstums der Wirtschaft" festgelegt?

a) Dass Bund, Länder und Sozialpartner versuchen, ein stetiges und angemessenes Wirtschaftswachstum zu erreichen, auch wenn zwischenzeitlich ein Preisanstieg und Exportrückgang in Kauf genommen werden muss
b) Dass Bund und Länder ihre finanz- und wirtschaftspolitischen Maßnahmen so treffen, dass sie im Rahmen der marktwirtschaftlichen Ordnung gleichzeitig zur Stabilität des Preisniveaus, zu einem hohen Beschäftigungsgrad und außenwirtschaftlichem Gleichgewicht bei stetigem und angemessenem Wirtschaftswachstum beitragen
c) Dass die Sozialpartner versuchen, unter Wahrung der Tarifautonomie ein hohes Wirtschaftswachstum bei gleichzeitiger Vollbeschäftigung, ausgeglichener Handelsbilanz und nur mäßig steigenden Preisen zu erreichen
d) Dass die volkswirtschaftliche Gesamtplanung darauf ausgerichtet ist, Vollbeschäftigung, Steuergerechtigkeit, Preisniveaustabilität, Wirtschaftswachstum und ausgeglichene Handelsbilanz unter Wahrung der Tarifautonomie zu erreichen
e) Dass die von der Bundesregierung jeweils am Jahresanfang den Gebietskörperschaften und Unternehmensverbänden zur Verfügung gestellten Lohnleitlinien nicht überschritten werden

37. Durch welche Maßnahmen zur Nachfragesteigerung kann der Staat die Schaffung neuer Arbeitsplätze begünstigen?

a) Erhöhung der Umsatzsteuer
b) Senkung der Einkommensteuer
c) Abbau von Subventionen
d) Abbau der Staatsausgaben
e) Bildung einer Konjunkturausgleichsrücklage

38. Das Wirtschaftswachstum einer Volkswirtschaft beträgt gegenüber dem Vorjahr real und nominal 5 %. Welche Feststellung trifft zu?

a) Nur das Nettonationaleinkommen ist gestiegen.
b) Das Bruttoinlandsprodukt ist unverändert geblieben.
c) Das Preisniveau ist gesunken.
d) Das Preisniveau ist gestiegen.
e) Das Preisniveau ist unverändert geblieben.

39. Wie kann man die Stabilität einer Währung feststellen (messen)?

a) Die Arbeitsproduktivität ist ein geeigneter Maßstab, um die Stabilität einer Währung festzustellen.
b) Die Veränderungen des nominalen Bruttoinlandsproduktes geben Aufschluss über die Stabilität einer Währung.
c) Die durchschnittliche Entwicklung der Kosten für die Lebenshaltung geben Aufschluss über die Stabilität einer Währung.
d) Der Überschuss der Handelsbilanz ist ein geeigneter Maßstab, um die Stabilität einer Währung festzustellen.
e) Die Höhe des Geldumlaufs zeigt die Kaufkraft und damit die Stabilität einer Währung an.
f) Die Zahl der Arbeitslosen gibt unmittelbaren Aufschluss über die Stabilität einer Währung.

40. Der Preisindex für die Lebenshaltung aller privaten Haushalte basiert auf dem sogenannten Warenkorb. Welche zwei Aussagen über den Warenkorb sind zutreffend?

a) Der Warenkorb enthält keine Dienstleistungen.
b) Die Preise für die Waren im Warenkorb werden jährlich neu erhoben.
c) Der Inhalt eines Warenkorbes orientiert sich am Verbrauch eines Durchschnittshaushalts.
d) Die Waren im Warenkorb werden jährlich neu zusammengestellt.
e) Im Warenkorb sind alle Waren gleich gewichtet.
f) Der Warenkorb wird im Abstand von einigen Jahren immer wieder neu zusammengestellt.

41. Die Entwicklung des Preisniveaus und die damit verbundene Kaufkraftveränderung wird vom Statistischen Bundesamt in sog. Preisindizes dargestellt. Ermitteln Sie aus der vereinfachten statistischen Darstellung der Preisindizes für das Jahr 01 und das Jahr 02 die Preissteigerungsrate im Monat Juni des Jahres 02, bezogen auf den Vorjahrsmonat (auf eine Stelle hinterm Komma runden). Tragen Sie das Ergebnis in das Käschen ein!

Jahr 01		Jahr 02	
Dez	105,6	Dez	
Nov	105,0	Nov	
Okt	104,5	Okt	
Sep	104,2	Sep	
Aug	104,1	Aug	
Jul	104,2	Jul	
Jun	103,6	Jun	107,0
Mai	103,6	Mai	106,7
Apr	103,6	Apr	106,1
März	103,1	März	106,3
Feb	102,9	Feb	105,8
Jan	102,4	Jan	105,3

Verbraucherpreisindex
Originalwert: Jahr X = 100

Quelle: Statistisches Bundesamt Deutschland

42. Angenommen, der Verbraucherpreisindex stieg vom Basisjahr 00 von 100 auf 102,5 im Jahr 01 und auf 104,8 im Jahr 02. Berechnen Sie auf 2 Stellen (gerundet) hinter dem Komma
a) die Veränderung des Preisindex im Jahr 02 gegenüber dem Basisjahr
b) die Veränderung des Preisindex im Jahr 02 gegenüber dem Vorjahr
c) die Kaufkraftänderung im Jahr 02 gegenüber dem Vorjahr!
Tragen Sie die Ergebnisse in das Kästchen ein!

43. Wirtschaftspolitische Ziele werden durch unterschiedliche Maßnahmen angestrebt. Ordnen Sie die vier Ziele den Sachverhalten zu.

Wirtschaftspolitische Ziele
1. Geldwertstabilität (Preis~)
2. Außenwirtschaftliches Gleichgewicht
3. Angemessenes Wirtschafts-Wachstum
4. Vollbeschäftigung bzw. hoher Beschäftigungsstand

Sachverhalte
a) Die EZB erhöht den Leitzinssatz um 0,5 %.
b) Die Bundesregierung eröffnet in der Abschwung-Phase Möglichkeiten der Kurzarbeit.
c) Das Bruttoinlandsprodukt (BIP) steigt im Vergleich zum Vorjahr um 1,5 %.
d) Die Bundesregierung beschränkt den Warenimport durch Einfuhrverbote

44. Prüfen Sie welche Auswirkungen eine Inflation auf die Unternehmen hat?

a) Kostensteigerungen bei inländischen Vorleistungen führen zu rückläufigen Unternehmensgewinnen oder sogar zu Verlusten, wenn der Absatzmarkt überwiegend im Ausland liegt.
b) Die Kaufkraft der Unternehmensgewinne steigt, sodass Schulden schneller zurückgezahlt werden können.
c) In einer Rezession wirken steigende Preise anregend auf die Produktion und die Investitionsbereitschaft.
d) Die von der EZB getroffenen geldpolitischen Maßnahmen zur Bekämpfung der Inflation führen zu steigender gesamtwirtschaftlicher Nachfrage, wodurch die Unternehmensgewinne steigen.
e) Da Kreditinstitute aufgrund der gesunkenen Geldmenge bei der Auswahl der Kreditnehmer kritischer sind, steigt die Zahl der Unternehmenszusammenbrüche.

45. Welche Aussage zu wirtschaftspolitischen Zielsetzungen ist richtig?

a) Ein außenwirtschaftliches Gleichgewicht kann nur erreicht werden, wenn Vollbeschäftigung besteht.

b) Wirtschaftspolitische Maßnahmen, die zur Preisniveaustabilität führen, können einen Rückgang der Beschäftigung zur Folge haben.

c) Die Verschlechterung der Zahlungsbilanz führt zu Vollbeschäftigung und Preisniveaustabilität.

d) Starke Veränderungen des Preisniveaus führen zu einem stetigen und angemessenen Wirtschaftswachstum.

e) Der Rückgang des Inlandsproduktes führt zu außenwirtschaftlichem Gleichgewicht.

46. Welche Aussage zum realen Bruttoinlandsprodukt einer Volkswirtschaft ist richtig?

a) Die Veränderungen des Bruttoinlandsproduktes geben Aufschluss über das Wachstum einer Volkswirtschaft.

b) Das Bruttoinlandsprodukt umfasst in einer Volkswirtschaft auch die Hausfrauenarbeit.

c) Aus dem Bruttoinlandsprodukt kann man die Qualität und den Nutzen der erstellten Güter ersehen.

d) Aus dem Bruttoinlandsprodukt kann man die unterschiedliche Verteilung von Einkommen und Gütern ersehen.

e) Aus dem Bruttoinlandsprodukt sind soziale Verbesserungen, wie Erhöhung der Lebenserwartung, mehr Kindergartenplätze usw., zu ersehen.

47. Welche Aussage über das Wirtschaftswachstum trifft zu?

a) Das Wirtschaftswachstum lässt sich an der Steigerung des Reallohns messen.

b) Steigende Importüberschüsse fördern in gleichem Maße das Wirtschaftswachstum.

c) Das Wirtschaftswachstum lässt sich an der Veränderung des realen Bruttoinlandsproduktes messen.

d) Bei der Berechnung des realen Wirtschaftswachstums wird das nominelle Bruttoinlandsprodukt um die Lohnquote bereinigt.

e) Nettoinvestitionen bremsen das Wirtschaftswachstum.

48. Wodurch kann eine Inflation entstehen?

a) Durch Sinken der Nachfrage nach Investitionsgütern bei konstantem Angebot.

b) Durch Rückgang der Konsumgüternachfrage bei gleichbleibendem Angebot.

c) Durch Lohnerhöhungen, die unter der Produktionssteigerung liegen.

d) Durch Erhöhung des Mindestreservesatzes.

e) Durch starke Erhöhung der Staatsausgaben.

49. Welche Aussage zu einer deflatorischen Entwicklung ist richtig?

a) Es ist ein Stillstand der ökonomischen Aktivitäten bei steigenden Preisen zu beobachten.

b) Es sind anhaltendes Sinken des Preisniveaus und zunehmende Arbeitslosigkeit zu beobachten.

c) Es ist ein langsames, aber anhaltendes Steigen der Preise zu beobachten.

d) Es ist eine Zunahme der ökonomischen Aktivitäten in der Volkswirtschaft zu beobachten.

e) Die nachfragewirksame Geldmenge wächst stärker als das Güterangebot.

50. Welche Aussage beschreibt eine mögliche Ursache inflationärer Entwicklung?

a) Die Nachfrage nach Gütern und Leistungen steigt im gleichen Verhältnis wie das reale gesamtwirtschaftliche Angebot.

b) Zufließende Devisen werden in die Landeswährung umgetauscht und als zusätzliche Nachfrage bei gleichbleibendem Angebot in den Wirtschaftskreislauf gebracht.

c) Durch Erhöhung der Produktivität steigen die Angebote an Gütern und Leistungen stärker als die Einkommen.

d) Wegen sinkender Bevölkerungszahlen verringert sich das Nettovolkseinkommen. Durch Anwendung neuer Produktionstechniken bleibt das Angebot an Gütern und Leistungen gleich.

e) Das reale gesamtwirtschaftliche Angebot an Gütern und Leistungen wächst schneller als die nominale Nachfrage nach diesen Gütern und Leistungen.

51. Was ist unter der Kaufkraft des Geldes zu verstehen?
a) Der Nominalwert des Geldes
b) Der Durchschnitt der Güterpreise einer Volkswirtschaft
c) Der Anteil der Löhne und Gehälter am Volkseinkommen
d) Die Menge an Gütern und Dienstleistungen, die mit einer Geldeinheit gekauft werden kann
e) Das Nettoeinkommen abzüglich aller regelmäßig wiederkehrenden Ausgaben

52. Wodurch kann eine Inflation entstehen?
a) Durch das Sinken der Nachfrage nach Investitionsgütern bei gleichbleibendem Angebot
b) Durch Erhöhung der Konsumgüternachfrage bei gleichbleibendem Angebot
c) Durch Lohnerhöhungen, die unter der Produktionssteigerung liegen
d) Durch Erhöhung des Mindestreservesatzes
e) Durch die Bildung einer Konjunkturausgleichsrücklage

53. Was ist unter dem Begriff Sparquote zu verstehen?
a) Der Anteil des Volkseinkommens, der nicht verbraucht wird
b) Die prozentuale Wachstumsrate der Ersparnisbildung gegenüber dem Vorjahr
c) Die Teile des Einkommens, die nach dem Vermögensbildungsgesetz angelegt sind
d) Der Teil des öffentlichen Haushalts, der durch Kürzungen und Streichungen eingespart werden soll
e) Die jährliche private Ersparnisbildung auf Sparkonten der Kreditinstitute

54. Worin liegt eine besonders wichtige Voraussetzung für das Wirtschaftswachstum einer Volkswirtschaft?
a) Senkung der Kapitalproduktivität
b) Steigerung der Arbeitsproduktivität
c) Verhinderung eines geordneten Wettbewerbs
d) Staatliche Förderung von schrumpfenden Industriezweigen
e) Möglichst hoher Einsatz an Arbeitskräften in der Landwirtschaft

55. Die Bundesregierung will eine Aufschwungphase durch Steuervergünstigungen verstärken. Welcher Sachverhalt wirkt dieser Maßnahme entgegen?
a) Die Haushalte sparen das zusätzliche Einkommen.
b) Die Zinssätze für Kredite sinken.
c) Der Staat erhöht die Investitionen.
d) Die Unternehmen erhöhen ihre Investitionen.
e) Die Haushalte konsumieren mehr Güter.

56. Was ist unter Realeinkommen zu verstehen?
a) Einkommen aus nichtselbstständiger Arbeit
b) Einkommen nach Abzug der Sozialabgaben
c) Einkommen, das an der Kaufkraft gemessen wird
d) Einkommen, das am Bruttoinlandsprodukt gemessen wird
e) Einkommen, das zur Bestreitung des Lebensunterhalts erforderlich ist

57. Was versteht man unter Bruttoinlandsprodukt?
a) Die Summe aller Einkünfte der staatlichen sozialen Einrichtungen in einem Jahr
b) Die Summe aller bewerteten Güter und Dienstleistungen, die von der Volkswirtschaft eines Landes in einem Jahr geschaffen wurden
c) Die in Geld ausgedrückte gesamtwirtschaftliche Leistung eines Staates für seine sozialen Einrichtungen in einem Jahr
d) Die Summe aller Einkommen aus unselbstständiger Arbeit und Unternehmertätigkeit, die von der Volkswirtschaft eines Landes in einem Jahr geschaffen wurde
e) Der Teil der Produktion, der sozialen Zwecken dient#

58. Welche Beziehung zwischen Lebenshaltungskosten, Realeinkommen und Nettoeinkommen ist richtig?

a) Das Realeinkommen steigt, wenn bei sinkenden Lebenshaltungskosten das Nettoeinkommen gleich bleibt.
b) Das Realeinkommen steigt, wenn bei konstanten Lebenshaltungskosten das Nettoeinkommen gleich bleibt.
c) Das Realeinkommen bleibt gleich, wenn bei konstanten Lebenshaltungskosten das Nettoeinkommen sinkt.
d) Das Realeinkommen bleibt gleich, wenn bei steigenden Lebenshaltungskosten das Nettoeinkommen konstant bleibt.
e) Das Realeinkommen sinkt, wenn bei sinkenden Lebenshaltungskosten das Nettoeinkommen gleich bleibt.

59. Der Nominallohn ist stärker gestiegen als das Preisniveau. Was bedeutet diese Aussage?

a) Der Reallohn ist gleich geblieben.
b) Der Reallohn ist gesunken.
c) Der Reallohn ist gestiegen.
d) Die Kaufkraft des Lohnes ist gleich geblieben.
e) Die Kaufkraft des Lohnes ist gesunken.

60. Welche Leistung wird bei der Berechnung des Bruttoinlandsproduktes erfasst?

a) Ein Maurer errichtet in Eigenleistung den Rohbau seines Hauses.
b) Die Freiwillige Feuerwehr fällt kostenlos einen kranken Baum.
c) Eine Angestellte verkauft privat ihrer Kollegin einen gebrauchten Pkw.
d) Eine Hausfrau pflegt ein bettlägeriges Familienmitglied.
e) Ein Krankenpfleger leistet seinen Dienst in einem Krankenhaus.

61. In welchem Fall sind die Bestandteile der Verwendungsrechnung des Inlandsprodukts durchgehend richtig dargestellt?

a) Einkommen des Staates und sonstige Empfänger, Investitionen
b) Produzierendes Gewerbe, Dienstleistungen, Handel und Verkehr
c) Privater Verbrauch, Investitionen, Staatsverbrauch, Außenbeitrag
d) Einkommen aus Unternehmertätigkeit und Vermögen, Investitionen, privater Verbrauch
e) Staatsverbrauch, Einkommen aus unselbständiger Arbeit, Einkommen aus Unternehmertätigkeit

62. Die Verwendungsrechnung des Bruttoinlandsproduktes weist folgende Zahlen auf.

Private Konsumausgaben	**390 Mrd. €**
Staatliche Konsumausgaben	**110 Mrd. €**
Bruttoinvestitionen	**230 Mrd. €**
Export	**420 Mrd. €**
Import	**350 Mrd. €.**

Wie viel Milliarden € beträgt demnach das Bruttoinlandsprodukt? Tragen Sie das Ergebnis in das Kästchen ein.

63. In der folgenden Darstellung sind die Überschriften durch die Buchstaben A, B und C ersetzt. Welche Zuordnung ist richtig?

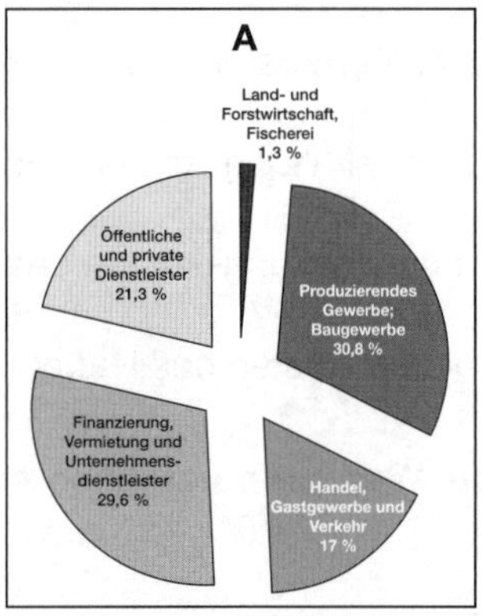

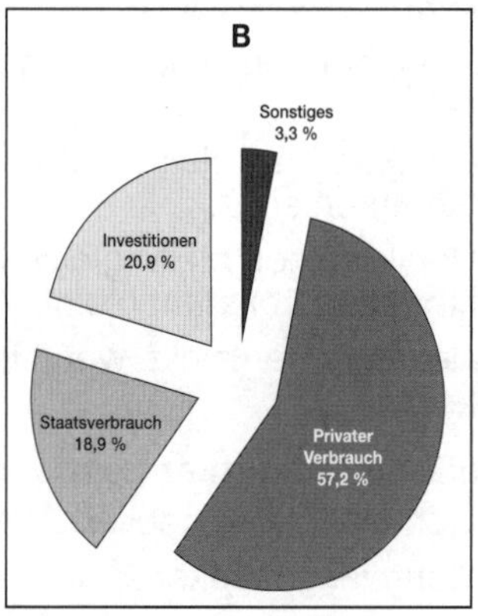

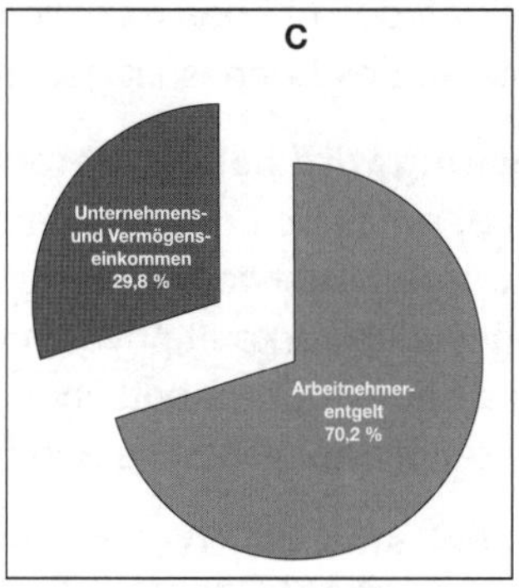

a) A Entstehung des Bruttoinlandsproduktes
B Verteilung des Bruttoinlandsproduktes
C Verwendung des Bruttoinlandsproduktes

b) A Verwendung des Bruttoinlandsproduktes
B Verteilung des Bruttoinlandsproduktes
C Entstehung des Bruttoinlandsproduktes

c) A Entstehung des Bruttoinlandsproduktes
B Verwendung des Bruttoinlandsproduktes
C Verteilung des Bruttoinlandsproduktes

d) A Verwendung des Bruttoinlandsproduktes
B Entstehung des Bruttoinlandsproduktes
C Verteilung des Bruttoinlandsproduktes

e) A Verteilung des Bruttoinlandsproduktes
B Verwendung des Bruttoinlandsproduktes
C Entstehung des Bruttoinlandsproduktes

64. Wodurch unterscheidet sich das Bruttoinlandsprodukt vom Bruttonationaleinkommen?

a) Durch die Abschreibungen
b) Durch die indirekten Steuern
c) Nur durch das Einkommen von Inländern im Ausland
d) Nur durch das Einkommen von Ausländern im Inland
e) Zuzüglich Einkommen der Inländer im Ausland und abzüglich Einkommen der Ausländer im Inland

65. Welche Größe wird benötigt, um das Volkseinkommen in Einkommen aus unselbständiger Tätigkeit und in Einkommen aus Unternehmertätigkeit und Vermögen aufzuteilen?

a) Das nominale Wirtschaftswachstum
b) Die Kaufkraft des Euro
c) Der Beschäftigungsgrad
d) Die Sparquote
e) Die Lohnquote

66. Wie nennt man den Anteil der Bruttoeinkommen aus unselbständiger Arbeit am Volkseinkommen?

a) Nettonationaleinkommen
b) Lohnquote
c) Bruttolohn- und Gehaltssumme
d) Bruttonationaleinkommen
e) Reallohn

67. Ordnen Sie zu.

Volkswirtschaftliche Begriffe

a) Sparquote
b) Volkseinkommen
c) Zahlungsbilanz
d) Lohnquote
e) Bruttolohn- und Gehaltssumme
f) Nettonationaleinkommen
g) Ersparnis

Aussagen

[ ] Prozentualer Anteil der Bruttoeinkommen aus unselbständiger Arbeit am Volkseinkommen

[ ] Bruttonationaleinkommen abzüglich der volkswirtschaftlichen Abschreibungen einer Rechnungsperiode

[ ] Gegenüberstellung aller wirtschaftlichen Leistungen zwischen In- und Ausland

68. Im Wirtschaftsteil der Tageszeitung steht ein Artikel mit der Überschrift „Bruttoinlandsprodukt steigt – Reallöhne sinken". Welche Beschreibung des Reallohns ist richtig?

a) Er entspricht dem zu versteuernden Einkommen.
b) Er entspricht dem Bruttolohn einschließlich der sozialen Aufwendungen des Arbeitgebers.
c) Er entspricht dem Nettolohn.
d) Er stellt die Kaufkraft des Nominallohnes dar.
e) Bei stabilen Preisen ist er höher als der Nominallohn.

69. Welche Aussage zum Nominal- bzw. Realeinkommen ist (volkswirtschaftlich betrachtet) richtig?

a) Preiserhöhungen führen bei unverändertem Nominaleinkommen zur Erhöhung des Realeinkommens.
b) Das Realeinkommen verändert sich nicht, wenn Preise und Nominaleinkommen in gleichem Maße steigen.
c) Bei unverändertem Nominaleinkommen bedeuten sinkende Preise ein gleichzeitiges Absinken des Realeinkommens.
d) Bei der Ermittlung des Realeinkommens werden Preisänderungen grundsätzlich nicht berücksichtigt.
e) Nominaleinkommen drückt die Kaufkraft des Geldbetrages aus, den der Arbeitnehmer für seine Arbeitsleistung erhält.

70. Welche gesamtwirtschaftliche Größe geht nicht in die volkswirtschaftliche Verwendungsrechnung des Inlandsproduktes ein?

a) Einkommen aus unselbständiger Arbeit
b) Privater und öffentlicher Verbrauch
c) Export
d) Investitionen
e) Import

71. Ordnen Sie zu.

Definitionen und Erläuterungen

a) Auf und Ab der Volkswirtschaft innerhalb eines Zeitraumes
b) Wert aller Güter und Dienstleistungen, die in einer Volkswirtschaft während einer bestimmten Periode produziert werden
c) Sinkende Preise für Güter und Dienstleistungen, weil zu wenig Geld in Umlauf ist
d) Wird durch eine Erweiterung und Verbesserung des Produktionsapparates bewirkt und bezeichnet die mengenmäßige Zunahme des Bruttoinlandsproduktes
e) Von der Bundesbank zusammengefasste Übersicht über den Wert aller wirtschaftlichen Beziehungen mit dem Ausland
f) Das Angebot an Gütern und Dienstleistungen kann mit der Gesamtnachfrage nicht Schritt halten. Dies führt bei zu großer Geldmenge und zu hoher Umschlagsgeschwindigkeit zu einem fortlaufenden Preisanstieg.

Volkswirtschaftliche Begriffe

[ ] Inflation
[ ] Inlandsprodukt
[ ] Zahlungsbilanz

72. Durch welche Größe unterscheidet sich das Bruttonationaleinkommen vom Nettonationaleinkommen?

a) Durch die Umsatzsteuer
b) Durch die direkten Steuern
c) Durch die indirekten Steuern
d) Durch direkte und indirekte Steuern
e) Durch die Abschreibungen

73. Welche Größe gibt Aufschluss über die Verwendung des Volkseinkommens?
a) Die Wertschöpfung aller Wirtschaftsbereiche
b) Das Einkommen aus selbständiger und unselbständiger Tätigkeit
c) Die Ausgaben für Konsum und Investitionsgüter
d) Die Kosten der eingesetzten Produktionsfaktoren
e) Die produzierten Güter und angebotenen Dienstleistungen

74. Sie diskutieren über den Begriff „Lebensstandard". Welche Aussage dazu finden Sie passend?
a) Das Nettoinlandsprodukt in einer Volkswirtschaft
b) Das Bruttoinlandsprodukt in der Volkswirtschaft
c) Die Ausgaben aller Wirtschaftssubjekte einer Volkswirtschaft
d) Der Ausstattungsgrad von Haushalten mit Sachgütern und Dienstleistungen
e) Die nominale Veränderung der Preise gegenüber dem Vorjahr

75. Welche volkswirtschaftliche Größe ist an der Stelle des Fragezeichens einzusetzen?
Nettonationaleinkommen zu Marktpreisen
?
+ Subventionen

= Volkseinkommen

a) – Subventionen
b) + direkte Steuern
c) + indirekte Steuern
d) - indirekte Steuern
e) - direkte Steuern
f) - Vorleistungen

76. Welche Größe wird bei der Verwendungsrechnung des Inlandsprodukts berücksichtigt?
a) Die Abschreibungen
b) Die indirekten Steuern
c) Das Arbeitnehmereinkommen
d) Die Bruttoinvestitionen
e) Die Subventionen

77. Welcher Posten muss an Stelle des Fragezeichens eingesetzt werden?
Volkseinkommen
- direkte Steuern
?
+ Transferzahlungen

= verfügbares Einkommen

a) + Subventionen
b) - Subventionen
c) + Abschreibungen
d) - Sozialabgaben
e) + indirekte Steuern
f) - indirekte Steuern

78. In einer Volkswirtschaft sparen die Konsumenten verstärkt und die Unternehmen erhöhen in gleichem Umfang ihre Neuinvestitionen. Welche Aussage über die Folgen ist richtig?
a) Die zusätzlichen Spargelder vermindern den Geldstrom, haben aber keinen Einfluss auf den Güterstrom.
b) Die zusätzlichen Spargelder erhöhen den Geldstrom, haben aber keinen Einfluss auf den Güterstrom.
c) Güter- und Geldstrom verlaufen in diesem Fall nicht mehr entgegengesetzt, sondern ausnahmsweise parallel.
d) Die verstärkte Sparneigung führt zu einem geringeren Geldstrom und letztlich zu einer Deflation.
e) Die schwächere Konsumgüternachfrage wird durch eine erhöhte Nachfrage nach Investitionsgütern ausgeglichen.

79. Das Bruttoinlandsprodukt kann über die Verwendungsrechnung ermittelt werden. Bei welchem Schritt der Rechnung ist ein Fehler enthalten?

a) Privater Konsum
b) + Staatlicher Konsum
c) + Bruttoinvestition
d) + Exporte
e) + Importe

= Bruttoinlandsprodukt

80. Welches Merkmal kennzeichnet den Beginn eines konjunkturellen Aufschwungs?

a) Sinkende Gewinnerwartung
b) Rasch steigende Lagerbestände wegen sinkender Nachfrage
c) Steigende Nachfrage nach Investitionsgütern
d) Anstieg der Arbeitslosenquote
e) Sinkende Preise und Löhne

81. Welche Messgröße gibt Hinweise auf den zukünftigen Konjunkturverlauf?

a) Das Erwerbspersonenpotential
b) Der Preisindex für die Lebenshaltungskosten der Arbeitnehmerhaushalte
c) Die Auftragseingänge in bedeutenden Industriezweigen
d) Die Steuereinnahmen des Bundes
e) Entwicklung der Export- und Importpreise

82. Wie müssten sich die folgenden Konjunkturindikatoren in einer Abschwungphase theoretisch entwickelt haben?

1 Auftragsbestand / 2 Kapazitätsauslastung / 3 Preis- und Zinsniveau / 4 Kreditnachfrage / 5 Arbeitslosenquote

a) 1 bis 5 höher als vorher
b) 1 bis 5 niedriger als vorher
c) 1 bis 4 höher als vorher, 5 niedriger als vorher
d) 1 bis 4 niedriger als vorher, 5 höher als vorher
e) 1 und 2 niedriger als vorher, 3 bis 5 höher als vorher

83. An welchem Indikator lässt sich die Konjunkturentwicklung am frühesten erkennen?

a) Zahlungsbilanz
b) Importpreisentwicklung
c) Steueraufkommen
d) Sparaufkommen
e) Auftragseingänge
f) Produktionsmenge

84. In der Grafik sind die Phasen des Konjunkturverlaufes dargestellt. Welche Aussage trifft auf die markierte Phase zu?

a) Die Produktionskapazitäten werden durch die wachsende Nachfrage nach Investitions- und Konsumgütern zunehmend ausgelastet.
b) Die Produktionskapazitäten sind voll ausgelastet und zum Teil überlastet. Auf den Konsumgütermärkten herrscht ein starker Nachfrageüberhang.
c) Die Einkommen der privaten Haushalte gehen zurück. Die Konsumgüternachfrage sinkt.
d) Die Gewinne schrumpfen. Die Preissteigerungsrate nimmt ab. Die Arbeitslosenquote steigt stark an.
e) Die Produktionskapazitäten sind zunehmend unausgelastet. Die Banken haben hohe Liquiditätsreserven.
f) Die Nachfrage der Unternehmer nach Investitionsgütern sinkt stark. Die Zukunftserwartungen der Unternehmer sind pessimistisch.

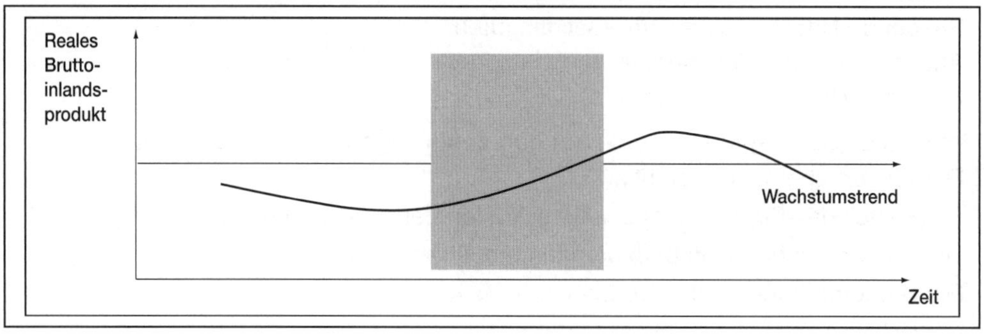

85. Welche Aussage über die Handelsbilanz ist richtig?

a) Die Handelsbilanz erfasst die Warenlieferungen an das Ausland und die Warenbezüge aus dem Ausland.
b) Die Handelsbilanz erfasst u. a. die Überweisungen ausländischer Arbeitnehmer in ihre Heimatländer.
c) Bei einer aktiven Handelsbilanz überwiegt der Import.
d) Die Handelsbilanz erfasst die Veränderungen der Devisenbestände der Deutschen Bundesbank.
e) Die Handelsbilanz erfasst u. a. die Ausgaben der deutschen Urlauber im Ausland.

86. Die Handelsbilanz weist einen Überschuss von rund 50.000 Mio. € auf. Wie hoch sind demnach die Warenausfuhren, wenn für 550.000 Mio. € Waren importiert wurden?

87. Was versteht man in der Volkswirtschaftslehre unter der Zahlungsbilanz?

a) Die Summe aller ein- und zweiseitigen Zahlungen zwischen In- und Ausland zu einem bestimmten Zeitpunkt
b) Die Gegenüberstellung der Einnahmen aus Warenexporten und Ausgaben für Warenimporte
c) Die systematische Aufzeichnung wirtschaftlicher Transaktionen eines bestimmten Zeitraums zwischen Inland und Ausland
d) Die Summe aller Transaktionen im Rahmen des Kapitalverkehrs
e) Die Summe aller Zahlungen zwischen In- und Ausland

88. Welche wirtschaftlichen Vorgänge erfasst die Dienstleistungsbilanz?

a) Förderungen aus Warenexportgeschäften
b) Überweisungen von ausländischen Arbeitnehmern aus der Bundesrepublik Deutschland in die Heimatländer
c) Erwerb deutscher Aktien von Ausländern
d) Ausgaben deutscher Urlauber im Ausland
e) Beitragszahlungen der Bundesrepublik Deutschland an die UNO

89. Ein deutscher Unternehmer kauft Schweizer Franken bei seiner Hausbank und reist zu Geschäftsverhandlungen nach Zürich. Welche Teilbilanzen der Zahlungsbilanz werden durch seine Ausgaben für Unterkunft und Verpflegung berührt?

a) Kapitalbilanz und Handelsbilanz
b) Übertragungsbilanz und Dienstleistungsbilanz
c) Handelsbilanz und Devisenbilanz
d) Dienstleistungsbilanz und Devisenbilanz
e) Handelsbilanz und Dienstleistungsbilanz

90. Was trägt zur Erhöhung eines „Zahlungsbilanzüberschusses" der Bundesrepublik Deutschland bei?

a) Reisen von Deutschen ins Ausland
b) Zunahme des Imports
c) Überweisungen, die ausländische Arbeitskräfte in ihr Heimatland vornehmen
d) Zahlung von Beiträgen der Bundesrepublik Deutschland an internationale Organisationen
e) Zunahme der Warentransporte durch deutsche Transportunternehmen für im Ausland ansässige Unternehmen
f) Inanspruchnahme ausländischer Patente und Lizenzen durch deutsche Unternehmer

91. Die Außenwirtschaft eines Staates weist einen „Zahlungsbilanzüberschuss" aus. Was kann ursächlich dazu geführt haben?

a) Die Gold- und Devisenmärkte sind im Verhältnis zum Vorjahr gleich geblieben.
b) Der Wert der Importe ist größer als der Wert der Exporte.
c) Der Wert der Exporte ist größer als der Wert der Importe.
d) Die Forderungen an das Ausland entsprechen den Verbindlichkeiten gegenüber dem Ausland.
e) Devisenexporte werden durch Devisenimporte ausgeglichen.

92. Die Außenwirtschaft eines Staates weist „Zahlungsbilanzgleichgewicht" auf. Was ist darunter zu verstehen?

a) Die Gold- und Devisenreserven sind im Verhältnis zum Vorjahr gleichgeblieben.
b) Der Wert der Importe ist größer als der Wert der Exporte.
c) Der Wert der Exporte ist größer als der Wert der Importe.
d) Die Forderungen an das Ausland entsprechen den Verbindlichkeiten gegenüber dem Ausland.
e) Der größte Teil der im Lande verbrauchten Güter wird importiert.

93. Die Handelsbilanz der Zahlungsbilanz kann aktiv, ausgeglichen oder passiv sein. In welchem Fall sind Ursache und Auswirkung auf die Handelsbilanz richtig dargestellt?

a) Einfuhrüberschüsse führen zwingend zu einer passiven Handelsbilanz.
b) Einfuhrüberschüsse führen zwingend zu einer aktiven Handelsbilanz.
c) Devisenabschlüsse führen zwingend zu einer aktiven Handelsbilanz.
d) Außenwirtschaftliches Gleichgewicht führt zwingend zu einer ausgeglichenen Handelsbilanz.
e) Ein negativer Außenbeitrag führt zwingend zu einer aktiven Handelsbilanz.

94. Ordnen Sie zu.

Vorgänge

a) Veränderungen des Goldbestandes der Deutschen Bundesbank
b) Kauf von ausländischen Aktien
c) Überweisungen von Ersparnissen der Gastarbeiter in ihre Heimatländer
d) Wareneinfuhren
e) Veränderungen der Devisenforderungen und Devisenverbindlichkeiten
f) Reisen ins Ausland

Teilbilanzen der Zahlungsbilanz

[ ] Handelsbilanz
[ ] Übertragungsbilanz
[ ] Dienstleistungsbilanz

95. Welche Wirkung hat eine Euro-Aufwertung in Bezug auf außereuropäische Länder?

	z. B. deutsche Exporte werden	z. B. Reisen Deutscher werden
a)	erschwert	teurer
b)	erschwert	billiger
c)	erschwert	weder teurer noch billiger
d)	begünstigt	teurer
e)	begünstigt	billiger

96. Wie würde sich eine Aufwertung des Euro im Vergleich zum außereuropäischen Ausland z. B. in der Bundesrepublik Deutschland auswirken?

a) Die Importe werden teurer, die Einfuhren gebremst.
b) Die Importe werden billiger, die Einfuhren gefördert
c) Die Exporte werden billiger, die Ausfuhren gefördert.
d) Die Preise für Währungen der Nicht-Euroländer steigen, dadurch werden Auslandsreisen z. B. nach Übersee, teurer.
e) Die Preise für Währungen der Nicht-Euroländer steigen, Arbeitsplätze im Inland werden sicherer.

97. Das Wirtschaftswachstum unterliegt konjunkturellen Schwankungen. Welche Situation beschreibt diese Schwankungen richtig?

a) Es handelt sich dabei um kurzfristige Ausschläge der Wirtschaftsentwicklung aufgrund saisonaler Gegebenheiten.
b) Die Schwankung ist eine sich über mehrere Jahre vollziehende Wellenbewegung des Wachstums einer Volkswirtschaft.
c) Damit ist die langfristige Tendenz des stetigen Wachstums einer Volkswirtschaft gemeint.
d) Mit einer konjunkturellen Schwankung wird nur die Schwankung einer gesamten Branche bezeichnet, z. B. die Metallbranche.
e) Die konjunkturelle Schwankung ist gleichzusetzen mit dem Produktlebenszyklus.

98. Der Staat möchte die Konjunktur ankurbeln und gleichzeitig Unternehmen direkt unterstützen, die neue und zukunftsweisende Produkte herstellen. Mit welcher Maßnahme kann diese Zielsetzung erreicht werden?

a) Die Fördermittel des Bundes für die Entwicklung umweltschonender Technologien werden erhöht.
b) Die Bundeskanzlerin sagt den von der Schließung bedrohten Textilfabriken finanzielle Unterstützung zu.
c) Die Bundesagentur für Arbeit senkt ihren Etat für Umschulungsmaßnahmen.
d) Die staatlichen Schulen stellen Chemie- und Physiklehrer ein.
e) Die Kohlebergwerke werden mit Subventionen bedacht.

99. Welches Instrument der antizyklischen Fiskalpolitik ist in der Rezession richtig angewendet?

a) Erhöhung der Einkommen-, Körperschafts- und Gewerbesteuervorauszahlungen
b) Einschränkung der Abschreibungsmöglichkeiten
c) Erhöhung der Bautätigkeit durch staatliche Aufträge und Förderung von Altbausanierungen
d) Ausgabensperre für alle öffentlichen Investitionen
e) Erhebung eines Konjunkturzuschlages

100. Wie kann die EZB einer bestehenden Rezession entgegenwirken?

a) Durch den Verkauf von Wertpapieren im Rahmen der Offenmarktpolitik
b) Durch Erhöhung der Mindestreservesätze für die Geschäftsbanken
c) Durch Senkung des Hauptrefinanzierungssatzes im Rahmen der Offenmarktpolitik
d) Durch Verringerung der Geldmenge durch Änderung der Spitzenrefinanzierungsfazilität
e) Durch Verringerung der Kreditschöpfungsmöglichkeiten von Geschäftsbanken

101. Welche <u>zwei</u> Maßnahmen der Bundesregierung sind zur Konjunkturbelebung geeignet?

a) Erhöhung der Ausfuhrzölle
b) Aufwertung des €
c) Gewährung von Sonderabschreibungen
d) Verminderung der Ausgaben des Bundes
e) Senkung der Einkommensteuersätze
f) Erhöhung der gewinnabhängigen Steuern

102. In welchem Fall liegt eine antizyklische fiskalische Maßnahme vor?

a) In der Rezession werden Rücklagen für den Aufschwung gebildet.
b) In der Rezession werden zur Schonung des Inlandmarktes Staatsaufträge möglichst in das Ausland vergeben.
c) In der Hochkonjunktur wird eine gleichmäßige Auslastung aller Betriebe durch zusätzliche Staatsaufträge angestrebt.
d) In der Hochkonjunktur werden bisher vom Staat zugestandene Steuervergünstigungen rückgängig gemacht.
e) In der Hochkonjunktur werden zusätzliche Staatsaufträge vergeben.

103. Welche Maßnahme führt in der Regel zu einer Erhöhung der Nachfrage der privaten Haushalte nach wirtschaftlichen Gütern?

a) Erhöhung der Mehrwertsteuer
b) Erhöhung des Spareckzinses
c) Erhöhung der Preise
d) Senkung der Sozialleistungen
e) Senkung der Einkommensteuer

104. Bund, Länder und Gemeinden wollen einer Konjunkturüberhitzung entgegenwirken. Hinter welchem Buchstaben ist die entsprechende Handhabung der finanzpolitischen Instrumente durchgehend richtig dargestellt?

	Steuersätze	Abschreibungs-sätze	Konjunkturaus-gleichsrücklage	Volumen öffentlicher Investitionen
a)	erhöhen	senken	erhöhen	erhöhen
b)	erhöhen	senken	senken	senken
c)	erhöhen	senken	erhöhen	senken
d)	senken	senken	erhöhen	senken
e)	senken	erhöhen	erhöhen	senken
f)	erhöhen	erhöhen	erhöhen	senken

105. Welches Merkmal kennzeichnet den Übergang in die Rezession?

a) Sinkenden Arbeitslosigkeit
b) Sinkende Investitionsneigung
c) Steigende Nachfrage nach Konsumgütern
d) Steigende Auslastung der Produktionsanlagen
e) Steigende Zinssätze

106. Bei welchem Sachverhalt befindet sich die Volkswirtschaft in einer Rezession?

a) Der Staat nimmt mehr Steuern ein.
b) Das Bruttoinlandsprodukt sinkt.
c) Die volkswirtschaftliche Nachfrage ist größer als das Angebot.
d) Die Investitionsbereitschaft der Unternehmen steigt.
e) Die Kapazitätsauslastung der Unternehmen steigt.

107. Die Konjunkturphasen sind durch bestimmte Verlaufsmerkmale gekennzeichnet. In welcher Zeile sind die Merkmale zur Konjunkturphase richtig beschrieben?

a) In der Aufschwungphase nimmt die Arbeitslosigkeit in der Regel zu.
b) In der Hochkonjunkturphase erhöhen sich in der Regel die Preise, es handelt sich um einen Verkäufermarkt.
c) In der Rezessionsphase ist eine zunehmende Kapazitätsauslastung festzustellen.
d) In der Depressionsphase ist ein Rückgang der Arbeitslosigkeit festzustellen.
e) In der Aufschwungphase stagnieren in der Regel die Preise, es handelt sich um einen Käufermarkt.

108. Ordnen Sie zu.

Auswirkungen der verschiedenen Konjunkturphasen auf

	Zinssätz	Gewinne	Produktionsausstoß	Arbeitslosenzahl
a)	tief	tief	gering	hoch
b)	steigend	steigend	steigend	sinkend
c)	hoch	hoch	hoch	niedrig
d)	sinkend	sinkend	sinkend	steigend
e)	hoch	steigend	steigend	steigend
f)	sinkend	steigend	sinkend	steigend

Idealtypische Konjunkturphasen

[ ] Aufschwung/Erholung

[ ] Hochkonjunktur/Boom

[ ] Abschwung/Rezession

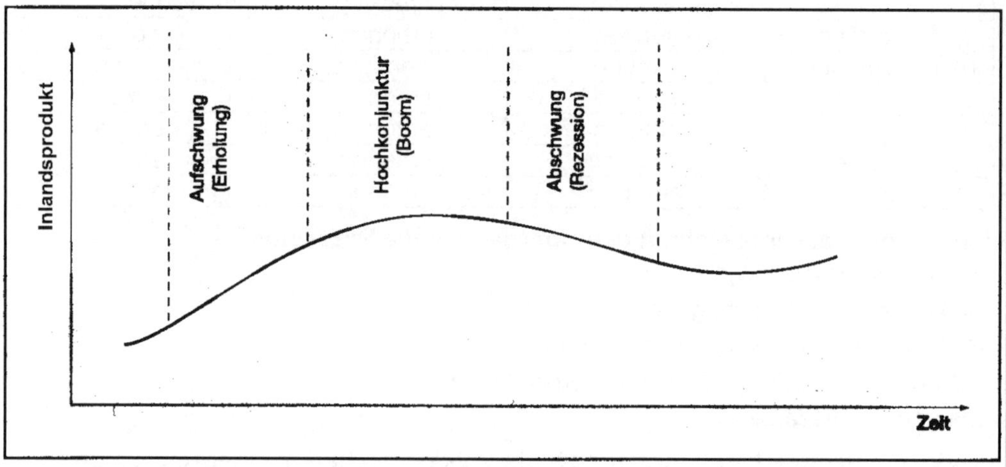

109. Zu den Ausführungen eines Wirtschaftsexperten, der die derzeitige Konjunktursituation erläutert, gehört das abgebildete Schaubild. Prüfen Sie, welche Bezeichnung falsch eingetragen ist.

Lösung eintragen [ ]

Phasen der Konjunktur

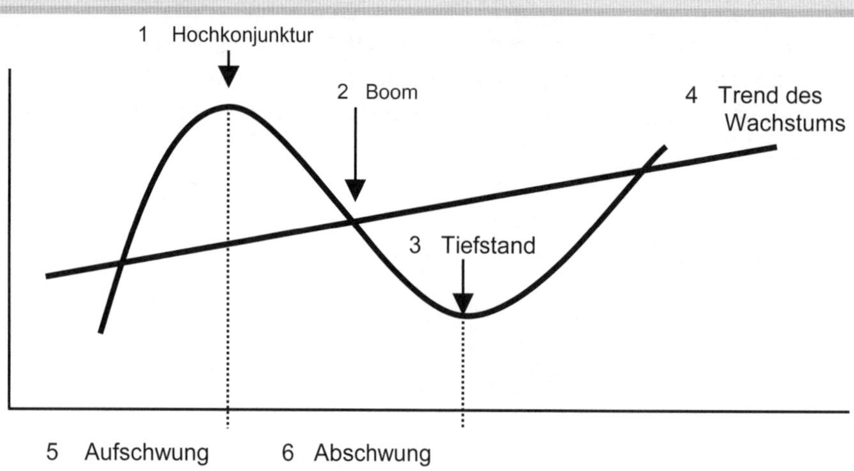

110. In den verschiedenen Konjunkturphasen zeigen sich unterschiedliche wirtschaftliche Merkmale. Welche Aussage hierzu ist zutreffend?

a) In der Aufschwungphase stagnieren die Preise.
b) In der Aufschwungphase fallen die Zinsen.
c) In der Hochkonjunktur sind die Produktionskapazitäten ausgelastet.
d) In der Abschwungphase sinkt die Arbeitslosigkeit.
e) In der Abschwungphase erhöhen sich die Exporte.

111. Die Bundesregierung versucht, mit konjunkturpolitischen Maßnahmen bestimmte Ziele zu erreichen.

Ziele:	Maßnahmen:
1. Preisstabilisierung bei einer inflationären Entwicklung	1. Abbau der Sparförderung
2. Überwindung einer Rezession	2. Gewährung von Steuervergünstigungen und Subventionen
3. Konjunkturdämpfung	3. Gewährung von Sonderabschrei bungen
4. Geringere Arbeitslosigkeit	4. Besteuerung der Investitionen

Welches Ziel kann mit welcher Maßnahme erreicht werden?

a) Ziel 1 durch Maßnahme 1
b) Ziel 2 durch Maßnahme 2
c) Ziel 3 durch Maßnahme 3
d) Ziel 4 durch Maßnahme 4

112. Welches der nachfolgenden Beispiele erläutert den Begriff „konjunkturelle Arbeitslosigkeit"?

a) Ein Zimmermädchen eines Nordseehotels wird jedes Jahr zu Winterbeginn arbeitslos.
b) Durch die umweltgerechte Umstellung der Heizungsanlagen von Kohle auf Erdgas wurden in der Kohleindustrie Arbeitsplätze frei.
c) Eine Angestellte einer Möbelfirma zieht zu ihrem Freund nach Berlin und will dort Arbeit suchen.
d) Die bisherigen Gütermengen lassen sich durch den wissenschaftlich-technischen Fortschritt mit wenige Arbeitskräften herstellen.
e) Aufgrund der schlechten Wirtschaftslage kommt es zu sinkender Investitionsbereitschaft und zu sinkender Produktion in den Unternehmen, Arbeitskräfte werden entlassen.

113. Ordnen Sie zu.

Maßnahmen des Staates

a) Erhöhung der Einkommensteuer
b) Abbau der Abschreibungsvergünstigungen
c) Streichung oder Kürzung von Subventionen an Verbraucher
d) Zollabbau zur Erleichterung der Einfuhr ausländischer Waren
e) Streichung oder Kürzung von Subventionen an Produzenten
f) Gewährung von Subventionen an Verbraucher, z. B. Kinder- u. Wohngeld

Auswirkungen dieser Maßnahmen

[ ] Erhöhung der Nachfrage nach Gütern und Dienstleistungen
[ ] Erhöhung des Angebots von Gütern und Dienstleistungen
[ ] Verringerung des Angebots von Gütern und Dienstleistungen

114. Welche zwei Maßnahmen im Rahmen der staatlichen Wirtschaftspolitik sind geeignet, in einer Phase der Hochkonjunktur (Boom) die Konjunkturentwicklung zu dämpfen?

a) Erhöhung der Lohn- und Einkommensteuersätze
b) Senkung der staatlichen Ausgaben
c) Erhöhung der degressiven Abschreibungsmöglichkeiten
d) Gewährung von Investitionszulagen
e) Aufnahme zusätzlicher staatlicher Kredite
f) Verminderung der Körperschaftsteuersätze

115. Die Bundesregierung will durch Mittel der Einnahmen- und Ausgabenpolitik die Konjunktur ankurbeln. In welcher Zeile stimmen alle Maßnahmen?

	Abschreibungsmöglichkeiten	Staatsausgaben	Einkommensteuersätze
a)	verbessern	erhöhen	erhöhen
b)	erschweren	verringern	senken
c)	verbessern	verringern	senken
d)	verbessern	erhöhen	senken
e)	verbessern	verringern	erhöhen

116. Welche staatliche Maßnahme kennzeichnet eine angebotsorientierte Wirtschaftspolitik?

a) Der Staat senkt die Lohn- und Einkommensteuersätze zur Steigerung des privaten Konsums.
b) Der Staat verfügt einen vorübergehenden Einstellungsstopp für öffentliche Verwaltungen.
c) Der Staat fördert die Vergabe zinsgünstiger Darlehen zur Erleichterung von Existenzgründungen.
d) Der Staat gründet staatliche Unternehmen, um das Angebot erneuerbarer Energien zu erweitern.
e) Der Staat senkt die Höchstsätze für die degressive Abschreibung.

117. Eine Rezession soll durch staatliche Konjunkturprogramme bekämpft werden. Bringen Sie die zu erwartenden Phasen einer Kettenreaktion in die richtige zeitliche Reihenfolge, indem Sie die Ziffern 1 bis 6 vor die Kästchen vor den einzelnen Phasen eintragen!

[ ] Aufträge zum Bau von Umgehungsstraßen werden vergeben.
[ ] Die Einkommen der Beschäftigten in Maschinenbauunternehmen steigen.
[ ] Bestehende Kapazitäten in der Bauwirtschaft werden stärker ausgelastet.
[ ] Die Bundesregierung beschließt, dass die Gemeinden und Landreise Zuschüsse aus dem Bundeshaushalt für den Ausbau der Infrastruktur erhalten.
[ ] Aufgrund weitgehender Kapazitätsauslastung werden zusätzliche Baumaschinen bei Unternehmen der Investitionsgüterindustrie bestellt.
[ ] Steigende Konsumausgaben tragen zusätzlich zum Wachstum des Bruttoinlandsproduktes bei.

118. Wodurch kann eine Rezession ausgelöst werden?

a) Ein zu großer Teil des verfügbaren Einkommens wird für Konsumausgaben verbraucht. Es wird zu wenig gespart.
b) Neue Technologien führen zu niedrigeren Preisen. Die Güternachfrage nimmt dadurch zu.
c) Die Produktionskapazitäten sind ausgelastet. Die Produzenten investieren bei niedrigen Zinsen.
d) Durch eine kurzfristige Nachfrageerhöhung kommt es zu einer Angebotslücke. Die Preise steigen.
e) Die Nachfrage nach Krediten ist geringer als die Summe der Ersparnisse. Die Nachfrage geht zurück.

119. Welche Aussagen zur Einnahmen- und Ausgabenpolitik des Staates ist richtig?

Aussage A: Zur Ankurbelung der Konjunktur sollten die Abschreibungsmöglichkeiten erhöht und gleichzeitig die Steuern gesenkt werden.

Aussage B: Zur Drosselung der Konjunktur sollten Haushaltsrücklagen gebildet und gleichzeitig die Kreditaufnahmen erhöht werden.

Aussage C: Zur Ankurbelung der Konjunktur sollte die Staatsverschuldung eingeschränkt und gleichzeitig die Steuern gesenkt werden.

a) Nur die Aussage A ist richtig.
b) Nur die Aussage B ist richtig.
c) Nur die Aussage C ist richtig.
d) Die Aussagen A und B sind richtig.
e) Die Aussagen B und C sind richtig.

120. Ordnen Sie zu!

Idealtypische Merkmale (Kennzeichen)

a) Geringe Preissteigerung, niedrige Zinsen, erhöhte Nachfrage
b) Hohe Preissteigerung, hohe Zinsen, hohe Kapazitätsauslastung
c) Rückläufige Nachfrage, sinkende Zinsen, rückläufige Kapazitätsauslastung
d) Hohe Preissteigerung, hohe Zinsen, geringe Kapazitätsauslastung
e) Geringe Preissteigerung, hohe Zinsen, rückläufige Nachfrage
f) Niedrige Arbeitslosigkeit, niedrige Zinsen, niedrige Nachfrage
g) Hohe Arbeitslosigkeit, hohe Preissteigerung, hohe Nachfrage

Konjunkturphasen

[ ] Abschwung
[ ] Aufschwung
[ ] Boom

121. Welches Merkmal zeigt das folgende Schaubild?

a) Hochkonjunktur
b) Inflation
c) Deflation
d) Stagflation
e) Boom

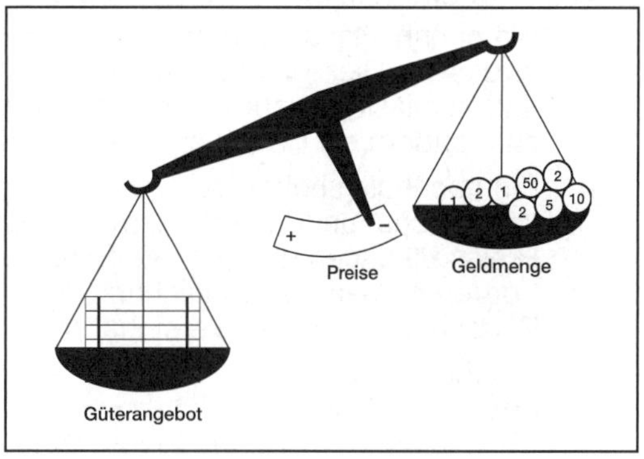

122. Welche Konjunkturphase ist nachfolgend idealtypisch beschrieben?
- Rückgang der Produktion, des Umsatzes, der Güterpreise
- Beginnende, steigende Arbeitslosigkeit
- Fallende Wertpapierkurse
- Sinkendes Zinsniveau
- Rückläufige Lohnentwicklung
- Pessimistische Stimmung des Produzenten und Konsumenten

a) Aufschwung/Expansion
b) Abschwung/Rezession
c) Hochkonjunktur/Boom
d) Tiefstand/Depression
e) Aufschwung/Boom

123. In welcher Zeile sind die folgenden Aussagen über die Konjunkturphasen richtig beurteilt?
[1] In der Hochkonjunktur ist das gesamtwirtschaftliche Angebot größer als die gesamtwirtschaftliche Nachfrage.
[2] In der Rezession ist die gesamtwirtschaftliche Nachfrage kleiner als das gesamtwirtschaftliche Angebot.
[3] In der Hochkonjunktur ist mit hohen Inflationsraten zu rechnen.

a) Nur die Aussagen 1 und 2 sind richtig.
b) Nur die Aussagen 2 und 3 sind richtig.
c) Nur die Aussagen 1 und 3 sind richtig.
d) Nur die Aussage 1 ist richtig.
e) Alle Aussagen sind falsch.
f) Alle Aussagen sind richtig.

124. Welcher Konjunkturindikator kennzeichnet einen konjunkturellen Aufschwung (Expansion)?

a) Volle Auslastung der Produktionskapazitäten in der Industrie.
b) Importüberschüsse in der Handelsbilanz.
c) Steuereinnahmen des Bundes aus der Körperschaftsteuer gehen zurück.
d) Zunehmende Auftragseingänge in der industriellen Produktion und Abbau der Lagerbestände.
e) Die in Umlauf befindliche Geldmenge geht zurück.

125. Das magische Viereck wird durch zwei weitere anzustrebende Ziele zum „magischen Sechseck" erweitert. In welcher Zeile sind weitere anzustrebende Ziele genannt?

a)	Subventionen des Außenhandels	Flexible Wechselkurse
b)	Gerechte Einkommens- u. Vermögensverteilung	Verbesserung der Umweltbedingungen
c)	Angemessene Tarifabschlüsse	Einführung von Schutzzöllen
d)	Gerechte Einkommens- u. Vermögensverteilung	Flexible Wechselkurse
e)	Subventionierung des Außenhandels	Angemessene Tarifabschlüsse

126. Wo wird ein Zielkonflikt innerhalb des „magischen Sechsecks“ schlüssig dargestellt?

a) Ein nachhaltiges angemessenes Wirtschaftswachstum ist nur bei hohen Produktionszahlen zu erreichen. Diese wiederum haben sinkenden Material- und Energieverbrauch sowie Emissionen und Immissionen zur Folge und gefährden somit zum einen die Stabilität des Preisniveaus und zum andern die Erhaltung einer lebenswerten Umwelt.

b) Ein nachhaltig hoher Beschäftigungsgrad bedingt eine Nachfragesteigerung nach Konsum-, Investitions- und Exportgütern. Daraus resultieren Nachfrageüberhänge, die wiederum Preissenkungen und erhöhte Exporterlöse zur Folge haben. Dies lässt sich aber nicht mit der Forderung nach Umweltschutz, dem außenwirtschaftlichen Gleichgewicht und Wirtschaftswachstum vereinbaren.

c) Die Zielsetzung „Erhaltung einer lebenswerten Umwelt“ ist nur bei Einschränkung der Produktion erreichbar. Dadurch würde zwar die Arbeitslosenquote gemindert, aber eine gerechte Einkommens- und Vermögensverteilung sowie ein angemessenes Wirtschaftswachstum sind dadurch nicht erreichbar.

d) Um eine lebenswerte Umwelt erhalten zu können, sind Investitionen in den Umweltschutz erforderlich. Dies senkt zwar tendenziell die Zahl der Arbeitslosen und ermöglicht eine Erhöhung des Beschäftigungsgrades, kann aber dem Ziel der Preisstabilität entgegen wirken.

e) Nur wenn Maßnahmen zur Erhöhung der Nachfrage ergriffen werden, kann das Ziel der Stabilität des Preisniveaus erreicht werden. Das allerdings kann dann wiederum zu Angebotsüberhängen führen und somit das Ziel nach hohem Beschäftigungsgrad gefährden.

127. Bringen Sie die folgenden Wirkungen einer Erhöhung der Mindestreservesätze unter der Annahme, dass alle anderen Einflussgrößen unverändert bleiben, in die richtige Reihenfolge!

[ ] Erhöhung der Mindestreservesätze

[ ] Dämpfung des Preisauftriebs

[ ] Liquidität der Geschäftsbanken sinkt

[ ] Gesamtnachfrage sinkt

[ ] Nachfragewirksame Geldmenge sinkt

[ ] Angebot an Krediten sinkt

128. Welche Maßnahme der Europäischen Zentralbank (EZB) fördert eine Konjunkturbelebung?

a) Sie erhöht den Mindestreservesatz.

b) Sie erhöht die Sicherungsanforderungen für Wertpapiergeschäfte.

c) Sie senkt den Leitzinssatz.

d) Sie verkauft Wertpapiere an die Geschäftsbanken.

e) Sie erschwert die Aufnahme von Übernachtkrediten durch die Geschäftsbanken.

129. Welche geldpolitische Maßnahme der Europäischen Zentralbank (EZB) ist geeignet, einer drohenden Geldentwertung entgegenzuwirken?

a) Die EZB senkt die Mindestreservesätze, um den Spielraum für die Kreditvergabe durch Geschäftsbanken zu verbessern.

b) Die EZB erhöht die Mindestreservesätze, um den Spielraum für die Kreditvergabe durch Geschäftsbanken zu reduzieren.

c) Die EZB senkt die Leitzinsen, um die Geschäftsbanken mit ausreichend Geld zu versorgen.

d) Die EZB erhöht die umlaufende Geldmenge durch Ausgabe von Banknoten.

e) Die EZB veranlasst die Geschäftsbanken, ihre Zinssätze für Konsumkredite zu senken.

130. Welche Maßnahme des geldpolitischen Instrumentariums der EZB dient <u>nicht</u> dem Ziel der Konjunkturbelebung im Euroraum?

a) Senkung der Mindestreservepflicht für die Banken

b) Ständige attraktive Angebote der EZB an die Banken, im Rahmen der Offenmarktpolitik deren Liquiditätsreserven zu erhöhen

c) Erhöhung der Geldmenge in dem Maße, wie das Bruttoinlandsprodukt wächst

d) Begünstigung der Refinanzierungsmöglichkeiten der Banken durch entsprechende Rahmenbedingungen

e) Erhöhung der Mindestreservepflicht für die Banken

131. Die Europäische Zentralbank (EZB) verfügt über ein differenziertes geldpolitisches Instrumentarium, um ihre geldpolitischen Zielsetzungen durchsetzen zu können. Ordnen Sie zu!

Geldpolitische Entscheidungen

a) Die EZB legt den Zinssatz fest, zu dem sie bereit ist, bestimmte Wertpapiere anzukaufen.

b) Die EZB legt den Zinssatz fest, zu dem sie bereit ist, nur für 6 Monate bestimmte Aktien einzukaufen.

c) Die EZB legt einen Prozentsatz fest, bis zu dem die Geldmenge innerhalb eines Jahres ausgeweitet werden kann.

d) Die EZB legt einen Prozentsatz fest, bis zu dem die Kreditinstitute einen Teil ihrer Verbindlichkeiten gegenüber Nichtbanken als Guthaben bei ihr unterhalten müssen.

e) Die EZB legt den Zinssatz fest, zu dem sie Forderungen mit einer Restlaufzeit von 6 Monaten ankauft.

f) Die EZB legt den Zinssatz fest, zu dem Kreditinstitute Guthaben (Liquiditäten) über Nacht beim Eurosystem anlegen können.

Geldpolitisches Instrumentarium der EZB

[ ] Mindestreserve

[ ] Festsetzung der Einlagenfazilitäten

[ ] Offenmarktgeschäfte

132. Welche geldpolitische Maßnahme der EZB hat eine Reduzierung der Geldmenge zum Ziel?

a) Die EZB senkt den Mindestreservesatz.

b) Die EZB senkt den Zinssatz für Offenmarktgeschäfte.

c) Die EZB senkt den Zinssatz für die ständigen Fazilitäten.

d) Die EZB erhöht den Zinssatz für die Einlagenfazilitäten.

e) Die EZB senkt den Zinssatz für die Spitzenrefinanzierungsfaziliäten.

133. Welche Aussage zur Geldpolitik der EZB ist zutreffend?

a) Die Geldpolitik beinhaltet alle Maßnahmen der Geschäftsbanken zur Erhöhung ihrer Liquidität.

b) Die Geldpolitik beinhaltet alle Maßnahmen zur Steuerung der Geldmenge mit dem Ziel, die Geldwertstabilität zu gewährleisten.

c) Die Geldpolitik beinhaltet alle Maßnahmen der Bundesregierung zur Erhöhung ihrer Einnahmen.

d) Die Geldpolitik ist die Summe aller Maßnahmen, mit der Großunternehmen die Finanzierung ihrer Vorhaben gewährleisten.

e) Die Geldpolitik ist die Summe aller Maßnahmen für die Abwicklung des bankmäßigen Zahlungsverkehrs.

134. Die EZB hat im Rahmen ihrer geldpolitischen Maßnahmen den Leitzinssatz erhöht um einer inflationären Entwicklung entgegenzuwirken. Mit welcher Reaktion der Wirtschaftssubjekte ist nicht zu rechnen?

a) Die Geschäftsbanken reagieren durch Verteuerung der Kredite.

b) Die Unternehmen machen ihre Investitionsentscheidungen vorrangig von der erwarteten langfristigen Rentabilität abhängig, deshalb werden sie nur schwach auf eine Zinserhöhung reagieren.

c) Für die privaten Haushalte stellt der erhöhte Zins eine zu vernachlässigende Größe dar. Sie werden in unverändertem Umfang auf Kredite zur Finanzierung ihres privaten Konsums zurückgreifen.

d) Für die öffentlichen Haushalte stellt der erhöhte Zins eine zusätzliche Belastung dar, da die Zinsen ebenfalls aus dem Haushalt bezahlt werden müssen. Das engt den finanzpolitischen Spielraum ein.

e) Auf die privaten Haushalte hat die Zinserhöhung eine doppelte Wirkung: Ihre Spareinlagen werden höher verzinst, die Konsumkredite werden verteuert. Beide Zinseffekte führen zu einer Senkung der Nachfrage.

135. Bei welcher wirtschaftspolitischen Maßnahme sind ihre Auswirkungen auf den Konjunkturverlauf richtig beschrieben?

a) Durch die Bildung einer Konjunkturausgleichsrücklage schränkt der Staat die Nachfrage der öffentlichen Haushalte ein. Dies stellt einen wesentlichen Beitrag zur Senkung der Arbeitslosigkeit und zur Anregung des Wirtschaftswachstums dar.

b) Durch eine Verschuldung des Bundes in Milliardenhöhe zur Finanzierung öffentlicher Investitionen kann es gelingen, die Arbeitslosenquote zu senken. Gleichzeitig besteht jedoch die Gefahr, dass sich durch die steigende Nachfrage das Preisniveau erhöht.

c) Eine Erhöhung der Mehrwertsteuer stellt eine zusätzliche Besteuerung der Unternehmensgewinne dar. Dadurch geht die Investitionsneigung der Unternehmer weiter zurück, was zu einer Verringerung des realen Wirtschaftswachstums führt.

d) Die Erhöhung der Abschreibungssätze bedingt Steuermehreinnahmen. Diese können konjunkturwirksam zur Energieeinsparung verwendet werden.

e) Die Entlastung der privaten Haushalte bei der Lohn- und Einkommensteuer vermindert den privaten Verbrauch und wirkt sich so konjunkturhemmend aus.

136. Die Bekämpfung der Arbeitslosigkeit ist eine wichtige und dauerhafte Aufgabe der Wirtschaftspolitik. Ordnen Sie die zutreffenden Sachverhalte den Arten von Arbeitslosigkeit zu!

Sachverhalte

a) In Werften kommt es zu Entlassungen von Arbeitnehmern, da dauerhafte Auftragsrückgänge dazu führen, dass Produktionskapazitäten abgebaut werden.

b) Ein Auszubildender kann nach bestandener Prüfung als Bürokaufmann nicht von seinem Ausbildungsbildungsbetrieb übernommen werden.

c) Eine Hotelfachangestellte arbeitet jährlich befristet in den Sommermonaten auf Sylt. Danach meldet sie sich arbeitslos.

d) Eine Angestellte hat gekündigt, da sie mit ihrer Familie in ein anderes Bundesland umzieht. Hier findet sie noch keine Arbeit.

e) In der Baubranche kommt es zu Entlassungen, da die gesamtwirtschaftliche Nachfrage bei stagnierendem Wirtschaftswachstum vorübergehend zum Rückgang der Beschäftigung führt.

f) Eine alleinerziehende Mutter war 6 Jahre nicht berufstätig. Jetzt sucht sie wieder Arbeit.

g) Ein Angestellter wird von seinem Unternehmen fristlos entlassen, da er Geld gestohlen hat. Er meldet sich unverzüglich arbeitslos und reicht eine Kündigungsschutzklage beim Arbeitsgericht ein.

Arten von Arbeitslosigkeit

[ ] Saisonale Arbeitslosigkeit

[ ] Konjunkturelle Arbeitslosigkeit

[ ] Strukturelle Arbeitslosigkeit

137. Man unterscheidet verschiedene Arten von Arbeitslosigkeit. Welche <u>drei</u> Aussagen in diesem Zusammenhang sind zutreffend?

a) Die Reduzierung des Zweigstellennetzes der Kreditinstitute sowie eine steigende Tendenz zu Unternehmenszusammenschlüssen in der Bankbranche erhöht den Grad der strukturellen Arbeitslosigkeit.

b) Die zunehmende Umsetzung des Direkt-Bank-Ansatzes durch das Management der größeren Kreditinstitute erhöht immer den Anteil der friktionellen Arbeitslosigkeit.

c) Die massiven Veränderungen in der deutschen Bevölkerungsstruktur sowie ein dauerhaft verändertes Nachfrageverhalten der Bankkunden in Deutschland erhöhen den Anteil der konjunkturellen Arbeitslosigkeit.

d) Das Bankgewerbe weist seit einigen Jahren einen tendenziell steigenden und über dem Bundesdurchschnitt liegenden Anteil an saisonaler Arbeitslosigkeit auf.

e) Die Verbesserung der Informationsmöglichkeiten über freie Stellen trägt zur Reduzierung der strukturellen Arbeitslosigkeit bei.

f) Die zunehmende Tendenz zum Aufbau von Direktbanken im Retail-Banking erhöht den Anteil technologisch bedingter Arbeitslosigkeit im Bankgewerbe.

138. Wie wirkt sich Arbeitslosigkeit aus? Kreuzen Sie die richtige Aussage zu den Folgen von Arbeitslosigkeit an!

a) Hohe Dauerarbeitslosigkeit führt zur Entlastung des Staatshaushalts.

b) Steigende Arbeitslosigkeit bedeutet sinkende Beitragseinnahmen bei den Sozialversicherungen.

c) Steigende Arbeitslosigkeit führt zu sinkenden Steuereinnahmen, da von Arbeitslosen weder direkte noch indirekte Steuern gezahlt werden.

d) Hohe Arbeitslosigkeit führt in der Regel zur Stärkung gewerkschaftlicher Macht, da der Druck auf die Arbeitgeber dadurch erhöht werden kann.

e) Die finanziellen Folgen der Arbeitslosigkeit sind in Deutschland vor allem von der Deutschen Rentenversicherung zu tragen, da diese für das Arbeitslosengeld II aufkommen muss.

139. Im Zusammenhang mit Beschäftigung und Arbeitslosigkeit sind die nachstehenden Problembereiche bekannt. Ordnen Sie diese Problembereiche den aufgelisteten Aussagen zu, indem Sie den jeweils zutreffenden Buchstaben vor die Aussage schreiben!

Problembereiche

a) Konjunkturelle Arbeitslosigkeit
b) Strukturelle Arbeitslosigkeit
c) Schwarzarbeit bzw. Schattenwirtschaft
d) Keines dieser Probleme

Aussagen

[ ] Die Zahl der im Inland eingesetzten Arbeitskräfte ohne gültige Arbeitserlaubnis ist in den letzten Jahren etwa konstant geblieben.

[ ] Die Reduzierung des Filialnetzes der Kreditinstitute sowie eine steigende Tendenz zu Zusammenschlüssen in dieser Branche tragen zur Erhöhung der Arbeitslosigkeit bei.

[ ] Personen schlagen im Rahmen der Zumutbarkeitsverordnung finanziell nicht lukrative Beschäftigungsangebote aus und besuchen interessante Fortbildungsveranstaltungen.

[ ] Im Februar letzten Jahres ist die Zahl der Arbeitslosen saisonbereinigt um ca. 70 000 Arbeitslose gestiegen.

140. Welche zwei Aussagen zur Arbeitslosigkeit sind zutreffend?

a) Der demografische Faktor spielt für die Entwicklung der Arbeitslosigkeit in Deutschland keine Rolle.
b) Die Arbeitslosenquote berechnet sich aus dem Verhältnis zwischen der Zahl der Arbeitslosen und der Einwohnerzahl der Bundesrepublik Deutschland.
c) Mit der Arbeitslosenquote ist das Verhältnis zwischen Arbeitslosen und den abhängigen und unabhängigen Erwerbslosen gemeint.
d) Die Zahl der Arbeitslosen ist nicht in der Bezugsgröße der Erwerbspersonen enthalten.
e) Als Erwerbspersonen gelten alle Erwerbstätigen und alle Arbeitslosen.
f) Die Zahl der abhängigen Erwerbspersonen umfasst alle Beamten, Angestellten, Arbeiter sowie alle Arbeitslosen.

141. Ermitteln Sie unter Berücksichtigung der Angaben in unten stehender Tabelle
a) die Arbeitslosenquote im Juli Jahr 05, bezogen auf die Erwerbspersonen insgesamt (gerundet auf eine Stelle hinter dem Komma)!
b) die Veränderung der Anzahl der selbstständigen Erwerbstätigen von Jahr 01 zum Jahr 02 in Tausend! Tragen Sie das Ergebnis in das Kästchen ein!

Jahr		Erwerbstätige in Mio.	abhängig Beschäftigte in Mio.	Erwerbslose in Mio.
01		36,816	33,184	3,734
02		36,536	32,882	4,071
Monat	**Jahr**			
Juli	04	38,73		4,11
Juli	05	38,76		3,94

142. Welche Aussage zu den Auswirkungen auf die Arbeitsmarktsituation ist zutreffend?

a) Die Steigerung der Produktivität in einer Volkswirtschaft erhöht tendenziell die Arbeitslosigkeit im Bereich der nicht ausreichend qualifizierten Arbeitnehmer.
b) Subventionszahlungen an Betriebe in veralteten Wirtschaftszweigen fördern die Schaffung neuer Arbeitsplätze.
c) Die Situation auf den Arbeitsmärkten verbessert sich nachhaltig, wenn die gesetzlichen Kündigungsfristen verlängert werden.
d) Eine Erhöhung der Löhne und Gehälter senkt die lohnkostenbedingte Arbeitslosigkeit für geringer qualifizierte Tätigkeiten.
e) Die Erhöhung der Löhne und Gehälter fördert die Arbeitsbereitschaft der Arbeitslosen. Somit wir die Arbeitslosigkeit nachhaltig verringert.

143. Die Lage auf dem Arbeitsmarkt kann durch unterschiedliche Sachverhalte beeinflusst werden. Ordnen Sie die richtige Kennziffer (1 o. 2) den Sachverhalten von a bis d zu!

Auswirkungen	**Sachverhalte**
1 Verschlechterung der Lage auf dem Arbeitsmarkt	a) Die Lohnnebenkosten steigen (KV, RV). b) Umschulungsmaßnahmen werden staatlich gefördert.
2 Verbesserung der Lage auf dem Arbeitsmarkt	c) Die Kommunen verringern ihre Investitionen wegen des Rückgangs der Steuereinnahmen. d) Die Zahl der Insolvenzen von Unternehmen geht deutlich zurück.

144. Die konjunkturelle Arbeitslosigkeit auf Grund von Nachfragerückgängen im In- und Ausland soll vom Staat mit Hilfe von angebotsorientierten Maßnahmen bekämpft werden. Welche Maßnahme ist dazu geeignet?

a) Der Staat erhöht die Umsatzsteuer, um verstärkt Kaufkraft bei der öffentlichen Hand anzusammeln.
b) Der Staat senkt die Umsatzsteuer, um die private Nachfrage nachhaltig zu erhöhen.
c) Der Staat tritt auf den Märkten als Nachfrager auf.
d) Der Staat verringert die Abgabenlast für die Unternehmen.
e) Der Staat erhöht die Staatsverschuldung zur Finanzierung öffentlicher Investitionen.

145. Der Vorstandsvorsitzende eines Automobilkonzerns sagt in einem Interview, dass eine Konjunkturerholung in seiner Branche erkennbar sei. Worauf stützt er seine Aussage?

a) Die Importe und die Exporte an Automobilen sind etwa gleich groß.
b) Die Auftragseingänge bei den Automobilherstellern sind gegenüber dem Vorjahr um 10 % gestiegen.
c) Die Automobilproduktion ist im letzten Jahr stabil geblieben.
d) Die Bundesregierung hat angekündigt, dass sie eine Erhöhung der Mineralölsteuern plant.
e) Die Besucherzahl auf einer Automobilausstellung hat sich im Vergleich zum Vorjahr nur geringfügig verändert.

146. Welche Folge bringt eine Höherbewertung des Euro gegenüber dem US-Dollar mit sich?

a) Die Importe aus den USA werden erschwert.
b) Die Arbeitsplätze in der EU werden gesichert.
c) Der Export in die USA wird erleichtert.
d) Der Export in die USA wird erschwert.
e) Die Inflation in der EU wird gefördert.

147. Welche Auswirkung ergibt sich, wenn der Euro gegenüber dem US-Dollar von 1 € = 1,35 $ auf 1 € = 1,50 $ ansteigt?

a) Der Wert ausländischer Zahlungsmittel steigt im Verhältnis zum Euro.
b) Diese Maßnahme führt zu einem Handelsbilanzüberschuss.
c) Die Einfuhr der Waren verteuert sich.
d) Die Einfuhr der Waren verbilligt sich.
e) Diese Maßnahme verstärkt bei einer Vollbeschäftigung die Tendenz zu Preissteigerungen.

1. **Ordnen Sie zu.**

Tätigkeiten der Wirtschaftssubjekte

a) Einkommen sparen, Steuern erheben
b) Einkommen für Konsum verwenden, Sachgüter und Dienstleistungen für den Markt produzieren
c) Einkommen zum Konsum und/oder Sparen verwenden
d) Einkommen sparen, Sachgüter und Dienstleistungen für den Markt produzieren
e) Sachgüter und Dienstleistungen für den Markt produzieren, Gewinn erzielen
f) Steuern erheben, Einkommen zum privaten Konsum verwenden
g) Steuern erheben, Einkommen umverteilen

Sektoren des Wirtschaftskreislaufs

[ ] Unternehmen

[ ] Private Haushalte

[ ] Staat

2. **Durch welche Skizze wird der Wirtschaftskreislauf zwischen Unternehmen und Haushalten richtig dargestellt?**

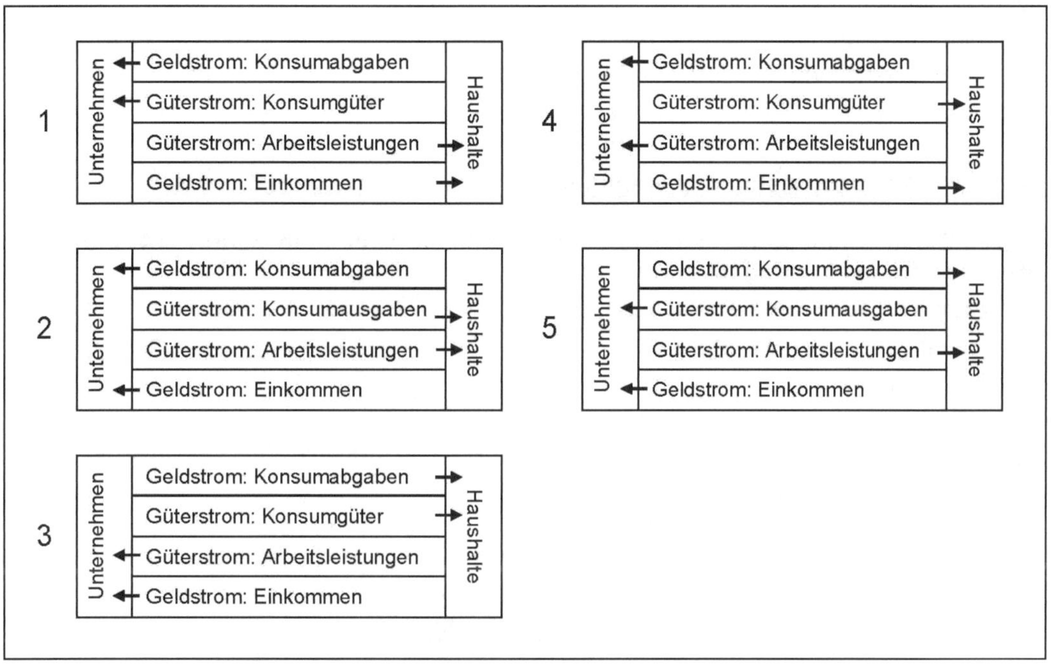

3. **Welche Aussage über den Wirtschaftskreislauf ist richtig?**

a) Geld- und Güterströme fließen im Wirtschaftskreislauf in der gleichen Richtung.
b) Der Gewinn aus dem Verkauf von Erzeugnissen fließt den Unternehmen über den Warenkreislauf zu.
c) Der Staat beeinflusst weder den Waren- noch den Geldkreislauf.
d) Der Produktionsfaktor Arbeit ist Bestandteil des Wirtschaftskreislaufes.
e) Die Leistungen der Versicherungsunternehmen werden im Wirtschaftskreislauf nicht berücksichtigt.

4. **Ergänzen Sie in dem Kreislaufschema den fehlenden Begriff auf der gestrichelten Linie und kreuzen Sie den richtigen Buchstaben an.**

a) Ersparnisse
b) Subventionen
c) Konsumausgaben
d) Wareneinsatz
e) Investitionen

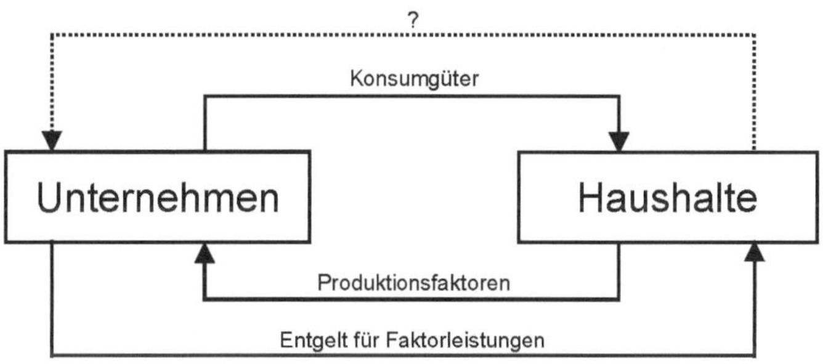

5. Ergänzen Sie in dem Kreislaufschema den fehlenden Begriff auf der gestrichelten Linie und kreuzen Sie den richtigen Buchstaben an.

a) Löhne und Gehälter
b) Warenumsatz
c) Arbeitsleistungen
d) Wareneinsatz
e) Investitionen

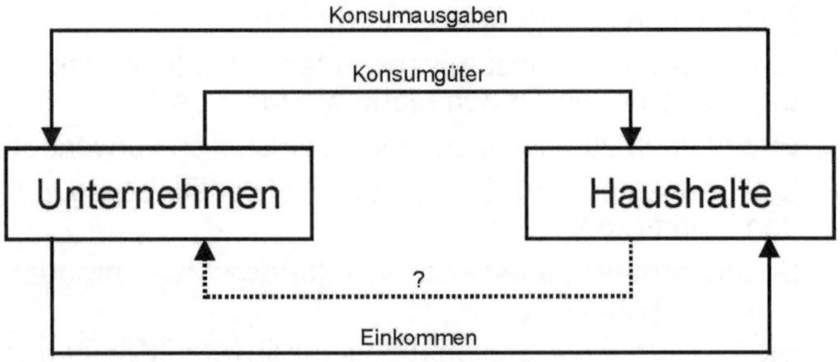

6. Welcher Geldstrom fließt im Wirtschaftskreislauf vom Sektor Staat zum Sektor Unternehmen?

a) Löhne und Gehälter
b) Direkte Steuern
c) Indirekte Steuern
d) Direkte Subventionen
e) Umsatzerlöse

<u>Die nächsten zwei Aufgaben gehören zusammen.</u>

7. Ergänzen Sie im unten stehenden Kreislaufschema die fehlenden Begriffe (A und B). Kreuzen Sie das zutreffende Lösungspaar an.

a) A = Bank B = Haushalte
b) A = Haushalte B = Staat
c) A = Unternehmen B = Haushalte
d) A = Haushalte B = Unternehmen
e) A = Unternehmen B = Bank

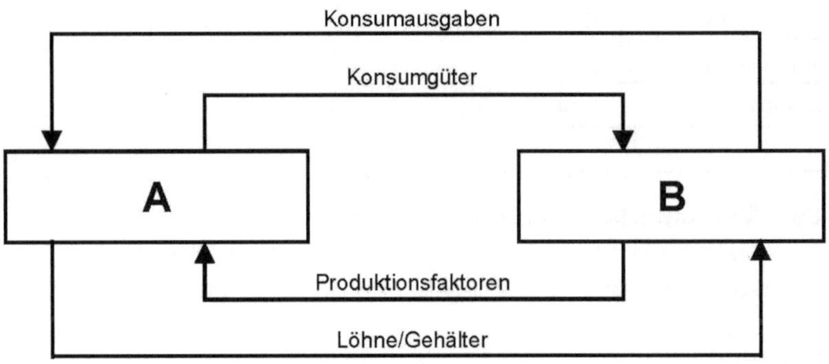

8. Welcher Aussage zu obigem Modell des einfachen Wirtschaftskreislaufs können Sie <u>nicht</u> zustimmen?

a) Die Haushalte stellen den Unternehmen volkswirtschaftliche Produktionsfaktoren zur Verfügung.
b) Die Haushalte erhalten im Gegenzug von den Unternehmen Geld.
c) Im Wirtschaftskreislauf fließt jedem Güterstrom ein um den Gewinn erhöhter Geldstrom entgegen.
d) Die Haushalte verwenden ihr ganzes Einkommen zum Kauf von Konsumgütern.
e) Die Haushalte erhalten für ihre Geldausgaben Konsumgüter von den Unternehmen.

9. Ergänzen Sie in dem unten stehenden Kreislaufschema den fehlenden Begriff auf der gestrichelten Linie und kreuzen Sie dessen Kennbuchstaben an.

a) Import
b) Private Ersparnisse
c) Subventionen
d) Einkommen
e) Private Investitionen
f) Außenbeitrag

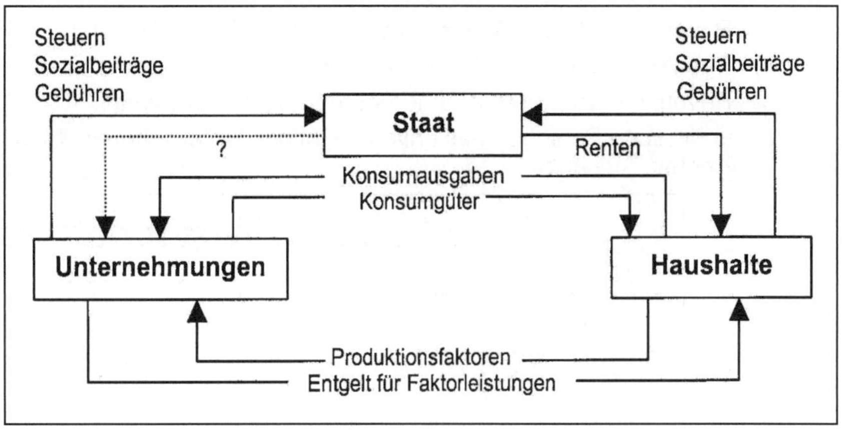

10. In welcher Zeile des abgebildeten erweiterten Wirtschaftskreislaufs sind die mit a), b) und c) gekennzeichneten Geldströme richtig zugeordnet?

a) (a) Einkommen – (b) Ersparnisse – (c) Exportausgaben
b) (a) Einkommen – (b) Mehrwertsteuer – (c) Exporterlöse
c) (a) Subventionen – (b) Mehrwertsteuer – (c) Importeinnahmen
d) (a) Subventionen – (b) Steuern – (c) Exporterlöse
e) (a) Kredite – (b) Steuern – (c) Exportausgaben

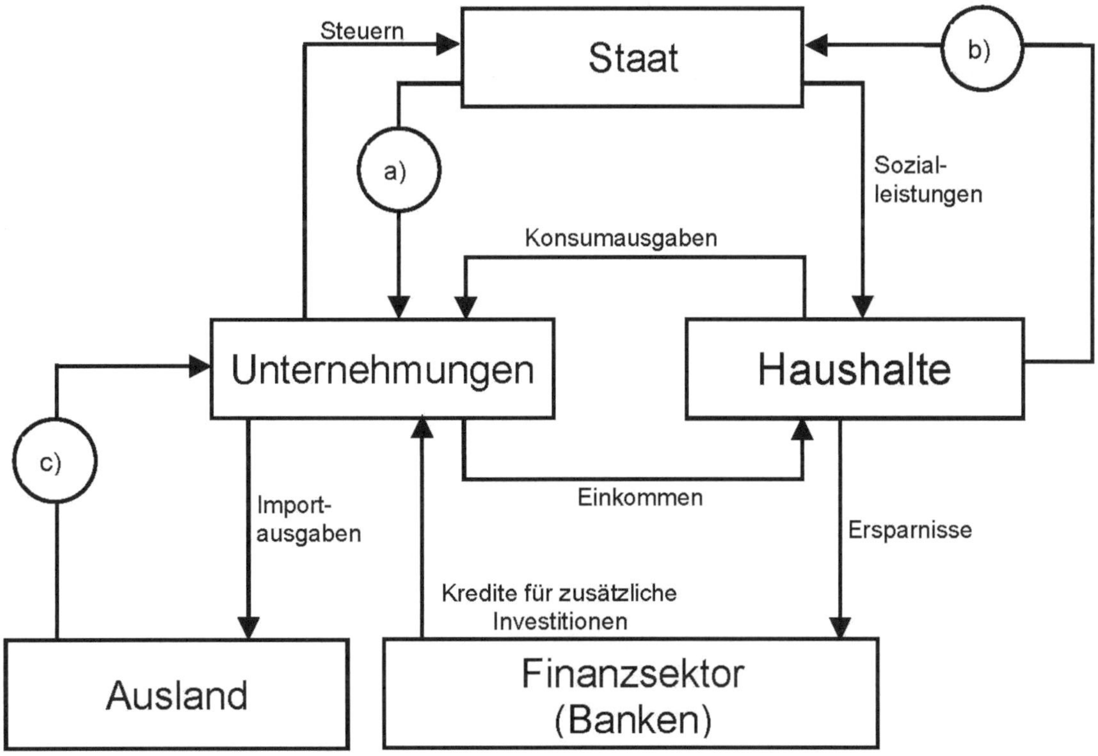

11. Die in einer Volkswirtschaft fließenden Geld- und Güterströme bilden den Wirtschaftskreislauf. Welche Zeile enthält vier Sektoren des erweiterten Wirtschaftskreislaufs?

a) Private Haushalte, öffentliche Haushalte, Banken, Nichtbanken
b) Private Haushalte, Gebietskörperschaften, Staat, Ausland
c) Private Haushalte, Unternehmen, Staat, Ausland
d) Private Organisationen, Unternehmen, Inland, Ausland
e) Juristische Personen des privaten Rechts, Unternehmen, Juristische Personen des öffentlichen Rechts, Ausland

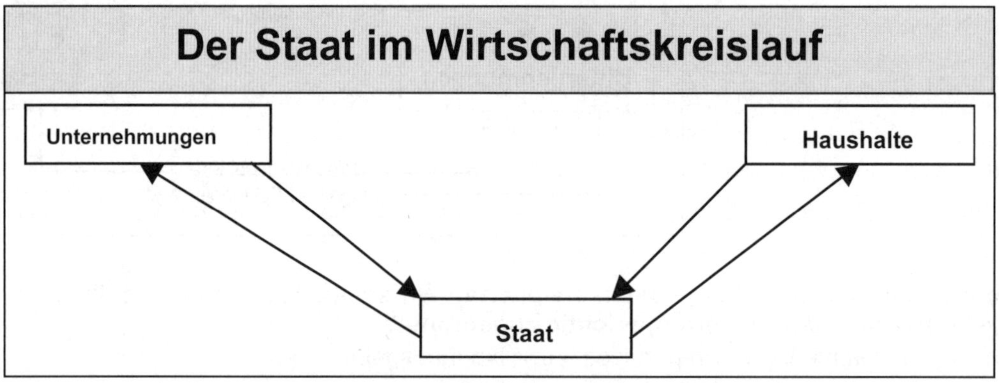

12. Haushalte legen einen Teil ihres Einkommens bei Banken als Spareinlagen an. In welchem Fall gelangt dieses Geld wieder als Produktionsfaktor in den Wirtschaftskreislauf?

a) Durch Anschaffung eines Heimkinos
b) Durch Bezahlung der Wohnungsmiete
c) Durch den Kauf von Konsumgütern
d) Durch Teilzahlung beim Kauf eines Privatautos
e) Durch Kreditgewährung seitens der Banken für Maschinen

1. **Welche Aussage trifft auf die Theorie der freien Marktwirtschaft zu?**
   a) Das Angebot ist immer größer als die Nachfrage.
   b) Die Nachfrage ist immer größer als das Angebot.
   c) Zwischen Angebot und Nachfrage besteht ein freies Spiel der Kräfte.
   d) Die Wunschvorstellungen des Einzelnen haben keinen Einfluss auf Angebot und Nachfrage.
   e) Das Angebot wird entsprechend der politischen Zielsetzung behördlich festgelegt.

2. **Welche Aussage trifft auf das Modell der freien Marktwirtschaft zu?**
   a) Der Staat besitzt die Verfügungsgewalt über die Produktionsanlagen, um zentral entscheiden zu können.
   b) Im Wettbewerb um die Gunst des Verbrauchers gibt es keine Einschränkungen.
   c) Der Staat zahlt zum Ausgleich wirtschaftlicher Nachteile Subventionen.
   d) Die einzelnen Unternehmen werden auf die Erfüllung des Plansolls verpflichtet.
   e) Durch Arbeitsgesetzgebung und Tarifpolitik sollen Arbeitnehmer geschützt werden.

3. **Welche Aussage kennzeichnet das Modell der freien Marktwirtschaft?**
   a) Gewerbefreiheit bedeutet freie Wahl von Beruf und Arbeitsplatz. Die wirtschaftliche Betätigung als Unternehmer setzt den Nachweis von Sachkenntnis und notwendiger Kapitalausstattung voraus.
   b) Zur Sicherung eines funktionsfähigen Wettbewerbs begrenzt der Staat das Wirtschaftswachstum von Unternehmen.
   c) Angebot und Nachfrage bestimmen die Preise auf den Konsum- und Investitionsgütermärkten. Die freie Preisbildung auf den Arbeitsmärkten wird durch Festsetzung von Mindestlöhnen eingeschränkt.
   d) Der Staat unterwirft sich dem Marktmechanismus wie alle übrigen Marktteilnehmer. Seine Rolle beschränkt sich auf die Aufrechterhaltung der Rechtsordnung, den Schutz von Leben und Eigentum des Individuums.
   e) Zum Aufbau eines staatlichen Sozialversicherungssystems ist die Bildung öffentlichen Eigentums notwendig. Der Erwerb von Privateigentum wird als wirksame wirtschaftliche Antriebskraft angesehen.

4. **Welche Aussage trifft auf das Modell der freien Marktwirtschaft zu?**
   a) Die Produktionsmittel sind Kollektiveigentum.
   b) Art und Menge der zu produzierenden Güter werden von einer Planungsbehörde festgesetzt.
   c) Der Konsum der Haushalte wird durch staatliche Bedarfspläne ermittelt.
   d) Der Staat hat eine Lenkungsfunktion im Rahmen der Wirtschaftsordnung.
   e) Beruf und Arbeitsplatz können frei gewählt werden.

5. **Welches Merkmal kennzeichnet den Idealtyp der freien Marktwirtschaft?**
   a) Leistung von Subventionen
   b) Beschäftigungspolitik des Staates
   c) Wirtschaftliches Handeln auf staatliche Anweisung
   d) Verbot wirtschaftlicher Konzentration
   e) Privateigentum an den Produktionsmitteln

6. **Was kennzeichnet das Modell der freien Marktwirtschaft?**
   a) Planvorgaben für alle Betriebe
   b) Kollektiveigentum an den Produktionsmitteln
   c) Zentral gelenkter Verbrauch
   d) Direkte staatliche Investitionslenkung
   e) Erwerbswirtschaftliches Prinzip
   f) Erhebung von Einfuhrzöllen

7. **Welches Merkmal kennzeichnet das Modell der freien Marktwirtschaft?**
   a) Staatliche Investitionslenkung
   b) Eingeschränkter Wettbewerb
   c) Kollektive Bedarfsdeckung
   d) Angebot und Nachfrage regeln den Preis.
   e) Gemeineigentum an Produktionsmitteln

8. Was gehört zu den Kennzeichen einer freien Marktwirtschaft?

a) Kollektivplanung
b) Anspruch auf einen Arbeitsplatz
c) Freie Austauschbarkeit der Währungen
d) Kollektiveigentum an Produktionsmitteln
e) Zentral gelenkter Verbrauch

9. Wodurch werden die Preise in einer freien Marktwirtschaft nach oben begrenzt?

a) Durch sehr hohe Steuern für hohe Unternehmergewinne
b) Durch den Wettbewerb der Anbieter
c) Durch eine staatliche Preisaufsichtsbehörde
d) Durch die Festlegung von Richtpreisen der Produzenten
e) Durch die „Konzertierte Aktion"

10. Welches Beispiel kennzeichnet das Modell der freien Marktwirtschaft?

a) Bestimmte Arzneimittel müssen selbst bezahlt werden.
b) Alle Märkte sind offen.
c) Höchstpreise werden nur in Ausnahmefällen festgelegt.
d) Mindestlöhne schützen die Arbeitnehmer.
e) Für Sozialwohnungen gibt es staatliche Zuschüsse.

11. Welche Wirtschaftsordnung wird in dem folgenden Text angesprochen?

„Eines der markantesten Merkmale dieser Wirtschaftsordnung ist die wechselseitige Abhängigkeit von Produktion und Konsumtion. Die Verwirklichung dieser Ordnung ist u. a. die freie Konsumwahl, die gleichzeitig Kampf um den Konsumenten bedeutet. Diese Zielsetzung erfordert die Ausschaltung der übrigen Marktteilnehmer, wenn nötig auch durch ruinöse Konkurrenz."

a) Die soziale Marktwirtschaft der Bundesrepublik Deutschland
b) Die Planwirtschaft
c) Die Zentralverwaltungswirtschaft
d) Die freie Marktwirtschaft
e) Die sozialistische Planwirtschaft

12. Welcher Grundsatz ist mit dem Modell der freien Marktwirtschaft <u>nicht</u> vereinbar?

a) Angebot und Nachfrage regeln den Preis.
b) Selbstständigkeit und Unabhängigkeit der Tarifpartner
c) Staatlich verordneter Preis- und Lohnstopp
d) Unbeschränkter Wettbewerb
e) Privateigentum an Produktionsmitteln

13. Welche Aufzählung enthält ausschließlich idealtypische Merkmale einer freien Marktwirtschaft?

a) Privateigentum an Produktionsmitteln, individuelle Arbeitsplatzwahl, marktwirtschaftliche Preisbildung, staatliche Subventionen
b) Freier Warenaustausch, dezentrale Planung, Tarifautonomie der Sozialpartner, Importrestriktionen
c) Uneingeschränkte Konkurrenz, staatliche Preisfestsetzungen, Vermögenskonzentration, leistungsorientierte Entlohnung
d) Privateigentum an Produktionsmitteln, Preisbildung durch Angebot und Nachfrage, Gewerbefreiheit, Konsumfreiheit
e) Staatliche Bedarfsplanung, Devisenkontingentierung, freier Außenhandel, Niederlassungsfreiheit

14. Welche Aussage kennzeichnet die Zentralverwaltungswirtschaft?

a) Der Preis reguliert Angebot und Nachfrage.
b) Private Eigentümer von Produktionsmitteln entscheiden, was produziert wird.
c) Ein wesentlicher Bestandteil der Wirtschaftsordnung ist die Preisfestsetzung des Staates.
d) Der Staat greift mit der Konjunkturpolitik in das Wirtschaftsgeschehen ein.
e) Motor des wirtschaftlichen Handelns ist das Streben nach einem angemessenen Gewinn.

15. Welche Aussage widerspricht dem System der Zentralverwaltungswirtschaft?

a) Die Produktionsmittel sind Eigentum der Gesellschaft.
b) Produktion und Verteilung werden von einer staatlichen Planungsbehörde festgelegt.
c) Grundsatz wirtschaftlichen Handelns ist das Prinzip der Planerfüllung.
d) Die Befriedigung der Bedürfnisse einzelner ist wichtiger als das Wohl der Gemeinschaft.
e) Auszeichnungen und Prämien fördern die Leistungsbereitschaft.

16. Welche Maßnahme ist typisch für die Zentralverwaltungswirtschaft?

a) Missbrauchsaufsicht gegenüber marktbeherrschenden Unternehmungen
b) Subventionszahlungen an bedrohte Unternehmungen
c) Investitionsanreize durch degressive Abschreibungen
d) Planvorgaben an alle Betriebe
e) Verbot der Kartellbildung von Unternehmen

17. Was kennzeichnet die Zentralverwaltungswirtschaft?

a) Konjunktursteuerung des Staates mit Hilfe geldpolitischer Maßnahmen
b) Tarifautonomie der Sozialpartner
c) Märkte als Regulator für Angebot und Nachfrage
d) Kollektiveigentum an Produktionsmitteln
e) Verbot der Preisbindung

18. Welches Merkmal entspricht nicht dem System der Zentralverwaltungswirtschaft?

a) Planerfüllungsprinzip
b) Staatliche Preisfestsetzung
c) Jahresvolkswirtschaftsplan
d) Freier Kapitalverkehr mit dem Ausland
e) Überwiegend sozialistisches Eigentum

19. In welcher Zeile sind die Merkmale einer reinen Zentralverwaltungswirtschaft richtig dargestellt?

	Planungs- und Lenkungssystem	Eigentumsformen an den Produktionsmitteln	Preisbildungsformen
a)	Zentrale Planung und Lenkung	Kollektiveigentum	Marktpreispolitik
b)	Zentrale Planung und Lenkung	Privateigentum	Marktpreispolitik
c)	Dezentrale Planung und Lenkung	Privateigentum	Staatl. Preisfestsetzung
d)	Dezentrale Planung und Lenkung	Privateigentum	Staatl. Preisfestsetzung
e)	Zentrale Planung und Lenkung	Kollektiveigentum	Staatl. Preisfestsetzung
f)	Dezentrale Planung und Lenkung	Kollektiveigentum	Marktpreisbildung

20. Kreuzen Sie den Buchstaben an, bei dem alle 3 Merkmale auf die reine Marktwirtschaft zutreffen?

a) Dezentrale Planung und Lenkung - Privateigentum - Staatliche Preisfestsetzung
b) Dezentrale Planung und Lenkung - Staatseigentum - Marktpreisbildung
c) Zentrale Planung und Lenkung - Privateigentum - Marktpreisbildung
d) Dezentrale Planung und Lenkung - Privateigentum - Marktpreisbildung
e) Zentrale Planung und Lenkung - Staatseigentum - Preisfestsetzung

21. Welche Merkmale treffen für die soziale Marktwirtschaft zu?

a) Staatliche Lohnfestsetzung, aber Tarifautonomie der Sozialpartner
b) Zentralplanung und Vorgabe von Daten für die Leistungserstellung
c) Kollektives Eigentum an Produktionsmitteln, aber Privateigentum an Konsumgütern
d) Privateigentum an den Produktionsmitteln und Sozialbindung des Eigentums
e) Staatliche Preisfestsetzung und Vollbeschäftigungsgarantie
f) Keine Allgemeinverbindlichkeit der Tarifverträge, aber Garantie der Arbeitsplätze

22. Welches Grundprinzip unserer Wirtschaftsordnung verhindert, dass der Staat direkt Einfluss auf Lohnverhandlungen nehmen kann?

a) Das erwerbswirtschaftliche Prinzip
b) Der Grundsatz des Privateigentums an Produktionsmitteln
c) Die Gewerbefreiheit
d) Die Tarifautonomie
e) Die Niederlassungsfreiheit

23. Welche Aussage kennzeichnet entweder den Idealtyp der freien Marktwirtschaft oder den Realtyp der sozialen Marktwirtschaft?

a) In der freien Marktwirtschaft ist immer der Markt die oberste Lenkungsinstanz.
b) In der freien Marktwirtschaft tritt der Staat als alleinige Lenkungsinstanz auf.
c) In der sozialen Marktwirtschaft befinden sich alle Produktionsmittel in privater Hand.
d) In der sozialen Marktwirtschaft ist die vollkommene Konkurrenz realisiert.
e) In der sozialen Marktwirtschaft ist die Tarifautonomie durch den Staat eingeschränkt.

24. Was widerspricht den Grundsätzen der sozialen Marktwirtschaft?

a) Privateigentum an den Produktionsmitteln
b) Staatliche Lenkung aller Investitionen
c) Staatliche Prämien für Sparleistungen
d) Entscheidungsfreiheit aller Konsumenten
e) Freier Außenhandel

25. Welche Aussage über Wirtschaftsordnungen ist richtig?

a) Ein wesentliches Merkmal des Modells der freien Marktwirtschaft ist die staatliche Einkommensumverteilung.
b) Ein wesentliches Merkmal des Wirtschaftssystems der Planwirtschaft ist die Entscheidungsfreiheit der Unternehmen.
c) Ein wesentliches Merkmal der sozialen Marktwirtschaft in der Bundesrepublik Deutschland ist die Tarifautonomie der Sozialpartner.
d) Ein wesentliches Merkmal der sozialen Marktwirtschaft in der Bundesrepublik Deutschland ist die staatliche Preisfestsetzung.
e) Ein wesentliches Merkmal des Modells der Zentralverwaltungswirtschaft ist das erwerbswirtschaftliche Prinzip.

26. Welcher Wirtschaftsordnung ist folgende Zielsetzung zuzuordnen: „Sicherung eines möglichst freien Wettbewerbs auf dem Markt bei staatlichem Ausgleich sozialer Ungerechtigkeiten“?

a) Soziale Marktwirtschaft
b) Freie Marktwirtschaft
c) Planwirtschaft
d) Zentralverwaltungswirtschaft
e) Soziale Planwirtschaft
f) Vetternwirtschaft

27. Welche <u>drei</u> Aussagen treffen auf die Wirtschaftsordnung der Bundesrepublik Deutschland zu?

a) Die Preise werden grundsätzlich staatlich festgesetzt.
b) Auf allen Märkten herrscht vollständige Konkurrenz.
c) Tarifverträge bedürfen der Zustimmung des Bundesarbeitsministers.
d) Private Vermögensbildung wird staatlich gefördert.
e) Lohnverhandlungen basieren auf der Tarifautonomie der Sozialpartner.
f) Die Investitionen werden zentral gelenkt.
g) Die Unternehmen haben Investitionsfreiheit.

28. Welches Merkmal kennzeichnet die soziale Marktwirtschaft?

a) Es herrscht vollkommene Konkurrenz.
b) Der Staat schränkt die Tarifautonomie ein.
c) Alle Produktionsmittel befinden sich in privater Hand.
d) Der Staat kann durch das Setzen von Rahmenbedingungen regulierend in den Wirtschaftsprozess eingreifen.
e) Der Markt ist immer oberste Lenkungsinstanz.

29. Ein Merkmal der Wirtschaftsordnung der Bundesrepublik Deutschland ist die Vertragsfreiheit. Wie ist die Vertragsfreiheit im Sinne der Sozialen Marktwirtschaft richtig beschrieben?

a) Vertragsfreiheit liegt vor, wenn die Vertragspartner über Inhalte und Abschluss frei entscheiden können und dabei keinerlei gesetzliche Beschränkungen beachten müssen.

b) Vertragsfreiheit liegt vor, wenn die Vertragspartner einen geschlossenen Vertrag jederzeit ohne Grund kündigen können.

c) Vertragsfreiheit liegt vor, wenn die Vertragspartner über Inhalte und Abschluss grundsätzlich frei entscheiden können, dabei müssen sie grundlegende Gesetze beachten.

d) Vertragsfreiheit liegt vor, wenn sich die Vertragspartner auf Inhalte einigen und beim Abschluss des Vertrages keinerlei Formvorschriften beachten müssen.

e) Vertragsfreiheit liegt vor, wenn die Vertragspartner Inhalte grundsätzlich frei vereinbaren können und beim Abschluss des Vertrages ausschließlich Formvorschriften des BGB beachten müssen.

30. Welche <u>drei</u> Aussagen kennzeichnen das Wirtschaftssystem der Bundesrepublik Deutschland?

a) Die Produktions- und Verbrauchslenkung erfolgt durch den Staat.

b) Mehrjahrespläne legen das Produktionssoll für alle Investitionsgüter fest.

c) Durch Kollektivierung der Landwirtschaft wird Überproduktion vermieden.

d) Der Staat greift im Rahmen seiner sozialen Verpflichtung unterstützend in das Wirtschaftsgeschehen ein.

e) Der Jahresvolkswirtschaftsplan stellt das verbindliche wirtschaftliche Programm für ein Jahr dar.

f) Die Interessen der Konsumenten werden zum Teil durch staatliche Gesetze und Verordnungen geschützt.

g) Die Unternehmen haben Investitionsfreiheit.

31. In der Sozialen Marktwirtschaft sollen staatliche Maßnahmen „marktkonform" erfolgen. Bei welcher Maßnahme ist dies <u>nicht</u> der Fall?

a) Staatliche Unternehmen werden privatisiert.

b) Zur Unterstützung landwirtschaftlicher Unternehmen werden staatliche Mindestpreise garantiert.

c) Aus konjunkturpolitischen Überlegungen heraus werden zeitlich begrenzte Investitionszuschüsse gezahlt.

d) Der Staat führt eine Einheitsrente für alle Bürger ein.

e) Zur Sicherung von Arbeitsplätzen werden unproduktiv arbeitende Unternehmen dauerhaft subventioniert.

32. Zu welcher Wirtschafts- und Gesellschaftsordnung gehören die folgenden Ziele?

- Gewährleistung der Außenhandelsfreiheit und freien Austauschbarkeit der Währungen
- Sicherung der Währungsstabilität durch eine unabhängige Notenbank
- Staatliche Korrektur der ursprünglichen Einkommens- und Vermögensverteilung
- Förderung der Chancen zur beruflichen Selbstständigkeit

a) Tauschwirtschaft

b) Planwirtschaft

c) Zentralverwaltungswirtschaft

d) Soziale Marktwirtschaft

e) Freie Marktwirtschaft

33. Welche Aussage über das Marktgeschehen im Wirtschaftssystem der Bundesrepublik Deutschland ist richtig?

a) Da die Preise durch Angebot und Nachfrage bestimmt werden, erübrigt sich ein Preisvergleich durch die Verbraucher.

b) Das Verbraucherverhalten kann die Preise beeinflussen.

c) Die Preisauszeichnungspflicht garantiert verbraucherfreundliche Preise.

d) Höchst- und Mindestpreise werden vom Bundeskartellamt bestimmt.

e) Alle Preise werden durch vollständige Konkurrenz bestimmt.

34. Welche Aussage zur Wirtschaftsordnung trifft zu?

a) Das Modell der freien Marktwirtschaft vereint die positiven Bestandteile der sozialen Marktwirtschaft und der Zentralverwaltungswirtschaft.

b) In der sozialen Marktwirtschaft stellt der Staat durch zentrale Planung und Lenkung das Planerfüllungsprinzip sicher.

c) Bei der freien Marktwirtschaft ist der Markt das alleinige Lenkungsinstrument, bei der sozialen Marktwirtschaft greift der Staat lenkend ein.

d) In der Bundesrepublik Deutschland ist der Idealtyp der freien Marktwirtschaft realisiert.

e) In der ehemaligen DDR war der Idealtyp der Zentralverwaltungswirtschaft realisiert.

35. In den westlichen Industrieländern ist die gültige Wirtschaftsordnung im Umbruch, vor allem durch die zunehmende Globalisierung und die relativ hohe Arbeitslosigkeit. Dennoch hat nach wie vor eine der nachstehenden Aussagen ihre Gültigkeit. Welche?

a) Der Markt ist so gestaltet, dass die Wettbewerbsfähigkeit stets garantiert ist.

b) Die sozialen Sicherungssysteme sind nach wie vor nicht reformbedürftig.

c) Das Marktprinzip ist aufgrund der entstehenden virtuellen Märkte nicht mehr gegeben.

d) Der Staat ist nach wie vor die oberste Lenkungsinstanz.

e) Der Markt ist der Ort, wo Nachfrage und Angebot aufeinander treffen.

36. Was kennzeichnet das Modell der freien Marktwirtschaft (drei Antworten)?

a) Planvorgaben für alle Betriebe

b) Kollektiveigentum an den Produktionsmitteln

c) Zentral gelenkter Verbrauch

d) Alle Märkte sind offen

e) Direkte staatliche Investitionslenkung

f) Erwerbswirtschaftliches Prinzip

g) Privateigentum an den Produktionsmitteln

h) Erhebung von Einfuhrzöllen

37. Was widerspricht den Grundsätzen der sozialen Marktwirtschaft (drei Antworten)?

a) Privateigentum an den Produktionsmitteln

b) Staatliche Lenkung aller Investitionen

c) Staatliche Prämien für Sparleistungen

d) Entscheidungsfreiheit aller Konsumenten

e) Freier Außenhandel

f) Das Ausüben bestimmter Gewerbe ist an Genehmigungen gebunden.

g) Staatlich verordneter Preis- und Lohnstopp

38. Welche der nachstehend angeführten Maßnahmen entspricht den Grundsätzen der freien Marktwirtschaft?

a) Förderung mittelständischer Unternehmen durch den Staat

b) Preisbindung für Bücher

c) Einflussnahme des Staates bei der Tarifpolitik

d) Rationalisierungsmaßnahmen der Unternehmen mit dem Ziel der Gewinnmaximierung

e) Festschreibung von Höchstpreisen, z. B. für landwirtschaftliche Produkte

**39. Welche Wirtschaftsordnung wird in dem folgenden Text angesprochen?
„Eines der markantesten Merkmale dieser Wirtschaftsordnung ist die wechselseitige Abhängigkeit von Produktion und Konsumtion. Die Verwirklichung dieser Ordnung ist u. a. freie Konsumwahl, die gleichzeitig Kampf um den Konsumenten bedeutet. Diese Zielsetzung erfordert die Ausschaltung der übrigen Marktteilnehmer, wenn nötig auch durch ruinöse Konkurrenz."**

a) Die soziale Marktwirtschaft der Bundesrepublik Deutschland

b) Die Planwirtschaft

c) Die Zentralverwaltungswirtschaft

d) Die freie Marktwirtschaft

e) Die sozialistische Planwirtschaft

40. Welche Aufzählung enthält ausschließlich idealtypische Merkmale einer freien Marktwirtschaft?

a) Privateigentum an Produktionsmitteln, individuelle Arbeitsplatzwahl, marktwirtschaftliche Preisbildung, staatliche Subventionen
b) Freier Warenaustausch, dezentrale Planung, Tarifautonomie der Sozialpartner, Importrestriktionen
c) Uneingeschränkte Konkurrenz, staatliche Preisfestsetzungen, Vermögenskonzentration, leistungsorientierte Entlohnung
d) Privateigentum an Produktionsmitteln, Preisbildung durch Angebot und Nachfrage, Gewerbefreiheit, Konsumfreiheit
e) Staatliche Bedarfsplanung, Devisenkontingentierung, freier Außenhandel, Niederlassungsfreiheit

41. Welche zwei Aussagen widersprechen den Grundsätzen der sozialen Marktwirtschaft?

a) Grundsätzlich besteht Gewerbefreiheit.
b) Grundsätzlich besteht freie Berufswahl, Freizügigkeit und die Möglichkeit, den Arbeitsplatz zu wechseln.
c) Es besteht eine Vertragsfreiheit, die durch Gesetz zum Schutz des jeweiligen schwächeren Marktteilnehmers eingeschränkt wird.
d) Es besteht eine aktive staatliche Wettbewerbspolitik zur Erhaltung eines funktionsfähigen Wettbewerbs.
e) Zur gerechteren Einkommensverteilung werden vom Staat alle Löhne und Gehälter festgelegt.
f) Zur gerechten Einkommensverteilung werden vom Staat höhere Einkommen prozentual höher besteuert.
g) Durch Festlegung der Verbrauchsmengen an Heizöl je Haushalt sichert der Staat eine langfristige Nutzung dieser Energiequelle.

42. Welche Aussage über das Marktgeschehen in der Bundesrepublik Deutschland ist richtig?

a) Ein Preisvergleich durch die Verbraucher ist ratsam, da die Preise durch Angebot und Nachfrage bestimmt werden.
b) Ein Unternehmen muss seine Preise um 7 % erhöhen, wenn die Löhne um 7 % steigen, da sich die Lohnkosten direkt auf den kalkulierten Verkaufspreis auswirken.
c) Das Bundeskartellamt überwacht, dass gleiche Artikel in Art und Menge zu den festgelegten Richtpreisen verkauft werden.
d) Die Verbraucher können in manchen Fällen durch ihr Verhalten die Preise nicht beeinflussen.
e) Die Preise werden durch vollständige Konkurrenz bestimmt.

43. Ein Unternehmer prüft verschiedene Möglichkeiten zur Erhöhung der Flexibilität und Verbesserung der Wettbewerbsfähigkeit. Welche Maßnahme lässt sich im Rahmen unserer sozialen Marktwirtschaft nicht realisieren?

a) Stilllegung einiger Produktionszweige
b) Bessere Auslastung der Maschinen durch flexiblere Arbeitszeitregelungen
c) Abbau übertariflicher Leistungen
d) Einführung von Schichtarbeit
e) Generelle Umwandlung aller unbefristeten in befristete Arbeitsverhältnisse ohne Beteiligung des Betriebsrates

44. Welche Situation bedeutet eine Wettbewerbsstörung im System der sozialen Marktwirtschaft?

a) Die führenden Mineralölgesellschaften erhöhen zur gleichen Zeit die Preise für Benzin um 2 %.
b) Eine Landesregierung verwendet Steuermittel zur Förderung von Behindertenwerkstätten.
c) Ein Hersteller bietet seine Produkte durch Verringerung seiner Gewinnspanne zu wesentlich niedrigeren Preisen als die Konkurrenz an.
d) Um die Staatsausgaben zu finanzieren, wird die Umsatzsteuer erhöht.
e) Für Kinder bis sechs Jahren ist in öffentlichen Verkehrsmitteln kein Fahrpreis zu zahlen.

45. Kreuzen Sie den Buchstaben an, bei dem alle drei Merkmale der Wirtschaftsordnung der Bundesrepublik Deutschland entsprechen?

a) Kollektiveigentum – Tarifautonomie – Dezentrale Planung und Lenkung
b) Privateigentum – Koalitionsfreiheit – Zentrale Planung und Lenkung
c) Tarifautonomie – Sozialbindung des Eigentums – Dezentrale Planung und Lenkung
d) Staatliche Korrektur der ursprünglichen Einkommens- und Vermögensverteilung – Staatliche Preisfestsetzung – Freizügigkeit
e) Privateigentum – Tarifautonomie – Zentrale Planung und Lenkung

46. Welche Aussage über das Marktgeschehen in der Bundesrepublik Deutschland ist richtig?

a) Ein Preisvergleich durch die Verbraucher ist nicht notwendig, da die Preise durch Angebot und Nachfrage bestimmt werden.

b) Gleichartige Artikel haben die gleichen Preise, weil das Bundeskartellamt die Preise überwacht.

c) Der Unternehmer muss seine Preise um 6 % erhöhen, wenn die Löhne um 6 % steigen, da sich die Lohnkosten direkt auf den kalkulierten Verkaufspreis auswirken.

d) Alle Kreditinstitute müssen für Spareinlagen mit gesetzlicher Kündigungsfrist den gleichen Zinssatz vergüten.

e) Die Marktmacht eines Anbieters ist eine wesentliche Voraussetzung für die Durchsetzung von Preiserhöhungen.

47. In der Bundesrepublik Deutschland besteht als Wirtschaftsordnung die soziale Marktwirtschaft, die als eine Weiterentwicklung des Modells der freien Marktwirtschaft zu sehen ist. Welche der drei Aussagen treffen
[1] nur auf die Marktwirtschaft
[2] nur auf die soziale Marktwirtschaft
[3] sowohl auf die freie als auch auf die soziale Marktwirtschaft
[4] weder auf die freie noch auf die soziale Marktwirtschaft zu?
Tragen Sie die zutreffende Ziffer vor die Aussage ein!

AUSSAGEN

[ ] Die Unternehmen treffen ihre Investitionsentscheidungen unter Berücksichtigung der Marktpreise und erwarteter zukünftiger Entwicklungen.

[ ] Der Staat sorgt durch vielfältige Maßnahmen für einen bestimmten Mindeststandard der Lebenshaltung.

[ ] Die Nettoeinkommen der Haushalte unterscheiden sich aufgrund der Besteuerung nur innerhalb bestimmter Bandbreiten.

48. Wie alle anderen Unternehmen, sind auch die Kreditinstitute von der Wirtschaftspolitik der sozialen Marktwirtschaft betroffen. Welche Aussage in diesem Zusammenhang ist zutreffend?

a) Die Interessen der Kunden von Kreditinstituten werden teilweise durch Gesetze und Verordnungen geschützt.

b) Der Staat akzeptiert, dass die Kreditinstitute ihre Geschäftspolitik ausschließlich am Eigennutz orientieren.

c) Bei Lohnverhandlungen legt der Staat ein Mindestentgelt für die Arbeitnehmer/innen der Kreditinstitute fest.

d) Der Staat versucht, die Kreditwirtschaft über die Aufstellung von unterschiedlichen Plänen zu koordinieren.

e) Die Knappheit des Geldes signalisiert der Staat durch die Festsetzung unterschiedlicher Zinssätze.

49. Welche zwei Maßnahmen sind mit der sozialen Marktwirtschaft der Bundesrepublik Deutschland vereinbar?

a) Die Bundesregierung verpflichtet die Tarifparteien, die Lohnerhöhungen in den nächsten Jahren zu begrenzen.

b) Die Regierung des Bundeslandes Bayern ordnet einen allgemeinen Mietpreisstopp für die Dauer von 10 Jahren an, um sozial schwache Mitbürger zu schützen.

c) Das Bundeskartellamt verhängt gegen mehrere Unternehmen Bußgelder wegen Verstöße gegen das Gesetz gegen Wettbewerbsbeschränkungen.

d) Die Bundesanstalt für Finanzdienstleistungen (BAFin) setzt einen Mindestzinssatz für bestimmte Einlagen fest.

e) Durch ein Bundesgesetz werden Unternehmen verstaatlicht, die gegen Gesetze zum Schutz der Umwelt verstoßen haben.

f) Der Gesetzgeber bestimmt, dass die Prozentsätze der Einkommensteuer innerhalb bestimmter Grenzen mit der Höhe des zu versteuernden Einkommens steigen.

1. Aufgrund welcher gesetzlicher Regelung muss in Betrieben ab einer bestimmten Anzahl von Mitarbeitern eine „Fachkraft für Arbeitssicherheit" bestellt werden?

a) Arbeitsförderungsgesetz
b) Betriebsverfassungsgesetz
c) Arbeitsplatzschutzgesetz
d) Arbeitssicherheitsgesetz
e) Gewerbeordnung

2. Ordnen Sie zu.

Verhaltensweisen/Warnungen

a) Kein Trinkwasser
b) Gehörschutz tragen
c) Warnung vor Gewittern
d) Zutritt für Unbefugte verboten
e) Augenschutz tragen
f) Warnung vor gefährlicher elektrischer Spannung
g) Warnung vor giftigen Stoffen
h) Warnung vor schwebender Last
i) Warnung vor explosivgefährlichen Stoffen

Abbildungen

[ ]

[ ]

[ ]

3. Vom Sicherheitsbeauftragten werden die abgebildeten Sicherheitszeichen vorgestellt und erläutert. Welche Erklärung zu den abgebildeten Sicherheitszeichen ist zutreffend?

a) Die zweite Reihe zeigt Verbotszeichen. Diese werden immer in Dreiecksform dargestellt.
b) Sicherheitszeichen sind Empfehlungen. Sie müssen nicht in jedem Fall beachtet werden.
c) Die Darstellung der Zeichen (Form und Farbe) kann beliebig erfolgen. Wichtig ist nur, dass der Inhalt bzw. Aussagewert des Zeichens immer gleich ist.
d) Die erste Reihe zeigt Verbotszeichen. Sie werden immer in der angegebenen Form dargestellt.
e) Minderjährige Auszubildende sind verpflichtet, sich an die Sicherheitszeichen zu halten. Die älteren Arbeitnehmer können von Fall zu Fall selbst entscheiden, wie wichtig die Einhaltung ist.

4. Ordnen Sie das zutreffende Sicherheitskennzeichen den Bedeutungen zu, indem Sie die Kennziffern von 4 der insgesamt 9 abgebildeten Sicherheitskennzeichen vor die Bedeutungsinhalte eintragen!

[ ] Warnung vor feuergefährlichen Stoffen
[ ] Gehäuse unter Spannung, nicht berühren
[ ] Feuerlöschgerät
[ ] Sammelstelle

5. Hinter welchem abgebildeten Sicherheitszeichen „verbirgt" sich Erste-Hilfe-Material (z. B. Verbandmaterial)? Tragen Sie die zutreffende Ziffer in das Kästchen ein.

1 2 3 4 5 6

6. Ordnen Sie zu.

Bildzeichen (Gefahrensymbole)

a)

d)

b)

e)

c)

f)

Bedeutung

[ ] Komprimierte Gase

[ ] Sehr giftig, Giftig

[ ] Oxidierend

7. Ordnen Sie zu.

Bedeutungen

a) Notruftelefon
b) Sanitätsraum
c) Fluchtweg
d) Erste Hilfe
e) Krankentrage
f) Sammelstelle
g) Feuermelder
h) Betriebsarzt

Sicherheitszeichen

[ ]

[ ]

[ ]

[ ]

8. Wie ist die Zuständigkeit für den Gesundheits- und Unfallschutz in Unternehmen geregelt?

a) Die Unternehmen sind für den Gesundheits- und Unfallschutz verantwortlich, sie werden durch die Gewerbeaufsichtsbehörden und die Berufsgenossenschaften kontrolliert.
b) Die Unternehmen sind für den Gesundheits- und Unfallschutz verantwortlich, sie werden durch die Industrie- und Handelskammern kontrolliert.
c) Die Unternehmen sind für den Gesundheits- und Unfallschutz verantwortlich, sie werden durch die Gewerkschaften kontrolliert.
d) Die Unternehmen sind für den Gesundheits- und Unfallschutz verantwortlich, sie werden durch die Arbeitgeberverbände kontrolliert.
e) Die Unternehmen sind für den Gesundheits- und Unfallschutz verantwortlich, sie werden durch die Sozialpartner kontrolliert.

9. Auf dem Grundstücksgelände eines Unternehmens ist das abgebildete Schild zu sehen. Welche Bedeutung hat dieses Zeichen?

a) Mittelpunkt des Grundstücksgeländes
b) Standplatz für den Einsatzleiter der Feuerwehr
c) Sammelplatz für die Mitarbeiter im Falle eines Notfalls
d) Symbol für eine Geländespiel beim Betriebssport
e) Hier befindet sich der Hauptwasserhydrant.

10. Wann sind Arbeitnehmer über die Unfall- und Gesundheitsgefahren im Unternehmen zu belehren?

a) Nur bei Aufnahme der Beschäftigung
b) Bei Aufnahme der Beschäftigung, anschließend in regelmäßigen Abständen
c) Nach Ablauf der Probezeit, anschließend nach Bedarf
d) Nur vor Aufnahme der Beschäftigung
e) Es besteht keine Pflicht, der Arbeitnehmer hat sich selbst zu informieren.

11. Welche Bedeutung hat das abgebildete Zeichen?

a) Wegweiser zu den Toiletten
b) Wegweiser zu den Feuerlöschern
c) Wegweiser zu den Personalräumen
d) Wegweiser zu den Treppenhäusern
e) Wegweiser für die Rettungswege

12. Die Bavaria Fahrradwerke KG ist laut Gesetz verpflichtet, geeignete Arbeitsschutzmaßnahmen für seine Arbeitnehmer zu ergreifen. Wer ist für die Überprüfung der Einhaltung solcher Arbeitsschutzmaßnahmen zuständig?

a) Die gesetzlichen Krankenkassen und die Berufsgenossenschaft
b) Ausschließlich die Berufsgenossenschaft
c) Die Gewerbeaufsichtsämter und die gesetzlichen Krankenkassen
d) Der Betriebsarzt und die Berufsgenossenschaft
e) Die Berufsgenossenschaft und die Gewerbeaufsichtsämter bzw. die zuständigen Landesbehörden

13. Welche Maßnahme gewährleistet <u>keinen</u> effektiven Brandschutz?

a) Feuerlöschereinrichtungen müssen in jedem Unternehmen vorhanden sein.
b) Feuerlöschereinrichtungen müssen funktionsfähig gehalten werden.
c) Feuerlöschereinrichtungen sind nur in solchen Betrieben anzubringen, in denen Gefahrstoffe hergestellt oder verarbeitet werden.
d) Die Überprüfung der Feuerlöschereinrichtungen ist nur von sachkundigem Personal durchzuführen.
e) Die Überprüfung der Feuerlöschereinrichtungen ist schriftlich festzuhalten.

14. Einem Unternehmen wurde aufgrund einer Verordnung die Verarbeitung eines gesundheitsgefährdenden Materials untersagt. Wer kontrolliert die Einhaltung dieser Verordnung?

a) Das Gewerbeaufsichtsamt
b) Die zuständige Berufsgenossenschaft
c) Das zuständige Wirtschaftsministerium
d) Der Bürgermeister der Ortspolizeibehörde
e) Die Industrie- und Handelskammer

15. Jeder Betrieb hat zur Verhütung von Arbeitsunfällen Einrichtungen, Anordnungen und Maßnahmen zu treffen, die den Bestimmungen der Unfallverhütungsvorschriften entsprechen. Welche Aussage über Inhalte der Unfallverhütungsvorschriften ist nicht richtig?

a) Erforderliche Geldmittel für Arbeitsschutzeinrichtungen sind vom Arbeitgeber bereitzustellen.
b) Regelungen und Anweisungen zur Durchführung von Arbeitsschutzmaßnahmen sind zu treffen.
c) Eventuell notwendige Betriebsvereinbarungen mit dem Betriebsrat über Regelungen im Arbeitsschutzbereich sind abzuschließen.
d) Gegebene Anweisungen zum Arbeitsschutz sind zu überwachen oder überwachen zu lassen.
e) Außer der Unfallversicherung sind zusätzliche Versicherungen zur Abgeltung von Gesundheitsschäden bei Mitarbeitern durch Betriebsunfälle abzuschließen.

16. Was bedeutet dieses Zeichen im Rahmen des Arbeitsschutzes und der Unfallverhütung?

a) Richtungsangabe für Rettungswege
b) Vorsicht Stolperstelle
c) Vorsicht Hochspannung
d) Hinweis auf „Erste Hilfe“
e) Hinweis auf glatte Böden
f) Hinweis auf Brandschutz

17. Durch welche Institution wird die Ausführung der von Bund und Ländern erlassenen Arbeitsschutzvorschriften überwacht?

a) Gewerbeaufsichtsamt
b) Industrie- und Handelskammer bzw. Handwerkskammer
c) Krankenkassen
d) Arbeitsämter
e) Gesundheitsämter

18. Wie ist die Bedeutung des abgebildeten Symbols zutreffend beschrieben?

a) Rauchen verboten
b) Warnung vor feuergefährlichen Stoffen
c) Warnung vor Explosivstoffen
d) Vorsicht, Gefahrenzone
e) Feuer, offenes Licht und Rauchen verboten

19. Welche Bedeutung hat das abgebildete Symbol (schwarz auf gelbem Untergrund)?

a) Rauchen verboten
b) Nicht erhitzen
c) Vorsicht, Gefahrenzone
d) Warnung vor Explosivstoffen
e) Warnung vor feuergefährlichen Stoffen

20. Welche Aussage über Unfallverhütungsvorschriften ist richtig?

a) Sie werden von den Berufsgenossenschaften erlassen und sind Bestandteil der Arbeitsverträge.
b) Sie sind jedem neuen Mitarbeiter bei Arbeitsantritt vom Arbeitgeber auszuhändigen.
c) Sie werden von den Gewerbeaufsichtsämtern in Zusammenarbeit mit den Sicherheitsbeauftragten der betreffenden Unternehmen erstellt.
d) Sie sind vom Arbeitgeber an geeigneter Stelle im Betrieb auszulegen oder auszuhändigen.
e) Sie werden allen Mitarbeitern einmal im Jahr vom Arbeitgeber ausgehändigt.

21. Welche Institution ist gesetzlich beauftragt, Unfallverhütungsvorschriften zu erstellen?

a) Das Gewerbeaufsichtsamt
b) Der Betriebsarzt
c) Die Berufsgenossenschaft
d) Der Betriebsrat
e) Der Technische Überwachungsverein (TÜV)

22. Worauf ist bei den Notausgängen im Betriebsgebäude zu achten?

a) Notausgänge müssen mit gelben Leuchtsymbolen gekennzeichnet sein.
b) Notausgänge dürfen von innen abgeschlossen sein, wenn die Schlüssel griffbereit aufbewahrt werden.
c) Notausgänge dürfen von außen abgeschlossen sein, wenn sie von innen mit einer Klinke leicht zu öffnen sind.
d) Notausgänge müssen nur in solchen Räumen vorhanden sein, in denen leicht brennbare Gegenstände gelagert oder verarbeitet werden.
e) Notausgänge in Räumen mit Publikumsverkehr müssen mit roten Hinweisschildern gekennzeichnet sein.

23. Ein Mitarbeiter stürzt auf dem Weg zum Lager. Wie verhält man sich richtig?

a) Man schaut sich nach einem Mitarbeiter mit Erste-Hilfe-Lehrgang um.
b) Den Gestürzten nicht beachten, da dies für ihn unangenehm ist
c) Laut „Unfall" rufen und die anwesenden Kollegen um Hilfe bitten.
d) Den Sicherheitsbeauftragten sofort rufen
e) Ruhe bewahren und zu helfen versuchen

24. Was ist zuerst zu tun, wenn ein Arbeitskollege aufgrund einer Berührung mit einem defekten Strom führenden Verlängerungskabel bewusstlos zusammenbricht?

a) Den Verunglückten in Seitenlage bringen
b) Den Vorgesetzten informieren
c) De Schockbehandlung einleiten
d) Den Notarzt verständigen
e) Den Strom unterbrechen

25. Auf welche Weise muss der Arbeitgeber über die Unfallverhütungsvorschriften im Betrieb informieren?

a) Durch Aushang an geeigneter Stelle, z. B. am „Schwarzen Brett"
b) Überhaupt nicht, der Arbeitnehmer muss sich selbst darum kümmern
c) Durch mündliche Information im Vorstellungsgespräch
d) Durch schriftlichen Umlauf im Betrieb
e) Durch Anhang im Arbeitsvertrag

26. Die Geschäftsleitung Ihres Ausbildungsbetriebes hat verschiedene vorbeugende Maßnahmen getroffen, um auf das Verhalten der Mitarbeiter und Kunden im Falle eines Brandes Einfluss zu nehmen. Welche Maßnahme stimmt mit diesem Ziel nicht überein?

a) Überprüfung der Feuerschutztüren
b) Kennzeichnung von Fluchtwegen durch gut sichtbare Hinweisschilder
c) Schulung von Verhaltensregeln für den Brandfall
d) Durchführung von Feuer-Alarm-Übungen, bei denen eine Gebäuderäumung erfolgt
e) Anbringen von Gefahr-Hinweisschildern an und in Fahrstühlen

27. Im Dekorationsbereich wird bekanntlich mit vielen leicht brennbaren Materialien gearbeitet. Welche Maßnahme ist unerlässlich?

a) Die Beseitigung von Papierabfällen ist täglich vorzunehmen.
b) Die Unfallverhütungsvorschriften müssen am schwarzen Brett in der Personalkantine angebracht werden.
c) Die Feuerwehr muss davon unterrichtet werden, dass in dieser Abteilung leicht brennbare Materialien lagern.
d) Es müssen selbstabschaltbare Energiesparlampen im Schaufenster eingesetzt werden.
e) In unmittelbarer Nähe müssen Feuerlöscher angebracht und das Personal entsprechend geschult werden.

28. Wie verhalten Sie sich richtig, wenn Sie in Ihrem Ausbildungsbetrieb Unfallquellen erkennen?

a) Sie informieren sofort den Einzelhandelsverband.
b) Sie informieren sofort die Gewerbeaufsichtsbehörde.
c) Sie melden die Unfallquelle sofort Ihrem Vorgesetzten.
d) Sie melden die Unfallquelle sofort der Berufsgenossenschaft.
e) Sie melden die Unfallquelle sofort dem Ordnungsamt.

29. Durch welche Maßnahme können Sie Spiegelungen und Reflexionen auf Bildschirmgeräten vermindern?

a) Durch Aufstellen der Bildschirmgeräte gegenüber einer hellen Fensterfront
b) Durch Arbeitsplatzleuchten mit einer Lichtstärke von mindestens 300 Lux
c) Durch Anbringen von Lichtschutzvorrichtungen an den Fenstern
d) Durch die Aktivierung eines Bildschirmschoners
e) Durch Einsatz von Farbmonitoren

30. In der letzten Zeit kommt es vermehrt zu Klagen der Mitarbeiter Ihres Kreditinstituts über Kopfschmerzen und brennende Augen. Dies ist auf die ständige Arbeit am Computer-bildschirm zurückzuführen. Wodurch könnte die Belastung der Augen gemildert werden?

a) Sie lassen sich einen Bildschirmschoner installieren.
b) Sie drehen den Helligkeitsregler in die Maximalposition.
c) Sie schauen nach gewissen Arbeitseinheiten vom Bildschirm weg, machen eine Pause und betreiben etwas Augengymnastik.
d) Sie beantragen einen TÜV-geprüften Bildschirm, der Energie sparend und folglich sehr strahlungsarm ist.
e) Sie lassen die Jalousien herunter oder schalten so weit es geht das Licht am Arbeitstisch aus, um sich besser auf den Bildschirm konzentrieren zu können.

31. Durch einen technischen Defekt eines Computers bricht an Ihrem Arbeitsplatz im Ausbildungsbetrieb ein großes Feuer aus. Welche Sicherheitsmaßnahmen müssen Sie ergreifen?

a) Sie müssen einen vorhandenen Aufzug nutzen, um die Gefahrenzone schnellstmöglich zu verlassen.
b) Sie müssen, wenn ohne Gefährdung möglich, vor Verlassen des Zimmers alle Fenster schließen.
c) Sie lassen die Türen weit geöffnet, damit die Feuerwehr später schneller erkennen kann, welche Räume leer sind.
d) Sie müssen sofort alle Türen zu diesem Bereich abschließen, damit der Gefahrenbereich nicht mehr betreten werden kann.
e) Sie müssen sofort das Zimmer verlassen und sich im Haupteingang des Gebäudes einfinden, damit die Vollzähligkeit der Mitarbeiterinnen und Mitarbeiter festgestellt werden kann.

32. Welche Aufgabe nimmt der Sicherheitsbeauftragte gegenüber seinen Kollegen wahr?

a) Der Sicherheitsbeauftragte hat die Aufgabe, neuen Mitarbeitern die Sicherheitseinrichtungen der Bankfiliale bekannt zu machen.

b) Der Sicherheitsbeauftragte übernimmt auf Grund seiner Ausbildung nach einem Banküberfall die psychologische Betreuung der betroffenen Mitarbeiter.

c) Der Sicherheitsbeauftragte hat die Mitarbeiter bei der halbjährlichen Prüfung der Funktionsfähigkeit der Feuerlöscher zu unterstützen.

d) Der Sicherheitsbeauftragte hat bei einem ausbrechenden Feuer die Meldung an die Feuerwehr zu übernehmen.

e) Der Sicherheitsbeauftragte ist bei Verletzungen der Verantwortliche für zu leistende Erste-Hilfe-Maßnahmen.

33. Welches Gesetz regelt die Aufgaben und Stellung des Sicherheitsbeauftragten?

a) Reichsversicherungsordnung (RVO)

b) Arbeitsstättenverordnung (ArbStättV)

c) Betriebsverfassungsgesetz (BetrVG)

d) Arbeitssicherheitsgesetz (ArbSichG)

e) Bürgerliches Gesetzbuch (BGB)

34. Wo können Sie sich über die Aufgaben eines Sicherheitsbeauftragten informieren?

a) In der Gewerbeordnung der für die Bankfiliale zuständigen Gemeinde

b) In den Arbeitssicherheitsvorschriften der gesetzlichen Krankenkassen

c) In den Unfallverhütungsvorschriften/berufsgenossenschaftlichen Vorschriften der Verwaltungs-Berufsgenossenschaft

d) Im Gesetz über die Festsetzung von Mindestarbeitsbedingungen

e) Der Sicherheitsbeauftragte ist eine freiwillige Einrichtung Ihrer Bank, daher können Sie nähere Informationen nur über Ihren Betriebsrat beziehen.

35. Wer ist der zuständigen Behörde gegenüber für die Einhaltung der Aufgaben aus dem Arbeitssicherheitsgesetz verantwortlich?

a) Der Betriebsrat

b) Der Arbeitgeber

c) Der Sicherheitsingenieur

d) Der Sicherheitsbeauftragte

e) Der Arbeitsschutzausschuss

36. Welche Aufgabe obliegt dem Gewerbeaufsichtsamt (staatliches Amt für Arbeitsschutz)?

a) Es hat die Gewerbefreiheit zu gewährleisten.

b) Es zieht im Auftrag des Finanzamtes die Gewerbesteuer ein.

c) Es kontrolliert die Einhaltung des Ausbildungsrahmenlehrplanes.

d) Es überwacht die Einhaltung der Bestimmungen über Arbeitszeit und Betriebssicherheit.

e) Es überwacht die Ausbildung der gewerblichen Auszubildenden nach dem Berufsbildungsgesetz.

37. Im Lagerraum des Warenhauses bricht ein Feuer aus (Kabelbrand). Was dürfen Sie nicht tun?

a) Sie holen schnell einen Eimer Wasser und löschen das Feuer.

b) Sie bewahren Ruhe und melden das Feuer an die Telefonzentrale.

c) Sie nehmen einen Feuerlöscher mit Löschpulver und löschen das Feuer.

d) Sie betätigen einen Feuermelder und lösen somit Feueralarm aus.

e) Sie alarmieren über das Telefon die hauseigene Feuerwehr.

38. Der Lagerleiter ordnet die gesonderte Aufbewahrung des zurückgenommenen Altöls im Öllager an. Welche rechtliche Vorschrift verbietet es, das Altöl aus Umweltschutzgründen zu verbrennen?

a) Gefahrstoffverordnung

b) Bundesnaturschutzgesetz

c) Umwelthaftungsgesetz

d) Produkthaftungsgesetz

e) Bürgerliches Gesetzbuch

39. Welche Nachweise müssen laut Gefahrstoffverordnung erbracht werden, wenn in besonders gesicherten Behältern leicht entzündliche Flüssigkeit gelagert wird?

a) Sicherheitsdatenblätter
b) Bedienungsanleitung
c) Betriebsanweisung
d) Inventarverzeichnis
e) Erste-Hilfe-Nachweisbuch

40. In der Verwaltung der Bavaria Fahrradwerke KG sind an unterschiedlichen Stellen Abfallsammelstellen zur Abfalltrennung wie folgt eingerichtet:
Einzelner Arbeitsplatz: Papier
Teeküche – Nassmüll: Kaffeefilter
Sammelstelle 1 – Restmüll: beschichtetes Papier
Sammelstelle 2 – recycelbare Farbbandkassetten
Sammelstelle 3 – Lösungsmittel – Abfall: Klebstoff
Welcher Abfall kann wiederverwertet werden?

a) Klebstoff
b) Schrumpffolie
c) Kaffeefilter
d) Beschichtetes Papier
e) Papier

41. Dem Grundsatz „Vermeidung vor Verwertung vor Entsorgung" entspricht u. a. die Möglichkeit, Transportverpackungen an den Hersteller zurückzuschicken. Welche rechtliche Vorschrift wird hier beachtet?

a) Arbeitsstättenverordnung
b) Verpackungsverordnung
c) Produkthaftungsgesetz
d) Strafgesetzbuch
e) Arbeitssicherheitsgesetz
f) BGB

42. Es ist zwischen Einweg-, Mehrweg- und Leihverpackungen zu unterscheiden. Bei welcher Verpackungsart handelt es sich um eine Einwegverpackung, die nach der Verpackungsverordnung recycelt werden muss?

a) Holzfass
b) Collico
c) Schrumpffolie
d) Holzpalette
e) Pfandflasche

43. Das Deutsche Institut für Gütesicherung und Kennzeichnung vergibt das Umweltzeichen „Blauer Umweltengel". Was gilt für Produkte, die mit diesem Zeichen gekennzeichnet sind?

a) Der Verbrauch ist ohne Belastung für die Umwelt.
b) Der Verbrauch ist relativ umweltfreundlich.
c) Diese Artikel können recycelt werden.
d) Der „Blaue Umweltengel" entspricht dem „Grünen Punkt" im Sinne des Umweltschutzes.
e) Der Verbrauch fördert die Vermeidung von Abfällen.
f) Es handelt sich um Nachfüllpackungen.

44. In der Bavaria Fahrradwerke KG sind Entsorgungsbehälter für Bioabfälle, Kunststoff, Metall und Verbundstoffe, Papier und Pappe sowie für Restmüll aufgestellt. Was dürfen Sie in keinen dieser Behälter entsorgen?

a) Herausgetrenntes Kohlepapier aus den Lieferscheinsätzen
b) Ein Plastikbehälter gefüllt mit verbrauchter Entwicklungsflüssigkeit aus dem Mikroverfilmungsgerät
c) Mehrschichtverpackung als Milchtüte (Tetrapack)
d) Beschädigte Plastikordner
e) Teebeutel aus der Kantine
f) Styroporverpackung

45. Die Mitarbeiter der Bavaria Fahrradwerke KG sollen Abfälle getrennt nach Papier, Glas, Wertstoffe (Grüner Punkt) und Restmüll in unterschiedlichen Behältern entsorgen. Welcher Abfall gehört nicht in die Wertstoffbehälter?

a) Mehrschichtverpackung für Getränke (z. B. Tetrapack)
b) Plastikbeutel von Süßigkeiten
c) Obst- und sonstige Essensabfälle
d) Entleerte Metall-Getränkedosen
e) Entleerte Plastik-Joghurtbecher

46. Im Personalbüro wird nach Möglichkeit nur Recyclingpapier verwendet. Welche Aussage dazu ist zutreffend?

a) Die umweltfreundliche Papierherstellung wird gefördert.
b) Das Papier zeigt nach wenigen Jahren starke Zerstörungserscheinungen und ist kostengünstiger zu vernichten.
c) Recyclingpapier ist reißfester.
d) Bei der Beschriftung mit dem Drucker ist Recyclingpapier leichter zu korrigieren.
e) Kleiner Flecken auf dem Papier stören nicht so wie auf gebleichtem Papier.

47. Welcher Artikel passt nicht in ein ökologisch ausgerichtetes Büroartikelsortiment?

a) Kopierpapier/Officepapier mit Spitzenweiße
b) Kopierpapier/Officepapier aus Recyclingprodukten
c) Nachfüllbehälter für Klebeflaschen
d) Ordner aus Pappe
e) Farbbänder aus Baumwolle für Schreibmaschinen

48. In der Bavaria Fahrradwerke KG wird über Möglichkeiten der umweltschonenden Energie- und Materialverwendung diskutiert. Welcher Beitrag entspricht nicht diesem umweltschonenden Grundsatz?

a) Durch die Belieferung „just in time" sollten Transportwege verkürzt und dadurch Energie eingespart werden.
b) Beim Kopieren sollte nach Möglichkeit auch die Rückseite benutzt werden.
c) Die Beleuchtung in den Arbeitsräumen sollte nur dann eingeschaltet werden, wenn es tatsächlich erforderlich ist.
d) Der Transport der Waren sollte mit verbrauchsarmen Fahrzeugen organisiert werden.
e) Beim Kopieren sollten nachfüllbare Tonerkassetten verwendet werden.

49. In der Bavaria Fahrradwerke KG sollen ökonomische und ökologische Ziele in Einklang gebracht werden. Wo wird dies erreicht?

a) Für nicht mehr verwendbare Mikrofilme und Tonerpatronen wird kein Entsorgungsunternehmen beauftragt. Sie können kostengünstiger als Wertstoffe entsorgt werden.
b) Kartonagen werden geschreddert und als Verpackungsmaterial verwendet.
c) Um Energie zu sparen, wird die Raumtemperatur im Winter auf 16° C gesenkt.
d) In der Betriebskantine wird Plastik-Einweggeschirr eingeführt.
e) Um Wasser zu sparen, verwendet das Reinigungspersonal nur noch hoch wirksame chemische Mittel.

50. Welche der folgenden Maßnahmen trägt nicht unmittelbar zum Umweltschutz bei?

a) Verwendung von unlackierten Holzbleistiften
b) Verwendung von Recyclingpapier
c) Einbau von Steckdosen mit Überspannungsschutz
d) Ersetzen der Glühlampen durch langlebige Energiesparlampen
e) Verwendung von biologisch abbaubaren Reinigungsmitteln
f) Mülltrennung in unterschiedliche Behälter

51. Bei der Beschaffung von Büromaterial ist verstärkt darauf zu achten, dass Nachfüllprodukte gekauft werden, da somit ein Beitrag zum Umweltschutz geleistet werden kann. In welchem Fall kann auf Nachfüllprodukte zurückgegriffen werden?

a) Carbonkunststoffbänder für die Schreibmaschine
b) Kugelschreiberminen
c) Tintenpatronen für einen Tintenstrahldrucker
d) Klebstofftuben
e) Knopfzellen (Batterien)

52. Welche Aussage zum „Grünen Punkt" auf Verpackungen ist zutreffend?

a) Verpackungen mit diesem Siegel sind immer dem Händler, bei dem die Ware gekauft wurde, zurückzugeben.
b) Der Hersteller ist für die Entsorgung der so gekennzeichneten Verpackung zuständig.
c) Die Kosten der Entsorgung dieser Verpackung trägt der Staat.
d) Verpackungen mit diesem Siegel werden stets zu 100 % recycelt.
e) Der „Grüne Punkt" kennzeichnet Verpackungen, die im „dualen System" erfasst werden.

53. Welches Kriterium ist bei der Umweltverträglichkeitsprüfung von Produkten zu beachten?

a) Erhöhung des Marktanteils
b) Gewinnmaximierung
c) Personaleinsparung
d) Energieverbrauch
e) Absatzsteigerung

54. In welchem Fall wird von der Lagerhaltung der Umweltgedanke beachtet?

a) Die zu verschickende Ware wird in Folie eingepackt.
b) Die Ware wird grundsätzlich mit dem Lkw versandt.
c) Die zu verschickende Ware wird mit wieder verwertbarem Packmaterial verpackt.
d) Jeder Lkw wird auf dem Betriebsparkplatz gewaschen.
e) Wenn möglich, wird immer Einwegverpackung bevorzugt.

55. „Abfälle sollen vermieden und sämtliche Stoffe und Materialien umweltschonend entsorgt werden", so lautet das Umweltkonzept der Bavaria Fahrradwerke KG. Welche der nachstehenden Maßnahmen widerspricht diesem Konzept?

a) Gelieferte Ölkanister werden beim Kunden wieder abgeholt und auf Kosten des Kunden bei einem anerkannten Entsorgungsunternehmen fachgerecht entsorgt.
b) Ware wird in Mehrwegcontainern an den Kunden geliefert. Die Container werden nach 10 Tagen wieder zurückgenommen.
c) Umverpackungen werden künftig verringert.
d) Verpackungsmaterialien sind getrennt zu sammeln und Entsorgungsunternehmen zuzuführen.
e) Pappverpackungen sollen Styroporverpackungen weitestgehend ersetzen.
f) Durch Einwegverpackungen soll die Lagerkapazität besser ausgenutzt werden.

56. Bei der Bavaria Fahrradwerke KG hat der Umweltschutz einen hohen Stellenwert. Welche der genannten Maßnahmen passt nicht zu diesem Leitbild?

a) Künftig sollen nur nachfüllbare Textmarker verwendet werden.
b) Bei Kopiervorgängen soll zukünftig Recyclingpapier verwendet werden.
c) Verpackungsabfälle sollen bei verkauften Produkten vermieden werden.
d) Bei Werbemaßnahmen sollen künftig nur noch Hochglanzkataloge verwendet werden.
e) Häufige Bestellungen von Kleinpackungen sollen möglichst nicht mehr durchgeführt werden.

57. Eine Unternehmung legt großen Wert auf Umweltschutz. Auch bei der Beschaffung von Briefumschlägen soll darauf geachtet werden. Welche Briefumschläge sind demnach zu beschaffen?

a) Briefumschläge aus Recyclingpapier
b) Gefütterte Briefumschläge
c) Briefumschläge, die mit einem Wasserzeichen versehen sind
d) Briefumschläge aus buntem Hochglanzpapier
e) In Folie verpackte Briefumschläge

58. In Ihrem Betrieb fallen täglich große Mengen Verpackungsmaterial an. Welche Maßnahme führt zu einer umweltgerechten Verminderung?

a) Die Vernichtung des Verpackungsmaterials in einer öffentlichen Verbrennungsanlage
b) Der Verzicht auf Umverpackungen
c) Das Recycling des Verpackungsmaterials im Inland
d) Die Ausfuhr von Verpackungsmaterial in wirtschaftsschwache Länder zur Wiederaufbereitung
e) Die Beschriftung der Verpackung mit dem grünen Punkt

59. Bei welcher Recycling-Maßnahme handelt es sich um Rückführung des eingesetzten Materials in den Rohstoffkreislauf?

a) Die leere Batterie wird dem Radiohändler zurückgegeben und danach als Sondermüll gelagert.
b) Das in Containern gesammelte Altglas wird bei der Herstellung von neuen Flaschen verwendet.
c) Einwegflaschen werden durch Mehrwegflaschen ersetzt.
d) Leere Akkus für Mobiltelefone werden wieder aufgeladen.
e) Das im Einzelhandel anfallende Altpapier wird zur Stromerzeugung in einer Müllverbrennungsanlage verbrannt.

60. Welche Aussage über Verpackungsmaterialen ist aus der Sicht des Einzelhändlers zutreffend?

a) Die Kosten für Verpackungsmaterial beeinflussen die Verkaufskalkulation des Einzelhändlers.
b) Das Anbieten von Verpackungsmaterialien bringt den Kunden keinerlei Vorteile beim Transport der Waren.
c) Die Verpackungsmaterialien sind nur zur einmaligen Verwendung gedacht.
d) Die zurückgegebenen Verpackungsmaterialien können vom Einzelhändler kostenlos entsorgt werden.
e) Die Verpackungsmaterialien eignen sich nicht für Werbezwecke.

61. Was sagt Ihnen der Begriff „Recycling"?

a) Recycling ist die Bezeichnung für unsere Wegwerfgesellschaft.
b) Mit Recycling bezeichnet man die Knappheit aller Rohstoffe.
c) Recycling ist das Zurückgewinnen von Rohstoffen aus der Natur.
d) Unter Recycling ist der Kreislauf der Wirtschaft zu verstehen.
e) Mit Recycling bezeichnet man die Kreislaufnutzung von Waren und Verpackungsmaterial.

62. Welche Aussage trifft auf den Begriff „Recycling" zu?

a) Gesundhaltung von Gewässern und Kläranlagen
b) Verbrennung von Müll in besonders dafür gebauten Anlagen
c) Wiederverwendung von schon einmal gebrauchten Materialien
d) Sachgemäße Abfallbeseitigung auf geordneten Mülldeponien
e) Wiedereingliederung verletzter Personen in die Arbeitswelt

63. Eine besondere Form des Recyclings ist die Gewinnung von Glas aus Glasscherben. Worum handelt es sich?

a) Wiederverwendung
b) Wiederverwertung
c) Weiterverwendung
d) Weiterverwertung
e) Energienutzung

64. Um welche Art des Recyclings handelt es sich bei der Kompostierung biologischer Abfälle?

a) Wiederverwendung
b) Energienutzung
c) Wiederverwertung
d) Weiterverwertung
e) Weiterverwendung

65. Ordnen Sie zu.

Umweltschutzmaßnahmen

a) Anfallende Verpackungen werden einem Entsorgungssystem zugeführt und wiederverwertet.
b) Es wird eine spezielle Abteilung mit Umweltprodukten eingerichtet.
c) An der Kasse werden Papiertüten aufgelegt, damit sich die Kunden beliebig bedienen können.
d) Die Ware wird in Leihverpackungen geliefert, die an den Hersteller zurückgehen.
e) Durch den Einbau von Öko-Spülungen wird wertvolles Trinkwasser gespart.
f) Die Kunden erhalten nur auf Wunsch eine Tragetüte für die gekaufte Ware.

Müllstrategien

[ ] Müllvermeidung
[ ] Wertstoffrecycling
[ ] Wiederverwendung

66. Wodurch nimmt die betriebliche Umweltbelastung zu?

a) Durch die sparsame Nutzung der Energie- und Rohstoffvorräte
b) Durch die Nutzung dezentraler Deponien
c) Durch die Emission giftiger und gesundheitsschädlicher Arbeitsstoffe in der Luft
d) Durch den Einsatz nachwachsender Rohstoffe
e) Durch die Anwendung „sanfter Technologien“ (z. B. Sonnenenergie)

67. Bei welchem Gesetz bzw. welcher Verordnung handelt es sich um eine Umweltschutzvorschrift?

a) Beim Bürgerlichen Gesetzbuch
b) Bei der Verpackungsverordnung
c) Bei der Gewerbeordnung
d) Bei der Abgabenordnung
e) Beim Betriebsverfassungsgesetzt

68. Welche Institution ist für die Einhaltung und Überwachung der maßgeblichen Gesetze zum Schutz der Umwelt im Betrieb zuständig?

a) Das Bundesumweltministerium
b) Das Bundesministerium des Inneren
c) Die Industrie- und Handelskammern
d) Die Polizei
e) Die Gewerbeaufsichtsbehörde

69. Welche Umweltschutzwirkung kann bei folgenden Verwendungs- bzw. Verhaltensmaßnahmen erreicht werden. Ordnen Sie zu.

Wirkung

a) Abfallverminderung
b) Abfallvermeidung
c) Abfallverwertung
d) Schadstoffvermeidung

Maßnahmen

[ ] Altglas sortieren und sammeln
[ ] Getränke in Mehrwegflaschen
[ ] Pflanzliche Abfälle kompostieren
[ ] Verwendung von Produkten mit Nachfüllpackung
[ ] Auf Kfz, wenn möglich, verzichten
[ ] Kein Einweggeschirr
[ ] Altpapier sammeln

70. Wie kann der Staat das Energiesparen fördern?

a) Er erhöht die Arbeitnehmersparzulage.
b) Er erhöht die Steuern auf Benzin und andere Brennstoffe.
c) Er vermindert die Subventionen für energiesparende Bauweisen.
d) Er erhöht die Wohnungsbauprämie.
e) Er verschärft die EU-Bildschirmrichtlinien.

71. Was hat eine Umwelt entlastende Wirkung?

a) Der Ausbau der Autobahnen und Bundesstraßen
b) Die Beförderung von Industrieabfällen zur Ablagerung in das Ausland
c) Die finanzielle Entlastung im Lkw-Verkehr durch steuerliche Vergünstigungen
d) Die Kanalisierung und Begradigung von Flüssen und Bächen
e) Der Ausbau und die Modernisierung der schienengebundenen Verkehrswege.

72. Was gehört bei der Müllsortierung zur Abfallverwertung?

a) Die Bildschirmausgabe der Monatsstatistiken statt Ausdruck auf Papier
b) Das Wiederverwenden von Ordnern
c) Die Verwendung von Nachfüllstiften
d) Er Einsatz von Pfandflaschen in den Getränkeautomaten
e) Das Recycling der Toner-Kassetten für Kopiergeräte

73. Durch welche Maßnahme des Staates kann die Umweltbelastung verringert werden?

a) Besteuerung von Kraftfahrzeugen nach Hubraum
b) Gewährung von Zuschüssen für den Umstieg bei der Stromgewinnung von Kohle auf Sonnen- bzw. Windenergie
c) Für jeden beim Straßenbau gefällten Baum wird ein neuer gepflanzt.
d) Erstellen von Waldschadensberichten
e) Förderung des Individualverkehrs

74. Welche Maßnahme eines Warenhauses ist geeignet, die Kunden zu einem umweltfreundlichen Verhalten anzuregen?

a) In der Lebensmittelabteilung werden Getränke auch in Einwegflaschen verkauft.
b) Die Abteilung Fachparfümerie bietet als Service aufwendige Geschenkverpackungen an.
c) An allen Kassenplätzen werden den Kunden Baumwoll-Tragetaschen angeboten.
d) Die Elektro-Abteilung bietet besonders preisgünstig nicht aufladbare Batterien an.
e) Die Kunden erhalten auf Wunsch ihre Waren in Plastiktaschen ohne Werbeaufdruck verpackt.

75. Im Büro des Warenhauses Peter Kolb OHG beginnt plötzlich ein Rechner zu qualmen. Eine Reparatur ist nicht mehr rentabel. Wie ist mit dem zerstörten Rechner zu verfahren?

a) Bei einer Neuanschaffung in Zahlung geben
b) Mit dem Plastikmüll entsorgen
c) Für spätere Reparatur aufheben
d) Einem Schrotthändler anbieten
e) Über ein Abfallentsorgungsunternehmen entsorgen

76. Eine Großhandels GmbH informiert den Fachhandel in einer Fachzeitschrift mit dem abgebildeten Auszug. Welche Zielsetzung wird mit der Entsorgung nach dem Abfallgesetz angestrebt?

a) Schutz der Umwelt
b) Schutz der Verbraucher
c) Schutz der Maschinen
d) Es wird die Schaffung von Sammelstellen für Altöl angestrebt.
e) Altöl kann kostengünstig recycelt werden und dadurch werden beim Weiterverkauf höhere Gewinne erzielt.

Wohin mit dem Altöl?

Entsorgung im Fachhandel kein Problem

„Auf Altöle finden die Vorschriften des Abfallgesetzes auch Anwendung, wenn sie keine Abfälle im Sinne des § 1 AbfG sind."

„Altöle sind gebrauchte halbflüssige oder flüssige Stoffe, die ganz oder teilweise aus Mineralöl oder synthetischem Öl bestehen, einschließlich ölhaltiger Rückstände aus Behältern, Emulsionen und Wasser-Öl-Gemischen. Dies gilt auch, wenn es zur Wiederaufarbeitung bestimmt ist.

Die Gewerbetreibenden müssen die gleiche Menge Altöl kostenlos zurücknehmen, die sie an Neuölen abgegeben haben. Sie haben hierzu am Verkaufsort oder in dessen Nähe eine Annahmestelle für Altöle einzurichten und nachzuweisen..."

77. Welche Verpflichtung des Einzelhändlers wird in den abgebildeten Informationen zur Verkaufsverpackung angesprochen?

a) Der Einzelhändler ist verpflichtet, jede Verkaufsverpackung zurückzunehmen.
b) Der Einzelhändler ist verpflichtet, Informationsschilder über die Rücknahme von Verpackungsmaterial mit dem „Gründen Punkt“ in den Geschäftsräumen aufzustellen.
c) Der Einzelhändler ist nicht verpflichtet, Verkaufsverpackungen mit dem „Grünen Punkt“ zurückzunehmen.
d) Der Einzelhändler ist nicht verpflichtet, so genannte Servicepackungen zurückzunehmen, wenn der „Gründe Punkt“ fehlt.
e) Der Einzelhändler ist verpflichtet, Tragetaschen mit dem „Grünen Punkt“ zurückzunehmen.

Verkaufsverpackungen sind Verpackungen, die »als eine Verkaufseinheit angeboten werden und beim Endverbraucher anfallen« (§ 3 Abs. 1 Nr. 2 VerpackV). Hersteller oder Vertreiber der Produkte sind verpflichtet,

- **entweder** die Verpackungsabfälle im Geschäft oder in der unmittelbaren Nähe zurückzunehmen (sog. Selbstentsorger nach § 6 Abs 1 und 2 VerpackV)
- **oder** sich an einem flächendeckenden System zu beteiligen, das die Verpackungsabfälle beim privaten Endverbraucher oder in dessen Nähe abholt (sog. duales System nach § 6 Abs. 3 VerpackV).

78. Das Selbstbedienungssystem erfordert teilweise Verkaufsverpackungen, auf die man bei Bedienung verzichten könnte. Welche Umweltschutzmaßnahmen sind in diesem Zusammenhang für den Einzelhändler verpflichtend?

a) Nur Waren in Verkaufsverpackungen mit dem grünen Punkt einzukaufen
b) Nur Waren in Verkaufsverpackungen mit dem Umweltengel einzukaufen
c) Unentgeltliche Rücknahme von Verpackungsmaterial zur Vermeidung von Hausmüll
d) Entgeltliche Rücknahme von Verpackungsmaterial zur Vermeidung von Hausmüll
e) Schaffung eines Stellplatzes für Sammelbehälter einer Recyclingfirma

79. Für welche Verpackung muss der Einzelhändler gemäß der VerpackVO Sammelbehälter bereitstellen?

a) Für Papier und Mehrwegflaschen
b) Nur für Mehrwegverpackung
c) Für Pappe, Papier und Kunststoffe
d) Für Glas, Papier und kompostierbare Abfälle
e) Für Metalle, Altpapier und Holz

80. Um Waren vor Beschädigungen während des Transports zu schützen, werden Transportverpackungen verwendet. Welche Vorschriften gelten für diese Verpackungsart?

a) Die Transportverpackungen dürfen nur aus wieder verwertbaren Materialien hergestellt sein.
b) Für Transportverpackungen besteht eine Rücknahmepflicht für Hersteller und Händler.
c) Die Transportverpackungen dürfen nicht beschriftet werden, da sie sonst nicht wieder verwendet werden können.
d) Als Transportverpackungen sollten nur durchsichtige Folien verwendet werden.
e) Für Transportverpackungen besteht keine Rücknahmepflicht für Hersteller und Händler.

81. Durch welche absatzpolitischen Maßnahmen kann ein Einzelhändler seine Kunden zu einem umweltbewussten Verhalten anregen?

a) Er bietet Getränke in Einwegflaschen besonders günstig an.
b) Er verkauft Bestände von Spraydosen mit dem Treibstoff FCKW zu besonders günstigen Preisen.
c) Er informiert seine Kunden über die Wiederverwendbarkeit und -verwertbarkeit von Verpackungsmaterial.
d) Er platziert Artikel, die mit dem blauen Umweltzeichen ausgezeichnet sind, in der Bückzone der Mittelgänge.
e) Er bietet Joghurt anstelle in Gläsern nur noch in Kunststoffbechern an, die nicht verrotten.

82. Ein Einzelhandelsgeschäft weist in der Werbung auf sein Umweltbewusstsein hin. Welche Maßnahme zur Warenverpackung ist hier angemessen und richtig?

a) Die Kunden müssen pro Tragetasche eine „Umweltabgabe" von 1 € bezahlen.

b) Die Verkaufsmitarbeiter werden geschult, den Kunden freundlich zu fragen, ob er die Ware ohne Verpackung mitnehmen möchte; ansonsten erhält er eine Tragetasche.

c) Die Kunden werden durch einen Videofilm auf die Umweltverschmutzung aufmerksam gemacht und zum Verzicht auf Verpackung aufgerufen.

d) Den Kunden werden ausreichend Tragetaschen zur freien Bedienung hingelegt; ein Schild weist auf sparsamen Umgang hin.

e) Der Verkaufsmitarbeiter werden geschult, die gekaufte Ware nur in selbst mitgebrachte Tragetaschen einzupacken.

83. Welche Aussage über die Verpackung berücksichtigt den Umweltschutz?

a) Jede Verpackung muss nach dem Verbrauch des Inhalts der Müllabfuhr zugeführt werden.

b) Die Verpackung sollte als obersten Grundsatz die kostengünstigste Herstellung haben.

c) Die Vermeidung der Verpackung ist besser als Entsorgung.

d) Die Verpackung soll die Ware vor Verderb und Beschädigung schützen.

e) Die Verpackung muss so gewählt werden, dass alle erforderlichen Werbeaufdrucke für die Artikel enthalten sind.

84. Welche Warenverpackung ist nicht zweckmäßig?

a) Poster in Papprolle

b) Wäschekorb unverpackt, versehen mit Verkaufsstreifen

c) Herrenhemd, Krawatte, Socken in einer Baumwolltragetasche

d) Schuhschrank in Packpapier

e) Brot in einem gesundheitlich unbedenklichen Kunststoffbeutel

85. Bei welcher Verpackungsart handelt es sich nach der Verpackungsordnung um eine Transportverpackung?

a) Dose (Inhalt 0,5 l Cola)

b) Folie für einen Geburtstags-Blumenstrauß

c) Weinfass (Inhalt 500 l)

d) Honigglas

e) Schuhkarton

86. In der Verpackungsverordnung taucht der Begriff „Umverpackung" auf. Welche Verpackung stellt eine Umverpackung dar?

a) Die Zahnpastatube

b) Der Karton einer Zahnpastatube

c) Der Joghurtbecher

d) Die Shampooflasche

e) Die Butterfolie

87. Ein Kunde verlangt, dass ihm eine gekaufte Ware sehr aufwendig als Paket verpackt wird, weil er das Paket anschließend bei der Deutschen Post AG zum Versand bringen möchte. Dürfen die zusätzlich entstandenen Kosten für Verpackungsmaterial und Arbeitszeit in Rechnung gestellt werden?

a) Ja, denn solche Kosten sind nicht im Warenpreis einkalkuliert.

b) Nein, denn hier handelt es sich um Werbekosten, die der Kaufmann aus eigener Tasche bezahlt

c) Ja, aber nur die Kosten für die zusätzliche Arbeitszeit

d) Nein, denn solche Kosten sind im Warenpreis einkalkuliert

e) Nein, da die gesetzlichen Bestimmungen dies verbieten

88. Wie kann aus Umweltgesichtspunkten die Verpackungsflut sinnvoll reduziert werden?

a) Es sollten möglichst Mehrwegverpackungen verwendet werden.
b) Es sollten nur noch durchsichtige Folienverpackungen erlaubt sein.
c) Es sollten alle Transportverpackungen verboten werden.
d) Es sollten Getränke nur noch in Dosen angeboten werden.
e) Er sollte bei zu erwartenden Preiserhöhungen vorher noch größere Mengen einkaufen.

89. Was bedeutet der Vermerk „brutto" bei einer Gewichtsangabe?

a) Das Gewicht der Verpackung
b) Das Gewicht der Ware mit Verpackung
c) Das Gewicht der Ware ohne Verpackung
d) Das Gewicht der Warensendung beim Versand
e) Das Gewicht der Warensendung beim Eintreffen

90. Sie erhalten die Anweisung, nur wiederverwendbare und wiederverwertbare Packmittel und Packhilfsmittel zu verwenden. Auf welche zwei Füllstoffe sollten Sie deshalb weitgehend verzichten?

a) Auf PVC-Folien
b) Auf Holzwolle
c) Auf Wellpappe
d) Auf Ausschäumungen
e) Auf Seidenpapier
f) Auf Papierwolle

91. Ware wird in Plastik-Boxen mit mehrfarbigem Aufdruck verpackt. Welche besondere Aufgabe soll diese aufwendige Verpackung erfüllen?

a) Ein Verrutschen der Ware im Regal wird verhindert.
b) Das Verkratzen der Ware wird dadurch vermieden.
c) Der Hersteller soll kenntlich gemacht werden.
d) Die Ware soll vor Diebstahl geschützt werden.
e) Der Kunde soll zum Kauf angeregt werden.

92. Ein Lebensmittelmarkt wird renoviert und neu ausgerüstet. Welche Maßnahme dient auch dem Umweltschutz?

a) Die Obst- und Gemüseabteilung erhält großflächige Spiegel.
b) Die Non-food-Abteilung wird vergrößert.
c) Der Markt erhält moderne Scannerkassen.
d) Der Markt wird mit PVC-Belägen ausgelegt.
e) Eine neue Heizungsanlage wird installiert, um Energie zu sparen.

93. Welcher der nachstehenden Vorschläge ist am besten dazu geeignet, Energie einzusparen, ohne einen Umsatzverlust hinnehmen zu müssen?

a) Die Temperatur in den Verkaufsräumen sollte während der Ladenöffnungszeiten auf 16° gesenkt werden.
b) Tiefkühlware sollte aus dem Lebensmittelsortiment herausgenommen werden, damit man die Kühltruhe entfernen kann.
c) Die firmeneigenen Lieferfahrzeuge sollten abgeschafft und dafür Waren zur Selbstabholung angeboten werden.
d) Während der verkaufsschwachen Zeiten können die Rolltreppen abgestellt und die Kunden auf die Treppen hingewiesen werden.
e) Die Schaufensterbeleuchtung kann zwischen 0:00 Uhr und 7:00 Uhr ausgeschaltet werden.

94. Was ist im Sinne des Umweltschutzes gesetzlich vorgeschrieben?

a) Wer Lebensmittel verkauft, muss organische Abfälle zurücknehmen und getrennt sammeln.
b) Wer Lacke und Farben verkauft, muss Restbestände zurücknehmen.
c) Wer Motorenöl verkauft, muss eine Rückgabemöglichkeit für Altöl schaffen.
d) Wer nicht biologisch abbaubare Reinigungsmittel verkauft, ist zur Rücknahme der Reste verpflichtet.
e) Wer Auto-Batterien verkauft, ist zur Lagerhaltung von destilliertem Wasser zum Nachfüllen verpflichtet.

95. Welche Maßnahme zur Verkaufsförderung eines Einzelhandelsbetriebs ist hinsichtlich der Verpflichtung, Umweltbelastungen zu vermeiden, unbedenklich?

a) Zu Weihnachten werden verkaufte Artikel kostenlos als Geschenk in bunte Aluminiumfolien verpackt.
b) Im Winterschlussverkauf erhalten die Kunden kostenlos stabile Kunststofftragetaschen für ihre Einkäufe.
c) Marmelade, Senf und Bonbons werden in Gläsern verpackt, die die Kunden als Saftgläser verwenden können.
d) An den langen Samstagen vor Weihnachten erhält jede Kundin zur Begrüßung eine rote Rose aus buntem Seidenpapier.
e) In der Vorweihnachtszeit wird an die Kunden kostenlos Glühwein in Einwegbechern aus Styropor ausgeschenkt.

Seit Mai 2006 gilt folgendes Pfandsystem in Deutschland (Ausschnitt):

Wer seit 1. Mai 2006 Getränke in Pfand-Einwegverpackungen verkauft, muss seither solche Behälter auch gegen Pfandrückgabe zurücknehmen - unabhängig davon ob sie im eigenen Geschäft verkauft wurden oder nicht. Die Rücknahmepflicht beschränkt sich allerdings auf die jeweils vertriebene Materialart; das bedeutet etwa, dass Kunststoffflaschen (PET-Flaschen) nur der zurücknehmen muss, der diese auch verkauft; wer hingegen nur Dosen und Glasflaschen verkauft, muss auch nur Dosen und Glasflaschen zurücknehmen, nicht aber PET-Flaschen. Auch beschädigte Verpackungen, bei denen die ursprüngliche Bepfandung erkennbar ist, müssen gegen Auszahlung des Pfandes zurückgenommen werden.

96. Welches Symbol kennzeichnet diese Regelung?

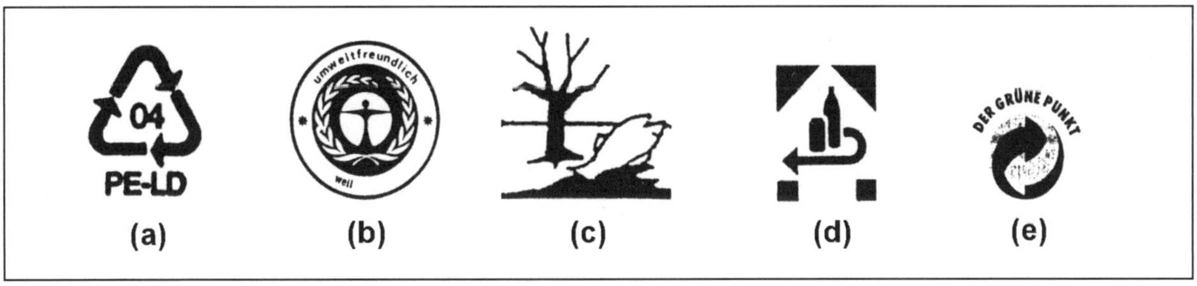

97. Damit die Belastungen für die Umwelt möglichst niedrig gehalten werden, soll stärker das Verursacherprinzip beachtet werden. Welche Feststellung trifft hierauf zu?

a) Die Verringerung des Verpackungsmaterials ist wichtiger als eine Wiederverwertung.
b) Die Waren sollten in Verpackungen vertrieben werden, die vom Konsumenten einfach und fachgerecht entsorgt werden können.
c) Die Abfallentsorgung ist wichtiger als die Abfallvermeidung.
d) Die Kosten für die Beseitigung von Umweltschäden sollen mehr auf die Allgemeinheit umgelegt werden.
e) Die Kosten für die Beseitigung von Umweltschäden sollen diejenigen tragen, die die Schäden verursachen.

LÖSUNGEN

WISO 1.1 Berufsausbildung, Arbeitsverhältnis				WISO 1.2 Tarifvertrag, Betriebsvereinbarung, Mitbestimmung					
1	6-3-2-1-4-5	51	a	1	b	51	a	101	c
2	e	52	a	2	e	52	a	102	e
3	a	53	b	3	d	53	e	103	e
4	a	54	a	4	e	54	d	104	f
5	d	55	e	5	b	55	d-f	105	d
6	c	56	d	6	b	56	e-c	106	a
7	c	57	b	7	b	57	e	107	d
8	a	58	e	8	d	58	c	108	d
9	e	59	d-e-c	9	e	59	a	109	e
10	a	60	a	10	b	60	e	110	c
11	c	61	d-g-b	11	b	61	a	111	d
12	c	62	c	12	a	62	b-f	112	b
13	b	63	c	13	d	63	a	113	b-f
14	a	64	c	14	e	64	a	114	95
15	b	65	e	15	c	65	e	115	19
16	a	66	a	16	c	66	e	116	142/127
17	b	67	c	17	d	67	b	117	a
18	d-f	68	a	18	d-f	68	e	118	e
19	b	69	c	19	d	69	c	119	c
20	d	70	b	20	b	70	a	120	a
21	c	71	a	21	e	71	a	121	e
22	c	72	b	22	d	72	a	122	a
23	d	73	b-a-e	23	a	73	a	123	e
24	d	74	e-d-a	24	1-7-4-2-5-3-6	74	b	124	e-a-d
25	b	75	F	25	a	75	e	125	a
26	d	76	g-d-b	26	d	76	b	126	c
27	a	77	a	27	d	77	a	127	e
28	e	78	b	28	d	78	e	128	d
29	c-f	79	c	29	b	79	b	129	c
30	c	80	e	30	c	80	b	130	d-g-b
31	c	81	d	31	c	81	d		
32	a	82	d	32	e	82	d		
33	e	83	b	33	d	83	d		
34	e	84	e	34	d	84	c		
35	d	85	a	35	e	85	b		
36	e	86	d	36	d	86	9		
37	e	87	a	37	c	87	d		
38	a			38	b	88	a		
39	e			39	c	89	b		
40	e			40	c	90	e		
41	b			41	d	91	a		
42	b			42	b	92	b		
43	e			43	d	93	b		
44	d			44	d-f-g	94	c		
45	d			45	b	95	b		
46	b			46	a	96	b		
47	b			47	d	97	e		
48	e			48	b	98	e		
49	d			49	d	99	c		
50	e			50	c	100	d		

WISO 1.3 Arbeitsschutzgesetze				WISO 1.4 Sozialversicherung, Individualversicherung						WISO 1.5 Staatl. Förderung	
1	e-d-b	**51**	c	**1**	b	**51**	c	**101**	c-a-b-c-c	**1**	e
2	a-e-f	**52**	b	**2**	a	**52**	a-e-b	**102**	c-e-b	**2**	c
3	c-b-a	**53**	b	**3**	d	**53**	c	**103**	b	**3**	b
4	a-g-c	**54**	c	**4**	d	**54**	c	**104**	c	**4**	c
5	a-e-f	**55**	d	**5**	b	**55**	c-a-b	**105**	e	**5**	a
6	b-c-d	**56**	a	**6**	d	**56**	a			**6**	d
7	b	**57**	c	**7**	e	**57**	b			**7**	b-c
8	a-e-b-c-d	**58**	b	**8**	d	**58**	e			**8**	c-e
9	c-f	**59**	c	**9**	b	**59**	c			**9**	d
10	c	**60**	d	**10**	c	**60**	b			**10**	d-e-b-c
11	c	**61**	c	**11**	d	**61**	f			**11**	c-e
12	c	**62**	b	**12**	e	**62**	c			**12**	c
13	e	**63**	e	**13**	b	**63**	e			**13**	a-e
14	c	**64**	b	**14**	b	**64**	b			**14**	e
15	a	**65**	d	**15**	e-a-c	**65**	a			**15**	b
16	a	**66**	c	**16**	b-d-a-c	**66**	c			**16**	a-d
17	a	**67**	c	**17**	a	**67**	b			**17**	d
18	c	**68**	a	**18**	c	**68**	d			**18**	d
19	b	**69**	e	**19**	e-c-f	**69**	e			**19**	c
20	e	**70**	b	**20**	b-g-c	**70**	a			**20**	a-b
21	c	**71**	a	**21**	d-c-a-b	**71**	e			**21**	b-e
22	a	**72**	10	**22**	e-c-a	**72**	e-c-f			**22**	b-c
23	f	**73**	4	**23**	c	**73**	e-b-g			**23**	a-e
24	c	**74**	d	**24**	c-a	**74**	d-e-c-a			**24**	c
25	c	**75**	b	**25**	d	**75**	e			**25**	a
26	b	**76**	24	**26**	b-a-d	**76**	d			**26**	b
27	b	**77**	c	**27**	b-e-c	**77**	f-b-d			**27**	c-a-b
28	d	**78**	b	**28**	d	**78**	b			**28**	b-c-a
29	Okt.: 31	**79**	b	**29**	c	**79**	c			**29**	b
30	Dez.; 03	**80**	c	**30**	e	**80**	e-a-c			**30**	c-a-b
31	d	**81**	a	**31**	d-b-f	**81**	e			**31**	c-a-b
32	d			**32**	e	**82**	c			**32**	b
33	c			**33**	a	**83**	e			**33**	a
34	b			**34**	c	**84**	c			**34**	d
35	b			**35**	a	**85**	b			**35**	c-e-f
36	d			**36**	b	**86**	e			**36**	c-d-b-a
37	c			**37**	f	**87**	e			**37**	105
38	d			**38**	e	**88**	a			**38**	125
39	a			**39**	e	**89**	d			**39**	60
40	d			**40**	b	**90**	c				
41	e			**41**	c	**91**	d				
42	a			**42**	e	**92**	b				
43	b			**43**	b	**93**	b				
44	b			**44**	c	**94**	b				
45	d			**45**	c	**95**	c				
46	b-e-f			**46**	d	**96**	b				
47	e			**47**	d	**97**	d				
48	88			**48**	a	**98**	c				
49	a			**49**	b	**99**	e-c-g				
50	e			**50**	d	**100**	d				

WISO 2 Rechtliche Rahmenbedingungen		WISO 3 Willenserklärung, Rechtsgeschäfte			
1	a	1	c	51	e
2	c	2	d	52	c
3	d	3	e	53	d
4	c	4	f-a-b	54	a-g-f-d
5	a	5	d	55	b
6	b	6	d	56	c-e-d
7	c	7	e	57	g-f-a
8	b	8	d	58	c
9	d	9	b	59	a
10	c	10	c	60	b
11	c	11	b	61	a
12	c	12	e	62	a
13	a-g-e	13	e	63	d
14	b	14	e	64	b
15	2-1-3-2-1-2-3	15	d	65	b
16	a	16	d	66	e
17	b	17	c	67	b
18	e	18	c	68	b
19	a	19	c	69	c
20	e	20	a	70	e
21	d	21	a		
22	d	22	a		
23	e	23	c		
24	b	24	c-d-f		
25	b	25	c		
26	e	26	b		
27	e	27	d-e-a		
28	d	28	d		
29	b	29	b-f-d		
30	a	30	d		
31	e	31	e		
32	e	32	b		
33	e	33	b		
34	b	34	e		
35	e	35	d		
36	b	36	e		
37	d	37	c		
38	e	38	d		
39	c	39	b		
40	a	40	b		
41	d	41	d-c-a-d-b-a		
42	d	42	d		
43	e	43	d		
44	d	44	e		
45	d	45	d		
46	c-d-f	46	b		
		47	a		
		48	c-b-f		
		49	c-e-a		
		50	a		

WISO 4 Grundlagen des Wirtschaftens								WISO 5 Markt, Preisbildung			
1	d	**51**	c-b-c-b-a-b-c	**101**	c-f-a-d	**151**	d	**1**	b	**51**	a-f
2	e	**52**	b-a-b-d-c-d	**102**	d	**152**	c	**2**	e	**52**	a
3	b	**53**	e	**103**	e	**153**	d	**3**	2-1-0-0-2-1	**53**	3,30
4	c	**54**	c	**104**	d	**154**	b	**4**	b	**54**	e
5	e	**55**	b	**105**	d	**155**	d	**5**	d	**55**	d
6	a	**56**	b	**106**	d	**156**	c	**6**	c	**56**	c
7	e	**57**	c	**107**	e			**7**	a	**57**	e
8	d	**58**	e	**108**	a			**8**	b	**58**	b
9	e	**59**	e	**109**	c			**9**	c	**59**	c
10	b	**60**	b	**110**	a			**10**	a	**60**	d
11	d	**61**	d	**111**	a			**11**	c	**61**	d
12	a	**62**	d	**112**	c			**12**	b-d-g	**62**	a
13	c	**63**	a	**113**	b			**13**	b	**63**	c-e-b-d-a
14	c	**64**	b	**114**	d			**14**	a	**64**	e
15	c	**65**	e	**115**	c			**15**	b	**65**	b
16	b-c-a	**66**	c	**116**	c-f			**16**	a-f-c	**66**	c
17	d	**67**	a	**117**	d			**17**	b	**67**	e
18	b	**68**	c	**118**	c			**18**	d	**68**	d
19	e	**69**	b	**119**	b-f-d			**19**	6	**69**	d
20	d-a-f	**70**	a	**120**	d			**20**	4	**70**	b
21	c-d-g	**71**	b	**121**	a			**21**	d	**71**	d
22	b	**72**	a	**122**	b			**22**	b	**72**	d
23	e	**73**	d	**123**	d			**23**	d	**73**	b
24	c	**74**	b	**124**	a			**24**	c	**74**	d
25	3-2-4-1	**75**	b-d	**125**	b			**25**	a	**75**	e
26	c	**76**	e	**126**	b			**26**	d	**76**	d
27	d	**77**	b	**127**	e			**27**	e	**77**	a-f
28	d	**78**	c	**128**	d			**28**	c-f	**78**	c
29	b	**79**	d	**129**	a-c-e			**29**	c	**79**	d
30	e-f	**80**	d	**130**	e-c-f-a			**30**	48/130	**80**	d
31	c	**81**	a	**131**	d			**31**	120/390	**81**	0,73
32	5-3-2-4-1	**82**	d	**132**	e			**32**	b-f	**82**	d
33	e	**83**	e	**133**	d			**33**	c-g	**83**	b
34	c	**84**	c	**134**	e			**34**	d	**84**	d
35	c	**85**	b	**135**	g-f-b			**35**	d	**85**	e
36	b	**86**	b	**136**	c			**36**	c	**86**	4-2-1-3-1-2
37	d	**87**	c	**137**	b-e			**37**	60.000	**87**	e-g-c-b-d-a-f
38	c	**88**	3/660	**138**	a			**38**	1.500	**88**	e
39	c	**89**	b	**139**	a			**39**	b-a-d-b-c	**89**	b-a-c-d
40	a-d-c	**90**	c	**140**	c			**40**	b-f	**90**	c-a-e-d-b
41	d	**91**	c	**141**	b			**41**	2	**91**	b-d-d-c-a-a-c-d
42	c	**92**	a-b-a-c-c-c-a	**142**	c			**42**	c	**92**	4-3-5-2-1
43	e	**93**	c	**143**	d			**43**	c	**93**	d-b-c-d
44	c	**94**	b-a-d	**144**	d			**44**	b	**94**	b-d
45	e	**95**	d-g-b	**145**	b			**45**	a-b-d	**95**	e-f
46	c	**96**	d	**146**	f			**46**	1	**96**	3 GE
47	c	**97**	c	**147**	c-a-e			**47**	2	**97**	1.200
48	e	**98**	b	**148**	b			**48**	d	**98**	4 GE
49	e	**99**	d	**149**	f-b-c			**49**	a	**99**	a-d-c-b
50	b-d	**100**	a	**150**	a			**50**	d	**100**	e

WISO 6.1 Kaufvertrag						WISO 6.2 Mangelhafte Ware	
1	a	**51**	a	**101**	3-4-1-6-7-2-5	**1**	e
2	e	**52**	b			**2**	b
3	a	**53**	f-a-d			**3**	d
4	c	**54**	b-a-e			**4**	b
5	a	**55**	d			**5**	a
6	e	**56**	a			**6**	e
7	d	**57**	d-g-e			**7**	a
8	c	**58**	c-f-b			**8**	c
9	c	**59**	f			**9**	e
10	e	**60**	d			**10**	a
11	b	**61**	d			**11**	d
12	b	**62**	e-c-h-g			**12**	a
13	c	**63**	f-c			**13**	e
14	c	**64**	e			**14**	e
15	d	**65**	e			**15**	a
16	e	**66**	a			**16**	e
17	a	**67**	f-a-c			**17**	b
18	b-e-c	**68**	c			**18**	a
19	d-f	**69**	d			**19**	e
20	e	**70**	b			**20**	c
21	c	**71**	c			**21**	b
22	e	**72**	a			**22**	a
23	a	**73**	c-d-e			**23**	a
24	e	**74**	d			**24**	b
25	d	**75**	a			**25**	d
26	e	**76**	b			**26**	c
27	c	**77**	a			**27**	d
28	a	**78**	b			**28**	e-a-d
29	b	**79**	d			**29**	e
30	a	**80**	c			**30**	c
31	e	**81**	e			**31**	b
32	e	**82**	e			**32**	b
33	e	**83**	d			**33**	c
34	b	**84**	c			**34**	c-a-f
35	e	**85**	c			**35**	c
36	c	**86**	c				
37	c	**87**	c				
38	b	**88**	e				
39	f	**89**	c				
40	a	**90**	c				
41	a	**91**	d				
42	b	**92**	d				
43	b	**93**	c				
44	d	**94**	b				
45	d	**95**	b				
46	e	**96**	a				
47	d	**97**	a				
48	b	**98**	a				
49	b	**99**	d				
50	b	**100**	6-2-3-1-5-4				

WISO 6.3 Zahlungsverzug, Mahnwesen, Verjährung	
1	c
2	c
3	c
4	a
5	b
6	a
7	d
8	b-f
9	c
10	d
11	4-6-2-5-1-3
12	3-1-2-6-8-7-4-5
13	2-7-4-1-5-6-3
14	b-f-d
15	c
16	c
17	f-b-e
18	c
19	e
20	d
21	b
22	b
23	e
24	c
25	a-f-b
26	c
27	d
28	d
29	c
30	d
31	a
32	a
33	d
34	c
35	e
36	c
37	e
38	a
39	a
40	c
41	c
42	a
43	d
44	e
45	d
46	a
47	d
48	d
49	b

WISO 6.4 Lieferungsverzug	
1	d
2	d
3	b
4	e
5	b
6	5-1-4-6-2-3
7	5-4-1-3-2-6
8	5-3-1-6-4-7-2
9	a
10	d
11	c
12	b
13	e
14	e
15	c
16	e
17	c
18	d
19	c
20	d
21	a
22	b
23	c
24	a
25	e
26	e
27	d

WISO 6.5 Annahmeverzug	
1	d
2	e
3	c
4	c
5	c
6	f
7	a
8	c
9	d
10	c
11	6-2-4-1-5-3
12	c

WISO 6.6 Verbraucherschutz, AGB		WISO 7 Investition, Finanzierung				WISO 8.1 Unternehmensformen			
1	c	**1**	c	**51**	b	**1**	c	**51**	a
2	c	**2**	d	**52**	c	**2**	c	**52**	e
3	d	**3**	d	**53**	c	**3**	a	**53**	e-c-f
4	d	**4**	c	**54**	d	**4**	e	**54**	c-e
5	e	**5**	a	**55**	b	**5**	a	**55**	b-e-a
6	e	**6**	e	**56**	e	**6**	e	**56**	c-a-a-a
7	b	**7**	a-e-c	**57**	b	**7**	b	**57**	a
8	a	**8**	a	**58**	e	**8**	e	**58**	a
9	c	**9**	b	**59**	c	**9**	c	**59**	e
10	c	**10**	b	**60**	d	**10**	d	**60**	d-f
11	a	**11**	d			**11**	b	**61**	a
12	d	**12**	e			**12**	b	**62**	e
13	c	**13**	a			**13**	e	**63**	c
14	c	**14**	b			**14**	a	**64**	f-c-e
15	e	**15**	d			**15**	c	**65**	d-b-e
16	c	**16**	e			**16**	c	**66**	a
17	c	**17**	d			**17**	e	**67**	c-a-d-e-b
18	b	**18**	d			**18**	b	**68**	d
19	d	**19**	d			**19**	a	**69**	b
20	c	**20**	c			**20**	d-e	**70**	b
21	b	**21**	a			**21**	a	**71**	a-e-c
22	d	**22**	a			**22**	c	**72**	a
23	e	**23**	a			**23**	d	**73**	c
24	b	**24**	a			**24**	d	**74**	e
25	a	**25**	e			**25**	e	**75**	c-a-d
26	d	**26**	f			**26**	e	**76**	d
27	b-e	**27**	b-f-d			**27**	b	**77**	e-c-g-b
28	c-f	**28**	b-d-c-e			**28**	b	**78**	e-b-d-a-g
		29	d			**29**	c	**79**	e
		30	e-a			**30**	d-f	**80**	d
		31	b-e			**31**	d		
		32	a			**32**	c		
		33	3-1-4-5-6-2			**33**	d		
		34	c			**34**	d		
		35	d			**35**	b		
		36	d			**36**	e		
		37	e			**37**	c		
		38	d			**38**	30		
		39	d-f-a			**39**	c		
		40	c			**40**	d		
		41	c			**41**	b		
		42	a			**42**	c		
		43	a			**43**	d-b		
		44	e			**44**	a		
		45	e			**45**	c		
		46	c			**46**	a		
		47	b			**47**	c		
		48	c			**48**	d		
		49	c			**49**	e		
		50	a			**50**	d		

WISO 8.2 Organisation, Führungsstile		WISO 9 Vollmachten		WISO 10 Kaufmann, Firma, Handelsregister			
1	**a**	**1**	c	**1**	d	**51**	e
2	**e-a-g-b**	**2**	c	**2**	c	**52**	a
3	**f-b-a**	**3**	a	**3**	c	**53**	d
4	**c**	**4**	e	**4**	a	**54**	d
5	**b**	**5**	d	**5**	c	**55**	e
6	**e**	**6**	a	**6**	c	**56**	c
7	**d**	**7**	d	**7**	c	**57**	c-d-a-b-e
8	**d**	**8**	a	**8**	b		
9	**c**	**9**	c	**9**	e		
10	**a**	**10**	4. Okt.	**10**	a		
11	**d-b-c**	**11**	d	**11**	c		
12	**c**	**12**	c	**12**	e		
13	**b**	**13**	b	**13**	b		
14	**a**	**14**	c	**14**	d		
15	**e**	**15**	b	**15**	c		
16	**a**	**16**	d	**16**	d		
17	**c-e**	**17**	d	**17**	d		
18	**d-e-b**	**18**	d	**18**	a		
19	**e**	**19**	d	**19**	b		
20	**b**	**20**	e	**20**	b		
21	**e**	**21**	a	**21**	c		
22	**e**	**22**	e	**22**	b-a-d		
23	**a**	**23**	d	**23**	b		
24	**c-e**	**24**	b	**24**	d		
25	**a**	**25**	**3**	**25**	b		
26	**e**	**26**	**2**	**26**	c		
27	**b**	**27**	c	**27**	a		
28	**a**	**28**	a	**28**	e		
29	**e**	**29**	e	**29**	e		
30	**e**			**30**	b		
31	**a**			**31**	e		
32	**d-a-b-c**			**32**	b		
33	**c**			**33**	d		
34	**a**			**34**	b		
35	**a**			**35**	f		
36	**d**			**36**	c		
37	**d**			**37**	c		
38	**c**			**38**	e		
39	**b**			**39**	c		
40	**d**			**40**	b		
41	**a**			**41**	b		
42	**a**			**42**	c		
43	**e**			**43**	e		
44	**d**			**44**	e		
45	**c**			**45**	e		
46	**e**			**46**	c		
				47	a		
				48	d		
				49	a		
				50	d		

WISO 11 Steuern			
1	a	**51**	d
2	e	**52**	b-e
3	e	**53**	c
4	a	**54**	c
5	c	**55**	b-c-a-e-d
6	c	**56**	d
7	b-e	**57**	d
8	a	**58**	f-a-e
9	c	**59**	c
10	c	**60**	b
11	d	**61**	e-c-d
12	c-e	**62**	b
13	a-b-d	**63**	c
14	c	**64**	f
15	e-a	**65**	c
16	d	**66**	d-a-f
17	d	**67**	c
18	e	**68**	1.531,30
19	c	**69**	5.250
20	d	**70**	c
21	c	**71**	d
22	d	**72**	c-f-g
23	e-f-b	**73**	a
24	a	**74**	c
25	b	**75**	b-a
26	a	**76**	e-d-c-b-a-f
27	d	**77**	a-d-f-b
28	b	**78**	e
29	d	**79**	d-e
30	b	**80**	3.920
31	a	**81**	1.265
32	d	**82**	190
33	c	**83**	c
34	a	**84**	e
35	c	**85**	c
36	d		
37	b		
38	c		
39	c-e		
40	c		
41	c		
42	e-b-d		
43	c		
44	b		
45	d		
46	e-c-a		
47	b-c		
48	c		
49	b-c		
50	d		

WISO 12.1 Personalplanung, Personalverwaltung			
1	b	**51**	d-e-b
2	c	**52**	b
3	a	**53**	a
4	e	**54**	e
5	c-d-b	**55**	2-4-6-5-3-1
6	e	**56**	b
7	c	**57**	c
8	e	**58**	a
9	a	**59**	e
10	b	**60**	c
11	c	**61**	d
12	4-6-2-1-5-3-7	**62**	2-1-6-4-5-3
13	e	**63**	e
14	c	**64**	a
15	c	**65**	d
16	b	**66**	d
17	b	**67**	e
18	d	**68**	c
19	e	**69**	a-e
20	a	**70**	d
21	c	**71**	a
22	d	**72**	**5**
23	a	**73**	b
24	e	**74**	e
25	2-1-3-5-4-6-7	**75**	a
26	3-6-8-2-7-5-4-1	**76**	c
27	3-6-1-4-7-2-5	**77**	d
28	4-2-6-7-3-1-5	**78**	b
29	3-5-2-1-4-6	**79**	c
30	c	**80**	d
31	l-g-a	**81**	b
32	c	**82**	e
33	d	**83**	d
34	f-d-b	**84**	d
35	e	**85**	d
36	d	**86**	e
37	b	**87**	d
38	e	**88**	d
39	b	**89**	f
40	3-1-2-5-4		
41	2-4-1-5-3		
42	b		
43	d		
44	b		
45	a		
46	c		
47	a		
48	e-f-a		
49	c		
50	e-c-b		

WISO 12.2 Lohn, Gehalt				WISO 13.1 Wirtschaftspolitik					
1	c-a-e	**51**	2.808	**1**	e	**49**	b	**99**	c
2	c	**52**	KV: 337,55	**2**	b	**50**	b	**100**	c
3	a		RV:399,90	**3**	b	**51**	d	**101**	c-e
4	b-a-e	**53**	1.135,16	**4**	a	**52**	b	**102**	d
5	e	**54**	1.520,68	**5**	a	**53**	a	**103**	e
6	c		1.759,92	**6**	c	**54**	b	**104**	c
7	d-c-f	**55**	1.525,42	**7**	c	**55**	a	**105**	b
8	c-e-a-f-b-d	**56**	1.967,95	**8**	c	**56**	c	**106**	b
9	c	**57**	201,58	**9**	a	**57**	b	**107**	b
10	f	**58**	1.623,81	**10**	d	**58**	a	**108**	b-c-d
11	b	**59**	1.838,82	**11**	d-a-b	**59**	c	**109**	2
12	c	**60**	1.214,98	**12**	d-a	**60**	e	**110**	c
13	c-d-b			**13**	c	**61**	c	**111**	b
14	a			**14**	c	**62**	800	**112**	e
15	c			**15**	c	**63**	c	**113**	f-d-e
16	e			**16**	c	**64**	e	**114**	a-b
17	e			**17**	c	**65**	e	**115**	d
18	b			**18**	e	**66**	b	**116**	c
19	c			**19**	a	**67**	d-f-c	**117**	2-5-3-1-4-6
20	f-a			**20**	c	**68**	d	**118**	e
21	c			**21**	c	**69**	b	**119**	a
22	a			**22**	b	**70**	a	**120**	c-a-b
23	e			**23**	a	**71**	f-b-e	**121**	c
24	b			**24**	b	**72**	e	**122**	b
25	d			**25**	d-e-a	**73**	c	**123**	b
26	b			**26**	e	**74**	d	**124**	d
27	e			**27**	c	**75**	d	**125**	b
28	b			**28**	d-a-b	**76**	d	**126**	d
29	a			**29**	e	**77**	d	**127**	1-6-2-5-4-3
30	c			**30**	e	**78**	e	**128**	c
31	e			**31**	d	**79**	e	**129**	b
32	3-2-5-4-6-1			**32**	d	**80**	c	**130**	e
33	2-3-1-5-6-4-7			**33**	a	**81**	c	**131**	d-f-a
34	4-1-3-5-2			**34**	a	**82**	d	**132**	d
35	c			**35**	d	**83**	e	**133**	b
36	d			**36**	b	**84**	a	**134**	c
37	e			**37**	b	**85**	a	**135**	b
38	e			**38**	e	**86**	600.000 Mio.	**136**	c-e-a
39	1.386			**39**	c	**87**	c	**137**	a-e-f
40	b-d			**40**	c-f	**88**	d	**138**	b
41	539,28			**41**	3,3%	**89**	d	**139**	c-b-d-a
42	357,75			**42**	a) 4,8	**90**	e	**140**	e-f
43	205				b) 2,24	**91**	c	**141**	a) 9,2
44	b				c) 2,19	**92**	d		b) 22.000
45	2.808			**43**	1-4-3-2	**93**	a	**142**	a
46	1.626			**44**	a	**94**	d-c-f	**143**	1-2-1-2
47	19,20			**45**	b	**95**	b	**144**	d
48	1.636			**46**	a	**96**	b	**145**	b
49	3.450			**47**	c	**97**	b	**146**	d
50	1.504,21			**48**	e	**98**	a	**147**	d

WISO 13.2 Wirtschaftskreislauf		WISO 14 Wirtschaftsordnungen		WISO 15 Umwelt, Arbeitssicherheit			
1	e-c-g	**1**	c	**1**	d	**51**	c
2	4	**2**	b	**2**	g-d-f	**52**	e
3	d	**3**	d	**3**	d	**53**	d
4	c	**4**	e	**4**	7-8-4-3	**54**	c
5	c	**5**	e	**5**	6	**55**	f
6	d	**6**	e	**6**	b-a-c	**56**	d
7	c	**7**	d	**7**	e-c-f-d	**57**	a
8	c	**8**	c	**8**	a	**58**	b
9	c	**9**	b	**9**	c	**59**	b
10	d	**10**	b	**10**	b	**60**	a
11	c	**11**	d	**11**	e	**61**	e
12	e	**12**	c	**12**	e	**62**	c
		13	d	**13**	c	**63**	b
		14	c	**14**	a	**64**	d
		15	d	**15**	e	**65**	f-a-d
		16	d	**16**	d	**66**	c
		17	d	**17**	a	**67**	b
		18	d	**18**	e	**68**	e
		19	e	**19**	e	**69**	c-b-c-a-d-b-c
		20	d	**20**	d	**70**	b
		21	d	**21**	c	**71**	e
		22	d	**22**	c	**72**	e
		23	a	**23**	e	**73**	b
		24	b	**24**	e	**74**	c
		25	c	**25**	a	**75**	e
		26	a	**26**	a	**76**	a
		27	d-e-g	**27**	e	**77**	c
		28	d	**28**	c	**78**	c
		29	c	**29**	c	**79**	c
		30	d-f-g	**30**	c	**80**	b
		31	b	**31**	b	**81**	c
		32	d	**32**	a	**82**	b
		33	b	**33**	d	**83**	c
		34	c	**34**	c	**84**	d
		35	e	**35**	b	**85**	c
		36	d-f-g	**36**	d	**86**	b
		37	b-f-g	**37**	a	**87**	a
		38	d	**38**	a	**88**	a
		39	d	**39**	a	**89**	b
		40	d	**40**	e	**90**	a-d
		41	e-g	**41**	b	**91**	e
		42	a	**42**	c	**92**	e
		43	e	**43**	b	**93**	e
		44	a	**44**	b	**94**	c
		45	c	**45**	c	**95**	c
		46	e	**46**	a	**96**	d
		47	3-2-4	**47**	a	**97**	e
		48	a	**48**	a		
		49	c-f	**49**	b		
				50	c		